言究论道

道路交通安全管理研究文章及各地经验汇编 2018

公安部道路交通安全研究中心 编

内 容 提 要

本书汇编了"交通言究社"微信平台的专业文章,分为"城市交通管理篇""道路通行管理篇""道路安全管理篇""车辆安全管理篇""事故调查与安全防护篇"和"各地经验篇"共六篇,由不同领域的专家深入浅出地介绍了交通管理、交通安全等方面的专业知识。

本书主要供从事交通管理工作的专业人员,以及从事交通安全研究的专业技术人员参考,也可供交通安全相关行业从业者及管理者参考。

图书在版编目(CIP)数据

道路交通安全管理研究文章及各地经验汇编. 2018 / 公安部道路交通安全研究中心编. — 北京:人民交通出版社股份有限公司, 2019.3
ISBN 978-7-114-15390-7

Ⅰ. ①道… Ⅱ. ①公… Ⅲ. ①公路运输—交通运输管理—安全管理—中国—文集 Ⅳ. ① U491-53

中国版本图书馆 CIP 数据核字(2019)第 050852 号

Daolu Jiaotong Anquan Guanli Yanjiu Wenzhang ji Gedi Jingyan Huibian 2018

书　　名:	道路交通安全管理研究文章及各地经验汇编2018
著　作　者:	公安部道路交通安全研究中心
责任编辑:	刘　洋　李　佳　董　倩　何　亮
责任校对:	张　贺
责任印制:	张　凯
出版发行:	人民交通出版社股份有限公司
地　　址:	(100011)北京市朝阳区安定门外外馆斜街3号
网　　址:	http://www.ccpress.com.cn
销售电话:	(010)59757973
总　经　销:	人民交通出版社股份有限公司发行部
经　　销:	各地新华书店
印　　刷:	北京鑫正大印刷有限公司
开　　本:	787×1092　1/16
印　　张:	34.75
字　　数:	757千
版　　次:	2019年3月　第1版
印　　次:	2019年3月　第1次印刷
书　　号:	ISBN 978-7-114-15390-7
定　　价:	158.00元

(有印刷、装订质量问题的图书由本公司负责调换)

编 委 会

主　　任：尚　炜　李晓东

主　　编：刘　艳　乔　靖

编　　委：丛浩哲　刘　林　高海燕　李　君
　　　　　解亚宁　焦海超　邵　东　赵晓轩
　　　　　赵文松　张　骞　苗清青　田亚宁

顾　　问：郭　敏　梁康之　官　阳　邝子宪
　　　　　徐耀赐　朱西产　吕英志　戴　帅
　　　　　黄金晶　周文辉　刘　君　周志强

前 言

时光荏苒，又是一年草木蔓发。公安部道路交通安全研究中心官方微信号"交通言究社"在大家的陪伴、关心与鼓励下走过了新的一年。

这一年，全国公安交管部门坚持问题导向，突出风险防控，全面统筹推进安全畅通、改革服务、队伍建设工作，全力以赴护安全、保畅通、促改革。当前，机动车、驾驶人、公路通车里程持续快速增加，人民群众美好出行需求日益增长，交通安全形势复杂，交通安保任务艰巨繁重，公安部副部长杜航伟强调，要准确把握形势，保持定力、增强信心，把交管工作推向新的发展阶段。

面对"车多路少、事多警少"的现状，各地紧抓交通强国、数字强国战略机遇，纷纷打造"最强大脑""最优算法""最亮双眼"，推进交通治理现代化。面对"堵点""痛点""难点"，各地抓重点、补短板、强弱项，一方面降大减量，守护人民生命红线，奋力开创交通事故预防工作新局面；另一方面高招、实招频出，提升城市交通治堵成效。以人民期盼为念，为人民利益而战，根据中央和国务院深入推进审批服务便民化需求，全国公安交管部门全面贯彻落实公安交管"放管服"改革，推行交管服务"马上办、网上办、就近办、一次办"，着力构建适应新时代新要求的交管服务体系，不断提升老百姓的满意度和获得感。

躬逢改革开放四十周年，在公安交管改革不断深化的洪流之中，"交通言究社"不断见证公安交管工作的探索、开创、臻善，也以对生命、对专业敬畏的态度投入洪流，贡献涓滴。

这一年，"交通言究社"继续秉承"言要敢言、善言，集百家之言；究要专业、严谨、独到，言之有物"的理念，一步一个脚印，不断创新，搭建学践相长的平台，推动学界业界紧密联合；搭建沟通方法的平台，推动各地先进经验交流；搭建凝聚共识的平台，推动形成交通安全共识。无论是关注城市交通文明畅通提升行动计划，推广研究成果，还是放眼乡村振兴战略，聚焦农村创新交通管理；无论是聚焦公安交管"放管服"改革，推广各地经验，还是打造大型系列公开课，凝聚基础共识；无论是搭建专业平台，推广国内外先进经验做法，还是壮大专家学者队伍，充分发挥国内外专家的智囊作用，一路走来，交通言究社推出的一系列有观点、有态度、有思想的文章，得到了广大读者朋友的肯定和支持。

这一年，"交通言究社"顺应大势，深耕内容，继续"言究"论道，探讨实务，力求做到更扎实、更专业、更有用。本书是2018年以来的经典作品集萃，去伪存真，去粗取精，期待能给阅读者以思考，给从业者以启示，给同行者以信心。回顾过去，我们收获满满，展望未来，我们雄心勃勃。谨以此书献给所有关注、关心中国道路交通安全事业的伙伴，让我们一起为未来道路交通安全发展作出贡献。

公安部道路交通安全研究中心
2019年3月

目　　录

第一篇　城市交通管理篇／1

从"畅通工程"到"文明畅通提升行动计划"
　——走向交通管理科学化现代化的时代轨迹 3
如何提升城市交通管理科学化和智能化水平 9
智能交通技术应聚焦实战应用，避免被概念虚化和技术左右 15
新时期文明交通应从"面向车"向"面向人"转变 21
城市"交通大脑"非万能，脱离实际只能是"水中月、镜中花" 25
关于"交通大脑"的三个"为什么" 32
城市"交通大脑"对道路交通控制技术的支撑意义 36
大城市为什么会会堵？大城市交通拥堵治理对策 44
治理城市交通拥堵的核心是什么？如何通过交通控制手段缓解拥堵 50
用专业和审慎的态度看待拥堵排名 56
交通需求管理有何意义？国外有哪些可供借鉴的交通需求管理经验 58
如何以公共交通为导向引导城市交通结构优化 67
应用公交优先信号控制系统，实施"公交优先"战略 73
如何科学设置行人清空信号，破解行人"过街难"问题 80
如何通过信号控制解决交叉口转弯车辆与行人冲突 86
"僵尸车"的危害及治理对策 92
电动自行车交通事故有何特征？如何提升电动自行车安全性 98
以共享单车为代表的城市自行车交通出行新特征 105

第二篇　道路通行管理篇／115

路权分配需要考虑哪些因素 117
美国路权的定义及分配原则 126

道路限速不规范，驾驶人莫名被罚分该如何解决……………………………………… 131
速度越低越安全？怎样进行合理的限速管理……………………………………… 135
如何在大雾等低能见度天气下对高速公路进行科学限速管理…………………… 143
美国如何进行道路限速管理………………………………………………………… 147
在美国如何设定限制速度…………………………………………………………… 150
交通控制的关键及设置控制设施的原则…………………………………………… 157
警示设施设备应该正确使用颜色…………………………………………………… 162
美国如何规定交通控制设施的颜色、形状………………………………………… 166
影响危化品运输路线安全的因素…………………………………………………… 170
危化品运输路线安全风险评估及规划管理建议…………………………………… 174
下凹式立交桥积水如何消除，应当如何提醒驾驶人……………………………… 178
国外应对不利天气对道路交通影响的经验………………………………………… 187
美国恶劣天气道路交通安全管理策略——政策与研究篇………………………… 190
美国恶劣天气道路交通安全管理策略——清除冰雪作业篇……………………… 193
美国恶劣天气道路交通安全管理策略——科技应用篇…………………………… 198

第三篇　道路安全管理篇／203

如何让道路越来越安全……………………………………………………………… 205
如何让道路使用者少犯错…………………………………………………………… 212
我国现有道路分类存在的四大问题………………………………………………… 219
关于改善农村公路交通安全的一些思考…………………………………………… 225
路侧安全设计要为驾驶人的无心之失提供容错空间……………………………… 231
路侧存在哪些危险因素，如何进行相应安全设计………………………………… 236
从重庆万州公交坠桥事件看如何提升桥梁护栏安全性…………………………… 245
双车道公路哪些路段不宜超车，如何优化改造…………………………………… 250
普通公路平交口安全问题突出，如何通过渠化设计提高安全性………………… 255
"宽马路"上设置人行横道很危险，国外有哪些经验可借鉴……………………… 265
避免高速公路桥梁分隔带间隙坠亡事故的对策…………………………………… 273
改善国内隧道交通安全，国外这些研究成果可借鉴……………………………… 276

第四篇　车辆安全管理篇／293

我国机动车安全技术检验制度发展回顾…………………………………………… 285

取消七座以下私家车年检可行吗 …… 286
如何改进、完善七座以下私家车年检制度 …… 290
机动车查验工作中常见疑难问题解决方法 …… 294
国外如何进行机动车检验 …… 296
"老年代步车"乱象治理对策及建议 …… 299
自动驾驶汽车撞人致死事故带来的启示 …… 303
公交车内外摆门哪种更安全 …… 305
农村面包车违规使用车窗玻璃遮阳膜管理对策 …… 309
国外对于汽车车窗玻璃遮阳膜的规定 …… 314

第五篇 事故调查与安全防护篇 / 317

交通事故深度调查不在于打击企业，而是构建交通安全命运共同体 …… 319
只有将"以人为本"的理念转变为行动，才能真正提升交通安全水平 …… 323
以客观冷静、求真务实的态度进行专业讨论是交通安全发展的基石 …… 330
分析事故原因不是为追责，而是为了悲剧不再重演 …… 332
道路原因调查和隐患排查治理不容忽视 …… 335
兰海高速公路事故并非偶然，历次整治为何不起作用 …… 341
由兰海高速公路事故反思如何防范长下坡公路事故 …… 344
美国交通工程师如何在"骂声"中成长 …… 348
交通事故重建有哪些新技术，对事故调查有哪些作用 …… 351
无人机及 3D 扫描在交通事故现场勘查与重建中的应用 …… 357
事故调查揭开真相：一起普通碰撞事故为何演变为 12 死 37 伤的惨剧 …… 362
车辆撞树气囊未展开，是否存在质量问题？事故鉴定还原真相 …… 368
如何提升事故现场防护安全性，防范二次事故 …… 372
常用事故现场安全防护警示设备特点及研发使用建议 …… 377
保障警察执法安全 美国执法安全防护理念值得借鉴 …… 384

第六篇 各地经验篇 / 395

第 1 章 决策者谈 …… 397

陈玉峰：新形势下道路交通安全工作的探索与实践 …… 397
叶建昆：以科技应用为突破口，驱动农村道路交通安全治理能力现代化 …… 403

王巧全：实施系统化治理　全力维护城乡道路交通安全……408
　　李军龙：借鉴香港交通需求管理经验，探索破解长沙交通治理难题……415
　　孔万锋：以"四化"为抓手，提升城市道路交通管理精细化水平……421
　　李文胜：构建智慧交通应用场景，打造高效能道路交通治理体系……430
　　钟劲军：如何创新运用新技术进行重点车辆、驾驶人安全管理……435

第2章　城市交通管理……441
　　北京：积极探索优化城市道路交通组织……441
　　上海：交通违法大整治，电子警察原来还能这样用……463
　　杭州：探索城市交通治理新模式　城市数据大脑治堵新实践……469
　　长沙：问题导向，信息引领，打造城市交通治理新模式……477

第3章　深化放管服改革……481
　　山西：早谋划早部署　实现罚款缴纳、车驾管业务缴费支付电子化……481
　　江苏：设立"一号窗口"提升执法服务质量……485
　　浙江："警医邮"便民服务助推"最多跑一次"改革……489
　　宁波：创新机动车查验工作方法……492
　　宜昌：立足山区特点推进便民实效，"放管服"创造新气象……496
　　自贡：打造"驻不移车"登记服务模式，高效实现"一站办"……501

第4章　高速公路管理……505
　　山西：创新管理，综合施策，高速公路隧道安全风险防控经验……505
　　江苏：高速公路大流量日趋常态化，如何应对管理挑战……511
　　山东：全力提升高速公路交通安全防范治理能力……516

第5章　农村交通管理……525
　　四川：创新农村交管综合治理，筑牢道路交通事故预防主阵地……525
　　贵州：建立农村道路监管云平台，避免事故预防工作措施"层层衰减"……528
　　宜昌：大力实施道路"路长制"，破解农村交通管理难题……530
　　任丘：探索农村交通安全管理新模式，打通服务群众"最后一公里"……533

第6章　其他……538
　　四川：服务长江经济带发展新举措……538
　　长沙：优化勤务模式，精准打击毒驾……542

第一篇 >>>
城市交通管理篇

从"畅通工程"到"文明畅通提升行动计划"
——走向交通管理科学化现代化的时代轨迹

陆化普　"城市道路交通文明畅通提升行动计划"专家组组长
　　　　　清华大学交通研究所所长

导语

我国城市道路交通管理经过了从"畅通工程"到"文明畅通提升行动计划"的发展历程,取得了一定成效,也面临新的问题。城市道路交通管理发展历程给新时期交通管理什么启示?如何更好地推进"文明畅通提升行动计划"?

一、城市道路交通管理的发展从"畅通工程"到"文明畅通提升行动计划"

改革开放以来,伴随我国社会经济的持续快速发展,城镇化、机动化呈现出急速发展态势(图1)。1995年前后,我国开始进入城镇化、机动化快速发展阶段,城市道路交通供求关系在个别点上出现紧张,城市交通拥堵初露端倪。2000年,全国共有机动车6000万辆,其中私人小汽车达到300万辆,我国开始进入机动化高速发展阶段,公安部、原建设部(现住房和城乡建设部)联合启动全国城市道路交通管理"畅通工程",主动应对即将到来的快速城镇化和机动化浪潮,城市道路交通管理进入了新时期。

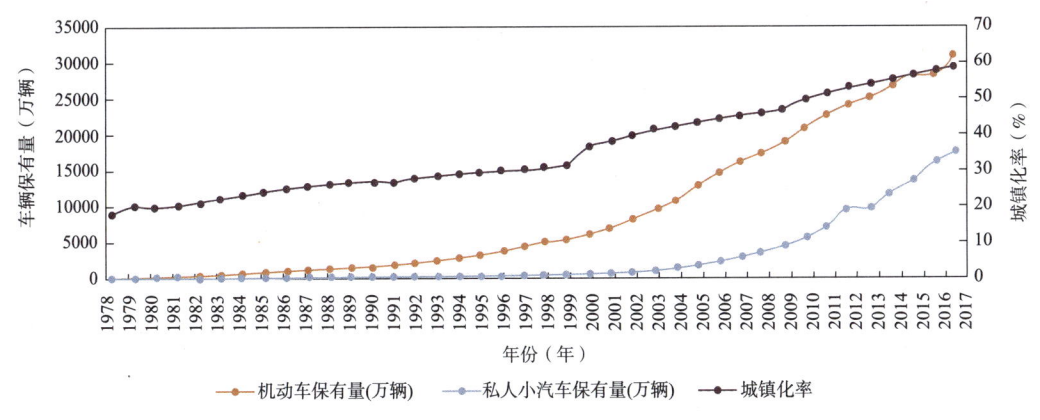

图1　1978—2017年我国城镇化率、机动化发展变化曲线

"畅通工程"开展以来,城市道路交通管理的发展历程包括以下4个阶段。

1. 2000—2005 年：城市交通基础设施扩建扩张阶段

这一阶段，交通拥堵初露端倪，基本存在于超大城市、特大城市的部分时段和路段，道路基础设施和交通工程设施存在巨大缺口和欠账，全国人均道路面积不及发达国家的1/3。因此，该阶段的核心任务是指导城市进行交通基础设施的科学建设和交通工程设施的完善。该阶段城市道路发展迅速，人均道路面积明显增加，从 2000 年的 6.13m²/人提升到 2005 年的 10.92m²/人。

2. 2006—2010 年：城市交通规划设计精细化阶段

这一阶段，城市拥堵时空范围扩大，较多城市开始出现拥堵，2009 年 53 个特大城市（当时标准为市区非农业人口超过 100 万的城市）中一半以上出现了较为严重的交通拥堵，拥堵时间由高峰向全天扩散的趋势明显。由于交通基础设施已有长足发展，该阶段开始重点探讨如何通过精细化的规划设计和管理提高交通基础设施的有效利用率，进一步强化规划对道路基础设施建设的科学引领，着手探索实施精细化交通工程，起步推进智能化交通管理等对策。

3. 2011—2015 年：城市交通结构调整优化阶段

这一阶段，城市交通拥堵的广度和深度更大，从 2010 年到 2015 年，千人小汽车保有量增长了 1.5 倍，而同期的城市道路面积率只增长了 6%。同时，随着交通基础设施和精细化交通工程的发展，人们对调整交通结构的重要意义的认识更加深刻，调整交通结构的工作具备更好的条件。全国开展了大力度推进公交优先对策和建设安全、连续、温馨的步行与自行车通行空间的探索与实践，城市公交专用道由 2010 年的 3726km 增加到 2015 年的 8569km，增长了 1.3 倍；城市轨道交通里程由 2010 年的 1471km 增加到 2015 年的 3069km，增长了 1.1 倍；步行与自行车出行环境明显改善，2015 年设市城市全部编制了步行、自行车专项规划，绿色交通优先、以人为本的发展思路得到了强有力的落实。

4. 2016—2018 年：城市交通科学化、智能化、法治化、人本化发展新阶段

2015 年底，改革开放后的第一次城市工作会议召开，明确提出要坚持以人为本、科学发展、改革创新、依法治市，转变城市发展方式，完善城市治理体系，提高城市治理能力，着力解决"城市病"等突出问题。

为落实中央城市工作会议要求，2016 年 11 月，公安部在全国公安交通管理工作会议上明确要求：交通管理要创新理念方法，扩大社会参与，深化科技应用，坚持安全与畅通并重，全面提升道路交通治理水平，为全面建成小康社会创造良好道路交通环境。2017 年 4 月，公安部召开全国城市道路交通管理工作现场会，要求各地注重学习借鉴国内外先进经验，积极探索城市交通管理新路子，构建现代警务新模式，不断提升城市交通治理社会化、法治化、智能化、专业化水平。

2017 年 8 月，公安部、中央文明办、住房和城乡建设部、交通运输部决定进一步创新城市道路交通管理，从 2017 年起至 2020 年，在全国组织实施"城市道路交通文明畅通提升行动计划"，提出依法治理提升工程、交通组织提升工程、交通建设优化工程、交通结构优化工程、交通文明提升工程等五大工程，系统治理、综合治理的全新理念方式逐步确立。

不同阶段城市交通管理面临的主要矛盾和阶段特征见表1。

不同阶段城市交通管理面临的主要矛盾和阶段特征　　　　　表1

不同时期	2000—2005年	2006—2010年	2011—2015年	2016年以后
城镇化率	2000年：36.22% 2005年：43%	2010年：49.68%	2015年：56.1%	2017年：58.52%
机动化水平（机动车数量/私人小汽车数量）	2000年：6000万辆/300万辆； 2005年：1.3亿辆/1624万辆	2010年：2.07亿辆/4912万辆	2015年：2.79亿辆/1.24亿辆	2018年6月：3.19亿辆/1.8亿辆、持续保持快速增长态势
拥堵特征	个别城市、个别点段拥堵，基础设施缺口大	个别城市拥堵范围扩大、较多城市开始出现拥堵	大城市走向全面拥堵，路网整体表现脆弱	各类城市均进入不同程度的交通拥堵，面临各种交通问题
发展阶段特征	城市交通基础设施扩张阶段	城市交通规划设计精细化阶段	大力度发展绿色交通、进一步优化交通结构阶段	进入科学化、智能化、法治化、人本化发展新阶段
管理指导思想	满足经济发展（效率优先）	提高设施利用效率（注重安全）	绿色交通主导（调整交通结构）	满足多样化需求（提高智能化水平，提供精准服务）
核心任务	交通基础设施科学建设和交通工程设施的完善为主（侧重设施供给对策）	精细化的规划设计、通过管理提高设施利用率、落实公交优先对策（精细化供给对策）	优先发展公共交通、绿色出行、抑制汽车交通（供需并重对策）	开始借助于智能交通提高绿色化、智能化、法制化水平
代表性对策	加大供给 交通执法管理	强化规划、加强道路基础设施优化、精细化交通工程设计、开始推进智能化交通管理	大力度落实绿色交通优先对策、不断提高交通管理的智能化水平、加强交通需求管理	推进交通管理"法制化、社会化、绿色化、智能化、一体化"发展

二、城市道路交通管理发展的启示

回顾18年来我国城市道路交通管理工作的整个发展过程，既有经验，也有教训，为未来城市道路交通管理带来一些启示。

1. 解决城市交通问题首先需要建立系统思维，实施综合治理

实践经验证明，解决城市交通问题不是一个部门或几个部门的业务范畴，而是需要城市人民政府综合协同治理。当前城市交通基础设施、管理体制、运行机制和配套制度设计基本都已建立运行，需要进一步解决城市交通发展理念、法规标准、规划、公交、停车设施等相对滞后等问题，主要任务是建立健全城市交通综合治理体系，推动形成协同共治管理格局，提升城市交通现代治理能力水平。因此，破解城市交通问题应始终坚持以系统科学为指导，以交通工程原理为依据，以基础设施优化、工程设施完善、交通组织科学、绿色交通主导、管理智能高效、交通行为规范、法规标准保障为重点方向，既要破除"交通拥堵不可战胜论"，也要谨防"单一对策万能论"。

2. 破解城市交通问题的第一关键是持续调整和优化交通结构

针对日益增加的交通需求，持续增加供给已经难以解决城市交通问题，必须把重点放在系统调整优化交通结构上。当前城市交通面临着几大结构性问题，包括：城市空间

结构与用地形态不合理带来的出行需求过旺过长，公共交通不发达导致的交通出行结构仍以小汽车出行为主要出行方式，城市道路网规划建设不合理导致的次支路网比例偏低，区域微循环和分流难以组织，以及道路通行空间分配及标志标线施划设置过于倾向于保障汽车通行而导致步行、自行车等绿色交通方式难以持续。因此，进一步优化交通结构应从以下几个环节开展：调整城市结构、推进混合土地使用，促进职住均衡，从源头管理交通需求，减少交通需求总量和出行距离；调整交通结构，减少小汽车出行总量，促进公共交通、步行、自行车等绿色交通为主导的综合交通发展；调整路网结构，消除交通瓶颈，提高道路网络整体通行能力和通行效率；调整路权结构，道路空间向绿色交通倾斜，优先步行、自行车和公共交通。

3. 保持城市交通健康平稳发展的重要原则是夯实管理基础

无论城市发展到什么阶段，交通设施、交通管理的基础性工作决定了城市交通科学发展的深度与厚度，也是智能交通系统发挥作用的基本前提。尽管十多年来"畅通工程"的重要组成部分就是在打基础，但我国很多城市依然存在交通标志标线、信号灯等设施设置不科学、不合理甚至错误或应设未设等情况，交叉口渠化设计覆盖率还不全面，路段分流合流组织、开口设计问题较多。这些问题直接削弱甚至抵消了一系列综合对策的实施效果。因此，要围绕公安部开展的城市道路交通信号灯配时智能化和交通标志标线标准化工作部署要求，进一步夯实底层基础水平，确保城市交通治理的基础完备扎实，每个城市路面上的标志标线、信号灯规范合理，交叉口渠化科学醒目，路段通行安全可靠。

4. 提高城市交通运行管控效率的重要手段是进一步深度强化科技应用

信息化和智能化是有效破解城市交通问题的重要技术手段，也是城市交通管理的重要发展方向。当前，信息技术与出行动态交汇融合感知，互联网快速普及，交通数据爆发增长、海量聚集的特点，对深度精准掌握交通运行规律提供了新的方法和途径，也改变着人们的交通行为和出行方式。

经过十多年的发展，城市交通管理建立了科技信息应用的基本框架和系统，形成了通过视频卡口及多源数据掌控路网通行态势、堵点乱点分布、研判指标状态的基本功能，但总体上，通过智能交通手段对交通运行态势开展快速反应和提前干预的实效性不强，对交通出行者的科学诱导服务覆盖面不全。因此，通过加强科技信息化手段和智能化水平重点提升信号灯智能控制协调水平、提升路面诱导的动静态供需平衡优化水平、提升路面全面感知与态势研判水平、提升路面勤务指挥调度管控水平，是未来城市交通管理中科技信息化发展的重要方向。

5. 保障城市交通治理效果的核心因素是全面实施依法治理

交通管理的本质是执法，执法的基本任务和职责就是确保交通出行者依法享有的通行权利不受侵害。通过严格执法来整治交通秩序混乱状态，通过秩序改善提高通行效率、削减动态致堵因素是确保城市交通安全顺畅的全链条保障。客观来讲，我国交通出行者的法治意识、安全意识、文明意识还不高，零增长的执法警力与爆发式增长的交通参与者之间的矛盾短期内又无法解决。因此，当前城市交通违法行为还处于多发高发期，必须通过精准有效的严管严治，减少和消除影响城市交通运行安全畅通的交通违法行为，形成尊法礼让、文明畅通的出行环境，从而确保整个城市交通系统的高效运转。

三、"文明畅通提升行动计划"时期城市道路交通管理的新任务

新时期，"文明畅通提升行动计划"赋予了城市道路交通管理新使命、新任务，即通过交通秩序整顿、交通组织优化、交通基础建设、交通出行结构等方面的系统提升，形成有序、畅通、安全、绿色、文明的城市道路交通环境。

1. 依法治理提升任务

（1）通过立法破解交通管理难题。

通过法律的手段推动地方立法，解决当前普遍存在的交通顽症难题，如超标电动自行车和低速电动车管理难、停车设施配建不足等，监管引导解决互联网租赁自行车、网络预约出租汽车新业态和新问题，及时修订完善道路交通管理相关法规、规章，解决本地交通突出问题。

（2）建立健全部门联动综合执法体系。

健全城市综合执法体系，开展联合执法，疏通道路通行空间，全面清理停车设施挪用问题，净化道路交通环境。同时，进一步明确停车管理机构，理清部门管理职责，制定城市停车管理法规，健全停车管理体制机制。

（3）保持城市交通秩序严管态势。

严厉打击闯红灯、套牌假牌、酒驾、醉驾、毒驾等严重交通违法行为，严查违法停车、违法变道、不按规定让行以及非机动车逆行、行人闯红灯等重点交通违法行为，严管电动自行车、低速电动车、工程运输车通行秩序，进一步推进交通管理勤务机制改革，推行警情主导警务的指挥体系，提高路面管控效率和执法效能。

2. 交通组织提升任务

（1）优化城市道路交通设计。

对城市交通堵点、乱点和安全隐患点逐一研究整改治理，科学优化城市核心区及学校、医院、商贸区等重点区域、拥堵点段的交通组织，通过单向交通、可变车道、潮汐车道、合乘车道等技术措施缓解早晚高峰主干路及重要点段的交通拥堵；进一步优化交叉口交通渠化设计和交通信号控制，提升交叉口通行效率，并减少施工对道路交通的影响。

（2）持续推进交通信号设施规范化建设。

推进城市道路交通信号灯配时智能化和交通标志标线标准化工作，提高道路交通信号设施的规范化和精细化水平；科学系统设置城市交通指路系统，确保指路标志设置层次清晰，引入社会技术力量推动交通管理设施设计、建设、运行、维护、优化改进的专业化。

（3）构建精准高效的智能交通管理体系。

加快推进城市智能交通管理系统建设，运用大数据、物联网、云计算等现代信息技术，加强交通状态感知、高清视频监控、信号控制、交通诱导等基础系统建设，实现道路状况自动感知、交通态势自动研判、信号控制自动调整、交通违法行为自动监测、路况信息自动发布。

（4）强化交通出行诱导服务。

充分利用互联网平台和新媒体渠道，为群众提供实时、准确的导航路况信息和交通管理信息，及时发布出行提示信息；推动智慧停车，方便群众在线查询和预约停车位；加快公共交通和公共自行车信息服务系统建设，为群众绿色出行提供便利。

3. 交通建设提升任务

（1）完善城市综合交通规划。

坚持交通系统与用地开发、基础设施与运行管理的统筹协调，实现城市和交通系统协调发展，配套做好城市路网规划、公共交通、非机动车、步行交通系统规划、停车场规划、交通安全管理规划等交通专项规划的编制工作。

（2）推动优化城市路网结构。

合理布局和优化城市路网结构，提高路网级配水平和路网通达性，提高路网密度和道路面积率，发挥道路微循环系统作用；科学设计各类交通流的通行和停车空间，合理利用道路资源。

（3）加强停车供给需求管理。

加强停车设施建设，制定差别化的停车供给策略，合理配置停车资源，推广分时停车、错时停车、分类停车以及差异化的停车收费等措施，提高停车设施周转利用率。

（4）健全交通影响评价制度机制。

对新建改建道路开展项目工程的前评估和后评估，强化与交通管理需求的衔接融合；建立落实监督和审查机制，落实城市大型建设项目的部门联合验收制度。

4. 交通结构优化任务

（1）加大公共交通优先发展力度。

加大城市轨道交通、快速公交、常规公交等城市公共交通服务体系建设力度，优化城市公交线网和站点布局，加强与交通枢纽、停车场的衔接，促进便捷换乘；大力推进城市公交专用道、公交优先信号设置和公交智能化调度系统建设，完善公交乘客出行信息服务系统，提高公交出行信息服务水平。

（2）保障行人和非机动车安全顺畅通行。

加强城市人行道、非机动车道系统规划和建设，完善配套交通管理设施，科学设置行人过街设施，推广设置安全岛、行人驻足区等二次过街安全设施和行人过街信号灯；加强电动自行车、互联网租赁自行车、公共自行车的通行和停放管理，完善配套管理设施，规范通行停放秩序。

（3）改善城市货运通行管理。

优化城市物流配送、货物运输、工程运输、危险化学品运输等货运车辆的通行管理，合理规划设置停车设施及行驶区域，优化完善城市配送运力调控和通行管控政策。

5. 交通文明提升任务

（1）广泛开展文明交通宣传。

推动建立与汽车社会和现代社会相适应的交通文明，扩大宣传覆盖面和影响力，提升文明交通的群众参与度和知晓率，引导交通参与者自觉遵守交通法规。

（2）推进文明交通征信体系建设。

加快交通出行领域信用记录建设，推动信用信息共享和应用，建立守信联合激励和失信联合惩戒机制，将严重交通违法行为纳入个人征信记录，对交通失信行为人实施相应惩戒。

结语

城市交通管理正面临着日益复杂、交通供求矛盾压力不断增大的困难局面，同时也处在规划理念更新、交通科技快速发展、满足人民对美好生活的需求的新时代，我们必须头脑清醒、科学应对，充分理解交通管理工作的复杂性、系统性和长期性。

破解城市交通问题是个系统工程，需要采取一揽子对策，任何试图采用单一对策解决城市交通问题的行为都是不科学的。传统的交通工程措施是一切科技手段发挥作用的基础和前提，发展绿色交通是城市交通管理的根本方向，是符合我国国情的国家战略。

在诸多对策中，调整结构是关键。调整城市结构，减少出行总量，缩短出行距离；调整交通结构，实现集约运输，提高通行资源使用效率；调整路网结构，科学组织交通，提高道路系统的通行能力；调整路权结构，确保步行、自行车通行空间，打造宜居环境。智能交通是重要抓手，是提高便捷性、安全性、高效性、舒适性和交通服务品质的重要技术手段，我们既要抓住智能交通建设这个突破口，也要清楚它不是万能的、也不是无所不能的，应以科学精神、创新思维来推动交通管理的科学化现代化进程，坚定信心、不断努力，实现交通管理水平走上新台阶，迎接城市交通的美好明天。

扫一扫查看原文

如何提升城市交通管理科学化和智能化水平

陆化普　"城市道路交通文明畅通提升行动计划"专家组组长
　　　　清华大学交通研究所所长

> **导语**
>
> 当前，我国城市交通拥堵日益加剧、交通安全形势严峻，交通管理面临一系列问题和挑战。那么，提高城市道路交通文明畅通管理效率、综合解决交通问题的途径有哪些？如何利用智能化手段解决城市交通问题？如何提高智能交通管理水平？

一、城市交通管理面临的问题有哪些

当前我国城市交通面临的主要问题是交通拥堵，且交通拥堵已成为制约城市社会经济持续发展的瓶颈问题。城市公共交通分担率不高、步行和自行车通行条件没有显著改善；出行不规范、不文明；城市用地结构不合理等原因导致的城市交通拥堵不断加剧、秩序十分混乱。同时，交通管理还面临一系列新挑战。具体表现在以下几个方面。

1. 城市交通拥堵呈现区域性大面积、全天候、全时段特征

现阶段，我国城市交通拥堵呈现常态化趋势，并逐步由中心城区蔓延至市区外围，拥堵的时段由高峰向平峰蔓延。以北京市为例，交通拥堵指数为6.7，已进入中度拥堵等级。二环内拥堵问题更为突出，部分时段拥堵指数为严重拥堵等级，部分主干路早、晚高峰时段运行速度低于15km/h，全路网工作日日均拥堵时间超过4h。通勤时段主要干路的严重拥堵和部分路网节点的局部拥堵，成为路网交通运行的瓶颈，若不能及时有效地解决这些关键部位的拥堵，则会呈现"点—线—面"蔓延的态势，即由某个交叉口的拥堵蔓延到相关联的路段和相邻的交叉口，甚至演化成区域性大面积交通拥堵，导致整个路网功能效率的显著下降（图1）。

图1 城市交通拥堵呈现大面积、全时段特征

2. 城市公共交通发展缓慢、分担率低，步行和非机动车通行条件差

从目前大城市公共交通的发展现状来看，公交投入不足、公共交通基础设施建设相对滞后、公共交通与城市轨道交通以及公交线路之间衔接不畅、公共交通与城市用地的结合程度不够、公共汽车路权优先没有充分保障等问题依然突出。虽然北京、深圳、上海、杭州等多数城市相继建设了公交专用车道，在一定程度上保障了公共汽车的优先路权，但专用车道尚未成网，拥堵严重路段往往缺乏专用车道，导致公共汽车运行速度很低。此外，公交线网密度低、步行距离长、换乘不方便、准点率低等因素又进一步降低了公共汽车对居民出行的吸引力，导致公交分担率偏低。城市步行和自行车交通通道不连续或者缺乏，导致"最后一公里"出行困难（图2）。

图2 非机动车通行条件差

3. 出行不规范、不文明造成城市交通秩序混乱

不文明出行在中小城市尤为突出，主要表现在行人闯红灯、不走斑马线、非机动车

不按规定停车等候、人行横道前机动车不避让行人、车辆逆向行驶、车辆乱停乱放等方面，这些不文明交通行为造成城市交通秩序混乱，影响城市道路畅通，给城市交通管理带来了巨大挑战（图3）。

图3　出行不规范、不文明造成城市交通秩序混乱

4. 交通管理的智能化水平尚需大幅提升

近年来，尽管城市智能交通管理系统发展速度加快，一些城市已经取得了明显的应用效果。但从总体上看，无论是从系统建设的科学性，还是相比系统建设的巨大投入所产生的应用效果，城市智能交通管理系统都有很大差距。此外，随着交通管理难度的日益增加，也迫切需要显著提升智能交通管理系统的建设与应用水平。需要遵循交通规律、加强顶层设计、深入分析论证；需要基于交通工程原理、按照系统工程思想、以科学务实精神进行深入分析论证，实现关键技术的突破，只有这样才能取得显著的智能交通应用效果。

二、利用智能化手段解决城市交通问题的优势有哪些

基于交通大数据、人工智能等新技术的智能交通系统，将能够实现实施效果的精准分析、发展态势的实时把握、对策方案的智能生成和实施效果预估等，解决过去由于信息不足无法实现精准分析、精准施策的问题，助力破解城市交通难题。我们期待的目标是：新一代智能交通系统应具备系统分析能力、战略分析能力、科学决策能力、方案生成能力、综合优化能力，通过大数据分析从交通需求特性把握、交通设施建设时序、动态交通组织优化、精准交通执法与监督、交通信息服务与诱导等方面，系统性创新解决城市交通问题，具体期待在以下方面实现智能化：

（1）加深对交通需求的深度理解和变化态势的实时把握；

（2）实现设施规模结构优化和建设时序安排更加准确科学；

（3）实现交通拥堵机理、症结分析和对策方案的自动生成；

（4）实现更加优化、切实有效的信号控制和动态交通组织，使交通基础设施利用效率得到显著提高；

（5）使精准、高效执法成为可能；

（6）支撑建立交通出行者诚信体系，从而加快改变出行者交通行为的进程；

（7）建立高效精准的勤务督导绩效考评系统，帮助建立更有战斗力的执法队伍；

（8）实现更好的交通便民服务。

三、如何提升城市交通管理智能化水平

提升城市交通管理智能化水平的重点方向包括：进行智能化的交通需求分析和交通行为分析；搭建支撑智能规划、建设和交通运营的智能交通供给系统；建设实时动态支撑科学决策的智能交通管理系统；形成智能化交通治理体系。系统框架如图4所示。

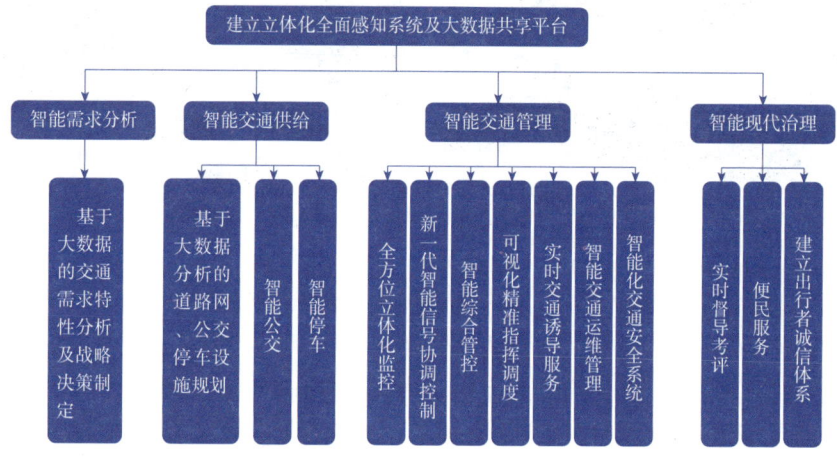

图4 提升交通管理智能化水平要点框架

1. 建立立体化全面感知系统及大数据共享平台

构建万物互联、多元化、多维度的全面感知系统，建立政府主导的交通大数据共享平台，实现跨部门、跨行业交通大数据整合共享，整合多元化的综合交通监测数据、运营商数据、互联网数据、出行末端停车场和加油站数据，接入交通相关部门数据。制定交通数据共享开放的相关标准和要求，推动技术、业务和数据融合；建立数据政企开放共享模式和机制；强化交通大数据共享开放平台安全管理。

建设交通大数据分析研判平台，真正实现基于交通大数据的深度分析研判功能，用数据说话、用数据决策、用数据管理、用数据创新。用大数据揭示交通规律、交通机理和交通行为本质，提高交通研判预警、科学决策、精准指挥的能力，数据分析以需求驱动，结合需求提炼有价值的信息，避免数据分析的片面性、偏差性和因数据的不科学解释产生的误导。

2. 提高智能化需求分析水平

基于交通大数据共享平台，利用现有的手机数据、卡口数据、GPS数据、道路交通

流检测数据以及社会经济、土地使用等相关数据，对城市交通需求特性、交通行为特性及其变化趋势进行分析，掌握实时动态的交通出行特性和交通行为特性的变化态势，为交通规划、设计、管理提供科学支撑，为交通战略决策的制定提供精准依据。

3. 构建科学精准、实时优化的智能交通供给系统

交通供给智能化包括基于大数据分析的道路网、公交、停车设施的基础设施状况评估诊断和科学规划以及共享交通系统，建设先进的智能公交系统、智能停车系统、智能慢行系统和智能共享交通系统等。

（1）基于大数据分析的道路网、公交、停车设施规划。

通过基于大数据的交通需求分析，获得精准动态的交通出行需求特性，动态评估、优化道路网、公交、停车等规划方案，并根据需求特性的发展演化规律，精准制定道路网、公交、停车等设施的优化方案和建设时序。

（2）建设先进的智能公交系统。

建设先进的智能公交系统，提高公交服务水平和公交分担率。建设智能化公交运行管理系统，不断提高公交运行管理、安全管理、绩效管理、优先控制、公交信息服务、智能需求应答型公交服务、多样化与个性化服务等功能；推广多样化智能公交服务，上下车智能缴费，从一卡通支付、手机支付逐步过渡到无感支付；基于移动终端的车辆到达和停站时间的精准预报和车辆位置的精准预测；建设智能VR车载系统；研发应用智能化公交设施与车辆，设置智能化交互式公交站点、VR人车互动，逐步推广自动驾驶公交车的应用与服务。

（3）建设先进的智能停车系统。

规范停车秩序，建立智能化停车管理系统与停车资源共享平台。通过智能停车管理平台，实现区域范围内停车场和停车位的统一管理和共享。基于智能停车系统，能够实时发布停车位的精确位置和数量并进行智能预测。应用自动停车系统，提高停车效率。研究应用机器人停车，最终实现自动泊车。利用新技术建立自动化停车收费，推进无感支付、电子围栏技术的应用，减少进出停车场的时间，从当前的人工收费迅速过渡到RFID支付和手机支付，最终实现无感支付。建设便捷的停车诱导系统，分城市级别逐步实现城市停车分级诱导，停车场入位引导。

（4）建设智能慢行与智能共享交通系统。

建立智能便捷、连续的慢行交通系统，提高绿色交通分担率。建立慢行交通的智能引导设施和智能语音设备，提高慢行交通与公共交通接驳的便捷性。利用大数据技术，实现共享单车供给与需求的精准匹配；利用电子围栏技术，解决共享单车停车问题，提高共享单车利用率和秩序。

4. 建设新一代智能交通管理系统

智能交通管理包括全方位立体化监控、新一代智能信号协调控制、智能综合管控、可视化集成精准指挥调度、实时交通诱导服务、智能交通运维管理、智能化交通安全管理等。

（1）全方位立体化监控。

建设涵盖路面监控、制高点监控、空中无人机监控的立体监控体系，实现监控范围

从点、线到面的监控，监控效果从路口微观、道路中观到全市宏观的监控。

（2）新一代智能信号协调控制。

充分利用大数据平台，完善信号控制基础数据。从管理者角度和个体出行者角度进行信号优化，实现单点自适应控制、干线与区域协调控制、公交优先控制。尤其是干线协调控制是提高交通运行效率的重点和关键，具有十分重要的意义。在信号控制优化方面，目前没有显著进展，需要扎实的工作和努力。

（3）智能综合管控。

智能综合管控是借助智能交通系统实现交警对城市交通的综合管理和控制。具体包括交通运行状态实时监测、交通态势动态分析预警、问题诊断及方案自动生成、实时动态交通组织、方案动态仿真分析、精细化违法管理。

（4）可视化集成精准指挥调度。

建立情报分析、指挥调度、精准勤务、勤务督查、信息服务于一体的可视化指挥调度系统，对大数据进行分析生成情报信息，及时预警，实时进行指挥调度，进行精准勤务。实现警情信息的地图可视化展示，交通设施集成管理、事件警情定位、警情精确处置、调度预案设置、精准指挥调度、控制诱导联动、部门联合作战。

（5）实时交通诱导服务。

通过诱导屏、互联网、车载终端、电台广播、微信等多种信息发布方式，将路网、交通组织、交通管理信息等实时交通运行状态信息、交通控制信息和交通状态预测信息发布给公众，实现交通信息的发布与查询，并进行出行路径规划。

（6）智能交通运维管理。

建设交通基础设施云端运维管理系统，实现对所有交通基础设施云化管理。实施交通基础设施身份制，开展交通基础设施可视化管理、设施实时状态监控管理、设施全生命周期管理、设施应用研判及预警管理，对运维管理数据动态分析，支撑项目建设决策，实施大众举报运维管理。

（7）智能化交通安全管理。

基于交通大数据平台实现大数据信息智能感知、融合。建立交通安全智能分析研判体系，实现交通安全精准预警与对策方案生成。高度智能化执法手段，精准化执法打击，针对严重交通违法行为实行"零容忍"策略，提高交通违法成本。利用智能化手段，创新安全宣传教育理念，丰富安全宣传形式与内容。制定综合措施，规范交通行为，培养良好交通意识，促进交通文化的形成，形成交通文化自信。

5. 形成智能现代化治理局面

智能化治理是利用先进技术实现交通治理的现代化，具体包括实施督导考评、精准便民服务、建立出行者诚信体系等。

（1）实施督导考评。

实施可视化勤务督导，严抓警官勤务，推进队伍正规化建设。建立监管监督系统，实现对个人、个案的精细化管理，通过PDA、电子档案实现民警执法全过程可监控、可查询、可追溯。

(2)精准便民服务。

建设基于大数据的交通管理精准信息服务,利用大数据分析技术,建立"数据＋决策支撑"新模式,根据大数据分析的重点、热点、关注点,精准查处,针对性制定决策,打造决策制定新常态。在大数据共享平台的基础上,实现交通信息政府、企业、公众共享,提高服务质量。基于大数据互联网技术,推行网上办事,实现由"面对面"到"键对键",交管业务网上预约办理,打造惠民平台。

(3)建立出行者诚信体系。

建立出行者诚信体系,推动信用信息共享和应用,建立守信联合激励和失信联合惩戒机制。建立个人信用基础数据库,整合机动车驾驶人和所有人基本信息、交通失信信息,生成文明交通信用记录档案,将严重交通违法行为纳入个人失信记录。推动交通信用与职业准入、个人信贷、车辆保险、评优评先等挂钩,对交通失信行为人实施相应惩戒措施。建设城市级别所有交通出行者信用记录评价体系,形成全民参与、社会共治的局面。

扫一扫查看原文

智能交通技术应聚焦实战应用,避免被概念虚化和技术左右

尚 炜　公安部道路交通安全研究中心副主任

> **导语**
>
> 近年来,智能交通技术在公安交管领域的应用日益加深、范围愈加广泛,提升了交通管理效能和事故防控水平,同时也为实现道路交通安全、有序提供了有力支撑。但智能交通建设投资体量巨大,投入应用影响深远,在此背景下,需进一步提高智能交通技术应用的系统性、科学性、实效性,避免重复投资和资源浪费、避免被概念虚化和技术左右。

一、公安交管领域中智能交通技术的应用情况

我国交通管理经历了从经验管理、科学管理到现代治理的发展阶段。随着管理理念的转变、管理方式的转型以及管理对象的丰富,公安交通管理领域应用智能交通技术的程度日益加深、范围愈加广泛,对传统的管理系统、管理设施、执法装备等进行了智能化改进,推动交通管理工作从人工式、经验式、粗放式、被动式工作模式向智能化、集成化、科学化、精准化、主动化方向转变。公安交通管理领域智能交通技术的应用主要集中在以下几个方面。

1. 应用于道路交通执勤执法，强化了勤务执法效能

以视频监控、图像识别、网络传输、大数据分析等技术手段为支撑，通过研发应用的缉查布控系统、集成指挥平台以及公安交通指挥中心等系统，在城市交通管理方面形成了"情报、指挥、勤务、督考"一体化现代勤务新机制，在公路交通管理方面形成了交通安全防控体系，建立了新型公路执法勤务机制，大大释放了警务效能。

2. 应用于城市道路交通管理，实现了精准化疏堵管控

以流量检测、信息通信、集成可视、数据挖掘等技术手段为基础，以交通指挥中心为载体，通过实时采集车速、流量等城市道路交通运行数据，监测城市交通运行状态，研判道路交通运行态势，为居民提供出行和停车信息服务，为科学优化交通信号灯配时提供基础，为制订交通管控方案、调度勤务力量、优化配置资源提供支撑，为应对城市突发公共事件提供保障，从而实现城市道路交通安全与畅通（图1、图2和图3）。

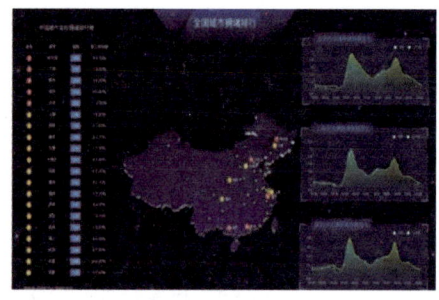

图1　公安城市交通指挥中心、城市交通态势实时监测系统

图2　城市交通信息诱导屏、电子警察违法抓拍系统

图3　自动识别感知缴费的智能停车系统、城市停车动态信息诱导屏

3. 应用于区域公路交通管控，保障了大动脉畅通运行可靠

以图像识别、信息通信、数据挖掘、环境感知等技术手段为依托，通过利用智能交

通技术，采集分析区域公路交通系统信息，研判区域公路交通运行状况、交通安全态势以及团雾、冰雪等恶劣天气影响，为长距离出行提供信息服务，为区域公路交通管控、恶劣天气及自然灾害等突发事件应急救援保障提供支撑，实现公路交通系统的安全有序畅通（图4）。

图4　公安高速公路交通指挥中心

4. 应用于道路交通安全防控，夯实了事故预防处置能力

以信息通信、地理信息、图像模拟、三维标定等技术手段为架构，通过对交通事故现场进行全面调查与实时还原，精准采集交通事故信息要素，智能科学分析交通事故成因，实现交通事故处置效率和统计分析能力的双提升，为深层次挖掘事故成因和科学鉴定事故责任提供了支撑（图5）。

图5　新一代无人机事故勘察设备

5. 应用于交通管理窗口服务，便利了群众交管业务办理

以互联网+、大数据、移动互联、云计算等技术为先导，通过最新研发的互联网交通安全综合服务管理平台、"交管12123"手机APP、语音服务热线等应用，打通线上线下交管业务流程，为群众提供在线预约、办牌办证、违法处理、事故处理等10大类130余项交管便民服务。

6. 应用于交通安全宣传教育，扩展了安全宣教普及途径

以信息通信、数据挖掘、实景虚拟等技术为突破，通过全民道路交通安全教育平台系统和交通安全宣传教育基地（图6），一改传统的被动式、运动式宣贯手段，为满分驾驶人、重点驾驶人、新驾驶人等不同群体提供精准化、针对性的宣传教育内容，提高宣传教育质量，切实提升驾驶人安全文明驾驶水平。

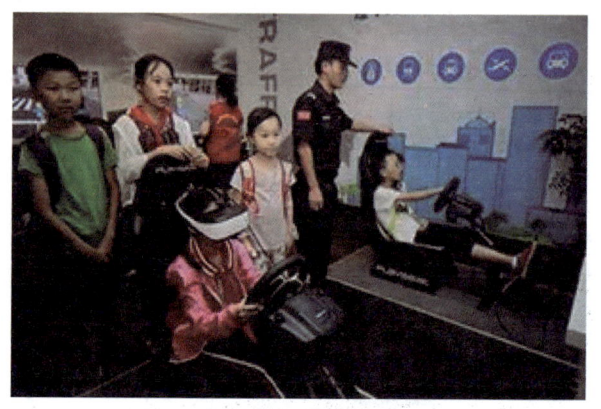

图6　可体验虚拟实景的宣传教育基地

此外，在机动车驾驶人考试、机动车注册登记查验、大型活动安保、重点车辆和驾驶人监管、队伍管理等方面，智能交通技术也得到了不同程度的应用，有效支撑了各业务流程的顺利开展。

二、公安交管领域中智能交通技术的应用成效

实践证明，智能交通技术显著提高了交通管理效能，提升了事故防控水平，加快推进了公安警务机制改革和交通管理模式的创新，让决策更科学、让管理更智能、让指挥更精准，为实现道路交通安全、高效、有序、便捷提供了有力支撑。

1. 有效支撑了现代交通治理体系的建立

智能交通技术的发展，特别是近年来大数据、云计算、互联网等新技术在交通管理领域的广泛应用，强化了系统治理、综合治理、依法治理、源头治理的手段与措施，对安全生产主体责任落实不够的企业、安全隐患突出的路段、安全性能不高的车辆、安全意识不强的驾驶人等风险要素，逐一分析研判和预警，在法治体系的主导下，充分依靠信息引领、科技支撑的治理方式，打造全环节、全过程监管链条，促进了现代交通综合治理局面的逐步形成（图7）。

图7　对重点驾驶人实时监测研判、根据在线情报及时拦截重点车辆

2. 切实保障了道路交通管理效能的提升

视频监控、卡口、移动终端等智能交通设备的广泛应用，确保了信息采集的及时性与精准性，为研判分析警情、制订方案预案、快速应急处置提供了支撑条件。大数据分析研判、数据挖掘分析等智能交通技术，确保了信息情报处置方案的科学性与全面性，为精准定位警情、研判趋势、信息推送、扁平化指挥提供了丰富的管控手段，实现了交通执勤执法、事故预防预警、交通管控诱导、交通组织优化、停车秩序管理等管控效能的提升（图8）。

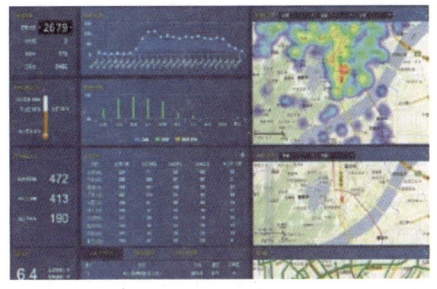 

图8 实时比对研判路面各类警情、运用数据比对情报拦截查缉套牌车

3. 全面服务于现代警务机制改革的推进

传统的定时、定点、定线、定人勤务模式已难以适应当前的变化，依靠信息集成与多点定位技术，促推传统勤务向现代勤务机制的转变，实现了情报主导警务的预警研判机制、高效精准的勤务指挥机制、路面立体网格化的勤务机制，以及科学合理的勤务监督考核机制。在服务群众方面，随着互联网尤其是移动互联技术的发展，交管服务模式已由传统的线下业务窗口办理转向线上和掌上办理，推动交管业务流程整合再造，满足了广大群众办得了、办得快、办得好的切实需求，形成了一系列交通管理"放管服"惠民措施（图9）。

图9 依靠情报主导的"铁骑队"勤务、"铁骑队"及时查控路面违法行为

4. 高效促进了各方共管共治及资源的融合

交管工作的核心是法治。一方面，大量的公安交管非现场执法设备对各类违法行为进行自动比对抓拍，同时辅以其他警种的治安视频卡口、交通部门的视频监控和重点车辆动态监控平台，形成了共管共治的线上执法系统，有效填补了警力不足的缺陷。另一方面，大量精准成套的执法数据也为进一步修法立法完善法律体系提供了重要依据。在城市交通源头治理中，大量交管部门通过信息采集设备获取的流量、车速、延误、需求分布等信息，通过信息互联互通等技术方式，可为城市规划提供重要编制修编依据，推

动完善城市交通规划、改善交通出行结构，在源头上破解交通拥堵难题（图10）。

 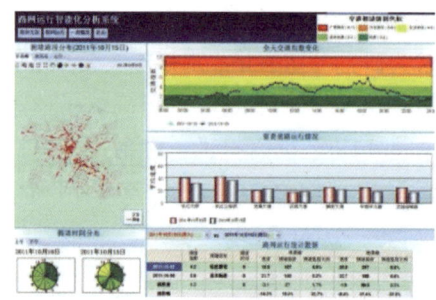

图10　共享运管部门动态监控平台信息、数据情报信息助力修编总体规划

三、对公安交管领域中智能交通技术应用的思考

2018年，我国机动车总量超过3亿辆、驾驶人超过4亿人，汽车产销量每年突破2800万辆，驾驶人每年新增3000多万人，公路总里程近480万km，年均新增通车里程8万km，机动车和驾驶人总量、增量均位居世界第一。智能交通建设投资体量巨大，投入应用影响深远，如何在此背景下进一步提高智能交通技术应用的系统性、科学性、实效性，避免重复投资和资源浪费，避免过度依赖智能交通技术，是值得我们认真思考的问题。

1. 准确把握发展目标，统筹顶层制度设计

科技创新在建设社会主义现代化强国中具有重要地位和作用，建立健全大数据辅助科学决策和社会治理的机制，推进政府管理和社会治理模式创新，实现政府决策科学化、社会治理精准化、公共服务高效化是中央政府的要求。这些都为智能交通技术深度融合发展提供了坚强的政治保障。因此，要在国家、公安部实施大数据战略，建设智慧政务、智慧交通、智慧公安的总体要求下，紧紧契合时代发展要求和公安交管部门的法定职责，围绕通过智能交通技术强化基础信息化、警务实战化、执法规范化、队伍正规化的基本要求，制定不同阶段、不同区域、不同类型的智能交通技术应用战略，编制公安交管智能交通技术应用规划，有效避免重复投资、重复建设和财政资金浪费，提高智能交通技术应用的系统性与前瞻性，为有效应用智能交通技术提供科学指引，为智能交通行业技术产品的研发应用提供导向，确保智能交通技术发挥实效。

2. 审慎应对新兴概念，聚焦实战精准应用

当今科学技术的发展走在了社会治理的前面，新兴技术的诞生伴随着一系列新兴概念的出现。在应用新技术解决交通难题时，一定要牢牢抓住公安交管部门的主职主责，明确各项技术是为交通管理工作服务的基本原则，避免出现被新兴概念和技术所左右的局面。同时，要强化面向业务实战的聚焦思维，针对当前交通管理面临的实际问题短板，通过智能技术强化解决问题、弥补短板的手段和能力，而不是仅通过智能交通技术实现对传统业务流程的包装。

具体来讲，一是聚焦于强化交通信号灯的科学高效功能，尤其是信号配时与流量特性间协调能力以及线面区域联控能力的提升；二是聚焦于破解停车难题功能，通过停车信息的共享诱导、优化供求匹配、远程线上执法等手段，提高停车效率和停车资源利用率，维护停车秩序；三是聚焦于城市和公路网络运行态势的实时全面感知与趋势研判功能，强化对路面信息情报的搜集掌控决断能力；四是聚焦于面向出行者的情报信息提供与动态诱导功能，既便利群众出行，又利于均衡路网流量；五是聚焦于公安交通指挥调度功能，按照平战结合的需求，增强对各类突发应急事件的指挥管控力度；六是聚焦于支撑交通政策研究制定及对上游各类规划修编功能。

3. 打造合作共赢机制，加强信息互联互通

智能交通技术发挥的基础，依赖于对路网运行动态、行为监测记录、车驾信息背景等一系列海量数据的获取与融合。当前，各部门各层级都已意识到数据的重要性，但对数据的开放共享意识还有欠缺。因此，要理顺以下两个方面的机制。一方面要理顺跨部门、跨行业的数据信息互联互通机制，建立多部门、多行业、多平台的开放共享信息系统，实现数据互联、信息互通、资源共享，一定要让数据信息动起来；另一方面，要增强对下服务意识，健全面向各地、面向基层的数据开放服务机制，把汇集的数据更多更好地服务基层一线、服务交管实战，并为基层多开端口，扩大授权范围，引导基层学会分析、主动应用。

4. 夯实交通基础工作，筑牢智能交通根基

受经济发展、物力、财力等多种因素制约，我国东中西部呈现出不同发展应用状态，东部地区和部分大城市当前交通管理已初步迈入智能化、精细化、信息化阶段，与城市交通治理、公路秩序管控、事故快处快赔、车驾管服务、队伍建设管理和交通安全宣传等业务深度融合，科技创新引领局面不断迈入新台阶；但当前全国667座城市中，还有400余座中小城市的智能化技术应用、基础信息系统建设等相对滞后，加快推进基础设施和信息化建设、提升交通管理工作软硬件水平的任务仍较艰巨。同时，完善系统的道路交通基础设施和交通工程设施是智能交通技术发挥作用的前提条件，因此，要进一步制定好基础标准规范，提高信息采集质量，确保智能交通技术发展的基础完备，根基牢靠。此外，智能交通技术发展也要向车联网、自动驾驶等技术提供集成融合的空间，确保智能交通科技外延属性的建立，扩展智能交通技术发展应用的多向维度。

扫一扫查看原文

新时期文明交通应从"面向车"向"面向人"转变

戴继锋 中国城市规划设计研究院城市交通研究分院副院长、深圳分院副院长

> **导语**
>
> 未来交通发展的方向是面向人服务的，怎么才能做到从"面向车"到"面向人"？怎么才能建设比较理想的、为人服务的交通体系呢？

一、新时期文明交通应该思考哪些问题

1. 城市发展的路径正在改变

传统的城市发展路径是"建设新城——招商引资汇集产业——聚集人气",新时期的城市发展路径则是"吸引人才——依靠人才带动产业发展——以产兴城",在该发展路径下,人的需求也发生了变化,越来越关注绿色、健康。

2. 交通体系的发展面临变革

在新型城镇化背景下,传统的交通体系面临深刻的变革,生态文明时代的绿色交通典范城市成为各国的交通发展蓝图。

2016年2月发布的《中共中央国务院关于进一步加强城市规划建设管理工作的若干意见》中明确提出:树立"窄马路、密路网"的城市道路布局理念;优先发展公共交通……统筹公共汽车、轻轨、地铁等多种类型公共交通协调发展;加强自行车道和步行道系统建设,倡导绿色出行。

3. 从交通到交往,从车到人的价值观转变

现代城市交通体系更加强调对人的关注,应顺应城市发展规律的要求,树立行人优先的理念,改善居民出行环境,保障出行安全,倡导绿色出行,切实转变过度依赖小汽车出行的交通发展模式。

二、人性化交通系统的五个核心问题

1. 对"窄马路、密路网"的认识

"窄马路、密路网"也要因地制宜,根据不同区域的空间基底和片区功能采取不同的落实模式,而不应一刀切。在城市重点功能区(例如CBD等地区)应该保持着力提高道路网络密度,而在城市外围地区可以结合街区的功能,利用多元途径实现从"封闭"走向"开放"。

目前国内大多数城市建筑后退间距较大,达到10~15m,甚至更大。这种建筑后退间距在小尺度街区的情况下需要优化,当道路间距在200m及以下时,建筑退线应相应减少,而不是维持在10m以上。

如果街区尺度较小,还可根据地块尺度适当缩窄交叉口渠化,优化地块出入口到路口的距离。

2. 对步行和自行车交通发展的认识

(1)转弯半径可适当缩小。

根据实证研究,车辆进入弯道的平均速度基本一致,约为20km/h,转弯平均速度为15km/h,与既有规范的规定有一定差距,且车辆转弯半径与现有国标规定相比有大幅度降低的空间(表1)。

在人流高度集中的片区,建议改变现有规定的路缘石半径设置规定,按照20km/h的速度要求转弯,同时进一步降低路缘石半径数值(表2)。

国标对交叉口路缘石转弯半径的规定 表1

右转弯计算行车速度(km/h)		30	25	20	15
路缘石转弯半径(m)	无非机动车道	25	20	15	10
	有非机动车道	20	15	10	5

根据实验数据得出的路缘石半径建议值 表2

道路条件		路缘石半径(m)	机动车有效右转半径(m)
城市主、次干路	无非机动车道	10~12	10~12
	有非机动车道、无机非隔离带	8~10	10.5~12.5
	有非机动车道、有机非隔离带	6~8	10~12
城市支路	无非机动车道	8~10	8~10
	有非机动车道、无机非隔离带	6~8	8.5~10.5
	有非机动车道、有机非隔离带	4~6	8~10

（2）交叉口范围内可以绿化种植。

很多地方出于防止遮挡视线的原因把路口林荫取消，而实际上，真正妨碍驾驶人视线的是大量的桥墩、过高的护栏和标语牌、违法停车。根据《城市道路交叉口规划规范》（CJJ75—1997）4.2.4条，道路交叉口范围内可以种植行道树，且行道树应采用通透式配置，选择分叉点较高的乔木，间距大于4m，不得影响驾驶员视线。

（3）需制定行人和自行车专用标识系统。

目前缺乏针对步行和自行车交通的标识系统，需要进一步整合现有标准规范中的步行和自行车标识相关规定，构建面向行人和非机动车完整的标识系统。

3. 对客运枢纽与城市协同发展的认识

我国城市基本都是将铁路车站设置在城市外围，但随着城市化进程和城市规模的扩大，铁路车站逐渐进入中心城区，铁路和城市轨道交通应一体化规划，真正把城市居民出行服务放在第一位，提高交通枢纽布局与城市功能区的耦合程度。

4. 对完整街道的认识

完整街道是指空间上完整、功能上完善，对建筑到建筑、街道空间进行一体化设计，不局限于两条道路红线（图1）。

5. 对老城区交通治理的认识

老城区交通治理的主要矛盾是秩序问题引起的交通拥堵，局部是因为容量问题。在对老城区治理中，要识别好所对应的老城区处于城市发展的什么阶段，然后采取对应解决措施（图2）。

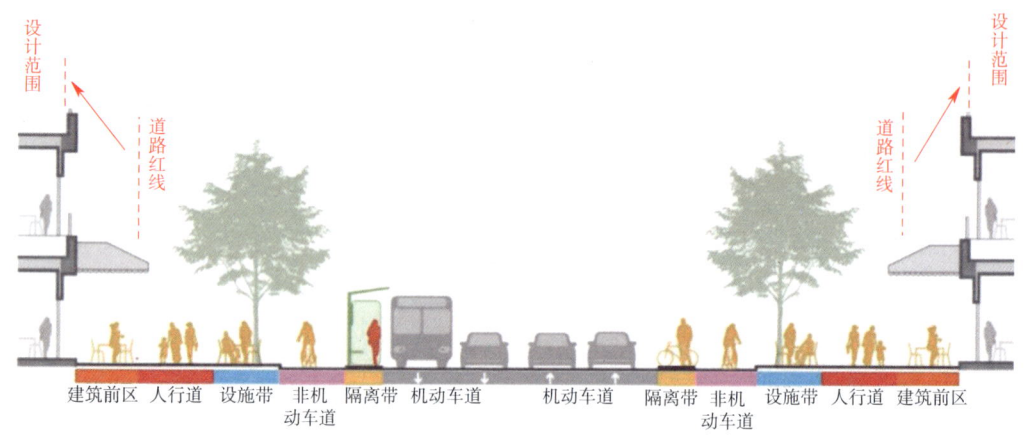

图1 完整街道设计管理不局限于道路红线

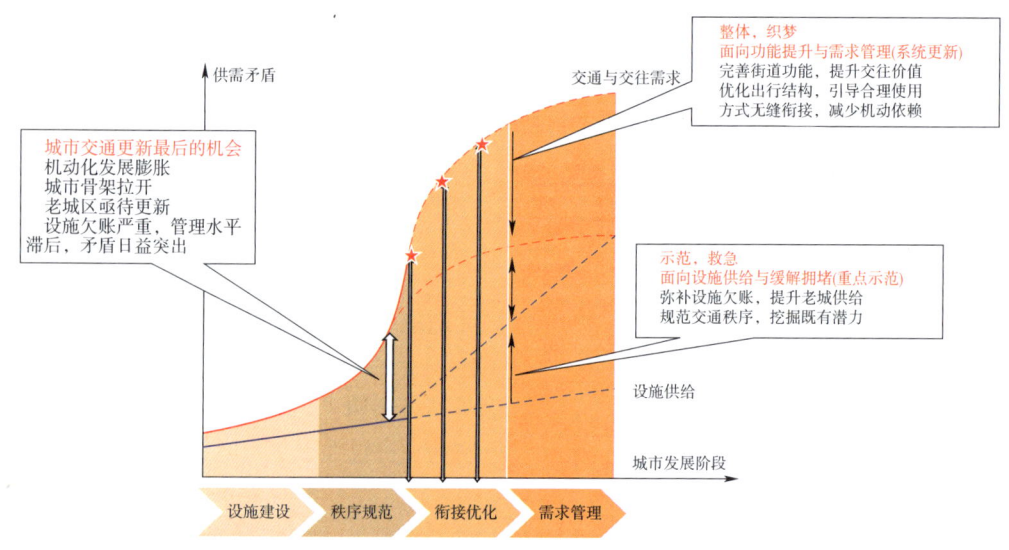

图2 城市发展阶段与交通供需矛盾

解决老城区的交通治理问题，不能只着眼于当前，还应兼顾长远，确保环境协调，以民生为导向。

三、如何从交通管理走向交通治理

从"交通管理"到"综合治理"的转变内涵包括三个方面，即：社会公众从接受者向参与者转变；综合交通体系"从车到人""从交通到交往"转变；交通管理由从上而下的管理向多方参与的共治转变。

现在交通管理的机制是规划完成后移交给建设阶段，建设完成后再移交给交通管理，交通管理部门面向社会大众，而综合治理的出发点是政府、企业和公众共治，所以交通管理工作要在整个工作流程中前置，将问题解决在图纸和规划阶段。

城市"交通大脑"非万能,脱离实际只能是"水中月、镜中花"

王长君　公安部交通管理科学研究所所长

导语

当下,以大数据、云计算、人工智能为主的新一代信息化技术快速发展,这些新技术在给道路交通出行带来便捷的同时,也带来了一些问题。我们应如何更好地利用新技术来助力道路交通管理工作呢?

一、略显尴尬的交通管理科技信息化应用现状

20世纪90年代末,我国智能交通系统开始快速发展,各种ITS技术在城市和公路交通管理中得到越来越多的应用,其中公路卡口交通监控系统、闯红灯和超速"电子警察"等技术装备以及城市交通指挥中心的建设和应用最为突出。2010年以来,交通管理综合信息平台、公安交通集成指挥平台和互联网交通安全综合服务管理平台的推广应用,极大提升了我国交通管理科技化和信息化水平。总体而言,以交通管理信息系统为基础,以城市交通指挥中心为载体,以"电子警察"等各类执法技术装备为手段的科技信息化应用,在有效打击路面严重交通违法行为、服务广大人民群众安全出行等方面发挥了重要作用,有力支撑了道路交通管理工作(图1)。

图1　"电子警察"等各类执法技术装备,有效打击了路面严重交通违法行为

但我们也应该清醒地看到，在智能化、信息化快速发展和大规模技术应用的同时，我国城市道路以及公路上的交通通行秩序总体上并未出现根本性好转，长期占用超车道、随意变道、争道抢行等违法和不文明交通行为仍然普遍存在，严重影响路面交通秩序，制约交通通行效率，同时还诱发了大量交通拥堵和交通事故。过去20多年来，大量的科技投入和技术应用对交通违法者实施了大量的非现场执法并产生了大量处罚扣分的同时，也使道路使用者片面地形成了这样的想法，即遵守交通规则就是为了避免被处罚、交警是为了处罚而执法，而不是为了安全和秩序。久而久之，法律的尊严、执法者的权威、守法者的自觉意识出现进一步弱化，机动化社会必须形成的"上路就必须严格按交通规则出行"的社会意识和氛围，很难在道路使用者中达成共识。

随着大数据、人工智能等新一代信息技术的快速发展，创新导向必将会驱动越来越多的新技术在交通管理中得到尝试和应用。在这样的发展时期，我们需要更深入地思考和分析过去20多年来科技信息化发展的经验和教训、遗憾与不足，更好地围绕道路交通管理的现状来分析实际需求，更多地以成本意识、效率优先的思路和原则谋划交通管理科技信息化下一步发展的重点、节奏和力度，避免使交通管理科技信息化工作陷入投入与产出不匹配、为了创新而标新立异，甚至是炒作概念和技术的漩涡之中。

二、交通管理科技信息化的发展亟待增强 4 个方面的意识

道路交通管理的主要目标是维持道路交通安全和出行畅通，道路交通的安全和畅通也只能是建立在良好的路面交通秩序基础上。交通管理科技信息化应用和发展的一个重要目标是减少交通违法行为，促进形成并维护良好的道路交通秩序。交通管理科技信息化在经过较长时间的快速发展后，现阶段特别需要强化4个方面的意识——规则意识、经典意识、系统意识和成本意识。

1. "规则"意识

机动化是人类社会进步发展的必然阶段，其首要特征是快速、高效。机动化社会比非机动化社会及以往任何一个社会发展阶段都更需要有严格的规则意识和行为，机动化条件下快速的个体交通出行比任何其他个人行为更需要严格的规则意识。缺乏规则意识的交通行为会直接导致秩序混乱，进而会诱发交通碰撞和交通拥挤，从而导致生命财产损失增加、社会效率大幅降低。

从我国道路交通的发展现状来看，要更好地形成严格按照交通规则出行的意识与行为，需要全面理清并强化"路权"的概念，也就是"道路通行权"，需要在政策法规和规定、技术标准和规范、交通管理和执法设施、培训考试和宣传教育等各个层面花大力气进一步强化"路权"原则，从而尽快形成从交通参与者、交通政策制定者、交通执法管理者到交通专业技术人员都能够准确理解、把握、遵守、执行的"路权"思维，构建"人人理解路权、个个遵守规则、交通井然有序"的机动化社会优良的交通环境，这也是交通强国建设的基础和基本目标。

2. "经典"意识

我们知道，智能交通系统是在道路基础通行能力得到有效发挥的基础上，通过ITS技

术来充分挖掘路网的通行能力，提升交通出行效率；大数据、人工智能等新技术是要在交通信息和数据得到全面、有效采集和处理的基础上才能得以应用。由此可见，科技信息化在道路交通领域的应用是有条件的，需要基础和积累——需要按照传统的或者说经典的交通工程理论和技术来规范设置交通标志标线、路口渠化配时、交通信号控制、交通组织优化等，才能有效发挥出路网的基础通行能力和通行效率，否则ITS技术只会事倍功半，效果大打折扣（事实上，过去20年我国ITS的发展和应用也部分印证了这一点）；大数据、云计算、人工智能所构建的城市"交通大脑"也需要在感知、获取较为完备的交通及相关数据基础上，依托传统或经典的交通系统原理、方法进行认知、解释、计算、仿真、决策，以实施更为有效的交通组织和控制，从而使区域路网的承载能力得到更大的提升。不了解道路交通的基本理论和规律，不掌握交通工程的基础原理和方法，再好的科技手段和信息化技术也不能发挥出应有的作用。

3. "系统"意识

道路交通系统是由人、车、路、环境构成的，良好的交通秩序、安全的交通环境，需要通过有效的培训考试和宣传教育、严格的交通执法和管理、科学合理的工程和技术应用三个方面（简称"3E"）系统实施、协同作用才能逐步形成。其中，培训考试和宣传教育是要使得交通出行者懂得应该怎么做，交通执法和管理是要使得交通出行者明白必须这么做，工程措施和技术手段是要使得交通出行者清楚只能这么做。因此，期望通过利用科技信息化手段来改善路面交通秩序、缓解交通拥挤、预防交通事故，应该在培训宣教、执法管理、工程技术三个方面系统考虑、系统投入、系统实施，才有可能获得最大效益、达到最佳效果，孤立、单纯地在一个方面投入、应用，是难以取得明显成效的。

4. "成本"意识

交通管理科技信息化应用必然会涉及大量的技术开发和资金、人力投入，科技信息化应用更多的是政府行为，不应该也不可能以"烧钱"的方式或互联网企业的融资模式来进行。我们必须摒弃"不差钱"意识、"暴发户"心理，杜绝浮躁的心态和任性的行为，避免产生"什么先进马上用什么""什么时髦立即追什么""什么概念诱人马上实践什么"的盲动。科技信息化应用不能"不计成本"，而是要"精打细算"，多算算成本效益比。只有这样，才能把科技信息化的目的回归到真正能够有效、精准解决交通实际问题的本质上来。

当然，强调这4个方面的意识，既非否定科技信息化已然取得的巨大成就，更不是要弱化科技信息化下一步的发展和应用，而是要更加科学、合理、精准地实施科技信息化，使之发挥出更好、更大的作用。因为新时代道路交通管理工作、交通强国建设这些伟大而又艰巨的任务，需要尽快彻底改变以往初级发展阶段和粗放管理模式下所形成的固有思路和方法。我们需要认清现阶段路面交通秩序这个"牛鼻子"，进一步探索通过科技信息化手段来改善路面交通秩序的有效途径，从而更好地应用交通工程等基础技术。

同时，我们也要以更加宽阔的视野、更加开放的心态，以数据思维来研究、创新交通管理的思路和方法，融合多源交通出行数据、搭建共享应用平台，让科技信息化新技术在道路交通管理领域发挥出应有的作用。

三、科学应用新技术有效改善交通秩序的思路与途径

从视频监控到智能交通，从"电子警察"到人脸识别，跨际的科技信息化技术应用并未能在道路交通秩序的整体改善上发挥出更为明显的作用，那么，如何更好地破解"尽快有效改善交通秩序"这一难题？首先需要更加深入地理解、诠释科技信息化的内涵。科技信息化=科学+新技术+信息化，而现阶段尤为重要的是"科学"的内涵。这里的"科学"主要是指科技信息化过程中的科学思路、方法、路径，或是科技信息化过程中的科学精神，其内涵是指新技术应用应该符合我国现阶段道路交通发展的实际需求，能解决当前的主要问题，是要构建新技术应用所必备的基础，是要在新技术的实施过程中体现出综合、系统、准确、实用的理念。"科学"引领的科技信息化路径、科学精神指导下的交通秩序改善之路，既需要在培训考试和宣传教育、工程技术和交通设施、交通执法和管理三个方面同时并举，也需要综合应用交通工程、智能交通技术以及互联网+、大数据和人工智能等新一代信息技术来实现。

1. 培训考试和宣传教育的精细化

人类历史上从未有过的快速机动化、城镇化进程使我国广大交通参与者在充分享受交通出行快速、便捷的同时，也充分暴露出其在交通规则意识、交通安全行为方面的滞后和欠缺。而我们对道路通行权的理解和重视、宣传和教育的不足，在驾驶人的培训和考试过程中对强化和培育规则意识、安全行为的忽视和缺失，导致大部分交通参与者乃至整个社会仍然普遍缺乏路权概念、规则意识。

我们需要深入研究快速机动化、城镇化环境下我国机动车驾驶人及其他交通参与者的交通行为特征、规律以及分布，系统梳理以道路通行权为基础的交通法律法规和技术标准规范，全面构建以"路权、规则"为核心的驾驶人培训考试和宣传教育的完整体系，使所有道路使用者牢牢记住上路应该怎么做。同时，也要充分应用移动互联网、车联网、出行大数据、人脸识别、机器学习等新技术，对交通参与者的行为进行更加准确的刻画，从而可以区分出诸如交通违法和事故多发、从事客货营运、有激进驾驶倾向等特征的各类人群，有针对性地通过移动终端、信息屏、APP等途径向特定人群推送出行引导、交通安全提示、交通违法告知等信息，实现"点对点"的信息服务、宣传和教育，实现提升交通安全意识工作的精细化和主动性。对于一些不能复制的交通场景，可以运用虚拟现实、模拟驾驶等沉浸式体验技术，对车辆驾驶人的驾驶行为、步行者的过街行为或交通管理者的执法行为进行实操培训，强化培训和宣教的效果。

2. 工程技术与交通设施的精确化

不管是城市畅通工程建设，还是智慧城市建设，各级政府在快速的机动化、城镇化进程中对智能化、信息化的投入都还是非常大的。但与此同时，我们在更为基础性的交通工程和交通控制技术的研究、应用方面，却跟不上发展的实际需求。如果说培训考试和宣传教育是让所有道路使用者牢牢记住上路应该怎么做，那么交通标志标

线、交通控制设置则是让道路使用者感觉到在路上只能这么做。我们需要从最为基本的交通标志标线，特别是指路标志和诱导标志开始进行更为专业、精细和人性化的设计、设置。既要考虑标志标线和交通控制设施的设置，要给道路使用者简单、清晰、不二的选择和提示；也要考虑到道路使用者没看明白标志标线的情况并设置错过后的补充性提示和引导。交通标志标线和交通控制诱导是为普通交通出行者，特别是不熟悉路况的人服务的，这方面我们还做得很不够。

同样，交通信号控制的智能化首先应该体现在对交叉口的交通渠化、相位、配时和周期以及交叉口之间相位差、绿波带的精细化设计上。我们鼓励"互联网+交通信号"的探索和尝试，但首先需要用交通专业的视角和冷静的分析，明白基于移动互联的小样本轨迹数据在交通信号的实时优化中究竟能起到多大的作用，而不是匆忙地宣布提升了多少通行能力和通行效率。事实上，移动互联网出行数据与城市交通流量采集系统、公安交通集成指挥平台等的信息共享等方面的尝试和初步应用表明，在微观层面来分析、掌握交通拥堵发生的时、点、段并进行准确的交通诱导，在中观层面分析道路网的交通流量变化规律并诊断问题产生的原因，从而进行精确的交通组织、协调控制、流量调节、限行管控等措施，在宏观层面分析城市交通运行状况，评价城市交通的管理水平，支撑交通管理部门科学决策等方面是较为有效的。

3. 交通执法和管理的精准化

构建良好的交通秩序既要使驾驶人清楚在道路上应该怎么做、只能这么做，更要让他们明白必须这么做，严格按照交通规则行车，否则，就会立即受到处罚。我们对若干年前在发达国家或地区考察时听到、感受到的情形一直记忆深刻、敬佩不已：无论是白天还是夜晚、闹市还是郊外、街道还是高速公路，一旦出现严重超速等违法行为，警察很快就会出现并查处。过去20年来，各地也安装了大量的监控闯红灯、超速等行为的"电子警察"，近年来二次识别、人脸识别等新技术不断得到广泛应用，可以及时、精准发现路面各种交通违法行为。但与此同时，我们更应该有适度的路面交通巡逻和现场执法，应该有配套的路面执法管理勤务来支撑科技信息化应用，及时地指挥调度警力，准确地拦截查处、消除违法行为，从而打击交通违法者的侥幸心理，形成有效的震慑作用。特别是通过科技信息化手段构建"情、指、勤、督"四位一体现代勤务体系，用数据驱动、融合执法管理全过程，使交通管理感知、预警、指挥、调度、监督、考核等环节运行更加顺畅、衔接更加紧密，有效提升执法管理的主动性、精准性、实效性，努力实现城市道路交通治理能力的现代化。

四、充分应用新一代信息化和智能化技术构建交通管理"数据大脑"

2009年1月，IBM首次提出"智慧地球"概念，同年提出"智慧城市"解决方案。之后我国上百个城市结合信息产业发展提出了建设"智慧城市"的理念，即通过依靠大数据、云计算、物联网、人工智能实现城市中人与人、人与物、物与物的信息交互与服务。"智慧城市"从概念到实际建设，最先能落地并实用的领域之一就是交通，因此"智慧交通"成为各地率先建设发展的内容。不管是"智慧城市"还是"智慧交通"，其实质都是在大数据、云计算、人工智能等新一代信息化和智能化技术快速发展的大背景下，通过对城市或城市交通相关信息的获取、交互、理解、判断、决策、应用，来更好地实现对城市或城市交通的治理和服务，通过类似于人类大脑的感知、认知、决策和指挥能力来缓解城市或城市交通的问题并提供服务，因而其核心部分被形象地称为"城市大脑"或城市"交通大脑"。在城市交通领域，智能化和信息化已经有了相当长时间的探索发展和应用积累，特别是在缓解城市交通拥堵方面。但是道路交通系统因其不连续、不可控、不可测、强非线性的特征，"交通大脑"的建设不可能是一蹴而就、一步到位的，同样也因为交通系统的复杂性，"交通大脑"能发挥出来的作用也会是渐进的、甚至是有限的（图2）。

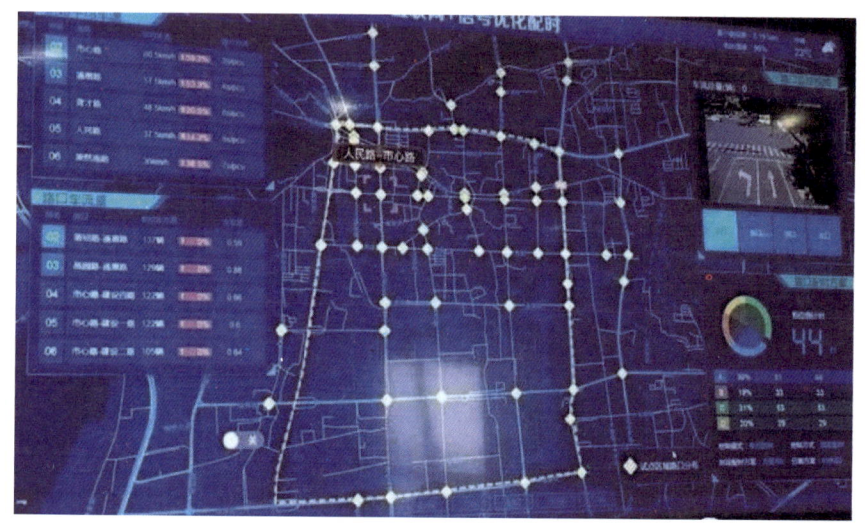

图2　"智慧交通"的核心部分被形象地称为"城市大脑"或城市"交通大脑"

1. 别高估了城市"交通大脑"的作用

城市交通拥堵的根本原因是交通供给不能满足交通需求，而交通供给和交通需求的矛盾受多方面综合因素的影响和制约。在我国，既有机动化进程过快、车辆急剧增加所导致的道路基础设施、服务设施、管理设施的供给跟不上，以及快速城镇化过程中城市规划、城市交通规划不协调、不合适，也有交通参与者的交通行为和规则意识跟不上，交通管理和服务能力和水平跟不上等多方面原因。因此，缓解城市交通拥堵的对策也必须是多方面的、综合的，不能指望某一措施或技术手段能发挥出巨大作用或是彻底解决问题。

城市"交通大脑"通过视频图像的结构化处理、人工智能新技术来更好地分析、利用各种交通相关的信息，实现"眼疾手快""当机立断"地调节信号配时、优化交通控制和交通组织，在一定程度上能缓解交通拥挤，特别是当路口的交通控制很不合理、路网的交通组织很不科学时，短时间内是能起到一定作用的。但是，道路交通系统的自适应、自调节现象会逐步抵消最初的效果。城市"交通大脑"的概念顺应、把握了新一代信息化、智能化技术的发展趋势，在其建设和完善发展过程中，只有充分与城市交通系统自身的原理和规律很好地结合，与道路交通的实际需求紧密地结合，才会逐步发挥出其应有的功能和作用。但即使如此，也难以完全解决交通拥堵问题，因为交通拥堵本质上是由交通供给和需求的不协调所致的，交通供给和需求之间也是相互关联、制约、调节的。城市"交通大脑"不是万能的，如果领域内再次热衷于概念炒作，不脚踏实地地结合具体需求和应用去做好设计、研发、试点和逐步推广完善工作，"交通大脑"必然会成为又一个中听不中用的花钱摆设或是"水中月、镜中花"。理智和冷静仍然是道路交通科技领域急需服用的一剂良药。

2. 建设交通管理"数据大脑"的条件逐步成熟

城市"交通大脑"概念给我们的最大启示是，人类社会进入到数据时代，我们需要更充分地采集、汇聚、分析、应用好数据，需要将数据应用与需求、与业务更紧密地对接。公安交通管理部门已经构建了全国性的交通管理综合应用平台、互联网综合服务管理平台、交通集成指挥平台，各地公安交管部门也都建立了城市交通指挥中心和城市交通集成指挥系统，出行领域的互联网公司也构建了地图导航、网约车、共享单车、货车物流运输等服务平台，与城市交通相关的很多部门和企业也在研究构建未来的车联网平台。这些平台和系统的数据可以更好地汇聚起来，构建交通数据资源库并通过对数据的分析转化为对交通的认知，将现实中时变、强非线性的交通系统演变为可计算、可表达、可演绎的虚拟交通世界，并基于交通系统的原理、特征和规律，再提出可实施的交通管理策略和措施，提供相应的交通服务。从这个角度来看，建设交通管理"数据大脑"，提升基于数据的交通管理和交通服务的能力和水平是非常必要的，也是可行的。

3. 做好交通管理"数据大脑"顶层设计

"数据大脑"是道路交通管理科技信息化发展的必然产物，要建设好、应用好，必须解决好以下几个方面的问题。

首先，需要解决数据的融合问题。打通城市交通指挥系统、交通管理综合应用平台、互联网出行服务平台、交通集成指挥平台和将来的车辆智能网联平台等信息系统，实现数据流转和共享，构建统一的交通大数据应用基础。

其次，需要解决应用能力问题。通过数据融合、分析、诊断对交通系统形成"感知"，通过构建模型和计算识别道路承载能力、交通运行状态形成"认知"，通过智能交通系统和勤务体系"执行"和反馈大脑的决策，形成从感知到认知到执行的一体化智慧应用体系。

最后，需要解决架构设计问题。参考大数据云平台的思路，划分数据层（资源）、计算层（能力）和应用层（场景）等构成，并明确各层所需要的功能和技术标准，形成数据驱动的"交通大脑"总体架构。对于交通管理"交通大脑"的发展应用，我们不能再单纯停留在概念层面上，而更需要行动起来，建设能落地应用的系统和平台，扎扎实实提升交通管理能力，推动道路交通秩序的改善。

扫一扫查看原文

关于"交通大脑"的三个"为什么"

王长君　公安部交通管理科学研究所所长

> **导语**
> "交通大脑"可以说是当前交通管理科技的热点之一。那么,"交通大脑"是会成为公安交通管理未来发展的一个突破点,还是会成为下一个"痛点"呢?

一、"交通大脑"的产生是必然的

1. 我国交通管理科技经历了智能化、信息化的发展过程

我国公安交通管理科技的发展是一个智能化发展的过程,先后经历了以下几个阶段:

(1) 20世纪80年代后期,交通工程理论和技术进入我国,上海、北京引进了国外交通信号控制系统;

(2) 20世纪90年代,基于CCTV的交通电视监控系统及卡口闯红灯抓拍系统在国内逐步出现;

(3) 21世纪初,以城市交通集成指挥系统、城市交通诱导系统以及缉查布控系统等为核心的城市交通指挥中心在各个城市得到不断地建设、应用和发展;

(4) 2010年以来,随着公安部"两化"(城市道路交通信号灯配时智能化和标志标线标准化)工作的推进,交通信号控制的智能化和互联网+、视频图像处理技术的结合又有了很大的发展(图1)。

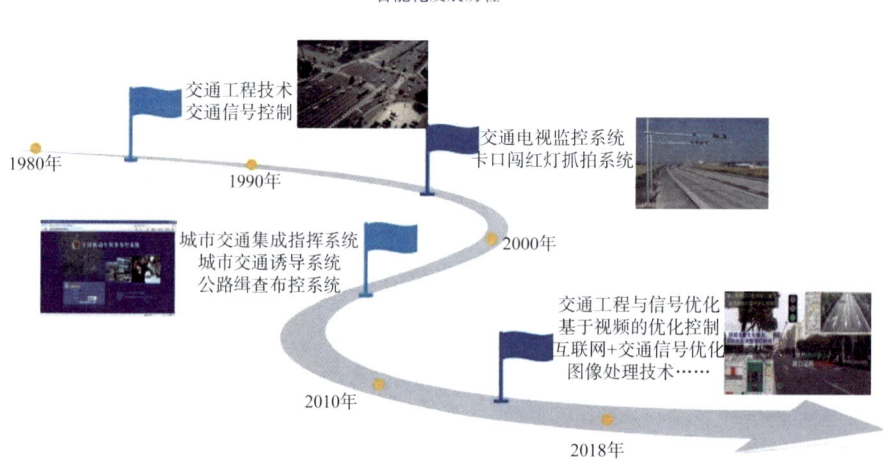

图1　我国公安交通管理科技智能化发展历程

同时,公安交通管理科技的发展也是一个信息化发展的历程,具体发展阶段如下:

20世纪90年代后期,公安部开发了全国进口汽车计算机核查系统;

2003年,开发了全国机动车和驾驶人信息管理系统;

2007年,开发了全国交通事故和交通违法系统;

2010年,在原有系统基础上结合各地交警队信息系统,开发了"六合一"平台;

2013和2014年,全国互联网综合服务平台、全国公安交通集成指挥平台得到了开发、应用和完善。

目前,以大数据分析研判支撑交通执法、业务监管以及交通信号控制等,包括以图搜车、基于AI和机器学习的集成指挥平台的一些技术应用也得到了很大的发展(图2)。

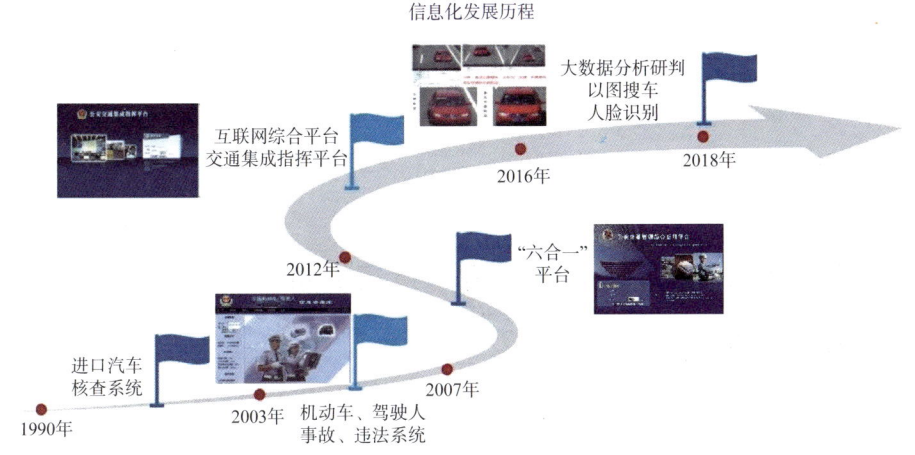

图2 我国公安交通管理科技信息化发展历程

2. 交通管理科技智能化与信息化的融合

随着大数据、云计算、人工智能等技术的快速发展,智能化系统和信息化系统两个原本独立的系统,从相互联系发展为不断融合,信息化支撑着智能化的有效应用,智能化又有助于信息化作用的发挥。全国公安交通集成指挥平台就印证了这一融合趋势。从某种程度而言,我们现在已经很难区分公安交通集成指挥平台究竟是信息化平台还是智能化平台,两者已经合二为一。其中更为重要的融合是以往两个系统中大量信息、多元数据的汇聚、融合计算,以及在计算基础上的决策。此外,新兴的基于RFID技术车辆识别应用、车联网系统、自动驾驶测试等技术的发展,使智能化和信息化的融合趋势和进程更为迅速。

3. "交通大脑"是智能化和信息化融合发展的必然产物

在有效的多源数据基础上产生的状态数据、身份数据,如何来支撑公安交通管理、交通控制、路面交通执法、业务监管及面向社会、大众的服务呢?这就需要我们在业务需求分析基础上,结合交通工程传统的经典理论,基于智能化算法,从精准描述交通运行和管理状态的底层数据中发现复杂、隐藏的规律,以及解决问题的优化路径,再到行动层面上采取解决问题对策的最佳措施。我们形象地将这一从感知到认知再到行动的过程,称为"交通大脑"。

我认为,"交通大脑"的产生,不仅是交通管理智能化、信息化融合发展的一个趋势,更是经济社会发展到今天,新一代信息化技术和传统的智能化技术相互融合的情况下,在道路交通领域的必然产物,因此,"交通大脑"的产生是必然的(图3)。

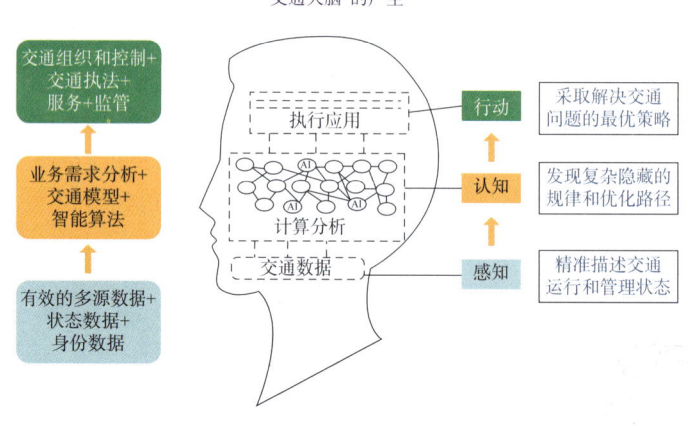

图3 "交通大脑"的产生

二、为什么说"交通大脑"的发展是渐进的

1. "交通大脑"的建设面临诸多挑战

"交通大脑"的建设究竟难在哪?从数据的汇聚、融合、计算,再到"交通大脑"最终发挥作用的顶层架构,面临的困难和挑战主要有以下几个方面。

(1)数据质量:20世纪80年代后期,我国引进了国外信号控制系统。截至2019年我国也有至少五六十种交通信号控制系统。虽然拥有大量的交通信息采集系统和采集手段,但现有信号控制系统在交通流量采集上,仍有很大的欠缺和不足。同样,虽然集成指挥平台在全国已有广泛应用,但路面交通监控系统的安装、调试到维护以及图像传输质量仍然存在很多问题。

(2)传输带宽:采集的图像和数据能否顺利传回来也是需要解决的问题。

(3)存储与算力:对公安交通管理部门来说,需要多大的投入来完成这些结构化的、非结构化的数据图像的存储?又需要多大的投入才能对这些数据进行有效的计算?

(4)算法研发:对数据进行挖掘和应用需要有数据工程师,但对于公安交管部门来说,这方面的资源非常稀缺。而对具有数据计算能力的企业来讲,对交通管理业务需求缺乏足够的了解,在交通工程基础理论和应用方面缺乏有效积累,这三者间的融合合作,又在什么时候能够很好地完成?无论是数据的算法研发,还是"交通大脑"的建设,如果不能很好地和交通管理的业务需求结合起来,不能和传统的经典的交通工程理论模型结合起来,即便再好的算法,再强的算力,也不足以支撑公安交管部门来缓解交通拥堵、预防交通事故等问题,"交通大脑"也注定会成为水中月、镜中花。

2. "交通大脑"的架构需要时间研究、探讨

20世纪90年代,公安交通指挥系统的架构是"烟囱式"的;2000年发展为"集成式"的,实现了不同应用子系统之间的数据在物理层面的共同存储、相互调用。经过20

多年的发展,从公安网到专网再到互联网有着大量的应用系统,这些系统需要以一种什么样的架构才能够满足我们对"交通大脑"的期望?这需要有一个研究、开发、建立,乃至最终形成标准的过程,需要花费比较长的时间去研究和探讨。所以说"交通大脑"的建设是渐进的。

3."交通大脑"在功能上的发展也必须是渐进的

从功能角度来讲,我们可以来看当前"交通大脑"在做什么?还需要做什么?还需要做哪几个方面?到目前为止,全国大多数"交通大脑"的开发应用主要在缓解城市交通拥堵方面。"交通大脑"主要通过车载导航数据和交通信号、交通流量采集系统的数据,包括从视频图像所获得的车辆状态数据、身份数据来做城市路面交通状况的实时诊断,对某一路口、某一小区域进行交通信号的优化控制,包括交通组织诱导。要想满足公安交通管理部门整个管理需求,这还远远不够。

我们需要通过"交通大脑"快速发现路面的突发事件、交通事故,并提出应急救援的措施;更需要"交通大脑"能够从安全的角度告诉路面执法者、交警决策部门,什么样的人有什么样的交通违法行为,什么样的车存在交通违法行为,例如驾驶人有没有系安全带,有没有酒后驾驶等。我们需要"交通大脑"通过分析给出这些数据、资料和信息。同时,我们还需要"交通大脑"能够对交通运行状况、交通事故、交通安全做出预警和预测;需要对车驾管、违法处理窗口进行有效的业务监管以及便民服务等(图4)。

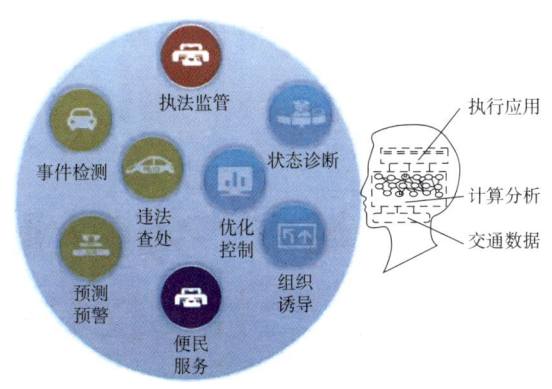

图 4 我们所需要的"交通大脑"的功能

三、为什么说"交通大脑"不是万能的

在过去的若干年里,在交通管理领域有过许多"万能"的描述,从智能交通到后来的大数据等,每一项新技术进入应用领域时,往往被描绘成无所不能的。但是,今天当我们在做符合发展趋势的"交通大脑"时,也必须清醒地认识到"交通大脑"不是万能的。正如前文所说,"交通大脑"目前只是在某一个方面发挥了作用。

举例来说,交通拥堵产生的原因是出行量远远大于路面和公交的供给量。要缓解交通拥堵,就要减少需求、加大供给,取得交通需求和供给之间的动态平衡。在交通供需缺口越来越大的情况下,要想实现交通需求和供给之间的动态平衡,可以通过以下几种方式来实现。

(1)优化道路设施来提升交通供给,比如优化路网结构,打通断头路等;

(2)提高管理效率,比如优化信号灯和交通组织;

(3)通过执法宣传教育和工程技术规范交通行为;

(4)抑制交通需求,如进行以公交优先的城市规划、城市开发,鼓励公交绿色出行，包括实施限行限号措施等。

只有抑制交通需求和增加交通供给，才有可能在交通快速增长的情况下，实现两者间的动态平衡。

目前，"交通大脑"的应用更多是在提高交通管理效率方面，在优化交通信号控制和优化交通组织上发挥作用。将来，"交通大脑"应可以支撑城市交通规划，在抑制交通需求和增加交通供给方面提供更多的支撑。从这个角度来讲，"交通大脑"不是万能的，将来"交通大脑"完善了，或许可以发挥更大的作用，但也不是万能的。

扫一扫查看原文

"交通大脑"是我国道路交通智能化和信息化融合发展的必然产物，同时也是核心组件之一。"交通大脑"是技术手段和概念的完美结合，需要在多元数据采集、带宽、算例，以及存储、算法研发上打下良好基础，这一投入巨大，资源耗费巨大，因此，"交通大脑"的建设是渐进的。"交通大脑"本身不应该成为我们建设的唯一目标，如果一定坚持用"交通大脑"的概念，我更愿意把"交通大脑"称作交通管理的"数据大脑"。

城市"交通大脑"对道路交通控制技术的支撑意义

姜 明　董振宁　吴泽驹　张鹏飞　阿里巴巴集团高德公司
未来交通与城市计算联合实验室研究员

导语

近年，城市"交通大脑"引发业界广泛关注和讨论，言究社也邀请专家探讨了"交通大脑"产生的必然性及其究竟会成为公安交管未来发展的突破点还是"痛点"等问题。那么，"交通大脑"在目前和将来能为道路交通管控工作提供哪些帮助呢？

城市道路交通涵盖人、车、路、管理、环境、教育等诸多因素，是一个非常复杂的动态系统。近10年来，交通管理的标准化体系、理论体系、应用体系建设取得了卓越成就。随着大数据、人工智能等新技术的快速发展，创新导向将会驱动越来越多的新技术在交通管理中进行尝试和应用，城市"交通大脑"就是其中之一。城市"交通大脑"主要通过信号灯优化、交通组织优化、交通参与者诱导以及应急事件交通调度，实现对城市道路交通管控的迭代、升级，从而提升交通运行效率。而实现这一目标的重要抓手是交通控制设施。根据美国《统一交通控制措施手册》（MUTCD）的解释，交通控制设施是用于控制、警示、引导交通的交通设施，包括交通标志、标线、信号灯等。

一、城市道路交通控制技术工作存在 4 个痛点

1. 痛点一：缺乏总体设计，不同体系间的设施设置不协调

由于管理体制原因，我国城市道路交通控制设施的建设与管理运营单位属性比较复杂，部分地区由公安交通管理部门统一负责，还有部分地区由公安交通管理部门负责信号灯设施、交通运输部门负责交通标志和标线。比较复杂的管理体制也影响着相关设施技术体系，主要体现在以下几点。

（1）技术标准体系缺乏总体设计。我国城市道路交通标志标线的相关技术标准包括《道路交通标志和标线》（GB 5768—2009）、《城市道路交通标志和标线设置规范》（GB 51038—2015），信号灯设置的相关技术标准为《道路交通信号灯设置与安装规范》（GB 14886—2016），但受到管理体制和标准体系的约束，不同技术标准仅应用于本标准所规定的空间范围、设施范围的设置，缺乏上层总体设计要求与具体的协调性设置方法。

（2）在顶层设计层面，缺乏各种交通控制设施协调、统一的技术框架体系，需要明确统一的体系构建、完整的设置目标、确定的设置条件和适用性。比如国家标准《道路交通标志和标线》（GB 5768.2）中规定了"停车让行标志""减速让行标志"的设置条件；《道路交通信号灯设置与安装规范》（GB 14886—2016）中规定了信号灯设置条件，但是缺少对于两者之间统筹关系的明确要求。在一些依靠"停车让行标志"或"减速让行标志"就可以解决问题的平面交叉口，却设置了信号灯，降低了通行效率；一些应由信号灯控制的交叉口，应用"停车让行标志"或"减速让行标志" 约束接入交通流不够规范、科学。

（3）在具体的协调性设置方法方面，缺乏统筹性的具体技术要求。如信号灯与交通标志能否合并设置于一个支撑结构上、两者设置间距如何满足视认性和驾驶安全性的要求，以及两种设施的协调性设置方法等。技术标准的不完善，也影响到实际技术方案。近期，一些业内专家提出的交管设施共杆思想就非常典型，如图1所示，将设置于城市道路交叉口区域的道路照明设施、信号灯、交通标志等设施合并设置于同一套杆件上，可达到节省设置空间、避免相互遮挡、降低造价、提升城市路容的目的。但在技术层面还有很多问题没有解决，即使部分发达地区已经制定了针对性的设置标准，也只是将不同设施相关的技术标准拼凑在一起，并没有解决多种设施共杆情况下的特异性问题。如不同种类交通标志、信号灯并设时交通管控信息总量阈值；夜间信号灯亮度更高，交通标志与信号灯并设时如何保证自身视认性等，这些问题都会影响到共杆设施的设置效果。

（4）技术实现体系不规范、不协调。主要体现在两方面，一是一些具体设计并没有遵循技术标准的要求，设置不规范；二是设置体系的不统一。如部分路段信号灯设置与交通标志、标线设置体系不统一，如前所述的交通信号灯、停车让行、减速让行标志协调性设计就是典型问题之一；信号灯与交通渠化的不匹配也是突出问题之一，在一些路段设置了左转专用信号，却没有专用左转车道，影响了直行车的通行效率；部分路段的交通标志、标线设置不统一，不仅影响通行效率，还存在交通安全隐患（图2）。

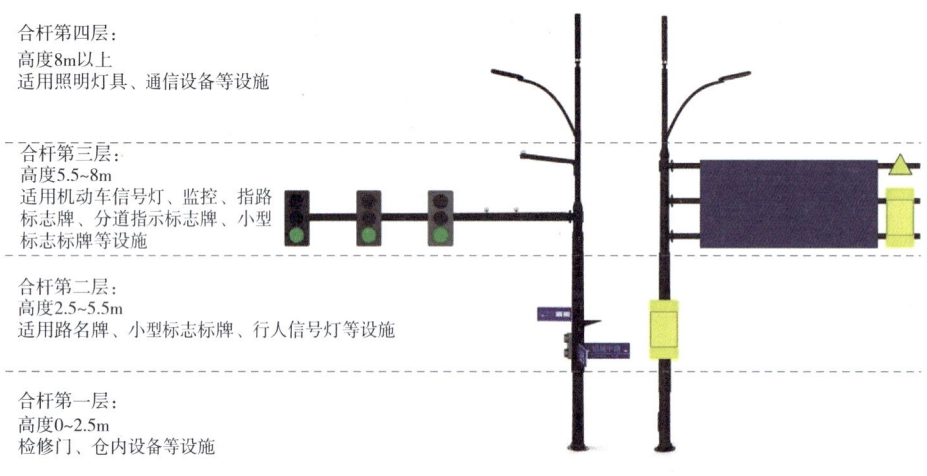

合杆第四层：
高度8m以上
适用照明灯具、通信设备等设施

合杆第三层：
高度5.5~8m
适用机动车信号灯、监控、指路标志牌、分道指示标志牌、小型标志标牌等设施

合杆第二层：
高度2.5~5.5m
适用路名牌、小型标志标牌、行人信号灯等设施

合杆第一层：
高度0~2.5m
检修门、仓内设备等设施

图1 交通控制设施共杆设计示意图

图2 交通标志、标线设置不协调

（5）交通设施的全生命周期管理缺乏有效手段。面对道路上不同设置时间、不同种类的交通设施，需要有效的全生命周期管理手段。一方面，建立交通设施全生命周期档案，实现可追溯、可查询、可研判，通过有效的管理和养护，保证交通设施的效果；另一方面，建立设施之间的关联关系，保证设施的设置协调性，如部分设施更换后，相配套的设施应相应调整。

2. 痛点二：交通数据采集手段多，但数据不全面、不共享

数据是真实状态的具象体现，是科学、有效设置交通控制设施的基础。在《统一交通控制措施手册》（MUTCD）、《美国道路通行能力手册》（HCM）、《德国交通信号设施设置规范》以及我国相关技术标准中都对交通数据的采集方法、应用方法进行了规定，并且放在所有技术措施之前，足见其基础性作用。交通流数据、交通运行状态数据、交通事件数据是制定交通控制策略、实施有效交通干预的根本支撑；交通运行状态数据、交通事故数据、驾驶行为数据是交通安全研究、设计与实施的重要支撑；出行规划数据、出行方式数据是进行交通线网规划、服务设施规划与配置、路网指引系统设计的重要支撑。可以说，任何一项交通控制设施的设置、控制策略的生成都应源于数据。

通过20余年的ITS建设，特别是最近10年的信息化建设，我国道路交通信息采集手段大幅度升级，极大提升了交通管理科技化和信息化水平。但也要看到，交通数据采集存在诸多问题，如交通采集设备多、数据质量不高；数据种类多、对交通支撑不足；观测数据多、道路使用者出行规划数据少；数据体量大、数据管理与分析能力不高等。这也造成很多交通咨询、设计项目还需要进行大量、冗余的数据采集和处理工作；部分项目对数据调研工作打了折扣，项目成果无法落地，不能解决实际问题。举例来说，针对是否要在某地设置信号灯的问题，需要考虑相交道路的等级、机动车交通量与运行速度、行人与非机动车过街流量，还要结合事故数量与严重性、视距、公共交通等情况进行综合分析才能最终确定，这些工作都需要大量数据做支撑。一些技术项目受到数据采集条件的限制，对数据采集工作打折扣，从而造成交通控制设施设置缺乏科学论证，影响通行效率。

3. 痛点三：技术措施不智能、不联动

交通系统是一个动态变化的复杂系统，极为有限的城市交通管理技术人员与城市数千个管控交叉口之间存在巨大的差距。以往的交通控制手段以预先设置控制策略为主，这往往无法满足瞬息万变的交通需求。

（1）信号灯无法根据交通流的实时需求，智能变化。例如无法识别路口溢出事件并智能调整相位；遇到突发事故、救援或消防等特种车辆需要优先通行的异常事件时，路网各节点的信号控制难以达到智能、联动。

（2）信号灯联网不联控，缺乏科学的信号联控规则与方案。

（3）信号灯与交通组织方案不联动。如无法根据新的交通状态与需求，形成联动的交通控制方案；交通组织方案优化后，某条车道的功能由直行改为直行和左转，而信号灯没有按照新的通行规则相应调整相位、配时方案。

4. 痛点四：道路使用者出行信息不对称，引导手段不直接、不系统

路网指引系统对提升路网通行效率、提高交通安全具有重要作用。随着位置服务的不断发展，当前出行者所依靠的路网指引系统已经转变为由导航、指路标志、电子地图等多种指引设施供给、多维位置确认、多源信息服务构成的综合体系。其中，导航是最为直接的指引手段，以听觉服务为主；指路标志是最为权威和重要的路网指引信息载体，依靠视觉获取；地图是位置查询和路线规划的重要手段，以静态服务为主要形式。不同的指引手段均发挥着重要的作用。

当前，我国道路指引系统的实际设置工作存在以下突出问题。

（1）指引信息的发布存在不对称的问题。缺乏比较精准的交通状态发布信息（如对当前各路段拥堵状况的准确发布）、预测信息（如对未来一段时间拥堵状况的准确发布）、出行遵从信息（如禁止左转、禁止停车），导致道路出行者在出行规划中处于信息不对称的状态。在理论与实际管理中很难实现有效的交通出行行为控制，无法达到交通流动态分配的目标（如晚高峰时，主干道严重拥堵，替代路线却并不拥堵）。

（2）在诱导、指引手段方面，存在不协调、不系统的问题。经过国家公路网调整等重大工程的改造优化，指路标志系统得到很大提升。但海量的指路标志缺乏科学的评价手段。路网中，指路标志设置不规范、不系统，指引信息选取不科学、发布不连续等问题仍比较普遍。

（3）指路标志与导航缺乏融合，存在两者指引不一致的情况，影响驾驶人判断。

（4）路网指引与旅游指引缺乏融合与互连。不同时间节点，比如黄金周时期，部分道路服务功能会由运输为主转为旅游为主，指引信息需考虑满足不同的出行需求，"指路"与"指景"相协调。

二、"交通大脑"对提升交通控制技术的意义

"交通大脑"是大数据、实时通信和互联网人工智能发展到一定阶段的产物。它既不是万能的救世主，也不是冰冷的机械战警，但在解决上文提到的四个突出痛点时可发挥重要作用。下面，笔者仅就所了解的城市"交通大脑"来谈谈其对交通控制技术的意义。

1. "交通大脑"在统一技术架构下，利用多种手段满足交通管控的业务需求

针对当前交通控制技术缺乏总体设计这一问题，"交通大脑"构建了"数据基础与技术应用相融合"的统一业务架构。简单说，"交通大脑"有三项主要功能，一是对海量的交通观测数据进行全时、全量的感知，并在基于高精地图的数据平台上进行统一的可视化表达和统一的交通参数、指标输出（如交通量、交通组成、车头时距、转向比、排队长度、行程时间等）；二是基于以上更加准确的交通运行参数数据，依托云计算和AI技术准确研判路网交通运行状态与需求，第一时间发现问题、诊断并生成优化策略；三是根据生成的优化策略，协调、联动"信号灯优化、交通组织优化、交通参与者诱导、交通管理资源调度"等多种手段，对交通进行精准管控，实现提升交通运行效率和出行安全的总体目标。其中，多源数据，特别是互联网数据以及强大的计算、存储能力是大脑的核心竞争力；计算平台，如数据资源管理平台以及算法服务平台等构成了"交通大脑"的核心技术。不同的技术应用基于统一的基础数据，然后形成统筹的优化方案，在一个平台上协调规划、联动各种交通控制设施并有效地诱导交通参与者，达到统筹交通管控的目的。

2. "交通大脑"的"数据底盘"，可精准提供实时的交通运行状态

数据是进行交通管控工作的基础，也是最大的掣肘。虽然目前安装了一些交通调查设备，但受到监测范围、设备完好度的影响，以往很多项目还需要人工穿着反光背心在路上数车、测车速，冒着较大风险，也仅能得到局部路段、有限时间的抽样数据。"交通大脑"的底层是一个数据平台，我们称之为"数据底盘"。"数据底盘"的作用是汇聚各种感知数据，融合、生成反映真实交通运行状态的各种交通参数和指标，也就是"交通大脑"的第一个主要功能。

一方面，"数据底盘"融入了互联网出行导航数据。利用海量的出行轨迹数据，可以提供行程速度、行程时间、OD数据等重要的基础参数。此外，针对当前海量的城市视

频文件无法有效利用的问题，"交通大脑"通过视频AI识别技术，对各种非结构化的视频数据进行结构化处理，从海量的视频图像中解析出交通管控所需的排队长度、车头时距、转向比等关键参数，将这些参数汇聚到"数据底盘"之中。这就像"交通大脑"的眼睛，凡是人眼所能观察到的交通情况，都可以第一时间形成系统可以识别的结构化参数，而且覆盖全时、全域。应该说，AI技术的应用实现了对现有数据的"增值"（图3）。

图3 基于视频识别技术生成交通参数

另一方面，"数据底盘"将现有各种感知设备，如卡口交通监控系统、视频车辆检测器、线圈、微波雷达传感器、地磁传感器等的结构化数据也汇聚进来，最终利用不同数据源数据相互校验、补位，形成真实、全面反映路网交通运行状态的交通参数和指标，并精准地统一表达在高精地图上。在"数据底盘"上，交通管理者、技术工程师可以根据需要，有效、精准地查询实时交通运行状态和历史交通运行状态，服务于交通管控的技术应用需求。"数据底盘"补充了以往没有的互联网数据、视频解析结构化数据，融合了现有感知结构化数据，生成统一的技术参数，对弥补目前数据质量不高、交通支撑不足、道路使用者出行规划数据少等问题具有重要的支撑（图4）。

图4 检测设施、数据与底盘高精地图的挂接

例如，在路网交通管控工作中，"数据底盘"产出的交通量、交通组成、转向比、排队长度、停车次数、交通延误等参数，服务于单路口信号灯、交通组织设计的评价与优化；OD流量、停车次数、延误、行程速度与行程时间服务于干道信号灯优化、动态交通组织优化；拥堵延时指数、平均速度、路网可靠度等指标服务于区域优化。基于视频识别的行人和非机动车流量、过街密度等基础参数，则为优化交通运行秩序、保障弱势群体提供了支撑。

3. 通过完整的算法规则和科学的量化研判体系，生成最优的交通管控策略

道路交通是一个动态、复杂的网络系统。有了量大、质优的数据，我们可以对复杂的交通系统进行更为详细和深入的解析。科研、技术人员可以更为方便地将复杂的交通运行系统与交通特征参数建立更多维、更全面、更精确的关系模型，正如中南大学余志教授提出的形象比喻"求解交通DNA"。在此基础上，"交通大脑"基于经典交通模型，融合机器学习算法（比如研判交通运行状态）、人工智能算法、神经网络算法（比如生成最优的路网管控策略、优化子区划分等）等形成一套算法体系，可以更多维、更准确地研判状态、生成策略。此外，"交通大脑"的运行机制不是封闭的，支撑其持续发展的是科学研究能力、算法迭代能力。有了数据的支撑，通过与行业内管理单位、高校、科研机构、咨询与设计单位的共同应用与不断迭代，算法与研判能力会不断提高，对交通运行状态的控制也会更加科学和有效(图5)。

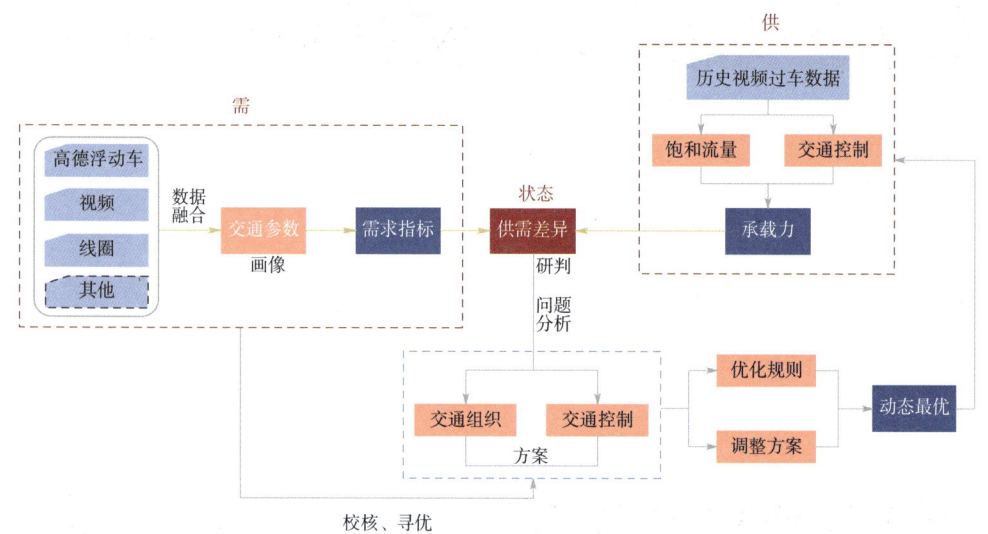

图 5　交通控制策略的生成

4. 协调、联动多种管控手段，整体提高交通运行效率，增强路网可靠性

"交通大脑"是一个立体结构体系，"数据底盘"上挂接着交通管控的各种动态、静态设施，比如动态可控的信号灯、可变信息标志（VMS）；静态的交通标志和标线、交通隔离设施等。通过"交通大脑"的计算平台，基于生成的最优化交通控制策略，自动化的协调、联动调控相关管控设施，解决交通拥堵、处理交通事件等问题。比如，在交通高峰时段，通过对"数据底盘"生成的交通量、交通延误、运行速度、饱和度、排队长度等交通参数、指标的研判，及时调整信号灯的相位、周期、绿信比等参数；通过视频解析，识别溢出事件，调整信号灯相位，提升路口的通行能力；同时，还可基于饱和度、车速与交通延误预判拥堵区域范围，调整拥堵区域外围信号灯的周期与绿信比，控制进入拥堵区域的交通流率。除了信号灯调控外，"交通大脑"还可通过提升交通控制设施的智能性与协调性，实现对交通流的动态调控。比如，根据方向交通流的饱和度、交通延误、方向不均匀系数及转向比，动态调控车道功能、开放应急车道、调控潮汐车道,提升道路通行能力;关闭某快速路入口、禁止某方向通行,降低交通流率、拥堵事件,提升路网承载力。此外,动态交通调控是一个系统工程,在应用可变信息标志的同时,信号灯的相位也会相应进行改变。

除了上述道路交通管控措施之外,利用导航、可变信息标志(VMS)有效诱导交通流,可提升路网利用率与均衡性,实现在不改变在途车辆数量的情况下,提升运行效率。以上综合性的诱导措施,同时可赋能于交通管理的指挥、调度业务,满足急救、消防等特殊出行需求,如杭州已实施的救护车一路护航服务,以及大型活动的交通组织服务等(图6)。

图6 动态交通组织

此外,"交通大脑"对路网指路标志系统具有支撑作用。"交通大脑"的一个功能是OD分析与透出,该功能模块可以基于导航中的海量出行规划数据对路网中的信息进行指引需求量化分析,结合路网信息的行政等级、隶属关系,得到路网中节点信息的指引需求度系数,从而对现有指路标志版面信息进行评价,分析指路标志指引信息的覆盖度和系统性,并协调指路标志信息与导航信息,从而改善交通诱导不直接、不系统的问题。

结语

城市"交通大脑"是我国道路交通智能化和信息化融合发展的必然产物。现阶段,相关研究还处于起步阶段,在数据融合、交通评价模型、优化方案的自动化生成与即时迭代等方面的确还存在很大提升空间。未来,我们希望通过新的技术手段与交管业务的相互结合,与道路交通的实际需求紧密结合,更好地解决交通管理、控制的实际痛点,有效改善城市道路交通运行状态,提升广大道路使用者的出行体验。

扫一扫查看原文

大城市为什么会堵？
大城市交通拥堵治理对策

郭继孚　北京交通发展研究院院长

> **导语**
>
> 现如今，随着城市人口增长，机动车保有量不断上升，我国已进入汽车社会，随之而来的交通拥堵也成为各大城市普遍面临的难题。大城市为什么会拥堵？如何缓解城市拥堵？如何提升城市交通治理能力现代化水平？

一、世界大城市交通拥堵历程

从全世界大城市交通发展的历史上来看，几乎无一例外都经历过或正在经历严重的交通拥堵。例如，纽约在20世纪20~30年代的时候只有几十万辆车，街道拥挤不堪，更多的城市是在二战之后经济复苏时期，交通拥堵严重。像伦敦、巴黎、东京等城市在20世纪60年代、70年代都堵得非常严重。"亚洲四小龙"的大城市拥堵是在20世纪80年代、90年代左右，典型的像首尔，拥有机动车两百万辆的时候，堵得也相当严重。相对而言，中国的大城市交通拥堵才刚刚开始（图1）。

1930年纽约的小汽车超过25万辆

1960年伦敦战后复苏期，机动车超过150万辆

1970年东京经济奇迹时期，机动车超过200万辆

亚洲四小龙之一首尔经济腾飞时，机动车超过200万辆

近年来，亚洲城市拥堵问题日益突出

截至今天，发达国家也未解决交通拥堵这一"大城市病"

图1　世界上部分大城市交通拥堵历程

二、北京城市交通发展的几个阶段

以北京为例，城市交通治理实际上经历过了以下几个阶段。

一是非机动化阶段（建国初期至 20 世纪 80 年代），主要的交通方式是自行车，路上看不到多少机动车（图 2）。

图 2　建国初期北京交通老照片

二是大规模建设道路阶段（20 世纪 80 年代至 2000 年），改革开放以后，经济快速发展，机动车快速增长，街道开始拥堵不堪，北京市在此期间建成了二环路、三环路、放射线及一些城市主干道（图 3）。

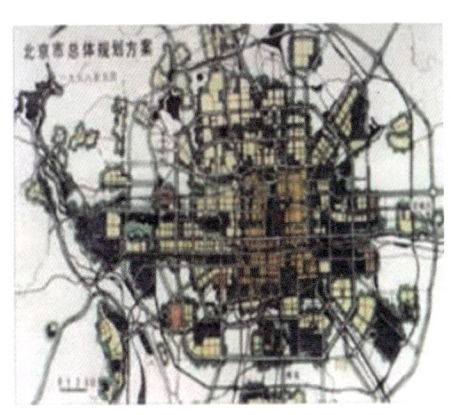 

图 3　1958 年和 1993 年北京市总体规划图

三是公交优先阶段（2000—2008 年），北京申奥成功后，开始大规模修建地铁，出台了《北京交通发展纲要（2004—2020 年）》和《关于优先发展公共交通的意见》，改造了地面公交系统，全面更新了公交车辆，有力支撑了一届无与伦比的奥运会（图 4）。

2005年	编制出台了《北京交通发展纲要(2004—2020年)》，确定了交通发展"两个坚定不移"的重大战略
2006年	印发《关于优先发展公共交通的意见》，明确提出"两定四优先"的优先发展公共交通的政策

两定
- 确定发展公共交通在城市可持续发展中的重要战略地位
- 确定公共交通的社会公益性定位

四优先
- 设施用地优先
- 投资安排优先
- 路权分配优先
- 财税扶持优先

图 4　"两定四优先"政策解读

四是后奥运阶段（2008年至今），为交通需求管理与公交优先并重阶段，通过摇号限购、尾号限行、停车收费调整等一系列治理措施，控制小汽车的增长和使用（图5）。交通拥堵指数基本上维持在轻度拥堵至中度拥堵之间的水平，处于一个比较平稳的状态。

具体措施	实施内容	实施效果
尾号限行	➤ 工作日每天7时至20时五环内（不含五环主路）停驶两个尾号 ➤ 车牌尾号分为五组，每13周轮换一次限行日	➤ 停驶约90万辆机动车 ➤ 拥堵指数由7.5降至6以下
错时上下班	➤ 市属党政机关、社会团体、国有企事业等单位约80万人错峰出行 ➤ 上下班时间分别推迟半小时，从原来的8时30分和17时30分，推迟到9时和18时	➤ 早高峰推迟10 min 左右
摇号	➤ 小客车指标限额24万辆，以摇号方式无偿分配	➤ 机动车保有量增速由14%降至5%
停车收费	➤ 按照"中心高于外围、路内高于路外、地上高于地下"的原则分区域调整停车收费标准	➤ 一类区域小客车客流量降幅11%～12% ➤ 主干路小客车流量降幅13%～16%

图5　北京交通需求管理措施

三、城市交通拥堵几个关键问题的讨论

1. 人多车多就一定会堵吗

以东京为例，50年前，东京有2千多万人口、200多万辆机动车，交通非常拥堵；现在，人口达3750万人、机动车接近1500万辆，交通反而没有那么拥堵了。其中，主要原因是东京轨道交通得到了大幅度的发展，轨道客运量由1000万人次/天增加到近4000万人次/天，相当于现在北京地铁客运量的4倍，这是支撑东京地区大交通量的最主要因素（图6和图7）。

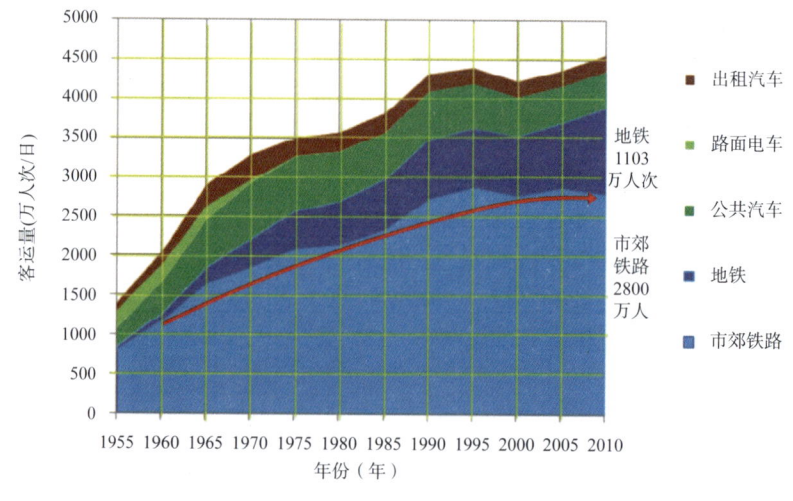

图6　东京都市圈客运系统客运量历史变化图

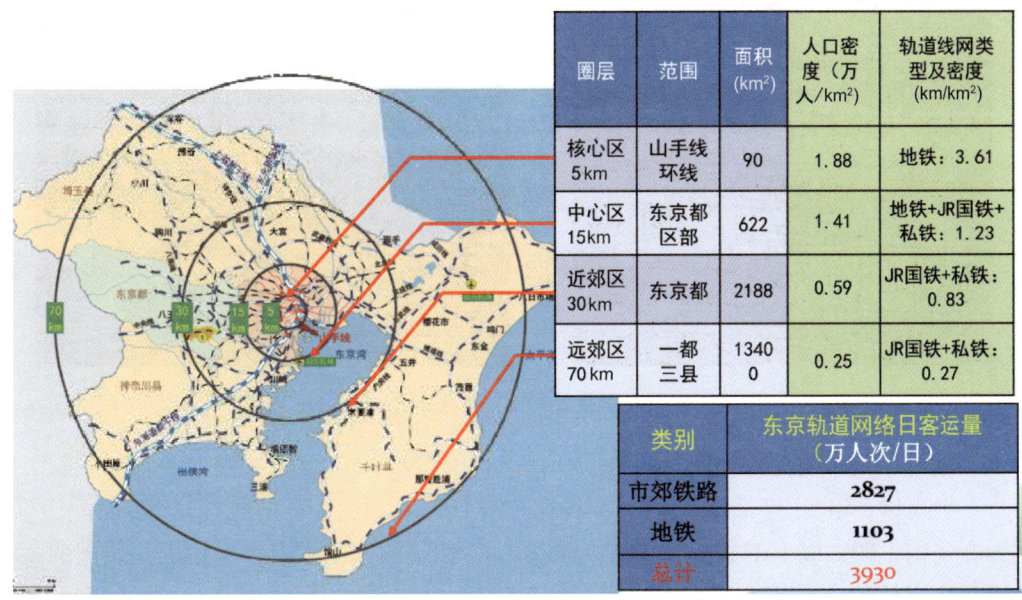

图7 日本东京轨道网络日客运量数据图

2. 城市道路越修越堵吗

在城市交通发展初期，机动车保有量不大的情况下，修路是解决拥堵的简易办法。随着经济社会快速发展，车辆的增长速度远远大于道路增长速度，单纯靠修路已无法解决拥堵问题。当道路交通负荷达到一定程度的时候，交通流的网络化效应会非常严重，修高架路、地下隧道等举措均不能很好地解决城市交通拥堵问题（图8）。

图8 中国城市道路与英美城市道路对比

3. 高密度路网到底为谁而建

中国很多城市的公交线在主干道上特别集中，线路重复系数高，然而在支路上基本没有公共汽车，原因是很多支路都没有连通。因此有人建议打开围墙，将城市的次支路连通成高密度路网。但是高密度路网不是为小汽车服务的，而是让行人、自行车、公共交通出行能够方便、通达，同时还要维持居住环境的宁静（图9）。

图9 美国旧金山和我国城市在1km²范围内的地块大小和街道密度

4. 城市小汽车的拥有和使用问题

一般来讲,人口密度低的地方,车辆的拥有水平高;人口密度高的地方,车辆拥有水平低。例如在美国,90%以上的家庭至少有一辆车,仅10%的家庭没有车,原因是美国的人口密度低;在纽约这样的大都市人口密度相对比较高,54%的家庭没有车;人口密度最高的曼哈顿岛上77%的家庭没有车。然而,北京恰恰相反,东城和西城区人均拥有机动车的水平接近曼哈顿、东京核心区的两倍!城市外围低密度区域可以拥有更多的小汽车,但是在城市中心高密度区域要限制小汽车拥有率和使用率,中心区道路资源和停车设施的紧缺无法满足大量小汽车需求,只能通过公共交通承载更多的人进出城市中心区(图10)。

	北京城二区	纽约曼哈顿	东京四区部
面积(平方公里)	92	59	58
人口密度(万人/平方公里)	2.3	3.7	1.9
人均用地(平方米/人)	44	27	58
人均机动车保有量	0.31	0.15	0.17

图10 纽约、东京和北京人均机动车保有量与人口密度对比

5. 关于城市停车管理问题的讨论

机动车无论是行驶还是停放都占用了很大的空间。一辆车停下来需要约30m²的空间,跟我国平均一个人居住的建筑面积差不多。土地短缺问题在城市中心区尤为突出。但与此同时,大量地区停车是免费的,价格杠杆没有起到作用(图11)。

北京城六区免费停车比例

二环内免费比例	2005年	2010年
占道停车(划线)	27%	61%
占道停车(未划线)	98%	96%
立交桥下	44%	75%
公建配建	43%	53%
路外停车场	53%	36%
居住小区	68%	78%
单位大院	90%	95%
总计	73%	86%

2014年北京交通综合调查居住停车免费情况

>60%免费停车

图11 2010年北京城六区免费停车比例和2014年居住停车免费情况调查

相比之下，东京街头是不允许停车的，仅有少数旅游景点、建筑卸货区是限时停车的。伦敦早在50年前就开始使用秒表计时刷卡收费，且伦敦区域严格限制停车位数量，并以提高停车价格的方式来限制城市小汽车的使用（图12）。首尔、莫斯科等城市均在尝试严格管理路边停车。

未安装秒表　　　安装秒表后　　　提高停车价格后

图12　伦敦停车改革效果实例

四、大城市交通拥堵治理对策

治理大城市交通拥堵必须坚持交通与城市协调发展，坚持优先发展公共交通战略，坚决对中心区小汽车实施因地制宜的需求管理，优化交通出行方式，鼓励绿色出行。停车管理是治理大城市交通拥堵的关键举措之一（图13）。

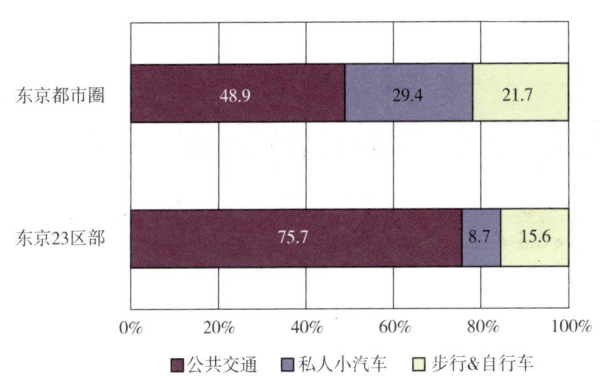

东京（通勤交通结构）

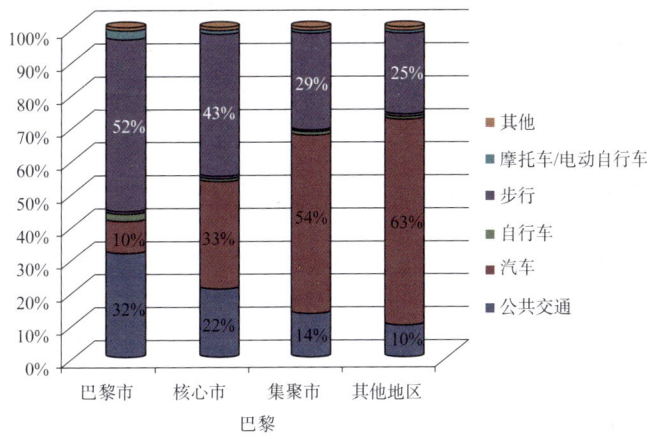

巴黎

图13　东京、巴黎交通出行结构分布图

五、未来交通展望

交通信息化是必然趋势，信息会成为出行的一部分，对交通产生革命性的影响。未来交通将越来越智能，特别是无人驾驶技术将快速发展。共享汽车、共享单车，特别是无人驾驶汽车的出现，预示共享时代的来临，未来城市交通变革可能是巨大的。大数据、人工智能和超级计算机的发展为破解交通拥堵难题提供可能（图14）。

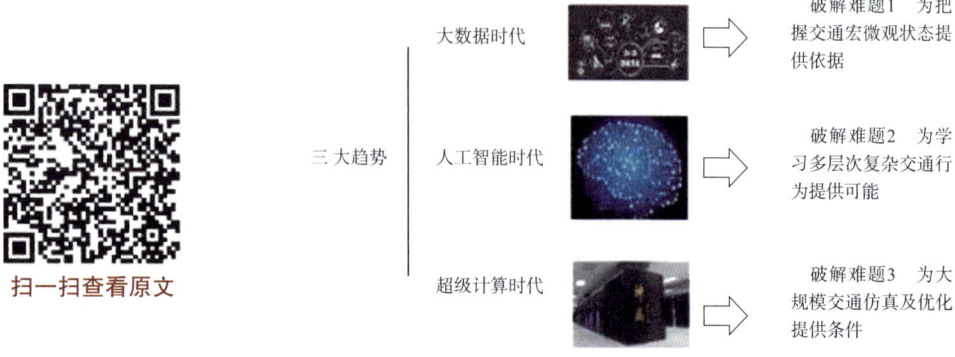

图14 未来城市交通系统展望

治理城市交通拥堵的核心是什么？
如何通过交通控制手段缓解拥堵

王殿海　浙江大学智能交通研究所所长

> **导语**
>
> 说到交通治堵，大家通常把它称为"城市病"。那么，从交通管理的角度来说，治理交通拥堵的思路和核心是什么？如何通过交通控制手段来压缩交通需求，实现有序、畅通的交通出行状态？

一、治理城市交通拥堵的思路与核心是什么

1. 治理城市交通拥堵的两个逻辑

治理城市交通拥堵有两个思维逻辑，分别为逆逻辑和正逻辑。逆逻辑是现阶段交通治堵的整个思路过程，如图1所示。正逻辑往往是事后总结出来的，不是一开始就有的，如图2所示。

2. 治理城市交通拥堵的核心

不论是正逻辑还是逆逻辑，核心问题都是解决交通需求，即如何控制交通需求。在城市已基本建设完成、土地利用已基本成形、路网很难再做改变的阶段，能改变的只有交通需求。事实上，交通需求涉及的问题主要是交通结构问题。在居民出行需求不变的情况下，要想控制交通需求，必须控制交通结构。

第一篇　城市交通管理篇

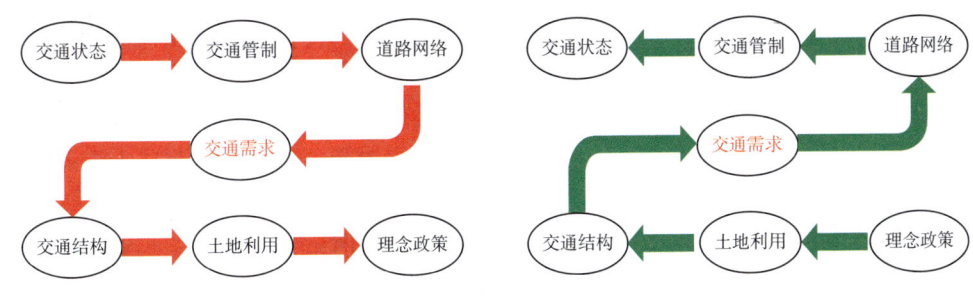

图 1　治理拥堵的逆逻辑　　　　　图 2　治理拥堵的正逻辑

从交通管理的角度来说，决策者会根据当前的交通需求情况、交通状态和信息，决定对出行者、交通设施等采取哪些调控政策以改变交通结构。从广义上讲，这就叫作交通调控，具体的交通调控方式主要有信号控制、行为控制和结构控制。

二、如何通过信号控制提高路网交通流运行效率

1. 信号控制在我国的发展状态

（1）信号控制的功能。

信号控制的基本功能是在空间上无法实现交通流分离的地方（主要是在平面交叉口），在时间上给交通流分配通行权，以期达到维持秩序、保障安全、提升效率、优化路权的目的。信号控制的扩展功能是集成交通管理者的管理理念和意图，从治堵的角度，最大限度地提高交通系统运行效率。

此外，还可从微观、中观和宏观的层面来讲信号控制的功能。微观层面的功能是使交通流以最小的延误通过交叉口；中观层面的功能是使交通流主体顺畅地通过一个交叉口群；宏观层面的功能是能对交通流起到调节作用，使交通流在路网上有一个合理的分布，即实现网络交通流的动态平衡。

（2）信号控制系统研究进展及应用状态。

关于信号控制系统，经过近30年的跟踪—引进—消化—吸收—创新过程，我国一些企业自主开发的典型高端产品，在功能上已经不逊色于国际经典品牌，甚至在有些方面更具特色，但关键是信号控制系统的应用状态。

我国信号控制系统的应用主要有以下特点：一是大多数交叉口，有控制无优化；二是在部分交叉口，采取单口优化措施；三是有少部分交叉口，采用干线绿波控制；四是很少部分交叉口采取区域协调控制；五是有极少城市采取大区域平衡控制。

（3）信号控制系统存在哪些问题。

现阶段，我国信号控制系统为什么没有发挥出应有的水平和程度？主要存在以下几个问题。

一是准备不足。基础工作不充分，没有掌握交通流特性（时段性、系统性、相关性），没有基础的交通数据积累等；基础工程不扎实，检测器布设不科学，交叉口渠化不合理，没有对公交站点、停车位进行优化；基本理念不成熟，交通控制的目的不明确。

二是技术力量制约。交通控制需要信号配时、交叉口的渠化、标志标线乃至相关交

叉口之间的相互关系协同发挥作用。需要专门的技术力量来设计和操作，但我国目前绝大部分城市信号控制项目的运作过程，是企业承接项目后对各交叉口进行初步调优，项目验收后交给管理部门，后续的设备维护企业可能还会负责，但配时优化和调整一般由管理部门负责。我国交通管理部门专业技术人才严重短缺，致使无力对成千上万的信号控制交叉口进行精心维护。

三是交通行为干扰。信号控制能够最大限度体现配时效果的前提是车辆、行人等能够遵章守法，但由于交通参与者随意性太大，如行人和自行车（电动车）闯红灯、转弯机动车抢行等行为，都使信号控制系统难以发挥应有的功能。

四是设施的损毁。我国大多数城市用于信号控制系统建设的投资并不少，但用于系统维护的费用却不足，经常出现大量传感器或通信线路毁损而又没有资金修复现象，导致信号系统不得不降级使用。

五是数据闲置。由于专业人才短缺以及管理机制制约，许多城市大量投资所获得的传感数据未能得到充分利用，出现了信号配时缺乏定量依据，以及数据闲置的令人痛心的局面。

六是联网不联控。大多数城市所谓的联网联控实际上是联网不联控。

七是道路网络问题。我国城市道路无信号控制路口太多，干扰信号控制策略，致使协调控制难以见效。

2. 如何正确制订符合实际的信号控制策略

（1）充分运用大数据来制定信号控制策略。

现在各个行业和领域，包括交通领域都在使用大数据。大数据环境下做信号控制，首先需要分析数据特征。就信号控制系统的数据特征而言，需要具备五个特征，即实时性、可靠性、安全性、大样本和可控制。现在互联网数据具备的几个特征是值得肯定的，例如实时性、大范围和可跟踪，互联网数据可以作为公安交警做信号控制时的参考数据，而不是完全依赖的决策性数据。这些大数据将来的发展趋势一定是带有身份标签的数据，如视频数据、电子标签数据，且它们很可能会改变信号控制的策略。做好信号控制，需要将公安交警拥有的数据和互联网数据相结合。将来信号控制的发展方向是流量优化平衡，达到路网交通流运行效率最高。

（2）信号控制中应注意的几个问题。

①信号周期与渠化的关系：一是信号周期越长通行能力就越大？经过实际调研发现，并不是信号周期越长，控制能力越大，设置信号周期一定要考虑信号交叉口的渠化区的长度；二是信号周期和延误的关系。从理论上讲，信号周期越长延误就越大，但在现实中，信号周期过小因绿灯损失造成的延误会更大。当信号周期达到一定长度后，其延误最小，此时再增加周期长度，延误就会增大。在信号交叉口，信号周期过大不一定好，确定信号周期要因地制宜，应仔细优化。

②待转区与通行能力的关系：现在很多城市道路设置了左转待转区，认为可以提高道路通行能力。事实上，左转待转区只有当渠化区内的直行车和左转车发生冲突时才会起作用。左转待转区可以减少左转车道排队溢出概率，但在相同的左转绿灯时间内，并

没有增加左转车辆的通过数目，设置左转待转区需要重新计算左转相位与前一个直行相位之间的相位间隔绿灯时间。左转待转区供渠化区长度不够时使用，渠化区如果足够大，不建议设置左转待转区（图3）。

③绿波控制与通行能力的关系：绿波控制理论上只减少延误不增加通行能力。

（3）信号控制的极限。

道路网络存在通行能力极值，当路网出现过饱和时，最好的信号控制系统加上最优的信号配时可以实现路网最大通行能力，此种状态称为控制极限。当道路系统达到控制极限时，信号控制系统已经无力增加系统通行能力，所以，此时企图通过信号控制解决城市交通拥堵是误识。如果信号控制不能解决交通拥堵问题，应考虑采取行为控制的方式。

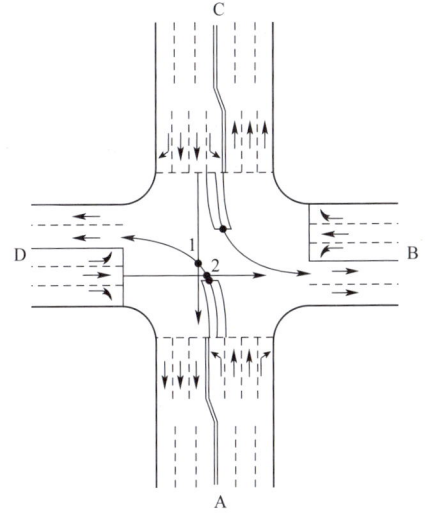

图3 左转待转区只有当渠化区内的直行车和左转车发生冲突时才会起作用

三、通过行为控制提高出行者出行效率的关键是什么

1. 交通拥堵的表征与原因

行为控制不是简单的对违法行为进行控制，而是对整个出行行为的控制。行为控制的目标是需求优化平衡，实现出行者出行效率最高。宏观上，拥堵表现为过长的排队；微观上，拥堵表现为过多的延误。在需求一定的情况下，出行者的"囚徒博弈"直接导致了交通拥堵，即出行者对于拥堵的担心导致出行间的冲突。由此可见，拥堵的根源是信息不对称。

2. 解决交通拥堵的行为控制思想

当出行总需求不变，个体出行顺序不变，且信号控制系统已按系统通行能力最大进行信号配时，我们如何解决拥堵呢？可采用行为控制为每一位交通出行者规划路权。规划原则是既充分利用保证道路系统能力，又不产生过多出行者排队。要实现这一设想需满足四个条件：一是知道每位出行者的出行路径、出发时间、到达时间；二是绝大多数出行者服从规划诱导；三是保证信息采集和发布的物理条件；四是网络层面的信号优化。

3. 行为控制的难点和极限

行为控制有几个难点问题：一是实时动态交通分配（DTA）技术问题，如何从规划角度，计算每个出行者应该什么时间出发、走哪条路径；二是出行者的初始行为训练；三是大数据得以真正应用；四是管理部门运行机制的协调。

行为控制如果能实现，随之可能会进一步激发私人小汽车出行，汽车出行分担率会上升。因为网络容量的限制和时间的制约，行为控制的效果有限，其必然随需求增加而达到极限。

4. 行为控制的目标

行为控制的目标是需求优化平衡，实现出行者出行效率最高。针对行为控制，我们要解决的科学问题是实时动态交通分配（DTA），包括实时交通状态预测、实时路阻计算、实时出行方案规划、奖惩机制构建与实时效果评价。

四、通过结构控制实现交通设施利用率最高的思路是什么

1. 结构控制的实质

上文提到过，交通需求是调控的核心。结构控制的实质是通过资源配置和政策实施调整需求结构，降低交通需求总量（图4）。

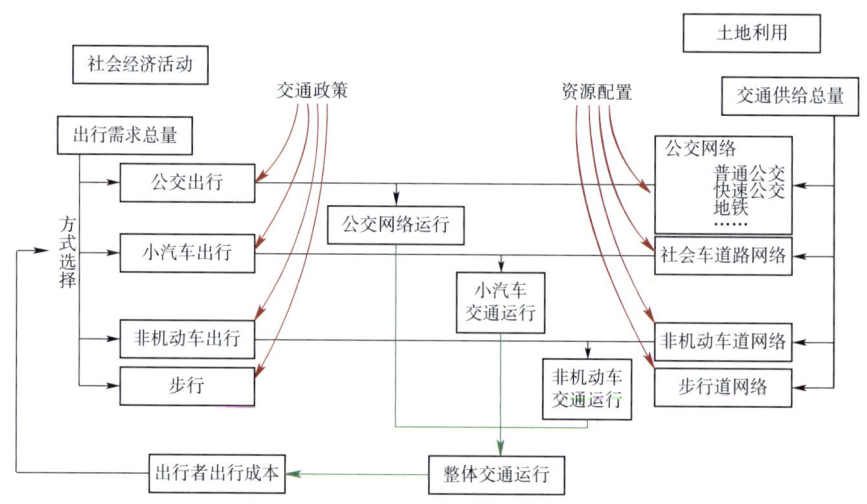

图 4　结构控制的实质

2. 结构控制的思考逻辑

很多城市治理交通拥堵往往采取以下逻辑：抓住某一调控变量，采用一种调控方法来调控变量，供需变量就会发生改变，比如采取公交优先、限行限号等，小汽车出行减少，公交出行增多，交通状态好转。但这种思路是没有抓手的，最终也很难达到理想效果。要把这种思考逻辑逆过来：先确定一种期望的交通状态，然后再确定调控哪些变量，最终确定可以采取哪些调控方法来实现。这就是通过逆逻辑来解决交通拥堵（图5）。

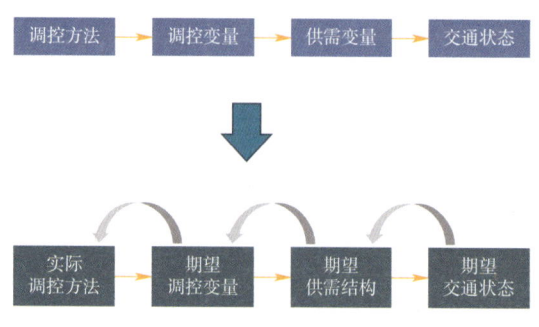

图 5　结构控制的思考逻辑

3. 结构控制的思路和难点

图 6 为结构控制的系统图。我们可以通过总人口、人均出行率测算出一个城市的出行总需求，总需求在出行路网上又分成步行、自行车、公交出行、地铁、小汽车等。其中地面机动交通的相关数据，如机动车数量等，可以通过传感器得知。我们可以制定路面车辆数的控制目标，经过与实际路面情况对比可知路网是否需要调控。如果需要，可通过资源配置、政策调控变量等来调整出行链的出行成本，当出行成本改变后，出行者会重新考虑采取哪种出行方式。如此往复循环，城市交通逐步达到平衡状态，这种平衡状态就是结构控制的目标。

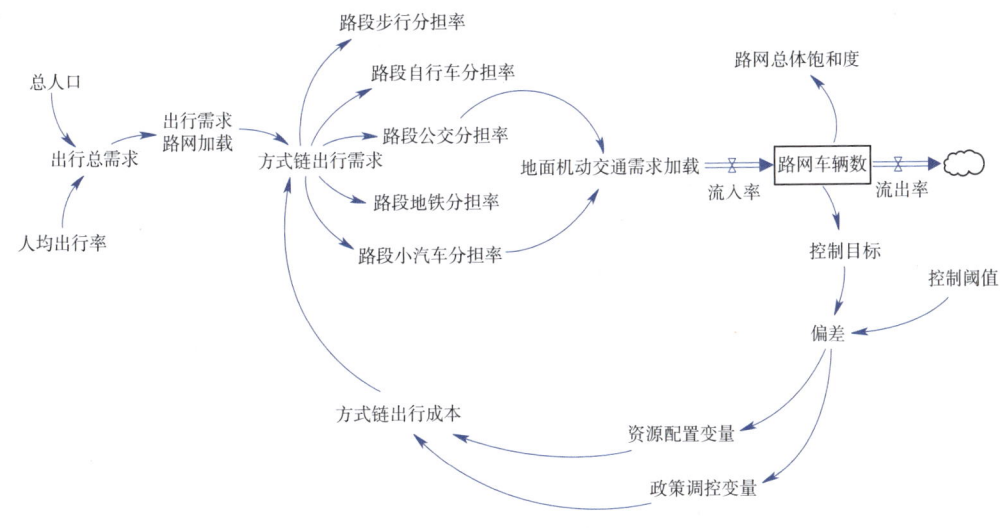

图 6 结构控制的思路

结构控制的难点是资源配置、交通政策与出行方式链成本之间定量关系的确定。"出行方式链成本"是指从某一地到另一地由多种出行方式串联而成的，其间的换乘、等待也是一种成本。交通政策或资源配置对出行者选择什么样的出行方式链影响非常大。共享单车就是交通出行方式链中的一环，其目的是要解决"最后一公里"问题，但最终究竟起了多大作用还未做测评。这就是结构控制的难点所在。

4. 结构控制的目标

结构控制的目标是做到结构优化平衡，实现交通设施效率利用的最高。实现这一目标，需要进行深入的科学研究，如关于资源优化配置的理论研究，包括方式转换成本测算理论与方法，出行方式链形成机制等。

结语

通过提高交通流运行效率缓解拥堵，是信号控制的任务；通过提高出行效率避免交通拥堵，是行为控制的目的；通过提高设施利用效率解决交通拥堵，是结构控制的目标；那么，治理交通拥堵，应该坚持三管齐下。

扫一扫查看原文

用专业和审慎的态度看待拥堵排名

官 阳　公安部道路交通安全研究中心特约专家
　　　　3M交通安全系统部首席交通安全教育与政策联络官

导语

近年，关于交通拥堵的排名并不鲜见，进入排名的城市莫不面对着巨大的压力。但是，此类排名的依据究竟是什么？对于城市拥堵治理的科学指导价值又有多少？

2018年8月，笔者参加了某市针对一交叉口拥堵问题的专题技术讨论会。其实该市已将这个交叉口列入堵点对策清单，并研究和持续改善了两年，目前已进入再次治理的实施阶段。因为牵涉到区域路网的协调配套和拆迁占地等问题，推动较慢，加之周边用地又有变化，改善方案一直在调整。但这个堵点却被某互联网公司列为全国十大堵点，很多从事具体工作的部门，遭遇了很大压力，都想加速实施。但大家也都知道，周边路网并没完成准备，即使仓促改善可能临时起些作用，可一旦后续周边用路出现变化，又会出问题，导致资源浪费。

那么，这个交叉口是如何成为"全国十大堵点"之一的呢？笔者特意了解了"全国十大堵点"排名的数据采集方法和依据，结果出人意料。原来，"全国十大堵点"评选其实是一次根据网民投票数量进行的统计：在全国一些主要城市，根据网民投票的数量，每个城市选一个点进行排序。这样的数据采集和排序逻辑，无论从数据统计，还是从交通工程技术的角度看，都很难反映这个点是不是真的最堵。其最主要的价值，应该就是数据提供公司的品牌效应及与这个路口有关的居民上网强度，这些在社会学领域可能还有些研究价值。

在交通管理领域，大排名不是不可以做，但要看数据采集的设计思路，特别是作为一个严谨和负责任的研究结论，也要把研究和统计方法与结果一起公之于众，这是研究报告的基本共识型规则，不能只说结论不介绍方法。比如美国就对全美近500个城市进行拥堵排名，排名对象是城市，依据是统一规则的出行时间统计，也就是这座城市的平均高峰出行时间与平峰出行时间的比值，能反映城市的整体出行时间质量，进而推算出燃油浪费情况等。但如果拿曼哈顿的一个交叉口和西雅图的一个交叉口对比，不依据交叉口的服务水平（LOS），也就是延误数据，而是依据网民投票，这样的堵点排序能反映什么问题呢？如果仅仅靠网民投票数量来排序，让一座2000万人口的城市和一个500万人口的城市网民评价自己熟悉路线上的堵点，然后靠投票数量来评价哪里最堵，又能证明什么呢？

进行比较研究的逻辑前提，英文里有一句名言叫"Apple to Apple"，就是苹果要和苹果比。不能拿苹果和萝卜比哪个销量大，更不能以此证明黄瓜比西红柿有营养。数据公司对堵点进行排名的依据仅仅是网民投票数量,这与交通管理和交通工程的指导需求相差甚远。像这样跨城市对比路口的拥堵程度,往往可能连这个城市里的真正堵点在哪里都不知道,因为在交通运行管理领域,"牺牲一个点来保全一大片"的事情比比皆是。如果仅仅是为了评价一座城市的最堵点,122交通报堵电话就是最简单可靠的数据源。但如果拿有2000万人口的城市和有500万人口的城市比较122报堵电话的数量,能排名吗?还是不行。

稍微科学些,数据公司能够根据手机信号的跟踪分析,采集到一些路段和相关路口的车辆流速的日间变化和延迟度,然后测算全国所有能监控到的路口的总延迟度、延迟总量,再挑选一些固定的时间段和固定的车流量,进行比较。这样的对比还略微有些意义。可同样,仅凭借这样的数据,还是无法提出合理的改善建议。

对于交通节点的治堵,其实一直是有基本的工作方法的。首先就是数据采集和评价,数据的核心就是服务水平(LOS,见表1)。日常治堵工作中,观察顺序也是面、线、点,不是不同区域老百姓对不同点的投票多寡。采集的数据是交通需求量、交通需求特征、现有道路各方向的分车道流量特征、流量计量、行人计量、非机动车计量等,甚至包括信号灯等待区的行人密度、左转车排队长度等。没有这些数据,很难评价一个堵点的治理效果到底好不好。因为拥堵和延误会"搬家",行人、非机动车与机动车的交通特征也有很大差异。如果仅仅是对一个点的机动车进行治理,上游信号灯一卡,下游信号灯一放,就不堵了。但是,有用吗?

LOS 交叉口服务水平评级 表1

服务水平	每辆车延误(s)		情况描述
	信号灯控路口	无信号路口	
A	0~10	0~10	自由流动,延误极少
B	>10~20	>10~15	稳定流动,偶尔延误
C	>20~35	>15~25	稳定流动,周期型延误
D	>35~55	>25~35	流动受限制,延误频发
E	>55~80	>35~50	运能极限,延误延长
F	>80	>50	强制型流动,超级延误

感谢网络数据公司的热忱和推动,没有这样的公司勇于开拓,我们甚至都不会有机会讨论这个问题,也希望有更多的数据智能采集手段被研发和应用出来。我们也要谨记,有了更多的数据采集途径和技术手段是好事,但不能迷失了方向,忘掉了交通工程技术领域的那些最基本的功课。指导我们工作、解决问题的基本思想,还是流量意识、视距意识、车道意识、规则意识。我们需要交通工程实施支撑数据,还有那些目前只能靠人工采集的一套完整的基础数据,没有这些数据,任何改善方案,都是没有办法进行有效评价和确保实效的。

扫一扫查看原文

交通需求管理有何意义？国外有哪些可供借鉴的交通需求管理经验

陈艳艳　北京工业大学城市交通学院院长、教授

> **导语**
>
> 交通需求管理是施行综合性交通治理、应对机动化增长所带来的一系列问题的根本性对策。交通需求管理有何意义？国外有哪些可供借鉴的交通需求管理经验呢？

一、什么是交通需求管理

1. 交通需求管理与传统交通管理有何不同

交通需求管理（Traffic demand management，TDM），广义讲是指通过交通政策等的导向作用，促进交通参与者交通选择行为的变更，以减少机动车出行量，减轻或消除交通拥堵；狭义讲是指为削减高峰期间一人乘车的小汽车通勤交通量而采取的综合性交通政策。

交通需求管理强调从源头上对人的出行需求进行引导和调控，达到交通生成与设施供应的平衡；强调精细地设计与配置交通设施资源；强调对出行结构的优化管理，减少对小汽车出行的依赖；强调促进公交优先与慢行交通保障，引导人们绿色、高效、安全出行（图1）。

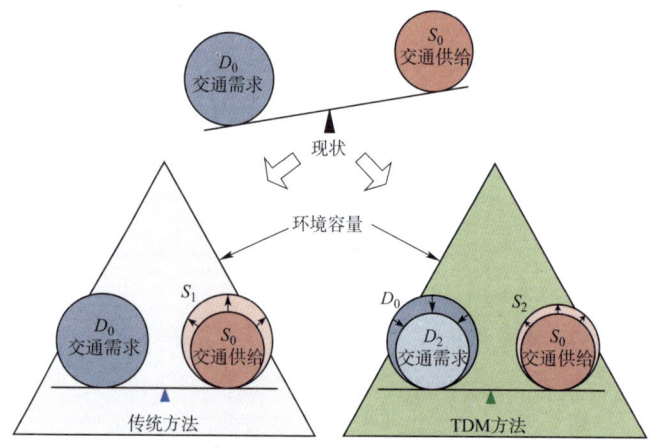

图1　传统方法与交通需求管理方法对比图

与传统方法不同，交通需求管理考虑了环境容量的限制，在适度增加交通供给（由 S_0 提高到 S_2）的同时，更加强调对交通需求的管理和控制，降低交通需求（由 D_0 降低到 D_2），并且使制度性框架向交通需求方向偏移，使交通需求和交通供给达到新的平衡，以此采用更为经济有效的方法解决交通问题。

2. 交通需求管理有何意义

交通需求管理是一种"预案"式的解决方案，遵循可持续发展原则，有助于创建可持续发展的交通运输体系，对城市可持续发展的促进意义体现在以下几方面。

（1）促进与完善城市规划与交通规划的互动反馈作用，使城市布局合理化，减少或避免不必要的交通发生源和吸引源，控制城市交通需求的不合理增长。

（2）有效发展公共交通，使个体交通尽可能转移到公共交通方式上来，并引导其他交通方式合理发展，构成城市最佳交通模式。

（3）合理调节和控制不同时段、不同区域城市道路上机动车总量，处理有限道路空间资源与不断增长的交通需求之间的矛盾，克服滥用有限道路空间现象，实现道路交通设施最充分、有效的利用。

（4）通过为低收入者、出行不便利者提供可支付的出行选择，并通过经济杠杆调节小汽车出行实际成本与实际支付成本的偏差，促进社会公平性。

二、交通需求管理政策的实现手段有哪些

交通需求管理政策是出行行为引导策略的主要体现，其实现手段可分为以下四类。

1. "用地规划类措施"——优化出行空间分布

"用地规划类措施"主要通过城市规划与设计方面的TDM措施来影响城市未来的发展模式，减少人们对小汽车的依赖。增加公交站点及沿线住宅区和商业区的开发密度是土地利用规划领域最有效的TDM措施之一，支持这项计划的系列政策被称为公交导向型发展战略（TOD）。近年来，"密路网、小街区"的规划模式也日益受到管理者重视，通过创建高密度的方格路网和宜居的街道，发展紧凑型、小尺度、高密度、混合型的城市空间，引导可持续社区交通发展。

2. "增加选择类措施"——引导绿色出行选择

"增加选择类措施"能够增加人们的绿色出行方式，引导小汽车使用者选择其他交通工具或提高小汽车载客率，包括公交优先政策、慢行系统建设及空间保障、鼓励合乘、班车、校车等。这类措施可以为市民提供可选择、可替代的出行方式，减少对小汽车出行的过度依赖。

3. "经济性措施"——提高小汽车出行成本

"经济性措施"包括服务价格改革、道路设施管理收费等，如拥堵收费、差别化停车收费和低排放区收费，将这些经济措施与出行外部成本挂钩，可以很好地提高资源使用效率。这类措施尽管不受小汽车使用者的欢迎，实施难度大，影响因素多，但对交通系统的改善作用非常明显。

4. "行政性措施"——限制小汽车保有及使用

"行政性措施"指政府通过实施行政性措施限制小汽车的保有和使用，主要包括控制小汽车保有量增长、区域尾号限行和低排放区限行措施。

5. "信息服务类措施"——引导绿色出行及小汽车高效共享使用

"信息服务类措施"通过对出行者提供多模式的信息服务、动态路径诱导服务及

小汽车共享信息服务,引导公众绿色出行,提高载客率,并有效促使交通网络的流量均衡,提高路网运行效率。例如,基于APP的多模式交通信息服务及电动汽车共享服务措施。

三、国外交通需求管理经验

1. 美国交通需求管理经验

TDM作为交通术语在学术上被正式提出来是在20世纪70年代中晚期的美国,美国更加重视对需求的控制和管理,提出了减少出行需求和改变出行时间与方式、控制机动车使用、压缩不合理出行等措施。TDM已经成为美国交通专家规划建设思路的主流。

(1)推行HOV制度。

高承载率汽车(HOV)制度,是规定在一定时间段的某些道路上,必须有2人或以上的人乘车。近20年来,该措施已经成功推广到美国20多个大城市,1991年的"路上综合交通效率化法案"(ISTEA)将HOV专用车道作为交通拥堵管理规划中的强制措施(图2)。

图2 洛杉矶地区HOV系统分布

(2)鼓励"在家办公"。

"在家办公"可以减少出行需求,降低道路交通量,同时,由于能降低企业成本、减少企业和个人的交通开支而受到青睐,是一种很重要的TDM策略。

(3)鼓励实行可变工作时间。

错开工作时间。由业主设定开始上班的时间,例如,上午员工开始上班的时间为15min一个间隔,主要作用是拉平高峰期间的交通量。

压缩工作日。允许员工在少数的几天比平常工作更长的时间,通常采用"4/10"措施,即每周工作4天,每天工作10h,可以减少车辆在工作日的行驶里程、鼓励员工在非高峰时间出发与到达。

弹性上班制。允许员工在一定的时间范围内设定他们到达和离开办公场所的时间，即要求员工在 1~2h 范围内到达，工作 8h 后即可离开。该措施对出行有潜在影响，能鼓励员工避开拥挤时段，从而拉平高峰小时交通量；在员工工作时间不同的情况下，通过实行弹性上班制可以调整员工上、下班的时间，有利于实施合乘策略。

（4）停车措施。

优先停车。在合适的地点专门给合乘者预留停车空间，或者在工作地点为合乘提供免费或低费用的停车，而在这些地点单独开车上班的员工必须付停车费用。优先停车除了能够刺激形成新的合乘，也有助于维持合乘，因为合乘者一旦习惯停在优先空间，就不会在乎丢失单独开车的特权。

停车换乘（P&R）。停车换乘设施是指设置在城市中心区外围（边缘与郊区），供小汽车出行者（以上班为主）长时间停放小汽车，换乘合乘车进入中心区。目前华盛顿特区有 152 个换乘停车场，总容量 5.32 万个停车位。在俄亥俄州的克利夫兰市，停车换乘设施分为远距离停车换乘设施、市内停车换乘设施和外围停车换乘设施。

（5）收费调节。

道路拥堵收费。在经常发生阻塞的道路上设置收费车道，用来进行道路交通管理。例如，为了缓和道路阻塞现象，加利福尼亚州交通部借助民间资本在加利福尼亚州道 91 号线原有 8 车道的基础上将中央分隔带拆除建设成双向 4 车道（收费车道），在新设的收费车道上，采取分节假日、分时间段、分方向不同收费，但对 3 人以上合乘的车辆免费。这种策略分散了高峰时段的交通，并引入车载式自动收费系统，减少了因停车收费发生的阻塞；通过平均乘车人员的增加，达到削减通行交通量的目的；新设车道行程时间比原有道路缩短 20min，并且由于原有车道的交通量向收费车道转移，缓和了交通阻塞现象。

停车收费。停车收费包括征收停车税和提高停车收费价格。旧金山对城市中心区的商业停车交易征收 25% 的税收来限制中心区停车设施的过度开发，并将其中一部分税收收入用于发展公共交通。芝加哥市将公共停车收费价格提高了 30%~120%，使其接近商业性停车场的价格，之后停车需求量下降了 35%，且附近的商业区停车需求也没有增加；尤金市将公共停车场的价格提高近一倍，将室外停车位的价格由 6 美元提高到 16 美元，车库内的停车位价格由 16 美元提高到 30 美元，之后停车需求下降了 35%，其中近一半是改变了停车地点，其余则是改变了出行方式（图3）。

2. 欧洲交通需求管理经验

在欧洲，TDM 被称为移动性管理，重点是对以小汽车为代表的机动车严格限制与管理，对公共交通和慢行交通（步行和自行车）给予有力支持与优先。

（1）阻止和减少小汽车交通量的 TDM 方法。

停车限制措施。停车限制策略主要通过谁能在这里停车、何时停以及停车时长来限制停车需求的增长和调节停车空间的利用。在一些情况下，通过实施停车空间收费来减少私人小汽车交通需求。1994 年，瑞士的城市管理机构提出提高短时间和中等时间的公共停车收费价格。荷兰通过调整停车政策来限制商业区和地方政府提供免费的停车服务，减少对小汽车出行的停车补助。阿姆斯特丹在公交可达地区的新商业开发中限制设置停车数量。意大利博洛尼亚要求驾车者必须支付相对高额的停车费用,且在指定的时段里,一些区域对居民、商业业主和出租汽车有出入限制。

市区详图

费率区域	一般适用时间	每小时收费	限时
区域1	周一至周六早7点~晚6点	1.5~3.5美元	1~4h
区域2	周一至周六早7点~晚6点	1.5~3.5美元	1~4h
区域3	周一至周六早8点/9点~晚6点	0.75~2.5美元	1h以上
区域4	周一至周六早7点/9点~晚6点	0.50~6.50美元	2h、4h、不限时
旧金山港	周一至周日早7点~晚11点	0.25~3.5美元	4h
晚上和/或特殊情况收费			

图3 现有旧金山市内停车系统及收费标准

制定税费政策。税费政策最典型的就是道路收费和交通税策略。道路收费是向所有的道路使用者收取道路使用费用,挪威首都奥斯陆市从20世纪70年代末就开始对小汽车实行电子收费。法国从1971年开始向位于人口数量超过1万人的行政区的所有组织和拥有9名以上员工的企业征收交通税,作为回报,员工可以享受交通补贴或免费乘坐公共交通工具。

改建基础设施。欧洲正逐步通过改建基础设施来控制和减少交通量，如倡导"交通宁静化"理念，主要表现在从交通基础设施设计上对机动车进行限制，使街道空间回归行人使用，对街道实施物理限速、物理交通导向，包括设置渠化岛、减速带、限速、减小交叉口转弯半径、缩窄车道等一系列手段。欧洲出现了越来越多的步行专用区和禁止车辆进入商业区，荷兰尤为显著，其步行专用区大约有 6000 个，其他地方也在积极地推进步行者友好型环境，如奥地利维也纳、德国慕尼黑、丹麦欧登塞、法国里昂。苏黎世、维也纳和慕尼黑坚决抵制多车道开阔马路等城市形象工程，要求处处有公园、绿树花草环绕社区。苏黎世主张建设单向行驶街道，扩大人行道；车辆在平面交叉路口只准小转弯，不准大转弯，只能在立交路口大转弯等。

（2）改善可持续的交通方式。

从设施建设和管理政策等方面给予公共交通、慢行交通等可持续的交通方式以优先权，包括：改进公共运输系统，例如降低乘车费用、推出多用户乘车卡、提供更舒适的乘车环境、提供往返服务、扩充现有的运输体系、增加支路公共交通里程，以及为某些运输需求提供特定的路线等；改善慢行交通的通行环境，例如增加步行道、设置自行车租赁点、拓宽步行空间和自行车空间等。

哥本哈根是在改善步行条件领域最富有创新的城市，已由机动车支配中心转变成为对行人友好的、可供多种非机动车交通方式选择的区域，每增加 $14m^2$ 的步行使用区，就有一人从郊区迁回城市，开始享受城市生活（图4）。

图 4　哥本哈根步行街区

欧洲的 TDM 策略也包括"绿色往返计划"，对顾客提供超过 50 项的运输服务，如共用小汽车和上下班合乘服务，通过提供一系列的奖励减少机动车通勤交通量，例如对骑自行车、合伙乘车、乘坐公交车上班的人提供奖励，同时也提供对雇主和雇员同时受益的电话上班和可变的工作时间表。

（3）欧洲：MOST 计划。

近年来，欧盟提出的"未来10年通行管理策略"（MOST）行动计划，是在欧洲32个城市开展的一项TDM试验计划。在教育部门，家长选择用MOST的交通方式接送孩子，例如，在比利时的林堡，官方宣传学校"公交免费"周，鼓励其他交通方式，使得自行车出行增长了23%。在旅游部门，MOST鼓励游客利用公共交通来减轻旅游高峰时段运输系统的压力。西班牙马拉加执行了专一的"旅游者巴士服务"，发信息传单和发小卡片服务都是为了改善所提供的服务水平。

MOST策略同样被用于站点发展，在德国不莱梅，Botanika（当地的一个公园）实施"步行指导系统"计划和对公园游客在公园咖啡馆里的信息分发。

（4）英国伦敦：拥堵收费。

为缓解伦敦市中心区的拥堵状况，伦敦于2003年2月17日开始推行局部区域的交通拥堵收费，收费区域由内环路围成（连接尤斯顿路、潘敦维尔路、塔桥、象堡、伏克斯豪尔桥及梅丽勒波恩路）。2004年8月11日，伦敦市实施道路拥堵收费的区域扩展1倍，延伸至伦敦西区，覆盖肯辛顿以及切尔西富人居住区。对工作日（星期一到星期五）7:00~18:30驶入内环区域的车辆收费，住在收费区的居民享有九折优惠，对摩托车、急救车、残障车、公交车和班车、伦敦批准营业的出租车、某些区间车及"对环境友好的"车辆等不收费。2009年开始，在伦敦市内任何地方行车都要交费。到2015年，即使在伦敦外围地区行车也再无免费可言。实施拥堵收费政策之后，伦敦市总体交通量下降，公共交通方式客流量增加，交通拥堵、能耗和排放等方面都有了较大的改观（图5）。

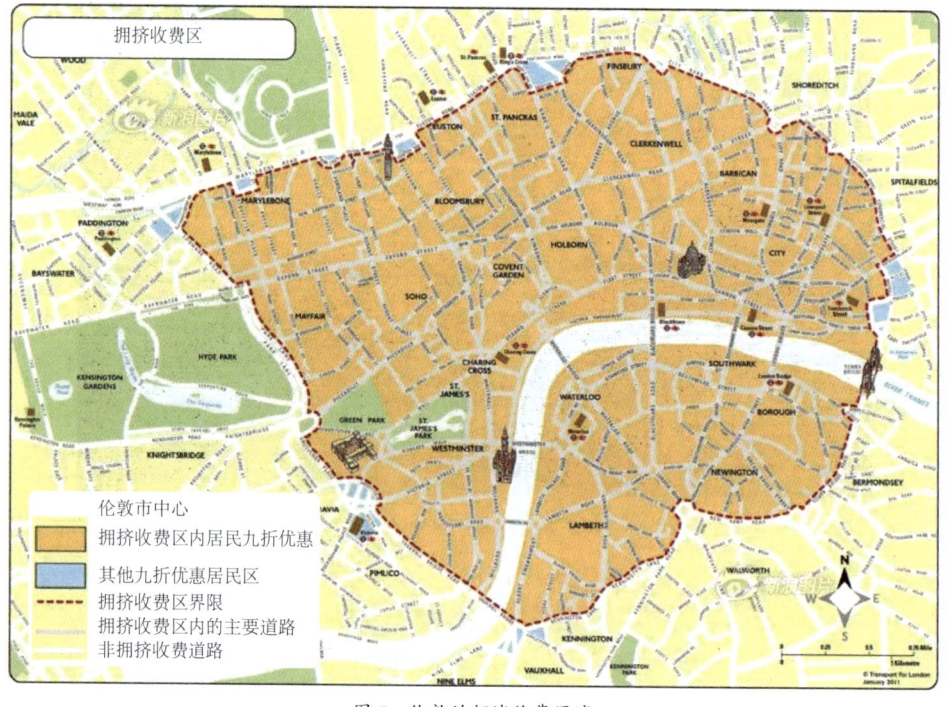

图5 伦敦的拥堵收费区域

3. 亚洲交通需求管理经验

亚洲绝大多数城市的汽车工业发展较晚，通过借鉴欧美的经验与教训，亚洲城市的 TDM 比较早地注意从战略规划、交通设计与运行过程等不同层面体现 TDM 思想，重视从"建、管、限"三方面综合施策。

（1）新加坡：规划与管理并重。

①整合交通运输与土地利用规划。

一是通过房屋开发署（HDB）规划的住房，使城镇人口远离市中心来分散人口，并通过有效的道路和公共交通运输体系将两者有效连接起来，避免了日益严重的城市内部拥堵和城市蔓延问题。二是规划大规模快运（MRT）交通通道，通过发展 MRT 各个车站附近地区和分区的边缘中心来分散市中心的商业和其他经济活动，将工作岗位密集区如工业园区、商业停车场和商贸中心设置在居住区附近来减少人们的出行需求。三是将 MRT 车站同周围建筑物开发和其他的交通运输模式整合一体化发展，例如，在 the New Woodland（新兀兰）车站，接驳交通设施，如公共汽车换乘点、出租汽车和小汽车的换乘区，与车站周边建筑很好地融为一体，即使在恶劣天气，通勤者也能便捷、舒适地换乘。

②道路使用限制。车辆出入许可证。早在 1973 年，新加坡就对在本国逗留的国外注册车辆引入了"进入许可费（VEP）"，使得新加坡国内外注册的车辆使用费基本相当。

区域通行证制度（ALS）。1975 年开始，引入区域通行证制度，规定在高峰时段内，除了公交车和紧急车辆外，其他车辆都需要购买并出示许可证才能进入限制区，同时引入了 P&R 系统（图6）。

图6　ALS 闸门（RESTRICTED ZONE 为限制区）

车辆定额配给制度（VQS）。1990 年，新加坡开始实施强制性的车辆定额配给制度，车主在注册新车之前必须通过竞标获得车辆拥有许可证，政府每个月根据当前的道路交通状况以及永久性离开道路系统车辆数来决定发放许可证的数量，实质上是通过计划车辆注册指标干预购买行为，该措施有效地将小汽车的增长率从6%下降到3%，实现了严格控制小汽车总量的交通目标。

③调整车辆注册费与使用税。1991年，新加坡出台了"周末用车计划"，参加这项计划的车主在交通高峰时不能使用车辆，但是可以在平峰时使用，通过这一行动可以获得车辆注册费和道路使用税减免。这项计划使得在车辆数增加的情况下交通状况不会恶化。1994年，这项计划被"平峰车辆计划"取代，以使更多车辆有这项权力。1992年，将拥车证（COE）的有效期由10年缩减到5年，保障运行在道路上车辆的车况。1998年，车辆税的结构得到修订，包括车辆使用前的注册费与附加注册费、道路使用税。

（2）日本：注重交通发生阶段研究，引导公共交通出行。

日本由于其政府自交通发展政策制定时期就确立了以轨道交通为主的交通发展模式，并出台了一系列TDM措施推动公共交通的发展，TDM政策往往在交通源的发生阶段就得以研究实施，将交通建设与土地利用相结合，创造其附加价值。

①札幌市：供需统筹管理策略。针对20世纪70年代公交车比例下降、小汽车交通增加、道路饱和趋势，札幌市提出"抑制小汽车出行，促进公共交通，禁止违章停车，创建有魅力城市"的口号，由政府和民间共同筹资，提出了供需统筹管理的计划与措施。

②长冈市：购物巴士券措施。20世纪50年代，日本开始出现"逆城市化"现象，形成上下班时间出入城的潮汐现象。"逆城市化"后期，大量的就业岗位在郊区设立，形成多个新的市郊中心，交通拥堵也蔓延到郊区，中心区商业逐渐衰退，形成中心空洞。在这种背景下，长冈市于1989年开始试行购物公交车券措施，运行费用分配为商店70%、公交车公司20%、运输省10%，在通往长冈市中心的公交车上设置购物公交车券兑换券，乘客可自行在公交车内取得一张兑换券，持兑换券前往加盟"购物公交车券"系统的商店购物，商家对于持兑换券购物达2000日元以上者免费赠送一张或若干张购物公交车券，凭券可免费乘坐公交车。

③东京：汽车排放尾气的自助管理。东京为达到NO_x的环境排放标准，颁布了《汽车排放尾气抑制指导纲要》，实施了"消减汽车排放尾气特别方法"（简称"NO_x"法）。政府根据年度环境指标，制定本年度的NO_x排放量，并具体落实到公司及个人，由公司及个人自主制定减少尾气排放的计划书。根据试行结果与实际评估相结合，达到或超额完成的给予财政和税收上的奖励，没有完成的给予惩罚。

扫一扫查看原文

④日本公交车协会：ITS实证实验系统。由于道路阻塞引发的公交车服务质量下降，使乘客远离公交车，家用小汽车的使用反而增多，更激化了道路拥堵，陷入恶性循环。对此，日本公交车协会于1996年引入了"公交车运行管理系统"（ITS实证实验系统）。据调查，86.9%的出行者赞同该系统的运行，公交车乘坐率提高了25%。目前该系统已经在全日本推广。

如何以公共交通为导向引导
城市交通结构优化

王　炜　东南大学土木建筑交通学部主任、教授

> **导语**
>
> 在我国快速城镇化和快速机动化的双重压力下，城市空间与交通供需平衡的冲突尤为强烈，城市布局与交通协调发展更为重要。如何以公共交通为导向引导城市交通结构优化呢？

一、什么是 TOD 模式？有哪些类型

1. 什么是 TOD 模式

交通问题究其根本是由交通需求与交通供给的发展不平衡导致的供需矛盾所引起的，世界各国为缓解这种矛盾采取过多种方式，如控制交通需求的产生、扩大交通供给等，这些方式只能短期内缓解交通压力，并不能从本质上解决问题。

在交通问题越来越突出的背景下，城市布局形态与公共交通协调发展的模式，即 TOD（Transit Oriented Development）模式应运而生，利用公共交通的发展来驱动城市土地利用的发展，形成与交通建设相协调的城市布局形态、产业结构，使交通资源的供给成为影响交通需求分布和强度的主导因素，将被动的供给压力转化为主动的带动需求发展的驱动力，从根本上消除需求杂乱无章的自然发展，而持续形成对交通资源供给的压力。

2. TOD 模式有哪些类型

（1）根据适应的范围划分。

根据适应的范围，TOD 模式分为针对区域层面的 TOD 模式和针对城市层面的 TOD 模式。

针对区域层面的 TOD 模式，是公交走廊引导城市轴线型空间形态，其基本策略是按公交站点一定范围内城市空间集聚轴线发展（图 1）。不同规模、不同发展特征的城市多条轴线组合，可形成各具特色的城市空间发展形态。

针对城市层面的 TOD 模式，是公交枢纽型城市中心体系，其基本策略是以公共交通站点为中心组织城市社区，将商业、娱乐、居住等功能整合在步行可达范围之内，形成适宜步行的混合功能社区，从而方便居民使用公共交通工具，减少机动车的使用（图 2）。通过公共交通网络将多个社区组织在一个合理的框架之内，并在社区之间设置公共绿地，优化城市环境。

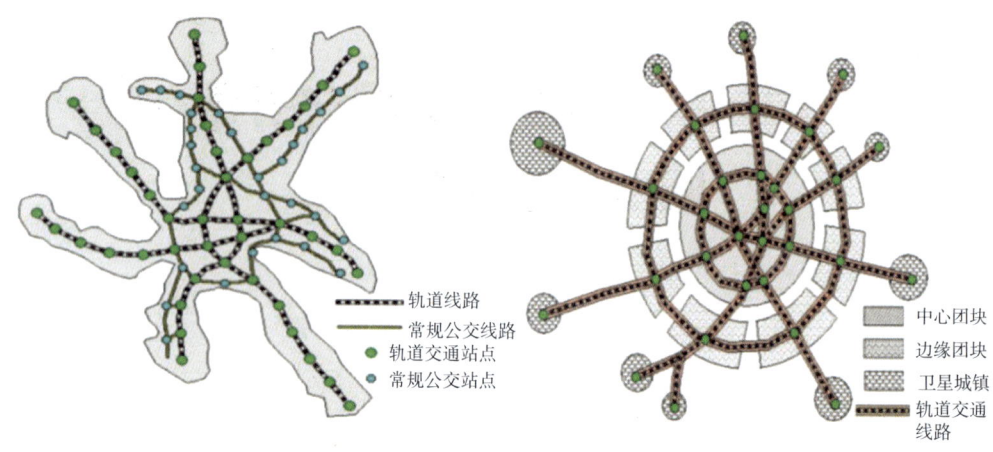

图 1 区域层面的城市公交走廊引导轴线发展

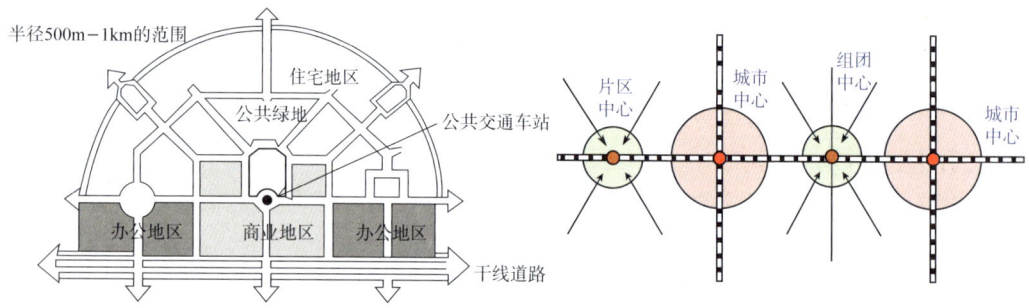

图 2 城市层面的城市公交走廊引导轴线发展

（2）根据区域功能定位划分。

根据区域功能定位，TOD模式分为3种类型：公共中心型、居住社区型、交通枢纽型。各类型TOD模式的特点如表1所示。

TOD模式类型和特征　　　　表1

特征类型	公共中心型	居住社区型	交通枢纽型
土地利用	强调商业、办公与居住的混合开发	以轨道站点为核心进行综合开发，布置大型超市、商业、娱乐等公共服务设施，形成居住区主要公建中心	轨道交通站点附近有对外交通枢纽或大型室内交通换乘枢纽，且轨道交通站点与这些交通设施有直接或较为直接的联系
空间布局	以轨道为核心形成绿化公园及商业街区	以轨道站点为核心形成具有商业、生活功能的居住区	布局大型交通换乘设施、商业商务、娱乐休闲设施和餐饮零售设施，周边为居住区
开发强度	高强度开发	中等强度开发，构建公交社区	中高等强度开发
交通特征	高强度的交通吸引，引发大量的车流和人流	分区域型的交通模式，区域内车流、人流强度较高	有益于疏散和汇集客流，枢纽的完善提高了交通可达性
道路系统	城市主干道从中心区外围穿越，干道间距在900m左右。中心区内道路采用密支路网形式，道路网密度一般为13~18km/km^2，支路间距120×150m	城市主干道从居住区外围穿越，路网密度为11km/km^2，主次干道间距在330m左右	城市主干道从居住区外围穿越，路网密度为11km/km^2，主次干道间距在330m左右
交通组织	以轨道交通为导向，强调常规公交接驳系统	以轨道交通为导向，强调常规公交接驳系统	以轨道交通为导向，强调常规公交接驳系统，实现内外交通零距离换乘

二、TOD 模式在城市发展中有何效益

TOD 模式提供多种出行方式选择,平衡各种出行方式的比例,增加出行的便利性,在土地利用、环境保护、缓解交通拥堵、促进城市综合发展等方面体现出强大的优势,成为实现城市可持续发展,创建结构合理、功能健全、用地集约的低碳宜居城市的有效途径。

1. 促进老城区的空间结构更新

我国许多老城区为单核心的布局形态,城市核心区交通压力大、交通组织混乱,容易出现交通拥堵,导致城市中心区吸引力下降,甚至出现中心城区衰败的现象。TOD 模式下,公共交通系统充分利用城市的空间资源,可形成三维立体的交通体系,提高交通基础设施供给,优化城市空间结构布局,同时避免城市用地的无限扩张,使老城形成多个片区中心,逐渐发展一城多心,以此疏解城市核心区密度,提高城市活力。

2. 提高出行效率

TOD 模式下,密集的交通网络和职住平衡可以有效缩短出行时间,同时,各种交通方式之间的换乘设施更加完善,可以大量节省乘客的等候和换乘时间;其次,以公共交通为主导的出行方式简化了道路交通流组成,既可提高道路输送能力,节省出行时间,又可降低事故率,提高道路交通安全水平。

3. 缓解停车压力

TOD 模式还注重加强慢行交通导向设计,建立多层次的慢行系统,优化道路骑行环境,鼓励步行和骑行,可以大大缓解社区的停车压力。此外,建立以配建停车场为主的停车设施供应策略,不仅可以优化停车活动,还可减轻城市道路的拥挤程度。

4. 提升经济效益

TOD 模式的重要目的和原则之一就是以最少的投资获得系统的最佳经济效益。对出行者而言,出行选择增多,出行时间减少,很好地节省了出行费用;对土地开发者而言,公共交通站点及枢纽周边土地增值,城市土地混合开发能促使土地收益最大化;对社会而言,一方面可以大大节省交通能源消耗,降低能源需求;另一方面,由于安全性提高,节省了修复事故损害的费用。

5. 提升社会效益

TOD 策略注重"以人为本"的理念,布置了很多公共开放空间,倡导建设服务设施完善、邻里配套、交通便捷、环境优美的宜居社区,提高社区文化精神面貌及居民生活质量,提升城市形象,有利于促进城市的和谐发展。同时,高密度、混合型的开发模式可以提高社会就业水平,促进社会公平,保障公共安全。

6. 提升环境效益

TOD 模式倡导绿色交通,注重社区自然环境美化,可增加城市绿地面积,有效减少交通对空气的污染,减少噪声污染、振动影响及交通对居民日常生活的影响,有利于城市的可持续发展。

三、基于 TOD 模式的城市交通结构优化与引导策略

改革开放以来，我国经历了世界历史上规模最大、速度最快的城镇化进程，在快速城镇化和快速机动化的双重压力下，城市空间与交通供需平衡的冲突尤为强烈，现有的城市交通系统构建存在缺乏土地利用与城市交通的协调、缺乏强有力的公共交通支持、小汽车出行比例过高、忽视城市慢行交通的发展等问题，城市交通结构优化的总体趋势是引入 TOD 理念，实现"3 个转变"，即：交通供需平衡由被动适应向主动引导转变；城市空间规划设计由偏重物质空间形态构造向定量预测、评价并重转变；交通系统优化由单一模式道路网络向多模式综合交通协同转变。针对不同的城市形态，提出以下基于 TOD 模式的城市交通结构优化与引导策略。

1. 我国城市群交通结构优化与引导策略

与世界级城市群相比，我国城市群发展相对滞后，并且东、中、西部城市群发展极不平衡。因此，在城市群规划发展的过程中，应重视交通规划，使之带动城市群的发展，并根据不同区域城市群的实际情况，采取不同的规划建设方案，达到城市群经济、人口与交通相辅相成、互利共赢的目的。

（1）重视轨道交通建设，引导形成以集约化公共交通为主的交通模式。

我国城市群的轨道交通建设还不够，轨道交通基础设施严重不足，特别是在中、西部地区，仍然以公路交通为主导，轨道交通、高速铁路里程远远不够。然而，我国地域广阔且人口密集，客运需求量大，建设轨道交通、发展集约化公共交通为主的交通模式是十分有必要的。

（2）推进城际轨道建设，增强城市群内的联系。

城际轨道是公共客运的主要形式，不仅能满足大量的客运需求，还能实现城市群内快速、紧密的经济联系，但是我国城市群内城际轨道交通的建设还远远不够。建议处于发展初期的西部城市群，将城际铁路建设尽早纳入到规划中，根据实际的客流需要，用既有的干线铁路承担城际客运的功能，必要时可以新建城际铁路；中部城市群可以将既有铁路线路进行改建，构建城际铁路，适度超前规划城际骨干铁路；东部城市群由于经济快速发展，城市之间快速、紧密的联系是十分必要的，所以东部城市群更应该重视城际轨道的建设，基本形成城际铁路网络，实现集约公共化的交通模式。

（3）完善轨道交通网络，重视次级、中小城市间的联系。

城市群中，城市间的联系不应该仅仅集中在中心城市之间，如果忽视了较小城市之间的联系交流，极易导致畸形发展。目前，我国城市群中次级城市、中小城市之间可达性不高，特别是在中部、东部城市群，中小城市、次级城市之间的联系较弱，使得城市群较松散，应当及时完善交通网络，加密路网。

（4）重视综合交通枢纽的规划建设，增强核心城市的辐射带动作用。

建设综合交通枢纽是提高交通运输整体效率和服务水平、降低物流成本的有效途径，能强化城镇在产业发展和空间布局的核心地位，吸引人流、物流和资金流，促进当地经济的快速发展。目前，中、西部城市群在综合交通枢纽的规划建设上远远不及东部城市

群(图3),因此,应该注重对核心城市综合交通枢纽的打造,增强核心城市的辐射带动作用,让城市群经济得到协调发展。

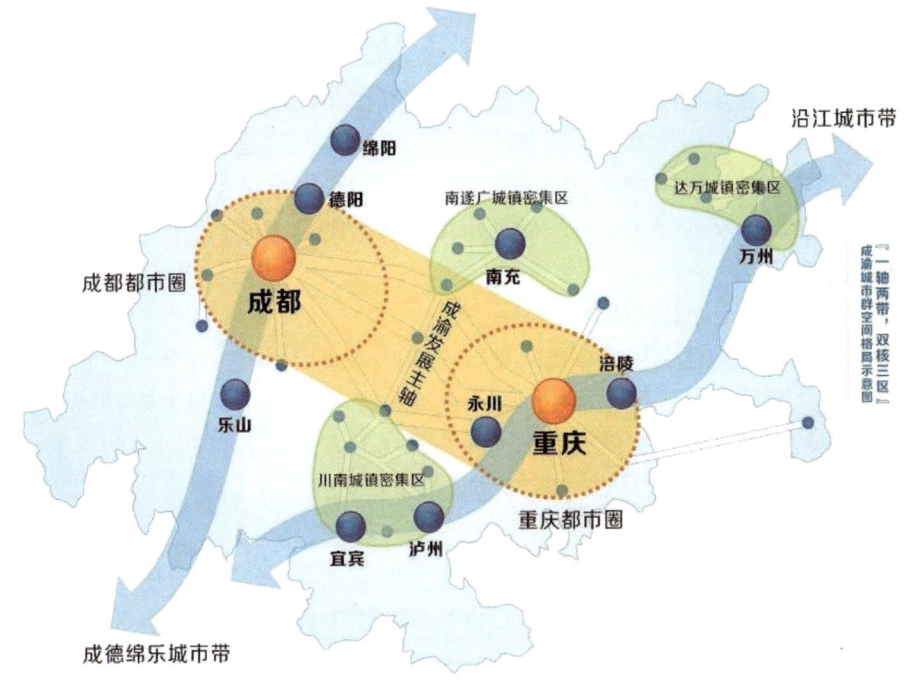

图3 中部典型城市群——成渝城市群交通规划示意图

2. 我国大城市交通结构优化与引导策略

随着城市化和机动化进程不断加快,目前我国大城市如北京、南京,正处于城市交通结构转型的关键时期,过去的城市交通体系越来越难以适应城市快速发展和居民不同层次出行的需要。对我国大城市合理交通结构的研究,不但对交通规划、建设、运营和管理具有总体指导作用,对缓解城市交通拥堵问题也具有十分重要的现实意义。我国大城市交通结构优化发展的建议如下。

(1)构筑公共交通支撑和引导城市发展的城市结构。

结合城市空间形态、产业形态,以公共交通为导向,集中建设新区,老城人口向外围疏散,避免城市形成单中心蔓延型的发展模式,平衡通勤时段轨道交通双向客流。借鉴国内外先进TOD发展模式经验,实现大城市"多中心、开敞式"城市空间结构。

(2)以轨道交通廊道和枢纽为骨架及节点,布局城市各级公共服务中心。

以轨道交通及其他公共交通的服务水平为依据,分布城市的居住与就业功能及建设强度。城市各级公共服务中心的布局应与轨道交通廊道与枢纽的布局相吻合,市级商业商务服务中心和就业中心原则上应处于2条及以上轨道交通廊道集中服务的地区。

(3)制定以公交为先导的资源配套政策。

在用地规划中优先考虑公交场站用地需求;公交专用道要覆盖城市主要干道体系,为兼顾道路资源的合理使用,在交通繁忙路段公交专用道实施全天专用,其他路段实施分时专用;在主要交叉口设置公交专用信号,保证公交车辆优先通过。

（4）提供多层次的公共交通服务选择。

通过建立多层次的公共交通服务模式，不同方式和线路之间优势互补、适度竞争，满足乘客多样性的服务要求，确保公共交通运输效率的充分发挥。其中，地铁系统用以承担连接主要地区间重要交通干线上的大部分客流，保证整个交通系统宏观运行的效率和稳定；轻轨系统是地铁系统的补充和拓展，主要用于连接地铁车站与主要居住区、商业区，为地铁网络提供客流补给；公共汽车系统的主要作用是承担区域内部和相邻区域间的近距离交通，并为地铁和轻轨网络提供客流补给和网络完善服务；出租车系统用于填补公共交通与私人交通间的空白，满足市民特殊的出行需求，是构建完整的公共交通体系不可或缺的部分。

3. 我国中小城市交通结构优化与引导策略

针对中小城市人均建设用地偏高、整体城市空间结构松散的现状，应加强城市规划的引导作用，从节约资源、优化环境、城乡统筹的角度出发，建设紧凑型城市，不断提高中小城市集约程度，从而有效缩短交通距离，降低人们对小汽车出行的需求，交通出行结构应采取慢行交通主导的模式。具体建议如下：

（1）大力发展慢行交通。

对于短距离出行，应倡导自行车为主体的交通方式，构建完善的慢行交通网络，并建设专有的慢行车道，供居民骑车或步行出行。对于中长距离的出行，应建设慢行岛，岛内与低等级断头路相连接，通过快速路、主次干道上的人行设施以及少量与主要道路平行的非机动车专用道，为短距离出行、与公共交通的接驳出行提供相对独立与安全的慢行出行道路空间，从而促进慢行交通的发展。

（2）逐步推动公共自行车等共享交通的发展。

公共自行车不仅包含私人自行车的优点，还具有借还车灵活、使用方便的特点。利用公共自行车，可以更好地完成与公共交通的接驳，解决居民出行"最后一公里"问题，缓解交通拥挤，实现资源共享，提高城市交通的运行效率。

（3）倡导公交优先，建立高效、便捷的公共交通出行体系。

中小城市人们的出行距离较短（通常在8km以内）且耗时较少，应倡导"公共交通＋慢行交通"为主体的交通方式。因此，中小城市应进一步落实"公交优先"的发展策略，提高对公共交通的政策扶持力度，并提高公共交通系统的服务水平和信息化水平，建立先进的智能公交系统，从而创造良好的公共交通出行环境，提高公共交通的竞争力。

（4）制定长远的交通建设发展战略。

中小城市在进行交通规划时，不能一味地通过建设道路来满足不断上升的交通需求，要制定长远的城市交通建设发展战略，通过完善城市交通基础设施，坚持以慢行交通和公共交通为主导的交通发展模式，尽可能地降低小汽车的出行，从而提高城市交通系统的运行效率。

扫一扫查看原文

应用公交优先信号控制系统实施"公交优先"战略

顾怀中　南京市公安局交通管理局科研所所长

> **导语**
>
> 为缓解拥堵、提升群众出行便利性，国家提出实施公交优先发展战略。南京作为首批"公交都市"建设示范工程创建城市，在落实"公交优先"战略中采取了哪些举措？成效如何？

一、背景：实施"公交优先"发展战略，南京建设公交优先信号控制系统

2011 年《国民经济和社会发展第十二个五年规划纲要》中明确指出："实施公共交通优先发展战略，大力发展城市公共交通系统"，首次将公交优先发展战略上升为国家战略。2012 年，国务院发布《关于城市优先发展公共交通的指导意见》文件，交通运输部正式批准南京为全国首批"公交都市"建设示范工程创建城市。

为落实"公交优先"发展战略，南京积极构建公交优先信号控制系统，在全市范围内升级现有信号机设备以及联网建设信号控制设备，从而实现全市信号控制的系统化监测和远程控制，提高交通信号控制的智能水平。同时，在主干道增建公交车辆数据采集设备，结合公交车载定位系统实时采集公交车运行信息。在此基础上，结合信号优先策略，实现公交信号优先控制，达到显著提升公共交通通行效率，改善交通状况的目的。2017 年 12 月，交通运输部正式授予南京市"国家'公交都市'建设示范城市"称号，这是国内首批获得该称号的城市。

相对于常规公交优先而言，南京公交优先信号控制系统提出了 2 个"转变"的建设要求：由空间优先转变为时间优先、由路口的单点优先转变为全空间范围的优先。

二、系统设计：采集、分析各类交通数据，实现智能公交信号优先应用

1. 南京公交优先信号控制系统架构

南京公交优先信号控制系统架构如图 1 所示，通过智能交通管理系统与智能公共交通管理体系的共同建设，在信息共享下实现公交信号优先。公交企业、政府信息中心、交通部门以及公安交管部门可通过该系统和平台提高工作效率和服务水平。

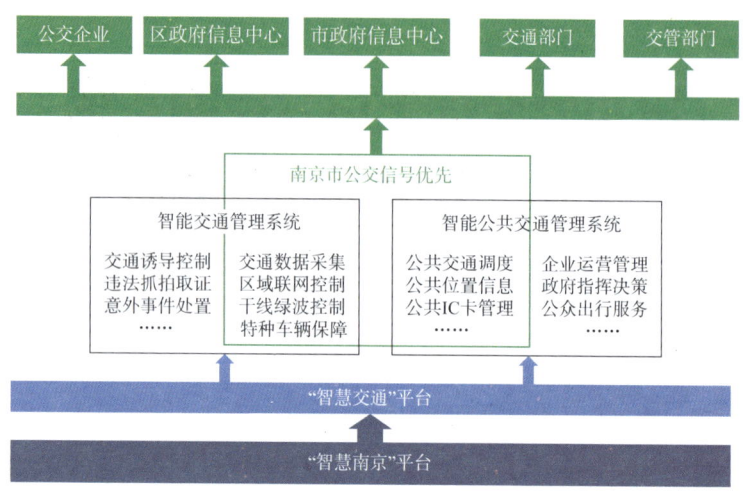

图 1 南京公交优先信号控制系统架构

2. 南京公交优先信号控制系统的应用架构

南京公交优先信号控制系统总体设计通过智能信号机联网,结合大量交通和公交数据,构建南京智慧交通信号控制系统,实现公交信号优先应用。架构示意图如图2所示。

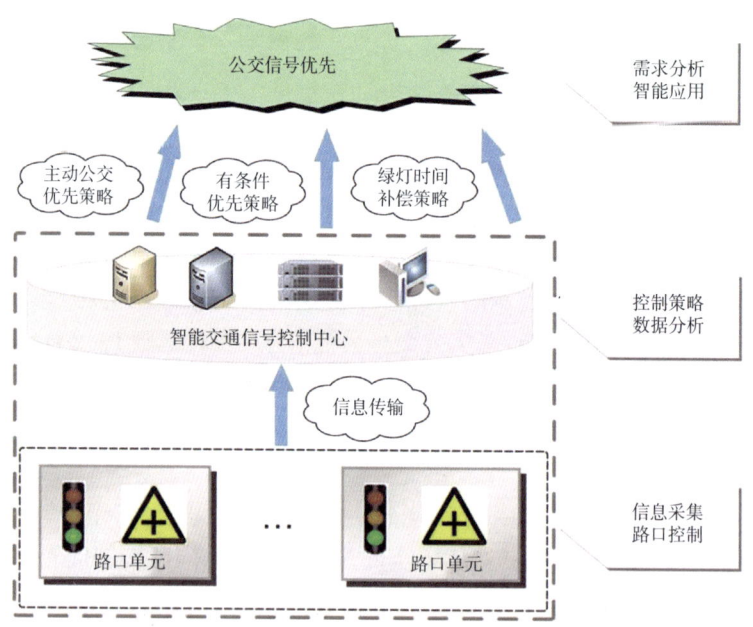

图 2 公交信号优先应用架构示意图

整体设计主要包括以下几个部分。

(1)路口单元:改造升级现有路口信号机,使其具备联网功能,便于统一调度管理。同时,信号机加装路口信号优先控制模块,使其具备独立的路口智能控制功能,保持与控制中心的通信能力,上传采集到的交通信息,执行控制中心发出的区域协同控制指令或自动生成、执行单点自适应控制指令。另外,路口增加流量感应器,组成地磁感应、视频识别、卫星定位和RFID基站组合信息采集系统,以准确定位监测公交车行驶情况并获取整个路口动态交通信息，成为智慧交通信号控制的"电子眼"。

（2）智能交通信号控制中心：信号控制中心提取、处理、统计、分析采集的路网数据和公交运行速度及位置信息，建立公交优先控制方法流程和配时参数优化模型，建立优先条件和优先策略选择规则，通过联网信号机的集中管控，确定智能协调和控制交通信号灯的配时，并结合相应的单点控制、干线协调控制、区域协调控制等控制策略，实现点、线、面结合的全方位智能控制模式，最终确定合适的公交信号优先策略。

（3）智能公交信号优先应用：基于全面的信号采集、完善的网络互连、智能的控制策略，为公交车提供智能的信号灯相位控制和配时方案，保障公交车享有较高的路口优先通行权，实现公交优先应用。

3. 各类交通信息的采集分析

交通信号控制以及公交优先的实现，是建立在统计分析各类交通信息的基础上。选取合适的交通信息采集设备，是成功构建交通信号控制系统和实现其他交通控制应用功能的重要条件。信息采集分析包括：车载定位信息采集、路段检测信息采集、路口视频检测信息采集、数据融合分析、历史信息存储5部分组成。

车载定位信息采集：公交信号优先控制要求车辆定位精度达到亚米级，通过实时CORS系统差分修正处理和路段RFID定点定位配合，达到对车辆的精确定位，实现公交车辆的实时位置、速度、方向等信息采集。把采集的位置信息通过网络实时传回控制中心，控制中心对信息融合、处理和分析后，与路口信号机实时通信，实施公交信号优先控制。

路段检测信息采集：使用无线线圈、微波等多种检测手段，实时检测路段交通情况，检测各路段各方向是否拥堵。给公交信号优先提供基础数据支撑。

路口视频检测信息采集：接入路口视频检测器，检测公交车辆行进方向路口内的交通情况。根据路口内的交通压力，调整信号控制策略。

数据融合分析：把车载定位信息、路段检测信息、路口检测信息、交通信号配时等数据融合分析，根据公交优先策略，实行公交车辆优先。

历史信息存储：记录车载设备、路段检测设备、路口检测设备的实时信息，存储到数据库，供相关系统分析研判使用。

4. 公交车辆优先通行策略

公交优先信号控制系统开发了基于区域—干线—路口的三层交通控制模型，通过延长绿灯、缩短红灯的方法进行实时的信号调整，实现公交车优先通行。

（1）同交通状态下，交叉口公交车优先通行的策略。

智能交通信号控制系统在交叉口信号控制策略等方面具备对公交车辆的优先功能，协调好公交车辆与社会车辆的通行权问题，确保在保证公交优先的基础上，使道路交通有最大的通行效率。

常态交通状态下的公交信号优先：系统实施公交信号优先控制技术，包括分段双向绿波、快速通行交通信号保障、信号优先冲突管控等；通过建立公交信号优先实时配时优化流程，确定公交线路沿线交叉口的周期、相序、绿信比、相位差，实现南京市公共交通的优先通行；同时，能够对南京市公交系统运营状态和公共交通客流分布实施检测与预测，并通过室外诱导屏、互联网、车载装置、移动终端、智能终端等方式，将公共交通诱导信息向社会和公交管控部门发布。

饱和交通状态下的公交信号优先：饱和状态是由于意外事件或潮汐交通等原因导致交叉口的交通流量超过了交叉口的疏散能力而呈现的交叉口流量饱和状态。机动车会在交叉口进口道出现明显的排队现象，严重状态下甚至会影响到临近交叉口的正常交通通行而形成局部路网的拥堵。饱和状态下公交优先通行很难得到保障，且公交信号优先的前提条件是保证社会车辆的基本通行。因此，在饱和状态下，公交信号优先控制策略采取相应的调整来满足交叉口的基本通行功能，继而实现公交优先通行，即系统具备针对过饱和状态下的过饱和控制功能。

突发事件下的公交信号优先：交通意外事件的发生易对公共交通产生较大的影响。公交优先控制策略应具备对交通意外事件的管理功能，能通过检测技术手段对事件进行准确定位与及时响应，并生成事件应急控制策略，保证事件地点的公共交通正常有序性。同时，控制系统能根据事件严重程度，对周边道路交通的管控制提出合理的应急方案，降低意外事件对公共交通的影响。

（2）实现干道绿波协调控制，保障公交优先。

南京城区中心道路网交通负荷不断增加，主要干线的畅通程度直接影响到整个区域内的交通状况，控制系统具有干线协调控制功能，确保这些干线形成绿波带，从而提高干线道路车辆的行驶速度，有效改善控制区域内的整体交通状况。

城市干道之间的交叉口既是道路交通网络的枢纽，也是交通流的汇集和分流点，需要对这样的单个交叉口采取自适应控制策略，使交叉口交通处理能力提升到最佳状态，减少车辆在交叉口的停车次数和延误时间，提高现有道路的通行能力，保障公交优先。

（3）建立公交道路网模型，确保公交优先通行。

根据运行在当前道路上公交线路的车辆数、线路特征（载客量、发车频率）、路段拥堵的可承受性，将涉及公交信号优先控制的线路分主要线网层和次要线网层。主要线网层和次要线网层是建立"道路网模型"的关键一步。行驶在主要线网层的公交车的优先级别高于次要线网层公交车，这样可以更有效地保障和落实公交优先。

（4）调整信号控制策略，为特种车辆提供"绿色通道"。

公交优先信号控制系统能在检测、自动识别、定位特种车辆的基础上，调整交通信号控制策略，为特种车辆的快速、安全通行提供必要的"绿色通道"。

三、技术创新：应用卫星定位技术、5D综合检测技术等保障公交优先通行

1. 北斗/GPS双模定位技术，精确定位车辆

应用高精度卫星定位技术，利用安装于公交车、警卫车辆的北斗/GPS双模定位设备，依托连续运行卫星定位服务，在大批量、高动态城市公共交通工具上实现了高精度亚米级定位、就近实时数据通信、全天候高可靠度信息采集。通过实时掌握车辆的位置、速度、方向信息，实现地面公交车辆的精确定位（图3）。

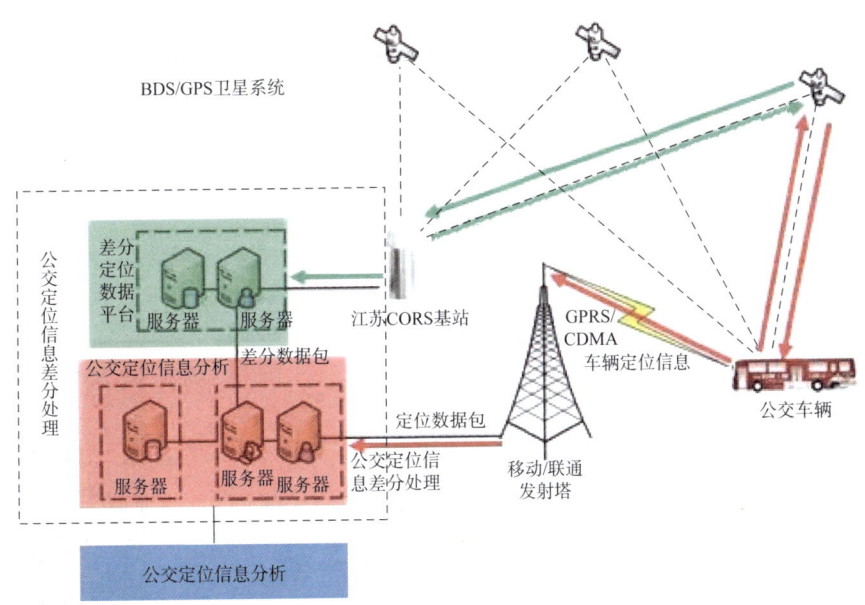

图 3　差分定位处理

2. 交通状况 5D 综合检测技术，全方位感知车辆

将道路分解为路段上、交叉口进口道渠化段前、进口道渠化段内、交叉口停车线内、交叉口出口道五个空间维度，针对每个区域不同空间特点采用不同的交通检测方式：在路段上使用车载定位终端检测车辆实时位置；在进口道渠化段前使用已覆盖全市的 RFID 设备检测公交车辆到达情况；在进口道渠化段内采用正向雷达检测社会车辆交通量与排队长度；在交叉口停车线内采用视频设备检测路口内各流向交通放行情况；在出口道采用无线线圈检测交叉口上游拥堵情况。通过这 5 种交通检测手段，实现对公交车与社会车辆交通运行状态的全方位感知（图 4）。

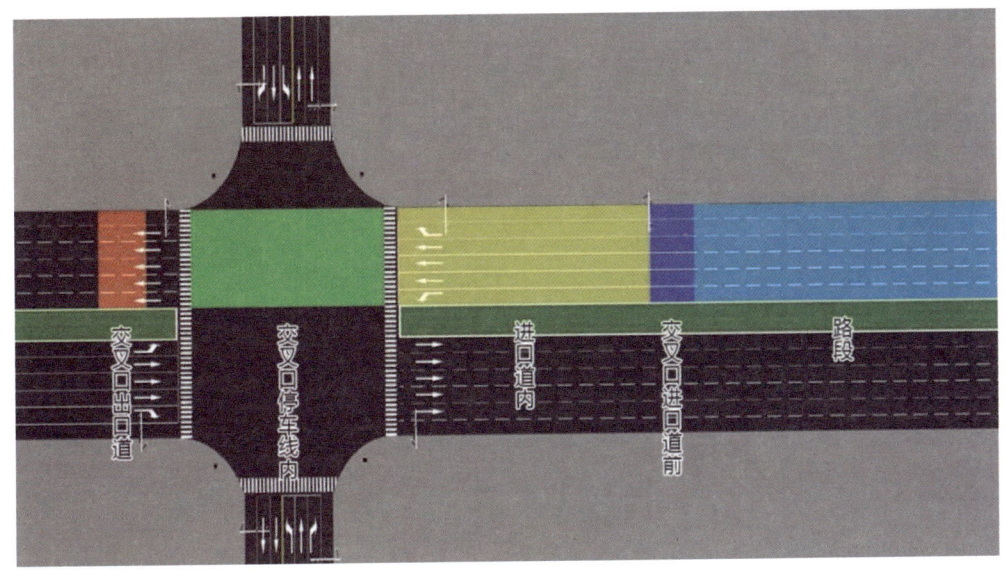

图 4　交通状况 5D 综合检测

3. 三层公交信号优先控制技术，实时调控信号

基于区域—干线—路口的三层交通控制模型，对公交车实现公交信号优先。区域控制模型在保证主干道畅通的前提下，合理调节公交车辆优先通行，最终达到宏观交通控制效果；在干线层面，根据道路等级、公交线路数量、早晚高峰公共交通潮汐特性设计公交绿波带，保障公交车辆绿波畅行。在路口层面，遵循线路、道路等级确定各方向信号优先级别。通过延长绿灯、缩短红灯的方法进行实时的信号调整，实现公交车优先通行（图5）。

图5 三层公交信号优先控制

4. 有轨电车自适应控制技术，实现自适应优先控制

检测到有轨电车接近路口时，将根据有轨电车的速度、站台停靠时间等信息，预测有轨电车通过路口的时间，通过延长绿灯、提前结束红灯、插入公交相位等方法进行自适应优先控制，保障有轨电车顺畅通行（图6）。

图6 有轨电车自适应控制

5. 多警卫线路监视预警技术，自动调整信号配时

针对特勤车辆提供交通信号优先保障，制订专门的信号优先方案，实时监控车辆位置，自动根据任务线路调整警卫车队前方路口信号配时，保障车队一路绿灯畅行（图7）。

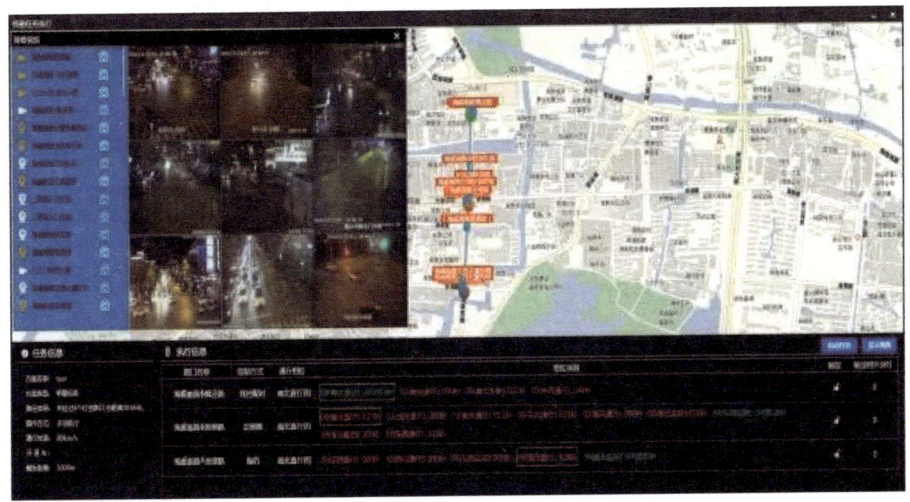

图7　多警卫线路监视预警

6. 多模式公共交通换乘算法模型，优化发车方案

面向由地铁、有轨电车、大站快车、常规公交等多模式组成的公共交通体系，统计分析不同模式换乘站点的平均换乘时间、换乘流量、流向分布，为具备换乘功能的常规公交线路提出发车方案优化建议，从而保障常规公交准时达到换乘点，减少换乘等待延误，提升多模式公共交通系统的服务水平。

四、应用成效：公交车平均运营车速显著提升，保障了特种车快速、安全通行

南京信号联网与地面公交优先工作分两期建设，于2016年9月完成全部建设工作。具体实现了3个目标：一是实现主城区信号机升级联网、全市信号控制的系统化监测和远程控制；二是实现多级公交信号优先控制，提升公交通行效率与服务水平；三是为体育赛事、大型活动提供信息化管理平台，为特种车辆、警卫任务提供交通信号优先保障。

1. 公交车高峰期平均车速提升22.13%

为评估公交优先信号控制系统运行效果，南京对升州路和集庆门大街沿线社会车辆和常规公交在项目实施前后的交通运行特性进行研究。主要进行公交车的行程车速分析、停车次数分析、平均等待时间分析以及冲突次数分析等，分析所需的数据可通过跟车法以及公交GPS数据中的经纬度计算获取（图8）。

评估结论：公交车辆平均运营车速显著提升，高峰期的平均车速提升了22.13%，平峰期平均车速提升了20.97%；主线和次线的普通公交停车次数降低幅度约为35.74%，与其他线路公交停车次数相比，降幅超过10%。

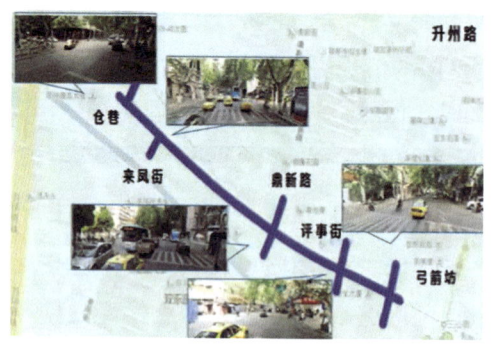

图 8 调查线路图

2. 保障大型活动期间交通出行有序、畅通

在南京举办的青奥会、国家公祭日、南京国际马拉松、速度轮滑世锦赛等大型活动中，公交优先信号控制系统全程参与了交通保障。青奥会期间，由青奥班车线路承担运动员、裁判员的出行。公交优先信号控制系统针对 5 条青奥专线上的 100 辆青奥会运动员班车提供交通信号优先保障，对线路途经的汉中路、江东路等 11 条道路的 73 个路口，制订专门的信号优先方案，实时监控车辆位置，自动调整车辆行进方向信号配时，保障运动员准时到达比赛场馆。

针对青奥期间大量的警卫任务，通过精确定位警卫车辆，系统将自动根据任务线路调整警卫车队前方路口信号灯，保障车队　路绿灯畅行。

扫一扫查看原文

如何科学设置行人清空信号，破解行人"过街难"问题

李克平　同济大学教授/博士生导师　中德交通研究中心主任
倪　颖　同济大学副教授

导语

我国城市在快速城镇化、机动化过程中，对行人交通问题的欠账较多，行人"过街难"问题突出。行人清空信号设计在行人交通管理中起着重要作用，如何科学设计行人清空信号以提高行人过街安全和交叉口通行效率呢？

一、行人清空信号普遍存在的问题

行人清空信号是行人过街相位绿灯到红灯切换的过渡信号，用于在行人绿灯时间里已经进入人行横道的行人完成安全过街。在行人清空信号时间里，行人不允许再进入人行横道。我国一般使用"绿闪"作为行人清空信号，但在实际应用中普遍存在以下问题：

1. 行人清空信号的警示作用不强

根据道路交通相关法规，行人信号包括绿灯信号和红灯信号，对于目前我国普遍使用的行人清空信号"绿闪"在其中缺少定义，人们对该信号含义的认识不正确，对过街行人的警示作用不强。通过调研发现，几乎所有"绿闪"期间到达的行人均会进入人行横道并过街，部分行人会在一定程度上加快步速过街。

2. 行人清空信号配时不合理

由于很多地方行人信号是跟同向机动车信号简单同步，或适当采取早断，并未考虑真正所需的清空时间，行人信号配时参数取值不合理，主要是行人清空时间不足导致行人不能在给定的清空时间内完成过街，甚至很多城市的行人信号根本没有清空的设计，这都会导致行人还在人行横道上行走，而冲突方向的机动车流已经变为绿灯，与行人产生严重冲突，既不利于行人安全，还会造成交叉口交通秩序混乱（图1）。

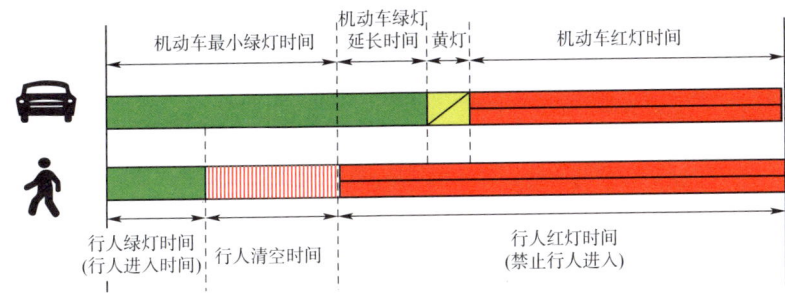

图1　行人信号与机动车信号灯匹配情况

由于以上原因，造成了行人在绿灯期间过街的安全感受几乎等同于红灯，通过对上海32处人行横道1000余位行人进行过街安全感调查的数据统计，说明了这一情况，如图2所示。

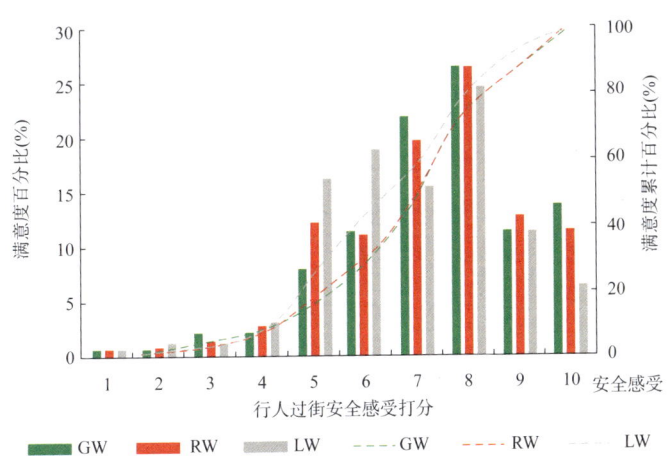

图2　行人在不同信号时段的过街安全感受

注：1. GW-绿灯期间过街的行人；RW-红灯期间过街的行人；LW-绿闪期间过街的行人；
　　2. 1分表示最不安全，10分表示最安全。

二、如何选取行人清空信号灯色

1. 国外常见行人清空信号灯色

世界各国都采取了相应的行人清空信号设计，美国、英国、澳大利亚采用红灯闪烁信号，德国采用红灯无闪烁信号，瑞士部分城市采用黄灯信号，通过设置足够长的清空时间，保证行人过街的安全（表1）。

欧美主要国家行人信号控制参数定义及取值　　表1

国家	行人清空灯色	行人清空时间	行人清空速度
美国	红灯闪烁	保证行人通过整个人行横道或到达安全岛	一般3.5ft/s（1.07m/s），在有行人按钮可为速度较慢的行人提供清空时间延长的地点，可取4ft/s
英国	红灯闪烁	5~35s	1.2m/s
澳大利亚	红灯闪烁	保证行人通过整个人行横道或到达安全岛	1.2m/s
瑞士	黄灯	保证行人通过整个人行横道或到达安全岛	1.2m/s
德国	红灯	保证行人通过整个人行横道或到达安全岛	1.2~1.5m/s

2. 不同行人清空信号灯色的利弊

机动车交通信号灯色转换中设有具有警示作用的黄灯信号，是否可以借鉴国外做法，在行人信号灯中引入黄灯信号清空或者采用其他合理的清空信号呢？结合实际情况，对各类信号灯用于行人清空的利弊分析如下：

（1）绿灯闪烁信号。

大部分行人对绿闪的理解为"绿闪仅意味着绿灯时间即将结束"，但由于信号灯色仍为绿色，对行人的警示作用并不强，几乎所有绿闪期间到达的行人均会进入人行横道并过街。绿闪期间进入人行横道后被机动车交通流困于路中的现象时常发生，根本无法起到清空行人的作用。

（2）红灯闪烁信号。

作为"禁止通行"意义上的红色，从理论上而言，红灯闪烁信号比绿灯闪烁信号更具有警示作用，国外城市和国内个别城市的实践证明该清空信号十分有效。但是在绿闪信号较为普及的国内大多数城市，红灯闪烁信号可能需要经过一段时间的适应，同时需要通过宣传教育使行人尽快适应这种信号。

（3）全红信号。

大部分红灯期间到达的行人会在人行横道两端停止等待，从理论上而言，全红信号应该具有较好的行人清空效果，但是，根据对杭州市行人违章机理的分析，大部分过街行人发现邻近车道机动车流长时间中断后，会"闯红灯"过街，而对应于全红信号，行人红灯期间，整幅道路上也无机动车通行，行人很有可能在红灯期间继续过街，也不利于行人清空。另外，行人面对红灯行走，会有是否闯红灯的疑惑，或者会给行人造成"面对红灯也可以通过"的不良影响。

（4）黄灯信号。

作为机动车信号必需的组成部分，黄灯表示由通行到禁止的过渡信号，绝大部分行人会非常容易理解黄灯的含义，因此，引入黄灯信号作为行人的清空信号，在行人对其认知和接受上应该不存在较大障碍，是最合适的行人清空信号。当然这个信号的引入需要更新现有的设备。

3. 建议采用"红灯闪烁"作为行人清空信号

《中华人民共和国道路交通安全法》及其实施细则在人行横道信号灯通行规则中规定：绿灯亮时，准许行人通过人行横道；红灯亮时，禁止行人进入人行横道，但是已经进入人行横道的，可以继续通过或者在道路中心线处停留等候。对照2003年之前实施的《中华人民共和国道路交通管理条例》对人行横道信号的规定"绿灯亮时，准许行人通过人行横道；绿灯闪烁时，不准行人进入人行横道，但已进入人行横道的，可以继续通行；红灯亮时，不准行人进入人行横道"，可知现行的交通法规对行人过渡信号的规定是由原来的"绿闪"变成了"红"。

因此，建议采用统一、易于理解的清空信号灯色，并在《中华人民共和国道路交通安全法》及其实施条例、细则等相关法规、规范中补充对行人清空信号灯色的明确规定。根据现有法规、研究成果等各方面的因素，建议采用"红灯闪烁"作为行人清空信号。

三、怎样确定行人清空信号时间和模式

1. 行人信号配时的两个参数

行人信号配时主要有两个参数，最小绿灯时间和清空时间。最小绿灯时间保证在红灯期间聚集起来的等待过街的行人能够在此期间走上人行横道，这个时间不需要很长，5~10s足够。清空时间是指在绿灯时间的最后一秒走上人行横道的行人得以安全到达人行横道另一端的时间，与人行横道的长度成正比，这段时间内还未进入人行横道的行人不得进入人行横道。当道路中央设有安全岛时，行人清空时间可以比没有安全岛的情形大大减少。

2. 如何确定行人信号时间和模式

目前，我国缺乏国家层面的行人设施的规范和交通信号控制规范，《城市人行天桥与人行地道技术规范》只提及行人立体过街设施的内容，无法弥补行人平面过街设施的空白，而《人行横道信号灯控制设置规范》只涉及信号灯设置条件，并未对信号配时具体要求作出介绍。建议行人过街信号配时采用安徽省地方规范《安徽省城市道路交通信号设计规范》中相关要求，行人相位包括绿灯时间和（红闪）行人清空时间。

（1）行人最小绿灯时间。

行人最小绿灯时间应保证绿灯初期过街的行人能够在绿灯时间内通过一半以上的人行横道，并且不小于5s。

采用"一次过街"或"同步二次过街"控制时，至少使得行人绿灯启亮后进入人行横道的第一排行人到达另一段道路的中央位置，取双向的最大值（图3）。

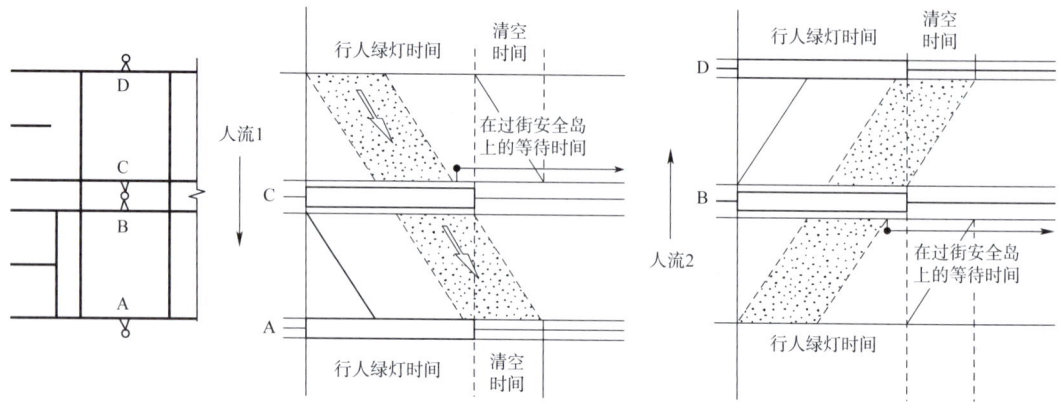

图3 同步二次过街控制

采用"独立二次过街"控制时,对于跟随直行机动车相位通行的行人相位,行人绿灯显示时间与"一次过街"相同〔图4a)〕;对于跟随左转机动车相位通行的行人相位,行人绿灯显示时间应至少使得行人绿灯启亮后进入人行横道的第一排行人到达该段道路的中央位置〔图4b)〕。

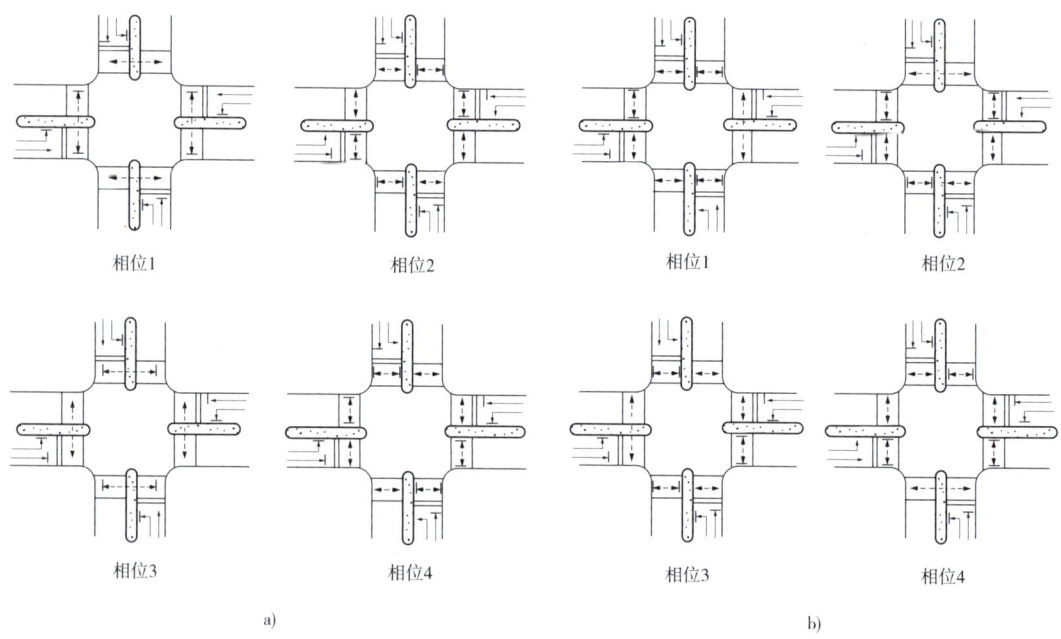

图4 独立二次过街控制

(2)行人清空时间。

"一次过街"的行人清空时间为行人安全过街距离与行人过街速度的比值,行人过街速度通常取1~1.2m/s;"二次过街"的行人清空时间取每次过街长度对应的距离要求的值。

(3)典型的交叉口信号控制模式。

图5是一个典型交叉口的四相位控制模式,其特点是右转机动车受控,仅在侧向机

动车左转相位给予通行，使得行人跟随直行机动车通行时，不会与右转或左转车辆冲突，可以实现安全过街。

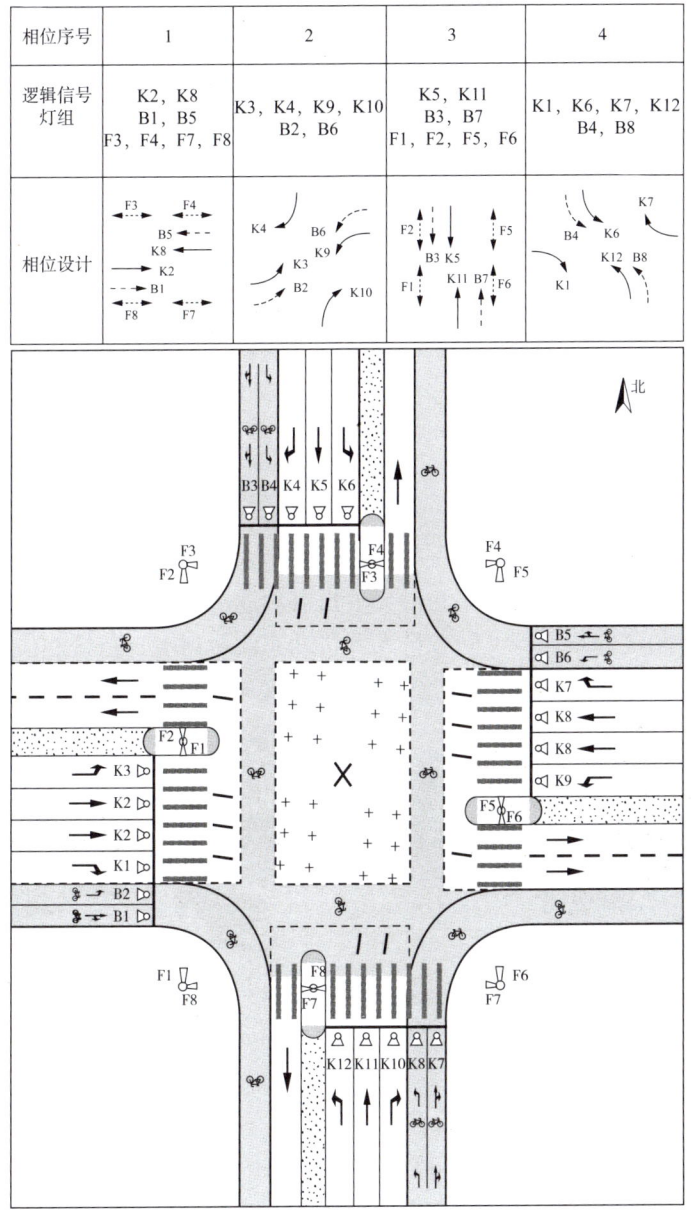

图 5　基于行人过街安全的交叉口信号控制相位模式

如何通过信号控制解决交叉口转弯车辆与行人冲突

李克平　同济大学教授/博士生导师　中德交通研究中心主任
倪　颖　同济大学副教授

导语

转弯机动车与非机动车和行人的冲突，是目前我国城市道路交叉口交通秩序不良、事故频发、通行效率低下的主要原因，采用哪些交通控制策略可以有效解决交叉口人车冲突问题呢？

一、传统交叉口信号控制问题分析

目前，我国很多城市道路的交叉口大多没有独立的行人信号相位时间，行人一般与本向直行机动车相位同步通行。随着行人和机动车流量增加，传统相位设置的缺陷逐渐暴露出来，交叉口行人与转弯车辆的严重冲突成为交叉口行人交通的主要问题之一（图1）。

图1　行人与转弯机动车冲突

传统信号控制交叉口人车冲突导致交叉口交通秩序混乱和通行效率低下的根本原因在于：

1. 行人与机动车的交通流特性不同

行人启动快而速度慢，机动车有启动损失而速度快。传统的交通信号相位设置没有充分考虑行人和机动车的交通特性差异，将行人、非机动车与机动车共用一个逻辑信号，造成了信号控制顾此失彼，不能适应机动车与行人、非机动车不同的交通需求。

2. 控制手段单一

针对不同交通流的特性，应灵活采用相应的控制手段，传统的交通设计一般采用单一的行人信号与机动车信号同步的控制方法，随着我国城市人口和机动车保有量的迅速增加，城市出行交通量不断增大，不可避免地导致交叉口处人车冲突问题，特别是传统信号相位设置下多数情况下右转机动车不受控,使得右转机动车与行人的冲突愈加严重,尤其在一些行人过街量较大、右转车辆较多的城市商业区附近,这种矛盾已到了不可调和的地步,成为行人过街主要的不安全因素,也在较大程度上降低了右转车辆的通行效率。

3. 人车争道抢行

行人、机动车在人行横道上的通行权不明确,或行人的通行权没有保障,容易造成人车争道现象的发生。一方面,机动车未按规定让行行人,为避免碰撞,行人往往需要避让机动车;另一方面,在机动车行驶速度较慢时,有行人在机动车流中穿行。

处理左、右转车流与行人和非机动车的冲突,应该通盘考虑,下面从认识和分析的角度,分别介绍冲突的处理方法。

二、如何处理行人与右转机动车冲突

1. 行人与右转机动车有哪些冲突

行人与右转机动车的冲突主要有图2所示的3种类型:右转机动车与侧向行人同相位放行时,右转机动车与侧向行人冲突,如图2中南进口右转机动车与侧向南北向过街行人的冲突①;绿灯末期过街或步速较慢的行人与下一相位右转机动车的冲突,如图2中东进口右转机动车与南北走向过街行人的冲突②;允许右转机动车红灯时通行而导致的右转机动车与同进口过街行人冲突,如图2中西进口右转机动车与南北向过街行人的冲突③。

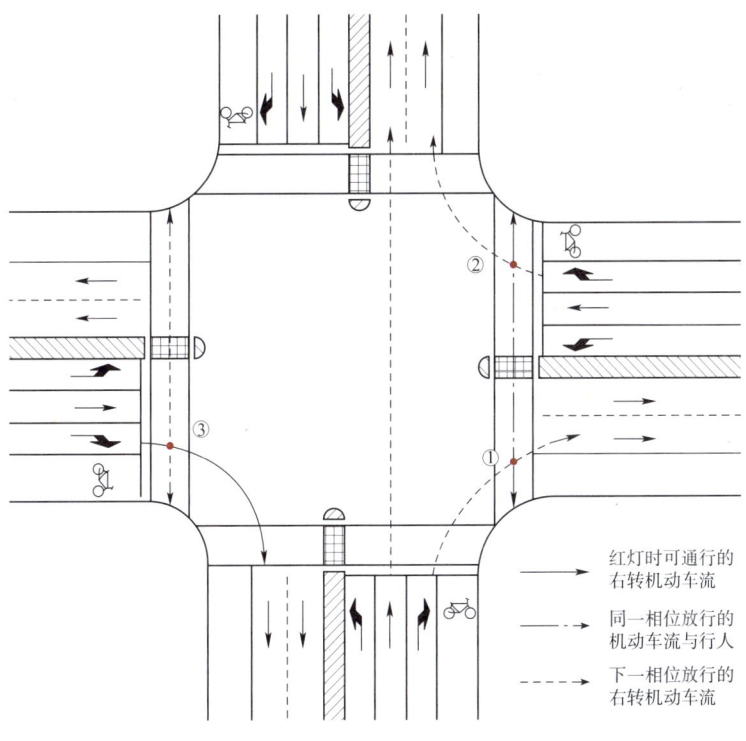

图 2　行人与右转机动车冲突类型

通过观测典型人行横道处240个绿灯期间过街的行人样本，发现因受右转车辆阻挡而减速或停止的人次占比达30%。由此可见，过街行人与右转车辆的冲突已达到较严重的程度，该问题的妥善解决成为保障行人过街安全的关键之一。

美国《犹他州新的人行横道规范》（《Development Of New Pedestrian Crossing Guidelines in Utah》）指出：行人交通事故多发于右转车辆不受控的信号交叉口，若设置相应的标牌提示右转车辆让行人，事故率降低15%~30%；若对右转车辆进行信号控制，则事故率降低60%。结合我国现状和国外的解决情况来看，现有交通条件下，行人与右转车辆的冲突问题应该得到解决，也是可以解决的。合理解决行人与右转车辆的冲突对于提高行人过街的安全性和机动车通行效率将发挥极其重要的作用。

2. 右转车流可通行时间分析

在普通四相位信号控制且人行过街道中间有安全岛的交叉口，四个方向的右转车辆除了在直行相位可以通行之外，还可以利用两个左转相位进行分段通行，其通行时间相对充分，因此可以做到人、车在通行时间上完全分离。而在普通两相位信号控制交叉口，无论在哪个相位里放行右转车辆都会与过街行人有冲突，除设置行人专用相位之外，实现人、车在通行时间上的分离比较困难。

3. 右转车流控制策略

"绿灯末期过街或步速较慢的行人与下一相位直行机动车的冲突"可通过设置足够的绿灯间隔时间和行人过街安全岛解决，"允许右转机动车红灯时通行而导致的右转机动车与同进口过街行人冲突"可通过禁止右转机动车在红灯期间通行来解决。下面着重介绍两种侧向行人与右转机动车冲突的处理方法。

（1）右转车流让行控制策略。

在行人信号灯放行时，同向右转车辆让行人优先通行，利用可接受空档穿越人行横道的方法，只适用于行人流量较小或右转车辆流量较小及两者均较小的情形。该控制方式的实现需要配套的交通设计，如图3所示，在交叉口转角为右转车辆预留待行空间，使待行的右转车辆在等待可穿越空档时不至于影响后面的直行车辆。《上海市城市道路平面交叉口设计规程》规定 l 值不小于6m。

为保障行人安全的同时兼顾交叉口的运行效率，在采用右转车流让行控制策略的情形下，建议设置适当的标志或信号，如单头的黄闪、"右转车辆让行人先行"等，提示右转机动车驾驶人礼让行人。

（2）右转车流信号控制策略。

①红灯箭头信号控制。在直行圆形灯的边上增加一个只能亮红灯和黄灯的右转箭头灯。右转箭头红灯启亮时，禁止右转车辆通行；在其他时段，右转箭头红灯熄灭，右转车辆在不影响其他流向交通流通行的情况下，按照相应的交通规则

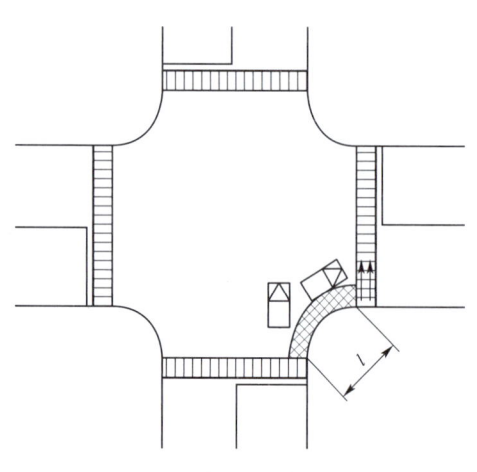

图3　右转车辆让行空间示意图

通行。在允许通行到禁止通行之间用黄箭头过渡。

该控制方式可以根据右转机动车和行人、非机动车的流量以及其相互冲突的情形进行灵活的时间控制，既能有效地避免右转车辆与非机动车及行人的冲突，也能充分保证右转机动车的通行时间和利用可穿越空档（图4）。

图4　右转车辆专用箭头灯实例（仅显示红色和黄色箭头）

②右转车辆专用箭头灯。对右转车辆采用具有红黄绿三色的箭头信号灯组进行控制，只有当右转箭头绿灯亮时，右转车辆才允许通行；右转箭头灯亮红灯时，右转车辆禁止通行。由于在右转箭头灯亮绿灯期间，右转车辆有绝对的通行权，所以，必须严格地将右转车辆与行人及非机动车流在通行时间上分隔开来（图5）。

图5　右转车辆专用箭头灯实例

该控制方式明确了右转车辆的通行权，完全避免了右转车辆与其他各种交通流的冲突，在右转车辆流量与两方向行人及非机动车流量均很大的情况下，能够有效避免右转车辆与行人及非机动车相互"卡死"的情况发生，有利于提高交叉口的运行效率和行人及非机动车的安全。该方法仅适用于如图6所示的四相位控制模式。

相位序号	1	2	3	4
逻辑信号灯组	K2, K8 B1, B5 F3, F4, F7, F8	K3, K4, K9, K10 B2, B6	K5, K11 B3, B7 F1, F2, F5, F6	K1, K6, K7, K12 B4, B8
相位设计	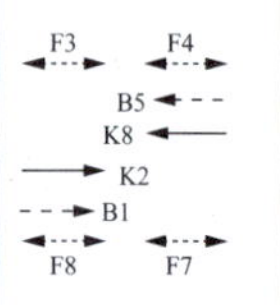	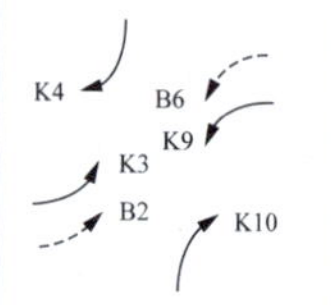	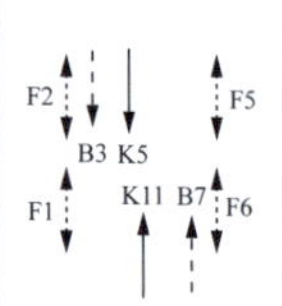	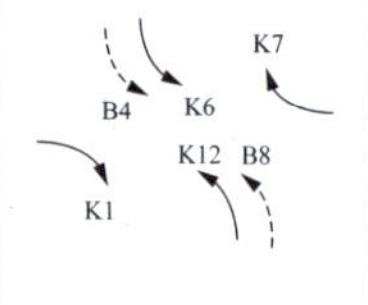

图6 右转车辆专用箭头灯相位图

③行人信号早启控制。当行人与右转车辆在一个相位里通行、冲突并不十分严重时，可以进行行人信号的早启控制。一般情况下，红灯期间等待过街的人数在过街总人数中占较大比例，使这部分行人能够率先占据其与右转车辆的冲突点，优先提前通过，使右转车辆后于行人到达冲突点，更容易发现人行横道上的行人以采取相应的停车避让措施。

右转机动车流与行人的冲突在一定条件下会比较严重，是一个非常难于处理的问题。根据交叉口的实际情况，采取合理的信号控制策略，可以缓解甚至解决这个棘手的问题。

三、如何处理行人与左转机动车冲突

相比右转车辆，行人与左转车辆的冲突一定情况下可能更为严重，原因是：左转车辆启动时离行人较远，且位置和角度不宜观察，行人往往难以及时发现和预计左转来车；无专用左转相位时，左转车辆驾驶人面临的交通情况较复杂，在穿越直行车辆空档后，往往会忽视过街行人，加速行驶；在较大的交叉口，左转半径较大，左转车辆车速较高。

1. 两相位控制交叉口处行人与左转机动车冲突的处理方法

两相位控制交叉口处，一般机动车流量相对较小，行人与非机动车成为相对比较主要的过街群体，左转机动车与行人和非机动车的冲突成为行人过街的重大安全隐患。因此，进行交叉口设计时，首先应保障行人与非机动车过街的安全高效，采用行人与非机动车一体化设计的方法，将其统一纳入慢行交通系统处理。

机动车交通量、行人交通量均较小的两相位控制交叉口，可相应地迟启或早启行人相位。

该方法的实质是适当错开左转机动车与行人和非机动车的放行相位时间，达到缓解冲突的目的，具体采取行人相位迟启还是早启策略需要观察左转机动车的通行情况来确

定。如果左转机动车主要抢在绿灯启亮初期通过，则迟启非机动车相位和行人相位，让左转机动车先于离冲突点最近的行人通过冲突点，如图 7a) 所示；如果左转机动车基本上会在机动车相位的绿末通过，则早启非机动车相位和行人相位，使离冲突点距离最远的行人先于左转机动车通过冲突点，如图 7b) 所示。

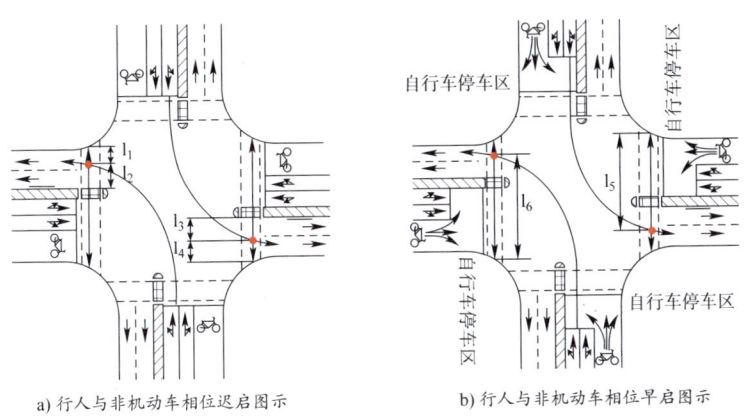

a) 行人与非机动车相位迟启图示　　　b) 行人与非机动车相位早启图示

图 7　行人相位迟启、早启图示

机动车交通量较小而行人交通量较大的两相位控制交叉口，在机动车相位之间插入行人专用相位。

在机动车相位之间插入行人专用相位，行人与非机动车共用行人专用相位，并早断非机动车相位，以保证行人过街需求，相位相序设计如图 8 所示。这种控制方法会使得机动车的通行能力大打折扣，仅适用于机动车流量小而行人流量大的情形。在这种控制策略条件下，还可以根据具体情况设计行人对角线通行的通道和信号。

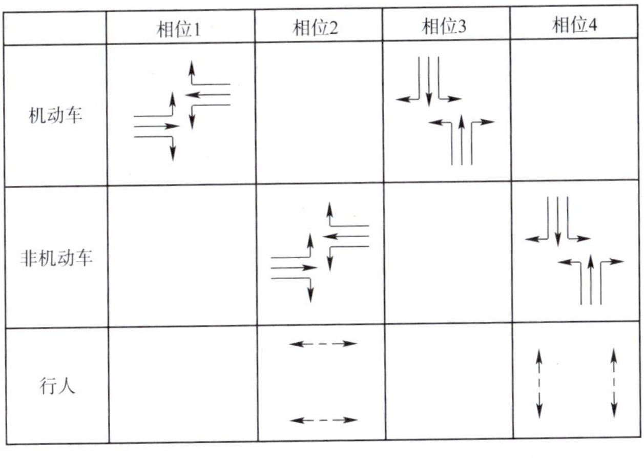

	相位1	相位2	相位3	相位4
机动车				
非机动车				
行人				

图 8　处理左转机动车与行人冲突时对应的相位相序设计

上述两种方法下，相位及相位切换必须满足最小绿灯与绿灯间隔时间的要求，特别是行人与机动车相位切换的绿灯间隔时间要求；行人配时设计需满足最小绿灯时间、清空时间及红灯时间不超过可接受等待时间的要求。

2. 三相位控制交叉口处行人与左转机动车冲突的处理方法

三相位控制交叉口通常采用的两种渠化方式如图 9 所示，东西进口机动车直行与左转相位分别放行，左转机动车与行人无冲突。

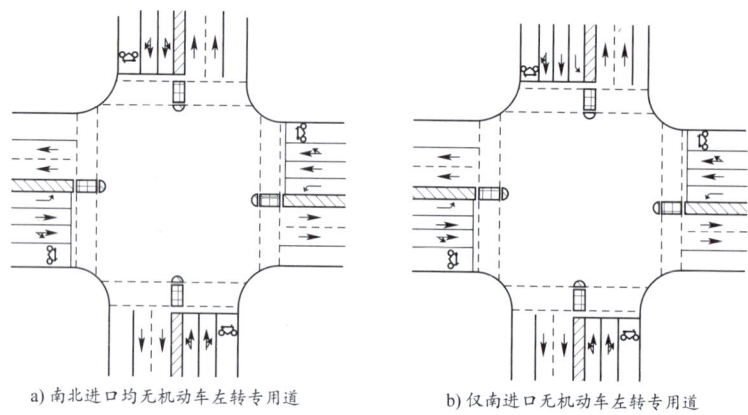

a) 南北进口均无机动车左转专用道　　b) 仅南进口无机动车左转专用道

图9　三相位信号控制交叉口渠化图

南北进口均无机动车左转专用道时，早启行人相位，使红灯期间等待的行人（占行人流量的大多数）先于左转机动车通过冲突点。

仅北进口有机动车左转专用道时，早启北进口左转和直行机动车相位，待大部分排队左转机动车通过交叉口后，早断北进口左转机动车相位，放行南进口、北向南的机动车及东西进口的过街行人，此时，过街行人与南进口的左转机动车的冲突仍然存在，但相对较弱，可通过"左转让行人"的优先规则通行，转弯车辆应减速或停车让行行人。

转弯机动车与非机动车和行人冲突的影响因素众多，各地的情况差异很大，应对措施也难以一概而论。本文在观察、分析和有限的实践尝试基础上，提出若干可能有效的控制策略，希望为这个棘手问题的分析处理提供一些解决的思路。

扫一扫查看原文

"僵尸车"的危害及治理对策

关宏志　北京工业大学教授
余佳洋　北京工业大学硕士研究生

导语

随着机动化进程的加快，我国机动车保有量急剧增加，因各种原因在城市大街小巷出现了越来越多的"僵尸车"。"僵尸车"产生的原因是什么？"僵尸车"对交通发展有哪些危害？该如何治理这一"新型城市顽疾"？

随着城市化进程的加快，城市规模日益扩大，与之相应的人口、基础设施增长也呈现快速增长的趋势。我国作为人口大国，随着经济发展和人们生活质量的提升，汽车购买率逐渐攀升,机动车更新淘汰也已成为常态,因各种原因导致机动车长期无人使用、维护而挤占公共资源的疑似遗弃机动车明显增加。这些长期不移动、无人使用、甚至无人认领的车辆,被称为"僵尸车"。由于相关法律法规、政策的空白和监管的缝隙,给"僵尸车"这种"新型城市垃圾"的整治工作带来不小的困难,成为城市管理和城市道路交通管理的一大难题。分析僵尸车产生的原因,找到其治理对策,不仅是解决城市"僵尸车"与日俱增的问题关键,也可以为做好城市道路交通管理事业提供借鉴。

一、"僵尸车"从何而来

1. 车辆闲置是"僵尸车"产生的基础

随着人们生活水平的提高和新型车辆的增加,许多性能落后但尚未进入报废阶段的车辆进入了停用、等待报废的"灰色地带",弃之可惜,留之无用,由此产生了一部分闲置机动车,逐渐成为"僵尸车"。

2. 人、车长期分离是"僵尸车"产生的直接原因

人的自然迁移(如车主长期出差、迁徙外地或者移民国外)、生老病死或发生意外等原因,致使车主无法使用、移动或者管理其所有的机动车,也没有或无法委托他人使用、代为管理,导致长期人、车分离,车辆长期无人管理和停放不动,从而形成"僵尸车"(图1)。

图1 长期无人问津的"僵尸车"

3. 城市车辆管理相关政策是"僵尸车"产生的间接原因

(1)车辆限购政策阻碍了部分车辆的合理流动。

目前,国内许多大城市采取了"限购"政策,即采用摇号或者拍卖的方式,增加了车辆购买权获取的难度或经济成本。

在实行"摇号"政策的城市,以北京市为例,车主变更只可以在夫妻之间进行。对于已经拥有车辆但对车辆使用需求很小的人来说,虽然车辆长期闲置,但如果车主放弃已有的车辆牌照,在其想重新拥有车辆时需要再参加"摇号",极低的"中签率"导致许多车主宁愿车辆闲置为"僵尸车",也不愿意放弃已有车辆的牌照。

在一些实行"拍卖"政策的城市,购买车辆牌照的成本与日俱增,有些城市车牌照的拍卖价格甚至远远超出了一辆普通小型车辆的价格,虽然闲置车辆的车牌照出让可以获得一定收益,但随着车牌照拍卖价格的水涨船高,对于已经拥有车辆的人来说,让车

辆闲置的成本要比以后重新获得车辆的成本低得多。

这在一定程度上阻碍了车辆的社会性流动,无法使这些车辆自然、合理地流向真正需要车辆的人群。

(2)低廉的停车成本和松弛的公共空间管理是"僵尸车"存在的温床。

根据我国的停车收费定价机制,目前,城市的停车收费普遍低廉甚至完全免费,这使得"僵尸车"的停放成本低廉,加之许多城市的公共空间疏于管理,导致"僵尸车"大量存在于城市公共空间如路侧、绿化带内、人行道上等(图2)。

(3)车辆强制报废制度不完善是"僵尸车"产生的原因之一。

从外部形态来看,许多"僵尸车"是车况极差、残值很低的老旧车辆,这些车辆进入使用寿命后期,发生故障概率增加,维修费用过高,几乎没有继续使用的价值,按照规定应该通过车辆报废程序报废,而不是"横尸街头"(图3)。然而,目前车辆强制报废回收制度执行力不强、效率不高且回收价较低。如果通过正常报废程序,不仅需要一定手续,而且需要付出一定的成本,而车主如果摘下车辆牌照、去掉可供确认车辆和车主身份的信息,像随地丢弃垃圾一样将其遗弃路边,可以极大地节省成本。即使政府有关部门有意追查此类车辆的车主,也因成本巨大而难以实施。因此,建立、完善相关制度,及时发现"僵尸车",确认"僵尸车"车主,追查肆意长期占用公共资源停放车辆的车主的责任问题,需要提到议事日程上来。

图2 长期占用公共资源存放货物的"僵尸车"

图3 接近报废的"僵尸车"

4. "僵尸车"的强制收缴处理存在法律空白

"僵尸车"的存在与现有法律规定不完善和管理部门不明确有着密切的联系。"僵尸车"作为在城市交通快速发展下出现的不良产物,目前尚未出台一套完善的法律依据来解决"僵尸车"治理问题。我国现行《物权法》第四条规定"国家、集体、私人的物权和其他权利人的物权受法律保护,任何单位和个人不得侵犯",这在一定程度上束缚了政府有关部门治理"僵尸车"问题的手脚,致使"僵尸车"现象无法得到更好的处理。

此外,有些"僵尸车"是犯罪分子作案后遗弃的涉案车辆或者因交通违法等原因产生的来历不明的车辆。例如,一些车主因为车辆存在许多交通违法未处理,罚款金额较大且没有及时缴纳产生了不菲的滞纳金,为了逃避相关费用而在毁灭证据后遗弃车辆。对于此类"僵尸车",有关部门很难追查认定。

二、"僵尸车"存在哪些危害

1. 占用公共资源,影响市容市貌

在当今城市停车位极度紧张的情况下,"僵尸车"长期停放会占用公共停车位等停车资源,且一些"僵尸车"破烂不堪,周围垃圾成堆,逐渐成为卫生死角,严重影响城市的环境卫生和市容市貌。

2. 易造成交通拥堵,存在安全隐患

有的"僵尸车"长期占用人行道、非机动车道停放,阻碍行人、自行车等通行,极易造成人行道、非机动车道通行不畅,非机动车占用机动车道行驶,不仅使道路交通拥堵而且存在交通安全隐患;有的"僵尸车"随意停靠背街小巷、开放式小区的通道、小区门口等地方,易阻挡人们的视线,阻碍了本已紧张的交通"微循环"通行,严重者甚至影响突发灾害的救生疏散工作;一些"僵尸车"长期闲置不动,车辆机件、电路老化,油箱残留的汽油等泄漏,从而形成安全隐患。

3. 易被用于非法改装、套用车牌等行为

"僵尸车"零部件如被非法拆卸后流通到市场上用于其他车辆的维修、改装、拼装,将会给交通安全埋下"定时炸弹",且一些不法分子偷卸车牌用于实施违法犯罪,也会加大公安交管部门的执法难度。

三、国内外有哪些"僵尸车"治理实践

1. 国外:法制化和市场化机制治理"僵尸车"

西方国家大多在法制化和市场化的大框架下解决"僵尸车"问题。英国针对小区的"僵尸车"主要采用"停车管理公司+重罚"的模式,停车管理公司对车辆进行锁车,同时,委托讨债公司上门对车主进行罚款追讨。如果拒不执行,公司就会将车主起诉至法院,法院会根据行为情况采取勒令或交由"持证执行员"对其强制执行。

美国则将拖车的权利赋予拖车公司,对违规停车设计了一套处理流程,对拖车公司予以法律授权,替代了警察、物业的角色,由其来负责解决拖车、停放、收取费用。另外,美国街道会在一周中的固定时间进行清扫作业,在清扫作业时,路侧不允许任何车辆占据,如有违反规定的情况发生,车主会接到大额罚单。由于惩罚力度严苛,"清扫日不停车"(图4)这一观念深入人心。

图4 美国清扫时日标志及清扫活动
(图片来源:http://bingzhangchen54.blog.sohu.com)

日本对车位规划与车辆密度考虑更周全,为了保证车辆的有序停放,当地民众在申请房屋建设时,需向政府部门报备房屋的车位规划图。在大阪地区,购车者需向政府证明拥有停车位,才可以买车。日本对于僵尸车这类长期停车的处罚全部由交警部门来执行。住户发现违章车辆,可直接报警,警方会根据停车时长采取罚款或拖车措施。

新加坡的"僵尸车"现象很少见,其原因主要有二:一是为了环保与解决城市拥堵,新加坡对车辆购买收重税;二是新加坡限制全国车辆总数,任何人购车前,都需向政府提出申领(二手车交易除外),并参与车牌竞标,每张车牌价格约7万新元,且每10年需重新申领。另外,新加坡的小区没有免费停车位,业主或租户物业费中包含了停车费,所以,拖欠停车费就是连带物业费拖欠。处理欠费车的方式一般是贴条、拖走、累计计费,并计入个人征信"黑名单"或者打官司。

此外,国外都有一整套报废车辆的流程,对于随意遗弃车辆的人,一旦查实,将会面临严厉的惩罚。综合各国治理的方式不难发现,完善的法律体系、个人征信体系、高效的处理机制与服务链条,利用二手车市场,减少闲置车辆,是治理"僵尸车"的重要手段。

2. 国内部分城市积极采取措施治理"僵尸车"

随着"僵尸车"现象的蔓延,国内部分城市也在积极寻找各种有效的方法来处理这些"新型城市顽疾"。

2014年,江苏省南京市联合街道、城管对辖区道路内外、居民小区等地方进行地毯式摸排,对摸排出的"僵尸车"分情况进行处置,一是通知车主移动车辆,二是将未悬挂号牌或有违停、过检、报废等交通违法行为的车辆拖移至指定停车场存放,并公告、通知车主限期接受处理(图5)。

2016年,浙江省杭州市上城区政府从公共服务的政府职能出发,以标准化和信息技术为有效手段,提出整体治理的政策创新思路:强调从整体上应对"僵尸车"治理问题;重视公民需求,整合不同的行动机构和主体,通过跨部门协同工作,以"目标共享、整体化推进"的方式应对这一特殊治理难题。上城区根据社会服务管理联动平台的案件受理情况以及社会公众对治理"僵尸车"的意见,出台《影响公共利益的疑似被遗弃机动车处置工作规范》,要求:对长期影响公共利益的疑似无主机动车(自发现之日起超过60日),由属地社区组织知情居民群众汇总意见并出具书面要求(一般不少于10人联名),书面提交指挥中心,并由指挥中心作进一步处理(图6)。

图5 南京市江宁区积极开展"僵尸车"专项整治
(图片来源:南京市江宁区政府网)

图6 杭州市清理"僵尸车"
(图片来源:凡闻-都市快报)

2018年2月，福建厦门相关部门联手展开集中清除行动（图7）。对于"僵尸车"中涉嫌违章的车辆，及时通知车辆所有人限期接受处理；逾期不处理的，按照《道路交通安全法》规定，及时向社会公告，3个月后当事人仍不处理的，对扣留车辆依法处理。对于本身有违法记录的"僵尸车"，按照《行政强制法》的有关规定，按照"公告—扣留—拍卖"的程序予以处理。

图7　厦门市交警清理"僵尸车"，提高路边停车位周转率
（图片来源：搜狐网）

四、如何治理"僵尸车"难题

"僵尸车"的存在与不完善的汽车报废回收程序、不明确的法律条文规定有着密切的联系，各地区各部门在探索"僵尸车"的治理过程中，并未真正形成规律性的、可供复制借鉴的经验，建议从以下几方面来治理"僵尸车"。

1. 完善相关政策、法律法规

从前面的分析可以看到，处理"僵尸车"的关键是机动车管理，即在机动车使用过程中的交易市场和使用后的淘汰机制两个方面始终有力地发挥作用。为此，一是需要构筑一个让闲置车辆"活"起来的二手车市场，这就需要修改完善目前的限购政策，适应市场对新增车辆的旺盛需求，同时也可以从源头上减少城市机动车的总存量；二是需要完善城市停车政策，构筑一个严格管理的停车市场，让价格杠杆发挥作用，提高"僵尸车"的停车成本，从而削减"僵尸车"的停车需求，可参考借鉴美国的"清扫"政策，构建我国的"清扫"政策，形成一个防止公共空间被过度占用的良好机制；三是需要加强城市公共空间的管理，对于未经许可放置在公共空间的"僵尸车"予以坚决排除；四是需要完善车辆从登记注册到报废的全链条管理，针对具体问题制定相应的措施，最大限度地杜绝车辆被随意遗弃路边的现象；五是需要完善相关法律法规，如现行《物权法》《道路交通安全法》和《机动车登记规定》等法律条文中未能细化的部分，制定"僵尸车"强制处理条款，使"僵尸车"能得到更好的处理。

2. 与公民的征信系统建设相关联

借鉴税费、违章记录罚款等处理方式，将"僵尸车"与公民的征信系统建设相关联，作为公民诚信管理的重要依据。将"僵尸车"车主纳入征信记录，并给予相应处罚。

扫一扫查看原文

3. 完善车辆报废流程

完善车辆报废流程，建立车辆报废奖惩机制，鼓励弃用的老旧机动车按程序报废，调动车主依法报废车辆的积极性。鼓励和支持民营资本投资报废机动车回收业，拉动整个行业改造升级，提升产业附加值，形成良性的市场竞争机制，促进报废机动车收购价值回归，进一步盘活"僵尸车"回收链。

电动自行车交通事故有何特征？如何提升电动自行车安全性

李瑞敏　清华大学交通研究所教授
刘　尧　杭州市公安局余杭区分局交警大队

导语

随着我国电动自行车保有量迅猛增长，涉及电动自行车的交通事故也逐年增多。那么，造成电动自行车骑车者人身伤害及死亡因素主要有哪些？又该如何提升电动自行车安全性呢？

随着我国城镇化水平不断提高，人民群众的出行方式出现了很大程度上的变化，尤其是在城乡接合部或中小城镇，二轮低速交通工具使用率非常高。据不完全统计，我国目前的电动自行车保有已超过2.5亿辆。伴随着电动自行车保有量的增长，近年来涉及电动自行车的道路交通事故也明显增多，尽快研究出一条针对电动自行车的安全风险治理之路已经迫在眉睫。

一、涉及电动自行车的交通事故有哪些特性

基于华东地区某市辖区2014—2016年的道路交通事故数据进行了分析，发现该地区涉及电动自行车的事故特性如下。

1. 伤亡事故逐年上升

电动自行车已成为道路交通安全的重大隐患，尤其在造成驾驶人受伤方面。涉及人员死亡的道路交通事故中，电动自行车的比例则更为突出和明显，2014—2016年涉及电动自行车死亡事故占死亡事故总量的比例年均为45%，且涉及电动自行车的交通事故起数在交通事故以及致人受伤和死亡的事故总量中所占比值均呈现出逐年上升趋势。这也说明了降低涉及电动自行车的道路交通事故发生概率和降低交通事故对电动自行车骑车者人身损害程度工作的紧迫性。

2. 雨天伤亡事故较多

对于电动自行车交通事故而言，降雨天气下平均每小时发生的伤人事故起数分别是

晴天、阴天和降雪天气下的4倍、2.4倍和10倍;平均每小时发生的死亡事故率分别是晴天、阴天和降雪天气下的4倍、1.5倍和6.3倍。

3. 颅脑型损伤是主要致死原因

在具备有效统计结果的事故中,涉及电动自行车驾驶人死亡的事故,颅脑型损伤是最主要的致死原因,比例高达74%,创伤失血性休克类因素以15%的比例次之,第三位是胸腹损伤,占比约为9%。涉及电动自行车驾驶人死亡的事故中(图1),颅脑损伤类型依然排在首位,占比提高到了79%,胸腹损伤类型以14%的占比排在第二位。

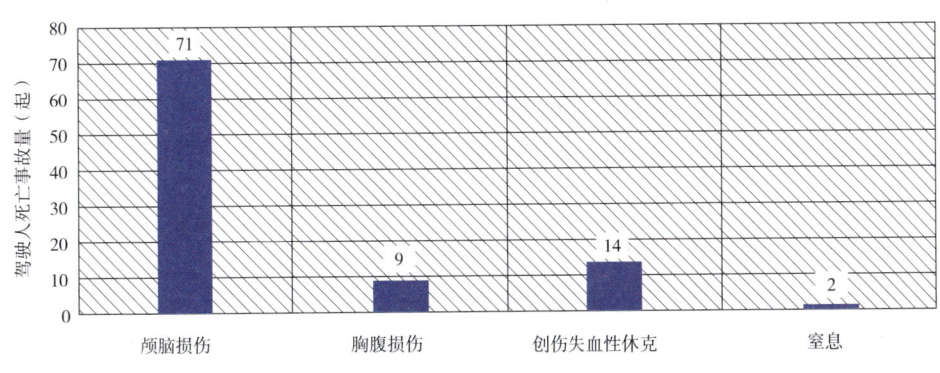

图1 该地区电动自行车驾驶人死亡事故量统计

4. 转弯未让直行、"闯红灯"等违法行为占比最大

根据有违法记录的事故统计显示,涉及电动自行车重伤及死亡的道路交通事故中,占比最大的违法行为是路口常见的电动自行车转弯未让直行(占42%)和电动自行车违反交通信号指示通行(即"闯红灯",占21%),其次是路段常见的逆向行驶(占18%)和电动自行车在机动车道内行驶(占9%)。

5. 致死及致伤交通事故车辆碰撞部位

伤人事故中,同向侧面碰撞、对向侧面碰撞、垂直侧面碰撞和侧面角度不确定这四种类型可以归为侧面碰撞,合计伤人事故占电动自行车驾驶人受伤事故总数的49.6%。重伤事故中,同向侧面碰撞、对向侧面碰撞、垂直侧面碰撞和侧面角度不确定这四种类型占比上升到了67.4%,而其中垂直侧面碰撞达到了27.6%,是单项碰撞部位类型发生电动自行车驾驶人重伤事故占比最高项。涉及电动自行车驾驶人死亡事故中,涉及侧面碰撞大类的四项一共占比为61.4%,其中又以垂直侧面碰撞占比最大为24.4%,单项碰撞类型中列第二位的是正面碰撞,占电动自行车驾驶人死亡事故量的19.7%。这一数据表明,在电动自行车驾驶人死亡事故中,侧面碰撞的危险性最强,而且其中尤其以垂直碰撞发生致命事故的概率更高。

6. 事故中交通方式分析

电动自行车驾驶人受伤事故中77.7%涉及小型客车,货车类型以11.6%的比例位列其后,其他非机动车、摩托车、步行和大型客车、拖拉机占比依次降序排列。而对于电动自行车驾驶人死亡事故而言,对方交通方式为货车的情况占比53.1%,排在首位,小型客车占比35.7%,排在第二,这与导致电动自行车驾驶人受伤原因相比发生了变化。

7. 道路类型分析

值得注意的是，车辆类型被定义为非机动车的电动自行车，发生重伤类型道路交通事故的主要道路横断面位置却在机动车道，占了全部电动自行车伤人事故的43%；机非混合车道排第二位，占比为26.8%；非机车道内的事故位列第三，占比仅有22.8%。电动自行车驾驶人死亡类道路交通事故，与重伤类道路交通事故情况类似，机动车道占比46.7%，是最主要的横断面类型；机非混合道路排在第二位，占比为28.1%。

二、如何降低电动自行车驾驶人的伤害

1. 完善相关法律法规

我国从法律层面对电动自行车的规范起步较早，但是相对于其他发达国家对电动自行车的管理而言，细节化程度不够、强制力度缺失、判别指标过于单一，与道路交通安全实际有一定的差距。针对这些情况，从完善我国电动自行车产业和执法依据立法的角度，在目前已形成的体量巨大的保有量的前提下，有以下建议。

（1）电动自行车分类化，将广义电动自行车分为三类进行管理。

第一类为电助动自行车类，定性为非机动车。按照2018年新修订的《电动自行车安全技术规范》，设计速度低于25km/h，必须设置脚踏装置。行驶速度大于25km/h时，电机逐渐减小输出功率，有效降低电力助动力。参照非机动车管理办法，必须在公安交通管理机关非机动车管理部门实施强制登记，车身可考虑采用统一醒目的颜色与其他类型车辆进行区别。核发、装配专用电动自行车牌照（图2）。

第二类为电驱动摩托车，定性为机动车。设计速度高于30km/h，可装配为二轮或三轮（作为小件货运交通工具），核载质量小于100kg。参照机动车管理办法，驾驶人必须持有轻便摩托车或摩托车驾驶资格证，车辆采用定期年检方式，并设置强制报废年限。一个"助"和一个"驱"明确了两类车型不同的动力来源形式，也为不同需求的消费者明确了购买对象（图3）。

图2　电助动自行车示意图（图片源自网络）

图3　电驱动摩托车示意图（图片源自网络）

第三类为电踏车，定性为非机动车。此类电踏车，其实是一类新的车型，是自行车的升级换代，必须以脚踏方式驱动电机之后才能有相关助力能源输出，而且速度与普通自行车相当，质量相对于前两种车辆进一步降低，仅为15kg左右，所以操作便捷程度有了进一步提高（图4）。

（2）加强驾驶人的准入与培训。

对于电助动自行车驾驶人，无须具备机动车驾驶资格，但年龄限制为16周岁以上人员；对于电驱动摩托车驾驶人，强制规定必须具备轻便摩托车或摩托车（二、三轮）驾驶资格，定期对驾驶资格进行检验。增设针对性的电动摩托车教育培训部门，利用对驾驶人进行周期性驾驶资格审核机会，进行道路交通安全教育。同时将驾驶电驱动摩托车所发生的交通违法记录，纳入驾驶

图4　电踏车示意图
（图片源自网络）

人申领机动车驾驶证资格审核制度，限制驾驶行为鲁莽、屡次处罚仍不改正的电驱动摩托车驾驶人考取机动车驾驶证的资格。

2. 执法过程中的相关建议

（1）日常道路交通违法行为的处罚。

首先，电助动自行车及电驱动摩托车登记时采用无线射频识别技术(RFID)，从而解决长期以来无法使用视频取证设备对电动自行车路面交通违法做出实时取证和处罚这一困局。其次，将电助动自行车驾驶人或所有人违法记录纳入信用登记和社会福利管理系统内。因为电助动自行车驾驶人无须持有机动车准驾资格，所以对其的法律处罚除了罚款外，没有其他更为有效的约束力。如果纳入信用和社会福利系统，或者对相关违法未处理人员在考取机动车驾驶资格时进行限制，就可以进一步强化违法成本，突出法律的严肃性。

（2）道路交通事故处理机制。

首先，建议对电助动自行车和电驱动摩托车实施第三者强制责任保险制。目前对涉及电动自行车的交通事故的处理过程中，多采取保护交通弱势方原则，间接降低了电动自行车驾驶人交通违法行为的法律成本和经济成本。所以针对电助动自行车和电驱动摩托车建立合理的第三者强制责任保险制度，一是在严格依据法律处理的同时，电动自行车驾驶人的损失得到一定程度保障；二是严格依据相关法律法规，对交通事故责任进行公正判定，倒逼电动自行车驾驶人养成良好的驾驶习惯。其次，建议由政府牵头，联合财政部门、医疗卫生部门和电动自行车协会，设置涉及电动自行车道路交通事故救助基金，将涉及电动自行车的交通事故中致伤、致残甚至致死的人员，对审核后确实无法承担相关经济支付和赔偿能力的部分给予救助和救济。

3. 道路环境设计

目前我国大部分地区的道路设计，主要满足了机动车通行需求，从路幅宽度设置到标志标线的配置，以及所有线型设计和路口渠化改造，都是围绕机动车展开的。但是随着社会的发展，人们生活水平的提升以及生活方式的变化，对于非机动车驾驶人的保护

和引导也需要更大的重视，涉及非机动车的道路交通事故数量巨大，而且造成的往往不仅仅是财产损失，更为严重的是人员致伤甚至致死。

前文提到，涉及电动自行车的事故大部分分布于机动车道内，而导致这一问题的原因除了电动自行车驾驶人未遵守法律法规之外，还有一部分原因是非机动车道的设计缺陷和非法占用。从道路工程角度来看，对道路条件的改造，可以大大缓解这一情况的发生。

（1）解决现行非机动车道设计标准缺陷。

目前我国非机动车道设置的标准以自行车为参考对象，自行车车道根据其摆动的行驶轨迹和车把手宽度，设置宽度为1m的单条非机动车道宽度，实际应用中，以三辆自行车并行为参考，故非机动车道的设计宽度一般在2~3.5m之间。然而当前形势下，自行车出行所占比例大幅下降，虽然在共享单车出现后有所上升，但是其不适宜较长距离通行的特性也限制了自行车使用范围。目前，在部分城市，电动自行车出行在非机动车出行中占绝对多数，而电动自行车的车把手宽度基本都在1.2m左右，超出了自行车范围，且车速普遍超过普通自行车，所以以前期按照自行车情况量身制作的非机动车道设计宽度，需要依据现阶段情况做出适时调整，尤其是对于当前过窄的非机动车道，建议宽度设置为3.2~4.8m。

（2）减少非法占用非机动车道现象。

非机动车道被非法占用是导致电动自行车驾驶人选择机动车道行驶的重要原因之一。现实情况中非机动车道被大量挪作他用，例如停车泊位、商贩摊位、店家广告位等，因执法涉及部门过多，执法效果大打折扣，所以以交通工程手段为主、配合日常巡查执法才是解决之道：一是在条件成熟路段非机动车道入口处设置柔性隔离桩，仅供非机动车辆通行；二是逐步减少路内停车位，合理配置公共或企事业单位停车资源，并完善停车诱导设备；三是加装可移动非机动车道卡口电子取证设备，一方面查缉非机动车各种违法行为，另一方面对于机动车不按规定车道行驶行为着重处罚；四是改善非机动车道照明，在补足非机动车道照明的同时，有条件的地方可采用地面铺设示廓引导灯，在分辨非机动车道范围的同时，引导非机动车按照路径选择相对应位置，防止同向刮擦事故的发生。再次，在单侧非机动车流量较多路段，以及道路施工路段，建议将上下行非机动车道设置在道路单侧，在有效减少各类交通流混行的同时，降低事故发生概率以及事故严重程度。

（3）路口设置专门非机动车通行信号。

这一建议的考虑主要源于以下两方面：一是电助动自行车使用RFID登记后（某地特点），设置非现场取证与处罚相配套环节，有相应的交通标志、标线可以从法律层面配合取证和处罚；二是使用专用信号标志后可以配合相应辅助标线，使得电动自行车先行进入路口排队等候，直接降低了机非混合情况，间接减少各交通流之间的矛盾点（图5）。

图5　路侧RFID装置

（4）路口右转位置设置转弯物理隔离设备。

大型货车与电动自行车经常发生致命或致伤道路交通事故的地方为路口右转弯位置，也就是对于大型车辆而言右转弯视线盲区造成的"死亡地带"。所以在这一狭小区域设置交通设施的意义重大。

一方面建议在路口将机动车道与非机动车道隔离设施进行延伸，使用柔性隔离装置，以起到增大转弯角度，规范机动车转弯行驶轨迹的目的。同时划定了非机动车尤其是电助动自行车路口停止范围，在一定程度上避免了驾驶人视线盲区导致的交通事故的发生（图6）。

图6　机动车道与非机动车道隔离设施

另一方面在有条件的路口，进行渠化改造，设置机动车道与非机动车道进入路口后进行分隔的安全岛，使得不仅在路段而且在路口对机动车与非机动车进行有效隔离，从根本上杜绝机动车驾驶人因右转弯视线死角而导致的涉及非机动车的事故的发生（图7）。

图7　分隔机动车道与非机动车道的安全岛

4. 人员防护与车辆性能提升

（1）人员防护。

电动自行车驾驶人的主动和被动防护能力低下是电动自行车伤亡交通事故频发的重要原因。首先，强制要求电动自行车和电动摩托车驾驶人上路行驶时必须佩戴符合标准的安全头盔。从前文的结论来看，颅脑损伤是电动自行车驾驶人死亡和受伤情况中最主要的伤情。但是目前的法律法规未对电动自行车驾驶人佩戴安全头盔做要求，所以基本上电动自行车驾驶人都不佩戴安全头盔，对头部的保护措施缺失。建议设计一款专门针对电动自行车驾驶人的安全头盔，例如采用对头部半包围形式，且涂有被动发光涂料，头盔前放置有以太阳能或其他方便电源供电的头灯。

另外，建议电动自行车驾驶人夜间及阴雨天气使用被动发光上衣，或佩戴发光手环，以便于其他驾驶人及时注意到电动自行车驾驶人的位置及变化。

（2）车辆安全性能。

电动自行车本身车辆安全性能的提高，可以大大降低道路交通事故发生对人体的伤害程度，甚至可以从源头上减少电动自行车道路交通事故的发生。

对于动力装置来说，我国目前大部分采用超标电机，为了便于销售仅使用限速器与电机相连，极易进行屏蔽，使得电动自行车速度超出额定限速数倍以上。建议采用脚踏式装置与电池驱动相互辅助的形式，达到1∶1的助力效果，同时在超出危险速度后电机助力效果逐渐衰减。目前国内多使用铅酸蓄电池和镍镉蓄电池，弊病在于两种方式均体积较大，质量较大，且回收性较差。建议使用锂电池，不仅重量轻、寿命长，而且更清洁环保。

关于主动、被动发光装置。首先虽然目前电动自行车均已装配主动发光装置，即电动自行车自主照明装置，但驾驶人因节省电源和操作习惯等原因，使用情况不如人意，尤其在视线和光照条件不良的情况下容易成为事故隐患。为了减小因主动发光不足造成事故的影响，建议如下：其一，电动自行车使用光敏电阻等电子元器件作为传感器控制车灯的启合，并且按照预设在车辆CPU中的时间开启电动自行车的LED示廓灯；其二，在使用脚踏装置参与驱动时，使用机械能作为动力启动电动自行车尾灯中的LED灯；其三，在使用电动自行车前自动检测其照明设备和制动设备是否完好有效，通过预设检测后才可以正常使用。其次是被动发光装置，目前该类型装置不被重视，但是在特殊情况下，依靠外界光源照射，利用反射原理进行警示会带来意想不到的效果，也是主动发光装置的有效补充。可以在电动自行车轮毂部分和车尾，大面积使用被动发光装置，以增大反光面积，提高反光效果。

扫一扫查看原文

以共享单车为代表的城市自行车交通出行新特征

杜光远　交通运输部科学研究院

导语

城市自行车交通系统是城市绿色出行系统的重要组成部分。近年来，互联网租赁自行车（俗称"共享单车"）的发展对城市自行车交通系统的恢复发挥了积极作用，但也带来了一系列新问题。那么，以共享单车为代表的城市自行车交通出行有哪些新特征？如何促进共享单车规范、有序发展？

一、自行车正在慢慢回归城市，解决最后一公里出行问题

改革开放以来，我国城市的机动化水平不断提高，各城市都在竭尽所能地满足小汽车出行及停放需求。在此背景下，"让自行车交通回归城市"已呼吁多年。近年，共享单车因成本低、便捷度高，在解决城市交通出行最后一公里问题上，具有其他交通方式不可比拟的优势，有效满足了公众短距离出行需求，缓解了城市交通拥堵，越来越多的人开始重新选择骑自行车出行，自行车正在慢慢回归城市。

与此同时，共享单车车辆乱停乱放、车辆运营维护不到位、企业竞争无序、用户资金和信息安全风险等问题也相继出现。特别是在"以车为主"的城市交通发展理念下发展起来的城市，因自行车出行需求和停放需求爆炸性增长，导致了自行车"无路可骑，无处可放"以及机非混行问题的加剧（图1）。

图 1　城市中乱停乱放的共享单车

鉴于此,中央和地方各级部门都对共享单车的发展给予了高度的重视。2017年8月交通运输部等10部门联合印发了《关于鼓励和规范互联网租赁自行车发展的指导意见》,从实施鼓励发展政策、规范运营服务行为、保障用户资金和网络信息安全、营造良好发展环境4个方面,为鼓励和规范互联网租赁自行车发展提出了总体要求。同年,公安部等4部门联合印发的《城市道路交通文明畅通提升行动计划(2017—2020)》中也专门针对加强互联网租赁自行车、公共自行车的通行和停放管理,合理设定互联网租赁自行车和公共自行车的投放规模和停放站点,完善配套管理设施,规范通行停放秩序等方面提出了要求。此外,越来越多城市根据自身城市特点,相继出台了共享单车管理意见,鼓励和规范共享单车的健康发展。

二、以共享单车为代表的城市自行车交通出行新特征

清楚认识以共享单车为代表的城市自行车交通出行新特征,是做好迎接自行车交通回归城市的基础。本文聚焦共享单车使用的空间特征,通过对安徽省合肥市中心城区范围内某共享单车品牌车辆位置数据分析(图2、图3),来探寻城市自行车出行的新特征。

1. 共享单车骑行距离和骑行时间特征

对某个共享单车品牌一天中移动超过100m的单车数据进行分析(图4、图5),骑行总量为4.3万次,车辆日均骑行次数为3.9次/辆。骑行距离方面,平均单次骑行距离约1.1km,约82%的骑行出行距离在1.6km以内,其中1km以内的出行占比约63.4%。这也充分反映了共享单车对城市交通的"最后一公里"发挥着重要作用。从骑行时耗来看,平均单次骑行时间约9.8min,其中4~6min占比最高,约占24%。

图2 合肥市中心城区单车分布

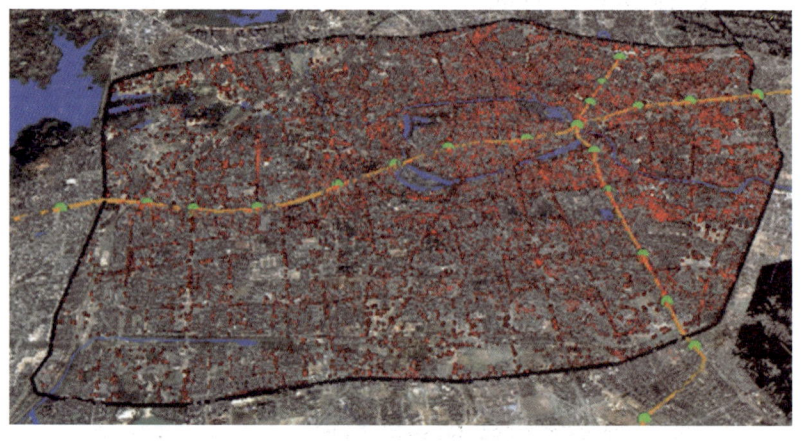

图3 二环内单车分布

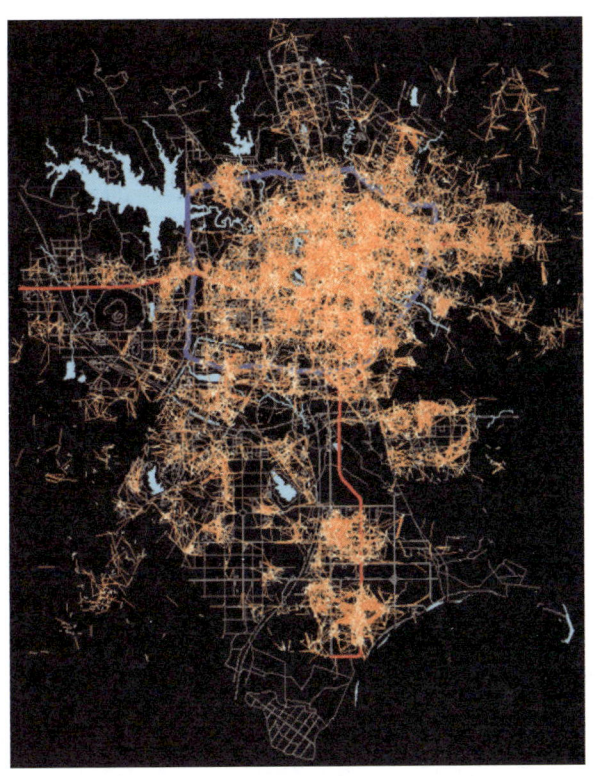

图 4 合肥中心城区范围单车骑行起讫点

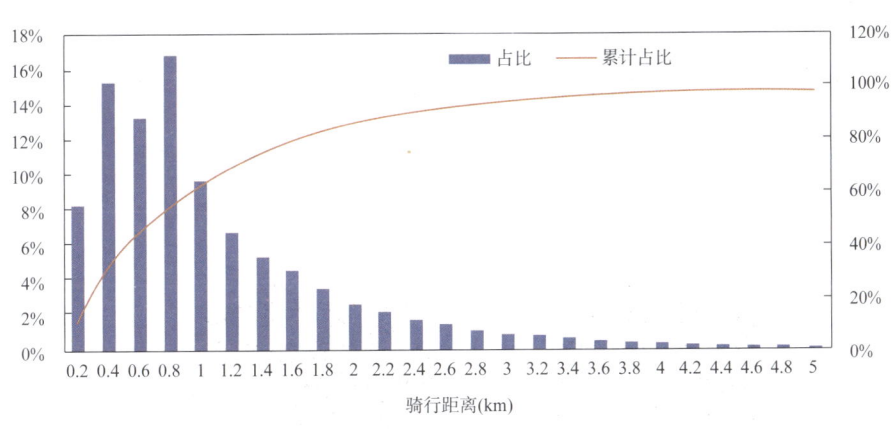

图 5 一天中移动超过 100m 的单车数据

2. 共享单车整体空间分布特征

从城市整体空间上可以看出，车辆分布主要集中在城市核心区域，并与城市住宅、公司、餐饮、轨道交通站点等热点设施的分布高度重合（图6）。在这些热点设施周边的车辆停放需求是同区域其他设施周边的 5~8 倍，停放缺口矛盾突出。

从单车在城市道路的分布情况来看，不论夜间还是工作时间，在二环内，共享单车在主干路、次干路甚至支路上均有较多分布，二环外则主要沿城市干道沿线分布，支小路分布相对较少（图7）。

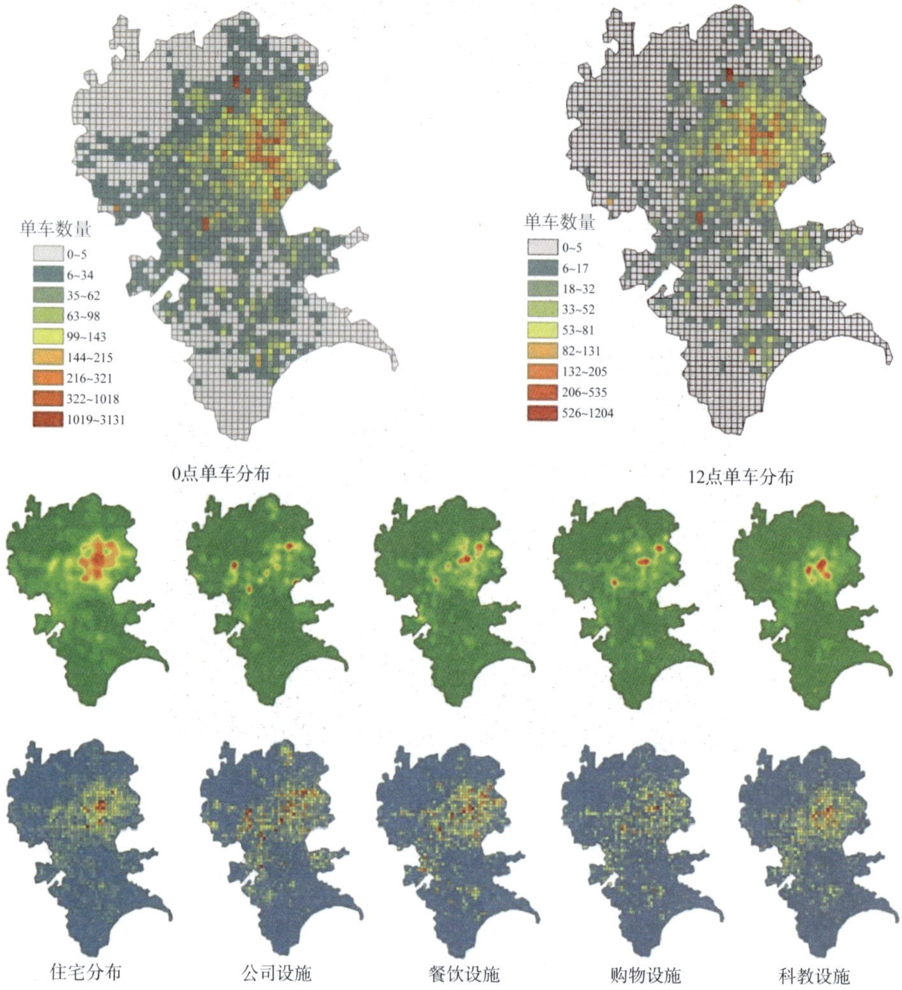

图6 城市共享单车与主要设施空间分布关系

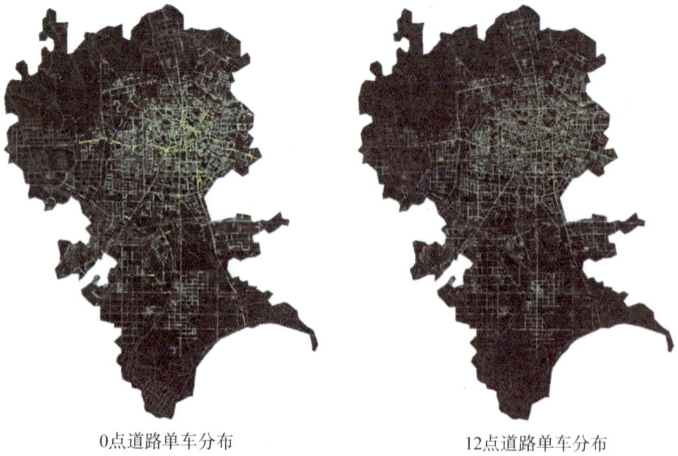

图7 城市二环内单车分布

3. 车辆位置分布和骑行轨迹特征

车辆位置分布和骑行轨迹分布都呈现出与地铁站点和常规公交站点高度聚合的特点，地铁站点 300m 范围内单车停放数量约占全部车辆数的 35% 以上，并呈现出越接近城市中心区域单车停放量和流动量越大的趋势特点，大东门、四牌楼地铁站区域的单车数密度达到全市最高（图 8）。

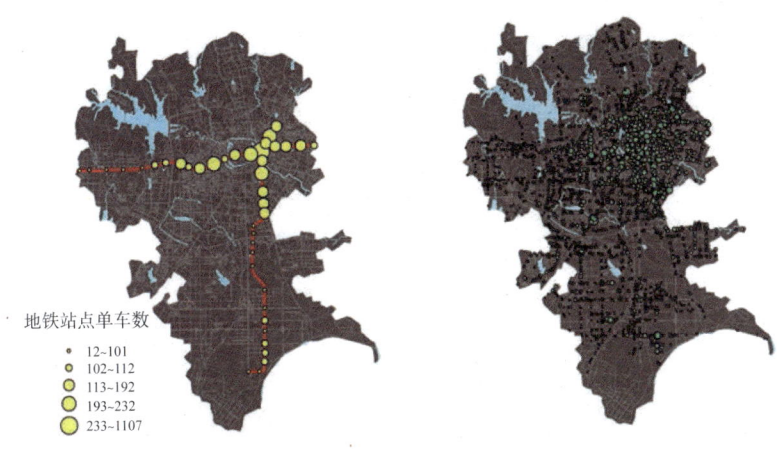

a) 8点地铁站点300m内单车分布数　　　b) 8点地铁站点300m内单车分布数

图 8　8点地铁站点和常规公交站 300m 内单车分布

此外自行车交通有效拓展了公共交通服务范围，从与小汽车出行可达范围对比图可以看出：共享单车的引入，使得公共交通站点特别是轨道交通站点沿线的公共交通与自行车组合优势范围得到明显的延伸（图 9）。在主城区与滨湖新区、高新区、科学城等外围片区连接上，相比于小汽车出行，竞争优势明显（图 10）。

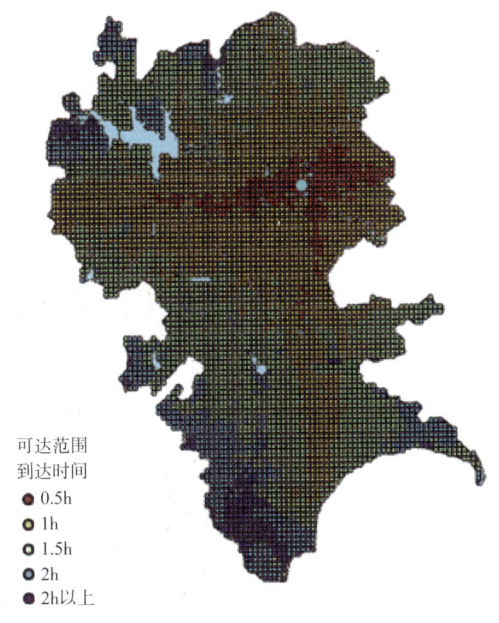

图 9　合肥公共交通可达范围分析图

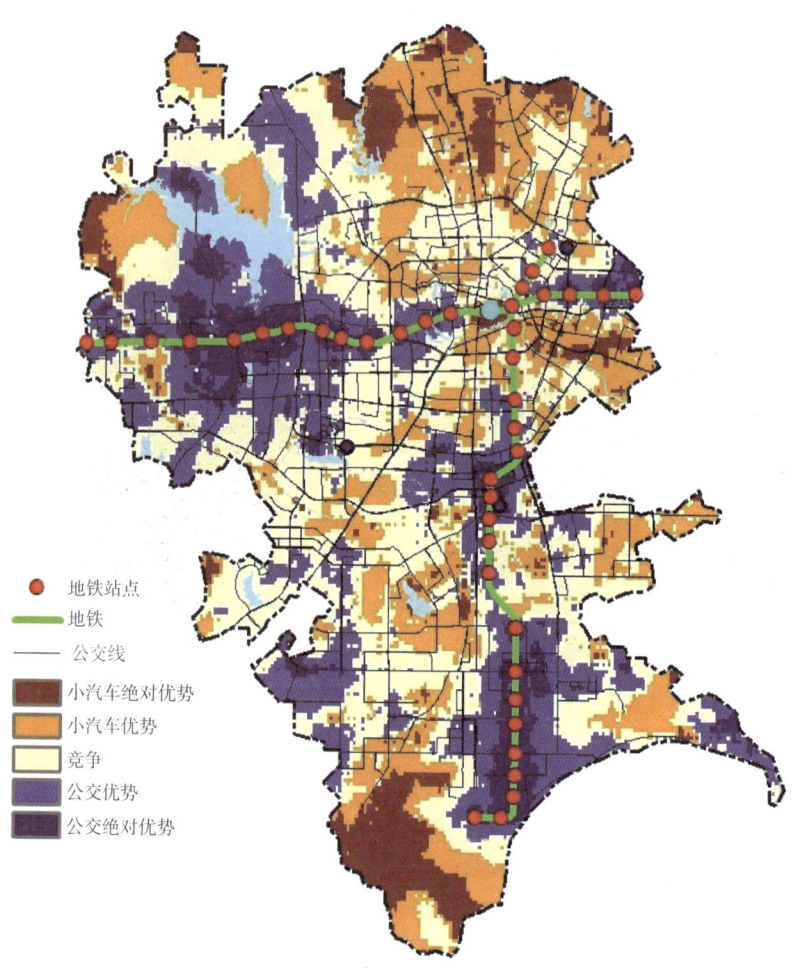

图 10　合肥公共交通与小汽车可达范围竞争关系分析图

4. 城市核心区内骑行特征

从车辆分布来看，车辆主要集中在轨道交通站点和大型商业区、居民小区附近。淮河路商业区、三里庵附近高校聚集区域、朱岗至秋浦河路地铁站沿线是二环内单车骑行最热的区域（图11、图12）。

 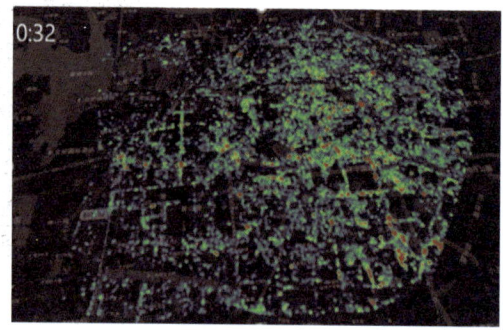

图 11　二环内 24 小时车辆分布变化情况

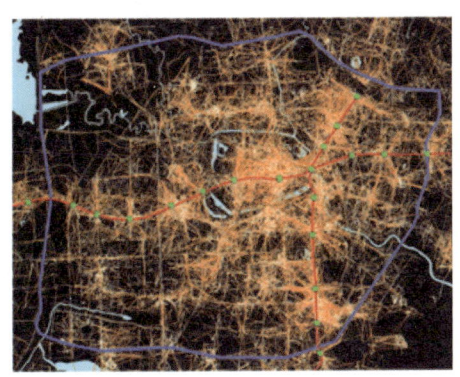 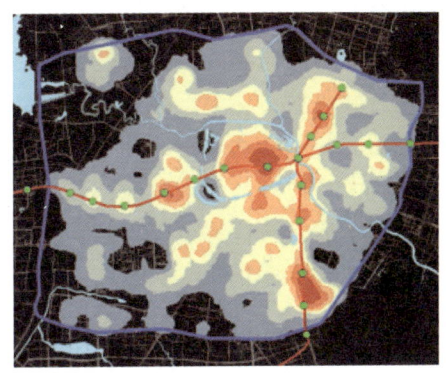

图12　骑行轨迹分析及骑行热点区域识别

从骑行轨迹分布来看，轨道交通站点周边依然是骑行的主要分布区（图13）。在核心区的轨道站点周边，出行需求来自轨道交通站点周边的各个角落，并呈放射性发散，站点周边不论主干路还是支路、小路都有大量的骑行需求。而在城市外围地铁站周边，骑行主要分布在非机动车通行条件较好的干路上（图14）。

 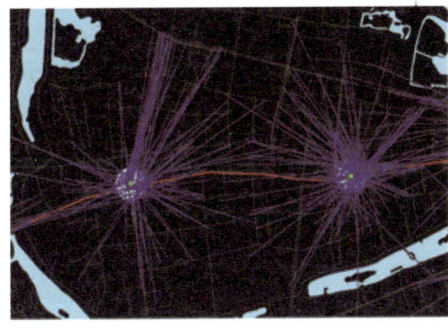

图13　核心区地铁站单车骑行分布

图14　合肥二环内道路自行车交通热度分布情况

以共享单车为代表的城市自行车交通出行新特征可以总结为以下几点：一公里以内、十分钟以内的"短途高频"骑行是共享单车出行的主要特征；车辆分布主要集中在城市核心区域，并与城市住宅、公司、餐饮、轨道交通站点等热点设施的分布高度重合；共享单车主动向公共交通靠拢，并形成接驳组合，轨道交通站点周边成为单车集中的最大的热点，放大了地铁经济圈效应；在轨道交通、BTR等中大容量公共交通沿线，公共交通与自行车交通组合优势范围得到明显延伸；单车骑行主要分布在非机动车通行条件较好的干道上，但在城市核心区域内，支路、小路上的单车使用率明显增高。

三、共享单车发展存在的问题

共享单车在给公共出行带来方便的同时，也给城市人文环境带来一些负面影响，其中对城市的交通管理挑战最为突出的就是停车和行车问题。

（1）分布不均：城市核心区车辆大量堆积，城市边缘区却无车可用，高峰期一车难求，平峰时无人问津（图15）。

图15　城市中单车资源的分布不均

（2）停车问题突出：上班时"围困车站"，下班后"围困小区"，放假时"围困公园、商圈"，单车在成群结队地蚕食公共空间（图16、图17）。

图16　人行道、自行车道、机动车道逐渐被单车占满

图 17　在马路中间停放的共享单车

（3）骑行环境没有保证：自行车专用道不足、不连续，骑行空间被机动车、商贩甚至被公交靠站停车侵占，机非混行越发严重（图 18）。

图 18　机动车占自行车道停车

四、关于共享单车出行的几点意见

1. 营造良好发展环境，统筹规范共享单车健康发展

按照共享单车是城市绿色交通系统的组成部分，是方便公众短距离出行和公共交通接驳换乘的交通服务方式的发展定位，坚持优先发展公共交通，统筹发展共享单车，建立完善多层次、多样化的城市出行服务系统。在城市总体规划和综合交通规划编制过程中强化自行车交通的地位，建立与城市空间承载能力相匹配，与公众出行需求等相适应的车辆投放机制，在道路路权、停车设施、政策支持等各个方面，为自行车交通提供保障。

加快共享单车运营服务质量考核办法出台和监管平台的建设，掌握车辆位置、使用情况，并能够对重点区域进行预警和动态调控等，实现对城市共享单车的统一监管，加强对运营企业规范运营的监管，强化企业投放和经营的主体责任，规范其在运营调度、维修维护、车辆回收等方面的运营行为，促进共享单车健康规范发展。

2. 鼓励和规范"公共交通+自行车交通"绿色交通体系一体化发展

在优先发展公共交通的基础上，充分发挥公共交通与共享单车交通组合优势，通过进一步打通、优化公共交通与自行车交通两种交通方式衔接方面的阻碍，将公交换乘、多种交通运输方式的无缝衔接及一体化发展纳入规划、体制机制设计与运输组织管理中。在客流较大的大中运量公共交通站点周边布置集中式的共享单车停放点，并根据潮汐情况及时补充和转移共享单车，以防止站点无车可用或车辆淤积；在常规公交站点周边结合其他公用设施优先考虑自行车停放区的划定（图19），鼓励和规范"公共交通＋自行车交通"绿色交通体系一体化发展，引导市民更多地选择绿色出行方式。

图19　轨道交通站处划定专用停车区域

3. 完善自行车交通停车设施，加快自行车专用道建设

在城市商业区域、公共交通站点、交通枢纽、居住区、旅游景区周边等场所，规划自行车停车点位，规范自行车停放。对不适宜停放的区域和路段，鼓励企业推广运用电子围栏技术，制定负面清单实行禁停管理，规范用户骑车停车行为，努力实现主干道上严格按照划定的停车区域停放，在次要干道上严格控制摆放秩序，支路、小路上规范摆放（图20）。在路权的保障方面，加快完善城市自行车道建设，优化道路设计，确保自行车出行的安全性和通达性。在城市核心区不仅要重视干道上自行车专用路权的保证，也要努力提升支路、小路上自行车通行环境，加大对占道停车和占道经营行为查处。

扫一扫查看原文

图20　支路上自行车专用道和停车区域设置

第二篇 >>>
道路通行管理篇

路权分配需要考虑哪些因素

郭　敏　公安部道路交通安全研究中心特约专家
　　　　浙江省交通规划设计研究院教授级高工

> **导语**
>
> 我们经常说路权，尤其是路权中优先通行权。那么究竟什么是路权？路权的分配原则是什么？当发生冲突时，路权究竟应该分配给哪一方？

一、什么是路权

1. 路权包括占有权、使用权和优先权

我们经常使用路权的概念，尤其是公安交警部门，在实际工作中经常使用路权概念来定责，也就是发生道路交通事故后，首先判断路权属于谁，再定责。比如，机动车未按规定车道行驶、未按标志标线指示行驶、未让已进入人行横道的行人、违规使用专用车道等常见的侵犯路权的违法行为，这些都和路权息息相关。实际上，真正的路权概念比交警在定责中应用的更广泛，而且路权需要和语境结合才能明确其含义。我国对于路权的真正含义或概念讲的并不多，而且往往将其作为群体权利，关于这方面个体权利的描述更少，这也影响我们对路权的理解。

路权包括占有权、使用权和优先权。占有权实际上是一种财产权和物权的概念。使用权包含两方面的含义，一是上路权，就是指可以上道路行驶或者行走的权利。二是使用权，这里说的使用权是指在特定场景下，使用道路的权利。大部分交警和驾驶人最关心的是优先权，优先权包括绝对路权、相对路权、特殊路权和通行优先路权。绝对路权强调交通参与者要各行其道，如公交专用道、自行车专用道等专用道路，只有公交车驾驶人、自行车骑行者可以使用，其他道路使用者不能使用；相对路权是指交通参与者在借道通行时拥有的权利，如在施工作业区内，交通参与者可以借用非其使用的道路通行；特殊路权是警车、消防车、救护车和工程救险车等特种车辆在执行紧急任务时拥有的特殊路权，如在确保安全的前提下，可不受行驶路线、行驶方向、行驶速度和信号灯的限制，其他车辆和行人应当让行。使用最频繁的是通行优先路权，包括很多道路设计、交通控制等都是在做通行优先通行路权的工作，例如在交叉口前设置停车让行的标志，就是为了把通行权区分开来。

图1是荷兰一个交叉口的俯视图，可以看到这里设置了很多标志标线，以及不同颜色的道路，这里有人行横道、自行车道和公交专用道，体现了各种各样的路权。这里的自行车道用红色标识，表明这个位置只允许自行车骑行者使用，这是一种绝对路权。交叉点处的人行横道是车辆与行人产生冲突的地方，这是一种相对路权，因此用

点划线的模式来表示这里有可能发生冲突,而发生冲突时,路权归属哪一方要靠信号灯分配。

图 1　通过交通标志、标线以及信号灯来清晰地表达路权(俯视图)

图2则是该地点的横断面图,这里有信号灯、交通标志,只有通过这些交通控制设施才能把路权清楚地表达出来。只有路权表达清楚了,道路使用者才会知道什么时候应该走,什么时候应该停。

图 2　通过交通标志、标线以及信号灯来清晰地表达路权(横断面图)

2. 路权信息需要清楚地表达给道路使用者

路权不能靠猜或者想象,而是要通过交通控制设施清楚地表达出来,使各种冲突在时间上或空间上形成一种绝对隔离,从而保证各方安全。这里其实有很多工作要做,道路设计师、交通工程师的设计,以及一些社会规则的制订,都要做到位了,路权才能得以保证。

另外,有时候即使在路权信息表达很清楚的情况下,也有可能发生一些争用的情况,还不能形成时间上或者空间上的绝对隔离。当多种道路使用者发生冲突时,需用信号灯来分配路权,没有绝对优先权,都是信号灯分配下的通行优先权。当在同一相位下,行人和机动车发生冲突了,可用倒三角的让行符号标识优先通行顺序。这再次说明当无法在时间、空间上隔离冲突的情况下,还需要做进一步的精细化管理工作。近年来,国家提倡城市交通管理精细化,精细化工作不仅需要做得细、想得细,更要有细节设计的能力。

图3是荷兰的一个交叉口改造前后的对比图。改造前,这个交叉口的路权分配更倾向于机动车,因此设计了很多机动车道,人行道和自行车道很少。改造后,机动车占用的空间明显被压缩了,人行道和自行车道空间增大了。这样的改变和当地居民出行需求的变化有关。道路设计完成投入使用后不是一成不变的,随着道路使用者及其权益的变化,可以改变原有的道路功能。路权也不是一成不变的,随着时间发展,周边用地的变化,以及居民需求的变化,道路上赋予各方的路权也会改变。那么,路权的分配原则是什么呢?

图3 交叉口在改造前后的对比图

二、路权的分配原则是什么

1. 路权分配要面面俱到,并以弱势群体为优先

路权分配的第一原则是要面面俱到,但是要以弱势群体为优先。为什么要以弱势群体为优先?当强势群体和弱势群体发生冲突时,一旦发生碰撞等事故,弱势群体可能会受到更大的伤害,甚至对后果不可承受,因此,路权的设计要以弱势群体为优先。

路权分配要融入道路设计中去,形成自解释。就像上文提到的荷兰交叉口的案例,标志标线全部都做上去,融入道路设计里,形成自解释的设计。自解释的设计有什么好处?无论哪一种道路使用者对自己的行为都有预期,如果他看懂了这条道路设计的规则,比如说限速,就会把速度降下来,如果超出了使用者的预期,或者说让使用者无法看懂,即便你设置了一个标志要他停下来,他也有可能停不下来,形成安全隐患。

《中华人民共和国道路交通安全法实施条例》的相关规定也涉及了路权的分配方式,但在实际应用当中,路权分配的考量要更细化。

在具体的道路设计中,如何设计路权呢?举例说明,在图4中的交叉口,如果使用小半径的转角,即使是一辆小汽车在转弯时,由于内轮差的关系,也有可能侵害到旁边自行车道上的骑行者。因为当自行车骑行者骑到转弯处时,空间会被小汽车大幅压缩,当车辆快速转弯时甚至有可能撞到骑行者。如果是车身较长的车,车轮可能会压到人行横道上,给行人带去极大的危险。

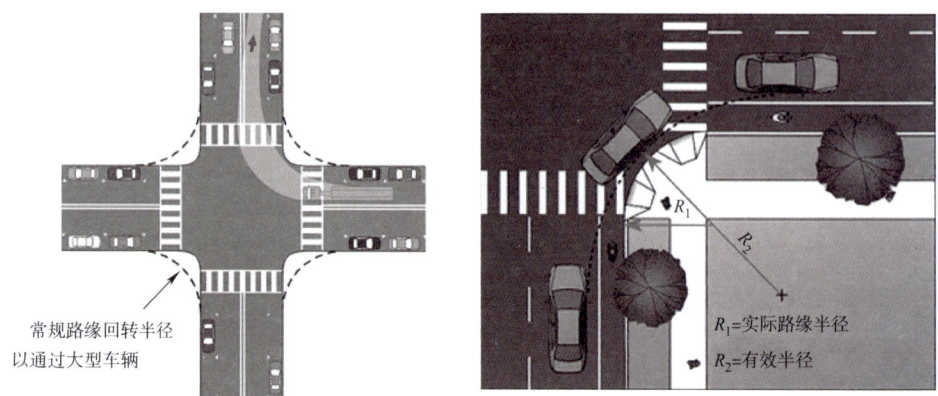

图4 小半径转角对行人以及自行车骑行者很危险

在实际生活中,也有"泥头车"等大型车辆在转弯时致人伤亡的交通事故发生。其原因就是道路设计时没有充分考虑车辆特性以及转弯时的各种情况,没有将机动车、自行车和行人的路权在空间上形成绝对的隔离。不能一味怪罪"泥头车"等大型车转弯太快、不注意盲区等,也要思考是不是道路设计上没形成路权的隔离,才导致这类问题出现。

我们来看荷兰针对这一问题在交叉口设计上是怎么做的。如图5所示,在交叉口的转弯处设置渠化岛,这样做有两点好处,一是即便存在内轮差,也不会威胁到自行车道上的骑行者;二是驾驶人能拥有良好的视距和视区,很容易看到人行横道上的行人和自行车道上的骑行者。

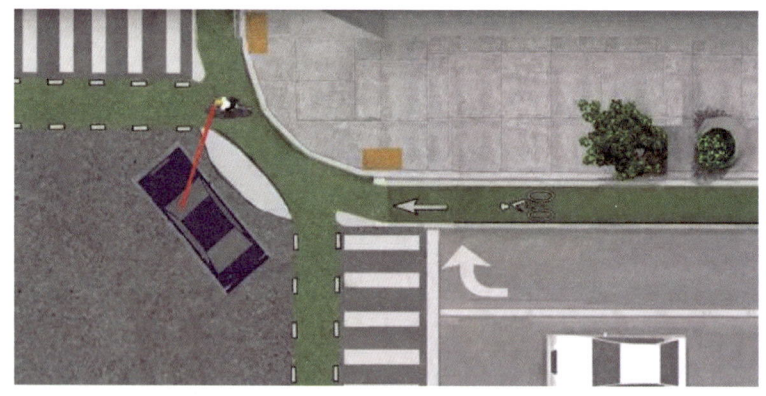

图5 通过设置渠化岛,来保证行人和骑行者的安全

2. 路权信息要能够被道路使用者看见

道路设计,包括交通控制设计,都要使路权的信息让道路使用者看见,并能很快明白其中表达的含义。路权主要通过标志、标线、信号灯等来清晰表达,使每个人都能轻松明白自己的路权是什么,可以做什么,以及其他人可以做什么。另外,存在冲突的交叉点,需要有足够的视距确保驾驶人在看见停让标志或信号灯后,有足够的时间和空间完成必

要的动作。

如果道路设计和交通控制设计不能清楚地表达路权信息，就不能保证道路使用者的使用权和安全。路权不能靠猜，但在实际中，很多标志牌上罗列了很多信息，这样的标志信息很难让驾驶人看清楚。所以，驾驶人到底拥有什么样的路权，表面上看标志牌似乎已经写得清清楚楚，实际上并没有表达清楚路权信息。道路上还有一些奇异的图形，驾驶人根本不知道要表达什么意思。还有一些道路设计出现了冲突路权，同时出现信号灯和停让的标志，这种冲突路权往往会使驾驶人感到迷惑，不知道该遵守哪个，这样就会降低交通控制设施的权威性，使大家不再遵守使用规则（图6）。

再来看一个事故案例，如图7所示，事故发生在一个交叉口，货车从路口慢慢驶出，但驾驶人不知道该往前走还是该停

图6　路权信息表达不清楚的指示牌、标线以及标牌

下来，而此时摩托车驾驶人也不知道该如何选择，双方驾驶人都在猜测和试探中行驶，靠试探形成自己的路权，最后发生了碰撞起火事故。该路口路权不清晰甚至模糊，停止线也不清晰，货车驶出路口时横闯3个车道，且视距很短。面对这种路权分配混乱的情况，道路使用者就会感到困惑，这是很危险的事情。

图7　路权不清晰甚至模糊的路口很危险

3. 路权的分配要充分考虑道路使用者的特性

分析路权首先要明确道路使用者是谁，谁需要优先保障，谁的权利不能忽视。道路使用者可能是行人，也可能是车辆，且道路使用者的特性各不相同，要仔细辨别清楚。即便都是车辆也有区别，比如大型车和小型车对道路的要求是不同的。因此，路权设计需要体现出不同，从而保障各方的路权。如图8所示，如果转弯半径受限，同样15m的半径弯道，小车几乎不需要加宽车道，中型车需加宽到5m，长车则需加宽到14m。

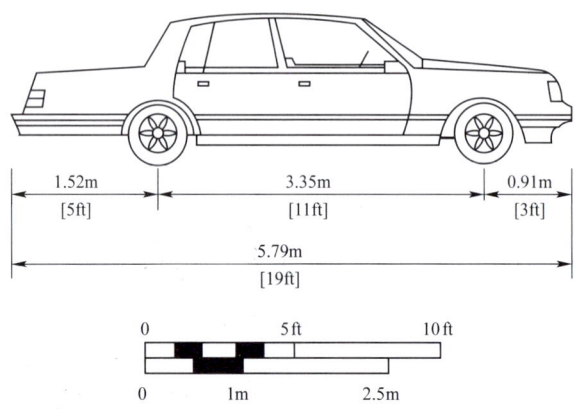

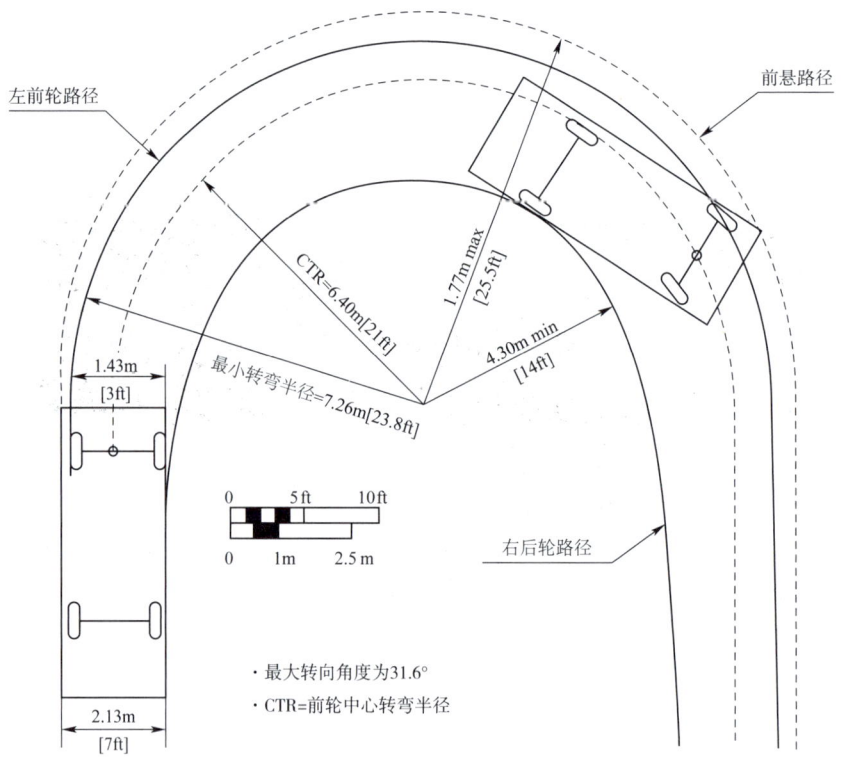

小轿车（P）最小转弯半径设计

图 8

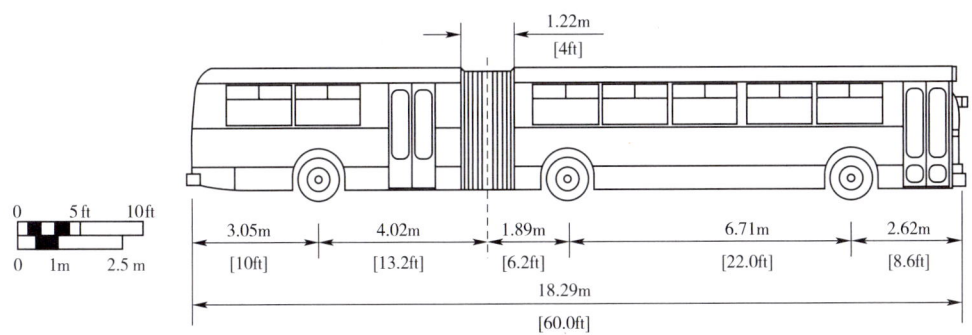

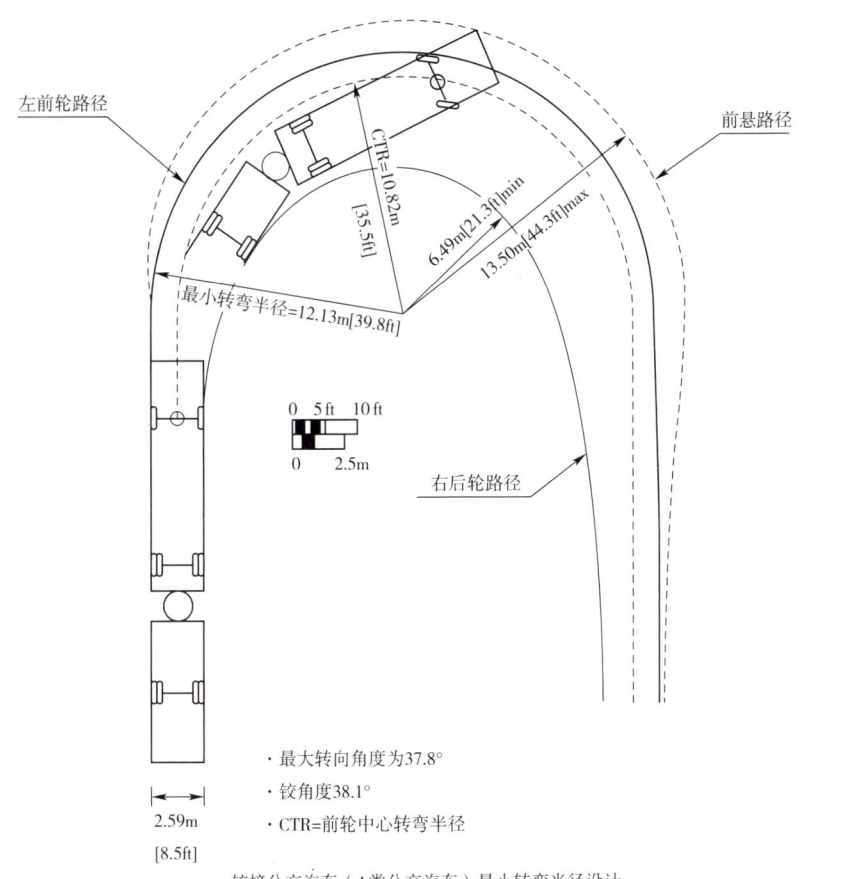

- 最大转向角度为37.8°
- 铰角度38.1°
- CTR=前轮中心转弯半径

铰接公交汽车（A类公交汽车）最小转弯半径设计

图 8

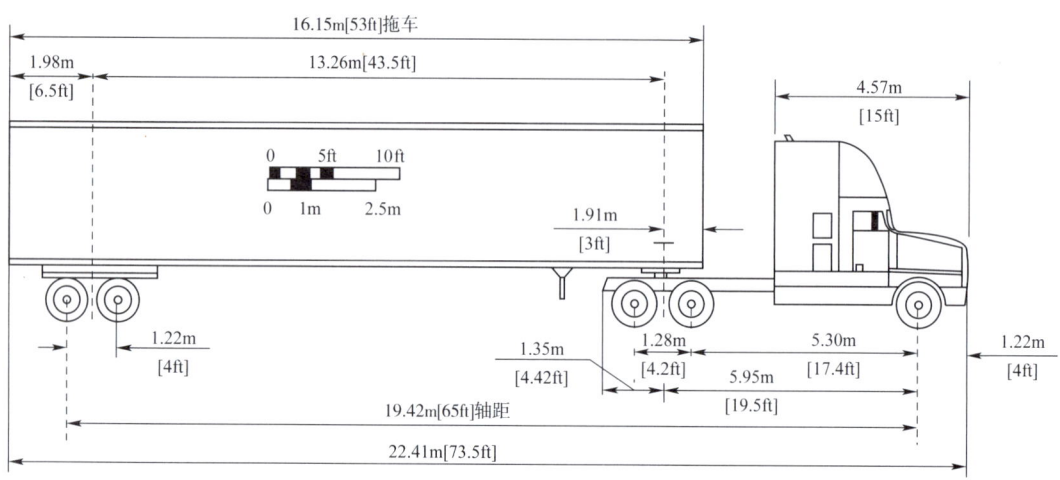

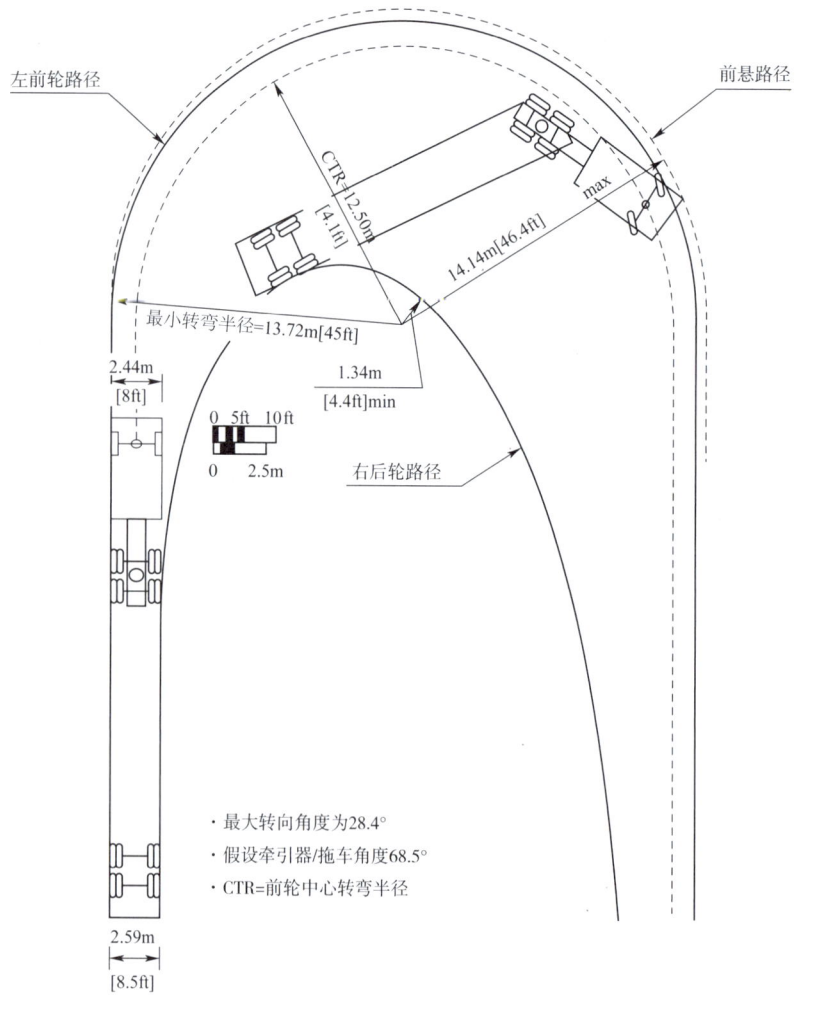

洲际半挂车(WB-20 [WB-65 and WB-67]) 最小转弯路径设计

图8 同样15m的半径弯道，不同车辆的需求不一样

不同的道路使用者有不同的需求，路权的设计是基于道路使用者的需求来设计的。因此，路权的设计要充分考虑不同道路使用者的特性，否则是不能够保证其路权的。以行人为例，行人包括儿童、老年人、盲人、上班族等，行人的行为包括购物、遛狗、上下班等，这些特性都需要考虑。尤其在现在出行中，老年人越来越多，且高龄老年人需要有辅助工具，而辅助工具也有所不同，导致他们在出行中的需求各异。正常人走路 1s 可以走 0.7m 或 1m，甚至是 1.2m，而老年人可能只能走 0.4~0.6m。那么面对这种情况，道路设计、信号灯的设置等都需要仔细考量，否则就不能保证不同道路使用者的路权。

道路使用者需求影响路权，路权又会影响道路布置。如图9所示，随着街道和周围环境的发展，道路使用者有了新的需求，即自行车骑行者需要一条道路，那么运用道路瘦身的方式，增加自行车道，压缩机动车道，形成一个新的道路布置。道路断面不是一成不变的，应根据周边的情况进行调整。经过调整后，这条道路就增加了自行车骑行者的路权。

图9　三车道变二车道，增加了一条自行车道

公交站台的设置，是行人路权的延伸，不能侵害行人的路权，否则就是一个悖论。但很多城市设置的公交站台会挤压行人行走的空间，这与设置公交站台的目的不符，甚至与公交优先政策形成悖论。设置公交站台的目的是让行人更方便地乘坐公交车，形成方便、快捷的公共交通出行方式，因此，有公交站台的地方，更要保证行人的行走空间。

路权是融合在社会规则、制度、工程技术、价值观的理念。道路上的交通控制设施和道路使用者在道路上的种种行为都反映出路权概念的存在。路权的生命在经验，而不在逻辑，在各种场景下发生的争议，丰富了路权的内涵和外延，正是这些争议和讨论才是明确路权最好的解决办法。

扫一扫查看原文

美国路权的定义及分配原则

梁康之 公安部道路交通安全研究中心特约专家
　　　　美国资深交通工程师

> **导语**
>
> 路权是每个道路使用者使用道路的权利与义务。那么路权是根据什么来进行分配的？在一些特殊路段及交叉口处，车辆、行人等的路权又该如何分配？

一、什么是路权

路权即"优先通行道路的权利"，是法律法规对于道路使用者在使用道路相关设施时，明确规定道路使用者（人或车）谁先谁后的顺序与权利，拥有路权的一方可以优先使用道路的权利。路权不是特权，只是谁先用谁后用的一项权利。

行人、机动车或非机动车在道路上行驶，都有注意路况与礼让其他优先路权的责任与义务。因此，道路使用者明白道路通行优先权的规定很有必要。

二、路权根据什么来进行分配

一般来说，路权可通过不同项目原则（时空原则、规则与效率）与不同对象（行人、行车、停车和铁路）来进行分配。

1. 根据不同项目原则分配道路使用优先权

（1）根据时空原则分配路权。

空间原则，即将部分道路划定为特定道路使用者专属使用的路权。如人行道属于行人使用，非机动车道属于非机动车行驶，公交专用道供公交载客使用。

时间原则，即将必须共同使用的道路设施，依时间顺序划定给特定道路使用者使用。如交通信号灯的"红灯停、绿灯行"规定、铁路平交道等。

（2）根据规则与效率分配路权。

交通规则，即依照交通规则将"优先通行道路的权利"赋予较适当的一方。如转弯车让直行车辆先行、行人在人行横道穿越时行人先行通过等。

效率原则，根据使用道路的效率，将"优先通行道路的权利"赋予较适当的一方。如支路车辆应让干道车辆先行。

2. 在特定条件下，不同对象拥有不同路权

（1）行人：人行横道是为行人穿越道路时使用。

在道路上，行人并不一定拥有最高路权，而是在特定条件下拥有一定的路权。行人穿越有信号灯控制的人行横道时应该遵守信号灯指示，在允许通行时才可跨越道路。若在无信号灯控制的人行横道，行人进入了人行横道时即拥有了路权，其他车辆均须让行人优先通行。那么，如何确定行人是否进入斑马线？在美国一般认为行人只要一只脚踏上斑马线，就表明其已经进入斑马线，车辆需让行。

同时，行人在进入斑马线后，要注意不应任意奔跑、追逐、嬉戏、坐、卧、蹲、立等而阻碍交通，应该以正常或较快的速度穿过道路。另外，在设有分隔设施的路段，行人不可跨越道路。

（2）机动车：在规定车道内，依照交通规则行驶。

首先，行人不可违反交通规则穿越车道，不可侵犯汽车通行的权利。其次，机动车驾驶人也必须遵守道路上"停、让"规定，不随意占用、行驶在其他车道或指定车辆专用道。直行车辆不可占用左、右转弯专用车道，左、右转车辆也不可占用直行车道。车辆在行驶时，若看到行人穿越道路时，应注意避让行人。同时，还应避让警车、救火车、救护车等紧急车辆。最后，机动车不能在路肩或非机动车车道上行驶，譬如不能在高速公路的路肩上行驶，不能任意变换车道，应保持安全行车距离、在规定车道内行驶。

当车辆在无信号灯控制的交叉口相遇时，应该谁先行？根据美国马里兰州的法律，除直行车辆外，在交叉口的车辆，其右侧车辆具有优先路权。通俗讲，在无信号灯控制的交叉口的车辆是循环"让右"的。如图1所示，A车具有优先路权。

此外，在美国，当驶入交叉口的车辆需要进行左转时，其路权是最低的，应避让其他任何方向进入交叉口直行和右转的车辆。如图2所示，A车具有优先路权。

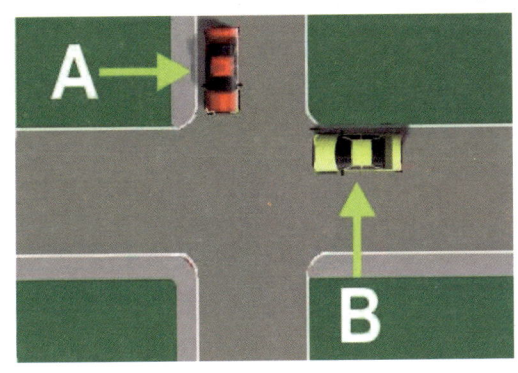
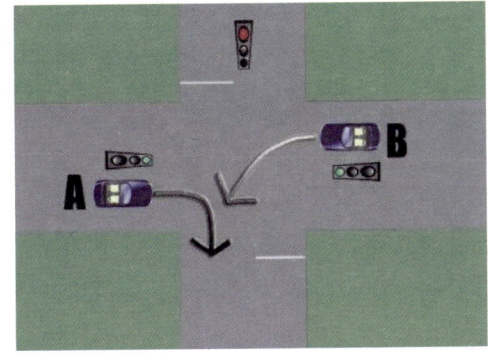

图1　A车具有优先权　　　　　　　图2　A车具有优先权

（3）非机动车：各行其道，遵守交通控制设施。

非机动车在没有划分非机动车道的道路上应靠最右车道的右侧行驶，在有非机动车道上的道路上，应在非机动车道上行驶，除转弯或靠边停车外，不得侵入其他车道。要有人车各行其道的观念，非机动车不应违规行驶在人行道上。此外，非机动车也必须遵守道路上的交通控制设施。

（4）停车：确保不妨碍其他车辆与行人。

在路边停车时，应遵守道路的停车指示标志和标线，确保不侵占行车道。车辆不应停放在交叉口内和接近交叉口的路段，不得遮挡视距和阻碍其他道路使用者，保证道路畅通和安全。车辆不应停放在人行横道上,不能妨碍行人安全跨越道路。

三、不同交叉口、路段的路权分配

1. 不同类型交叉口,车辆应遵循不同的通行原则

在安装"停"标志的交叉口,车辆必须停车,让没有"停"标志方向的车辆和行人优先通行,待确认无来车、行人时可继续通行(图3)。

在四个方向都有"停"标志的交叉口(图4),遵循先到先行的通行方式。若对角车辆同时抵达交叉口时,在避让行人的基础上,遵循左侧车辆优先原则。

图3 无"停"标志方向车辆有优先权　　　　图4 四个方向均有"停"标志的交叉口

此外,当车辆接近交叉口时,不论路口有没有"停"标志,都要确认车辆前方没有任何的障碍,即交叉口内没有车和行人。在进入交叉路口之前,要确保没有车辆或行人在你的行驶路线上(图5)。

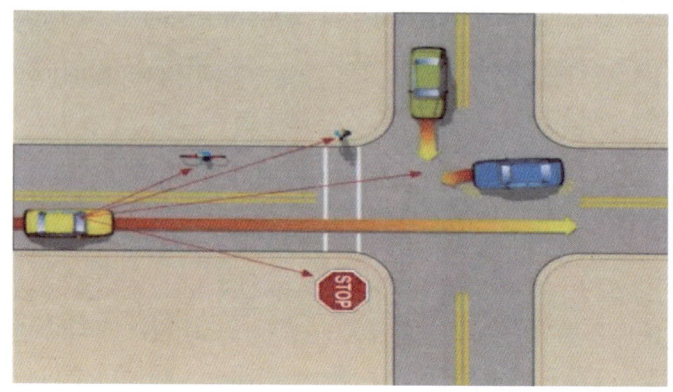

图5 车辆行经交叉口处应注意行人与其他车辆

在有信号的交叉口，当信号灯改变时，可通行车辆应让已在交叉路口内的车辆优先通行，而且转弯车辆应避让直行车辆（图6）。

以图7交叉口礼让斑马线情况为例，该路口有信号灯，同时设置了"停"避让斑马线标志，二者存在矛盾。这里的避让标志传达的信息是，在绿灯情况下，图中的黑色车辆有优先权、行人无优先权，黑车辆可以不停车让行人。而在信号灯控制的交叉口，行人仅在通行绿灯亮时有跨越道路的优先权，即其他方向的车辆必须让行。

2. 在不同路段车辆的路权不同

（1）驶入快速车道时的规则。

车辆进入快速行驶的道路时，应该在加速车道和并入车道之前发出信号，在拥有充足的空间时并入行车道（图8）。

图6　有信号灯控制的交叉口

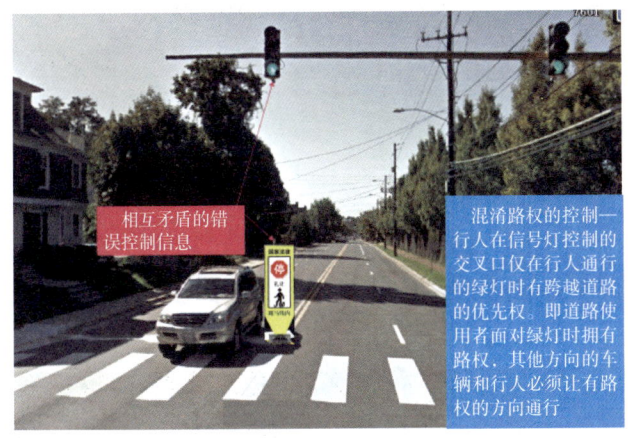

图7　混淆路权控制的交叉口

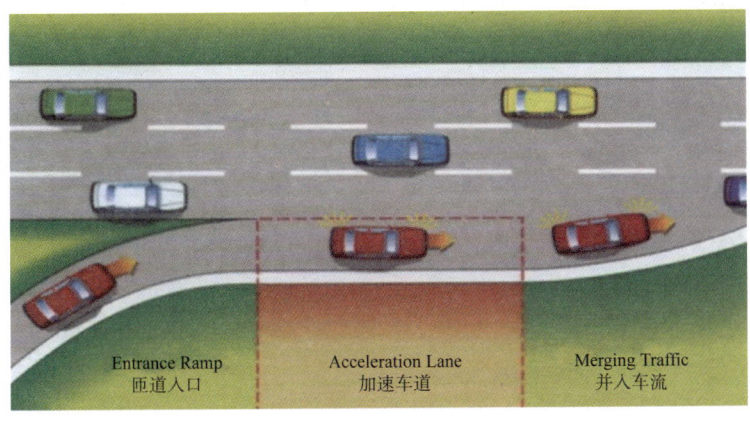

图8　车辆并入快速车道时应提前发出信号

（2）铁路平交道口等特殊地段路权分配。

在铁路平交道口等特殊地点，由于火车行驶于轨道上即拥有轨道专用、绝对优先通行权。由于火车行车速度快、需较长制动距离，因此当火车行经平交道时，其他车辆和行人均应让其优先通行。

（3）行人穿越双向双车道的路权。

图9中，当行人穿过双向双车道道路时，右车道车辆停车，左车道的车辆可否继续行驶？依照美国法律规定，若驾驶人看到前方车辆停车，驾驶人无论在哪条车道，都应停车，若不停车则可能引发事故。因此，在此类路段应增设停让斑马线标志，告诉驾驶人应停让行人。

扫一扫查看原文

图9　行人穿过设有双车道的道路

以发生在2016年美国的一起交通事故为例，一位高龄男性骑车在人行横道处跨越道路右侧车道的车辆停车，但左侧后续驶来的车辆未能看到跨越的自行车，造成一起骑车男性死亡（图10）。

图10　事故现场

由于该路段有较多行人和自行车跨越，道路的短期应急改造方案是将双向四车道改为双向两车道，消除另一侧车道车辆不停车的隐患，降低事故发生可能性（图11）。

图 11　事故后，该路段进行改造

希望每一位道路使用者都能明白路权，且正确使用路权，从而保障行人、车辆的安全与道路的畅通。

道路限速不规范，驾驶人莫名被罚分该如何解决

公安部道路交通安全研究中心交通言究社

导语

据2018年3月8日《北京晨报》报道，全国政协委员、北京交通大学轨道交通控制与安全国家重点实验室通信方向首席教授钟章队提出我国道路限速不规范，驾驶人莫名被罚分，建议全国统一道路限速规定。针对钟章队提出的"道路限速规定不统一"的问题，交通言究社邀请公安部道路交通安全研究中心的特约专家团队成员，浙江省交通规划设计研究院教授级高工郭敏、3M中国首席交通安全教育与政策联络官官阳来谈谈看法。

问

对于"限速"设置不合理的声音，各位专家有什么样的看法呢？

郭敏："道路限速不规范，道路上指导信息不清晰，驾驶人莫名被罚分。"全国政协委员钟章队提到的情况在我国很多地方客观存在。我们可以找出很多理由辩解，例如驾驶人不熟悉道路、没有做好充足的准备；道路的设计速度决定了限速，虽然两条路连在一起，但设计速度不同，导致速度经常要变等。不过，如果仔细研究这些理由，也不难发现这恰好是问题产生的原因。

官阳： 关于限速不合理的抱怨并不少见。如果仔细观察，会发现这种声音有两个方向，一个是老百姓，普遍抱怨限速值太低，完全可以开得更快，却被要求压着速度，不遵守就要罚款；另一个是处理和分析事故的民警和交通工程师，总是会担心速度太快了。这其实是个好现象，说明我国的用路水平在提升，有越来越多的人开始关注效率和安全，这是个健康的发展趋势。

那么产生问题的原因是什么？这是一个技术问题吗？

官阳： 如果从技术认知来具体谈，我认为有两个重要的知识点，一是我国使用道路等级与车速挂钩的方式，限制了车速管理的灵活性和科学性，二是对速度定义及其内涵的丰富性普遍认识不足。

关于道路等级影响限速科学性的问题，举一个简单的例子来说明，二级公路在我国的综合运用最为广泛，以较少的投资和造价修建尽可能宽敞笔直的路面是其重要特点。二级公路的设计速度是 40~80km/h，但在地广人稀的地方，大部分车辆会大幅度超速，甚至经常有150km时速的疾驰，这是为什么呢？这与速度的丰富内涵有很大关系。

在速度管理领域，车速的主要定义至少有十几种，比如85百分位速度、自由流速度、设计速度、建议速度、平均速度、法规速度、最优速度、合理速度等。这些速度概念的繁多与道路设计后出现千差万别的情况有着密不可分的关系，因为使用道路的人、车、甚至路的条件和环境都千差万别，不一样是正常的。

一般情况下，大家抱怨的限速不合理，往往与设计速度被错误使用有关，也有一些是对"法定限速"的僵化使用不满。这些都是由于道路运行时缺少"合理限速"的机制。

郭敏： 我们先从规范角度来看限速，规范里的速度名称，有许多常用的是设计速度，但这些速度名称里，没有限制速度的名称。限制速度的名称出现在《中华人民共和国道路交通安全法》里。在2017年之前，规范和法规里对于相关速度概念的表述是没有任何成文规定来连接的。人们多用设计速度来表示限制速度，就形成了现在这些问题。现在大部分高速公路的限速，仍然是继承了建设阶段的设计速度，这种速度指标主要目的是控制投资成本，而并不是服务于道路使用者。

当然，我始终认为这个问题不能仅仅从技术或者规范的层面去谈，仅从规范入手也是现在分析限速问题的一个误区。

刚才两位都提到这不仅是个技术问题，那问题产生的更深原因在哪里呢？

郭敏： 至于更深层的原因，首先是因为在我们的实际使用中，标准规范经常成为建设、管理的基本出发点，而并没有直接提取人们的使用需求。标准、规范的来由、初衷，是为了方便、统一，便于应用，可以用来指导建设和管理。因此，标准规范发展应该随需而变。但现在的情况是，从业者的信条演变成了符合标准规范就好，却忽略了是否符合人合理的基本需求，这是问题产生的一个原因。

其次，道路使用者的出行链条是连续的，无论远近，或换乘几次，使用者希望遇到的是熟悉的指路方式和出行规则。在实际的社会组织和政府职能部门分工里，这个连续的链条却分属不同部门和地域，有些环节出现了机构职责的真空。这也是为什么虽然是同一条高速公路，会出现不同限速的原因。由于不同地区的管理习惯以及设计思路不同的因素，单看每块标志也许都是正确的、合理的，但连接起来却不甚合理。施政部门化、地域化取代了服务的全域全方位，是问题产生的另一个原因。

最后，虽然2017年之后推出的《道路交通标志和标线 第5部分：限制速度》（GB 5768.5—2017）阐明了刚才所说的设计速度和限制速度的区别，但实际上限速问题牵动的技术内容远超GB 5768.5规定的内容。更值得注意的是，限速的问题需要动的筋骨不仅仅是一两本规范，还要从路网、用地开始去了解。因此，标准只是初步建立了与《道路交通安全法》的联系，并没有完全解决限速设置存在的问题。

需要说明的是，《道路交通标志和标线》（GB 5768）这个体系仍是个弱体系。由于我国标准携带部门属性，《道路交通标志和标线》在公路行业具有权威性，但在不同部门里，仍然会有不同的标准。例如，城市道路有《城市道路交通标志和标线设置规范》（GB 51038—2015），城市公共运输行业有《城市公共交通标志》（GB/T 5845），安全生产领域有《图形符号 安全色和安全标志》（GB/T 2893）。这些标准所在的领域往往也是人们出行链的一个环节，例如人们在出行过程中会看到同一个含义不同形状、不同颜色的标志。规则不一，却各有合理合法性。这在一定程度上破坏了出行的全链条特质，给道路使用者造成了困惑。

官阳： 我认为这背后的原因有三个，一是刚才提到的技术认知的问题有差异，二是限速规则设置有缺陷，三是道路设计与管理阶段，很少有充分的制度和资金保障，让管理者有条件在道路使用的长期过程中对速度条件做动态的跟踪研究与重设——简单说，一条路使用几十年，车的能力在变化，路周围的环境在变化，为什么速度要求却一成不变呢？这明显不合理。但是怎么变呢？如果不做科学的统计与研究就强行改变限速值，脱离道路初步设计条件、脱离道路使用习惯，是很危险的。

所以，限速不合理的原因，表面看是个技术问题，根源其实是在于道路运行的管理机制，特别是财政政策不配套，导致工程设计人员和运营单位没有资源持续跟踪车速的变化，做出动态的限速调整。要解决限速不科学的问题，不能头痛医头脚痛医脚，要解决道路运营体系的财政管理政策，要让巧妇做有米之炊。

针对我国"限速不一致"的问题各位专家认为应该怎么解决呢？

官阳： 最理想的措施是刚才提到过的合理限速（Rational Speed Limit），也就是经过对交通流、路线设计、当地发展和碰撞事故记录的正式分析，选择合理的限速值。对现有道路采取正常条件自由流情况下的 85 百分位车速，然后根据安全因素评估（道路设计特征，路侧开发情况，不易被驾驶人提前观察的情况等）进行消减得出限速值。

这个过程还要考虑碰撞事故的历史记录以及车速对事故的贡献度。85 百分位车速取值，主要依据的前提是大多数驾驶人会以合理、安全和谨慎的态度选择车速。这个合理限速，可以是最优限速，可以是最安全限速，也可以是 85 百分位限速，或者这些条件的综合考虑，但是最不可能的是直接用设计速度做限速值。

如何测定合理限速呢？有一个前提是"测试跑"（Test Run）。车速测试跑，是指驾车以一个合理的自由流车速通过一个研究路段（潜在的限速区间），采集速度数据，并使用这个数据确定限速值，或者使用该研究路段上采集到的其他车辆的速度数据做决定。在测试跑时，甚至要考虑使用不同的车型，特别是使用超高的大型载重车在弯道利用专用测试仪做翻滚极限测试（Ball Bank Test），寻找最合理车速。这样的工作，听起来烦琐，但一条路的限速事关这条路的投资效率和运行安全，是非常重大的决策，一旦决定，将在很长时间里影响到这条路的服务水平，如果这条路每天通过车辆是 10000 辆车，一年就是 365 万辆，每辆车如果慢了 10min，就是 3650 万 min 的延误，是否值得，就需要测算。所以测试跑是一个非常重要的技术环节，在没有充分的测试跑之前，是很难直接找到最合理的限速值的。

核心就一个，要想让限速合理，需要技术和资金的保障，需要对视距、路况、车辆、地理气候环境等进行综合的测试和评价，还需要更高级的专业技术培训和对相关技术标准与规则的优化。没有上面谈到的基础共识，仅仅以速度论速度地来提速，带来的问题不会比现在少，也不符合科学发展的态度。

郭敏： 要消除这样的现象，首先要建立有益的机制和制度。技术的标准和规范，要联合跨部门的技术力量，建立跨行业的标准规范发布方式，接受政府而非行政部门委托，或者接受公众意见建议来制定发布标准规范，思考全出行链的需求。

道路上的限速，并非是在道路开通才思考的问题，而是在道路规划初始就应认真考虑，并需要在实施后定期不定期进行评估，接受各方投诉从而进行调整。

在规划阶段，需要从路网的角度去考虑道路限速体现出来的路网容量均衡、功能匹配、使用者及当地居民接受程度等。一条造在居民区的快速路，和一条造在开阔平原区的低限速道路一样，都不会得到使用者和周边居民的欢迎。

在设计阶段，要结合道路限速的各种比选方案来设计。这个阶段如果只考虑设计速度的指标来控制投资，例如在平原开阔区，由于造价接近用指标较高的值来设计，而一遇到山岭，就用较低指标设计，则会造成实际使用的运行速度忽高忽低，给道路使用者带来不便，也造成一定的安全隐患。

因此，限速的问题，要做的功课已经超过现有标准规范所描述的内容，需要我们逐步改进和积累。

扫一扫查看原文

速度越低越安全？怎样进行合理的限速管理

郭 敏　公安部道路交通安全研究中心特约专家
　　　　浙江省交通规划设计研究院教授级高工

> **导语**
>
> 一直以来，在速度及限速管理方面存在一些认识误区，比如道路限速值是由道路的设计速度来决定；如果某条道路车辆运行速度较高，存在安全风险，只要调整道路的标志速度就可以了。那么，究竟什么是速度管理？合理的限速设置要考虑哪些因素？速度管理有哪些方法和措施？

一、什么是速度管理？这只是一个技术问题吗

1. 各国限速情况有差异

速度管理涉及法律、民生、技术等方面，是一个综合性问题。世界各国限速并不相同，有限速较低的国家，如限速 70km/h；也有一些限速高的国家，其中最为知名的是德国，还有一些地区限速为 140km/h。世界各国的限速情况差别非常大，这说明限速不仅仅是一个技术问题。

有观点认为驾驶人在行驶速度的选择上是具有基本理性态度的，限速是为了防止驾驶人的一些非理性行为，比如酒驾；也有一些相对比较激进的观点，《华尔街日报》在 1998 年发表的一篇文章认为："任何车速都能安全"。现在国内主流观点还是跟世界卫生组织（WHO）的观点接近，即对速度的限制有助于减少事故，也可以降低车辆对环境的影响。

2. "不限速"的德国怎样进行速度管理

德国作为一个最为有名的"不限速"的国家，如何进行速度管理的？据 2008 年统计，德国有 52% 的路段只有建议的最高速度，没有法定限速，即使驾驶人超过建议速度也不会被处罚，另有 15% 的路段因为天气和交通情况有临时限速，33% 的路段有常设限速规定。2006 年，德国对 6 车道高速公路测量显示，在正常状态下，德国高速公路上的平均车速为 142km/h，这个速度也是非常高的。

那么德国对车速、对人、车、路又是如何管理的？德国有比英美等国更严格的驾照考试系统，报考者需要学习很多驾驶课程，包括在实际高速公路上的驾驶课，体验真实的高速交通，还要接受基本的急救训练。驾考的笔试题目和路考的难度也较高。

德国针对上路的汽车执行非常严格的检查制度，以减少潜在危险车辆的数目，减少对驾驶人和其他车辆的威胁。此外，德国针对路面行车秩序的规定做得也非常细致和严格，如只能在左边车道进行超车，在不超车的情况下，必须靠右行驶。正是因为有这样一整套对于人、车、路的连续管理政策，德国才可以做到有超过一半的高速公路不限速。

3. 速度管理是人、车、路三者的综合管理

长久以来，限速都被认为是个技术问题，实际上速度管理远远超过技术范畴，它是社会管理的一种具体实践，是人、车、路三者的综合管理。具体来说，限速的平衡主要体现在两组关系上的平衡。第一组关系的平衡是居民、驾驶人和执法部门的意愿的平衡。比如，有时候驾驶人的需求被满足了，却对环境造成了影响，比如产生噪声，这也是无法接受的。第二是要达到安全风险、事故后果和生产效率的关系平衡。建设道路是为了带来经济效益，提高社会生产力，如果一味考虑风险过大、后果过重，就失去了建设投资的初衷，所以要形成风险、后果和效率三者的平衡。限速是法律问题，同时也是技术问题和社会问题，这三个方面要同时着力才能做好，否则难以有合理的限速。

图1中的两条道路有同样断面，左图显示英国对这条路的限速是20mph（相当于32km/h），右图显示美国对于一条有着同样断面的道路限速是40mph，（相当于64km/h）。同样的道路条件下，却有不同的限速要求，这说明道路本身并不是决定限速的唯一条件。

图1　同样的断面，不同的限速

关于限速，在技术之外，实际上还要考虑时代、国情等因素。国情方面，要考虑驾驶人、居民、警察、文化传统、车辆组成和性能、道路分类和路网、城市发展等不同因素。时代因素方面，我国在20世纪70年代时，车辆差、道路差，基本不会有超过100km/h的可能性，也没有对于高速管理的需求，现在我国高速公路里程已经达到了13万km，就会产生相应需求，需要把速度管理做好。还要考虑城市的需求，现在的城市越来越大，一些地区越来越密集，一些地区又比较松散，老百姓希望远节点能快速到达，到了生活区希望舒适安逸，车辆不要侵入生活空间。

二、设计速度、运行速度等和限速的关系

技术是限速和速度管理的一个最重要的基础点、支撑点。这里有常见的涉及速度管理的一些名词：设计速度、运行速度经常被用来推算限速值；标志速度是画在标志上的速度值，也就是公告的速度值；管理速度是指执法界限确定；点速度、区间速度，是执法的手段。我们经常把标志速度认为是执法速度，实际上两者有时并不同，例如限速告知是110km/h，但处罚是以120km/h为界限，那么110km/h就是标志速度，120km/h是管理速度，但很多时候，两者也可能是重叠的。

1. 限速值是根据设计速度推算出来的吗

设计速度与地形区域、交通流量和道路功能这几个控制因素共同决定了设计道路的具体指标。那么设计速度主要决定哪些指标呢？它决定了农村地区道路的车道宽度、曲线半径、纵坡坡度、视距等。实际上这几个指标主要决定道路的造价，比如道路的设计速度高，曲线半径就大，如果是在山区，就有可能要建造隧道。设计速度的目的是决定工程上的一些因素。

国家规范里对于道路设计速度有相应的规定。《公路工程技术标准》（JTG B01—2014）规定公路的最高设计速度是120km/h，最低是20km/h；《城市道路工程设计规范》（CJJ 37—2012）规定城市道路的最高设计速度是100km/h，最低也是20km/h（图2）。

设计特点	设计控制			
	道路功能分类	交通流量	地形区域	设计速度
车道宽度，农村地区	×	×		×
车道宽度，城市地区	×		×	
路肩宽度，农村地区	×	×		
路肩宽度，城市地区	×		×	
路侧护栏	×	×		
曲线半径				×
纵坡坡度	×		×	×
桥梁净空（水平和垂直）	×	×		
停止视距				×
超高				×
曲线车道加宽				×
设计速度，农村地区	×	×	×	
设计速度，城市地区	×		×	

图2　地点和设计手册，第1卷，道路设计，俄亥俄州交通运输局

可以根据设计速度推算出限速值吗？在道路设计阶段并不能推算出其限速值，限速应该依赖实际观察，并进行修正。因为不同的设计者会设计出不同的道路线形，所以设计速度很难精确决定驾驶人对于速度的选择。另外，不同的道路使用者会有不同的速度，比如因为驾驶的车辆不同、驾驶人的经验丰富程度不同，在同样线形的道路上也会选择不同的行驶速度。有观点认为，道路如果按照某个速度设计，比如按80km/h设计，驾驶人就一定会以这个速度来行驶，其实这两者没有绝对关系，也没有可以推导的关系。

具体来说，设计速度为什么不能推算出限速？从宏观角度来说，速度在于阐述流量、密度及速率三个车流参数间的关系，观测重点是某一段时间内或某一路段内的车流总量或平均的总体行为。根据图3速度流量密度模型可以看到，在低流量的时候可以达到高的速度，在高流量的时候很难达到高的速度，所以不同流量也会带来不同运行速度。速

度的管理还跟流量等很多因素有关,限速是针对宏观的管理。

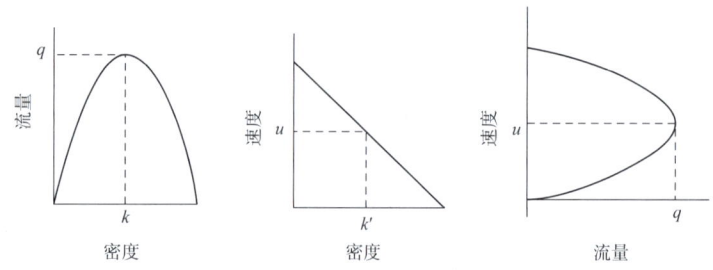

图 3　速度流量密度模型
q- 最佳流量；u- 最佳速度；k- 最佳密度

从微观角度来说,速度的意义是描述在某时间—空间下个别车辆驾驶人对于前方车辆状况的反应行为。影响驾驶人对于速度的选择有很多因素,包括驾驶人个体因素、车辆因素、道路几何线形、限速情况、交通条件、事故与伤害风险、执法和处罚、教育与宣传等,其中每个因素都可能是决定性的,也有可能综合影响驾驶人。

2. 在什么速度情况下事故概率最低

关于运行速度,通过著名"所罗门曲线"可以看到它和事故的一些关系。什么情况下事故概率最低？可以从这条U形曲线上看出来,在靠近平均速度附近时,事故风险最低,速度越高,风险就会增大,而速度低于平均速度也是非常危险的（图4）。

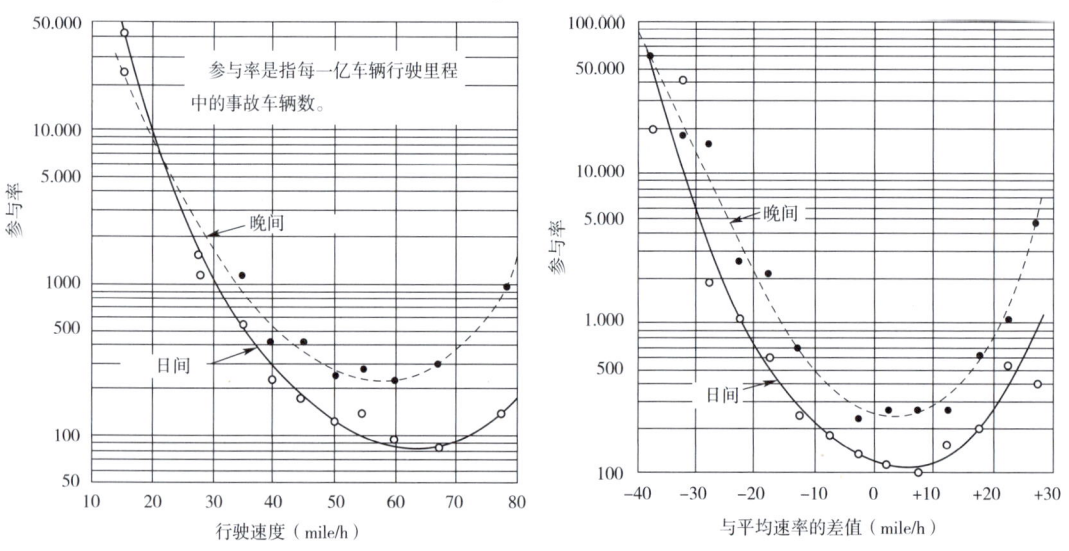

图 4　所罗门曲线

图5进一步说明：一是以平均速度行驶是安全的；二是在高速公路上行驶,高于平均车速是安全的。可以通过图5看到高速公路上行驶速度高于平均车速时,风险没有增加,这意味着高于平均车速时,实际上风险是可控的,而低于平均车速时,实际上风险的增加速度是比较快的。由此,可以得出第三个结论,限速应限制在什么区间呢？限速要在低风险的区段。风险由两个因素组成,一是发生事故的概率,二是发生事故后的伤

亡程度。

把上下两张图结合起来看，限速要设置在什么区段呢？就是要让驾驶人尽量行驶在什么速度区段里？那就尽量在50%分位速度到95%分位速度区段，在这一区段风险较低（图6）。而且一条道路上的车速越均匀，这条路越安全。

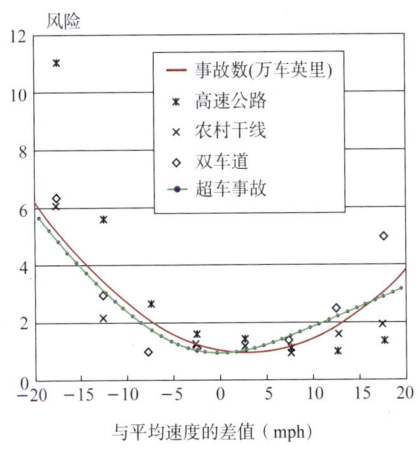

图5 在平均速度附近开车最安全

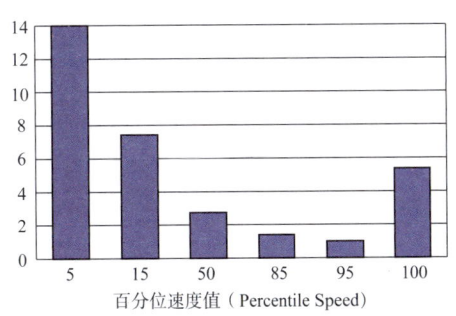

图6 50%分位速度到95%分位速度区段风险较低

3. 将限速提高或降低后驾驶人的速度选择会变化吗

如果将一条道路的标志速度（限速）提高5mph、10mph，它的运行速度会不会有大的调整呢？就是说驾驶人的速度选择会不会有很大改变？研究得出的结论认为，无论怎么调整标志速度（限速），驾驶人对于行驶速度的选择没什么变化。如图7所示，如果把标志速度50mph调整成45mph或者是30mph，驾驶人的选择会不会有较大的变化呢？从图7也可以看到，驾驶人的选择并没有重大变化，但会有一些离散的变化，就是说个体的选择区间会加大，但是平均速度选择没有太大变化。也就是说驾驶人在道路上面的行驶，并不像我们想象的，标志速度提高了，就会把速度拉上去，或者提示减速了，就一定会降下来，但是驾驶人的抱怨或者是满意度会随之变化。

有一些人认为，怎么开车是驾驶人决定的，而人因理论认为驾驶人如何行车，其实是由道路设计师和交通工程师决定的。因为，

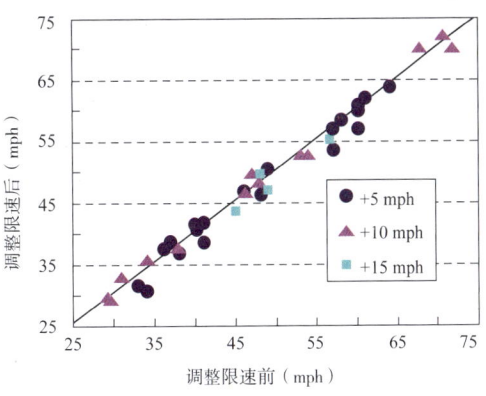

图7 提高限速后，运行速度变化情况很小

在驾驶人使用道路之前，道路的平曲线、纵曲线、交通控制方式都已经做好了。所以说速度管理不要急着去改变标志速度，而是要改变这条路。比如认为这条路的速度过高，那么就要在这条路上做出一些措施，让驾驶人感到高速行驶会危险，自觉地把速度降下来。

还有一些关于事故后果与速度关系的研究，认为速度较高的情况下，比如达到了70mph或80mph，伤亡的比例会非常高，达到80%；如果速度再高，死亡比例也会非常高。

图 8 是车辆正面撞击，速差造成的伤亡情况。如果速度差比较高，达到 40mph、50mph，驾驶人伤亡的概率也会非常高。车辆与行人碰撞，如果速度差比较高，也会带来比较严重的伤亡。事故概率和后果是要同时考虑的因素，不能因为认为概率低，就可以把速度提上来，或采用一些比较乐观的手段，一定要考虑它的后果。比如跨海大桥，一定要考虑如果出现事故驾驶人从桥上掉下去，很难搜救，基本没有生还可能性。所以对于速度管理，以至于整个交通管理，风险跟后果是同等重要的因素。

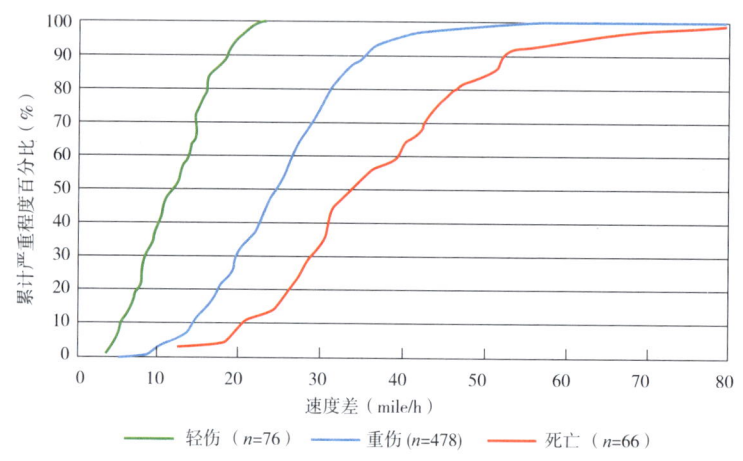

图 8　所有年龄段，系安全带情况下，与他车正面碰撞，驾驶人受正面碰撞时的累计速度曲线

三、速度管理有哪些方法和措施

速度管理跟社会管理或工程管理一样，都得从规划开始。因为人的出行链是连续的，人的生活也是连续的，人有各种各样不同的出行需求。道路以面、带、线、点组成路网，将人们从一个门经一定距离出行到达另一个门。从接入主道到慢慢汇聚，再到快速通行，要保证使用者的安全和效率，也要保证非使用者的安全、舒适。速度管理是社会管理的一种，实际上是为人的生活服务。整个速度管理一定要从规划开始，不能只考虑在一条路、一个部门的立场，而是要从人的需求出发。

1. 速度管理的方法

对干线道路的限速进行调整，现在采取的一般是比较粗暴的手段，直接设置一个标志牌去调整，这样调整有没有效果？很难说。对于干线道路路段限速，可以采用长距离渐变段，5km/h、10km/h、15km/h渐变值；缓冲限速等。

对于共享道路空间路段的限速，通常限速值较小，例如15km/h、20km/h。这实际涉及路权问题，就是路权谁优先谁其次，需要分析才能决定如何进行限速。

区域限速是指对于生活居住区、商业区等限速，通常位于进口段、可明视处。区域限速在很多发达城市越来越多，甚至有的整个城市范围内都会规定一个限速值。

速度管理还有其他一些方法。针对一旦超速具有高危险性的大型车辆进行的限速管理，像我国近年推行的"两客一危"车辆的限速管理，对于道路交通安全起到了很大的效果。还有可变限速的管理，实际上在国家标准《道路交通标志和标线》（GB 5768—

2009）里面，一些内容已经涉及可变限速，但是实际上可变限速真正的实施，现在还有很多不确定的因素。可变限速很有效，例如上文提到的流量密度与速度的模型里面，就是充分利用了可变限速带来道路的高容量，或是通过可变限速来控制道路的容量，或是驾驶人的速度选择。

定时限速区也是经常可以看到的，比如学校区段在早、晚高峰进行限速，这也是经常采用的速度管理手段。

关于干线限速，这里举一个例子，在干线路网中从一条线形较好的道路到达一条线形较差的道路，有可能直接竖一块标志牌，比如线形较好的路段限速120km/h，然后这边竖一块标志牌变成100km/h，但实际上驾驶人很难做到。要回到道路设计上，这条路的设计适不适合进行这样的速度管理？如果这条路的设计上面它是线形的，曲线半径的变化都小于1.5，很有可能驾驶人在高速情况下是无法适应转换到低速的限速要求。不能适应会产生什么后果呢？驾驶人就会做出错误选择，比如说从高速不能适应转换到低速，仍然维持高速心理。就像从高速公路行驶下来时，不能直接去接一条低等级的公路，或是城市道路，因为驾驶人不能适应这种转化，这个转化要有过程（图9）。

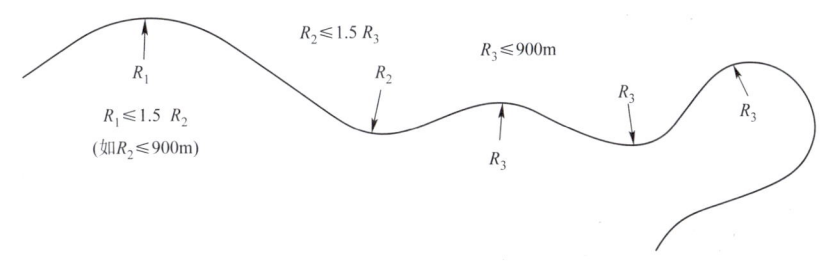

图9　干线限速要考虑道路设计
（图片来源：邝子宪/高速公路安全工程与审计）

2. 限速区及措施

关于限速区的管理方法，本文主要讲一下交通宁静区模式。例如采用减速丘来限速（图10），国内常用的是减速带，比较窄，实际上非常不舒适，减速丘相对要舒适一点，它的原理是利用短纵坡造成一些不舒适感，让驾驶人感觉到应该减速。减速丘不是直接让驾驶人体验到不舒适感，而是提前告知，希望驾驶人主动把速度减下来。在住宅小区，可利用小环岛让驾驶人无法直接穿过，让其把速度降下来（图11）。曲径法，就是一条原来可以做直的道路，故意把它做弯，也可以让驾驶人把速度降下来。采用这些方式的关键点是，实际在低限速的情况下利用标志的效果是很差的，而是要利用这条路本身的一些特点，去告知驾驶人这条路需要较低速度行驶。

图12为一个街区改造的对比图，索性把整个路面给人行道化，好处就是驾驶人一看就明白这条路是行人的，自然就知道驾驶速度要遵从主体使用者的需求。这种方式的效果要比用限速标志牌好很多。

图 10 减速丘

图 11 小圆岛

图 12 改造支路,突出其功能属性,让汽车驾驶人主动降低车速,提高安全性

3. 消除超速

消除超速的目的是什么？目的是守护安全、降低伤亡率。从大方面来说，是要维护居民的健康，最终也是维护国家安全。试想一下，如果交通事故造成很多人的死亡以及残疾，给一些家庭带来痛苦，实际上影响是很大的。

如果能够最大限度地消除或者减少事故，对国家安全而言有很大益处。当然，消除超速的手段，要尽量减少给老百姓造成误解。比如在一条宽马路上，看到如图 13 所示的这样一个 40km/h 的低限速标志，再比如这条路上要求 5km/h 限速（5km/h 限速是有相应的规范支撑的），很容易让老百姓误解。速度管理的措施一定要让大家能接受，大家接受了，责罚成本就降低了，这样事情才做得下去。

图 13　限速，驾驶人要能做得到，也要愿意做到

消除超速还有很多方法，包括现在最流行的、最热门 ITS 手段。比如恶劣天气、道路条件较差，用 ITS 手段推送信息给具体的驾驶人，这是一种主动方式。

消除超速还有一个关键，就是改善经营环境。比如，物流车辆如果要求 24h 到达，意味着每个环节的速度都要保证，超时就带来经济损失，这就会给运输公司带来压力，最终传递到货车驾驶人身上，那么他们为避免被罚款、避免经营受损，就会把驾驶速度提上去。

归结到最后，速度管理是社会管理的一种，它需要技术，需要关怀，也需要艺术。

扫一扫查看原文

如何在大雾等低能见度天气下对高速公路进行科学限速管理

田颖涛　金连成　付　松　北京市公安局公安交通管理局东城支队

导语

大雾等低能见度天气给高速公路行车安全带来极大影响，同时也给高速公路的交通安全管理工作带来难题。怎样科学管理大雾天气下高速公路车速，确保驾驶人出行安全呢？

一、大雾等低能见度天气频繁，高速公路管理工作遇难题

近年来，雾、霾等低能见度天气愈加频繁，给道路交通安全特别是高速公路的安全带来严重威胁。2016年11月6日，上海浦东S32高速公路因大雾发生两起多车追尾事故，造成9人死亡、43人受伤；2016年11月21日，京昆高速公路山西平阳段太原方向65km+500m处，受大雾影响发生多车相撞交通事故，造成17人死亡、37人受伤、56辆机动车受损。大雾等低能见度天气下高速公路交通安全已成为当前交通管理工作中不可回避的重要问题。

北京市作为全国机动车保有量最大的城市，在大雾等低能见度天气情况下针对部分区域高速公路采取封闭措施也较为频繁。据统计，2014年北京市辖区内京哈高速公路全年封闭道路14次，封闭时间共计113h10min；京沪高速公路全年封闭道路17次，封闭时间共计111h10min。一年当中，仅两条高速公路就有如此多的封闭次数，因此，为高速公路采取封闭或开启措施提供科学依据显得尤为重要。

二、当前高速公路限速及封闭管理工作存在诸多问题

当前，北京市乃至全国各省市针对低能见度天气下高速公路的限速及封闭管理工作普遍存在以下问题：

（1）雾情采集信息缺乏及时性和准确性。据调研发现，北京市高速公路雾情信息的采集大多靠民警巡逻来获取。由于高速公路线路分布范围广、空间跨度大，各路段能见度分布不均且具有很强的突变性，民警在巡逻过程中上报的雾情信息很有可能随时发生变化，交管部门难以及时、全面地掌握全路段雾情信息。

（2）采取封闭或开启措施缺乏科学数据支撑。大雾天气高速公路依据雾天能见度采取不同级别的交通管制措施，根据规定，当雾天能见度低于50m，高速公路应果断采取必要的交通管制措施，实施全线或局部封闭。在实践中，高速公路不同路段在不同时段内雾情变化较大，仅仅依据巡逻民警主观掌握的雾情信息来决定是否采取封闭或开启措施，带有很大的随意性；加上巡逻民警个人的经验不同，能见度的判别受人为因素干扰，采取管制措施缺乏科学数据的支撑，准确性难以保证。

（3）缺乏有效提示雾情信息的交通设施。发生雾情后，由于没有安装能够探测能见度的仪器来提供具体的能见度数值，高速公路电子显示屏仅会提示驾驶人大雾天谨慎驾驶，缺少告知能见度值、提示安全车速值、警告限速值等具体雾情信息内容，不能充分发挥对驾驶人的安全引导作用。驾驶人进入雾区后，会因无法掌握路况信息而产生困惑，容易导致驾车过程中发生超速或其他突发状况，难以保证安全驾驶。

三、高速公路如何科学实施管制措施

为降低大雾等低能见度天气高速公路事故发生率，提高高速公路交通管理精细化水平，交管部门应以科技设施为依托，及时、准确收集信息，科学实施管制措施，实时提醒驾驶人，实现动态精确管理。

1. 用科技设施实时监测、反馈能见度情况

能见度检测仪能够实时监测高速公路能见度的变化,并将具体的雾情信息传输给指挥中心,便于交管部门及时准确地作出应对决策。设置能见度检测仪可以改变高速公路能见度测试靠人工目测、遇到低能见度天气即简单关闭的现状。设置能见度检测仪时,建议每隔5km或10km(实际值根据科学实验数据确定)连续安装,保证信息采集的及时性、准确性。但在目前,只有少数高速公路和机场设置了能见度检测仪,尚未大范围使用。

设置能见度检测仪后,将其与太阳能LED可变信息板连接,并通过信息板将前方路段能见度状况实时、准确地传达给驾驶人。太阳能LED可变信息板能够第一时间发布预警信息,提醒驾驶人采取应对措施,有效提高雾天高速公路交通管理的针对性和精确性。由于封闭、开启道路时通常以收费站为卡口,因此,设置太阳能LED可变信息板时建议安装在收费站处,保证每两个收费站之间至少设置一个;或安装在能见度检测仪来车方向,间隔距离视具体情况而定(图1)。

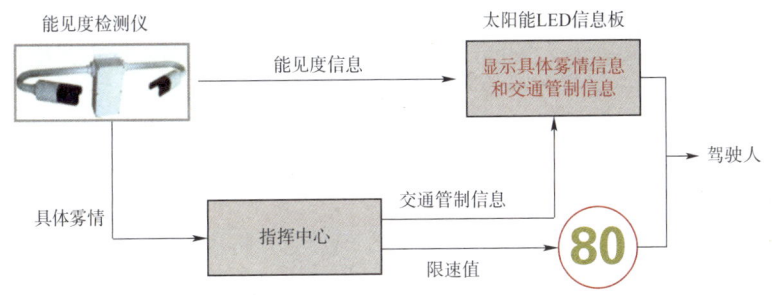

图1 能见度检测仪、太阳能LED可变信息板工作流程图

除利用太阳能LED可变信息板实时显示限速信息外,还可单独设置可变限速标志实时显示当前路段限速值(图2)。

图2 可变限速标志

目前，高速公路电子显示屏的提示信息较为制式化，可根据实际雾情及限速措施，滚动显示对驾驶人更具有参考价值的提示信息，如"前方能见度200m，请开启雾灯谨慎驾驶""前方能见度50m，请在××出口驶离高速公路""因能见度较低，请保持80km/h（与可变限速标志一致）速度行驶"等。

2.根据采集信息科学进行限速管理

据近年北京交管局对部分大雾高发的高速公路能见度规律统计数据显示，凌晨0~8时能见度急剧下降。但在高速公路未安装能见度检测仪时，管理部门无法获知实时的能见度变化情况，只有依靠人为目测至能见度大概小于50m时，才会采取道路封闭措施，增加了道路交通安全的风险隐患。在安装能见度检测仪系统后，管理部门在能见度逐步下降和逐步上升两个区间内（表1中黄色部分），就可以根据能见度值的变化动态进行相应的限速等管理。当能见度逐步下降时，可分别设置限速为80km/h、60km/h、40km/h、20km/h等，直至道路封闭，这种逐步提高限速等级的做法可以使通过收费站的车辆逐步降低车速，确保行车安全。当能见度逐步提高解除限速时也应遵循上述原则，从近及远逐步放开限速，并在限速路段终点的太阳能LED可变信息板显示解除限速标志，确保车辆在通过收费站后车速逐步提高而不是瞬间提高。

2014年北京交管局对部分大雾高发的高速公路能见度规律统计表　　　表1

时间	能见度（m）	安装检测仪前限速值（km/h）	安装检测仪后限速值（km/h）
0时	1000~2000	110	110
2时	500~1000		100
4时	200~500	无任何管制措施	80
6时	100~200		60
7时	50~100		40
8时	<50	0（封闭）	20/封闭
9时	50~100		40
10时	100~200		60
11时	200~500	无任何管制措施	80
12时	500~1000		100
13时	1000~2000	110	110

扫一扫查看原文

美国如何进行道路限速管理

公安部道路交通安全研究中心交通言究社

导语

美国是如何进行道路限速管理的？采取了哪些具体措施呢？为此，交通言究社采访了公安部道路交通安全研究中心特约专家团队成员，美国资深交通工程师梁康之、香港道路安全及交通工程顾问邝子宪以及公安部道路交通安全研究中心法规室主任黄金晶，请他们来谈谈看法。

美国在限速管理方面坚持的原则是什么？

邝子宪：无论是美国还是欧洲各国，合理限速一直颇受关注，虽然各国因国情及发展阶段不同，限速的政策和措施有所区别，但总体秉承的精神比较一致，大致有以下四点：一是限制速度理应合情合理，让驾驶人认同并自觉遵守；二是限制速度是控制车速及提升安全综合措施的组成部分，而非单独存在的措施；三是限制速度改变应符合道路环境的实质变化，让驾驶人清楚看到改变的理由，例如地形从平原进入山区，道路进入村镇时出现房屋，公路等级、断面的明显改变等；四是限速设置应同时考虑配套交通工程及路侧景观设计，来促进驾驶人察觉道路环境的变化等。

美国是如何进行限速管理的？

梁康之：在美国，车辆行驶的限制速度可以分为法定限制速度以及基于工程研究结合具体路段设置的限制速度。

道路上车辆行驶的限制速度是由州和地方政府以立法的形式制定。各级政府根据美国国会批准的《统一车辆条例》（Uniform Vehicle Code），制定管辖区内的法定车辆行驶速度限制。州和地方政府的交通部门则负责根据道路和交通的实际状况，对法定限制速度作相应的调整，设置符合现有条件的限制速度，以满足道路交通运输的需求。

法定限制速度是在理想的道路和交通条件下，对同一类型的道路所设置的安全有效运行的最高行驶速度。法定限制速度是由行政管辖区的议会批准通过，适用于整个行政管辖区内的道路。美国各州的机动车法律规定了各种类别街道和高速公路的限制速度。例如，法律制定了在住宅区限制速度为25mph（40km/h），商业区为30mph（50km/h），所有其他道路限速为55mph（90km/h）。

在法定限速不满足实际自然条件时，或在特定的道路、交通及土地使用条件下，为保证道路交通的安全和效率，道路管理部门有权设定特定区域、道路的合理限速。合理限制速度可能高于或低于《统一车辆条例》规定的或州政府法定的限制速度。

调整的限制速度必须经立法程序批准。道路管理部门在交通工程调查研究的基础上，提出交通工程评价报告，申请交通管理法令建立或变更的相关文件。文件经议会或政府指定的机构批准后，该限制速度将正式列入当地的交通管理法律条例，并及时报送到执法机构（警察）、裁决机构（法院）和交通部门存档保留。交通部门根据交通控制的规范安装有效的标志，执法机构以相关文件和有效标志监督执法，裁决机构则根据批准的法律文件裁决相关的交通违法。

美国法律对限速管理的规定有什么特点？

黄金晶：对美、法、日等国限速管理相关法律规定进行梳理，可以发现这些国家普遍比较明确限速的标准依据，绝大多数国家采用了法定限速和交通工程评价限速相配合的方式，并灵活采用可变限速，即由法律规定在特殊情况或恶劣天气下的法定限速范围。具体看来，在法律层面，美国的限速管理有以下特点：

一是以法定限速为基础，以交通工程调查评价制定的限速为补充。对于特定的道路条件或交通状态，法定限速不符合实际情况时，采用调整的限速。

二是综合考虑各种因素以确定限速值。主要考虑4种关键因素，包括设计速度、车辆运行速度、事故记录和可执法性。

三是根据环境变化或特殊要求检查修订现有的限速。由于道路变化或实际要求，美国对设置限速进行不定期检查，当检测数据表明车辆实际行驶速度与安全之间的关系发生变化时，即对其修订。

四是在需要的区段实施可变限速。美国各州在繁忙的干线公路设置可变限速标志，在遇有重大事件、早晚高峰拥堵、特殊天气时，通过动态信息显示屏发布适合的限速或建议速度；在学校区域和施工区道路上，根据需要按时段设置不同的限速。

五是在困难地段采取分车型限速或分时段限速。美国东部和西部的山区各州，在有较长的上坡地段，由于载货汽车上坡时速度下降较大，所以实施载货汽车限速，并会增加载货汽车爬坡车道；一些地区为降低车辆行驶的噪声，实行夜间降低限速。

美国限速设置在技术上有什么具体措施呢？

梁康之：从技术来看，美国的限速采用由点到面、点面结合的技术线路。针对每种类型道路确定限速时，并不采取"一刀切"的限速方法，非常重视设计速度、运行速度、事故资料和执法情况等，综合确定适用于各等级公路的限速标准和限速方法。

从交通工程的角度来看，美国采用以下4种通用方法来设定限制车速：

（1）工程方法。以交通工程学原理，对道路基础设施条件和交通状况进行调查分析，例如行人穿越道路、中间隔离带等，考虑各项因素而制定限制速度。工程方法又分为：运行速度法，以第85百分位速度为基准点设置限制速度；道路风险法，以道路功能分类和设计参数为基准设置限制速度。

（2）专家系统方法。限制速度由计算机程序设定，该程序是由美国联邦管理局编写，利用积累的相关知识和经验，电脑模拟判断，提供最合适的限制速度。该系统存储有知识库,在得到特定的条件数据后,可进行分析模拟道路条件和交通状况,得出适合条件的限制速度值。

(3)最佳优化方法。以减少运输的总社会成本来设定限制速度。确定最佳限制车速时要考虑旅行时间、车辆运营成本、道路交通事故、交通噪声和空气污染等因素。

(4)伤害最小化或安全体系方法。根据可能发生的碰撞类型,撞击力产生的结果以及人体对这些力的耐受性来设置限制速度。

美国联邦公路局的《设置限制速度》报告中指出,工程方法和专家系统方法在美国得到广泛应用。

除美国以外,其他发达国家也都采取了与美国相类似的限速管理措施。英国、加拿大和澳大利亚等多数国家所采取的限速设置程序、限速标准和限速方法等均与美国相似,即在85百分位速度的基础上,综合考虑道路条件、历史交通事故数据进行适当折减。

同时,美国及其他发达国家正趋向于采取以"建议速度"标志逐步代替一些道路路段的法定限速标志,从而使限速政策更加人性化。伤害最小化方法在全球道路安全前沿的国家,如瑞典、澳大利亚等国家得到广泛应用。

这里面需要注意两点,一是限制速度的设定区域的长度应该尽可能长,并且与道路环境和交通状况保持一致性。实施限制速度最小长度的要求是为防止道路上行驶车辆的速度频繁变化。

二是限制速度值变化较大,尤其从高速降至低速时,要考虑驾驶人的遵守能力和车辆行驶性能。通常在速度变化值等于或大于15mile/h(24km/h)时,要设置0.2mile(0.3km)的缓冲区。速度变化值大于25mile/h(40km/h)时,需要设置速度渐变区,如60mile/h(100km/h)先降为45mile/h(70km/h),再到30mile/h(50km/h)的最后限制速度,让行驶的车辆逐渐调整速度,防止前后车辆发生追尾碰撞。缓冲区段的长度也应根据速度变化值而确定。

有观点称高速公路最高限速应提高,该怎么看呢?

梁康之: 我们经常会被问到这个问题。研究表明,大多数驾驶人是根据道路的状况,以舒适的速度驾驶车辆,标志公告的限制速度对驾驶人影响并不大。提高限制速度不会明显提高驾驶人驾驶车辆的速度,而降低限制速度通常不会明显降低其速度,但会造成行驶速度的差别增大。很多驾驶人从他们的驾驶经历中体会到,当限制速度是以安全合理的速度设定时,大多数驾驶人将会服从。而限制速度低于85百分位速度时,许多驾驶人会难以执行标志公布的限制速度。

但是该提速还是降速我认为都应该充分考虑实际情况,刚才已经讲到的几种技术方法都在强调一个原则,就是要以实际的交通工程评价作为参考。只有综合考量才能有科学的结论。

扫一扫查看原文

在美国如何设定限制速度

梁康之　公安部道路交通安全研究中心特约专家
　　　　美国资深交通工程师

导语

速度控制是道路交通控制和管理的重要项目，是交通工程学科的主要内容之一，限制速度也是一项比较复杂的交通控制管理工作。那么，速度和事故风险之间存在什么关系？如何用科学的方法设定限制速度？

一、法定限制速度与设定限制速度

一般说来，设定限制速度要考虑很多因素，比如土地利用、道路设计、周边环境、车流量等。在世界大多数国家，限制速度是由道路交通控制管理法规来规定的，也是工程技术层面上对道路上行驶的车辆管理要求，因此，限制速度可分为法定限制速度和工程研究建立的限制速度区段。

1.法定限制速度

在美国，法定限制速度是由州政府和地方政府根据美国《统一车辆条例》（Uniform Vehicle Code，UVC），按照道路等级、道路设计来制定的。州和地方政府的交通管理部门则负责根据道路和交通的实际状况，对法定限制速度作相应的调整，设置符合现有条件的限制速度，以满足道路交通运输的需求。

法定限制速度是指在理想的道路和交通条件下，对同一类型道路设置的可有效运行的最高行驶速度。美国各州的机动车法律规定了各种类别街道和高速公路的限制速度（图1）。在美国，大多数州规定住宅区的法定限制速度为25mile/h（40km/h），商业区为30mile/h（50km/h），所有其他道路法定限制速度为55mile/h（90km/h）。

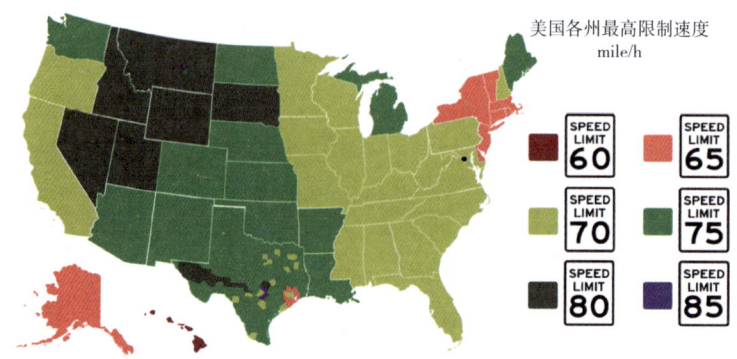

图1　美国各州的法定最高限制速度

2. 设定限制速度

由于自然条件限制，道路建设过程往往不同于理想条件。因此，在特定的道路、交通或土地使用条件下，法定限制速度可能并不符合某一具体道路交通安全和效率的需求。道路管理部门有权设定合理的限制速度区域，以保证道路交通的安全和效率，所选择的合理限制速度可能高于或低于《统一车辆条例》规定的或州政府规定的法定限制速度。

道路在使用过程中，因为设计不同、通过的地段不同，或是周边环境发生了变化等，就要对道路的法定限制速度进行相应的调整。比如，由于特殊的土地使用或其他因素而造成非典型交通特性、道路设计的约束元素大大高于或低于典型值、当前道路上大多数车辆的行驶速度都高于或低于法定速度限制、主要公路在城市和郊外地区之间的过渡区域、学校或其他主要的行人交通区域、道路施工区域、由于速度原因造成的事故频发地段、特殊情况的道路等。

美国一般采用的"理性车速限制"是什么概念呢？驾驶人大多数时间不会注意标志上的限速是多少，而是会用个人认为比较舒适的速度驾驶，这是由整个道路的构造、车流量情况以及周边环境等因素来决定的。因此，理性车速限制要反映大多数驾驶人"合理和舒适"的车辆驾驶行为。

设定限制速度是要鼓励驾驶人遵守限制速度并以合理的速度行驶，而不是通过警察上路执法、安装摄像设备监控强迫驾驶人遵守，因此，要在道路上设置合理的限速标志，使驾驶人看到后就会按照限速值驾驶。合理设定限制速度也能减少超速的违法现象，降低执法成本，节省有限执法资源，还能降低车辆碰撞风险。

3. 限制速度与事故风险

速度和事故风险存在什么关系呢？大多数研究表明，在道路上行驶的速度接近这条道路上大多数驾驶人的行驶速度是最安全的。另外，什么时候事故率最低？如图2所示，在平均速度偏右的区域，事故发生概率较低，也就是说如果大多数驾驶人都以同一速度驾驶，相对来说发生碰撞的机会就小很多。

图2中红线表示事故数量，各个不同标记表示不同公路的事故数量。图2中的"零点"代表平均值，根据这个图表可以找出不同等级的道路，以什么样的速度行驶，事故率最低。一般来说，以接近道路的平均速度值来设置限速是比较安全的。也就是在一条道路上，大多数驾驶人基本以某一速度行驶，那么，在这个速度值左右去设置限速是比较合理的。

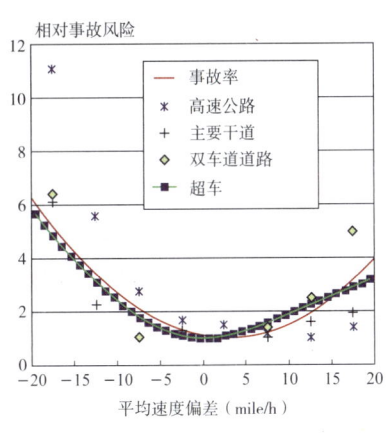

图2 平均速度偏差值

二、在美国如何进行法定限制速度的调整

1. 有专门的评价和审批程序

在美国，限制速度是法定的，调整限制速度有一套工程评价程序和法律审批程序。

首先经过交通工程调查研究后提出交通工程评价报告，申请建立或变更交通管理法令的相关文件，再经议会或政府指定的机构批准，列入当地的交通管理法律条例，报送到执法机构（警察）、裁决机构（法院）和交通管理部门文件存档，最后安装有效的标志。其中，存档的目的是为了警察执法的时候知道这条道路的限速是多少，如果驾驶人收到罚单后去法院申诉，法官也清楚这一限速确实是有相关法律条文规定的。有时候也会出现因限速相关法律文件不齐全导致法官否定处罚的情况。

2. 进行限制速度评价

从道路交通工程的角度如何进行限制速度评价呢？限制速度的交通工程评价包括以下内容：一是查阅道路的环境、特征、条件和交通特性；二是在理想的天气和车辆行驶自由流动的交通条件下，选取沿道路一个或多个点，观察和测量能够反映该路段运行状况的车辆行驶的点速度；三是分析速度数据，以确定速度平均值和第85百分位数速度和其他速度特征；四是查找和分析该路段3~5年内的事故记录历史；五是检查驾驶中的任何道路和交通控制的异常情况。

在限制速度的交通工程评价中有十几项指标，主要分析三种速度数值：第85百分位数速度（85th percentile speed）、平均速度（Mean Speed）和10mile/h配速（10 mph Pace）。

采集速度数据，一般用车载测速雷达设备（图3），要选取道路的典型地点进行采集，比如，如果是一条弯道较多的道路，就要在一个比较典型的弯道上采集速度数据，然后进行分析。同时，还要了解这条道路上的事故记录及其他一些特殊情况，比如周边交叉口情况、接入情况等。

图3 车载测速雷达设备

在表1中标出所测速度数据，表1中纵向代表速度，横向代表车的数量。一般情况下会测试100~200辆车的速度数据，也需观测自由车流，一般取一组自由车流中的第一辆车的速度，同时还需取速度很快或很慢的车辆的速度数据。大多数情况下，采集的这些数据在表中会形成一个抛物线，就是车辆运行速度的曲线。

3. 分析车辆运行速度曲线

简单来说，通常采用第85百分位数速度、平均速度和10mile/h配速这三个指标来分析车辆运行速度的曲线。

车辆运行速度研究表　　　　　　　　表1

STATE OF FLORIDA DEPARTMENT OF TRANSPORTATION
VEHICLE SPOT SPEED STUDY

FORM 750-010-03　TRAFFIC ENGINEERING　07/2009 ASE

LOCATION ID:	Douglas Rd.-C.R.949	SECTION:	....
LOCATION:	137 Miles East of Northfork Cr	MP:	28.83
POSTED SPEED (mph):	55 MPH	COUNTY:	Bedford
DATE:	6/4/2008	PAVEMENT CONDITION:	Dry.Good
OBSERVER:		TIME FROM: 9:00 AM	TIME TO: 11:00 AM
REMARKS:	Concealment Quite Difficult		

NUMBER OF VEHICLES BOUND	SPEED BIN (mph)	NUMBER OF VEHICLES E BOUND	BOTH DIRECTIONS
CUM TOTAL / TOTAL / 20 / 15 / 10 / 5		5 / 10 / 15 / 20 / TOTAL / CUM TOTAL	TOTAL / CUM TOTAL

	BIN	TOTAL	CUM TOTAL
	≥80		
	78~79.9		
	76~77.9		
	74~75.9		
	72~73.9		
	70~71.9		
	68~69.9		
	66~67.9		
	64~65.9		
	62~63.9		
	60~61.9		
	58~59.9		
	56~57.9		
	54~55.9		
	52~53.9	1	104
	50~51.9	2	103
	48~49.9	2	101
	46~47.9	2	99
	44~45.9	5	97
	42~43.9	9	92
	40~41.9	18	83
	38~39.9	23	65
	36~37.9	21	42
	34~35.9	15	21
	32~33.9	4	6
	30~31.9	1	2
	28~29.9		1
	26~27.9	1	1
	24~25.9		
	22~23.9		
	20~21.9		
	18~19.9		
	16~17.9		
	14~15.9		
	12~13.9		
	10~11.9		
	≤80		

TOTALS　　　　　　　　　　　　　　　　TOTALS

SPEED DATA SUMMARY	EAST BOUND	ENGNEER:	
85th PERCENTILE SPEED	42	DATE:	7/6/2008
10 mph PACE	33~43		

第 85 百分位数速度（85th percentile speed）代表了曲线的离散度，是 85% 的驾驶人行驶在某一段路上，经过测速点时等于或低于的速度值；是在理想条件下，大多数驾驶人不会超过的速度值，是该路段设置合理限速的指导性指标。如图 4、图 5 所示，蓝色纵坐标左侧的黄色抛物线部分代表了大多数驾驶人经过该路段时的速度低于或等于 50mile/h，剩下的 15% 驾驶人会比这个速度再快一些。

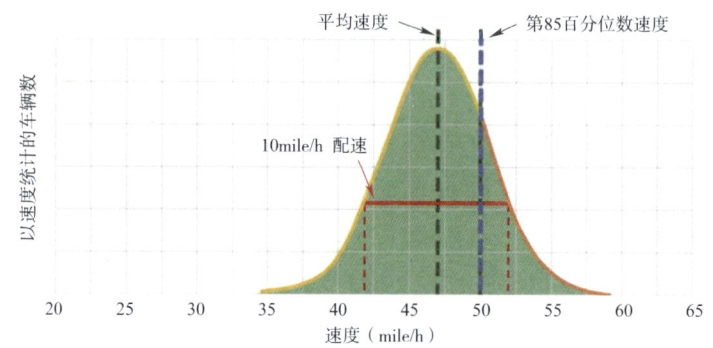

图 4 车辆运行速度曲线状态

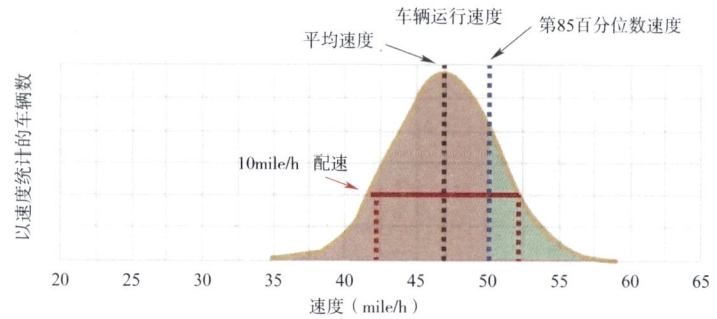

图 5 第 85 百分位数速度（红色区域显示大多数人在一个速度之下驾车的速度值）

平均速度（Mean Speed）是将所有测量的速度总和除以样本总数计算得出平均值，代表了该路段速度分布的集中趋势。平均速度与第 85 百分位数速度这两个数值越接近，即速度分布的离散值和聚合值更接近，说明大多数驾驶人行经该路段时的行驶速度比较接近于一个定值，这一指标可以用于评价限制速度设置得是否合理（图 6）。在低速行驶的居民区、商业区、工业区，可考虑使用平均速度作为限制速度值。

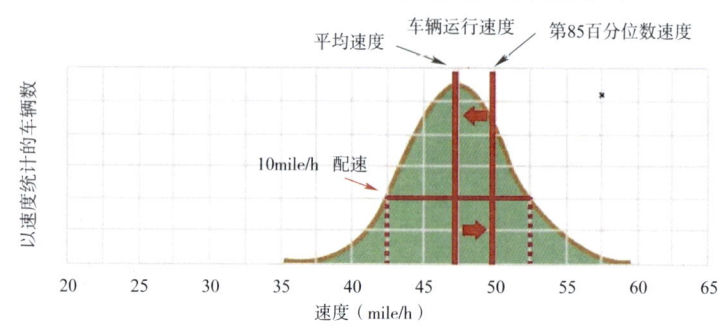

图 6 平均速度与第 85 百分位数速度这两个数值越接近，说明速度分布的离散值和聚合值更接近

10mile/h 配速（10 mph Pace）是指在"速度"与"以速度统计的车辆数"的抛物线上，最高 10mile/h 范围内包含的车辆数。这个指标代表了这条道路上的驾驶人的速度是比较接近，还是差距较大。图 7 中，红色横线表示 10mile/h 配速，红线上面的抛物线是在这个速度范围内行驶的车辆。包含在 10mile/h 的范围内车辆越多，说明大多数车辆行驶的速度越接近，车流接近匀速行驶，设置的限制速度越合理。如果考量一条道路的限速设置是否合理，希望图中的抛物线跨度越窄越好，这意味着大多数驾驶人的速度越接近一个定值。如果抛物线跨度越大，甚至被拉平直了，说明设置的限速值和这条道路上驾驶人的实际速度差别就越大。也就意味着有的车速很慢，有的车速很快，那么在变换车道或超车时，发生碰撞的概率就会大。

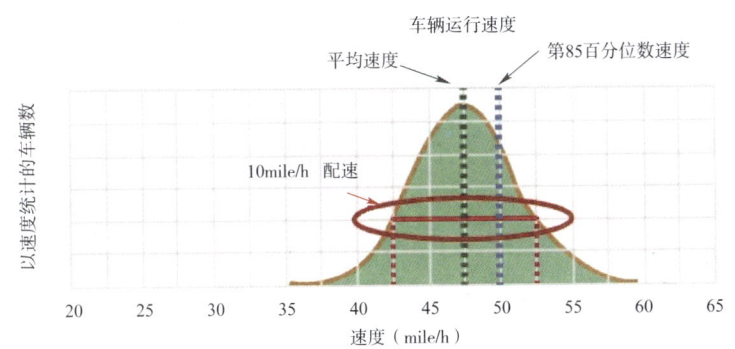

图 7　红色横线表示 10mile/h 配速，红线上面的抛物线是在这个速度范围内行驶的车辆

三、如何设定限制速度

1. 设定限制速度常用的方法

在美国、加拿大设置限速常用工程方法，即以交通工程学原理，对道路基础设施条件和交通状况进行调查分析，例如，是否有行人穿越道路的需求，是否设置了中间隔离带等，考虑各项因素后制定限制速度。工程方法又分为：运行速度法，以第 85 百分位数速度为基准点设置限制速度（图 8）；道路风险法，以道路功能分类和设计参数为基准设置限制速度。

美国大多数洲际公路的设计速度是 75mile/h（121km/h），但在 20 世纪 60 年代石油危机的时候，联邦政府颁布法令一般设定洲际公路限速为 55mile/h（89km/h）。到 90 年代后，限速开始放开，大多洲际公路限速改成为 65mile/h（105km/h）。

美国联邦公路局还提供了一种系统方法——专家系统方法：限制速度由美国联邦管理局编写的计算机程序设定，利用积

图 8　运用运行速度法设置限制速度

累的相关知识和经验，电脑模拟判断，提供最合适的限制速度。该系统存储有知识库，

在得到特定的条件数据后,可进行分析模拟道路条件和交通状况,得出适合条件的限制速度值。实际上这种方法和工程方法类似,只要在数据库中预先输入大量样本,设置相应的条件,系统便会推荐一个样本。

最佳优化方法:以减少运输的总社会成本来设定限制速度。确定最佳限制车速时要考虑旅行时间、车辆运营成本、道路交通事故、交通噪声和空气污染等因素。

伤害最小化或安全体系方法:根据可能发生的碰撞类型,撞击力产生的结果以及人体对这些力的耐受性来设置限制速度(图9)。

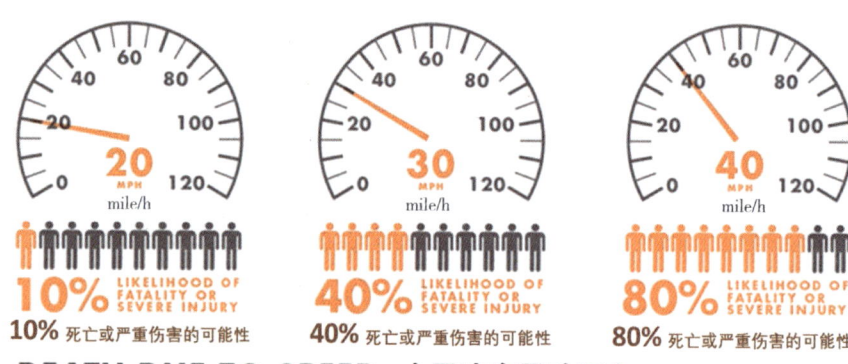

图9 致人死亡的速度值

在欧洲、大洋洲一些国家会使用伤害最小化或安全体系方法。目前世界上还没有国家使用最佳优化法来设置限制速度。

2. 设定限制速度的区域

一般来说,设定限制速度的区域长度应该尽可能长,并且与道路环境和交通状况保持一致性。也就是说道路限速不要频繁变换,驾驶人应该在较长距离内保持一个速度来行驶,只有在不得已的时候,才去改变限制速度。那么,一个限速区段应该设定多长的距离? 其实并没有一个特别的规定,限速区段的长度主要根据车辆行驶的特点和限制速度值的高低而定,一般不应小于0.5mile(0.8km)。速度限制标志如图10所示。

图10 速度限制标志

3. 根据限制速度的变化，设定缓冲区或渐变区

如果在一个过渡区段设置限速，特别是从较高限速到较低的限速，应该平缓过渡，不能从限速120km/h，直接就降到50km/h，驾驶人没办法做到，容易造成追尾事故。因此，速度变化值等于或大于15mile/h（24km/h）时，要对驾驶人做相应的提示，设置不小于0.2mile（0.3km）的缓冲区。

速度变化值大于25mile/h（40km/h）时，需要设置速度渐变区，如60mile/h（97km/h）降为45mile/h（72km/h），到30mile/h（48km/h）的最后限制速度。尤其在城乡接合区域，比如从国道或干道进入城区道路，存在较大限速差，应该设置速度渐变区，先从高限速降到中间限速，再降到更低限速，比如100km/h，先降到70km/h，再降到50km/h。

扫一扫查看原文

交通控制的关键及设置控制设施的原则

官　阳　公安部道路交通安全研究中心特约专家
　　　　3M中国首席交通安全教育与政策联络官

> **导语**
>
> 当对事故进行人因分析时，可以发现有些事故的确是因为驾驶人的错误导致，但不应仅仅停留于此，还应关注驾驶人犯错的深层原因。有没有更好的方式来引导驾驶人少犯错呢？

一、不能将交通执法与交通控制混为一谈

1. 用执法代替控制，是造成目前执法困境的主要原因

道路交通管理的两个拳头是控制和执法，执法不能替代控制。用执法来完成交通控制的任务，是造成交警执法困境的主要原因。交通控制说的不是信号灯控制，是各种交通控制设施合力完成的对人们用路行为的约束和引导。

在这个领域有好多错误认识，例如认为人的用路行为是主观行为，交通管理主要靠执法和教育，交通控制措施和人的行为没有直接关系。所以每当发生交通事故，我们就认为是驾驶人采取措施不及时。实际上大量的交通事故确实是人的错误导致的，但找不到人犯错的原因是不行的。

执法，针对的是主观行为，即有刻意的违法和危险行为，其措施手段是禁令和惩罚。控制，针对的是客观行为，即人本身的自然弱点导致的错误行为，其措施手段是警告、指示和引导。

人容易犯的错误就是过高地估计自己的能力，实际上纠正这个错误更多的是要靠控

制,所以把执法和控制混在一起是解决不了问题的。

2. 美国交通控制设施设置的五大基本原则

在交通控制领域,1935年美国人提出《统一交通控制设施手册》对全世界的交通管理影响非常大。手册里有五个基本原则,构造了当代道路交通管理的一些基本概念。

(1)充分满足每个需要(Fulfill a need)。指交通控制措施要考虑能力最低的、纪律性最差的那个人,要充分满足每个需要。例如,全世界的信号灯排序都是红的在上,绿的在下。这是因为如果交通参与人是色盲,看到上面的灯亮,就能知道那是红灯不能走。

(2)掌控注意力(Command attention)。交通设施、控制手段能控制人的注意力,如果不能让人们注意到,那设施就没有用。

(3)传递意思清晰而简单(Convey a clear, simple meaning)。交通控制传递的信息不能太复杂,比如国内复杂立交的复杂箭头形式,就没有做到传递清晰而简单的意思。实际上好的指路标志就应该是简单的箭头,不应该是图形箭头。

(4)掌控道路使用者的遵从度(Command respect from road users)。设置出来的交通控制设施要有足够的威严和严肃性。要想让道路使用者尊重,至少要干净整洁,如果标线是乌七八糟,已经看不见了或好多地方都断了,就没有多少驾驶人会遵守。

(5)为适宜的反应留出适宜的时间(Give adequate time for proper response)。

以上是交通控制最主要的五个原则,这些原则在路上做不好,路永远不会安全、畅通。

3. 交通控制和执法分别作用于不同的对象

交通控制设施的作用对象是通情达理和审慎的道路使用者。交通控制设施所传递的信息,应该使通情达理和审慎的道路使用者能够合法而有效地使用街道、公路、行人设施和自行车道。

有人会问驾驶人不听、不搭理、故意违法怎么办?交通管理有两个拳头,即控制和执法,如果你不是通情达理和审慎道路使用者,那么交通设施不是给你用的,执法是给你用的。所以,如果执法与控制的概念混淆了,就会遇到了大量的争论。驾驶任务有任务接口模式,驾驶任务最基础的是控制、指示,更高层次是导航,导航虽说占据了驾驶任务主要部分,但实际上控制是基础。

二、交通控制的关键是掌控注意力、强化服从度和完善信息传递效率

目前,交通管理遇到很多新的课题与挑战,比如大家开车堵车时都在看手机、玩微信,注意力很难被控制住,这就是一个新的课题,即驾驶任务与信息获取量,实际上这方面是有很多科学研究的。

1. 以驾驶任务与获取量为支撑,掌控驾驶人注意力

驾驶人驾驶过程中要关注的是随道路情况变化的路面信息:纵向和横向的校准、行车道和路肩宽度、渠化、交通标志标线等;占主导地位的交通规则和与道路其他使用者行为变化的互动;自身和他人的车辆特点,如车辆尺寸、加速减速能力、稳定性等;与驾驶任务无关的刺激信息,比如吸引人眼球的路边广告、风景或路边的活动。

这类分散源巨大,特别是在城市里,在常规车速下,道路环境所提供的信息往往大幅度超过了人们的处理能力,这还不包括驾驶人自发的一些注意力分散行为,如操作车载音响、聊天等,道路就不会安全。因此,要想办法把最主要的信息提供给驾驶人。那么驾驶人能处理多少信息?研究显示,一般人们在每秒钟至多能做出三个决定。识别视距最初的阶段是1.5~3s的时间,最初的1s非常关键。所以,传递给驾驶人信息的那一刻,前三条信息几乎决定了他后面的动作。

2. 通过"积极引导",影响驾驶人的交通行为

积极引导就是如果驾驶人得到了需要的所有信息,并且是以其准备接受的格式来读取、理解、使用这些信息,同时还能有充分时间做出反应,就能大大减少犯错概率(图1)。

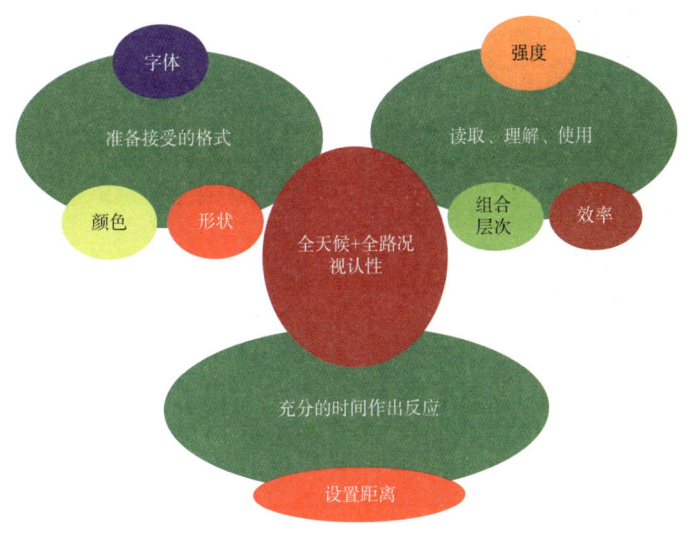

图1 积极引导

(1)准备接受的格式、字体。国家标准、国际公约规定了交通标志标线的相关形状、颜色、字体,比如黄黑色是警告色,只要是危险就要用黄黑。而且准备接受的格式、字体让人一看就知道这是交通标志不是广告牌。

(2)读取、理解和使用。读取、理解和使用涉及标志的设置方式、信息组合层次、标线的位置等。标线的强度设置不好也不行。很多城市包括北京一下雨交通瘫痪、拥堵加剧,就是因为信息强度没了,路灯在水膜的照射下形成漫反射,标线没有水下反光的性能指标要求,标线看不到了,宽道路变成了广场,各行其道变成了一句空话,交通质量一下子就降下来。

(3)充分时间作出反应。要留给驾驶人足够的反应时间,通过设置距离来实现。设置距离可以用九个字概括,即全天候、全路况、视认性。全天候好理解,全路况就是驾驶人能看到所需要的信息,视认性就是驾驶人在路上始终要保持完好的视觉感受质量。

积极引导主要是要传递行驶规则、方向指引、道路选择、行车道选择、路况变化、驾驶行为引导、调整视距、调整车速,这些都做完交通质量才会好,所以不要把交通标志单纯认为就是指路的。

关于心理预期与人的反应，国际路联研究发现，在有预期和无预期情况下人的反应时间大概是1s和2~2.5s，也就是说有预期可以节省下1~1.5s的时间。例如，告诉驾驶人前面有颠簸的路、有多长，比让驾驶人只看到一个颠簸标志，不知道有多长的感受就不一样，因为两者信息传递的质量与效率不一样。人们往往容易忽视的是接近操作点的告知，比如说到路口应该在哪个位置变线，应该什么时候变线，变线走哪个轨迹，这部分是缺得最多的（图2）。

图2　警告标志给驾驶人心理预期（左图：保持低速挡；右图：1mile 颠簸路段）

3. 掌控注意力并进行"积极引导"的案例

英国利用路口折线保护人行道，利用视距和行为干预原理，提示汽车减速（图3）。这种设置让行人知道这是我的路，从这里过道路最安全。同时，驾驶人也可以远远地看到斑马线，看到有行人要过道路。1934年，英国的交通大臣贝莉莎提出要用黑白杆放灯柱的方式提醒人们这有人过道路，所以后来用他的名字命名了这种形式，叫"贝莉莎灯"（图4）。

图3　英国通过路口折线的视距和行为干预原理，提示驾驶人减速

第二篇 道路通行管理篇

贝利莎灯：1934年，以英国交通大臣的Leslie Hore-Belisha姓氏命名

图4 英国路口折线和贝莉莎灯

美国利用逻辑公理告诉驾驶人前面是匝道、急弯。驾驶人看到一个胳膊肘弯和看到一个环形道路的心理预期是不一样的，图5中加了很多环行提示牌来告诉驾驶人前方的匝道是什么样的。因为美国的车速很高，像这种匝道的变化提示就是利用了逻辑公理，警告标志展现的弯道形式和驾驶人遇到的弯道是一致的。

下坡紧接着一个过街处是很危险的，美国专门腾出空间作缓冲，甚至还可以在附近路侧停车，要让驾驶人下坡时感觉到前方路况可能发生的变化。为了方便非机动车过路，减速带是断开的，达到了减速的目的，并不一定要振动（图6和图7）。

图5 弯道示意图形符合道路线形

图6 美国下坡路口的行人过街保护

图7 科学的减速带设置

161

货车通道也是一个专门的话题,因为货车和小汽车转弯半径是不一样的,我们知道有内轮差,但是几乎没有哪条道路在货车通道上做出特殊的内轮差的警示区域和行人过街通道的特殊处理(图8)。

驾驶人和路况构成了一个信息系统,信息处理效率直接影响通行安全。通行条件、视觉感受越好,信息获取与处理效果就越好,驾驶任务完成质量就越高。研究向驾驶人提供信息的方式和手段是交通控制一个非常基础和关键的方向。这就是为什么人们的用路行为需要被控制。交通控制说的不是信号灯控制,是各种交通控制设施合力完成的,对人们用路行为的约束和引导。

扫一扫查看原文

图8 货车内轮差示意
(图片来自网络)

警示设施设备应该正确使用颜色

官 阳 公安部道路交通安全研究中心特约专家
3M交通安全系统部首席交通安全教育与政策联络官

导语

人眼能看到物体的第一信号来自颜色认知,交通安全管理领域的颜色使用也有其科学规则。在危险路段、交通事故现场,哪些错误的颜色使用会带来安全隐患?又该如何正确使用颜色呢?

1. 交通安全管理领域的颜色规定

暗夜之中,远远望到闪烁的红蓝警灯,受困者感受的应该是希望,而不是猜测这是真的还是假的!因为人眼能看到物体的第一个信号来自颜色认知,没有颜色,就无法看到物体,所以在交通控制技术中,利用颜色来提高道路使用规则的信息传递和效率就成了一门专业技术。这在交通安全管理领域里,称为颜色规则(Color Code),也可以理解为颜色法,也就是信息的性质与颜色有关(图1)。

图 1　远处闪烁的红蓝警灯

在颜色规则里，红色是禁令，黄色是危险警告，蓝色是指示或指引，橙色是占路作业。当道路使用者看到橙色标志出现时，要意识到道路上所有的常规标志标线都可能失效了，这时需要更加谨慎地驾驶；看到红色时，要知道前方可能有道路使用方式的限制规定；看到黄色时，要想到前方有危险因素；看到蓝色标志，要知道这是用路指示信息。也正是这个原因，全世界的警灯，都使用了红色或蓝色或红蓝相间。在美国各个州的车辆法里都有类似的规定，听到警笛，看到红色或蓝色闪灯在车后出现时，说明有警情，行驶车辆要靠边停车（图2和图3）。

图 2　橙色标志出现，占路作业，常规标志标线可能失效　　图 3　黄闪灯是危险警示灯应该用的颜色

2. 我国某些不恰当创新应用忽略了颜色规则

这些年，在我国，出现了一些不恰当的创新应用，忽视了颜色规则在交通管理和社会应急管理里的重要性。比如在一些道路的危险点段，使用了红蓝警灯做警示（图4），甚至还有用木板做的假警车尾部，放一排警灯在车顶上面，震慑过路的驾驶人（图5）。这种"狼来了"的用法，会降低警灯威慑力和混淆含义，是非常不可取的。时间久了，会让公众淡漠警灯的震慑力，混淆危险和警情信息，逐渐导致对警示信息的麻木，从而淡漠法律的尊严！（图6）

3. 英美等国是如何遵循颜色规则的

除了警灯的颜色应该根据警情类型规范颜色使用外，车身的色彩，也是一个重要的信息传递途径。

各种急救车辆，特别是警车，是出现在危险点段频率最高的车型。让道路使用者远

远地能看到，并且明确意识到是哪类情况，对于急救和避险，都有着非常重要的意义。而培养道路使用者的使用规则也是管理交通、建立公众安全意识与规则意识的重要途径（图7）。

图4　错设在路侧立柱的红蓝警灯。提示危险，应该用黄闪灯，而不是红蓝灯

图5　陈列在工厂里尚未售出的"假警车"

图6　我国消防车辆的警灯颜色也参差不齐，应统一起来

图7　粘贴英式巴腾堡纹的警车

表1是英国很早就开始启用的巴腾堡纹（Battenburg markings）的颜色规则列表。英国要求，无论白天还是黑夜，警车都要有500m的可视距离，黄蓝色巴腾堡纹，是英国警车的专属色。

第二篇 道路通行管理篇

巴腾堡纹的颜色规则列表   表1

图样	英国	爱尔兰	中国香港	颜色
	警察	地区支援单位	警队交通总部	黄/蓝
	救护车及医疗车辆	全国救护服务车辆	消防处、流动伤者处理车	黄/绿
	消防车辆	都柏林消防队及救护车辆	消防处、公共宣传车、核生化事故处理车	黄/红
	血液运送车辆	—	—	黄/橙
	高速公路管理局	—	—	黄/黑
	皇家海岸警卫队	—	—	黄/蓝
	铁路网络基础建设有限公司	民防部队	—	黄/橙
	山地营救	—	—	白/橙
	—	—	消防处、救护车、医疗电单车	白/红

图8是美国警车的红蓝警灯。白色射灯用来提高监督和检查视觉质量，作用等同于手电筒，可以以更好地观察情况。车身的强对比色和警徽的反光，都是为了提升车体辨识度，改善安全视距，提高震慑力的。

图8 美国红蓝灯警车

根据美国消防协会制定有关消防车装备的标准（NFPA1901—2009），美国消防车辆尾部应用逆反射材料粘贴箭头向上的红黄/荧光黄/荧光黄绿斜纹（与地面呈45°，15cm宽）面积至少覆盖车尾面积的50%。美国是联邦制，这类规定并不属于强制规定，但是有一些州已经在使用了，特别是路况情况复杂的地区。

图9是美国消防急救车辆按联邦组织标准要求，增加反光条纹和标记来提高车辆能见度（NFPA,2009;GSA,2007）。这种车，被追尾的危险性还会很高吗？

图9 美国消防急救车辆按联邦组织标准要求增加反光条纹和标记

扫一扫查看原文

这些年,我们一直在强调全民交通安全素质教育。其实颜色规则,就是人因技术领域一个非常重要和有效的信息传递途径,也是人群行为管理最有效的辅助工具之一。从颜色规则着手建立规则意识,不仅考虑的是从人类行为特征出发进行因势利导,更是对警员进行安全保护、强化法律震慑力、提升全民法律意识的重要手段。

美国如何规定交通控制设施的颜色、形状

梁康之　公安部道路交通安全研究中心特约专家
　　　　美国资深交通工程师

导语

交通控制设施包含了不同的颜色与形状。怎样通过交通设施的颜色、形状,让驾驶人在最短时间内看到并了解其要传达的信息?在美国,不同颜色、形状的交通标志又传递了哪些不同信息?

交通控制设施包括标志、标线、信号灯三个主要类别。交通控制设施的颜色和形状是交通控制设施里的基本元素。交通工程师需要通过交通控制设施告诉驾驶人要做什么、应该做什么、避免做什么。我们不可能和驾驶人直接对话,只有通过交通控制设施,比如标志牌、标线或者信号灯来表达意图,而且这个交流过程是单向的。同时驾驶人在开车的过程中,只有很短的时间来了解这些信息,大约有5s的时间来解读交通控制设施要表达的意思。因此,在设置交通控制设施时应考虑其颜色、形状以及怎样让驾驶人在最短时间内接收并了解其要传达的信息。

一、交通标志的不同颜色传递了不同信息

1. 交通标志的颜色含义应明确统一

在《美国统一交通控制手册》中规定了标志牌使用的13种颜色,除浅蓝色、珊瑚色

两种预留颜色外，其他颜色都已经在实际中使用。同时，手册还规定了以上颜色在交通控制设施里所表达的意思，并将其作为新驾驶人培训中的一部分供学习。

在美国，红色表示禁止或停；蓝色表示服务设施，例如加油站、餐饮、旅馆等；绿色表示引导；黄色表示警告；而橘黄色通常用于道路施工过程中；白色使用范围较大，在竖行标志牌上表示法律法规或应该执行的信息（例如限定的车速、车道使用等），在横向标志牌上表示方向或重要指示；棕色表示旅游景区；荧光绿色主要用于学校区域。

2.交通标志表意明确还应考虑颜色搭配

设置交通标志颜色时，还需要看什么样的颜色搭配是让人最能看清楚的。比如红色和白色搭配，就看得清楚；但如果红色和黄色搭配，就不那么清楚了；如果用红色和蓝色或绿色去搭配，就看不到上面的文字。交通标志的颜色要搭配好，才能让驾驶人清楚地看到要表达的意思。

在美国，黑色在标志牌中的使用，大多是以图形或文字形式并搭配其他背景色。最明显、最引人注目的色彩搭配是黑色图形或文字配上白色、黄色或橘黄色背景，黑色在一些法规标志上也可用作背景色（图1）。

图1 彩色对比度

蓝色用于服务设施类标志牌，也常用于高速公路、州际公路和其他县级公路的标志牌，大部分情况下作为背景颜色使用（图2）。

图2 用于标志牌上的蓝色

棕色只能作为背景颜色使用，一般与白色文字或图形进行搭配时最容易被识别。大部分引导标志牌上多使用绿色，白色字或图形搭配绿色背景，便可呈现清晰的道路信息。

绿色也可在停车标志牌上使用，表示允许驾驶人在某一段时间内停车。

橙色，就是橘黄色，用作施工标志，搭配黑色字或图形看起来更清楚。

红色一般表示禁止，最为普遍的搭配方式是"红底白字"。当然，在一些标志牌上也会出现"白底红字"的情况，例如表示禁止右转、不准许停车等（图3）。

停标志　　　让标志　　　禁止进入标志　　错误方向标志　　州际公路标志

图3　红色一般表示禁止

白色用于标识法律法规、法定要求或提供方向指示，常用作法律法规标志、道路编号标注和辅助标注的背景颜色，也会搭配黑色、蓝色、棕色、绿色、红色等背景色来标出信息。

黄色用于警告标志牌的背景色。

二、交通标志的形状也有统一、清晰的含义

交通标志的形状也要表达统一且清晰的意思。若标志牌损坏，颜色、字迹不清晰等，驾驶人还可通过标志牌形状识别其用途。

1. 不同形状的标志牌代表的意义不同

在美国，八边形的标志牌表示"停"。无论到哪里，有无颜色，只要看到这种形状的标志牌，驾驶人就要停下来检查左右情况，确认无来车后才可继续行驶。竖向的倒三角形标志牌表示"让"。这两种标志的形状是不可变的，也是专用的。

钻石形标志牌用于警告；五角形标志牌表示学校及学生跨越的街道；横向三角形标志牌则用于警告驾驶人不允许超车；竖向矩形标志表示法规；横向矩形标志则表示方向；圆形和交叉表示铁路交叉警告（图4）。

2. 形状与颜色相结合，驾驶人才能清楚获取信息

交通标志就是将这些颜色和形状结合在一起，让驾驶人快速明白其意图。下面列举几块在国内道路上见到的标志牌，它们的颜色搭配就有问题。如想告诉驾驶人这是限速标志，那么标志牌的底色应用白色，不能用绿色，因为在国内，绿底代表引导，若用引导标志来表达限速，就会让驾驶人产生错误概念，即绿底的限速标志是在引导我？还是在告诉我法律法规？从交通控制的专业角度来看，限速标志牌应该用白底，而不是绿底（图5）。

图6中的车道使用标志，若用绿底白字，则表达的意思是引导，即驾驶人可执行也可不执行。但这些标志上的文字是要明确告诉驾驶人应该遵守的车道使用规定，是必须按规定执行的，因此，这些标志应该用白底黑字。

第二篇　道路通行管理篇

图 4　美国道路上常见的标志牌将颜色和形状结合在一起

图 5　国内道路上的标志牌

图 6　国内道路上的车道使用标志

再来看图 6 中"按道行驶，注意安全"标志，上半部分若想表达"按道行驶"，即

169

法律法规，就不应使用表示警告的颜色；下半部分"注意安全"可以用作警告，也可以作为法律法规。所以整个标志牌应该用白底，或者上半部分用白底。

三、信号灯、标线颜色定义也应明确

1. "三色、三头"信号灯帮助驾驶人判断可否通行

信号灯只包含三种颜色：红、黄、绿。红色代表"停"，但要注意明确其定义，譬如"停"后怎么办。在美国，当道路使用者看到红灯时，会停下来，且在红灯亮的整个时间段内要一直保持"停"的状态，并不是说停了一下就可继续行驶。黄灯在美国实际上也曾存在争议，后来便明确了黄灯的定义，即警告，告诉道路使用者绿灯已经结束了，通行权即将结束，红灯马上就要亮起了。绿灯则表示道路使用者可以通行，但应先明确前方有无车辆、行人。

扫一扫查看原文

信号灯为什么要设计成三个灯头？在美国，红绿色盲驾驶人也是被准许开车上路的，三个灯头的信号灯有利于色盲驾驶人做出准确判断。譬如，当此类驾驶人遇到信号灯时，通过亮灯位置便可判断出此时可否通行。

2. 驾驶人根据黄色标线判断其行驶方向

道路标线包含两种颜色：白色和黄色（图7）。在美国的标线规定中，黄色标线须施划在驾驶人行驶方向的左侧。因此，若驾驶人在开车时，看到黄色标线在左手边，表明其行驶方向正确；若发现黄色标线在右手边，表明其已行驶在错误的方向上。

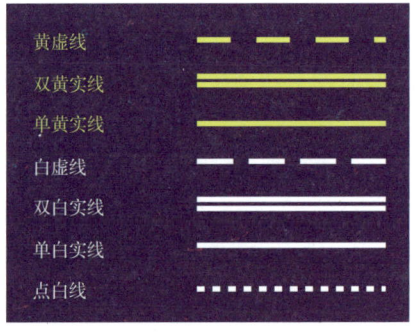

图7 道路上的标线

影响危化品运输路线安全的因素

胡伟超　公安部道路交通安全研究中心道路室助理研究员

导语

近年来，重特大危险化学品（以下简称"危化品"）道路运输安全事故时有发生，造成了重大人员伤亡和财产损失，危化品运输安全管理引发社会广泛关注。那么，如何预防和减少危化品道路运输事故呢？公安部道路交通安全研究中心道路室对危化品运输路线进行了调研，认为全面开展危化品运输路线安全风险评估，选取相对安全的运输路径，是防控危化品道路运输事故、减轻事故后果的有效途径之一。那么，影响危化品运输路线安全的因素有哪些？如何对危化品运输路线进行评估？怎样选择相对安全的危化品运输路线呢？

一、现状：为什么要对危化品道路运输路线的规划及安全进行评估

1. 危化品在运输中一旦发生事故，易造成群死群伤

近年来，我国化工业快速发展，危化品运输占我国货运总量的比例呈逐年上升趋势，道路运输已成为危化品的主要运输方式。危化品由于性质活泼或不稳定，极易发生爆炸、燃烧、毒物扩散、腐蚀等事故。由于危化品的特殊性，运输过程中一旦发生事故，往往造成群死群伤，给国家和人民群众的生命财产带来严重损失，对生态环境造成极大破坏。

2008年以来，全国各地发生多起重特大危化品道路运输安全事故，其中，2012年"8·26"包茂高速公路甲醇运输爆炸事故、2014年"3·1"晋济高速公路甲醇运输隧道燃爆事故、2014年"7·19"沪昆高速公路乙醇运输火灾事故造成的死亡人数甚至超过了30人。危化品道路运输安全管理问题已经引起社会的广泛关注。

2. 合理规划危险化学品道路运输路线，可降低沿线公共安全风险

为避免类似事故，除了提高危化品运输从业人员专业素质和守法意识外，合理评估危化品运输行经路线的安全风险，选择安全水平较高的路线，避开人口稠密地带也是降低危化品运输事故率、减少人员伤亡的重要途径。

虽然《危化品安全管理条例》第四十九条明确要求划定危化品运输车辆限制通行区域并设置明显的标志，但是，目前各地划定危化品运输车通行或禁行区域缺乏明确统一的技术依据，难以对危化品运输路线安全水平进行科学合理的评估，也难以选出可有效降低危化品运输安全风险的路线。因此，有必要结合我国国情和历史危化品运输事故特点，建立危化品道路运输路线规划方法和安全风险量化评估体系，对道路通行环境和应急保障条件中存在的风险因素进行辨识与分析，判断运输过程中发生事故的可能性及其后果，针对性地提出防范建议。进而，为各地规划危化品道路运输通行区域提供支撑，以降低危化品道路运输活动给沿线人民群众造成的公共安全风险。

二、分析：危化品道路运输路线安全风险的主要影响因素有哪些

通过大量调研走访和对历史危化品运输事故进行分析发现，危化品道路运输路线安全风险的主要影响因素有危化品理化性质、道路通行技术条件、交通运行状态、气候环境、路侧人口分布、自然环境抗灾能力、应急处置资源分布等7个方面，其中部分因素与事故发生概率密切相关，部分因素常影响事故后果的严重程度（图1）。

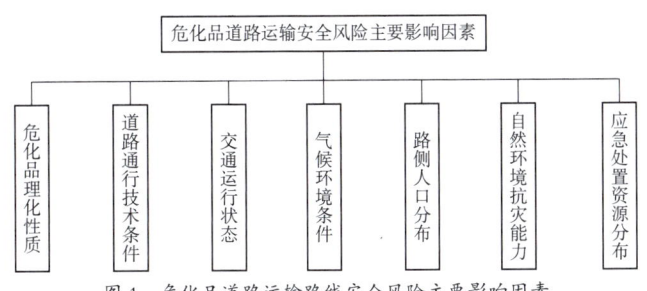

图1 危化品道路运输路线安全风险主要影响因素

1. 危化品理化性质

危化品种类繁多，我国现有6000多种危化品，其中常用的有2000多种。不同危化品之间的物理、化学性质差异性很大，因此，发生事故的后果具有多样性、复杂性。例如毒害性或腐蚀性的危化品事故可导致人员中毒、灼伤或腐蚀，并造成周边环境污染；易燃性的危化品泄漏后遇火源或高热物体可引发火灾事故；爆炸性危化品受热或发生撞击后易引发燃爆；液化气体储存温度极低，泄漏将导致人员冻伤；窒息性气体泄漏后蔓延至周围空气，造成周围空气中氧气浓度含量降低，引发人员窒息。

近年来，我国发生的"3·1晋济高速公路甲醇运输隧道燃爆事故"、"7·19沪昆高速公路乙醇运输火灾事故"等重特大危化品运输交通事故后果表明，起火、爆炸、毒气泄漏等次生灾害是造成重大人员伤亡的主因。相关研究表明，不同危化品次生灾害的波及范围不同，如对于一般的易燃、腐蚀性液体泄漏，通常选取1.6km作为带状影响区的宽度。对于特定的危化品运输泄漏事故，其波及范围的形状也是不固定的，其不仅与承运危化品的性质有关，还与事发时天气、风速、风向和地形特征等因素密切相关。

2. 道路通行技术条件

危化品运输路线应具备良好的道路技术条件，若运输路线选择基础条件较差的道路，例如急弯陡坡路段、临水临崖路段、多桥梁隧道路段，必然会对驾驶人的驾驶行为与操作产生干扰，增加驾驶人出现失误的概率，加剧事故风险。不利的道路条件还会加剧道路交通事故的严重程度，更易使装载危化品的容器破损泄漏，进一步扩大事故后果。另外，由于危化品道路运输一般都为跨省运输、运输路线较长，驾驶人长时间驾驶、甚至疲劳驾驶，也导致事故发生概率提高。

我国学者针对道路技术条件和交通事故率之间的关系开展了大量研究，取得了丰硕的研究成果，充分揭示了道路几何线形、特殊构造物等因素对安全风险的影响规律。但由于危化品道路运输事故相对普通交通事故数量较少，很难直接建立危化品运输事故率与道路技术条件的相关关系，但考虑危化品运输车与普通重型货车机械性能、技术参数相近，一般可用重型货车交通事故率表征危化品运输车交通事故率，进而定量估计其安全风险。

3. 交通运行状态

危化品运输车沿运输路线行驶时，其周边交通流构成其动态的交通环境。交通流大小、密度、速度、大车占比、车头时距等参数与安全风险密切相关，进而影响危化品车发生交通事故的概率。因此，历史交通流量及其状态变化，以及未来一段时期的交通流状态对于评估危化品运输安全风险至关重要。

此外，近年来，我国重大危化品运输泄漏事故及其后果显示（表1），事故造成的死亡人员多数为路内行驶车辆的驾乘人员。因此，交通流的结构，尤其是营运客车及小客车占总流量的比例决定了暴露在危化品事故波及范围内的人员数量，与危化品泄漏事故后果严重程度密切相关。根据交通运行状态，合理估算道路内车辆驾乘人员、行人分布状态及其变化规律是准确预估危化品泄漏事故后果的关键环节。

近年来我国重大危化品运输泄漏事故及其后果   表1

序号	日期	地点	危化品种类	死亡人数（人）	驾乘人员死亡数（人）
1	2005年3月29日	京沪高速淮安段	氧气	28	1
2	2008年2月18日	京珠高速耒宜段	液苯	15	15
3	2012年8月26日	包茂高速延安段	甲醇	36	36
4	2014年3月1日	晋济高速岩后隧道	甲醇	40	40
5	2014年7月19日	沪昆高速邵阳段	乙醇	54	54
6	2015年1月16日	荣乌高速莱州段	汽油	12	12
7	2017年5月23日	张石高速浮图峪隧道	天然气	12	12

4. 气候环境

气候环境是影响运输路线安全的不确定因素之一。降雨会使道路的能见度下降，影响驾驶人视觉的判断能力，雨水还会降低车轮与地面的摩擦力，影响车辆的制动性能。雾会对光线造成扩散和吸收，加之空气中弥漫的小水珠，导致道路上的物体变得模糊，严重阻碍驾驶人的视线，极易引发追尾等事故。冰雪天气对安全的影响也主要表现在降低能见度和路面摩擦系数等方面。我国部分地区降雨或降雪融化后渗入路面结构，并在寒冷气候条件下结成暗冰(多发于隧道出入口及桥梁路段)，使路面抗滑性能显著下降，会给行车带来严重安全隐患。此外，恶劣的气象条件也会对危化品运输事故的救援工作产生不利影响。

5. 路侧人口分布

危化品泄漏事故常伴随起火、爆炸、毒气扩散等次生灾害，其影响区域一般呈扇形、圆形或带状扩散。居住于或临时停留在道路两侧影响区域范围内的人员，是危化品运输事故的主要潜在受害者。人员的分布方式及其密度往往决定了事故后果的严重程度。

道路两侧人口密度是动态变化的，不同时段的人口密度因白昼、夜间人们的通勤迁徙活动变化而不同，这些活动既包括成年工龄人口在居住地和工作地之间的往返，也包括学龄儿童在居住地与学校间的移动，同时旅店、医院等地的人口聚集与消散也是需要考虑的重要因素。

6. 自然环境敏感区

自然环境与生态资源是人类赖以生存的重要基础。所谓自然环境敏感区是指容易被破坏、不易恢复的某类自然环境。自然环境敏感区一般包括三类：一是自然保护区，如湿地、濒危物种栖息地等；二是水源地，饮用水或生活用水的水库、水道等；三是风景名胜区，如风景秀丽的河流、荒野等。

自然环境敏感区一旦遭到危化品的污染，生态系统将遭到严重破坏，短期内难以自然修复，造成自然资源的巨大损失。因此，对于一些特殊的、重要的自然环境区域，因危化品泄漏事故造成的污染破坏也应当计入事故后果。

7. 应急处置资源分布及能力

不同于普通的道路交通事故，危化品运输事故救援工作专业性较强，操作难度大。

应急救援与处置的效果直接影响事故后果的严重程度,及时有力的救援措施可以最大限度地降低事故损失,若救援不利,事故损害后果常常无序扩大。

扫一扫查看原文

一般来说,通过应急反应时间、应急资源分布、设施装备、人员技术等评估应急处置能力。应急处置的工作内容主要包括维持事故现场秩序、疏散人员车辆、控制或减缓危化品泄漏程度、运送并抢救伤员,通常由公安交警、应急消防、医疗卫生等部门按职责分工配合完成。因此,应急处置力量、资源分布,甚至救援队伍的专业能力也是影响危化品运输事故后果的重要因素。

危化品运输路线安全风险评估及规划管理建议

胡伟超　公安部道路交通安全研究中心道路室助理研究员

导语

近年来,重特大危险化学品(以下简称"危化品")道路运输安全事故时有发生,危化品的运输安全管理也引发社会广泛关注。危化品理化性质、道路通行技术条件、交通运行状态、气候等都是影响危化品道路运输路线安全的重要因素。本文将介绍如何对危化品道路运输路线进行评估以及怎样选择相对安全的危化品运输路线。

一、探讨:如何对危化品道路运输路线的安全风险进行评估

1. 首先需要建立量化评估指标体系

危化品道路运输路线安全评估的目的在于定量评估某备选路线发生危化品道路运输泄漏事故的风险,以及可能造成的损害后果。相关部门可在此基础上合理规划危化品运输许可通行区域并采取改善安全状况的技术措施,以降低道路周边人员伤亡风险,保护自然环境,同时便于事故发生后的救援处置。

经调研分析,我们可将某备选路线在一定条件下发生危化品运输泄漏事故的预期概率及其可能造成的预期人员伤亡数量、自然环境污染面积作为路线安全风险的最终评价指标,并考虑危化品不同泄漏场景、潜在影响人员位置、应急救援条件、气候条件等建立评价指标体系(图1)。

(1)危化品运输预期泄漏事故概率。危化品运输车泄漏事故率可视为危化品运输车交通事故率和泄漏概率的复合概率,为保守起见,我们认为应假定危化品运输车发生交通事故后即泄漏。对于路线的任意评估单元,其泄漏事故率可通过全线危险品车辆白昼或夜间平均交通事故率和道路线形特征、天气、交通状况、路线长度等风险修正因子进

行估计。

（2）事故预期人员伤亡。危化品运输车发生泄漏事故后，除对道路两侧居民及临时停留人员造成伤害外，还会导致其前后相邻车辆内人员受伤甚至死亡。因此，事故发生后预期人员伤亡既包括道路内部预期人员伤亡，也包括道路两侧的居民等预期伤亡。

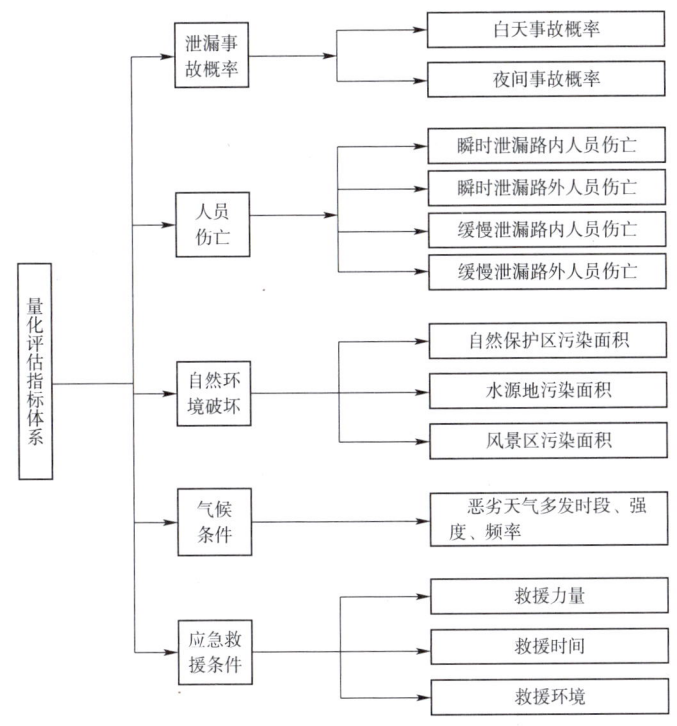

图1 安全风险量化评估指标体系

①道路内部预期人员伤亡。从近几年国内外危化品运输事故形态看，危化品运输车发生交通事故并泄漏后，一般会出现大量泄漏甚至瞬间起火爆炸、缓慢泄漏经一定时间后产生危害两种情况。对于前者，事故车前后相邻的行进中车辆及人员会受到伤害；对于后者，由于事故造成交通拥堵，危化品车后方一定距离内的排队车辆均在事故影响范围内。故需针对两种情况分别计算可能导致的伤亡人数。

瞬时泄漏场景下的路内预期伤亡人数——路内伤亡人员主要包括前后车辆驾驶人和乘客，合理假设每辆当量小客车中乘坐的人数，通过估计交通流量和事故影响范围，可以计算瞬时泄漏场景下的路内预期伤亡人数。

缓慢泄漏场景下的路内预期伤亡人数——危化品运输车发生交通事故停驶后，后方来车在事故车后排队等候，前方车辆自然驶离后不受泄漏事故影响，因此，该场景下仅考虑后方车队内驾乘人员。假设排队车辆全部为小轿车（其他车型按比例折算），根据一般车身长度、排队间距、道路交叉口分布情况计算缓慢泄漏场景下的路内预期伤亡人数。

②道路两侧预期人员伤亡。泄漏事故导致的爆炸、起火、毒气、腐蚀等二次灾害往往造成道路两侧人员伤亡和财产损失，因此，需准确估计道路两侧影响区内居住和临时停留人口密度及其分布、变化特点。人口密度常随着白昼、夜间人们的通勤迁徙活动而

变化，这些活动既包括成年工龄人口在居住地和工作地之间的往返，也包括学龄儿童在居住地与学校间的移动，同时旅店、医院、景区等临时性的人口聚集与消散也在不断进行。

由于迁徙活动频繁而复杂，通常难以通过实地走访、调取户籍资料等方式准确计算人口密度的变化规律。随着手机等移动通信终端的普及，通信基站通话数量的多少已经可以作为衡量人口空间分布的重要指标。通过调取电信公司用户通话数据及基站位置分布，可以估算出人口迁徙的宏观规律及其分布密度，进而，可以结合事故的影响范围计算道路两侧预期人员伤亡。

（3）事故预期造成的自然环境敏感区污染面积。根据道路沿线自然环境敏感区地理位置及其分布，可将区域边界坐标标记至GIS系统，将自然环境敏感区与潜在影响区（对于一般的易燃、腐蚀性液体，可取宽度为1.6km的带状区）重合面积，作为危化品事故后果影响区。单起事故的预期污染面积，可视当时的天气条件计算污染扩散边界，一般可取圆形。

（4）应急救援条件。危化品运输事故的应急反应与救援条件、能力也是衡量危化品运输路线相对安全程度的重要指标。救援条件具体指救援反应时间、救援资源、处置能力、设施装备等。救援任务一般包括维持现场秩序并疏散人群和车辆、控制或减缓危化品泄漏后果、抢救和运送伤员、后期处置并恢复交通等内容。具体评估指标可包括：警力、医护人员数量、应急消防人员数量、管辖区域大小、警力密度（人/km）、车辆及装备数量、车辆及装备密度（辆/km）、平均救援半径（km）、平均救援时效（min）等。

此外，还应评估道路沿线的气候条件，主要包括雨雪、团雾、暗冰、沙尘暴等恶劣天气的时间分布、发生强度、空间分布等，在定量表述的基础上，对比不同路线的气候条件优劣。

2.对路线进行风险评估的实施步骤

在结合当地实际情况拟定数条备选运输路线后，针对每条路线的安全风险情况，进行评估工作的路径可分为以下4个阶段：基础数据采集与处理、风险量化计算与分析、气候及应急救援条件分析、综合分析与对策。详细实施路径如图2所示。

（1）基础数据采集与处理。采用仪器测量、现场观测记录、调取档案资料等方式，赴道路沿线、公安交管部门、公路运营公司、道路养护单位、水务部门、电信部门、户籍管理等单位全面采集和调取道路技术参数资料、历史交通事故数据、卡口流量记录、通信基站数据、危化品车拦检记录、环境评估报告、户籍人口分布以及沿线交通设施分布等数据和资料。

（2）风险量化计算与分析。安全风险在道路上并不是均匀分布的，而是随公路等级、沿线地形、车道状况、人口密度等因素不断变化。因此，为精确估计全路线安全风险，需要首先将风险特征相似的路段作为评估单元，再根据历史道路交通事故记录和交通流量数据，确定路线基本交通事故率；结合各单元道路安全性技术指标，选取和计算交通事故率修正系数，确定各单元预期危化品车交通事故率；根据交通流特征和基站通话数据确定沿线人口时空分布；结合危化品理化性质、泄漏影响范围、预期事故率等，计算不同类别危化品运输车辆在各单元造成的预期伤亡人数和污染面积。最后，将各单元计算结果集成得到全线安全风险水平。

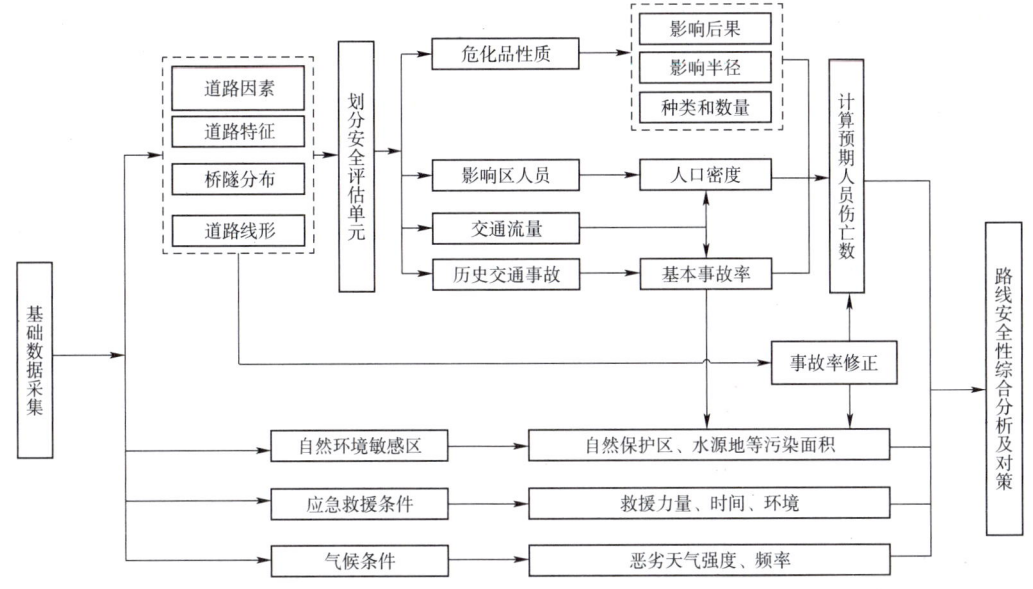

图 2　危化品道路运输安全风险量化评估实施路径

（3）气候及应急救援条件分析。分析道路沿线气候条件，统计分析雪、雾、雷暴、雨、沙尘暴等恶劣天气的多发时段、地理位置以及强度和频率；根据医疗卫生、公安交管、消防应急等救援单位资源分布状况，初步分析路线发生事故后的救援条件和效率。

（4）综合分析与对策制定。结合路线危化品车预期事故概率、伤亡人数以及自然环境、救援、气候等因素，分析并提出安全风险评估结论和路线规划建议。根据风险空间及时间分布特征，进一步提出需采取的风险消减及防控措施。

3. 对风险量化评估的结果进行综合分析

在结合量化评估指标对拟订的备选路线安全水平进行比较和取舍时，应以减少人员伤亡为核心，以保护自然环境为重点，以气候条件适宜和便于救援处置为辅助，综合考虑各评估指标的相对关系后，合理规划确定危化品道路运输通行或禁行区域。当危化品运输路线经过重要国防设施、重点保护水源地、特长隧道或隧道群等特殊区域时，可采取专家论证等形式分析潜在危害后果，必要时可针对特定因素实施"一票否决"。

二、建议：如何加强危化品道路运输路线规划与管理

1. 统一制定危化品运输路线安全评估与规划相关标准

我国在危化品道路运输安全风险评价研究方面起步较晚，相关的统计数据、研究成果还不完善。在实践层面，对于危化品道路运输路线规划还未形成具体可操作的技术体系及配套标准，各地划定危化品运输车通行或禁行区域缺乏明确统一的技术依据，难以选出降低危化品运输安全风险的路线。亟待摸清当前危化品道路运输通行区域规划工作中存在的问题和待规范的环节，充分借鉴主要发达工业化国家相关法规标准，结合我国国情，研究建立危化品运输路线安全评估与规划技术框架，颁布统一的技术标准和实施指南。从而不断提高路线规划的科学性和权威性，以降低危化品道路运输活动给沿线人

民群众造成的公共安全风险。

2. 定期对危化品运输路线进行隐患排查与治理

道路交通环境及其安全风险并不是稳定不变的，随着道路配套设施老旧失修、气候环境变化、标线磨损腐蚀等，安全风险也处于波动变化状态。因此，需定期对危化品运输路线开展安全隐患排查与治理，确保道路环境的安全水平处于良好状态。一是定期排查道路交通安全基础设施，如标志标线、护栏、信号控制设施等。二是制定并不断完善符合危化品运输车辆特点的交通安全管理措施，如根据季节特点更新危化品运输车辆准许通行时间、设置专用车道等。三是协调相关部门科学配置应急救援资源与装备，确保事故发生后救援力量能迅速赴现场开展救援，有效减轻事故后果。

3. 开发危化品运输路线规划管理辅助决策系统

综合前述分析，危化品道路运输路线安全风险评估与规划过程中，需要处理和集成道路技术参数数据、交通流量数据、人口分布数据、应急处置资源数据等大量地理位置

扫一扫查看原文

相关数据资源，决策时还需要对安全风险分布等进行可视化处理。因此，需要开发基于GIS技术的危化品运输路线安全评价及规划辅助决策系统。通过将各类数据自动处理并转换为地理图形，便于决策者快速了解沿线人口分布、地形地貌、安全风险特征、历史事故分布等属性，为科学评估风险、划定运输路线提供支撑。同时，辅助决策系统还可协助制定应急救援方案、人员疏散方案等。

下凹式立交桥积水如何消除，应当如何提醒驾驶人

田颖涛　金连成　北京市公安局公安交通管理局东城支队

导语

随着城市的快速发展，交通出行需求和交通供给之间的失衡越加突出，使得城市交通系统越来越脆弱，一次极端天气就可能造成城市交通系统的瘫痪。例如，夏季暴雨过后，部分城市立交桥下出现积水，给道路交通的正常运行带来极大影响，考量着公安交管部门的管理能力。那么，下凹式立交桥积水的常见原因有哪些？如何排水？又应当给驾驶人哪些有效提示呢？

一、积水引起交通安全事故成因分析

作为承载了2000多万人口及超过500万辆机动车的现代化大都市北京，几乎每年都会在暴雨中遭受沉重打击。2012年7月21日10时至22日6时，"61年最大暴雨"袭

击北京,城区平均降雨量达215mm,这场突如其来的大暴雨给北京的交通运行造成了极其严重的影响,城区95处道路因积水断路,部分立交桥下积水严重,导致车辆被淹没、驾驶人被困车中。

通过对积水断路区域进行调查发现,暴雨造成的积水路段大部分是下凹式立交桥下的低洼区,而这些立交桥恰恰又分布在城市主干道上,是许多车辆和行人的必经之地。

1. 下凹式立交桥排水能力不足 导致桥区积水引发事故

目前北京下凹式立交桥排水设施以雨水箅子为主。雨水箅子尺寸约为70cm×50cm,下接直径约15cm的排水孔,每个下凹式立交桥桥区都在最低处、匝道、斜坡路段等不同地点设置数个雨水箅子。当暴雨来临时,整个下凹式立交桥桥区的雨水量都会沿斜坡向桥区最低处汇集,因此,这些雨水箅子的排水能力直接决定了下凹式立交桥桥下的积水深度。但是由于部分立交桥的自身建造条件无法完全发挥雨水箅子的排水能力,致使大量雨水汇集。

为了直观体现下凹式立交桥存在的积水问题,下面以建国门桥为例来说明。

建国门下凹式立交桥积水情况调查分析如下。建国门桥是东二环与长安街相交区域的一个下凹式立交桥,上层桥面为东西走向,连接长安街与建外大街;中层桥面为东西走向的辅路;下凹路面为南北走向,为东二环主路,其中西南匝道连接通惠河北路高架桥(图1)。汛期时,建国门桥下容易形成积水。

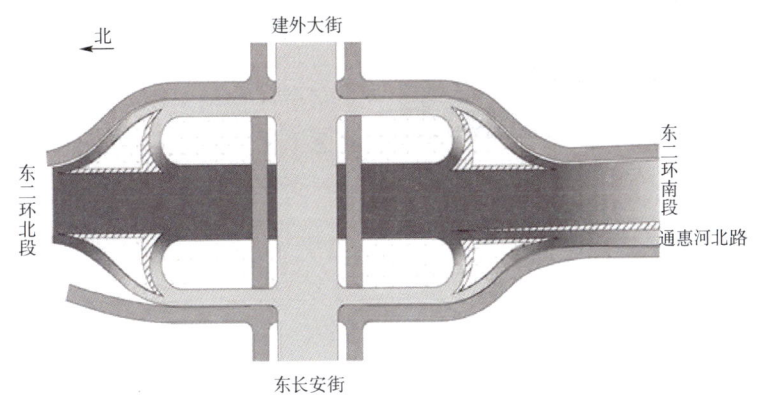

图1 建国门桥平面图

根据建国门桥桥区雨水可能汇集区域的实测,可得路面基本数据为:建国门桥主路东南匝道口至西南匝道口距离为85m,宽度约为36m;匝道进口至匝道出口约为120m,平均宽度约为12m,路侧步道宽度1.5m;东二环建国门桥南侧纵坡起始路段至建国门桥北侧纵坡终点路段长度约为300m,东二环主路宽度约为28m;通惠河北路桥面纵坡路段长度约为120m,宽度约为7m。

为了保证后续研究的可靠性,笔者多次在雨天时对建国门桥桥区的雨水汇集状况进行调查。图2左图为大雨时通惠河北路进口位置实拍,整个纵坡段的全部雨水只能通过倾斜路面向下流,和东二环主路的雨水汇集在一起;右图为大雨时建国门桥西南匝道实拍,由于匝道处没有设置雨水沟,几乎所有的雨水都只能沿匝道内侧流向低处。

图 2　通惠河北路路面雨水汇集示意图、建国门桥西南匝道路面雨水汇集示意图

图3所示为大雨时建国门桥西南角雨水合流点实拍,箭头1所示为东二环南段主路汇集的雨水,箭头2所示为建国门桥西南匝道汇集来的雨水,箭头3所示为通惠河北路桥面汇集的雨水,三股雨水几乎全部汇入建国门桥底。

图 3　建国门桥西南角雨水汇集示意图

我们可以粗略估算一下汇集到建国门桥下的雨水量。选取建国门桥任意1/4桥区进行估算,雨水汇集区域包括建国门桥半幅主路、主路进入东二环的匝道、绿化岛四周的安全岛、东二环半幅主路。需要注意的是建国门桥区西南角还应加入通惠河北路桥区,辅路积水进入主路可暂时不予考虑(辅路和主路之间有绿化带隔离,并且辅路有自己的排水口,只有主辅路进出口之间的部分水流可能进入主路,所以相对于主路的水量来说很少,可以不计)。估算区域示意如图4所示。

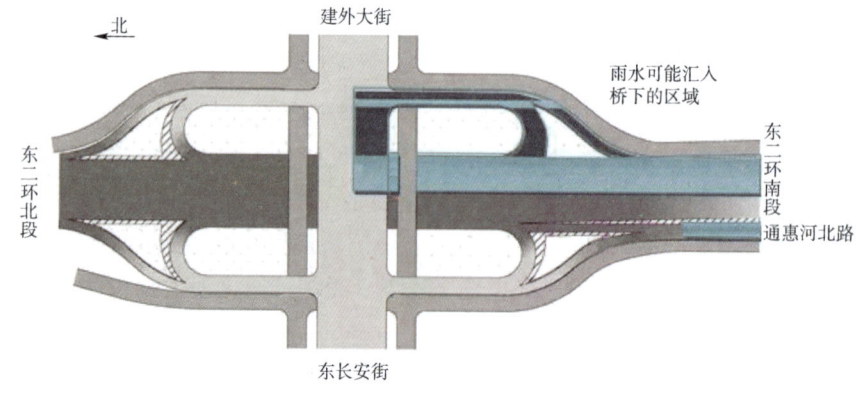

图 4　建国门桥区雨水汇集区域示意图

根据估算，建国门桥区雨水汇集区域面积约为 20300m²，取 12h 大雨雨量等级和暴雨雨量等级的临界点 30mm 时，汇集的雨量约为 609m³。这些雨水如果不能及时排出，经过合流后，非常容易在低洼区形成积水。

需要注意的是，雨水箅子的设置位置通常在道路边缘线外侧，方向为平行于道路边缘线。根据大雨时实际观测，通常只有距道路边缘线 1~2m 区域内的雨水能够排入雨水箅子，绝大部分雨水仍然沿路面流向下凹区域（图5）。因此，如何能充分发挥雨水箅子的排水能力，使得大部分雨水在沿斜坡向桥区最低处汇集的过程中就被排出，成为解决下凹式立交桥积水问题的关键。

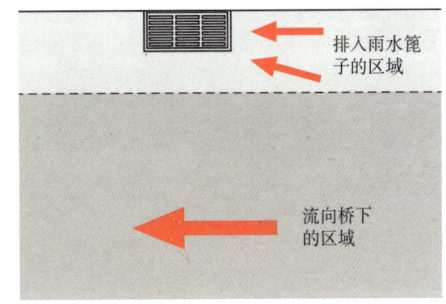

图5　雨水箅子排水能力示意图

2. 对驾驶人告知不足 导致驾驶人盲目涉水引发事故

通过对暴雨灾情的调查发现，许多车辆被积水淹没是由于无法了解前方积水的深度是否足以使车辆通过。在焦急和惊慌等情绪的影响下，部分车辆贸然驶入积水区，导致车辆熄火，进而引发后续的交通安全事故。

建国门下凹式立交桥积水提示标志调查分析如下。目前，建国门桥下低洼区设有水位警戒线和水准尺等积水提示标志，以供过往驾驶人参考，但是其收效却微乎其微，下面是笔者的实地调查。

图6　建国门桥下南向北方向实拍

如图6所示，建国门桥下的积水提示标志设置在桥下内壁之上，驾驶人在进入下凹式桥区时无法看见提示标志；并且由于桥洞中光线较暗，在天气不好时即使车辆从标志旁驶过也很可能无法发现标志。

如图7所示，由于积水提示标志设置在桥下最深处，即使驾驶人能发现标志，但此时车辆已经进入积水区，很可能已经造成无法挽回的结果，标志不能起到"提示、预警"的作用。

图7　建国门桥下积水提示标志

图8 建国门桥下积水提示标志

提示标志的特点必须是内容表达明确。但是，建国门桥下的积水提示标志（图8）仅由红黄两条标线组成，缺乏必要的说明，无法让驾驶人在短时间内获取所需的警戒水位信息，在日常交通参与中无法起到应有的作用。

通过上述调查及分析，下凹式立交桥提示标志主要存在以下三个问题：一是标志不易被发现，二是标志的提前警示作用较差，三是标志的信息表达效果不足。

二、下凹式立交桥如何减少甚至消除积水

为了解决下凹式立交桥积水问题，北京市政府及相关部门采取了多重举措，如：实时视频监控下凹式立交桥、建立专项保障方案；对下凹式立交桥逐一制定疏导绕行方案、及时发布交通信息；在道路上设置掉头阀方便及时撤离；安装挡水板、改造雨水管线；设置蓄水池并提高防洪标准等级等。但是这些措施存在耗资巨大、具体效果有待观察等问题。如何在现有条件下充分利用并合理改进，发挥其应有的效果？可通过"截源引流"法来解决这一问题。

1. 设置排水沟槽 对积水"截源"并"引流"

要解决积水问题，首先要考虑的是水的来源。根据现场实际勘察，二环路、三环路、四环路、五环路都是沟槽式路面（即两边都有不小于40cm的硬化路崖，这种硬化路崖使整个环路路面形成封闭的沟槽），整体路面的雨水只有通过雨水口排出；由于雨水口均修建于路侧，同时道路施工工艺达不到侧倾的效果，加之长时间的车辆碾压，造成路面不平，致使十几米宽的路面上的雨水很难按照人为意愿顺畅地到达雨水口，最终造成路面积水。当积水达到一定深度后，"水往低处流"的自然法则使整体沟槽式的路面积水自然地涌向了下凹式的桥区。

东二环一个方向的路宽为14m左右，雨水篦子为50cm宽、70cm长，路面仅有1~2m的雨水能够流到雨水篦子处，其他十多米宽的雨水会沿路面向下凹式立交桥流淌。加之上环式立交桥桥面匝道的雨水也向环路的主、辅路下泄，下凹式立交桥下积水就成为了必然。以朝阳门桥为例，朝阳门桥至建国门桥路面的积水一半流到建国门桥下，一半流到朝阳门桥下。朝阳门桥至东四十条桥之间，一半流到了朝阳门桥下，一半流到了东四十条桥下（其他环路下凹式立交桥同理）。（注：由于排水系统问题、倒灌问题造成的积水是一个复杂的系统工程，暂不予讨论。本文只讨论"截源引流"法缓解下凹式立交桥下积水的问题。）

2. "截源引流法"实施步骤

（1）在下凹斜坡路面设置锯齿形沟槽。锯齿形设计既可以减轻车辆轮胎对沟槽的压力、增加沟槽稳定性，又可以增加集水效果，而且便于道路清扫。如图9所示，在下凹斜

坡路面设置与路崖成45°角的锯齿形沟槽,设置方向从道路中心线处指向路侧的雨水箅子,沟槽长度为道路中心线处到路侧雨水箅子的距离,深度为10cm、宽度为5cm。为减小车辆驶过的颠簸感和增加沟槽的稳定性,可以每隔10~15cm设置锯齿,单个锯齿为等边三角形,底长为10cm,高为15cm。

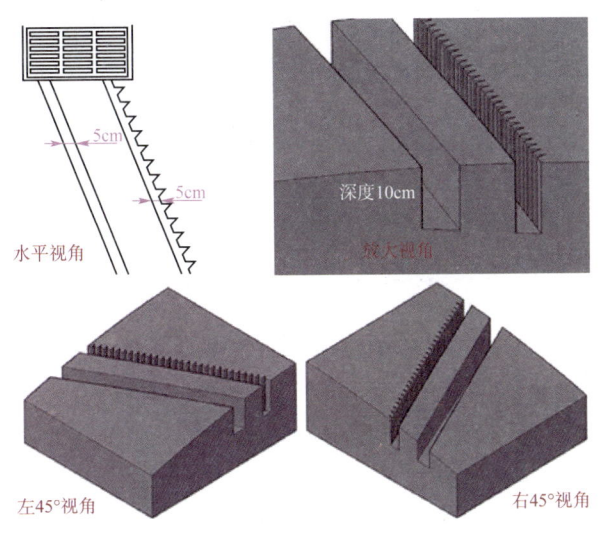

图9 锯齿形沟槽设置示意

为了尽可能地将高处雨水全部排入雨水箅子,可连续设置两道沟槽(即一道普通沟槽和一道锯齿形沟槽),以便在雨量较大时,雨水无法完全涌入第一道沟槽时,经第一道沟槽缓冲之后,可涌入第二道沟槽,继而排入雨水箅子。两道沟槽之间距离可设为50cm。为便于道路清扫,从齿尖至槽底可设为渐变斜面(即水平方向上沟槽呈中间高、两边低)。

(2)下凹式桥区底部水平区域设置鱼刺形沟槽。鱼刺形沟槽需设置在下凹式桥区底部水平区域,方向垂直于现有道路的雨水口,规格尺寸可参照锯齿形设计,如图10所示。由于道路中间雨水量比两侧雨水量大,鱼刺形沟槽便于将道路中间的雨水向两侧排出,并且鱼刺形状的设计便于道路清扫。

(3)降低路侧雨水口的高度。若将现有与路面相同高度的水箅子通过改造降低其高度,低于路面5~10cm,可便于雨水集中,使沟槽集水效果更为突出。

(4)合理设置蓄水池。合理地设置蓄水池对于暴雨时积蓄雨水、减小低洼区的积水压力具有重要意义。由于大型蓄水池不仅造价较高,而且对道路资源也是一种浪费,因此,建议因地制宜的设置多个小型蓄水池。小型蓄水池可选择在绿化区域设置,并且地面3m以下空间可采用渗透式,以保证既不影响绿化植物的生长,又能达到蓄水的效果。

3. "截源引流法"应用于建国门下凹式立交桥示例

在建国门桥南二环主路现有雨水口处可修建沟槽组,初步估算可建五组(一组即一道普通沟槽和一道锯齿形沟槽),可拦截南向北主路的雨水流到桥下(可减少长200m、宽14m的积水量)。

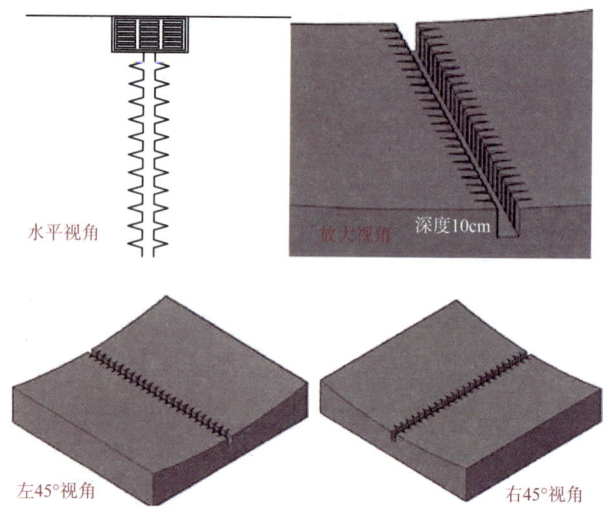

图 10 鱼刺形沟槽设置示意

在建国桥四个匝道现有雨水口处修建锯齿形沟槽，可拦截桥面及部分匝道雨水。在匝道与主路交接处修建锯齿形沟槽，可彻底解决桥面、匝道雨水（可减少长100m、宽10m的积水量）。在下凹式立交桥最低处建鱼刺形沟槽，可使积水迅速流至雨水口（图11和图12）。

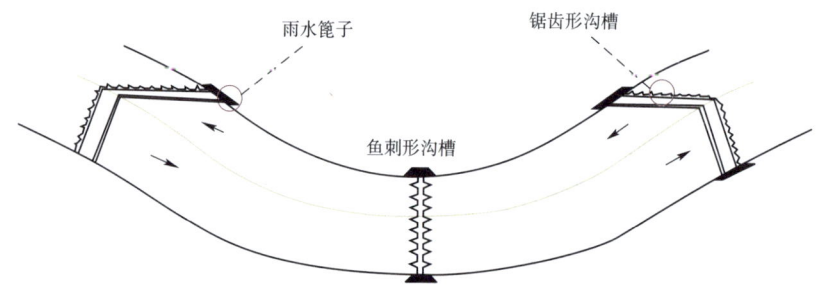

图 11 纵坡面沟槽设置示意图

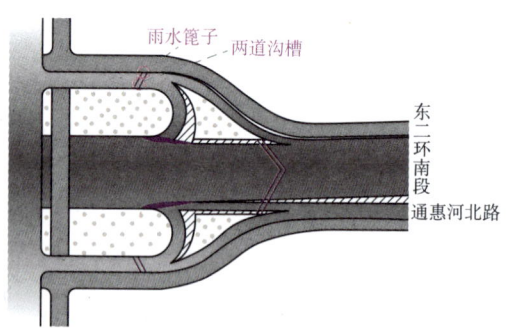

图 12 主路、匝道等处沟槽设置位置示意图

综上，通过沟槽的合理设置，可有效地控制、截流、引流下凹式立交桥的积水源头。

4. "截源引流法"的优点

（1）稳定性。由于沟槽设置方向沿横坡面与纵坡面的交线，指向路侧的雨水箅子，即45°倾斜方向。车辆驶过瞬时只有一个车轮碾过沟槽,有利于减少汽车的颠簸感。

(2)集水效果突出。第一道沟槽可以确保大部分雨水经沟槽排出,当水量较大,第一道沟槽不足以排出所有雨水时,第二道沟槽可将其余的水量引入雨水篦子。两道沟槽的并列设计可保证良好的集水效果。

(3)便于清扫。沟槽的锯齿设计便于清扫车的清扫装置对沟槽处进行清扫。

(4)减小车辆轮胎对沟沿的压力。锯齿形设计使得车轮碾过沟槽时,沟沿的受力不均匀,可减小轮胎对沟沿的压力,防止沟槽受破坏。

(5)清扫工程量小、造价低。整个设计工程量较小、施工简便,造价较低,便于实施。

三、下凹式立交桥形成积水后 如何有效提示驾驶人

针对前文的分析,结合交通工程学的基本理论和方法,可以设置简单、便捷、直观、醒目、明确、实用的积水提示标志来达到提醒驾驶人注意、警觉的效果,即"三色四级"提示法。

1. "三色四级"提示法实施步骤

"三色四级提示法"是指利用三种颜色的路面标线,标示出其对应的积水深度,并设置必要的标志起到辅助说明的作用。

(1)路面标线提示。

①如图13所示,在距离下凹路面最低点水平面20cm处,沿此水平面与路面的交线划设单白实线(提示线)。

②在距离下凹路面最低点水平面25cm处划设单黄实线(警示线)。

③在距离下凹路面最低点水平面30cm处划设单红实线(警戒线)。

④在距离下凹路面最低点水平面50cm处划设双红实线(危险线)。

(2)立面标志提示。

①面对来车方向设置警告标志牌。为了使驾驶人更容易发现标志,更容易清楚地获取标志信息,建议设置立面警告标志。

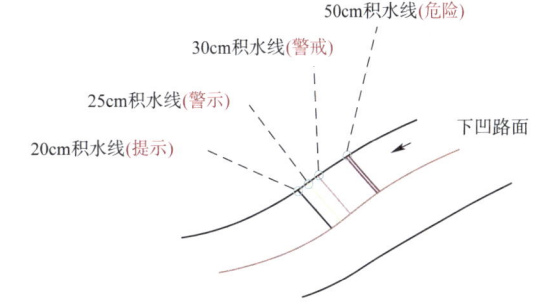

图13 "三色四级提示法"(注:为便于观察,图中提示线用黑色实线替代白色实线)

警告标志设计为三角形、黑框黄底的,标志上表明积水深度,背景使用反光材质,便于驾驶人在光线不佳时辨认,如图14所示。

为了便于驾驶人获得信息,在来车方向所面对的墙上,可设置水位警戒线和警告标志(图15),驾驶人可通过观察前方积水水面和水位警戒线的相对位置来判断积水深度。

有条件的情况下,在下凹桥洞上方设置电子显示屏,面对来车方向,提示前方积水危险,可使警示作用更佳。

图14 积水提示标志样例

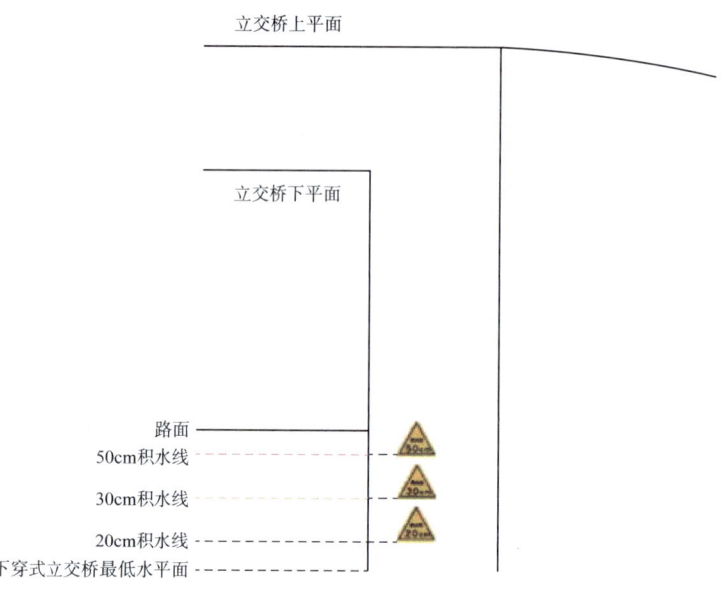

图 15 正对来车方向的提示标志设置

②在道路右侧设置警告标志牌。为了将"三色提示法"的效果发挥到最大，可在道路右侧设置警告标志牌，使驾驶人更充分地获取信息。警告标志牌设置的位置和其对应的标线处于同一水平面，并和面对来车方向的警告标志牌相对应，以达到更清楚地标明积水深度的良好效果，如图16所示。

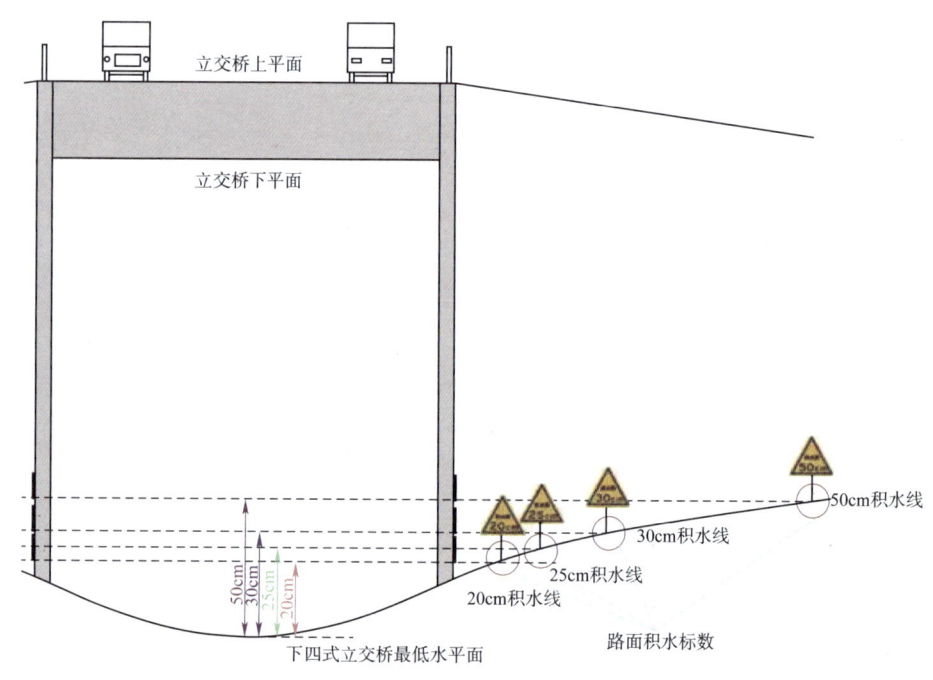

图 16 道路右侧警告标志

③根据实际雨情加设季节性积水提示标志。此外，在雨季时也可在下凹路面的中心隔离护栏或路侧墙上临时加设季节性积水标志，实时、有效地为驾驶人提供出行的安全保障。

这一提示方法不仅适用于城市下凹式立交桥，同样适用于山区的漫水桥。

2. "三色四级"提示法的优点

"三色四级提示法"具有样式简单、施工简便、内容直观、色彩醒目、目的明确、明了实用等六个显著特点，其优势在于当驾驶人驾车到达下凹式立交桥区时，可以很容易通过路面的标线和积水水平面的位置对比来精确估计积水深度，从而做出正确的选择，避免盲目进入积水区。

扫一扫查看原文

国外应对不利天气对道路交通影响的经验

刘　君　公安部道路交通安全研究中心道路室副主任
孙广林　公安部道路交通安全研究中心道路室副研究员

导语

大范围雨雪天气会严重影响公众的交通出行安全。相关部门应当如何做好不利天气条件下的交通安全防控与管理工作呢？交通言究社向大家介绍美国、日本及欧洲部分国家相关方面管理经验，供参考。

美国、日本、欧洲等国家经过多年的管理实践，探索出各具特色的不利天气交通管理经验，并得到了较好的应用效果，既提高了不利天气下道路通行使用效率，又保障了公众出行需要。当然恶劣天气的交通应急管理，需要相关各职能部门根据各自职责明确任务、分工负责、协同配合才能高效地开展。

一、美国：采取全方位措施　保障雨雪雾天出行安全

美国超过70%的国家级公路处于多雪地区，对此，美国联邦公路管理局（FHWA）实施了"道路天气管理计划"（Road Weather Management Plan），并发布了《冰雪控制技术指南》（Ice and Snow Control Technical Manual）。此外，美国相关部门还采取了以下措施。

1. 设置专用的交通安全设施

针对冬季降雪大的地区，各州对防护栏和标志标线等安全设施做了专门设计。例如，为保障37号州际高速公路亚美利加瀑布至罗克兰段冰雪天气的安全畅通，美国爱达荷州联邦公路局在道路两侧加装了雪篱笆墙（防雪墙），即使遇暴风雪也坚持向公众开放交通；明尼苏达州规定遇暴风雪要及时采用"gate"（专门设计用于封闭道路并引导分流的横杆）封闭高速公路行车道，由公路养护部门及时清除路表冰雪，在综合评估多种因素后确定是否重新开通。

2. 全面采集交通气象信息研判交通安全影响

在高速公路上布设高密度传感器和检测设备,实时采集和传输道路天气信息,包括路面干湿状态、路面温度、风速和方向、空气湿度和能见度等行驶环境信息。

融合外场设备采集交通气象数据,动态评估冰雪、雾等不利天气对道路运营安全性和经济性的影响,将研判结果通过广播、可变信息板等方式对外发布。

开发不利天气自动警报系统,以保证气象数据采集的质量和频次,提高交通气象数据和交通影响预测的准确性和可靠性。如田纳西州东南部30.6km低能见度路段,设置了2个环境检测站、8套前向散射能见度检测器和44个车辆检测装置,配合设置2个高速公路广播站、10个动态情报板和10个限速标志。

3. 制定车速分级管控策略

各州根据具体路况指标,制定严格的车速管控标准,保障出行需求,也最大限度确保了出行安全(表1和表2)。

华盛顿州冰雪、雾天气车速管控标准 表1

天气状况	路面状况	管控标准
薄雾能见度>800m	干燥或潮湿	车速<104.5km/h 无轮胎要求
大雾能见度>320m	泥泞或有水	车速<88.4km/h 建议使用斜胶轮胎
浓雾、雪、飞雪能见度>320m	浅的积水、雪或冰覆盖	车速<72.4km/h 建议使用斜胶轮胎
浓雾、雨夹雪或大雪能见度>160m	深的积水、深的积雪或融雪	车速<56.3km/h 建议使用防滑链

犹他州雾天气车速管控标准 表2

能见度	管控标准	能见度	管控标准
薄雾>200m	正常行驶	浓雾60~100m	车速<50km/h
浓雾150~200m	车速<80km/h	浓雾<60m	车速<40km/h
浓雾100~150m	车速<65km/h	—	—

4. 政府安排专项资金用于除冰雪防雾

据美国联邦公路管理局统计,每年冬季用于道路去雪除冰的费用高达15亿美元。例如,犹他州北部浓雾山区高速公路路段采用除雾技术来增加能见度,并装备了70辆喷射液态CO_2的除雾车。

二、日本:建立保障系统 科学应对冰雪天气

1956年,日本发布"确保积雪寒冷地区道路交通的特别措施法"(简称雪寒法),从法律层面规范了冬季冰雪条件下的道路交通管理。

1. 建立冰雪天气交通保障系统

日本札幌市早在1988年就建立了冰雪天气交通保障系统,包含降雪预测子系统、环境传感子系统、除雪辅助子系统、道路加热控制子系统等四个子系统,有效对路面交通

、气候条件进行预测、监测、分析,及时进行道路除雪工作。

2.实施"慢车警示"交通管理措施

冰雪和雾等不利天气条件下,日本主要采取"慢车警示"管控手段,即通过设置在路侧的小型可变情报板,实时提醒驾驶人前方有慢行或停止车辆,自动检测并告知驾驶人前方慢车的距离,提示驾驶人与前车保持安全距离,并提前采取避让措施。

3.科学部署除雪工作

除雪装备的启用,主要考虑每小时降雪速率、降雪含水量、周围空气湿度、路面湿度、风向、风速、一天中的特定时间、一周中的特定时间等因素。此外,当道路路面积雪厚度达7.5cm及以上时则启用综合除雪预案。

三、欧洲:预警与速控系统相结合 保障不利天气下高速公路正常运行

1. 德国

面对冰雪、雾等不利天气,道路监控与养护部门全天24h值班,一旦路面出现冰雪,立即启动应急程序。同时,严格冬季公路养护气象预报制度,详细公路区域气象预报、精确给出时间和空间24h气象变化情况,如路面温度和公路状态等。此外,配置完善的公路救援系统,在德国境内因冰雪或雾等天气原因造成故障或抛锚的车辆,可随时得到救援(表3)。

德国威斯特法伦州利勃区公路区域气象预报 表3

类 型	范 围	有 效 期	发布时间
中期公路气象预报	威斯特法伦州利勃区	第2天中午至第3天下午	10:00
综合公路气象预报早报	威斯特法伦州利勃区	当天07:00至第2天13:00	07:00
详细公路区域气象预报	威斯特法伦州利勃区	当天13:00至第2天13:00	12:00(星期五11:00)
公路气象预警	威斯特法伦州利勃区	发布后3~5h	根据需要确定

2. 英国

为提高冰雪期交通安全管理水平,英国大范围使用气象雷达辅助应急决策。利用气象雷达记录路面冰探测传感器数据,实时获取路面温度变化,自动判断覆盖雪或结冰情况,以确定是否需要重复撒盐。同时,将雷达监视设施安装在陡坡、多路交叉口等事故易发路段上,并相互连通形成公路气象监测网,动态监控重点路段交通运行情况。

3. 瑞典

作为首批应用不利天气自动警报系统的发达国家之一,瑞典不利天气监测和交通预警信息发布手段处于世界先进水平。目前,瑞典除650个公路观测站外,还有3颗卫星和21个雷达观测站,为不利天气道路交通监测提供稳定、广泛的数据来源。

四、加拿大:喷洒除雪防冰溶剂 确保行车安全

加拿大广泛采用除雪防冰控制技术,仅遇到特别严重的、持续时间较长的暴风雪天气才会采取封闭道路措施。

扫一扫查看原文

在境内重点桥梁桥面上安装有固定式防结冰系统，通过道路气象信息预测到桥面将结冰时，防冰剂自动喷洒（在 -60℃时仍然有效），使桥面不能形成冰面，确保行车安全。

在大雪前期，采用撒布罐车向路面上直接喷洒化学溶液，雪后可减少雪与路面的粘连，防止融雪冻结、黑冰形成。

美国恶劣天气道路交通安全管理策略
——政策与研究篇

梁康之　公安部道路交通安全研究中心特约专家
　　　　美国资深交通工程师

导语

冰雪等恶劣天气给道路交通安全带来严重威胁，也大大增加了道路安全管理工作的难度。美国道路交通管理部门在应对恶劣天气方面建立了什么样的机制？又有哪些对策和科技应用呢？

一、美国冰雪天气多发，严重影响交通安全

在美国，70% 以上的道路位于多雪地区，每年平均降雪量超过 13cm，近 70% 人口生活在这些积雪地区。雪和冰降低了路面摩擦力和车辆的机动性，导致车速减慢，道路通行能力降低，并增加了车辆碰撞风险。在雪地或泥泞路面上，车辆平均运行速度会下降 30%~40%。高速公路上的行车速度在小雪中会降低 3%~13%，在大雪中会降低 5%~40%。大雪和风还会降低能见度及车辆机动性，延长行驶时间。

在美国，每年约有 24% 的与天气有关的交通事故是发生在积雪、泥泞或结冰路面上的，有 15% 发生在降雪或雨夹雪中。每年发生在积雪、泥泞或结冰路面上的事故，造成 1300 多人死亡、11 万多人受伤。其中，每年因冰雪造成的事故导致将近 900 人死亡、近 7.6 万人受伤。

与此同时，冰雪天气还增加了道路的维护成本。冬季道路维护费用约占美国联邦交通部维护预算的 20%。国家和地方机构每年花费 23 亿余美元清理道路上的冰雪，道路管理部门还需花费数百万美元来修复冰雪造成的基础设施损坏。

二、建立全国道路天气服务机制应对恶劣天气

1. 制定《道路天气管理工作规程》

为应对冰雪等恶劣气候对交通的影响，2005 年颁布的交通运输法案授权制定了"道

路天气研究与发展方案"（Road Weather Research and Development Program）。在此背景下，美国联邦公路管理局（FHWA）推出了《道路天气管理工作规程》（The Road Weather Management Program），旨在为道路使用者和道路运营及管理机构提供实时实地的道路天气信息，并建立覆盖全国的道路天气服务机制，减轻恶劣天气对道路交通的影响。美国联邦公路管理局期望通过该规程达到：

（1）建立国家公开的观测系统，促进数据共享、支持天气观测和预报以及运输业务。
（2）开发资源、开展培训，协助各州和地方政府部署天气管理工作。
（3）通过积极主动的解决方案和天气信息的有效传播改善交通状况。
（4）促进协作，制定全面和专项地面交通天气研究计划。

2. 建立部门、机构协作机制

为能在天气变化时实现对道路的实时管理，需要运输部门和天气预测机构的密切合作和协调。因此，美国联邦公路管理局与天气预测部门和各级运输部门合作，促进机构内部和机构间的技术整合，将正确的信息传递给相应的部门和负责人，以便他们做出正确决策。为此，联邦公路管理局还积极推动传感器和通信标准的使用，与气象部门合作开发质量控制算法，确定数据共享和处理的最佳方法。

按照《道路天气管理工作规程》，为应对天气变化对道路运输的影响，美国多家机构参与研究并提供合作支持，包括：美国联邦气象协调员办公室（OFCM）、美国国家海洋和大气管理局（NOAA）、美国气象学会（AMS）、美国国家天气协会、美国国家公路交通专家协会（AASHTO）、美国智能交通协会（ITS America）、Aurora（欧洲太空）计划、各州的交通厅（DOT）、国家实验室，以及世界道路协会（PIARC）和常设国际道路天气委员会（SIR WEC）等。

美国联邦气象服务和支持研究协调员办公室（简称联邦气象协调员办公室，OFCM）是一个跨部门的办公机构。美国国会和总统办公厅认为天气变化对民生至关重要，只有充分协调好各个有关联邦机构才能有效降低自然灾害的影响。为此，根据公共法87-843条，1964年美国商务部组建了OFCM，为联邦天气机构（FWE）提供以下服务：协调FWE机构之间的信息交流、规划和关注的问题，协助各合作机构在每年53亿美元的经费中获得最大效益；为联邦各部门提供天气变化的整体观测，为合作机构高层管理的决策提供支持；编制和修订各种基础气象文件，并为各类研究支撑和服务等。

早在1999年，美国联邦公路管理局和联邦气象局就启动了地面交通气象信息（WIST）研究计划，确定与服务运输决策有关的天气信息需求。2005年7月，联邦公路管理局和国家海洋和大气管理局又签署了合作伙伴计划，共同开展与地面运输天气有关的各种重要研究、开发和部署项目，以达到无论在任何天气条件下都能确保道路运输人员和货物的安全。项目工作组成员还包括：联邦运输管理局（FTA）、联邦航空管理局（FAA）、联邦运输安全管理局（FMCSA）、联邦铁路管理局（FRA）、管道和危险材料安全管理局（PHMSA）、研究与创新技术管理局（RITA）、国家运输安全委员会（NTSB）、环境保护局（EPA）、国土安全部（DHS）、能源部（DOE）、国家科学基金会（NSF）、农业部（USDA）和美国国家航空航天局（NASA）。

3. 发展道路天气研究技术

《道路天气管理工作规程》通过有针对性的协调道路天气研究和开发，在观测、建模、道路天气信息传播和综合道路天气技术等四个领域推进先进技术研发，包括：鼓励在现有的观测网络和数据库上进行充分的投资，实现一体化的Clarus系统（综合地面交通气象观测、预报和数据管理系统）；为数据和元数据建立标准，规范数据质量控制程序；将交通网络和数据管理系统与国家海洋和大气管理局数据整合；收集整理从运行车辆搜集的道路天气数据。

在建模方面，主要是改进路面和大气界面的预测和模型，向公众提供可靠的气象信息，将天气和路面数据运用于交通分析和建模，预测对道路交通状况和对运输的影响。

与此同时，为地面交通管理人员提供精确的特定路线信息，并为道路使用者提供有针对性的道路天气信息，改善道路天气信息的发布。此外，为发展综合道路天气技术，该规程正推动将观测、建模和决策支持技术整合到基础信息网络中，提供高速公路和干道测试天气应对减灾策略，以及为其他作业提供综合决策支持，例如夏季维修和施工。

4. 多手段推广相关技术应用

通过技术转让、宣传教育、培训等方式，推动《道路天气管理工作规程》的普及应用，提升整个交通运输行业应对天气变化的能力，强化各部门与个人对交通和天气影响的认知。《道路天气管理工作规程》还对道路安全、流动性和效率等方面进行绩效管理与评估，并建立基准条件和跟踪绩效评估。

三、应对恶劣道路交通天气的对策、科技应用

1. 应对雨雪雾等恶劣天气的三种对策

对于恶劣天气，美国联邦公路管理局将影响道路运行的天气分为五类：雨和洪水、雪和冰、低能见度、飓风、大风。同时，将研究内容分为：天气对道路、交通和运营决策的影响，天气对安全的影响，天气对机动性的影响，天气对生产力的影响。

道路天气管理的基础是数据和信息的共享和整合。对于道路使用者来说，更迫切地需要天气和路况信息。为此，道路天气管理工作的目标是提供随时随地的道路天气信息。

以下三种类型的道路天气管理对策可用来减轻雨、雪、冰、雾、大风、洪水和雪崩的影响。

（1）建议层面：向运输部门和道路使用者提供有关当前和预测道路条件的信息。例如，在动态消息板上发布雾天警告，在网站上列出洪水路线。

（2）控制层面：更改道路设施的状态，以允许或限制交通流量并调节道路通行能力。例如，采用改变速限制（VSL）标志降低行驶速度，或改变交通信号的配时等。

（3）治理层面：采取措施以减少或消除天气影响。最常见的措施是在路面上应用沙子、盐和防冰剂以改善路面摩擦力并防止结冰。

2. 缓解天气对道路影响的三种应用科技

目前，有三种类型的应用科技可用来帮助减轻天气对道路运输的影响。

（1）监控、监测和预测：通过观测系统和预测服务，交通管理人员可收集当前和预测情况的信息。

（2）信息传播：交通管理者用于向旅客传播道路天气信息和智能交通（ITS）信息技术应用。

（3）决策支持、控制和处理：为提高交通安全、移动性和运输效率，交通管理人员所采用的决策支持系统、控制对策和处理作业。

专家点评：公安部道路交通安全研究中心特约专家、3M首席交通安全教育与政策联络官官阳：看美国的很多交通管理类的文件，一个最大的感受就是契约精神，在国会立法机关授权一家计划制定主体单位后，各行政等级平行的部门和无管辖关系的部门，只要涉及领域与本部门专业有关，都是以签署合作协议的关系共同做事，而不是等着自上而下的行政命令逼迫其他部门配合，这种社会管理机制才有效率可言，如果所有这些工作，都指望有更大管辖权的上级部门发话，是行不通的。

扫一扫查看原文

美国恶劣天气道路交通安全管理策略
——清除冰雪作业篇

梁康之　公安部道路交通安全研究中心特约专家
　　　　美国资深交通工程师

> **导语**
>
> 降雪给道路安全带来极大安全隐患，及时有效地清除道路上的冰雪对保证道路的安全尤为重要。美国在清除道路冰雪作业方面有哪些经验、做法，可供借鉴？

在美国，70%以上的道路位于多雪地区，每年平均降雪量超过13cm。因此，进入冬季后，美国各级公路管理部门的重要工作是清除道路上的冰雪，以最低成本保证道路交通的畅通、安全，同时尽可能减少对环境的影响。

一、针对不同类别道路，按优先级清除冰雪

在冬季冰雪天气下，美国各级公路管理部门会综合考虑气候条件、可使用的融雪材料和环境的限制要求等因素，再根据道路的等级划分和地理位置、车流量、道路交通的安全性和流动性以及当地清除冰雪的能力，将道路划分为不同类别，按优先级清除冰雪，从而为使用者提供"可通行道路"。这里的"可通行道路"具体是指在冰雪天气期间，路面没有积雪和结冰，车辆可以以"合理的速度"安全行驶；并在天气条件改善之后，完全清除路面上的积雪（图1）。

图1 铲雪车清理后的道路是"可通行道路"

美国各州和地方政府对不同类别道路清除冰雪作业的要求略有不同,所投入的人力、设备和原料也有所不同,但宗旨都是优先保证主要干线道路畅通。以马里兰州公路管理局为例,将道路分为四类。

(1)第一类:州际高速公路和连接邻近州的主要国道。管理部门得到天气预报后,在开始降雪或冰雨的前2h至2天之间,对这类高速公路喷洒盐卤(liquid sodium chloride),进行预处理。在开始降雪直至雪停期间,要连续铲雪并喷盐或盐卤,防止冰雪黏结到路面,以保证这类高速公路的所有行车道和匝道符合"可通行道路"的条件。

(2)第二类:日均高流量的公路。与第一类道路的预处理方式相同,管理部门得到天气预报后,在开始降雪或冰雨的前2h至2天之间,对此类公路预先喷洒盐卤。这类公路通常有交叉路口,直行车流量及转弯的车流量较高,因此,在降雪期间,不仅要铲除行车道上的积雪,还要铲除交叉口转弯车道和加减速车道上的积雪,保持其符合"可通行道路"的条件。在降雪期间,首先除雪,然后再喷盐或盐卤,防止路面结冰。

(3)第三类:日均中流量的公路。在降雪时,清除行车道、转弯车道和加减速车道的积雪,努力保持"可通行道路"条件。除雪后使用少量的盐或盐卤,防止路面结冰。

(4)第四类:日均低流量的公路。在降雪时,清除行车道的积雪,尽可能保持"可通行道路"条件。除雪后使用少量的盐或盐卤,防止路面结冰。

二、使用专业的清除冰雪作业原料和设备

冬季清除冰雪作业需要特定的设备和原料,而且要保证相关设备维护、校准良好,原料要保证储存充足,并须沿着道路进行合理的分布和存储。

1.清除冰雪的原料

(1)盐(sodium chloride):盐是美国许多公路管理部门使用的主要除雪作业原料。降雪时,将颗粒状的盐撒在路面上能有效融化路面冰雪,且价格低廉,易于储存和方便采购。在过去的几十年里,美国的公路管理部门一直在研究其他可替代的原料,但从成

本效益和可靠性上考虑，目前还没有能够取代盐的原料。盐应储存在盐仓中，并按时维护，同时盐仓也需要进行良好的维护（图2）。

图2　盐仓

（2）盐卤（liquid sodium chloride）：盐卤是美国很多公路管理部门最常使用的第二种原料。在降雪开始前2h到2天内，直接将盐卤喷洒在路面上，可以防止雪和冰黏结在路面上；也可以将盐卤预先喷洒在盐上，使盐湿润，以减少在用盐除冰时出现反弹和散射情况。除雪后，也可喷洒盐卤，去除路面上残留的积雪和冰。

目前，盐卤的使用量呈逐渐增加的趋势，主要原因是盐卤容易制造，用23.3%的氯化钠溶解在淡水中，然后泵送到存储罐中，可按需要直接喷洒在路面上。同时，盐在-6.5℃就开始失效，而盐卤的冰点是-21℃，适合在更低温度下使用。

（3）液态氯化镁（liquid magnesium chloride）：美国一些公路管理部门也使用有限数量的液态氯化镁。液态氯化镁的冰点是-30.5℃，适合在更寒冷的路面温度下使用。一般情况下，液态氯化镁只用于对喷撒前的盐进行预先湿润，不会直接在公路上使用。

（4）研磨料（沙子或碎石）：冬季清除冰雪作业还可能使用研磨料。研磨料没有融雪特性，可能会堵塞排水管路，并造成空气污染。在冻雨或路面温度非常低、盐的效果降低的情况下，可考虑将盐和研磨料混合使用，以增加路面摩擦力。马里兰州的西部地区就使用这种混合物。但应谨慎使用，因为研磨料会滞留在路面上，需要专门的机械清除，也可能需要对排水沟或排水管进行额外清理。

2.清除冰雪的设备

最有效的清除冰雪设备是在自卸货车上安装雪铲，以机械方式在公路上铲雪。此外，还可在自卸货车上安装侧翼雪铲，增加铲雪面积。新型高性能的混合橡胶雪铲，其雪铲片与路面的接触面积较大，增强了清理能力，提高了铲雪效率。

自卸货车一般可装载5~6t的盐，部分大型自卸货车可装载10~15t的盐。配备旋转撒盐机（图3）和电控撒盐设备（图4）的自卸货车，能有效控制道路上所需喷撒的盐量，防止操作不当而喷撒过量。这些设备需要定期维护和调试，确保在良好状态下使用。

图3 旋转撒盐机　　　　　　　　图4 电控撒盐设备

三、定期对作业人员进行专业培训

对作业人员进行专业的培训，也是保证完成清除冰雪任务的一项重要工作。美国公路管理部门每年都针对维修技术人员和一线操作人员进行盐管理和清除冰雪等知识培训。例如，马里兰州公路管理局设立的"冰雪学院"，每年会对新职工和20%曾参加过培训的职工进行专业培训，以保证每一位职工在每5年内都有一次再培训机会。

针对不同工种的技术人员，培训内容有所不同，主要包括：维护车间管理人员职责；一线铲雪主管部门有关铲雪作业程序和管理分工，冬季原材料库存管理；一线铲雪作业人员的岗位知识、驾驶技能、铲雪模式和安全知识；盐和其他除雪材料的性质以及数据收集和分析等。

四、清除冰雪作业管理高效

1. 气象部门提供全面、准确的气象预报

根据国家气象局（NWS）和道路天气信息系统网络（RWIS）的天气预报，美国公路管理部门在降雪开始前的24~72h就会按照预案开始准备清除冰雪作业。国家气象局提供中长期预报，道路天气信息系统网络提供近期预报。道路天气信息系统网络由各地分布的气象站组成，提供降水的类型和强度、气温、风向和风速、露点温度和相对湿度等局部数据。每个气象站还设有地面传感器，可以检测路面和地下温度、地表冰点和盐的浓度。道路天气信息系统网络还可以在关键位置的特殊路面设置温度传感器，提供特定地点的路面数据。

2. 制定有效的清除冰雪作业预案

降雪前进行道路预处理作业，是使用盐来有效控制路面结冰的最佳阶段，也是冬季清除冰雪作业的关键环节。行之有效的道路预处理作业能降低后续的工作量和盐的使用量。如有覆盖全州的冰雪天气，马里兰州公路管理局会在降雪前72h就开始道路预处理作业；对局部冰雪天气的预处理作业在降雪前18~24h开始。

根据降雪前的预案，参加清除冰雪作业的人员在指定时间和地点报到，召开清除冰雪作业的准备会议，通报天气和预计降雪情况、后勤准备和人员配备等情况；维修人员

检查车辆、铲雪和喷撒设备以及通信和定位设备；然后装载除冰雪原料等。作业人员和车辆准备就绪后，在开始降雪前车辆按照预案行驶到预定地点。铲雪车辆行驶需要考虑交通高峰时段的影响和降雪预报的时间，保证降雪前车辆到位。

3. 降雪前进行防止路面结冰作业

防止结冰的措施主要包括在降雪和降冻雨之前在公路上喷洒盐卤等液体（图5），也可在冰雪即将来临时喷撒预湿盐粒，在刚刚开始降雪时撒盐也可防止结冰。防止结冰的主要目标是防止雪和冰粘结在路面或桥面上，提高降雪期间铲雪和撒盐作业的效率和速度。前期铲雪作业准备充分，可减少降雪期间盐的使用量，更重要的是可提升降雪期间道路交通的安全性。如果雪或冰黏结在路面上，则需要大量的犁铲和破碎工作来打破黏结。

根据马里兰州公路管理局多年的实践经验表明，在降雪开始前及时喷洒盐卤，是保证降雪时道路仍能正常使用的最佳方式。尤其是当实际降雪的时间比预报提前时，及时喷洒盐卤的作业尤为

图5 喷洒盐卤

重要。第一次喷洒盐卤作业后，盐颗粒可以"吸附"在路面并防止冻结，直到铲雪车开始作业。

但在一些情况下，不能喷洒盐卤，例如预报先降雨后降雪、地面温度低于-26℃，以及两次降雪间隔很短、路面还有盐颗粒等情况时，喷洒盐卤会造成浪费或失去其应有的作用。

4. 降雪过程中进行除冰雪作业

降雪开始后，路面有积雪时，防结冰作业随即开始。如果是小雪，应使用较少的预湿盐或盐卤。如果是中雪至大雪，应相应调整盐或盐卤的使用量。预先湿润的盐和盐卤易黏附在路面上，降雪期间需保证其持续吸附在路面上，并控制从路面反弹到路边或排水沟中的盐量。预先湿润的盐能更迅速地溶解，提高溶解冰雪的效率。需要特别强调的是，应尽早喷预湿盐或盐卤，防止雪或冰黏结在路面上，这样才可以在降雪期间有效地进行铲雪和减少盐的使用量。

随着降雪持续，积雪会使路面上的盐逐渐失效，此时应该开始铲雪作业。路面的盐使积雪呈"粉状"，铲雪车作业更有效。在铲雪的同时，应重新喷足够的盐或盐卤，以防止随后的降雪黏结到路面上。在降雪期间，以上过程可能需要重复多次。如果空气温度和路面温度很低，应使用盐卤将盐预湿再喷撒，以提高融雪效果，并降低盐的使用量。

冰雪天气结束后，需要清理设备，维护存储原料和对清除冰雪作业进行总结回顾。

扫一扫查看原文

美国恶劣天气道路交通安全管理策略
——科技应用篇

梁康之 公安部道路交通安全研究中心特约专家
　　　　美国资深交通工程师

导语

在冬季，我国雨雪冰冻等恶劣天气随之增多，尤其是大雪、暴雪等恶劣天气对群众安全出行造成影响，也给公安交管工作带来挑战。那么，可以运用哪些科技手段来缓解恶劣天气对道路交通的影响呢？我们来看美国相关部门的经验、做法。

为制定道路天气管理对策，道路管理部门必须连续对气象变化进行监测，并整合分析气象数据，制定科学有效的道路交通安全管理对策，以减轻气象变化对道路交通安全造成的影响。

一、运用天气观测系统预测天气

目前，美国道路管理部门主要通过固定的气候传感站（ESS）、移动传感设施和遥感系统等天气观测系统预测气象变化，为管理决策提供可靠信息。

天气预报的基础信息来自气象观测数据分析。大范围的气候变化预报信息作为公共资源，由国家海洋和大气管理局（NOAA）的气象服务处和飓风中心，以及地方气象预报服务部门等对公众发布。此外，部分气候观测数据也可以从环境观测网络数据中获得，如农业、洪水监测和航空网络数据。美国国家海洋和大气管理局的气象同化数据摄取系统（MADIS）（图1），是一个气象观测数据库和数据传输系统，可以提供覆盖全球的气象观测资料。MADIS从NOAA数据源和非NOAA提供的数据源（如地面监测系统、水文监测网络、气球运载仪器、多普勒雷达、飞机传感器等数据资源）中提取数据，对数据进行解码转换，再整合地面交通气象观测、预报以及数据管理系统所收集的数据，从而为道路管理部门、社区以及各类道路使用者提供道路天气预报。

1. 气候传感站（ESS）

气候传感站（ESS）是沿着主要干线公路设置的固定感测器，用于测量大气、路面和水位数据情况。大气数据包括气温和湿度、能见度、风速和风向、降水类型和速率、暴雨、雷电、风暴的位置和轨迹，以及空气质量；路面数据包括路面的温度、冰点、化学剂浓度和地下条件（如土壤温度）等；水位数据包括潮汐水位、道路附近的小溪水位、河流和湖泊水位等。

相互联通的气候传感站可提供更多信息。道路天气信息系统（RWIS）由多个气候传感站（ESS）、数据传输通信系统以及从气候传感站（ESS）收集现场数据的中央系统组成。如美国国家气候传感站（ESS）地图所示（图2），联邦运输机构拥有近2500个气候传感站（ESS），其中2000多个设置在道路天气信息系统（RWIS）内，用于支持冬季道路维护作业，其他气候传感站用于交通管理、洪水监测和航空等项目。

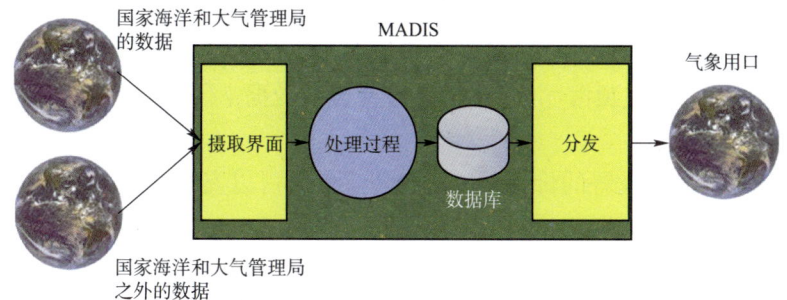

图1 气象同化数据摄取系统 (MADIS: meteorological assimilation data ingest system)

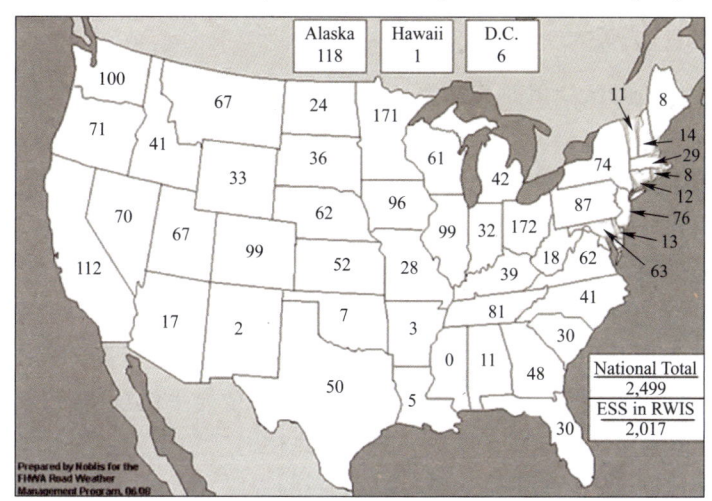

图2 美国国家气候传感站（ESS）地图

道路天气信息系统（RWIS）包括集中控制的硬件和软件，收集来自各个气候传感站的大量现场数据，处理后的数据支持各种应用程序的操作，并转换为天气环境数据。

2.移动传感器

移动传感器安装在不同类型的机动车上，在运行中感测环境数据。移动传感器利用车载传感器系统、车辆自动定位（AVL）和全球定位系统（GPS）技术传送温度、地面摩擦系数等路面情况和空气温度等大气情况。移动传感器应用的重点是绘制路段的温度图，提供路面温度分布情况和道路天气预测的温度数据。

随着高科技和智能化的不断发展，美国交通部还开发了智能交通的V2V通信技术（Vehicle-to-Vehicle Communication，简单说，V2V就是车和车的通信交流），从车与车的通信中收集路面和天气情况数据。《道路天气管理工作规程》（The Road Weather Management Program）中关于VII技术的研究（VII技术，即车辆和基础设施一体化技术，也就是V2V技术和V2I技术的一体化；V2I技术即Vehicle-to-Infrastructure，简单说就是车和基础设施的通信交流），推动了与天气有关的应用技术的进步，如冬季道路维护作业、旅客出行天气通告和天气预报的优化。冬季道路维护作业利用传统的道路天气数据与装备了VII技术（车辆和基础设施一体化技术）的车辆传感器数据相结合而传达出的处理信息，来更好地应对天气变化。旅客出行天气通告是利用装备了VII技术（车辆和基础设施一体化技术）的车辆收集天气信息并转换为探测数据，将探测数据分析整合后与传统的天气数据结合，对特定行驶路线的天气进行预报，并通过装备了VII技术的车辆将信息传播到受影响的地区。天气预报优化则侧重于使用探测数据来优化天气预报过程。

3.遥感系统

遥感系统是远距离设置的传感器。遥感传感器既可以安装在无人机上，也可以安装在用于监测气象和海洋状况的雷达或卫星系统上。遥感传感器的图像和观测资料可用于当地乃至全球范围内的天气监测和预报。遥感传感器定量测量大气温度和风向、监测大气层、风暴、水的成像以及预测冰雪融化和洪水可能带来的潜在危害。

二、多渠道传播天气信息

道路管理部门和媒体向道路使用者传播道路天气信息，为其出行选择提供帮助，如帮助道路使用者选择出行模式、路线、出发时间、车辆类型和设备（如轮胎链）、驾驶行为（如降低速度，增加车辆间距等）以及旅程延误情况。道路管理部门还通过其他信息技术手段为道路使用者提供天气变化咨询服务。此外，在道路管理控制上，道路管理部门通过开启闪烁警示标志，在动态消息标志（DMS）上显示道路天气警告信息，以及通过交通资讯电台（HAR）广播消息，告知道路使用者天气信息。

州政府网站和电话录音信息系统向道路使用者提供特定道路的路况信息和出行预报，其中还包括全国公路交通信息电话号码。此外，智能手机短信、车载信息设备和休息区的信息公告等也是传播道路天气信息的重要途径。

爱荷华州交通厅通过互联网站及时发布最新的道路和天气状况，并在网站的地图上标出各条公路的实时路况和天气情况，同时显示实时监控影像、当前运行速度等。互联网站还专门向交通厅道路维护部门，提供天气信息、铲雪车辆位置和路面数据以及天气变化趋势。

堪萨斯州交通厅建立了511电话和511网站出行服务系统，为道路使用者提供天气和道路信息。在511网站上的路网地图，以不同颜色标识当前道路信息，同时，还显示实时道路影像、动态信息、道路天气状况、与出行相关的预警预告信息，以及其他相关网站链接。交通厅有专门的科室负责该系统数据的更新，工作人员将更新数据输入系统后，大约5min内出行服务系统就会更新完毕。

三、科学决策、控制和处理作业

1.评估天气对道路的影响，进行科学决策

美国联邦公路管理局《道路天气管理工作规程》（The Road Weather Management Program）记录了交通管理人员所需要的44种不同类型的天气信息和需要作出的423种

决策。为了协助管理人员迅速做出正确的决策，根据《道路天气管理工作规程》的相关规定，美国联邦公路管理局开展了《天气影响地面运输的决策支撑条件（Surface Transportation Weather Decision Support Requirements，STWDSR）》项目，研究如何在获得各种信息后让管理人员迅速做出正确决策。交通管理人员结合STWDSR数据与交通流量、人口以及地形等其他交通相关数据，可以评估天气对道路交通的影响程度，并做出相应决策。交通管理人员在决策过程中使用及时、准确、具体路线的有效数据，可及时应对由于天气变化造成的拥堵和延误，降低发生交通事故的可能性，同时也可向道路使用者传递相关信息。此外，道路维护决策支持系统（MDSS）可为冬季道路维护人员进行道路作业提供相应对策；天气反应系统（WRS）可为运输管理部门提供天气预报和雷达数据，以辅助道路交通运营决策。

美国部分州的交通管理中心（TMC）利用高级交通管理系统（ATMS），将环境数据与交通监控和控制软件相结合。交通管理人员可以以此查询道路天气数据，对道路使用者发出警告信息，并采取交通控制措施，例如限制交通流量、调节道路通行容量等。自适应交通信号控制系统可根据路面状况，改变交通信号配时，调整与天气变化相关的信号配时、改变信号周期长度以及相位，以适应车流量变化，交通管理人员也可以通过可变限速（VSL）标志和动态信息标志（DMS）降低限速。当洪水、龙卷风、飓风或火灾影响道路安全时，交通和应急管理人员可以限制车辆进入受影响的桥梁、特定车道或整个路段，也可以限制指定车辆类型（例如高轮廓车辆），同时，还可使用匝道、车道使用控制标志、闪光警示灯等控制车辆运行。交通管理人员通过公路咨询电台（HAR）和动态信息板（DMS）提醒驾驶人恶劣天气情况和通行限制信息。

马里兰州交通厅为货车驾驶人提供了临时停车场地。在恶劣天气条件下，特别是当天气预报有超过6in（英寸）（约15cm）的大雪时，货车驾驶人通常会寻找临时停车场进行停车。马里兰州交通厅与货车协会合作，在繁忙的都市周边增设6处货车临时停车场地（图3）。在降雪期间，通过互联网站和手机Apps为货车驾驶人提供停车位信息，引导其就近停车。

图3 马里兰州增设货车停靠站

宾夕法尼亚州交通厅在冬季冰雪期间实施洲际公路临时管制措施，降低可能发生的事故。交通厅根据各段洲际公路的具体情况，制定合理管制措施预案，包括临时管制的决策权限和程序、降低的限速值、迂回路线等；利用现有的智能交通系统发布临时限制指令，使用可变信息板、511公路信息广播电台、地方媒体、推特网、电子邮件和智能手机等通信手段通知道路使用者。同时，交通厅还根据降雪程度和天气情况决定采取何种管制措施，包括警告道路使用者注意天气变化和道路行驶状况；降低限制速度，在限制区段内利用固定的和临时设置的显示器公布降低限制速度等消息；限制某些种类车辆进入洲际公路，如大型货车；在极端恶劣的天气封闭洲际公路。

2. 清除冰雪作业，减少冰雪天气对道路的影响

清除道路冰雪作业是为减少或消除冰雪天气对交通的影响，最常见的处理方式是下雪前的预处理，下雪时在路面上撒沙子、盐或防冰剂，从而增加道路的摩擦力，防止路面结冰。在平时用于维修施工的车辆上安装雪铲、化学品储存罐、喷雾喷嘴和盐撒播机，以清除道路上的冰雪。

扫一扫查看原文

科罗拉多州交通厅采用"一铲"作业（图4）。在铲雪作业中，使用更宽的雪铲和牵引雪铲，减少人力和设备的投入，降低成本，提高铲雪效率。包括：使用14ft(英尺)宽的雪铲（约4.3m），一次清理12ft宽的车道（约3.7m）上的积雪；使用牵引雪铲，一次铲雪宽度可达24ft（约7.3m），牵引车最高时速可达50mile/h（约80km/h）。

图4　科罗拉多州交通厅采用"一铲"作业

第三篇

道路安全管理篇

如何让道路越来越安全

官 阳　公安部道路交通安全研究中心特约专家
　　　　3M交通安全系统部首席交通安全教育与政策联络官

导语

道路交通安全管理需要形成三个基础共识，即：道路是危险的，没有绝对安全的道路，但是有越来越安全的道路；能力有限是道路使用者的共性，人不可能不犯错误，但是可以少犯错误；道路交通管理的第一措施是控制，控制与执法是两件事，执法不能替代控制。如果没有这三个基础共识，大家谈论的很多观点可能都是错误的，如果不及时纠正，还会在错误的道路上继续错下去。今天和大家分享第一个基础共识：道路是危险的，没有绝对安全的道路。

一、没有绝对安全的道路，但有让道路更安全的办法

1. 斑马线不安全，路上没有安全的地方

道路是危险的，没有绝对安全的道路。大家经常讨论"机动车礼让斑马线"的话题，很多人讲斑马线是最安全的地方，行人在这里可以安全地过道路。其实，斑马线并不安全，路上没有安全的地方，之所以在道路上施划斑马线，是要告诉驾驶人和行人这里很危险，通过斑马线要提高警惕。尤其是行人，在过道路时，即使走在斑马线上，也不能戴耳机、玩微信甚至打电话，要尽量做到眼观六路、耳听八方。没有绝对安全的道路，交通参与者在出行中需要提高注意力，尤其要关注其他道路使用者的状态。

2. 视距和视区不满足需求时，容易产生误判

机动车出现后，人们面临一个从未遇到过的问题，即人的运动速度被加快了，人在单位时间内运动范围扩大，挤压了活动空间，人与人之间的互动关系受到了冲击。比如两个人面对面走路，走快了互相躲闪不及很容易撞到对方，更何况以60km/h的速度行驶的机动车，1s就开出去17m。之所以会出现上述问题，和人的眼球构造有关，驾驶人仅靠一个瞳孔去搜索前方道路信息是不够的。在运动的过程中，车速越快，驾驶人能看到的视区范围就越窄。所谓视区是指驾驶人在行车时，在驾驶室内能够清晰看到前方道路的广度，速度越快视区越窄，当视区被压缩后，如果驾驶人的视距和视区不能同时满足需求，很容易对道路信息产生误判。

图1是一张非常典型的路口图，这是台湾逢甲大学徐耀赐老师的讲义图。通过这张图可以看出，在路口，随车干扰现象很普遍。前车挡住了后车驾驶人的视线，导致后车驾驶人在相当长一段时间内看不到前面的路况，这很危险。随车干扰现象在路上经常出现，即便驾驶人注意力非常集中，也有可能发现不了前方被遮挡的道路情况。

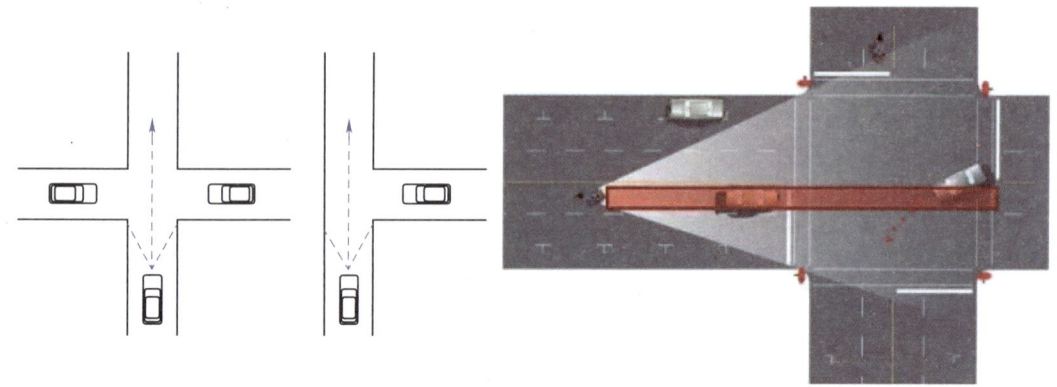

图 1 超宽交叉路口,超出驾驶人视区的范围,属于高风险点

再来看一起发生在斑马线上非常典型的"鬼探头"事故,图2中右侧两辆车在驶近斑马线时停下了,但左侧第三个车道上的驾驶人由于视线被右侧车辆遮挡,没有看到斑马线上的行人,发生了碰撞事故。所以,没有绝对安全的斑马线,横过斑马线一样要谨慎小心。

图 2 没有绝对安全的斑马线

那么,如何减少斑马线上类似的"鬼探头"事故呢?图3中是两种非常典型的斑马线前停止线的设置形式。第一张图是过去的斑马线前停止线设置形式,第二张图是发现人因工程后,改进的斑马线前停止线设置形式。第二张图中的停止线,就是为了预防"鬼探头"事故,把停止线设置在离开斑马线一个车位的位置。在新西兰的标准中,要求机动车停止线后退 5m,这样行人在过街时,视野更加开阔,方便观察第二车道的情况。这样的设置,行人会斜着面向来车方向过道路。所以,没有绝对安全的斑马线,但是可以有更安全的斑马线。更安全的斑马线需要专业化的设置,"机动车礼让斑马线"需要技术配合。

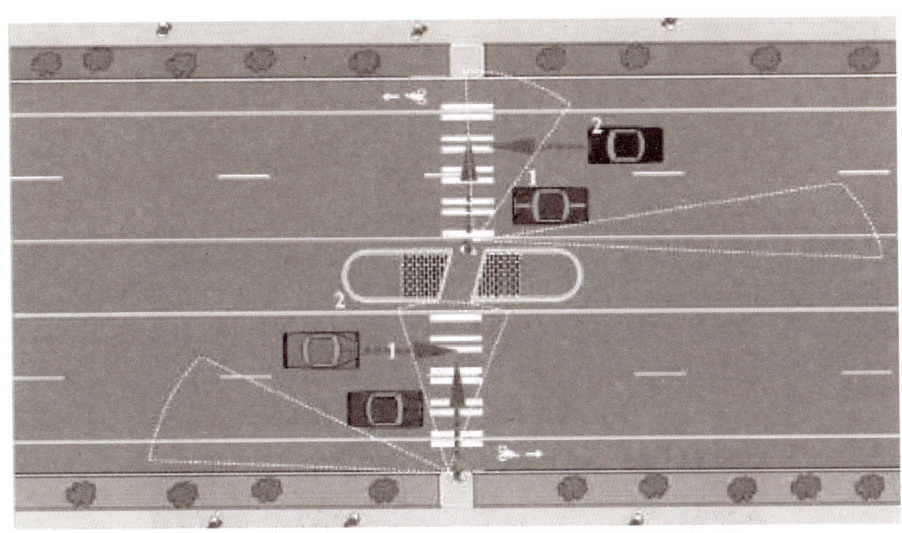

多种碰撞威胁（资料来源：行人设施可达性设计培训，美国联邦公路管理局，2005）

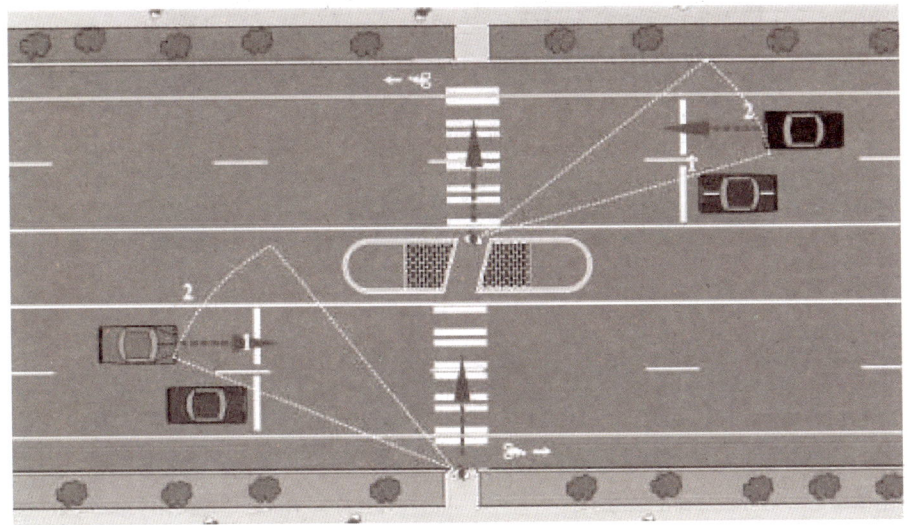

将停止线提前（也可使用让行标线做前置）

图3 打开视距，对付"鬼探头"

3. 打开驾驶人的视距，可让道路更安全

打开视距是道路交通安全管理的一个基本措施。如图4所示，只要对面有左转弯车，直行车道的车就会被挡住，一个是左转弯车辆的遮挡，一个是驾驶人前侧A柱的遮挡。因此，这时在路口左转弯非常危险，因为对面直行而来的车是完全被遮挡的。如何解决这个问题呢？通过车道偏移打开视距的方式，可防止左转弯的盲区与直行车的正向冲突（图5）。这再次说明，没有绝对安全的道路，但是有让道路更安全的办法。上面讲的这些措施，都与识别视距有关。

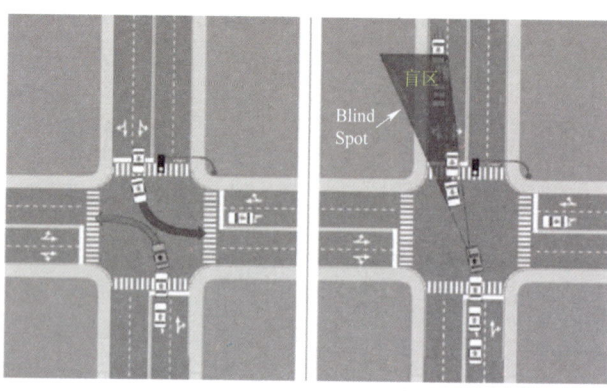

图 4 左转弯车辆看不到对面直行车辆

图 5 对抗盲区的措施——车道偏移

二、设置警示设施保证安全视距，可提高道路安全性

1. 安全视距应用的核心是空间和时间的置换

什么叫识别视距？识别视距又称识别距离，为了保证车辆安全顺利通过交叉口，应使驾驶人在交叉口之前的一定距离能识别交叉口的存在及交通信号和交通标志等，这一距离称为识别视距。如图6所示，过去人们更关注决定应变行动、开始行动和完成应变行动的过程。在这个过程中，大概有10s的时间是几乎没有任何办法做改变的。从交通管理者角度来说，决定应变行动和开始行动，更多地依靠车辆性能、人的反应能力以及路面材料等，无法管理和控制。因此，更多的注意力应放在预见路况、察觉和看清路况这些方面。我们所说的识别视距，主要是察觉和看清的过程，在这个过程中，如果以50km/h的速度行驶，节省1s，就会少驶出14m。因此，要通过交通控制设施来改善视距。

识别视距是一个非常重要的技术概念，《中华人民共和国道路交通安全法》在道路通行条件的章节中明确规定，不得妨碍驾驶人安全视距，但其中没有对什么样的视距是安全的作出具体解释。国际道路联合会指出，情况复杂或容易有意外情况出现的地方，都需要考虑识别视距。实际上，在城市道路内变更车道，特别需要考虑识别视距。

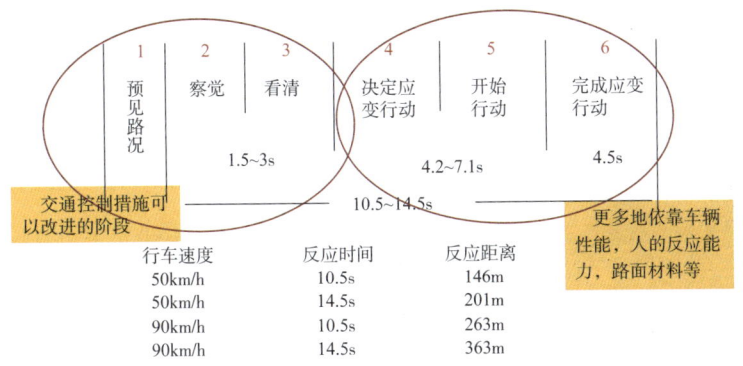

图6 识别（决策）视距的基本架构

再来看停车视距。汽车行驶时，驾驶人自看到前方障碍物起至到达障碍物前安全停车所需要的最短行车距离，称为停车视距。停车视距要充分考虑车型之间的差异。美国俄勒冈州关于停车视距的规定为：具备普通制动系统，也就是不带防抱死制动系统的货车的停车视距，比带有防抱死制动系统的机动车的停车视距增加大概40%的空间。因此，车道有货车道、小客车道等，它们的视距要求不一样，交通设施设置的位置以及接近操作点告知的点也不一样。让道路变得更安全，这些细节设置很重要。

安全视距应用的核心是空间和时间的置换。其实整个交通安全管理就是通过时间和空间置换的方式来运行。当道路条件无法满足驾驶人安全视距时，可以利用标志标线配合来控制和降低车速，来满足驾驶人对安全视距的需求。如图7所示，车辆驶入弯道时需降速，因为在弯道处驾驶人视距受限，只有当速度降下来时，才能保证驾驶人拥有安全视距。那么通过设置这些标志标线来实现时间置换空间到底有没有效果呢？

图7 利用标志标线相互配合，完成弯道提示和车速控制（红色标志含义为：现在开始减速）

2. 设置警示设施来保证安全视距的作用

举几个简单的例子看看，在道路条件无法满足驾驶人安全视距时，通过设置交通警示设施到底能起多大作用。

（1）反光道钉可减少双车道相撞事故。反光道钉又称凸起路标，是一种交通安全设施。在夜间，迎着车灯反光道钉也可以发光。由于反光道钉高于路面，即使在雨夜，也能帮助驾驶人看清路面。

美国国家公路交通安全管理局统计，有90%的交通死亡事故发生在双车道公路上。20世纪70年代末，美国佐治亚州交通局在662个平面弯道中心线上安装了反光道钉（图8），和白天事故相比，夜间交通事故减少了22%。同期，俄亥俄州在187个事故多发路段（平面弯道、窄桥、叉路口和停车后准行区域）使用反光道钉，针对这些地区安装反光道钉前后发生的3320起事故进行分析发现，总事故率下降了9%，伤害级事故下降了

15%。20世纪90年代末,纽约州交通署在没有照明和乡村公路的事故高发路段使用反光道钉,根据20处地点的研究结果发现总事故减少了7%,夜间交通事故减少了26%,雨夜事故减少了33%;另外,因引导缺陷导致的事故减少了23%,夜间同类事故减少了39%。

(2)隆声带可减少迎头相撞和侧面碰撞事故。隆声带呈凸起、凹槽状,主要通过声音和振动来警告那些驶离行车道的驾驶人,从而减少交通事故的发生(图9)。中央隆声带最早使用者之一——美国德拉威尔州保留了一段2.9mile道路在安装前3年和后6年的数据。比对显示,在安装中央隆声带后迎头相撞事故减少了90%,侧面碰撞事故减少到0。1996年,科罗拉多州在一段17mile的道路上安装中央隆声带后,44个月的数据显示,迎头相撞事故减少了22%,对向侧面碰撞事故减少了25%。美国加州等7个州通过对210mile道路(日均车流量在5000~22000辆)上的98个事故点进行观测后得出结论,这种措施减少了14%的事故率,迎头相撞事故减少了21%。隆声带还有一个很重要的作用是预防驾驶人疲劳驾驶,当车辆发生车道偏移时,隆声带的振动感会起到提醒和警示驾驶人的作用。

图8 反光道钉可减少双车道相撞事故

图9 隆声带可减少迎头相撞和侧面碰撞事故

三、让道路更安全,需要有专业的研究做基础

1. 当驾驶任务需求超过驾驶人能力时,车辆很容易失去控制

英国有一个很重要的关于任务需求与能力接口模式的研究。如图10所示,这是驾驶人的驾驶任务需求与能力接口,反映的是交通事故是怎么发生的。需要关注两个方面,一方面是事故发生前车辆可控制情况,一方面是事故发生后的车辆碰撞情况,碰撞前一定会有车辆失控,但车辆失控不一定导致碰撞事故,因为失控后还有纠正错误的各种机会和因素,比如对方车辆的紧急避让、路侧净区的容错功能等。人在驾驶车

辆时，车辆在可控制与失控之间，影响车辆是否可控的一方面是驾驶人的能力，一方面是驾驶任务需求。

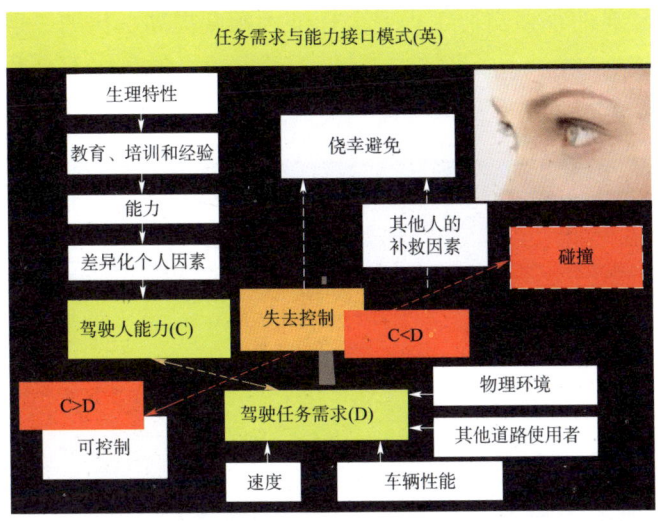

图 10　驾驶任务需求与能力接口模式示意图

驾驶任务需求包括物理环境、车辆性能、速度以及其他道路使用者等因素，而驾驶人的能力受到生理特性、教育、培训、经验、个人能力等因素的影响。当驾驶任务需求小于驾驶人能力时，车辆可以被驾驶人控制；当驾驶任务需求超过驾驶人能力时，车辆就很容易失去控制。在这里，英国重点强调的是道路交通安全对策主要是想办法降低驾驶任务需求，让驾驶任务变得简单。我们常说十次事故九次快，降速其实就是降低驾驶人的驾驶压力，从而提升驾驶安全。

2. 人、车、路共同影响事故的伤亡数量和严重程度

大约在30年前，美国人哈顿提出了著名的"哈顿矩阵"，他阐明了在车祸发生碰撞前、碰撞时和碰撞后的三个阶段中互相作用的三个因素：人、车和路（环境）。哈顿是一位公共卫生医师，也是美国第一任交通安全管理局局长，他在研究中发现，发生交通事故后，医生只能在事故后起作用，而如何预防或减少交通事故的发生才是关键。事故发生前，在驾驶人方面，需提供提示信息、减少伤害行为的教育以及交警执法力度等相关信息。现在很多人把执法看作一种处罚，实际上从交通安全角度讲，执法所起的是一种震慑作用，是事故预防型措施。在车辆方面，需要有完备的主动安全系统，包括灯光、反光标识、制动等；在道路方面，需要考虑道路的设计、标志标线的设置以及养护等。正是人、车、路这些因素影响着道路交通事故的人员伤亡数量和严重程度（图11）。

3. 人不可能不犯错误，应尽可能避免驾驶人犯错误

1997年，欧洲著名的交通安全国度瑞典王国，在议会上通过了一项名为"Vision Zero"（零愿景）的议案，对道路交通事故应对理念上做出了颠覆性的调整，引起了联合国和世界交通工程界的关注。"零愿景"的核心原则指出，人是不可能不犯错误的，而交通安全设施的设置，应尽可能地去避免这种驾驶错误和避免这些错误所导致的事故，实现"零瑕疵"。"零愿景"指出，只要出现交通事故，不应是驾驶人单独承担事故责任,交通工程技术人员也要承担责任。"零愿景"的目标是让危险系数尽量归零,而不是在有可能的情况下,降低安全标准,拿生命去搏运气。1999年,"零愿景"提出后,瑞典的很多交通工程安全标准大幅度提高,比如,瑞典高速公路上的交通标志尺寸增加了1倍,字号也增大了1倍,最大的字体有1m高,目的就是让驾驶人能够看得清清楚楚。

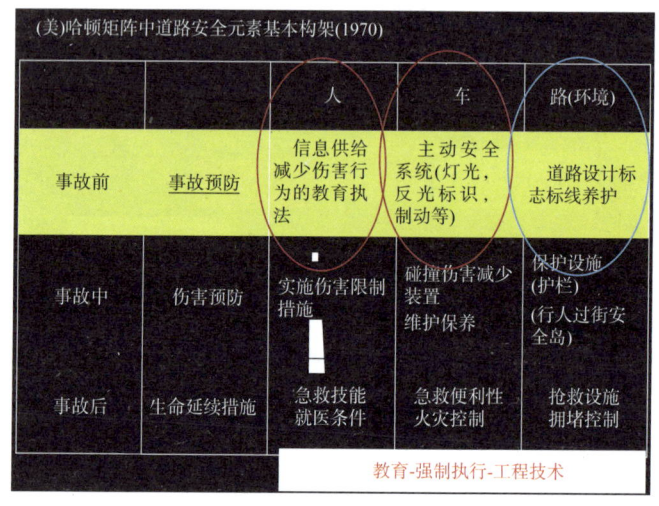

图11 哈顿矩阵中道路安全元素基本构架

没有绝对安全的道路,但是有越来越安全的道路。英国提出的任务需求接口、美国提出的哈顿矩阵、瑞典提出的零愿景都是为了让道路更安全。无论是从事交通安全管理的人员,还是从事道路设计、交通工程设计的科研人员、教学人员等,首先都应有这个基本共识——不能因为人们有可能犯错误,就把人的错误当借口,放弃持续检讨安全隐患、改善道路安全通行条件的努力,因为人的错误是有机会被纠正的。

扫一扫查看原文

如何让道路使用者少犯错

官　阳　公安部道路交通安全研究中心特约专家
　　　　3M交通安全系统部首席交通安全教育与政策联络官

导语

在事故调查中,普遍会分析驾驶人或者道路使用者自身是否存在过错。有一种观点认为道路使用者,特别是驾驶人,无论在何种条件下应始终保持高度注意力、敏锐的观察力、出众的视力以及迅速的反应能力等。那么,在实际中这种观点是否科学呢?

一、道路使用者为什么会犯错

1. 能力有限是道路使用者的共性

人不可能不犯错,但可以少犯错。与此对应的错误观点是:道路使用者,特别是驾驶人,无论在何种条件下应始终保持高度注意力、敏锐的观察力、出众的视力以及迅速的反应能力等。实际这是一种理想状态,几乎不可能做到。

人们在开车时,90%的信息来源是靠视觉,视觉质量直接影响判断质量,另外10%的信息来源是靠听觉,例如隆声带就是听觉干预的一种措施。白天行车主要依靠视力,夜间行车则需要依靠灯光加视力才能看清。在夜间,人们获得的道路参照信息只有白天的5%。因此,想要判断一条道路是否安全,懂行的人会选择夜间去看,而不是白天。若在夜间看到的信息,还不是驾驶人应看到的或迅速看到的,那这条路就是不安全的。为什么中国驾驶人爱开远光灯?夜间行车,驾驶人看不到该看的东西,便会开远光灯寻找。道路使用者的感知和体验构成了信息的形式,而其感受质量则决定了执行的质量。

为什么那么多驾驶人无视危险和规则?因为人的能力有限,即使是通情达理和审慎的道路使用者。

2. "眼见"不一定为"实"

"眼见为实"指的是必须亲眼看到才会相信,但在交通安全领域,有时亲眼看到也不意味着一定可靠。比如,蓬佐错觉(Ponzo Illusion),即人会根据物体的背景来判断其大小。

图1中两段红线一样长吗?怎么看都不一样长。但通过更改参照物后,便会发现两段线一样长。在路上行驶,驾驶人会寻找参照物、参照坐标,若选错参照物,其行驶距离、轨迹也会出现错误。

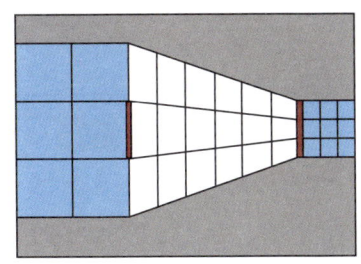 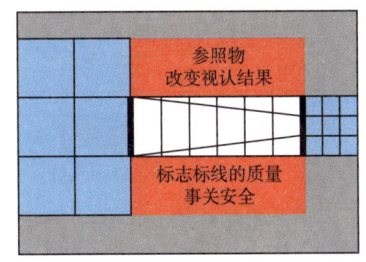

图 1 人们会依据所见物体的背景来判断物体的大小

3. 视觉受到年龄影响

与老年驾驶人相关的话题如"选择性关注",即老年人更喜欢用推理的方式去做判断。由于老年驾驶人视觉及听觉已经跟不上了,需要靠经验、记忆完成大多数判断。同时,其对汽车性能也会有更高的要求,当然驾驶姿势、反应能力等各方面会受到影响,这些是与年龄相关的个人性差异(图2)。

在视觉上,老年驾驶人需要更亮的车灯。若20岁驾驶人使用两盏车灯,40岁驾驶人则需使用8盏车灯,那么60岁驾驶人就要使用16盏车灯,这样才能基本达到质量相同的光学等感受。针对更多的老年驾驶人群,1985年后的美国,开始提升其交通设施水平,譬如加大标志尺寸、增加标志亮度等。1988年的研究报告表明,对于老年驾驶人,标志亮度需要提高3倍以上。我国社会正在快速步入人口老龄化,所以老年驾驶人及相关领域值得关注。

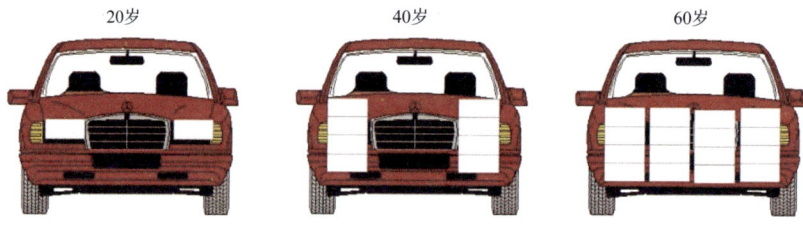

图2　年龄增加后,则需要更亮的车灯

4.视区质量影响驾驶轨迹的精确度

从人因领域来说,"看见"即视距和视区。此外,还包括识别与反应,即人的感知能力与处置能力。在人因领域包含"三大公理",一是"六秒公里",即道路应该给驾驶人充分的时间;二是"视区公里",即道路必须给驾驶人安全的视区;三是"逻辑公理",即道路必须遵循驾驶人的认知逻辑。若做不到以上三条,那么这条道路便会出问题。

举一个例子,看看视区质量对驾驶人的影响。同样一条路,拥有不同的路侧环境,行驶在不同环境下驾驶人的感受也不一样。譬如,好的视区设计可以有效确保驾驶人不会开上道路边缘,甚至驶离道路(图3)。

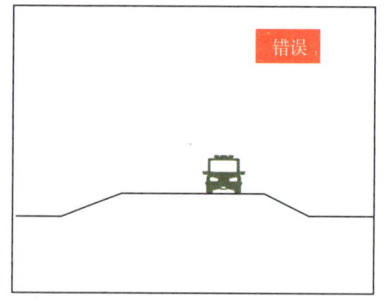 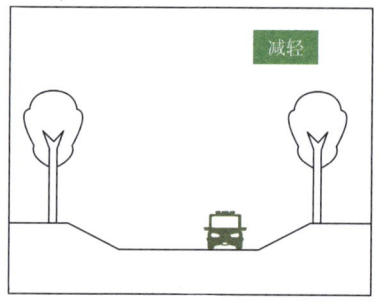

图3　好的视区设计可有效确保驾驶人不会开上道路边缘甚至驶离道路

视区的质量也会影响驾驶轨迹的精确度。如果视区可以抓住驾驶人的视觉,使之能轻松驾驶,驾驶人就能很容易把车辆控制在行车道的中间,与路中央的隔离线保持充分距离。当车辆沿着处于高地上的道路行进时,如果没有视觉稳定辅助元素,车辆就会越来越偏向中央分道线。有时，在道路上常常会看到一些莫名其妙的交通事故，例如驾驶人怎么开着开着就偏离了车道？一方面是由于驾驶人缺少视觉稳定元素、缺少对应参照物，另一方面则是因为人的缺陷所导致。

5. 人的"天性使然"

人有什么缺陷？首先，人往往高估自己的能力。譬如，人们永远认为自己有能力驾驭这辆车。其次，图省事。在两点之间人们更愿意走直线。现实中，之所以有那么多人乱穿道路，就是由人的天性所导致，即喜欢自由、不愿意有压力。最后，人的生命是脆弱的。

二、如何让道路使用者少犯错

如何减少人们犯错的机会？一是约束，譬如设置栏杆阻止行人翻越；二是惩罚；三是积极引导，引导时要把更多的精力及引导工作放在路上进行，而不是课堂教育上。

1. 正确引导人的行为特点

那么，该如何引导人的行为呢？人的行为特点包含两个重要特征：一是提供参照标准才能遵照执行；二是深悉危险才会懂得避让。人只有知道有多危险，才不会去冒险。

图4中，由于地上施划了标线，所以广场上人流排成这个样子，如果没有标线，没有人会这么排队的。这便是管理人流的基本途径——依靠标线。以某著名日本企业在中国的厂区为例。为限制两人在厂区里并排走路聊天，厂区里明确制定行走规则，譬如设置提示牌、较窄的人行步道等。同时，在相应位置会施划出哪里为机动车穿越的地方、哪里为机动车和人均可通行的地方，哪里为楼道上行、下行及快行道路等（图5）。当人们看到同样设置的道路、道路环境，一看便可知道哪条路好开，使驾驶任务变得更容易。

图4　施划标线的广场上人流排队情况

当提供充实的、充分的引导信息时，驾驶人收获的感受及压力则不同，长时间行驶下的疲劳状态也会有所不同。

2. "积极引导"利于改善人的用路行为

道路上什么行为最让人头痛？是错误行驶？胡乱变线？突然拐弯？急制动？中国式

过道路？……从技术角度讲，以上这些行为都被称为没有接受正确指导的各种错误交通行为。20世纪70年代初，美国联邦公路管理局局长泰曼在交通事故对策报告中提出："如果我们不能始终在危险时保护驾驶者，我们就必须向他提供足够的信息，让他能自己保护自己。"

图5　某著名日本企业在中国的厂区里都会非常明确地制定行走的规则

积极引导，即引导级的信息呈现，需要明确地、不模糊地、足够显眼地满足识别（决策）视距的指标要求，以提高对速度和路径选择的科学决策性，避免危险。所以，尽管没有不犯错误的人，但优化用路条件却可改善和控制人的用路行为。可以说是道路和交通工程设计者决定了人们如何使用道路的。

三、交通管理的核心是"控制"

交通管理的核心是控制。1935年美国的《统一交通控制设施手册》中有所涉及，而后1968年欧洲的维也纳公约中各国对交通标志的颜色、形状也达成了共识。道路交通安全管理基本对策应周全考虑人的能力条件，包括视距和视区、速度管理、人因、接入管理等，同时也需要大量技术性共识和理念性共识。

1. 路口设计不应忽略行人、骑行者等的能力

以图6为例，图中大路口出现的现象被称为"中国式过道路"，秩序混乱的责任完全在道路使用者吗？经过对该路口调研后发现，该路口高峰期需耗费20多名警力才能控制秩序。由于人的天性，无论多少人控制秩序，仍有人到处乱走、乱骑车。一个人干扰秩序，那么整个路口效率就会受到影响。由此可见，在设计该路口时，可能忽略了行人、慢行交通等的能力。

美国纽约的设计规则里提到，人的步行能力为每小时4km，在20min内大多数人的步行承受力约为1.3km；骑自行车的能力则为每小时15km，这便是人们每天的通勤压力。一般情况下，骑自行车大概40min或步行20min为人的承受力。做什么规划时，都应考虑人的能力，骑自行车的承受力，每小时就15km，我能每天骑5h上下班吗？不可能。一般情况下，骑自行车就是40min，步行就是20min，你要让人换乘出行，就要考虑这个承受力。

图 6　交叉口出现秩序混乱问题

2. 转弯半径的大小会影响路口的交通秩序

说到要考虑人的承受力问题，只看一个小问题，就是路口的转弯半径。我国的路口，转弯半径越做越大。行人和机动车适应的转弯半径是不一样的。在一处双车道路口，若设置小的转弯半径，行人过街可节省近一半时间。我国有一段时间，会把路口的转角消掉，路口变大，机动车方便了，但会降低行人过街速度。也就是说，路口交通秩序压力大与路口放宽有很大关系（图7）。

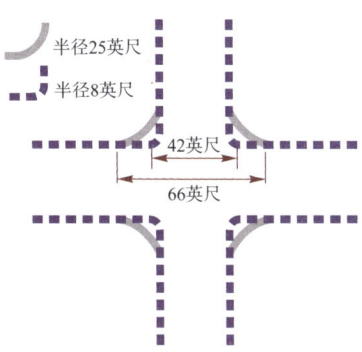

图 7　转弯半径大小影响通行效率

3. 减少交叉口的冲突点，利于提升通行效率

一个交叉口，有多少冲突点呢？为什么过交叉口那么难？一个普通的双车道交叉口就有32个冲突点（图8），若是上下六车道的交叉口则会堵死。过去只把这种交叉冲突作为冲突点，忽视了并线和分流。车辆并线与分流都需要降速以及变换车道，都有车与车之间的谈判、车与行人之间的谈判、车与非机动车之间的谈判，在此过程中调理不好，路口便会乱成一锅粥。所以，为什么拓路口对于治理拥堵没有意义，就是这个原因。

如图9所示，传统的丁字路口的交通冲突点为9个，增加硬隔离后冲突点降为5个，右进右出后降为2个，大大提高通行效率（图10）。

扫一扫查看原文

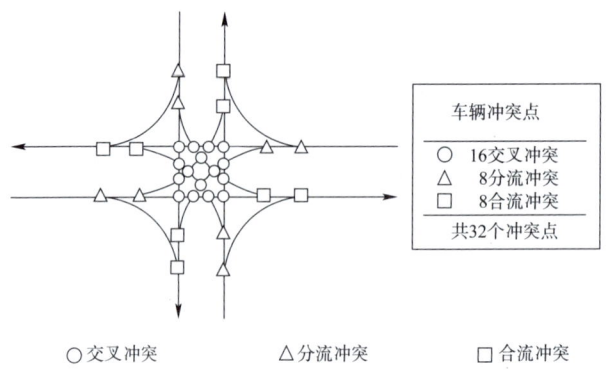

图 8　普通双车道交叉口存在 32 个冲突点

这些内容,都是交通控制的基础内容,针对的都是引导人的行为,减少人犯错误的机会。所以,人们经常说十大交通陋习,例如中国式过道路,从技术角度讲,其实是没有接受正确指导的各种错误交通行为。

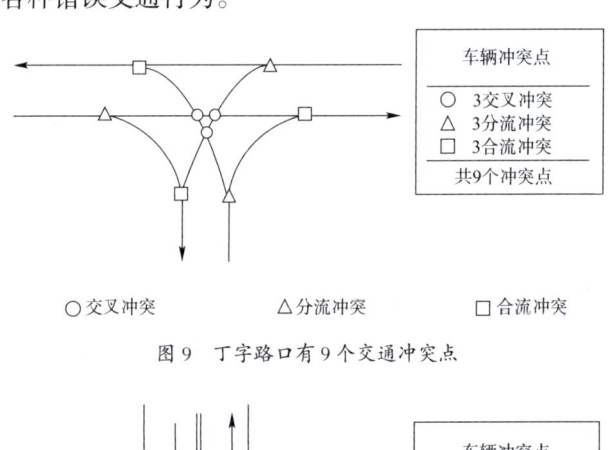

图 9　丁字路口有 9 个交通冲突点

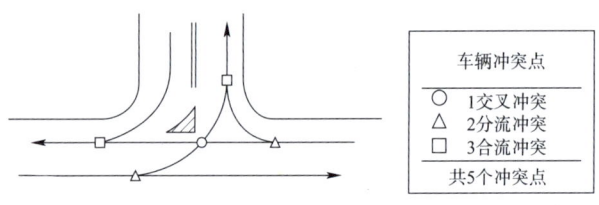

丁字路口增加硬隔离后冲突点降为 5 个

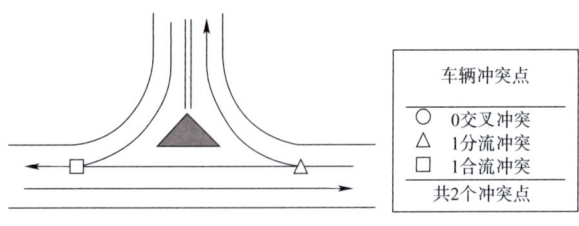

丁字路口右进右出后冲突点降为 2 个

图 10　改良后的丁字路口冲突点减少

我国现有道路分类存在的四大问题

郭　敏　公安部道路交通安全研究中心特约专家
　　　　浙江省交通规划设计研究院教授级高工

导语

关于道路分类，以前在业界发生的争议比较少，但近几年因道路分类产生的一些问题，引发了公众对道路分类的疑惑。那么，我国道路是如何分类的？存在哪些问题？应如何科学划分道路分类？

道路是由面、带、线、点组成的，这样的构成部分是为了满足公众日常出行、生活、工作甚至游玩的需要，道路的分类一定要考虑各种可能的需求。

一、我国道路是如何分类的

我国公共道路主要由公路分类和城市道路分类两个分离的体系组成。公路分为高速公路、一级公路、二级公路、三级公路、四级公路五个类别，城市道路分快速路、主干路、次干路、支路共四个类别（图1）。

图1　目前，我国公共道路的分类模式

在公路、城市道路两大类中还有各种各样的分类方式，来形容道路的不同定义。

1. 公路

按照行政等级划分，公路还可分为国道、省道、县道、乡道和专用公路。按照行政等级划分的目的是厘清管理与养护单位之间的责任，通常公路的行政等级越高，服务的范围越广。

按照技术等级划分，不同技术等级定义的公路对其车道数、服务水平、速度以及交通量等有不同的要求，例如，高速公路要求双向四车道及以上、服务水平为三级、设计速度为120km/h、110km/h或80km/h，这样就能分辨出某条道路是高速公路还是一级公路。

按照功能进行分类，可以分为主要干线公路、次要干线公路、主要集散公路、次要集散公路和支线公路。

2.城市道路

按照功能等级划分，城市道路可以分为干线道路、集散道路和地方道路；如果进一步细分，可分为快速路、主干路、次干路和支路；如果再细分，快速路分为一级和二级，主干路分为一级、二级和三级，支路分为公有支路和非公有支路。在道路功能和设计时速上也有不同要求，例如，一级快速路主要为城市长距离机动车出行提供快速、高效的交通服务，设计车速在80~100km/h，一级主干路的主要功能是承担城市主要功能区之间的交通，负责主要对外出入口衔接服务，设计车速为60km/h。

二、我国道路分类存在哪些问题

1.问题一：两套道路分类体系无法衔接

目前我国道路分类有公路和城市道路两大体系，那么一个5000人的村镇是城市还是农村？它的道路应该按照公路建造还是应该按照城市道路建造？

如图2所示，这是一座几千人的繁华村镇，道路是按照公路建造的，没有设置人行道，那么，当地的道路使用者真的不需要人行道吗？实际上，这样的道路制约了村镇的发展。

图2 按照公路系统来建造的道路，制约了村镇的发展

再来看另外一个例子：济南的一条城市快速路，双向八车道，宽度是35.5m（图3）；成都的一条高速公路，双向八车道，宽度是42m。同样功能的道路、同样是双向八车道、同样是城市里的快速通道，因为划分的标准不同，出现了两种不同的宽度。

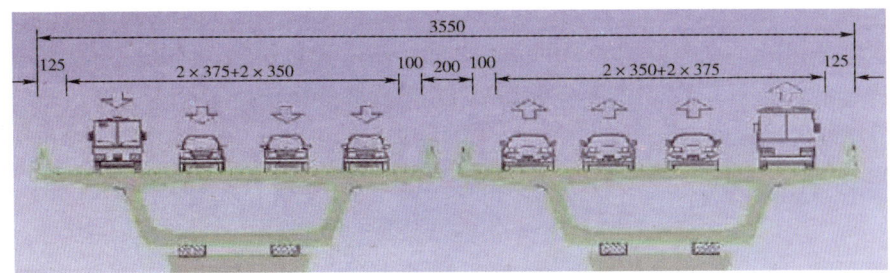

图 3　济南的一条城市快速路，双向八车道，宽 35.5m

在现有道路分类当中，无法形成高速公路、一级公路都等同于主干路这样的关系，这是一个令人疑惑的问题，实际上也是造成拥堵、道路危险的原因之一。因为道路使用者看不明白一条路的功能定性，就只能靠猜。在猜的过程中，如果大家胆子都很大，互相抢，就容易发生冲突，造成事故；如果大家胆子都很小，互相让，又可能损失通行效率。

对道路进行分类，需要对整个分类体系进行梳理，形成适合我国道路使用和发展的分类方式。道路的分类不能因为管理部门的不同而各自设置分类方式，而应随着社会的发展和需求进行分类。

结论一：要有统一的道路分类体系。

2.问题二：隔离不能很好地保证道路功能

公路和城市道路的标准对分隔带的规定相对比较僵化，一个断面只能按照一种宽度做分隔。一些关于分隔带的规定，甚至允许使用栏杆进行分隔。

如图4所示，双向十车道的道路，在中间设置栏杆作为分隔带，那么，这条道路的功能是什么？周边的道路使用者会产生疑惑。驾驶人会认为这条双向十车道的道路是城市主干路，因此，驾驶的车速会很快；而周边的居民可能会认为这是一条城市次干路，因为有许多私家车经常从周边驶入；甚至还有人认为这是一条支路，因为道路周边有很多行人在行走、横穿道路等。这种让人感到困惑的道路设置是不安全的。

图 4　双向十车道的道路，在中间设置栏杆作为分隔带

再看一个转弯的问题。转角的不同也会带来道路功能的不同，如果是大转角，大型车的使用频率会比较高，如果是小转角，有可能为了实现其他目的。但是，无论是大转角还是小转角都会带来一些安全问题，隔离需要保证道路使用者能够安全地使用道路。

隔离，是为了可靠地实现道路功能，保证使用者安全、舒适、体面。如果是对向隔离，隔离需要有宽度和强度；如果是左转、右转，需要考虑不同的道路使用者、视距等因素，凡不足处，均需设置必要的隔离以确保使用者的安全。但是，由于现有的道路断面是固定的，导致一些隔离设施无法应用，而这些应用恰恰是保证道路功能的一种方法。对隔离的重视程度不够，导致隔离在保证道路功能当中起到的作用很弱（图5）。

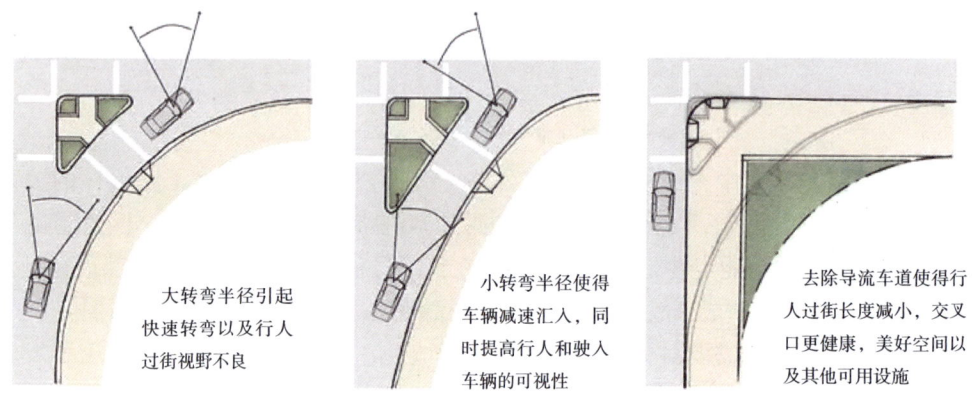

图5 转角不同，需要设置不同的隔离设施

结论二：隔离是为了可靠地实现道路功能，隔离依功能要求可宽可窄可有可无，道路横断面也应符合功能需求。同一条路，功能一致，而非断面一致。

3. 问题三：现有很多道路无法归类

按照我国现有的道路分类，有很多道路无法归类。如图6所示，有些道路主要满足人们出门买菜或骑自行车出行的需求，但这些道路很难归入到某类道路类别中。

图6 无法归类的道路

对道路进行分类，要给道路留出足够的空间，如果没有足够的空间，也要留出可供接口的位置。这样，所有的道路都能接入到现有的道路体系中。随着围边环境以及出行需求的变化，有可能需要建设新的道路，那么新建的道路也能很好地融入到现有道路体系中，而不是另起炉灶。如果新建的道路需要另起炉灶，就会导致整个路网混乱，而路网的混乱就会导致整个道路在效率和安全上出问题。

结论三：道路分类要以功能为主导，功能要围绕道路使用者而非其他。道路分类应能纳入所有道路，路网应为所有人服务，从而实现安全、便捷和舒适的出行环境。

4. 问题四：道路分类和交通流量不匹配

道路分类需要考虑流量问题吗？其实现有道路分类体系是考虑流量的。按照现在道路分类，大流量高等级，小流量低等级，实际上这是有问题的。

举个例子，在新疆或内蒙古等人口居住密度很低的地方，建造一条速度为100km/h或120km/h的道路，需要设计为双向四车道。但这条路的交通流量可能一年当中最高的一天也只有2000辆，交通量很小，容易产生浪费。在这种情况下，完全可以考虑建造一条双向两车道或双向三车道的道路，既能保证速度，也能减少宽度，减少多种浪费。

以进出城的道路为例，有的进出城道路只有2~3km长，尤其在桥梁等关键地点，可能会形成很大的交通流量，例如一天的流量可能达到3万人。但因距离较短，服务的人群固定，用途单一，这类道路的交通流量虽然非常大，但等级可以不用设置很高。由此可见，道路的交通流量与道路等级分类没有必然关系。

道路设计的交通流量是指交通需求量，二级公路的交通需求量不一定小于一级公路，次干路的流量不一定小于主干路。如果将交通流量纳入道路分级中，可能发生几何设计准则不对应的情况，即会发生公路功能不同，但几何设计标准却相同的不合理现象。

结论四：车道数和交通控制方式决定了交通流量，而道路分类不能决定交通流量。

三、如何科学划分道路类别

道路分类要以功能为主导，那么道路的功能到底是什么？评估道路功能有两个基本指标，即通达性（Mobility）和可接入性（Accessibility），影响道路功能分类的关键因素也是通达性和可接入性，其他次要相关因素包括旅行效率、集散功能、接入点的多少、速度限制、车道数、土地使用性质等。

具体来讲，通达性是指通往目的地方向快速行进的难易程度，如高速公路，通达性好，但可接入性低。在高速公路上通常间隔5km、10km，甚至有些地方间隔30~40km才有一个互通，可接入的点非常少。可接入性是指到达目的地的可能性。如城市道路或一些支路，通达性比较差，速度比较慢，但接入点非常多，也就是交叉口很多，可接入性好（图7）。

图7　高速公路的通达性好（左图），城市道路的可接入性好（右图）

1. 以道路功能为主导进行分类

以道路功能为主导，可以将道路分为：快速道路、干线道路、集散道路和本地道路。将现有公路分类、城市道路分类与按照功能形成的分类完全整合后，可以形成八个位阶的道路，如图8所示。

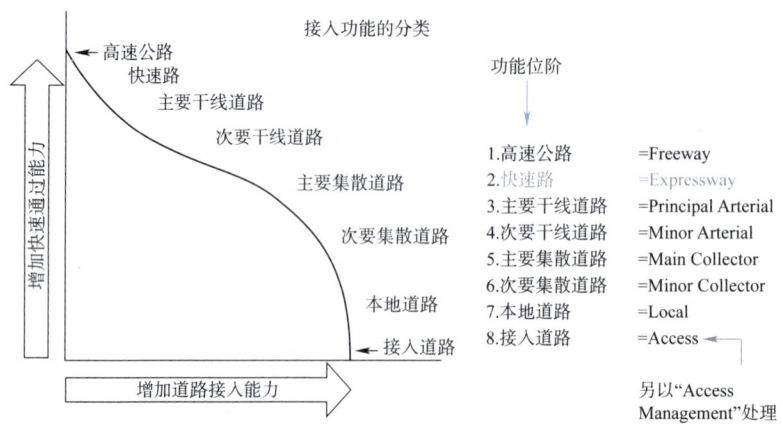

图 8 以道路功能为出发点进行分类

这八个位阶的道路与以往的道路分类相比，最重要的是增加了本地道路和接入道路两类，这两类道路在实际中使用频率非常高，如大家出去买菜、去便利店购物等，经常会用到这两类道路。

以功能为出发点的道路分类可完整实现道路的通达性与可接入性的内涵，可以涵盖城区、城郊、农村等不同功能道路组成的路网架构。同时，可以涵盖所有不同设计速度的道路，可与城市更新、城乡规划、土地使用形态完整结合。

2. 确保道路功能的方法

道路的设计，不在于断面稳定，而在于交通流稳定，可以让道路使用者便捷、舒适、安全地使用道路。如图9所示，为了保证道路通达性的功能，在左转旁边开辟一条道路，使左转更方便，同时也节省掉头所消耗的时间，整体上会减少这条路的延误。

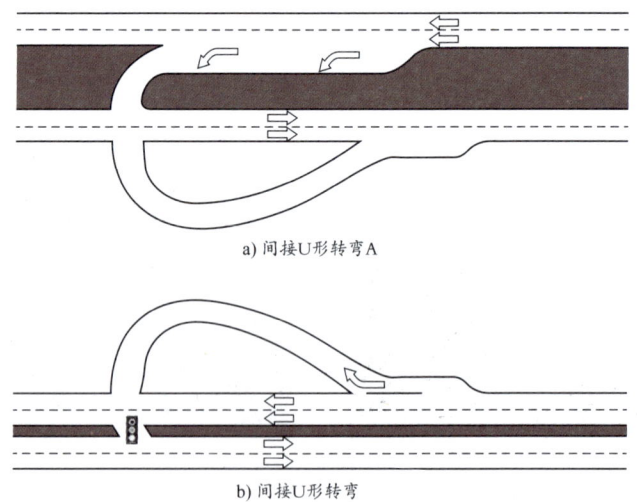

a) 间接U形转弯A

b) 间接U形转弯

图 9 为了保证道路通达性的功能，在左转旁边开辟一条道路

可以通过各种方式保证道路的通达性和可接入性，如果一条道路的设计时速为60km/h，就要考虑通过各种方式来保证这条道路能够按照设计时速运行，而不应像现在大多数的

道路，设计结束后不保证道路的功能。

如图 10 所示：为保证图中红线标注的这条道路上的车辆能够快速通行，不能把周边商场的车辆直接接入进来。但是这个区域的车辆需要驶入旁边的快速路，因此，需要在这块区域中建造一条路，也就是图中蓝色线标注的道路，把周边的车辆接入进来，然后再通过交叉口接入到快速路。

扫一扫查看原文

图 10　为保证道路功能采取的措施

关于改善农村公路交通安全的一些思考

郭　敏　公安部道路交通安全研究中心特约专家
　　　　浙江省交通规划设计研究院教授级高工

导语

近年来，随着农村经济快速发展，农村道路交通也发生了巨大变化，农村机动车和驾驶人数量迅猛增长，但农村公路大多存在等级较低、线形不流畅等问题，加之农村出行结构复杂、混行严重等特点，农村交通安全管理面临极大挑战。那么，如何改善农村公路交通安全？

一、讨论农村公路交通安全问题应先了解问题产生的特点及消除的方法

农村公路的问题要放在我国快速城镇化背景下来讨论。农村公路的诸多交通安全问题，有些是内部因素导致的，但更多的还是因为外部经济力量输入到农村，机动化与传统农业生活产生了一定冲突造成的。这种冲突，有的是因周边城市扩张或农村公路逐步成为地区客货运通道造成的，这些是经济城市化带来的；还有的是外来居民或富裕村民与原住村民的交通方式存在冲突或者说是交通工具机动化与使用者自身理念未更新导致

的冲突，这是人的城市化带来的。

因此，讨论农村公路交通安全，首先并不在于改造、建设了多少交通设施或者道路材料更新等问题，而在于了解这些冲突产生的特点，以及掌握减少或消除冲突的方法。图1是美国NHTSA对交通事故死亡上报系统（FARS）里的2001—2007年期间数据进行的一项研究，这项研究用数据阐述了城市对农村公路交通安全的影响：离城市越近，道路就越危险。危险与城市距离有关。城市化带来了农村公路的冲突，而农村公路并没有做好解决冲突的准备，导致距离越近冲突越激烈。因此，在农村公路交通安全管理上，需要对农村公路进行分类管理，理出每一类农村公路冲突产生的原因和特征，这样才能对症下药。

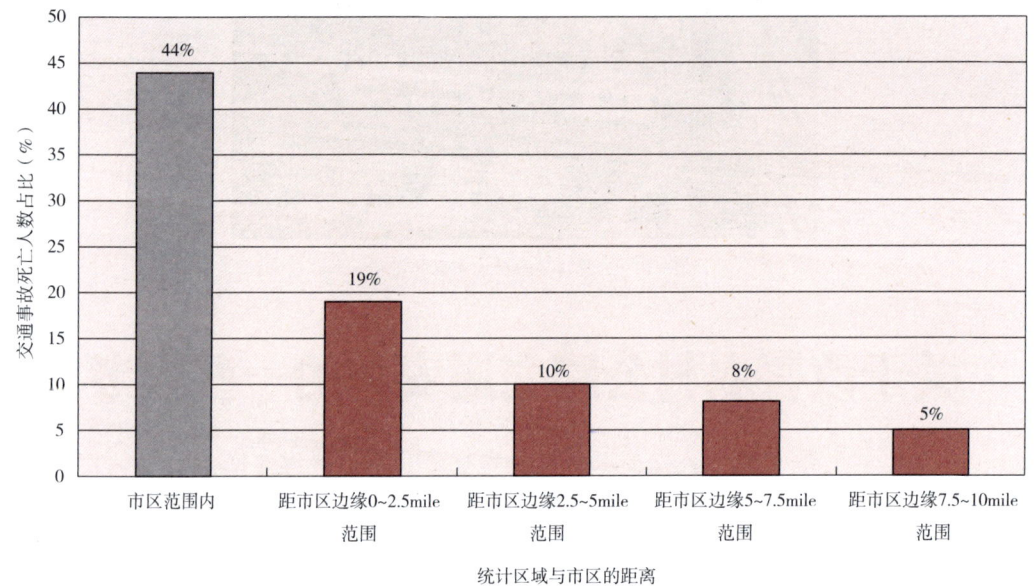

图1 距离市区越远，农村地区交通事故死亡人数占全国交通事故死亡人数的比例越低
（来源：Geospatial Analysis of Rural Motor Vehicle Traffic Fatalities，NHTSA）

二、农村公路交通安全管理的第一步是对农村公路进行分类

在我国现有标准体系中，农村公路没有形成更详细的分类，因此，农村公路分类难以说清楚，需要重新进行研究，以形成合理的分类方法。同时，农村公路的归类也需要随着区域发展的变化，实时更新，以调整对策。公路分类需要考虑这些因素：农村公路所经地区的人口数量和平均收入、农村公路与城市的距离、农村公路使用者情况、现有公路的技术等级、货运数量和货类等。基于我国条块分割的行政管理特点，对农村公路进行分类，不能仅局限于那些已归档登记为农村公路的道路，还要对整个路网进行分析，将周边的城市道路、国省道一起纳入分析。毕竟，安全或者危险的蔓延，并不会止步于道路名称的不同。

所以，农村公路交通安全管理的第一步是对农村公路进行分类，了解辖区内农村公路的特点。

三、改善农村公路交通安全应坚持"看得见、看得清、停得住"原则

农村公路存在的风险,仍然可以用人、车、路、环境这四个要素来描述。简单来看,农村公路的特点与其他道路相比,要考虑牲畜过境、酒后骑车或酒后开车多且难以约束、用路者随意性大且差异较大、紧急医疗救助困难等特点,农村公路的每一个特点都需要一系列的研究。但是,农村公路交通安全管理更为重要的还是管理能力和力量的缺失。由于管理成本较高,大部分交通行业专业力量目前还不能有效地延伸到农村,最多只是跟随项目飘过,缺乏长期的智力支撑。农村公路的改善,需要吸引专业人员进入,用专业分析的方法来实现,形成低成本长效的管理机制。不过本文重点讨论的是路的因素,关于体制机制问题可以留待考虑。

农村公路交通安全风险涉及的道路因素有很多。由于农村公路道路线形往往是历史原因逐步形成的,再加上资金缺乏、流量较少,往往会存在一些不足之处,尤其是视距不足,这一点在许多农村公路都存在;也有许多事故是因为速度过快或交叉口不明显造成的。这些道路线形在农村公路上并非不可接受,问题不在于线形太差,而在于缺乏专业的手段去改善农村公路。无论采用什么方法改善,仍然应该用"看得见、看得清、停得住"的原则去评估改善结果。

下面结合农村公路常见的一些道路问题来进行解释。

1.视距不足,可采用必要的线形诱导和宁静化措施改进

问题:农村公路经常会因为各种原因存在视距不足的问题。山区农村公路往往因为投资有限,没有对路侧岩石进行合理有效的处理,导致其遮挡视距;平原地区的农村公路,也存在因周边农作物或树木遮挡影响视距的问题;丘陵地带结合地形起伏的农村公路,也会导致视距不足。在农村公路上,由于流量稀少,且使用者通常为本地人,即便视距不足有时也不会迫使驾驶人减速,这样就会形成多种类型的事故。如,在连续弯道上,驾驶人对看不见的路线走向会形成一种经验性的推测,一旦出现与推测不一致的走向就容易形成翻车或驶出路肩的单车事故。在一些特定季节,驾驶人也容易遇到突然出现的人或者牲畜,因制动不及造成事故。图2为视距不足的交叉口情况。

改善建议:针对农村公路存在视距不足的问题,如果要求对线形进行大的调整,需要大量投资,也会使投资聚集在某一处,而使其他农村公路无法得到改善。在视距不足的路段,采用必要的线形诱导和宁静化措施控制车速,仍然可以进行速度控制,大大减少风险。在人或者牲畜出现较多的区域,可以做必要的物理隔离,如水沟、护栏等,以阻止并引导人或者牲畜从交叉口进入。

农村公路的改善,切忌只围绕公路本身来做。使用者的连续出行链不会被农村公路的安全理由打断,因此,在改善农村公路时,要为使用者找到适合自己的出行链。

2.交叉口和道路接入不明显,应按要求设置相应的交通控制设施

问题:一项对英国农村公路的研究认为,农村公路交叉口的交通事故占农村公路事故总数的30%以上(数据来源:Cost-effective measures to improve crash and injury risk at rural intersections, Corben, Oxley, Koppel & Johnston, 2005)。农村公路的交叉口或者接入路口

经常会不明显，驾驶人看不出这里是个交叉口，自然也就不会减速（图3）。这种情况，在我国甚至会出现在穿村的农村公路上，当车辆驶入居民分散居住的村镇后，驾驶人并不能明白自己已进入了不同的区域，驾驶速度仍然会很快。

图2 视距不足的交叉口

图3 交叉口不明显，且主次道路不清晰，路权不明

改善建议：无论流量大小，无论在农村还是城市，交叉口应该按照要求进行设置，该有的线形变化和交通控制原则仍然需要遵循，该使用路权控制设施的都应按照要求设置。在我国鲜少在农村公路上设置信号灯，这固然是由于种种现实困难造成的，但对农村公路来讲，并没有不能设置信号灯的理由。

对农村公路交叉口的改造，要像对其他道路交叉口改造一样重视（图4和图5）。

图4 交叉口应该按照要求进行设计

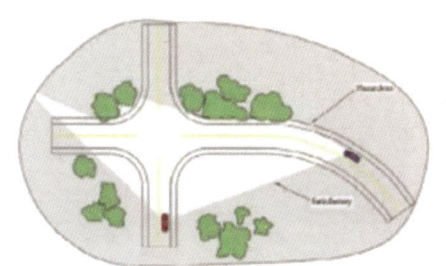 

图5 保证交叉口的视距，应保证交叉口的照明

3. 路侧设计不安全，可推广宽容性设计理念

问题：我国农村公路经常会因为用地的局限，致使在路侧采用填土墙或水沟来收边，这种设计方式容易导致轮胎陷入水沟或被卡在水沟里，造成翻滚等事故，同时，也会对行人、非机动车使用者带来伤害（图6）。

图6 因用地局限，农村公路路侧往往采用填土墙或水沟来收边

改善建议：宽容性设计在我国的推广，目前还停留在高等级道路上，但是，农村公路也同样需要宽容性设计的理念。农村公路的填高一般不高，且周边农地、林地偏多，是宽容性理念实践的较好场所（图7）。因此，在资金条件允许的情况下，逐步形成农村公路宽容性设计的样本并推广，是目前切实可行的思路（图8）。

4. 路边摊、加油站等导致的混乱问题，需采用必要的接入管理

问题：在一些村镇附近，农村公路两侧会有停车场、加油站、餐厅、杂货店等，尤其在一些乡村景点、农家乐附近,交通的复杂程度并不亚于城市,然而,其管理却很薄弱;也有一些地区的农村公路,由于风景较好,会做些绿道,吸引大量的人群前去度假锻炼身体。这些地区往往是城市化影响较大的地区。路边沿线形成大量的商业,在未作接入管理前,往往会形成直进直出,连续的店面会形成沿线大片的开敞空地。这些开敞空地承担了进出交通流、停车、行人进出、购物吃饭等,场面一般会比较混乱。

图7　农村公路的填高一般不高,是宽容性理念实践的较好场所

图8　农村公路周边农地、林地偏多,适宜推广宽容性设计理念

改善建议:改善这些区域的存在的问题,需要进行必要的接入管理。接入管理方法很多,一般会控制车流进出的位置,只允许一进一出,开口在支小路上。行人的管理也是大头,进出的通道、停车区、商业交易场所要做明显易识别的标记,这样容易引导行人按照安全的路线行走或交易。总体来讲,就是需要逐步核对每处场所的特点,按照安全的要求,用专业的方法进行改善。

此外,农村公路还存在的一种现象,即紧急医疗救助困难。对许多交通事故的受害者来讲,有时这是致命的。不过,这个问题不仅仅存在于农村公路,还存在农村的生活中。如何结合农村情况,结合路网的延伸,做好紧急医疗救助,是个漫长的过程。

路侧安全设计要为驾驶人的
无心之失提供容错空间

徐耀赐　公安部道路交通安全研究中心特约专家
　　　　　美国马里兰大学土木工程博士
　　　　　台湾逢甲大学运输科技与管理学系所副教授

> **导语**
>
> 近年来,路侧安全问题诱发的交通事故越来越严重,机动车与路侧护栏、行道树相撞甚至车辆冲破护栏跌落深沟的事故时有发生。研究路侧环境、交通设施对交通安全的影响并进行相关的路侧安全设计已成为当务之急。为什么要注重路侧安全?作为路侧安全设计的核心,路侧宽容设计应该注重哪几方面?

一、为什么要注重路侧安全

一直以来,我们关注的道路安全仅限于行车道上的安全,路侧安全被严重忽视,其实总体的道路安全是由路侧、行车道和路网组成。今天我们主要内容是路侧安全设计,路侧分狭义和广义之分,狭义的路侧是指路面边界以外的道路(图1),而广义的路侧指所有行车道范围之外的统统为路侧(图2)。路侧安全设计的目的是为冲出路面的驾驶人提供可以重新控制车辆并返回路面的空间,即使无法返回路面,也会使其某种程度的过失在道路交通系统中被化解,最大限度地降低事故的严重程度。路肩是路侧安全设计里典型的考虑因素,道路设计速度越高,路肩宽度就越宽,设计速度低的甚至没有路肩。

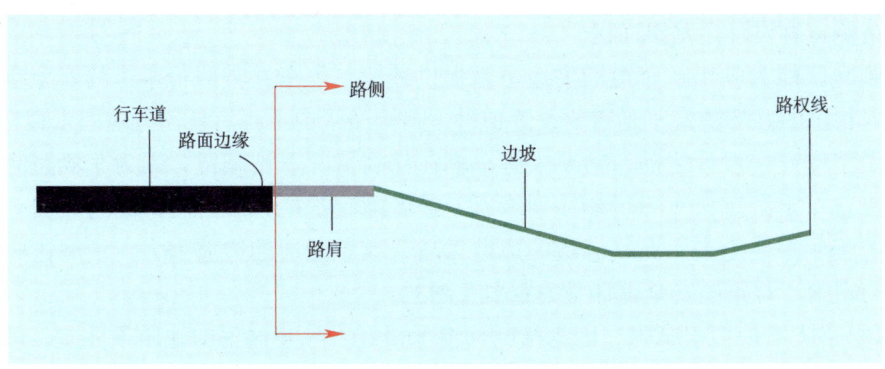

图1　狭义的路侧指路面边线以外的范围

图2　广义的路侧指行车道之外的范围

二、为什么要坚持路侧宽容设计

人都会犯错误，机动车驾驶人可能因为无心之失，将车辆驶入路侧。那么，人类犯的错误跟宽容设计有什么关联？宽容设计是容许无心之错，驾驶时有很多原因会造成无心的失误，但我们可以通过设计为驾驶人提供容错的空间，宽容设计的目的是希望不要产生事故或者产生事故之后尽量降低严重性。因道路现实条件的限制，即使不可能做到绝对安全，也应该尽全力做到相对安全。路侧安全设计的最高境界就是在任何恶劣路侧情况下，不让犯无心之失的驾驶人付出生命或严重伤残的代价。因此，在进行路侧安全设计时必须始终坚持"宽容"或"容错"的设计理念，为驾驶人提供安全的路侧空间。

三、路侧宽容设计应该注重哪几方面

路侧宽容设计是路侧安全设计的核心，而路侧宽容设计又可细分为三大项。

1. 路侧宽容设计之路侧净区

路侧净区能为驶出行车道的失控车辆提供减速、停车并驶回行车道的安全空间。路侧净区内状况的好坏决定了是否要设置护栏，路侧净区内不得有任何危险因素存在。

在做路侧安全设计之前，需要了解车辆在什么情况下被翻覆，因为车辆路侧事故大多为冲出行车道翻车，车辆可能撞到缘石，或者撞到护栏，或者转弯的时候曲率半径太小，或者爬到护栏上去，或是旁边的边坡太高，或者旁边的边坡太大，了解这些容易导致翻车的因素，对路侧安全设计至关重要（图3）。

图4中路段用护栏很牵强，因为横断面情况很好，除非这里的地质条件差，可能造成翻覆，如果这个路段地质条件没有问题，就没有必要安装护栏，因为护栏本身很危险，不要随便用。当然如果两边土地是私人土地，可以设护栏。还有就是给护栏喷漆是不合

理的，因为喷漆都会褪色或剥落，而且喷漆会增加经费。

图 5 中道路两边都很宽敞，这个路段能不设置护栏就尽量不要设置护栏。

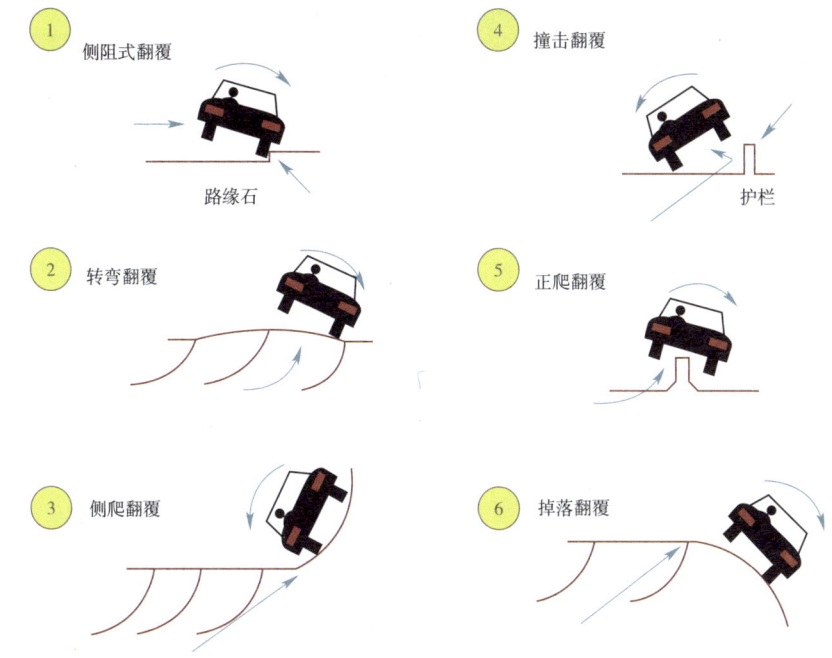

了解车辆失控状态对路侧安全设计有益

图 3　车辆翻覆种类与路侧安全设计

图 4　此路段设置护栏不合理

图 5　此路段可以不设置护栏

表 1 是路侧净区建议宽度，这个建议宽度是说在什么设计时速下以及什么道路条件下需要设置路侧净区，可以作为参考（图 6）。

2. 路侧宽容设计之主动引导

主动引导（Positive Guidance）是指根据道路既有条件，设置合适的交通设施，辅助驾驶人轻易完成驾驶任务。例如在弯道前的速度管理概念，提醒驾驶人将车速降至某一速度以下。

传统道路交通事故责任认定通常倾向于人为因素，然而随着道路工程与事故鉴定技术的进步，事实证明，由于道路几何线形不良、路面平整度恶劣或安全设施的缺陷，直接或间接导致的道路交通事故占了很大一部分。

路侧净区建议宽度　　　　　　　　　　　　　　　　　　　　　表1

设计速率 （km/h）	设计平均每日交通量 （辆/天）	填方段边坡			挖方段边坡		
		≤1:6	1:5~1:4	1:3	1:3	1:5~1:4	≤1:6
≤60	<750	2.0~3.0	2.0~3.0	**	2.0~3.0	2.0~3.0	2.0~3.0
	750~1,500	3.0~3.5	3.5~4.5	**	3.0~3.5	3.0~3.5	3.0~3.5
	1,500~6,000	3.5~4.5	4.5~5.0	**	3.5~4.5	3.5~4.5	3.5~4.5
	>6,000	4.5~5.0	5.0~5.5	**	4.5~5.0	4.5~5.0	4.5~5.0
70~80	<750	3.0~3.5	3.5~4.5	**	2.5~3.0	2.5~30	3.1~3.5
	750~1,500	4.5~5.0	5.0~6.0	**	3.0~3.5	3.5~4.5	4.5~5.0
	1,500~6,000	5.0~5.5	6.0~8.0	**	3.5~4.5	4.5~5.0	5.0~5.5
	>6,000	6.0~6.5	7.5~8.5	**	4.5~5.0	5.5~6.0	6.0~7.5
90	<750	3.5~4.5	4.5~5.5	**	2.5~3.0	3.0~4.5	3.0~3.5
	750~1,500	5.0~5.5	6.0~7.5	**	3.0~3.5	5.0~5.5	5.0~5.5
	1,500~6,000	6.0~6.5	7.5~9.0	**	4.5~5.0	5.5~6.0	6.0~6.5
	>6,000	6.5~7.5	8.0~10.0*	**	5.0~5.5	7.5~8.0	6.5~7.5
100	<750	5.0~5.5	6.0~7.5	**	3.0~3.5	3.5~4.5	4.5~5.0
	750~1,500	6.0~7.5	8.0~10.0*	**	3.5~4.5	5.0~6.5	6.0~6.5
	1,500~6,000	8.0~9.0	10.0~12.0*	**	4.5~5.5	5.5~6.5	7.5~8.0
	>6,000	9.0~10.0*	11.0~13.5*	**	6.0~6.5	7.5~8.0	8.0~8.5
110	<750	5.5~6.0	6.0~8.0	**	3.0~3.5	4.5~5.0	4.5~4.9
	750~1,500	7.5~8.0	8.5~11.0*	**	3.5~5.0	5.5~6.0	6.5~6.5
	1,500~6,000	8.5~10.0*	10.5~13.0*	**	5.0~6.0	6.5~7.5	8.0~8.5
	>6,000	9.0~10.5*	11.5~14.0*	**	6.5~7.5	8.0~9.0	8.5~9.0

注：设计速率大于110km/h，路侧清除区宽度采用110km/h 的数值。

* 表示遇有连续发生事故可能性高或者曾有肇事记录的地区，设计者宜采用大于9m 的路侧清除区宽度；除非为考量前后断面宽度一致等因素，且经类似案例验证与安全无关时，方可采用路侧清除区小于或等于9m。

** 未设防护设施的1:3边坡，固定物不宜置于边坡附近，其设于边坡下的清楚缓冲躲避区宽度需视路权取得、相关环境、经济因素、安全需求及事故记录来决定。

因此，必须要深入了解道路本身可能存在的各种潜在隐患。除了日常必要的养护之外，应考虑在有交通安全隐患的地点、交叉口或路段，设置恰当的交通安全设施，改善道路行车环境，保证任何时候驾驶人都能接收到完整的道路信息，使驾驶人和道路环境之间形成良性互动，引导驾驶人根据道路环境自然且轻易操控车辆，使车辆平稳行驶于行车道范围内，降低发生路侧事故的可能性。

驾驶任务三位阶中，控制是驾驶人必须有操控车辆的能力，如果因驾驶人操作失误而导致事故，责任应该由驾驶人自负；指引是指驾驶人必须意识到自身与其他车辆及环境的相对关系，并采取合适的应对措施；运行是指驾驶人必须按照道路提供的信息，例如标志、标线、信号灯等操控车辆。

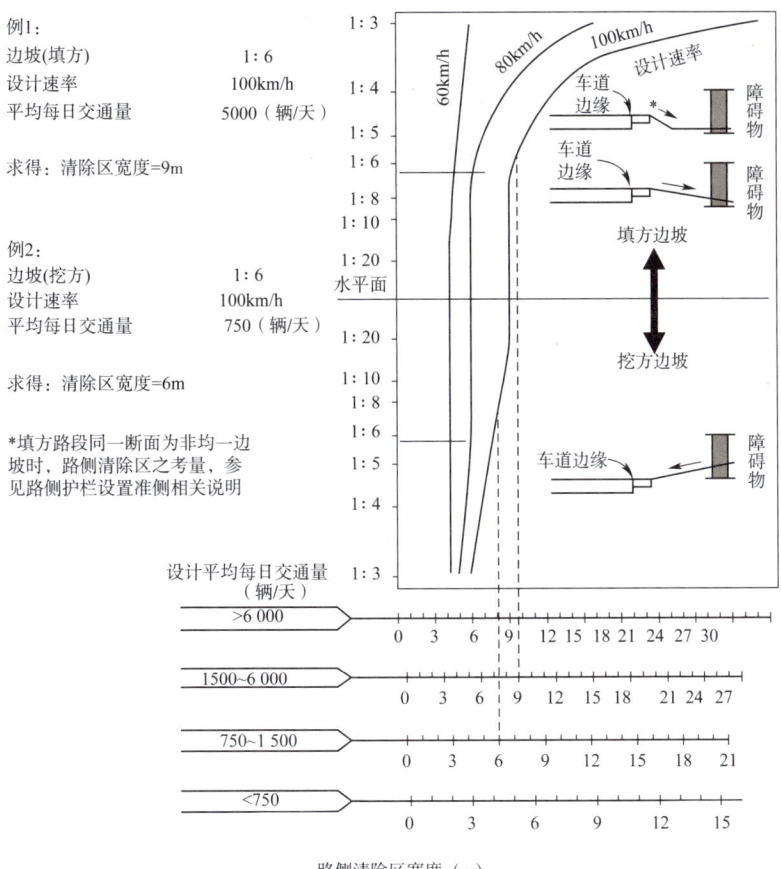

图6 路侧净区宽度曲线

早期某些道路的建设因为资金短缺或对工程技术认知的限制，路侧环境可能很恶劣，利用主动引导措施后虽然一定程度上减少车辆驶出行车道范围的可能性，但是仍然不能满足安全期望时，设置路侧护栏便成了唯一可行的方法。但是道路规划设计者应认识到，任何形式的护栏都是一种具有合法性、危险性的路侧危险障碍物，设置路侧护栏只是无计可施时的一种被动作为。

3. 路侧宽容设计之全时保障

全时保障即任何时刻都能保证道路提供一个安全驾驶的环境。"全时"指不论白天或夜晚，不论天气环境正常或恶劣，更具体地讲就是道路开放给大众通行的任何时刻。

道路安全全时保障的思考重点在于详细审查各道路交通安全设施在白天、夜晚的差异，在于照明系统及反光设施的合理设置。此外，当遇恶劣天气时，例如雷雨天、浓雾时，也必须要求各道路交通安全设计可以发挥正常功能，路面纵向、横向摩擦系数必须满足设计条件。当然，道路安全不仅硬件设施要符合安全需求，交通管理上也要有配套措施，例如大雨、飓风时的预警、即时性封路、规划替代道路等。

扫一扫查看原文

路侧存在哪些危险因素，如何进行相应安全设计

徐耀赐　公安部道路交通安全研究中心特约专家
　　　　美国马里兰大学土木工程博士
　　　　台湾逢甲大学运输科技与管理学系所副教授

导语

近年来，车辆失控或发生碰撞后驶出路外的交通事故时有发生，而且往往因路侧危险因素加重事故后果。那么路侧究竟存在哪些危险因素？又该如何营造安全的路侧环境呢？

一、路侧安全隐患大或加重交通事故后果

2017年12月31日，11名大学生乘坐一辆面包车从哈尔滨前往雪乡旅游，途中该车与一辆轿车追逐竞驶，行驶至吉黑公路333km处轿车在超越面包车时撞向中心护板，面包车为躲避轿车侧滑驶入公路右侧沟内，造成面包车内5人死亡、7人受伤。据媒体报道，面包车侧滑入右侧沟内夹在树木中间，车体发生严重变形（图1）。

图 1　事故现场
（图片来源自网络）

2015年2月4日8时许，邹某驾驶中型普通客车（核载11人、实载12人）行驶至广东省梅州市梅县区县道X002线16km+105m处（兴宁市叶塘镇上中村新村路段）下坡急转弯时未按照操作规范减速、安全驾驶，导致车辆冲出路面，碰撞路边警示桩、石堆，再刮擦路外电线杆，冲到南侧洼地，造成11人死亡、2人受伤（图2）。据媒体报道，车辆冲过路侧石堆后"飞"入水沟。

2015年5月15日，陕西咸阳发生一起客车坠崖特别重大交通事故，王某驾驶制动系

统技术状况严重不良的大客车行驶至陕西咸阳淳卜路1km+450m下坡左转弯处时，车辆失控由道路右侧冲出路面，越过路外侧绿化台并向右侧翻滑下落差32m的山崖，造成35人死亡、11人受伤（图3）。事故调查报告指出，事故发生的间接原因之一是事故路段改建过程中未按设计文件设置必要安全防护设施。

图2　事故现场
（图片来源自网络）

图3　事故现场
（图片来源自网络）

事实上，类似因路侧危险地形地物加重事故后果的案例并不少见。据《2016年交通事故统计年报》数据显示（图4），2016年共发生212846起交通事故，涉及路侧无防护设施的道路占52.10%，有行道树的占14.15%，有绿化带的占15.12%，路侧安全问题应得到更多的重视。那么路侧究竟有哪些危险因素及如何进行相应安全设计呢？

二、路侧哪些地形比较危险，该如何进行安全设计

因路侧翻车事故较多，所以进行路侧安全设计的一项重要工作就是鉴别路侧危险地形。路侧危险地形主要包括边坡和深水区，其中边坡大概分为三类（图5）：一是可回复边坡（Recoverable slope），坡度在1∶4或1∶4之内，车辆冲下去之后可以自己开上来，没有安全顾虑；二是不可回复边坡（Non-Recoverable slope），坡度在1∶3~1∶4，车辆冲下去之后，自己上不来，需要外力把车辆拉出来，但是危险性还不是很高；三是危险边坡（Critical slope），坡度大于1∶3，车辆冲下去以后，基本都是翻车。因此要尽量使边坡保持平缓，对坡面进行软处理，不能高低不平，不能有积水，也不要有异物或者树木。

事故分类	事故数量（起）	占总数比例（%）
合计	212846	100
无防护	110887	52.10
行道树	30118	14.15
绿化带	32191	15.12
混凝土护栏	4696	2.21
防护墩(柱)	5663	2.66
波形护栏	7853	3.69
金属护栏	13781	6.47
柔性护栏	618	0.29
缓冲物	102	0.05
避险车道	147	0.07
其他	6790	3.19

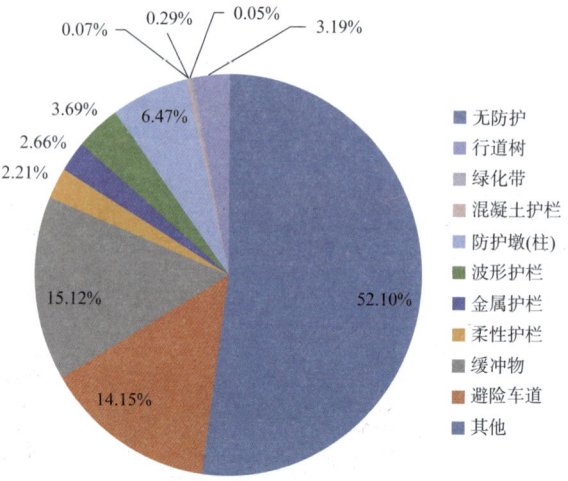

图4 《2016年交通事故统计年报》对事故发生路段路侧信息的统计

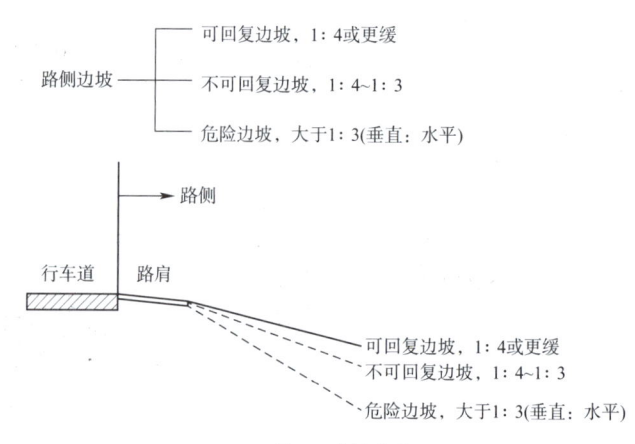

图5 路侧边坡

路侧有水体且水较深是非常危险的，必要时可设置护栏进行一定防护。图6中塑胶PC护栏只适合用于一般性道路，如果高速公路路侧有水体的话，则需要设置防护性更强的护栏。

三、路侧哪些地物比较危险，该如何进行安全设计

路侧危险地物包括缘石、行道树、杆柱、消防类设施、路侧排水设施等，这些设施如果设置不当会严重威胁路侧安全。

1. 如何对路侧缘石进行安全设计

进行路侧安全设计时，要考虑车辆可能跨越缘石或高速撞击缘石发生严重事

图6 路侧水体须有防护

故，因此，针对不同的道路环境，缘石的设置方法也应相应改变。

当道路必须设置可跨越式缘石时，要考虑缘石的高度，尽量避免缘石触及车辆底盘。一般来说，可跨越式缘石适宜的高度为10cm左右（图7），不可跨越式缘石高度一般应不高于15cm，如果缘石高15~25cm甚至更高，那么当车辆与其相撞时会严重损害车体与车辆转向系统，更严重的还可能导致车辆腾空飞跃及侧翻，增加事故的严重性。根据国外不可跨越式缘石的相关设置案例，采用12~15cm高的斜坡型缘石是此类缘石设置的国际趋势。

图7　斜坡可跨越式缘石

针对设计速度较低的道路，要因地制宜地设置缘石。缘石本身对道路轮廓有明晰作用，而且凸起于行车道路面的缘石对行人也具有某种程度的保护作用，因此对于紧邻人行道的设计速度较低的市区道路来说，设置缘石是适宜的。

对于设计速度（80km/h以上）较高的高等级公路来说，当车辆高速撞击缘石时，缘石并不能将车辆引导回原行车方向，车辆极可能在撞击缘石的瞬间腾空飞跃，轮胎脱离地面，导致驾驶人无法有效控制车辆，极易造成严重事故（图8）。车辆高速撞击缘石时，缘石高度越高，车辆撞击缘石的腾空高度就越高。因此，设计速度较高的道路原则上不应设置缘石，若设置缘石，则必须设置半刚性护栏（例如W型钢板护栏）或柔性护栏，且护栏表面应比缘石更靠近行车道，也就是缘石必须设置在护栏表面的后方或至少与护栏表面齐平（图9）。

图8　高速公路上错误的缘石设置

设计速度渐变的路段应谨慎使用缘石，如果要设置缘石，则路侧净区的宽度也应适当加大，而且缘石的设置也应具有连续性，不可有缺口或凸出（图10）。

图9　混凝土护栏前方不应有缘石存在　　　　　图10　缘石不连续且有凸出

当道路横向排水没有问题时，除非有其他考量，否则尽量不设置缘石。例如郊区双向车道，如果两侧没有排水积滞问题，且无人行道和自行车道，就没有设置缘石的必要性。

2. 如何对路侧行道树进行安全设计

在路侧两旁种植树木可以提升道路景观，塑造地方特色，甚至可以成为闻名遐迩的景观道路。其实，这些景观道路的形成是早期道路设计未融入完整安全理念造成的。如今这些树木已长成大树（图11），也不能简单地将这些树木移植或者砍伐，而是要考虑利用交通工程手段进行适当的道路几何线形诱导和设置夜间反光设施。

针对路侧行道树，尤其是曲线弯道处的行道树，应该检验其是否妨碍安全停车视距（停车视距是指驾驶人在发现障碍物前停住所需要的最短距离）。

针对大型行道树，如果其距离行车道较近，对路侧安全有妨碍，但无法移植的，可以设置兼具防护和景观功能的柔性或半刚性护栏（图12）。

图11　行道树妨碍视距　　　　　图12　连续性乔木前方的钢板护栏

路侧边线外侧如果有绵密的灌木或较高的杂草，也可能影响视距或妨碍驾驶人判断路肩外的状况，日常应进行修剪与整理。

3. 如何对路侧杆柱进行安全设计

从路侧行车安全的角度来看，理想的路侧状况应可平顺穿越、无危险障碍物，如果确实没有设置标志或其他设施的必要，就不要在路侧强行设置，但有时候为了维持正常的交通功能，需要在行车道附近设置标志等设施。因此，在实际情况中，路侧常会有某些危险的固定障碍物，例如标志杆、信号灯杆、路灯杆、消防栓及其他公共设施（图13）。

图13　车辆撞击刚性杆柱造成严重事故

针对路侧具有高度危险性的杆柱，可采用可解体式（易折式，也称节口设计）或冲击吸能式的杆柱构件。杆柱直径越大就越有必要采用可解体式、吸能设计。可解体式及吸能式杆柱早在20世纪60年代就已经出现在欧美国家，时至今日，这种杆柱已成为高速、快速公路路侧宽容设计的重要考量因素。

易折式杆柱被车辆撞击时，底部节口结合部会因车辆撞击而发生滑移直至折断（图14）。

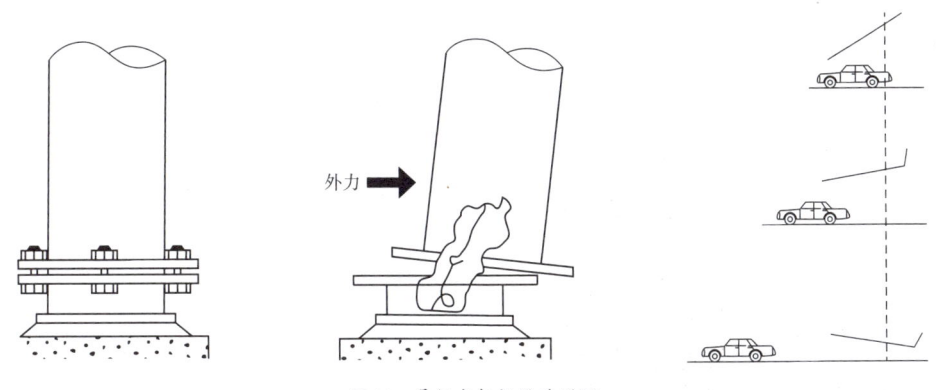

图14　易折式杆柱设计原理

冲击吸能式杆柱（图15）的设计重点在于车辆高速撞击杆柱时，杆柱不折断，但在被撞击处凹陷，使杆柱弯曲而倒下。与这种杆柱相撞，车辆可能会受到轻微损伤，但驾驶人与乘客不会有太大危险。不论是采用易折式杆柱还是冲击吸能式杆柱，最重要的是要根据车辆失控轨迹，慎重选择设置地点。

有些板面尺寸较大的交通标志，为了抗风和承受自重，其杆柱的尺寸也会比较粗大。如果车辆驶出行车道范围撞上这种杆柱，后果必然会很严重，所以路侧安全设计要深入考量杆柱被车辆撞击的可能性。从道路线形与车流运动轨迹角度考虑，凡是下坡路段、急弯道、Y形或大斜角交叉口、车道减少处、道路横断面变窄处及视距不佳处等都是车辆可能偏离行车道的地方，应尽量避免在这些地方设置杆柱（图16）。如果必须要设置杆柱而且杆柱的尺寸较大，且车辆撞击后易发生严重事故的，也应考虑采用可解体式或冲击吸能式杆柱。

 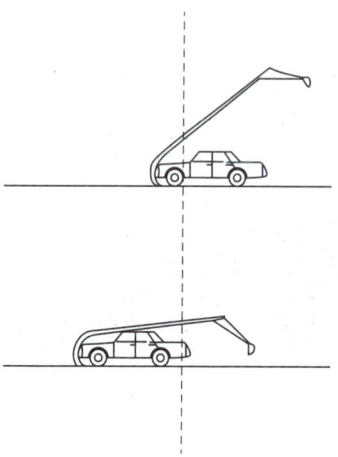

图15 冲击吸能式杆柱

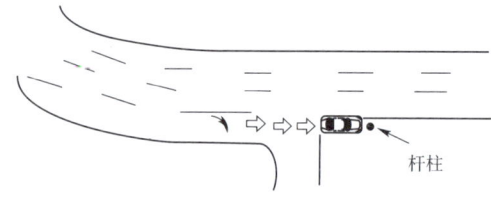 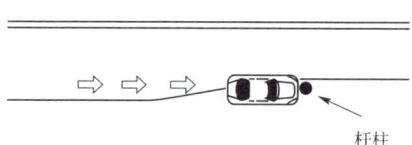

a) 下坡路段出口处　　　　　　　　　b) 路面变窄处

图16 杆柱易被车辆撞击的高度危险区域

图17 共杆结构杆柱

杆柱不论是连续设置还是单独设置，都可以加防护设施予以保护。连续的路侧杆柱如果存在安全问题，可采用长度适宜的路侧护栏进行防护。单根巨型杆柱如果被车辆碰撞可能会将车辆切割，导致严重死伤。因此，为了尽可能减少单根杆柱的数量，可将同一地点数根分散设置的杆柱整合成单一"共杆结构"。"共杆结构"是指将信号灯、标志、照明设施、路名牌等都设置在一根杆柱上（图17）。但是，共杆结构负载较大，设置时要考虑强风和雪压的影响。

消防栓地下化已成为当今世界趋势，对路侧安全有影响的消防栓，应尽早地下化。消防栓地下化后，其上方的孔盖不得凸出于地面，且不得堆放任何物品，要保持净空状态（图18）。

图18　存在安全隐患的消防栓

4. 如何对路侧排水设施进行安全设计

排水设计是道路工程的重要环节，路侧排水设施除了缘石之外，还有边沟（侧沟）、排水箱涵、集水井等。从路侧安全的角度来说，路侧排水设施在规划设计时也需要细致考虑。

路侧排水沟的设计应根据施工选址情况、路侧安全、美观及排水能力等进行详细评估，灵活设置。总的来说，土石沟、生态草沟等柔性沟要优于钢筋混凝土沟等刚性沟，浅沟优于深沟，且距离行车道边线越远越好。深埋地下的暗沟、暗管优于驾驶人可见的明沟。在道路几何线形不佳的地方，例如急弯道，必须考虑视距与路侧安全，来决定边沟是否要加盖、封盖。

在道路满足排水需求的前提下，不是必须设置排水设施就尽量不设置。对路侧行车安全有影响的排水设施应尽可能远离行车道边线。如果确实无法移除路侧排水设施，可考虑设置合适的覆盖物（例如开孔尺寸合理的钢栅）（图19），保证失控行驶到此的车辆可安全平稳穿越，不至于直接撞击刚性排水设施或因不可翻越而侧翻。

图19　排水设施上覆盖的钢栅

扫一扫查看原文

有些护栏为了满足排水功能,中间开了许多口子(图20),而当车辆撞击护栏时,轮胎会与护栏支柱撞击,瞬间对车辆形成绊阻力。这种护栏虽满足了排水要求,却无法发挥拦阻功能。

有时长条形混凝土分向带和分隔带为了道路横向排水需求,在某些地点(例如市区道路)刻意将缘石断开,留下排水横沟(图21)。但是应该注意,将分隔带缘石断开有违路侧安全设计理念,正确的做法是后端缘石稍微内缩且进行圆角处理(图22)。

图20 护栏底部不应有开口

图21 市区分隔带排水横沟

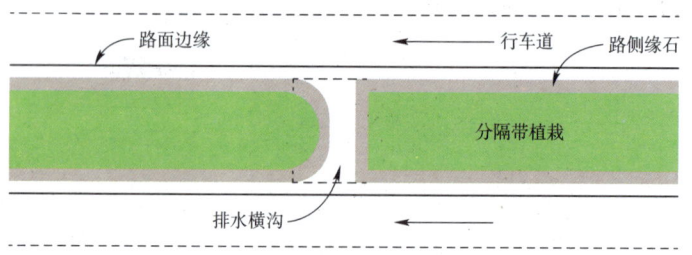

图22 市区排水横沟的正确设置方法

注:文中事故案例资料来源自国家安全生产监督管理总局网、腾讯网、新浪网。

从重庆万州公交坠桥事件看
如何提升桥梁护栏安全性

公安部道路交通安全研究中心交通言究社

导语

重庆万州公交车坠桥事件发生后不久,2018年11月贵州毕节又发生一起类似事件,乘客殴打驾驶人致公交车失控险酿惨剧。此外,因其他交通意外而导致车辆撞击桥梁护栏的事故也时有发生,引发了媒体、舆论对于桥梁护栏安全性能的关注和讨论。桥梁护栏安全性能是否有提升空间?又该如何提升、改善?交通言究社采访了公安部道路交通安全研究中心特约专家团队成员,美国资深交通工程师梁康之、台湾逢甲大学运输科技与管理学系所副教授徐耀赐、浙江省交通规划设计研究院教授级高工郭敏、以及道路交通安全专家、教授级高工闫书明、公安部道路交通安全研究中心道路室副主任刘君,请他们来谈谈看法。

一、车辆撞击桥梁护栏事故时有发生

2018年10月28日10时8分,重庆万州长江二桥,一辆公交车失控向左偏离越过中心实线,与对向正常行驶的一辆小轿车相撞,冲上路沿、撞断护栏坠入江中,事故造成15人遇难。据调查,事故原因系坐过站的乘客与公交车驾驶人发生激烈争吵并互殴致车辆失控坠江(图1)。

图1 公交车撞击桥梁护栏后坠江

其实类似车辆撞击桥梁护栏的事故并不鲜见:贵州毕节一城市道路桥梁,公交车失控撞上隔离护栏紧急停车。2018年11月28日,贵州毕节一乘客上车后因投币问题与驾驶人发生争执,遂殴打驾驶人头部,致行驶中的公交车失控撞上毕节七星关区碧海办事处前所新桥的隔离护栏紧急停车,险坠桥。据了解,该桥属城市道路桥梁,双向六车道,中间有隔离绿化带,桥梁高约8m,桥下水深为20~80cm不等。

杭州湾跨海大桥,车辆失控撞上护栏险坠桥。2018年11月13日13时25分,一辆黑色轿车行驶至杭州湾跨海大桥往上海方向1394km处,驾驶人因疲劳驾驶,致使车辆突然越过分道线向右偏移,所幸车辆被大桥护栏挡住,没有冲下桥梁。

哈尔滨松花江公路大桥,罐车撞护栏后坠桥。2018年10月30日早上5点左右,一辆罐车沿哈尔滨市松花江公路大桥行驶至距江北桥头堡50m处时失控,冲破桥体护栏后坠入桥下(图2)。现场被撞坏的护栏长度在10m左右,所幸救助及时,罐车驾驶人没有生命危险。

图2 罐车撞护栏后坠桥

尽管导致车辆撞击桥梁护栏的事故原因并非都和万州公交车坠桥事件相同,但若车辆坠桥,都会严重威胁驾乘人员的人身及财产安全。那么是否可以通过提升桥梁护栏安全性能减轻事故后果呢?交通言究社邀请了相关专家以万州公交车坠桥事件为例进行了探讨。

二、万州长江二桥路侧护栏并非防撞护栏不具备防撞功能

重庆万州公交车坠江后,网友普遍质疑作为特大桥的万州长江二桥,最外侧护栏为何没能阻挡失控的车辆坠江?

刘君:据公开信息显示,万州长江二桥属于特大型子母塔悬索桥,于2003年6月建成通车,该桥为双向4车道,设计车速为60km/h。万州长江二桥建造时执行的标准为《城市桥梁设计准则》(CJJ11—1993),根据准则,桥梁外侧要采用加强栏杆,且桥梁在设计时要遵循安全、经济、美观的原则。从事发现场图片来看(图3),万州长江二桥最外侧护栏应属人行道护栏,被公交车撞断后几乎没有发生塑性变形,断口平齐,属于脆性断裂,由此可见,该护栏并不具备防撞功能,不能对车辆冲击产生吸能和防护作用,更多是出于保护行人和景观美化作用而设置的。

图 3　事发现场整齐断裂的护栏

徐耀赐： 一般桥梁两侧都应按照相关规范或标准设置护栏。但任何桥梁护栏要发挥其功能，都需有相对应的前提条件，例如撞击角度要在20°以内，如果撞击角度过大，护栏也很难发挥作用。重庆万州长江二桥既有行车道也有人行道，人行道位于桥面两侧，且人行道路缘石高于行车道30cm，该桥设计车速仅为60km/h（图4）；如果车辆撞击角度较小，如在20°以内，冲上人行道的可能性并不大。但此次坠桥事故中的公交车以将近90°撞击人行道，而30cm的高度差是完全无法起到任何阻拦作用的。

图 4　万州长江二桥是双向四车道，限速为 60km/h

闫书明： 重庆万州长江二桥人行道外侧（靠近江边侧）设置的结构由竖向杆件和横向杆件组成，高度虽然较高，但属于典型的人行道栏杆，没有进行防撞功能设计（图5），不能称为防撞护栏；人行道内侧（靠近行车道侧）的结构由立柱和横梁组成，结构虽然比较矮，从设计理念上倒是符合防撞护栏的一些特征。事实上，国内很多类似万州长江二桥这样早期建造的桥梁，并没有设置人行道内侧的这种设施，而是采用路缘石将人行道和车行道分离。万州有关部门有可能是为了更好地保护行人安全设置了该设施。

图 5　万州长江二桥人行道外侧的护栏属于典型的人行道护栏，没有进行防撞功能设计

三、不宜将万州长江二桥路侧护栏与最新规范标准对标

万州公交车坠江视频发布后,有观点认为桥梁防撞性能低可能加剧了公交车失控后坠江的发生概率,如果按最新的护栏标准,公交车可能不会坠江。那么从规范标准角度来说,可直接按照最新的规范改造升级万州长江二桥吗?

刘君: 重庆万州长江二桥设计车速为60km/h,根据《城市桥梁设计规范》(CJJ 11—2011),护栏的防撞等级应至少为SB级;而根据最新的《公路交通安全设施设计规范》(JTG D81—2017),特大悬索桥防护等级宜采用HA级。但是,不能按照最新的规范审视原桥设计,增设的防护设施必须结合桥梁的建设年代和当时的建设标准,着重考虑桥梁的桥墩、主塔、索缆、桥面等主体结构的承重力情况。随着时代发展,部分城市桥梁开始承担了类似公路桥梁的运输功能,大运量交通工具、重载车辆不乏通行其上,城市桥梁相关的管理部门应结合交通量、车型构成等新变化和桥梁高度等不利因素,按照最新的标准规范,定期排查安全隐患,针对发现的隐患问题组织专家充分论证后,可对桥梁采取增设防撞护栏等措施。

闫书明: 有媒体报道将重庆万州长江二桥的人行道栏杆与最新颁布的《公路交通安全设施设计规范》(JTG D81—2017)中的防撞护栏进行对标,并不合适。对标一定要有时效性,发生事故的桥梁建设较早,当时车型单一、车辆较少、车速较低、交通环境也没有现在复杂,安全设施的设计建造是符合当时的交通流特性的(符合当时的标准要求)。而现在车辆越来越大型化、速度越来越高、交通量越来越大,因此相关标准对于交通安全设施的要求也大幅提升。

对于设置有人行道的公路,过去一般认为可不必考虑车辆掉下桥梁的可能性,但从最近发生的几起车辆坠桥或者险坠桥的事故来看,需要谨慎看待这个问题。最新颁布的《公路交通安全设施设计细则》对该方面进行了较为详细的规定,为有效降低发生该类事故的概率,宜按照最新颁布的交通安全设施设计规范进行升级改造,亡羊补牢。如图6 b)所示的带有人行道的桥梁护栏和栏杆,不但可以有效降低车辆冲出桥外的事故概率,还能降低车辆直接冲撞行人的事故概率,是较为安全合理的设置方式。

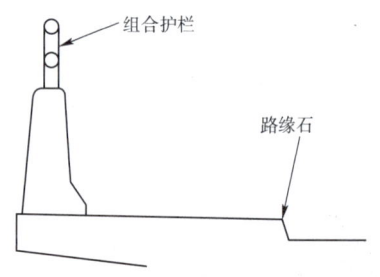 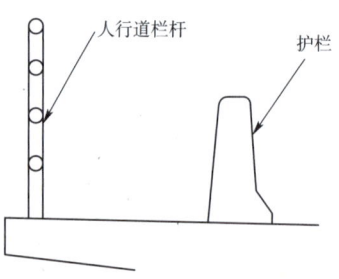

a) 适用于设计速度为不大于60km/h的公路   b) 适用于设计速度大于60km/h的公路

图6 带有人行道的桥梁护栏和栏杆设置示意图(《公路交通安全设施设计细则》)

四、如何改造升级此类桥梁护栏提高防撞性能

针对万州公交车坠江的惨剧,我们应该对桥梁护栏的标准规范、设计、防撞性等进行探讨和反思,不断提高此类桥梁护栏的安全性。

徐耀赐:任何事故的发生,我们都应该反思其中存在的问题。以万州长江二桥为例,人行道外侧究竟应设人行栏杆还是应设置防止车辆坠桥的且同时兼具防护行人的护栏?对于以人、车皆可通行的大型桥梁而言,在人、车分流前提下,如果安全设施分别设置,则安全保障性较高,但经费将相对提升。如果在人行道外侧设置桥梁护栏,同时兼具保护行人的功能,则行人安全性就会降低,但整体工程建设经费较低。两者相较,究竟应取何者?这并无标准答案,需要按照相关规范、标准并根据实际情况来进行判断。

郭敏:重庆万州公交车坠桥事故属于极端现象,其重现的可能性有多大尚值得探讨。作为城市中一座通勤大桥,万州长江二桥目前的防护措施,在国内以及国外城市中都是较为普遍的设置。公交车坠桥事故发生后,基于对此类事故再次发生的可能性的评判,万州长江二桥是否应该设置护栏还需慎重考虑。有些城市的桥梁,也存在进行后期加装措施,或者临时使用防护措施的。譬如图7中一座英国的桥梁,就使用了低型护栏作为防护,可以抵御小型及大型车辆的低速冲击。

图7　桥梁使用低型护栏作为防护,抵御小车或大车低速冲击

闫书明:我国桥梁数量众多,结构形式多样,长短差距较大,若是对于类似位置的护栏升级改造,宜首先进行调查评估,分批分类,因地制宜给出相应方案,防止由于操之过急而产生其他安全隐患(图8)。需要根据交通流特性和路侧危险程度合理选择防护等级;综合桥梁结构、路侧构造物合理选择护栏结构形式;验算桥梁翼缘板是否能够承受护栏碰撞荷载的冲击,若通不过还需要合理加强桥梁结构。需合理设置桥梁护栏端部,若是路侧有路基护栏,桥梁护栏需要与路基护栏设置过渡段,若是路侧没有路基护栏,则桥梁护栏端部需要进行处理,以防止产生桥梁护栏端部插入车体的安全隐患点。可采用在既有路缘石上植筋加高方式形成混凝土墙体护栏,若是考虑道路景观,亦可以采用在路缘石上植螺栓的方式增设型钢护栏。

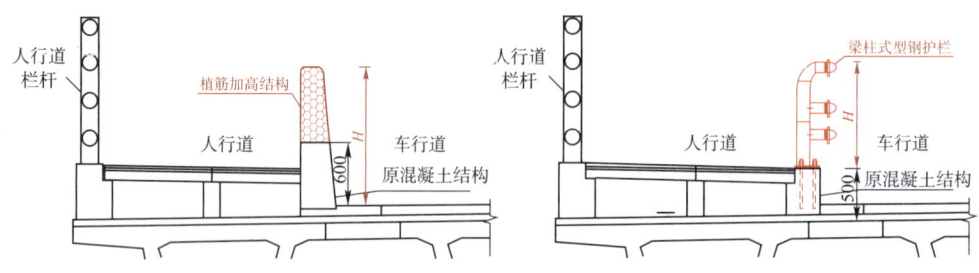

图8 护栏升级改造示意图

针对护栏的防护等级,需要综合考虑公路等级、设计速度、路侧发生事故严重程度等多种因素,按照《公路交通安全设施设计规范》(JTG D81—2017)合理选择防护等级。公路护栏共分为八个等级,这些等级是通过调查国内多条不同等级公路上的车型组成、运行速度、事故车辆碰撞角度等统计得到的,这些参数决定了护栏的防护能量。2006版《公路交通安全设施设计规范》规定的护栏最高防护等级为SS级(防护能量520kJ),在高速公路的桥梁上应用最为广泛,通过多年的应用表明,该种防护等级已较为安全,尚未见有事故车辆穿越经碰撞试验验证的SS级护栏的相关报道。

对于有些特殊路段,不仅要保护驾乘人员,更要保护一些重要的资源或构造物,如跨越饮用水源(保护饮用水)、跨越高速铁路(保护铁路运营)、悬索桥和斜拉桥(保护桥梁主体),按最新颁布的《公路交通安全设施设计规范》(JTG D81—2017),这些地方护栏防护等级宜选择HA级(760kJ)。对于斜拉桥和悬索桥而言,桥梁护栏除防护车辆以外,还需考虑降低事故车辆碰撞护栏由于侧倾而碰撞斜拉索和吊杆的概率。

扫一扫查看原文

双车道公路哪些路段不宜超车,如何优化改造

邝子宪　公安部道路交通安全研究中心特约专家
香港道路安全及交通工程顾问

导语

在车辆混行,车速差异比较大的双车道不分隔公路上,车辆是有超车需要的。但在车流量大、重型车多、山区弯坡路段等情况下超车容易引发严重事故。那么,双车道公路中哪些路段可以安全超车?哪些路段不具备安全超车条件呢?又该如何优化改造这些路段?

一、如何辨别双车道公路中可超车的路段

普通公路一般包括一级公路和二级公路、三级公路。一级公路一般是四车道以上分隔道路，基本能够满足超车需求。而二级、三级公路等双车道不分隔公路因超车引发的安全问题比较突出（图1）。在这样的公路上，我们的策略应该是系统地提供安全超车的机会。首先，需要了解双车道公路上哪些路段具备安全超车条件，哪些路段不具备超车条件。

图 1　小车压线超车

1. 四类可超车路段

达到超车视距（OVD）要求的平缓路段。当公路中有比较长的一段直线路段，能够达到超车视距要求的时候，该路段具备安全超车条件。大多数情况下，超车视距需要400m 或 500m，甚至更长（图2）。因此，一般情况下，在平原、丘陵地区通常比较容易达到超车视距要求，但在山区通常没有这个条件。

图 2　达到超车视距要求的直线段

"2+1"布局的超车路段。利用爬坡车道、下坡辅助车道、平坡设置"2+1"布局的超车路段，即单方向增设一条有限长度的行车道，给驾驶人提供超车机会。

分隔的多车道路段（有限长度的一级公路）。在双车道不分隔公路中间设置了一段一级公路路段，不过，该路段长度有限，可能只有 2km、3km，主要是给驾驶人提供超车机会。

停车区。行车道外侧有停车带，必要时能提供一定的超车空间。

2. 三类达不到超车视距要求的路段

半径令人疑惑的弯道（1/2 OVD < R <3/4OVD）。弯道的半径在标准超车视距的 1/2 和 3/4 之间，没有达到超车视距要求。常见的一种情况是，部分山区公路会导致驾驶人以为有足够超车视距可以超车，但其实是没有达到，极易造成事故安全隐患。

小半径弯道（R <1/2 OVD）。弯道半径小于标准超车视距的 1/2，一般来说驾驶人会很清楚不能超车。

不符合条件的凸形竖曲线。比较典型的就是公路坡顶地带，不具备安全超车的条件（图3）。

图 3　坡顶地带不能超车

二、如何改造不能超车的双车道公路

按照以上原则，大部分山区公路不具备安全超车条件，但如果没有给驾驶人提供超车机会，驾驶人会变得不耐烦，可能会强行超车，带来很大安全问题。为此，应采取以下策略，使双车道公路具备超车条件。

1. 新建公路优化道路线形，现有公路施划中心线

对新建公路要尽可能优化线形，提供足够可安全超车的平缓直线路段。现有公路条件受限时，考虑到一般驾驶人超车时都会很警觉，因此，可较务实地施划标线。尽管未达到理论超车视距长度，但当具备一定视线及环境条件时，仍可允许驾驶人超车。施划标线一般使用虚线或单面的虚线让驾驶人判断这个路段能不能超车；如果绝对不能超车，中心线要用实线，可以是单实线但最好是双实线（图4）。

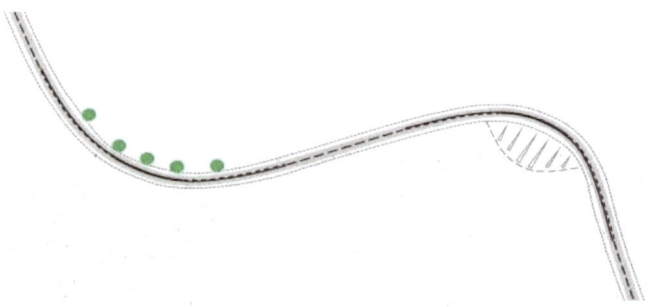

图 4　施划中心线

2. 双车道公路"2+1"布局的超车路段

单方向增设一条有限长度的行车道，可以给驾驶人提供超车机会。如果能够采取分隔的"2+1"或"2+2"的布局更好。但要注意"2+1"布局超车路段的设置，需遵守严格的技术要求，小心处理行人及慢行车的安全需要。

（1）"2+1"布局超车路段缓冲区的设置至关重要。

如图5所示，原来是双车道公路，在一个方向增加一个车道后，该方向就变成了两个

车道，在增设车道的这段范围里，小车可以超过前面行驶比较慢的车。一段距离后又变成双车道公路，完成超车的车辆要在渐变段范围内或上游并入原来车道。超车路段结束时设置斜标线缓冲区非常重要，因为如果小车在回到原来车道的过程中操作不当，还有一个可以缓冲的区域，避免与对向车辆正面相撞。缓冲区通常建议前端设置200m左右，之后还有100到200m的缓冲。"2+1"布局的超车路段，长度应是有限的，因为超车路段太长会造成车速太高。

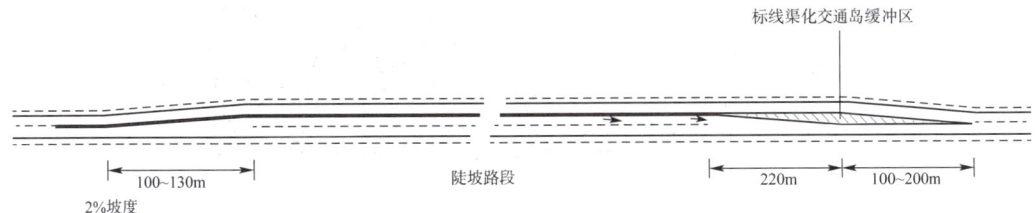

图5 "2+1"布局爬坡车道路段

需注意的是，除了车速偏低的道路，一般不能直接在"2+1"布局的超车路段上设置平交口或人行横道。要先让道路变成原来正常的双车道公路，再设置平交口或人行横道。"2+1"布局超车道的设置还要考虑行人和慢行车。一般来说，"2+1"布局的道路车速比较快，不鼓励旁边有行人、慢行车，要用隔离保护行人，并设置慢行车通道（图6）。

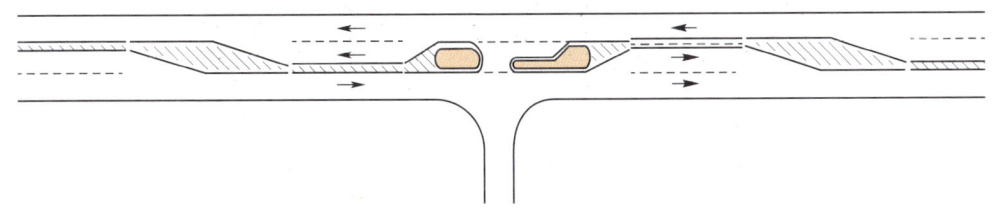

图6 "2+1"布局设置平交口的处理方式

（2）"2+1"布局的路段有中分带隔离或护栏更好。

如图7所示，道路设有隔离带并设置了白色隆声带标线，这种做法是很好的。

图7 设置隔离带和隆声带标线的"2+1"公路

如图8中"2+1"布局的路段，左边利用爬坡车道增设了一条超车道，而且道路中间还设置了隔离带。不过做了隔离带以后，考虑到单车道可能有车辆发生故障，所以，这条道路右边车道外面还设置了可以紧急停车的停车带（右侧车道外浅黄色铺装区域）。

图8 设置隔离带和停车带的"2+1"爬坡车道路段

（3）加宽中心线，减少正面相撞风险。

一般来说，我国道路中心线就是单条的黄线，可以是实线或是虚线。不过，更好的做法是设置两条实线，并增加它们之间的宽度。两条标线之间的宽度可选0.8m或更宽。这种做法的好处是无论是直线路段也好，弯道也好，能增加对向车辆之间的距离，减少对向车辆正面相撞的风险。图9中虚线表示需要时可谨慎超车。

图9 加宽中心线的道路

扫一扫查看原文

图10中的标线表示不能超车，尽管这条公路从超车视距来看没问题，但加宽中心实线的主要原因是车流量很大，即使超车视距没问题，也不允许超车。加宽中心线，一般同时压缩车道的宽度，从原来的3.5m降到3.25m，甚至是3m也是合适的。

在双车道隧道里，用加宽中心线的方法也很有效，增加了对向车辆之间的侧向距离，让对向车辆更安全的迎面行驶。

图10 加宽中心线的道路

普通公路平交口安全问题突出，如何通过渠化设计提高安全性

邝子宪　公安部道路交通安全研究中心特约专家
　　　　香港道路安全及交通工程顾问

导语

道路交叉口是各种交通流的汇集点，特别是非信号灯控制的平面交叉口，存在很多交通冲突，安全隐患突出，尤其是一级公路上的平交口安全问题更严重。那么，普通公路上什么样的交叉口安全隐患大？如何减少和消除冲突，让交叉口更安全？

一、普通公路平交口安全问题突出

通常说的普通公路，包括一级、二级和三级公路。一级公路通常是指四车道以上，一般有中央分隔带的公路；二级和三级公路是指双车道没有中分带的公路。普通公路上的非信号灯控制的平交口安全问题很突出，尤其是一级公路的平交口问题更为严重。

1. 公路上几种不利安全的平交口模式

密集的平交口、十字平交口、斜交平交口以及斜十字平交口等都是不利于安全的平交口模式，为什么说这些平交口不安全呢？先来看图1，原来这些村庄由多条道路连接在一起，后来村庄里新建了一条公路，新建的公路把原有的道路切割开了，形成很多平交口，主要是十字平交口和斜交平交口，平交口密度变得很大。

十字平交口的安全风险很高。如图2所示，新建的公路和原来的老路形成一个新的十字平交口，通常来说新建的公路车速普遍比较高，而这里原有道路的使用者在横穿新形成的十字路口时，可能并不知道新建公路的车速很高，往往没有停让意识，而是直接冲过路口，加之这里没有任何交通标志标线提示道路使用者要停让，因此，这样的十字平交口非常危险。

图1　新建公路后，形成了很多交叉口

图2　新建公路与老路之间形成十字交叉口

直线平交口存在哪些安全问题呢？如图3所示，原来的老路是一条连贯的直线，后来

新建了一条绕过乡村的公路。绕过乡村建设公路的理念很好,因为绕道可以避免公路直接穿过乡村,减少安全隐患。但是,新建的绕道公路和原来的直线老路会形成一个平交口,当地的道路使用者在经过平交口时,如图中的三轮车,可能根本没有停让的意识,而是选择直接快速通过,如果此时从新建公路驶来车速很快的车辆,这样很容易发生冲突,带来危险。

图3 新建公路和老路形成的平交口

对于直线平交口的问题,如图4所示,新建的主线公路向左转弯,原来的老路变成了支路,主路和支路形成一个直线平交口。从图4中可以清晰地看到,在平交口处布满了制动痕,这说明新建的主线公路与老路形成的平交口规划不合理。此外,路边的树木是沿着老路分布的,新建的主线公路和老路路面的分界线也指示着向老路方向直行,对于不熟悉这条道路的驾驶人来说,很自然地认为直行的道路才是主路,而当驾驶人发现走错路时,会选择急制动或者急转弯等行为,此时极易发生车辆失控、追尾等事故。

图4 新建的主线公路转弯,原有的老路变为直行的支路

一般来说,要矫正这个平交口存在的问题,建议将直线平交口变为正交或环岛模式。

2. 双车道公路简易平交口需根据交通量、视线情况进行渠化

公路平交口的类型,从布局上看,包括T字形交叉口、错位交叉口和十字形交叉口;从设计上,包括简易、标线渠化左转车道和交通岛渠化左转车道三种类型。

国外对于双车道公路设置"T字形交叉口、错位交叉口和十字形交叉口"有一定要求。

英国对十字交叉口的设计要求非常严格，如果路口横穿的交通量每天超过 300 辆，则不允许设置十字形交叉口。一般较重要的 T 字形交叉口则鼓励采用标线左转车道或交通岛左转车道渠化设计，具体根据交通量及线形等条件来评定。

目前国内双车道公路大部分采用简易平交口，没有进行渠化。简易平交口基本上是两条道路的简单相交，有一个圆形的转角，如图 5 左侧所示。而国外比较重视渠化的概念，所谓渠化，就是在支路上设置交通岛，也可叫导流岛，更完善的渠化设计则需要在主路上也设置交通岛。图 5 右侧为渠化后的平交口布局。但是，不是所有的平交口都要做渠化的设计处理，是否需要进行渠化，主要考虑交通量、平交口一带线形以及视线问题。

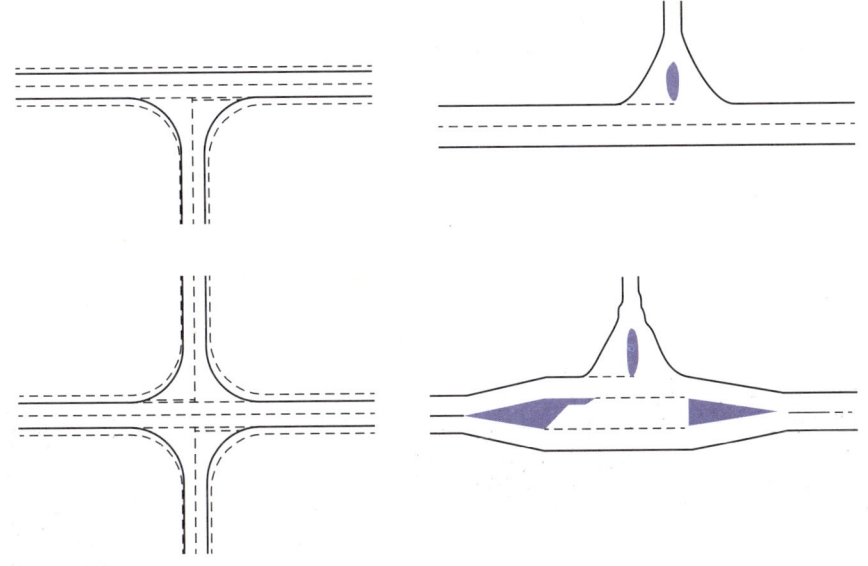

图5　左侧为简易平交口；右侧为渠化平交口

交通量包括主路和支路的交通量。一般来说，如果主路的交通量每天在13000辆以内，同时，支路的交通量在300辆以内，则可以采用简易平交口；如果主路和支路的交通量超过上述交通量或主路在弯道上，就需要考虑做渠化处理，渠化的设计有标线渠化和交通岛渠化两种方式；至于交通量很大的平交口，则应考虑设置交通信号灯、立交和环岛等。

视线是影响平交口安全另外一个关键因素。如果驾驶人的视线不够，则会危害转向安全；如果视线太多，可能会令驾驶人不能集中精力观察平交口的路况。因此，应利用环境条件和植物等为相交道路渐进式提供平交口视线。比如在英国，采用"三个三角形"的概念（即在支路上划分三个三角形），让驾驶人渐进式的看清交叉口的路况。

如图6所示，第一个三角形的位置，让支路驾驶人意识到前方有平交口，并且能够看见停让的标志标线；第二个三角形的位置，大概在距离前方路口15m的位置，让支路驾驶人能够看清前方平交口的类型及大致布局；第三个三角形的位置，距离前方路口大概9m的位置，让支路驾驶人能够看见主路上的车辆，同时，主路驾驶人也能看到支路上的车辆。

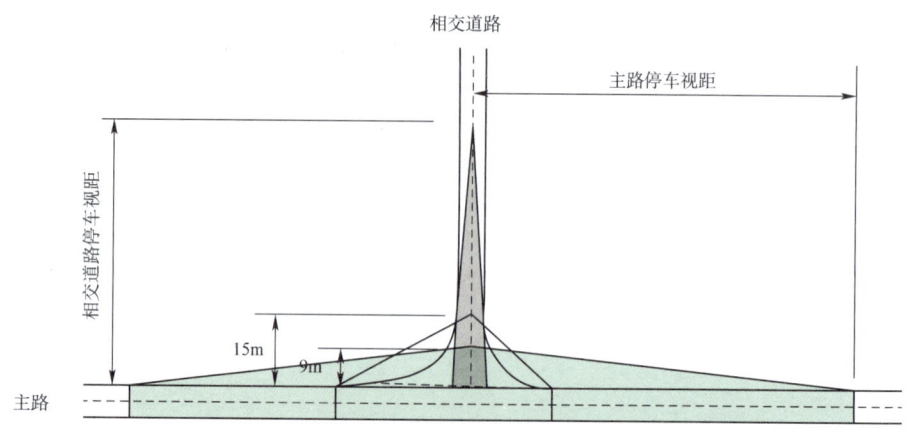

图6　"三个三角形"的概念

3. 斜角相交道路很危险，需矫正

斜角相交的十字路口特别危险，矫正的方法通常是将它变成正交路口。如图7所示，原来的路口是斜交，通过在路口的位置进行渠化设计，将它变成正交路口。图8中的路口虽然稍微复杂些，但也是在路口附近将它转过来变成正交路口，同时，增设了导流岛，这样会让路口变得更安全。

图7　矫正斜角相交道路（1）

图8　矫正斜角相交道路（2）

矫正斜交十字路口还有几种方法：如图9所示，第一种为改线方案，在支路的路口

附近将其变为正交路口;第二种为错交方案,一个是逆错交,另一个是顺错交,就是将它变成两个丁字路口。正交方案和错交方案各有各的好处,需要根据实际情况判定,正交方案的好处是可以一次性横穿公路,错交方案相对而言比较曲折,需要分两步通过公路,但是它也有自身的好处,例如可应付较大的横穿交通量。

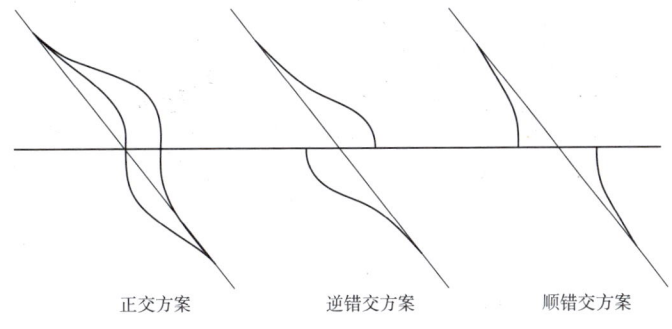

图9　矫正斜角十字平交口的方法示意图

二、如何进行渠化设计,提高平交口的安全性

所谓渠化,就是在交叉口合理地布置交通岛、交通标志、标线等,把不同行驶方向、不同行驶速度以及不同性质的车辆分别规定在有明确轨迹线的车道内行驶,避免相互干扰,从而减少车辆之间以及车辆与行人之间碰撞的可能,提高交叉口交通安全性和通行能力。

如图10所示,渠化的方式就是在支路和主路上设置交通岛,如果主路上的车辆要转到支路上,在主路中间有等待转向的区域,车辆可以在此处等候,等待安全的情况下转弯;如果支路的车辆要转到主路上,等待转向的区域比较宽时,车辆也可以在转向区域等待。此外,要注意渠化范围应保持硬路肩有足够的宽度,并妥善设计细节,满足慢行交通的通行及安全需求。

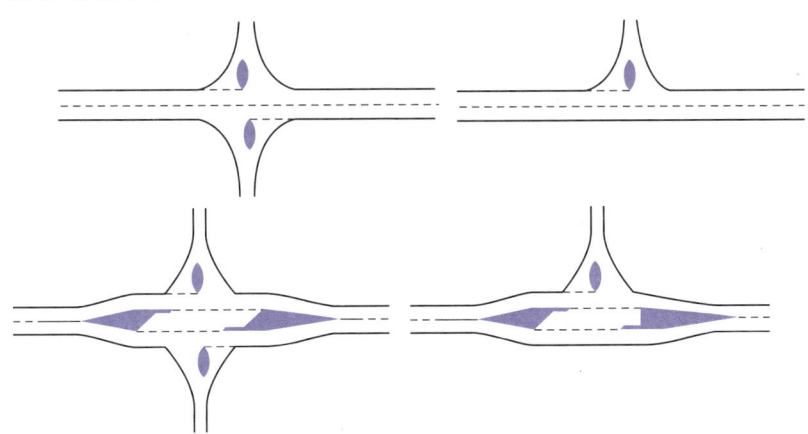

图10　在支路和主路上设置交通岛进行渠化设计

但是,绝不鼓励在平交口设计复杂的渠化方案,因为复杂的渠化不仅会增加路口的冲突点,使路口变得更危险,还会使驾驶人感到迷惑,操作变得复杂,增加危险性。

1. 导流岛渠化

在支路上设置导流岛是很典型的渠化布局（图11），这种渠化设计的好处是可以令驾驶人更警觉，促使其停让，从而提升路口的安全性，尤其是可以大幅提高十字平交路口及斜交路口的安全性。

图11 在支路上设置导流岛是很典型的渠化布局

但是，设置导流岛时要特别注意提高其视认性及宽容性，因为在夜间没有照明的公路上，驾驶人可能无法看见导流岛的存在。因此，需要采取必要的措施保证驾驶人能够看到导流岛的存在，具体措施包括：一是设置交通标志标线引导车辆；二是采用较矮的斜面路缘石；三是将导流岛表面的颜色与路面颜色区别开，例如路面是沥青色，导流岛上的混凝土可设置为灰白色；四是在路缘石上涂反光漆等。还可以采用在主路上设置振动减速标线，改变路面颜色等方法，使路面在视觉上有变窄的感觉，促使驾驶人提高警觉性。至于宽容性，是指路缘石及标志本身撞上去也不会造成严重伤害，可行的做法包括使用斜面路缘石及可回弹的塑性标志柱。

2. 交通标线渠化

通过设置交通标线的方式对路口进行渠化较为经济，具体做法是用斜标线施划交通岛。标线渠化的结构如图12所示，图12中的道路通过采用渐变加宽的方式提供空间设置左转车道，A是慢慢加宽的渐变段，B是左转车道渐变的开始，C是等待左转的区域，C的长度通常由左转的交通量决定，如果交通量比较大，C的长度要加长。这就是通过交通标线来实现道路渠化的一种方式。此外，为了加强交通标线的渠化效果，可额外设置塑料分道桩。

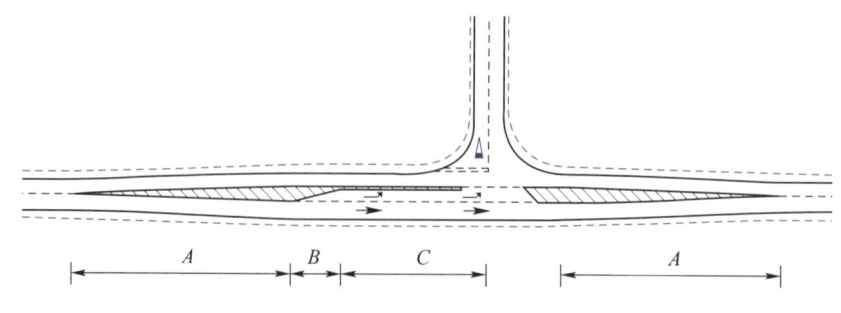

图12 交通标线渠化设计

3. 交通岛渠化

对道路进行渠化可以采用交通岛的方式,如果道路的交通量比较大时,设置交通岛比单纯采用交通标线渠化的效果更好。以图 13 为例,在主路上设置交通岛,当主路的车辆要左转时,可以先行驶到待转区,在安全的情况下才向左转弯,交通岛可以更有效地保障待转区内车辆的安全。需要注意的是,这里设置的交通岛同样需要有很高的视认性及宽容性,便于被驾驶人看见后采取相应的安全驾驶行为。此外,为了保证视距,交通岛上不应种植树木或灌木,一般只适合种植 50cm 以下低矮花草或不进行绿化。

图 13　在主路上设置交通岛,可以更有效地保障待转区内车辆的安全

交通岛渠化方案的具体结构如图 14 所示,在主路中间通过渐变加宽的方法将交通岛勾画出来,当交通岛达到足够宽度时,开始设置左转车道;此外,最好在支路上面同时设置导流岛,以提升左转车辆的安全性。采用交通岛渠化另外的好处就是,可以同时设置二次过街人行横道,提升行人横穿道路的安全。如图 14 中的人行横道,行人在这里每次只需要横穿一条车道,中间的交通岛可以为行人提供相对安全的驻足区。

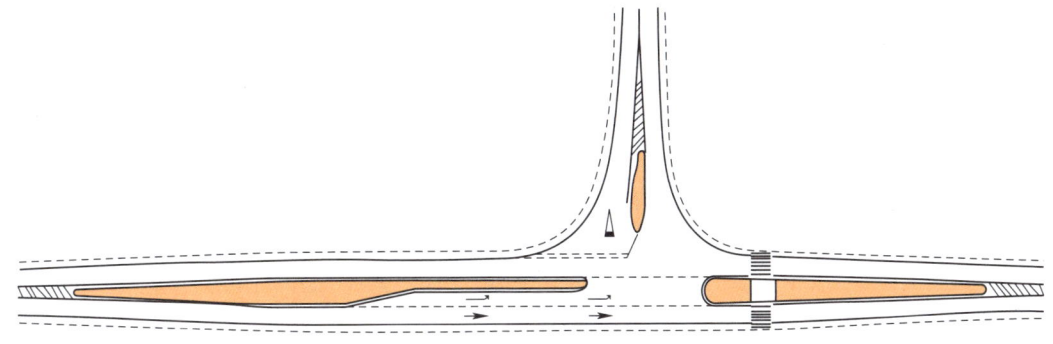

图 14　交通岛渠化方案的具体结构

4. 渠化需把握好细节

对道路进行渠化需要把握好设计细节,否则很容易出现问题。以下为一则渠化妥当与不妥当的案例。

图 15 所示为原来的渠化方案,原来的双车道公路在路口渠化为四车道的公路,在道路中间增加了中分带,并用标线标示出左转车道。这样渠化的问题在于:交叉口的下游依然是双向四条车道的公路,行驶在左转车道的车可能是转弯的,也可能选择直行,这就增加了冲突点,容易引发事故。

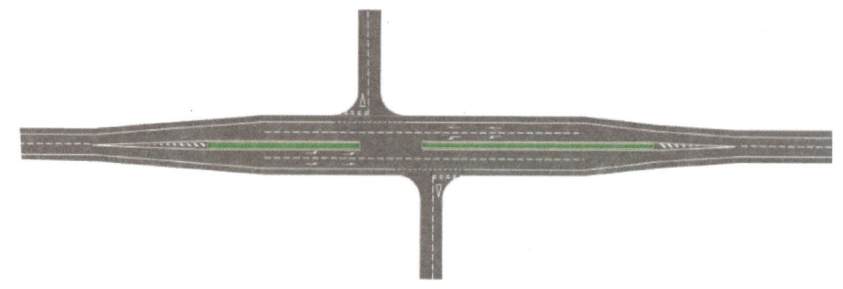

图 15　渠化不当的案例

图16所示为经过调整后的渠化方案,总体布局不变,加宽交通岛,主线的车道数不变,即原来是一条,通过平交口时还是一条,中间范围设置为等待左转或等待横穿的区域,这样冲突点就会集中在中间的位置,每次的冲突只是一条车道与另外一条车道的冲突,不会出现一条车道与两条车道的冲突,这样的渠化方案比较安全。

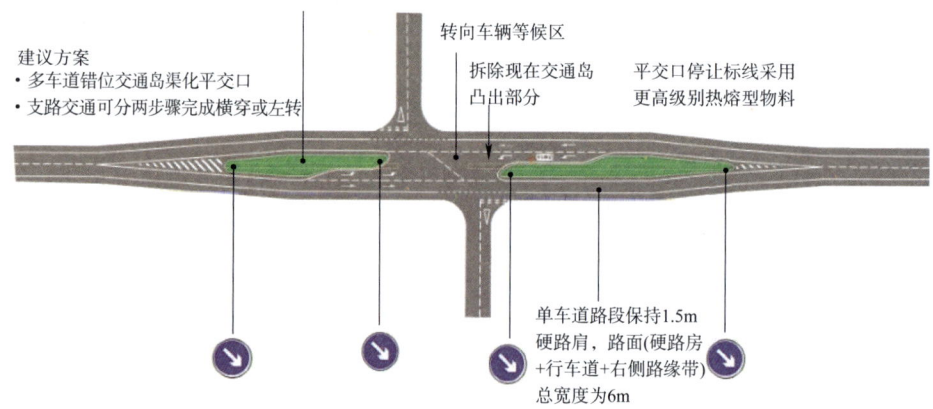

图 16　经过改造的渠化案例

三、一级公路平交口的问题及改进建议

一级公路因为车道数多,车速比较快,因此一级公路平交口的危险性更大。国外对一级公路设置平交口有严格要求,例如,法国完全不允许在一级公路上设置主路优先平交口,英国虽然允许在一级公路上设置主路优先平交口,但有一定设置条件,例如公路级别、交通量上限等。此外,绝对不允许在一级公路上设置主路优先十字平交口、在六车道的一级公路上也不允许在中分带开口设置主路优先平交口。目前国内基本允许一级公路设置各种类型的平交口,在一级公路中分带做开口也是很普遍的做法。如果一定要在一级公路上设置平交口,应该怎么处理呢?

1. 加宽一级公路的中分带

如果一定需要在一级公路上设置主路优先平交口,可通过加宽中分带的方式来实现。如图17所示:原来的中分带比较窄,在路口位置可将其加宽到10m或者更宽,支路的车辆先进入中分带待转区等候，然后在安全的情况下再左转过去，这种分两个步骤左转的方式比较安全。10m宽的中分带待转区允许大部分的车辆（包括一些货车）在中间等待，如果该路口经常有大量的车身较长的货车左转，中分带还需要再加宽。此外，也可通过设置交通信号灯或者采用环岛等方式提高车辆左转的安全性。加宽中分带的做法不仅可以应用在一级公路上，同样还可以应用在二级和三级公路上。

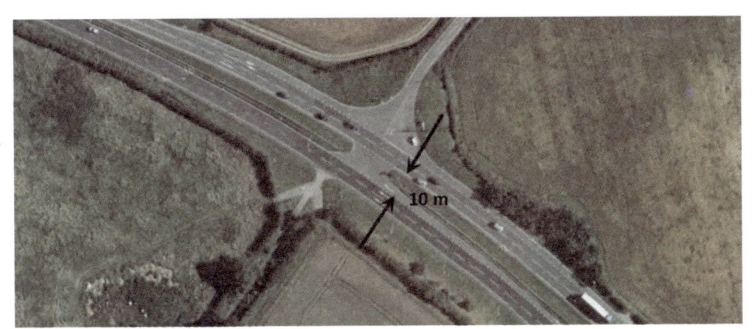

图17　一级公路加宽中分带处理（注：图例来自左边行车地区）

2. 在一级公路上设置简易立交、天桥和地下通道

一级公路单靠设置平交口的做法不能最好地保证车辆横穿或者左转的安全问题，特别是交通量很大的一级公路，这时应考虑设置简易立交。如图18所示，在道路上设置了一条跨线立交桥，结合当地的道路，因地制宜地把路网连贯起来。设置简易立交的好处是居民短途出行时，不用横穿干线一级公路，减少横穿公路可能发生的危险。

图18　一级公路简易立交（注：图例来自左边行车地区）

在一级公路上，特别是干线一级公路，在设计阶段就需解决好车辆、行人和慢行车横穿道路的问题，需要尽可能利用地形规划天桥或地下通道，方便道路使用者横穿公路。

3. 一级公路平交口需要整体策略

一级公路项目在规划阶段应制定整体策略，交叉口形式需有一定的规律，如图19和图20所示，可采用信号灯或环岛为主。此外，当交通量增加时则按需要将个别平交口改建为简易立交。如图21所示，最高级别的一级公路则属于全封闭布局，不允许行人及慢行车辆使用或在地面横穿。

图 19　一级公路信号灯为主策略

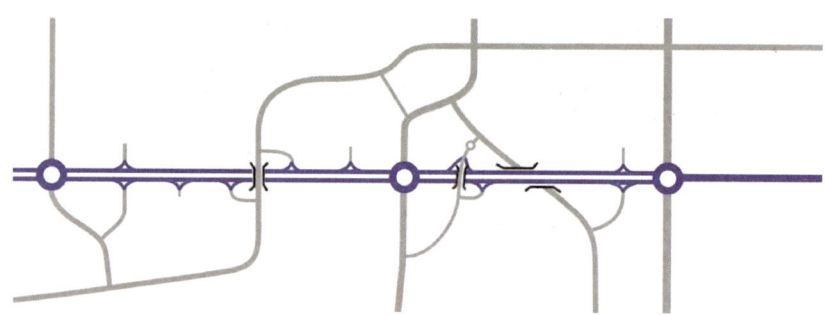

图 20　一级公路环岛为主策略

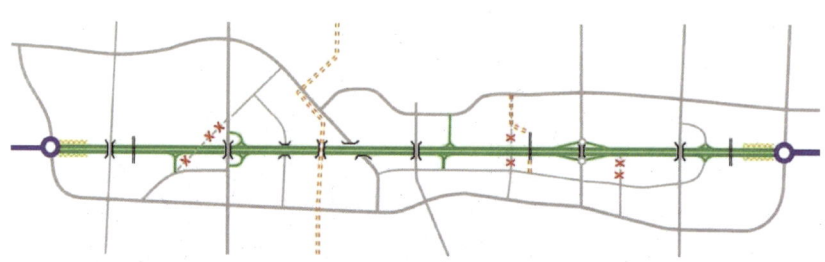

图 21　一级公路全封闭简易立交策略

4. 公路环岛

只要设计得宜，公路上非常适合设置环岛，但国内的公路上很少使用环岛。现在国外不少国家普遍在公路上设置环岛，欧洲大陆一般推荐采用紧密环岛，如图 22 所示：紧密环岛无论是入口、出口还是环岛中间都只有一条车道，这样的环岛安全性比较高。如果交通量较大，也可以采用双车道的环岛。

环岛的设置和布局有严格的技术要求，尤其需要通过线形及标志控制接近和进入环岛时的车速以及对于视线、行人和慢行交通的处理，因此，设置环岛的前提是需要有良好的设计指南和规范。环岛降低所有交通流的车速，并以汇流方式交叉，因此较平交口更安全，环岛也可提供安全的掉头机会。

扫一扫查看原文

第三篇 道路安全管理篇

图22 公路环岛

"宽马路"上设置人行横道很危险，国外有哪些经验可借鉴

郭敏 公安部道路交通安全研究中心特约专家
浙江省交通规划设计研究院教授级高工

导语

> 2017年以来，各地公安交管部门按照公安部统一部署深入开展机动车"不礼让斑马线"整治行动，取得了良好效果。2018年，巩固深化整治成果仍是全国城市道路交通管理重点工作之一，但是目前各地比较注重社会道德和法律层面的问题，却相对忽略了规划技术层面的问题。其实我国人行横道设置还存在很多误区，如"宽马路"不宜设置人行横道等。

一、"宽马路"上不宜设置人行横道

先来看一起发生在人行横道上的交通事故。2017年8月17日，在湖南衡阳南华大学西门附近，一对母子在过道路时被一辆车撞飞10多m，儿子离世，母亲重伤。据了解，事故发生地的人行横道位于双向12车道的"宽马路"上，该路口没有设置过街信号灯，限速40km/h，但因路况较好，多数车辆存在超速行为，之前已发生多起交通事故（图1）。

这条道路上的人行横道设置究竟存在哪些风险？肇事驾驶人为什么没有看见正在过街的母子？

1. 没有安全岛、信号灯的"宽马路"行人过街困难

根据我国《城市道路交通标志和标线设置规范》（GB 51038—2015）规定，当人行横道长度大于16m时，应在分隔带或对向车道分界线处设置安全岛。16m大约是5个车道的宽度,而上述事故发生路段为双向12车道,既没有过街信号灯也没有安全岛,一般情况下,行人很难通过这样的人行横道穿过路口。

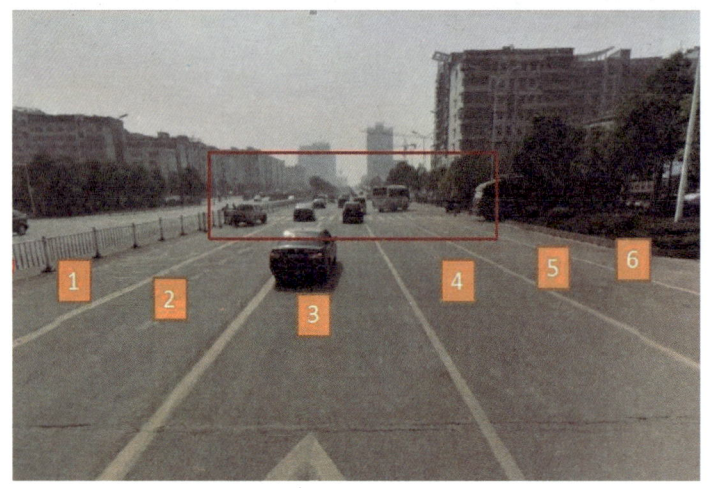

图1　事故发生地点

2."宽马路"关注点多　驾驶人能力有限

从人因工程角度来说,如果一条路上没有车辆,驾驶人的关注点是标线、路边情况、接入的道路等。如果路面上有车辆,驾驶人关注的就是与车有关的信息,例如看来车、跟车、路侧停车等,会降低对接入道路的关注(图2)。

道路接入
路侧停车
跟车和对向来车
路侧近距离的设施

图2　道路高信息点

(MMI:the most meaningful information 高信息点,来源:《Human Factors Guidelines for Road Systems》)

对比上述发生事故的这条"宽马路",会发现道路中需要驾驶人关注的点有很多。图3中红点标出的道路接入、非机动车道、行人、栏杆、标线、跟车等都是驾驶人最常关注的点。这时如果有行人横穿道路,驾驶人有没有能力注意到这么多信息呢?

图3 易引起驾驶人注意的信息点（衡阳南华大学西门附近）

驾驶人在道路上能看到的信息是有限的，看标志需要1.3~3s，发现一个杆子需要0.6s，从左看转到右看需要1.1s。高速公路上机动车1s会跑出20到30m，普通公路上40km/h的车速1s会跑出10m左右。发生事故的这条道路，虽然限速40km/h，但是道路较宽，很多车辆存在超速行为。路面情况复杂加之车速较快，发生突发状况时，驾驶人很难在有限时间内作出反应。

根据驾驶任务模型，驾驶人在开车的时候主要有三个任务，即控制、指引和运行。

控制，即控制车辆，使车辆保持稳定。如果跟车的时候前车停停开开，这时候驾驶人最重要的是控制车速。

指引，即遵守交通控制信息和路上的交通规则。严格遵守交通控制信息和路上交通规则行车，该停就停，该走就走。

运行，即了解出发地到目的地的路线路径，看标志或导航并从出发地到达目的地。

在执行驾驶任务的过程中还有很多干扰因素，包括驾驶人自身、车辆、道路、交通流、天气、照明。例如驾驶人可能是青壮年，也可能是老年人，两者的驾驶能力有差别，因此在进行道路设计时要充分考虑老年驾驶人的能力。交通流对驾驶人的影响也很大，驾驶过程中，如果左边有一辆车想插队，驾驶人的注意力基本会集中在这里，很少关注其他状况，这时候就很容易追尾。随着交通流的变化，驾驶人的视区、视距也在不断变化，开车过程中旁边有两辆大型车，驾驶人视区、视距就会被动态遮挡，容易出现"鬼探头"现象。夜间行车基本靠灯光的反光来识别物体，如果灯光反光没有形成良好的照明，驾驶人就很难看清前方状况（图4）。

当我们指责驾驶人或行人素质不高的时候，其实应该反省驾驶人和行人为什么会做出这种行为。每一个行人、驾驶人都不是完人，道路、交通设施及人行横道的设置，应该考虑到一些能力比较差的行人或驾驶人。

二、看看国外一些人行横道设计如何保障行人安全

1. 用标线、标志清晰表达路权规则

我们不能假设所有交通参与者都了解人行横道上的路权，应先把路权规则搞清楚，然后再在工程技术上设置得更清晰一些，让所有交通参与者一看就明白。

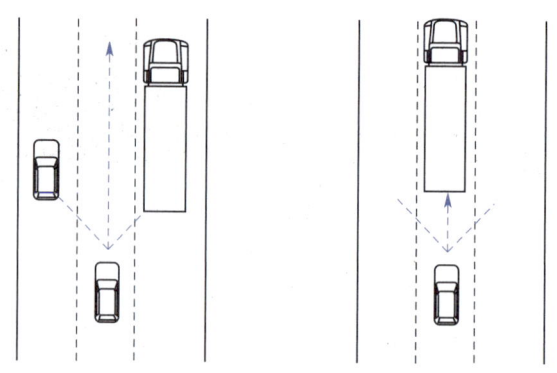

图 4　视区、视距被动态遮挡示意
（来源：徐耀赐视区、视距讲义）

在英国，白色平行实标线的人行横道线，表示行人在所有时段有优先路权，旁边还会设置贝丽莎灯提醒驾驶人。如果人行横道线是点划线，意味着行人只有相对路权，并且会搭配过街信号灯（图5）。

图 5　英国人行横道线

美国对人行横道线形式不做区分，不论是白色平行实线，还是点划线，路权概念都一样。美国用什么显示路权呢？用标志。美国各州路权表达方式也有区别，美国有一些州还没有完全采纳《统一交通控制设施手册》（MUTCD），有些州索性在标志上写明："根据州法律规定，你要让谁"。

如图6所示，很多州允许道路两边白线里面可以填充任何形式的标线，美国的一些州法律甚至已经认可彩色斑马线。近年，国内也有城市采用彩色斑马线或立体标线，但我国对此没有明确的规定，这在实际应用中会带来歧义。

我们经常讲的慢行交通，实际上是使用者不明确的概念。这个概念会给道路设计带来混淆，给道路使用者带来很大的风险，尤其我国电动自行车比较普遍，将行人、自行车、电动自行车混到一起很危险。

2. 延伸路缘石、设置中央安全岛等可有效保护行人

延伸路缘石和中央安全岛会给驾驶人形成压迫感，从而引起驾驶人注意。如在之前言究社发表的《孙翌：斑马线设置不合理将危害行人安全》一文中，也提到研究表明，与没有任何行人安全措施的过街地点相比，仅将路缘石延伸就能降低36%的行人事故，而路缘石延伸结合斑马线使用能降低44%的行人事故。此外，如果在道路中间设置中央安全岛，可以降低18%的事故率（图7）。

图6 美国许多州允许两条白实线内可以填充

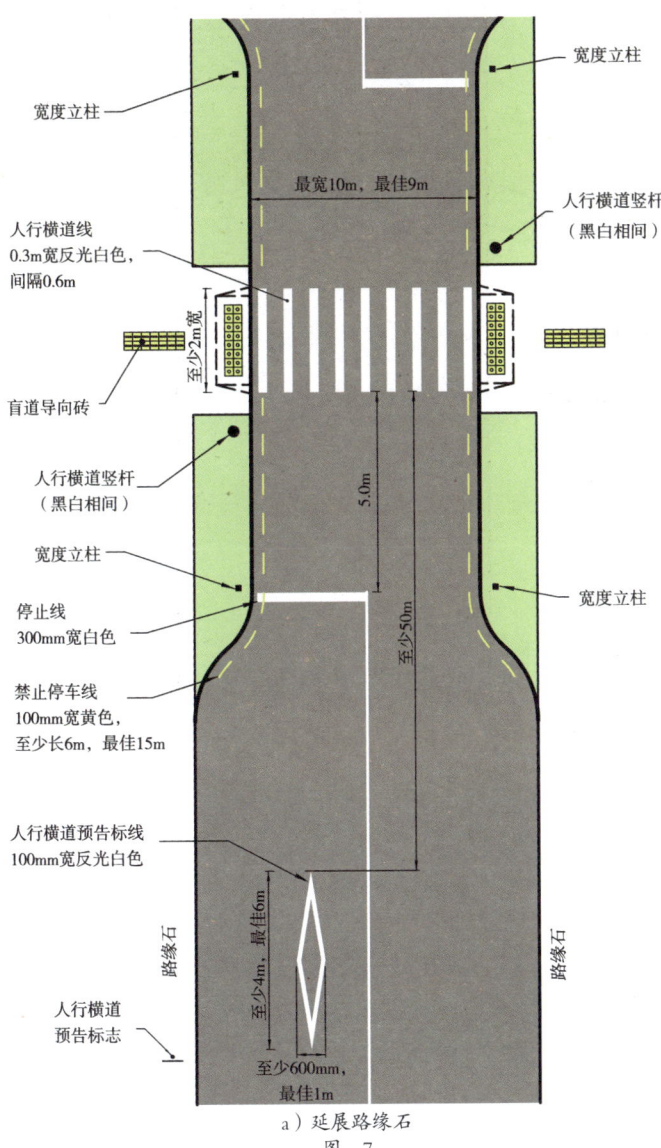

a）延展路缘石
图 7

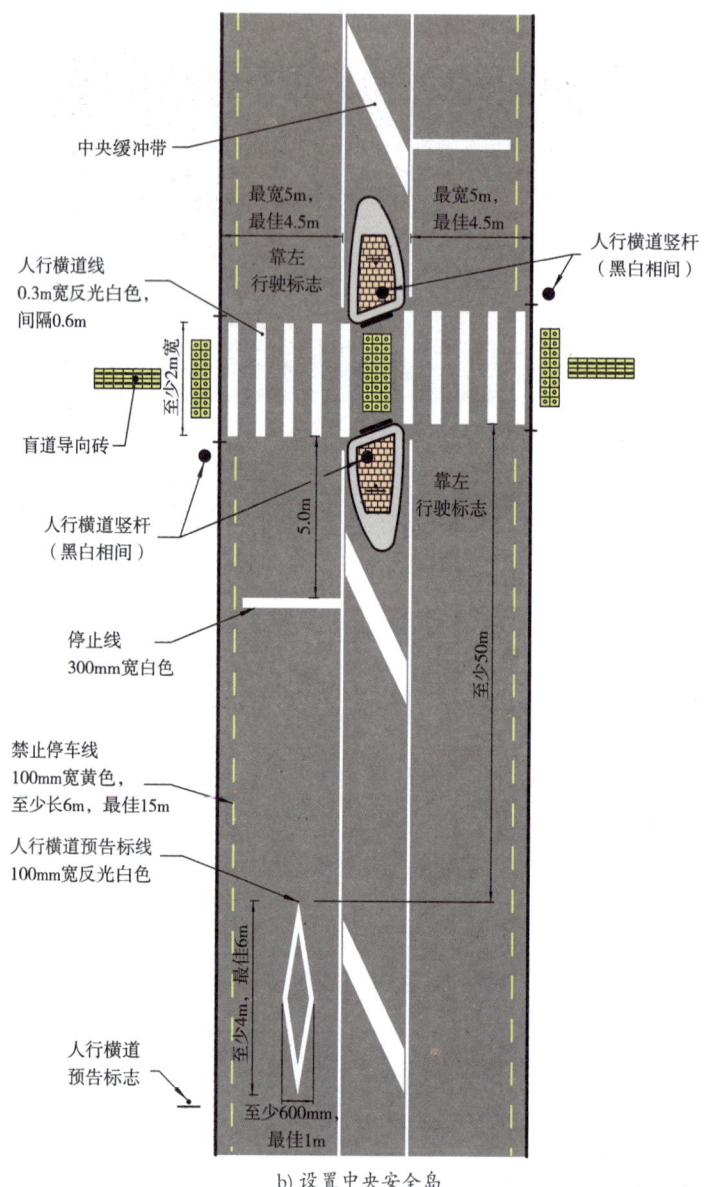

b) 设置中央安全岛

图 7

（来源：孙翌《斑马线设置不合理将危害行人安全》）

如果把人行横道设置在减速台上，并将减速台抬高到10cm、12cm，形成一个短纵坡，可以降低80%的行人事故率。从安全研究上来看，驾驶人对短纵坡很敏感，比如高度为3m、3%坡度的短纵坡，会使驾驶人产生不适感，从而引起驾驶人警觉。这些短纵坡还要用颜色标线画出来，提醒驾驶人提前减速（图8）。

3. 在交叉口设置人行横道 要考虑大型车辆转弯内轮差

下面讲一下在交叉口设置人行横道的方式，主要是参考一下这些案例中的路缘石的做法。现在经常讲"窄马路"，"窄马路"有一个问题就是大型车辆在交叉口转弯会形成内轮差。我们经常听到有货车转弯碰撞碾压行人或非机动车，就是因为道路设计的时候没有考虑货车转弯和内轮差问题。

图8 设在减速台上的斑马线

(来源：孙翌《斑马线设置不合理将危害行人安全》)

在这样的交叉口为了保障行人安全，也可以设置路缘石，货车转弯时即便存在内轮差，也只是侵入隔离岛，而不会跟人冲突。所以，设计交叉口转弯半径，特别是在窄车道情况下，要考虑道路的使用者是谁，会形成什么样的流线轨迹（图9）。如果这些问题搞不清楚，很可能会让交通参与者受伤害。

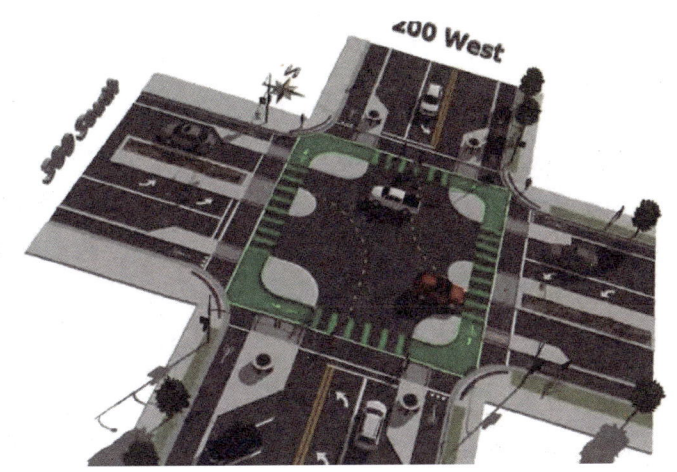

图9 隔离岛限制货车转弯内轮差

4. 改善右转渠化设计 保证驾驶人视区视距质量

再来讲一个简单的右转渠化岛的安全设计。如图10的左图所示，驾驶人如果在这个地方转弯，若按常规渠化会出现什么问题呢？驾驶人的视区一直在随着车辆行驶而变化，这意味着驾驶人有可能看不到视区外的情况。

前面讲到路缘石延展，为什么把路缘石伸进去？街道设计手册中讲，这样是为了缩短行人过街距离，但这只是路缘石延展设计的次要原因，其重要原因是为了将行人放在驾驶人视区内，让驾驶人看得见，这样才安全。

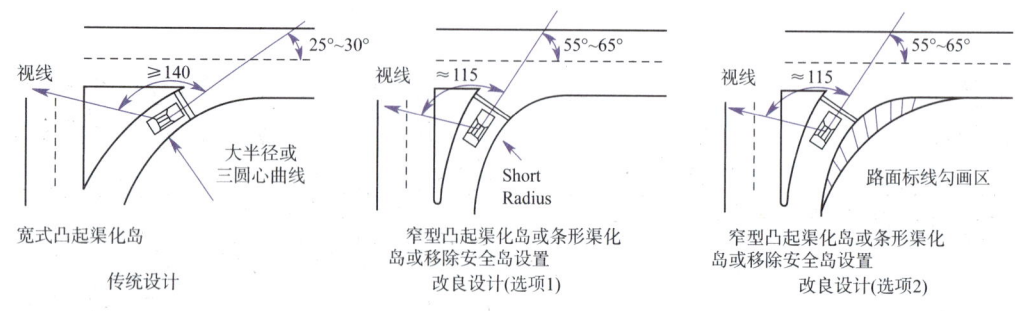

图 10 常规右转渠化设计（左），优化右转渠化设计（中、右）

像这个右转渠化岛，图10左图就出现一个风险：视区在变，而且变化太快，行人站在这个地方，因为车辆转向变化太快，驾驶人是看不到行人的。驾驶人从看不到行人到看到的时候，可能不到1s，驾驶人根本制动不住车。所以图10的中图、右图改进了设计，用缓慢渐变的方式，保证驾驶人视区缓慢变化，始终可以看得到行人。

图11是一种荷兰交叉口自行车道、人行道的设计方式。虽然现在国内也常讲慢行交通，但是自行车道和人行道一定要分开设计，不能混淆。图11的设计，充分考虑了内轮差问题和视区问题。在这种交叉口，车辆右转时虽然视区在变，但是能看到正在穿越道路的行人，行人也能看见转弯的车辆。

图 11 荷兰交叉口设计

扫一扫查看原文

避免高速公路桥梁分隔带间隙坠亡事故的对策

公安部道路交通安全研究中心交通言究社

> **导语**
>
> 2018年2月,云南接连发生两起驾乘人员在交通事故发生后紧急避险时,不慎从高速公路桥梁中央分隔带的分隔间隙坠亡的事故,其中还包括一名两个月的婴儿,着实令人心痛……其实近年来类似从桥梁分隔带间隙坠亡的事故并不罕见,各地时有发生,如何预防和减少此类事故亟待解决。

一、案例:高速公路桥梁分隔带间隙坠亡事故多发

1. 云南接连发生两起桥梁分隔带间隙坠亡事故,两天致5人死亡

2018年2月5日6时10分许,云南昆楚高速公路k18+900m(属桥梁路段)路段结冰,先后发生14起交通事故,53辆车相撞,80余人滞留路面(图1)。事故发生后,其中两辆车上的4名驾乘人员在采取紧急避险措施翻越桥梁中央隔离设施时,从分隔带间隙意外坠落身亡(图2)。

图1 53车连撞事故现场,惨烈凌乱
(图片来源自网络)

图2 事发路段,桥梁分隔带间隙约有35cm
(图片来源自网络)

2018年2月4日22时40分许，云南蒙文砚高速公路上行线K7+600m至K7+700m处，由于高速公路桥面结冰，10min内15辆车侧撞和追尾（图3）。事故发生后，一位女乘客在翻越高速公路中央隔离防护栏时，不慎将怀中两个月的女婴滑落，女婴从桥梁间隙跌落桥底，经医院抢救无效死亡。

图3 由于高速公路桥面结冰，10min内15辆车侧撞和追尾
（图片来源自网络）

2. 类似的在桥梁分隔带间隙坠亡事故在多地时有发生

2018年1月5日21时，湖南包茂高速公路一处高架桥桥面结冰，发生3车碰撞事故。随后，3名驾乘人员先后下车避险，在跨越桥梁中央分隔间隙时不幸坠桥，造成2死1伤的悲剧。

2018年1月26日22时，在浙江桐庐西武山大桥上，因桥面结冰发生一起车辆打滑碰撞护栏的单方事故。事故发生后，2名驾乘人员进行了报警，随后为避险而跨越桥梁中央隔离带，不幸从桥梁间隙坠江，溺水身亡。

据不完全统计，近年来江苏、浙江、湖南、湖北、重庆、陕西等地人员从桥梁分隔带间隙坠亡事故也有发生。

二、辽宁：积极探索 在桥梁分隔带间隙安装防护网

目前，我国高速公路桥梁设计主要考虑车辆安全，而未考虑人员行走的需求，也未考虑车辆在左侧停靠避险的情况，因此，高速公路桥梁分隔带间隙大多没有安装防护设施。但在道路实际使用过程中，常常因交通事故、道路拥堵等种种原因，人员需离开车辆在桥梁上实施避险等行为，尤其在夜间、大雾等能见度较低的情况下，极易忽视桥梁间隙而发生坠桥事故。

1. 艰难探索

从20世纪90年代开始，因频繁发生人员从高速公路桥梁分隔带间隙坠亡的事件，辽宁省公安厅交警总队多次与省高速公路管理部门协商，建议在桥梁分隔带间隙加装防护网，但由于没有相关国家标准，始终未能实现。

2003年前后，京哈高速公路葫芦岛段发生人员从高速公路桥梁分隔带间隙坠亡事件，辽宁省公安厅交警总队再次与省交通厅相关部门沟通研究解决办法，提出"以人的生命为本""标准应当服务实际并不断完善"的理念，取得辽宁省交通厅的认同，并达成共识。

两部门共同组成工作组,邀请省内行业专家到现场办公,实地论证如何在桥梁分隔带间隙加装防护网,并由省交通设计院研究设计防护网样式。2005年起,辽宁省高速公路管理部门开始在全省高速公路桥梁分隔带间隙加装防护网。

2. 建立机制

为确保防护设施齐全有效,辽宁省公安厅交警总队每年组织全省交警部门对高速公路桥梁安全防护情况进行排查,并会同高速公路运营公司对所有桥梁进行现场踏勘,会诊存在的问题和隐患。

针对会诊问题,辽宁省高速公路运营单位提出整改方案并筹措专项资金,本着"区别对待、逐步完善、分批解决"的原则,逐一明确整治方式和完成期限。对防护网未完全覆盖桥梁段的,全面加装防护网;对防护网安装不牢的,重新予以紧固或使用凹凸结构方式安装,防止松动和脱落;对防护网超年限使用的,校验使用强度,对已失效的予以更换;对防护网锈蚀严重的,在防护网外涂装防腐蚀材料。此外,对还没有安装防护网的桥梁,全部制定安装计划,并设置中央隔离板或隔离网,防止人员穿越。

对已完成整改的,属地交警部门会同高速公路运营分公司逐一进行复查,并对安装密度、固定方式、承载质量、防护网结构等进行综合评定,对不满足安全需求的,由高速公路运营分公司重新整改完善后再进行复查。

3. 初见成效

截至目前,辽宁全省高速公路共有中桥以上的双幅桥梁2700余座(不含通道桥),已有2500余座在中央分隔带间隙安装了防护网(图4),其中京哈、沈海、阜锦、长深等高速公路辽宁段的桥梁已全部安装。据辽宁省公安厅交警总队介绍,自2005年全面加装防护网后,辽宁没有再发生人员由高速公路桥梁分隔带间隙坠落的事件。

图4 辽宁在桥梁中央分隔间隙安装的防护网

三、专家:安装柔性防护网 可防止坠亡事故发生

看了辽宁的做法,再来听听专家的观点。

公安部道路交通安全研究中心特约专家、浙江省交通规划设计研究院教授级高工

郭敏。

就目前事故发生情况来看，在桥梁分隔带间隙安装防护网，防止人员因各种原因冒险穿越或翻越护栏而发生意外，是解决问题的可行方案。从设置的成本效益比较来看，可以在相应的规范中补充设置防护网的建议。但由于我国修订标准规范的周期较长，因此通过及时发布标准修改单，或以行政文件的方式补充设置防护网，可以起到亡羊补牢的作用。

辽宁省公安厅交警总队联合交通运输等相关部门在桥梁分隔带间隙加装防护网的做法，务实且有效，值得学习。这种以事故为导向，推动道路设施改进，甚至推动制度改良的做法，应成为推动我国道路交通安全良性发展的常态，希望这种解决问题的思路和做法早日得到普及。

扫一扫查看原文

目前辽宁采用的是金属防护网，这种防护网的好处是人走在上面像地面一样，不会发生意外。但这样的防护网也有缺点，由于中央分隔带两侧桥梁分离，车辆在行驶中会产生振动，金属防护网硬质不变形的特点会导致螺栓随着振动逐渐与连接处松动。在这种情况下，需要相关管理部门加强日常巡查，防止带来新的安全风险。如果采用绳结的柔性防护网，则可避免金属硬网带来的问题。如果选用合适的材料制作软性防护网，可长期保持功能，不仅能减少维护工作量，也能减少维护带来的其他交通安全风险。

此外，考虑到夜间使用的问题，在防护网上粘贴一些荧光材料，可在一定程度上消除被困驾乘人员心理上的紧张，不过这种做法仍然需要在实际工作中验证效果。

（资料来源自：辽宁省公安厅交警总队、浙江省公安厅交警总队、湖南省公安厅交警总队、云南省公安厅交警总队高速公路支队、云南文山交警支队砚平大队等。）

改善国内隧道交通安全，国外这些研究成果可借鉴

胡伟超　公安部道路交通安全研究中心道路室助理研究员

导语

2018年5月27日，长沙营盘路隧道发生车辆起火事故，所幸无人员伤亡。研究表明，隧道内重特大道路交通事故往往会造成严重人员伤亡和经济损失，隧道交通安全管理及事故预防工作亟待加强。在此背景下，公安部道路交通安全研究中心道路室针对国外隧道风险防控、隧道交通安全特点和事故发生规律做了相关研究，以供大家参考。

一、隧道与普通道路环境存在哪些差异

隧道路段因其特殊的工程构造和通行环境呈现出不同的交通安全特征。一般来说，隧道路段和普通道路的差异通常来自以下几个方面：悬殊的建设成本、照明条件及光线环境、特殊的工程结构对救援逃生等造成的影响、横截面形状、路面摩擦系数、对驾驶人环境感知及驾驶反应造成的障碍、通风系统及条件等。由于差异的存在，隧道在设计、建造，特别是驾驶体验、运营、养护、管理等各个环节，与普通道路明显不同，交通安全风险产生机理及其表现形式也有很大差别。根据隧道路段不同区域特点，一般将隧道划分为Z1~Z4四类区域，具体如图1所示。

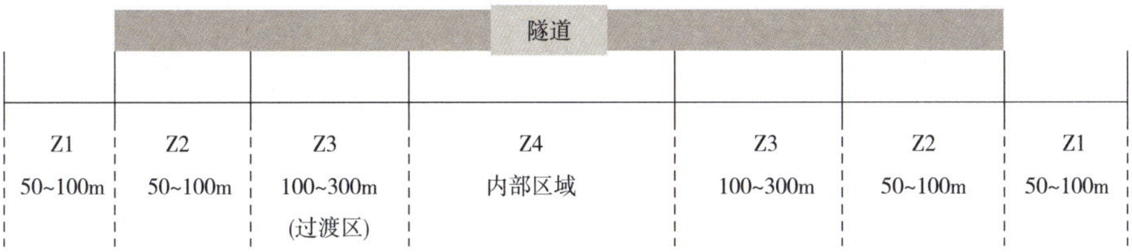

Z1	Z2	Z3	Z4	Z3	Z2	Z1
50~100m	50~100m	100~300m（过渡区）	内部区域	100~300m	50~100m	50~100m

图1 典型隧道路段区域划分示意图

二、隧道安全风险及驾驶人行为具有哪些特征

1.隧道交通事故的一般特征

隧道交通事故指两辆及以上车辆在隧道内发生碰撞或单车与隧道壁、交通标志等静止物体发生碰撞导致的交通事故。根据新加坡中央高速公路（CTE）隧道2006—2008年间的事故记录，追尾事故约占全部隧道内事故的70%，其中多数事故是由野蛮变更车道和车速过快导致。

研究表明，隧道内发生交通事故的风险低于相同条件下的普通道路，但隧道内事故的严重程度和造成的人员伤亡后果更为严重，特别是火灾事故发生后，隧道腔体内极易产生高温、烟雾及有毒气体，致使车辆和人员难以有效规避、逃生。起火事故还会导致隧道临时关闭，造成交通延误，严重时还会损害隧道结构物及附属设施。因此，隧道起火事故造成的经济损失常伴随交通拥堵和对隧道结构物的破坏。

2.隧道内不同路段的事故率不同

由于各国学者在分析隧道交通安全时，通常只考虑造成人员伤亡的隧道事故。因此，在计算隧道交通事故率时，仅考虑造成人员伤亡的隧道交通事故率；在计算严重事故率时，仅考虑造成人员严重受伤或死亡的隧道内交通事故。

新加坡的相关研究表明，隧道内的跟车行为与普通道路相比更为保守，车辆间距更大、追尾事故风险更低、同样车速条件下碰撞时间（TTC）更长。因此，从微观驾驶行为的角度分析，高速公路隧道内交通安全风险低于普通高速路段。但仅就隧道内事故率的分布情况看，挪威学者发现隧道驶入区域事故率更高，随着车辆驶入隧道，事故率逐渐降低。统计数据表明，最高事故率发生在进入隧道前的50m开放道路，为0.30起/百万

车·km（Z1区），进入隧道后的前50m事故率达0.23起/百万车·km（Z2区），随后的100m隧道内路段事故率为0.16起/百万车·km（Z3区），隧道内的中间区域（Z4区）事故率仅为0.10起/百万车·km。综合瑞士、挪威、奥地利、新加坡等国家学者的研究结果，上述四个区域的平均事故率分别为0.33、0.23、0.20、0.15。

可以看出，驶入隧道前的过渡区是隧道路段事故率最高的区域。车辆在高速进入隧道入口时，驾驶人为适应隧道内昏暗的光线环境，通常会减速；进入隧道后，驾驶人会以低于普通路段的车速行驶，在此过程中车速的剧烈变化会导致交通安全风险明显上升。

3.隧道内的环境可影响驾驶行为

根据新加坡等国学者的研究，当隧道路段长度占路网总长比例较小时，驾驶人一般会更为小心驾驶，并降低车速。

荷兰国家道路安全科学研究所提出了几个可能加剧隧道内交通安全风险的因素：距离隧道壁过近、视距不良、隧道附近或内部车道数突变、照明条件。此外，封闭式的建筑结构会激起驾驶人的焦虑和紧张。一些关于驾驶人在隧道内驾驶的生理学实验，如监测瞳孔和心率，也证实了隧道内环境对驾驶人心理状态的影响。由于上述因素常常同时发生，因此很难确定哪个是最主要因素。

意大利学者研究认为，在长隧道内驾驶容易导致驾驶人心理压力增大、不适，建议增大隧道内右侧路肩宽度，向驾驶人传达明确清晰的距离信息，同时改进交通控制设施以提高驾驶人警惕性，降低驾驶人心理负担和安全风险。

此外，以色列学者还测试了车载驾驶信息系统对隧道内安全驾驶的作用。结果表明，必要的信息提示可增强隧道内驾驶人的确定性、操控感，有助于缓解焦虑、枯燥、疲劳、注意力涣散等在隧道驾驶中常见的情绪。在提供的信息量可控、不引起驾驶人分心的情况下，该系统能明显提高隧道驾驶安全性。

4.复杂的线形设计更易引发事故

道路几何设计和交通流状态也会对隧道驾驶安全性及事故后果造成重要影响，例如平均日交通量、重型货车流量、平曲线半径、纵坡等。在相对陡峭的纵坡路段，重型车辆一般会减速通行，小客车与重型车辆间的速度差异会加大交通安全风险。挪威学者称，海底隧道入口处陡峭的纵坡会加剧驾驶人的紧张感。

复杂的平曲线设计与相对平直的线形相比，更容易导致交通事故。在隧道内，由于隧道壁对视线的遮挡，驾驶人很难快速识别出平曲线走向。荷兰国家道路安全科学研究所成果显示，通过设置应急车道增大车辆与隧道壁侧向距离、限制纵向坡度以减小速度差、增大平曲线半径以改善视距是提高隧道交通安全性的有效措施。该研究还特别强调，车道数渐变交织区以及渐变起终点应避免设在隧道内部及入口附近。意大利的相关研究指出，驾驶人在隧道内驾驶时会显著降低车速并增大同隧道壁的侧向距离；挪威的研究也表明，隧道交通事故风险与平曲线半径有明显相关关系，并给出平曲线半径与交通事故率的关系（表1），交通事故率随平曲线半径减小而增大，当半径小于150m时，事故率出现明显升高。

事故率随平曲线半径变化情况　　　　　　　　　　　　　　　　表1

平曲线半径（m）	事故率（起/百万车·km）		所有隧道
	隧道长度大于500m	隧道长度小于500m	
<150	0.36	0.26	0.31
150~299	0.17	0.17	0.19
300~599	0.12	0.12	0.12
>600	0.07	0.07	0.08

5. 隧道长度对交通安全有一定影响

关于隧道长度对事故率的影响，相关研究并没有形成统一的结论。瑞士、奥地利、挪威等研究表明越长的隧道越安全，但其他一些研究却得出相反的结论，认为在长隧道中驾驶人的注意力会逐渐分散，隧道单调的视觉环境可能导致定位错觉。

意大利学者基于本国高速公路隧道事故数据计算发现，事故数量随隧道长度增加而上升，认为在长隧道中，变道、超车等行为更为频繁，致使交通事故增加。挪威的学者则认为，交通事故率随隧道变长而降低，主要是由于隧道入口区域的事故率要高于隧道中部区域，该学者研究得出的数据图（图2）显示，对于城市道路双洞隧道，短隧道（100~500m）事故率为0.22，而长隧道仅为0.08（大于3km），对于长度大于500m的公路单向双洞隧道，事故率随隧道长度增加而急剧下降。

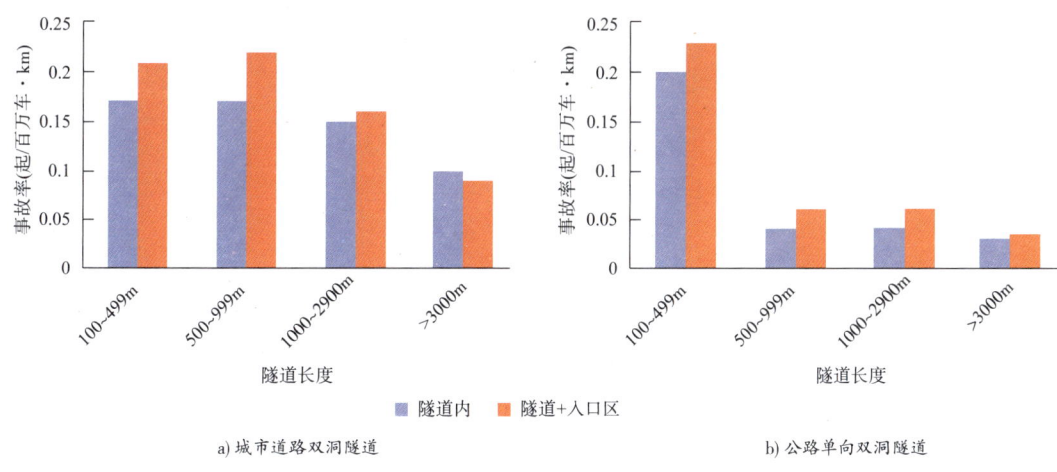

图2　城市及公路隧道交通事故率随隧道长度变化情况

尽管并未形成统一结论，但这些研究均表明，隧道长度对事故率存在一定影响。

6. 隧道事故严重程度高于普通路段

奥地利学者根据全国公路事故数据库研究得出，隧道内事故致人死亡的风险是普通路段的2倍。在普通机动车道上，仅3.3%的致伤事故会造成人员死亡，但在隧道路段这一比例高达8.2%。意大利学者比较了高速公路隧道和普通高速公路的严重交通事故率情况，结果表明前者是后者的1.685倍。综合多个国家的研究成果，大部分发生在隧道路段的交通事故为轻伤事故（占总数83%），致人重伤的事故占11%，6%的事故为致死事故，致人死伤的严重交通事故占比较普通路段高3~5个百分点。因此，从整体看，隧道交通事故的严重程度普遍高于普通路段。

三、隧道内的起火事故具备哪些特征

1. 隧道内起火事故易造成群死群伤

虽然隧道路段的平均交通事故率低于普通路段，但隧道内起火事故更易导致灾难性后果。大部分的隧道内交通事故死亡是由普通的道路交通事故导致的，但隧道内的起火事故往往会造成严重的群死群伤事故。

英国学者研究发现，隧道火灾事故导致的死亡与重型货车密切相关，大约71%的隧道火灾死亡人员涉及重型货车，24%涉及普通车辆，5%涉及普通货车。意大利学者分析了境内高速公路隧道内发生的严重交通事故和起火事故，并总结了每年严重交通事故率和起火事故率情况（表2）。

意大利、挪威和瑞士高速公路隧道严重交通事故率与起火事故率对比　　表2

年份（年）		2006	2007	2008	2009	平均值
意大利	严重事故率	0.2045	0.1608	0.0913	0.1204	0.146
	起火事故率	0.051	0.0619	0.0507	0.0433	0.057
	起火事故占比（%）	24.90	38.50	55.50	33.70	35.40
挪威和瑞士	严重事故率					0.131
	起火事故率					0.036
	起火事故占比（%）					27.50
平均	平均严重事故率					0.1385
	平均起火事故率					0.04385
	起火事故占比（%）					31.66

挪威和瑞典的统计数据表明，隧道严重交通事故率约为0.131起/百万车·km，而隧道内起火事故率约为0.036起/百万车·km。尽管起火事故往往造成灾难性后果，但其发生频率明显低于普通事故，平均而言，起火事故率仅为所有严重事故的32%。

2. 车辆的技术问题是引发起火事故的重要原因之一

国际道路会议常设协会自2008年开展的研究表明，隧道内起火事故的主要诱因为车辆的机械或电路缺陷；国际经合组织的报告也认为车辆的技术问题是隧道起火事故的重要原因之一。

挪威的一项2008—2011年的调查显示，平均来看，仅有21%的隧道内车辆起火事故是

单纯由交通事故引起的。从隧道起火事故涉及的车辆类型来看，46.3%的事故由低于3.5t的单车引起，38.1%的事故由高于3.5的单辆重型车引发；5.2%的事故由一辆重型车和一辆轻型车碰撞引起；5.9%的事故由两辆轻型车碰撞引起。从表3的事故数据可以看出，对于重型车辆事故而言，车辆技术问题是引发事故的主要原因，而多车碰撞则是轻型车辆起火事故的主要原因。

挪威的数据还表明（表4），导致人员伤亡的隧道车辆起火事故主要是由单车或多车碰撞事故引起，起火事故中的人员重伤多由车辆碰撞造成。

挪威2008—2011年隧道内起火事故原因分布　　　　　　　　　　表3

原因	车重<3.5t	车重>3.5t	起火事故数
技术故障	17%	49%	41
单车事故	11%	2%	9
多车事故	20%	12%	22
其他	52%	37%	51
起火事故数	76	57	133

挪威2008—2011年隧道内起火事故导致人员伤亡情况　　　　　　表4

原因	无受伤	不明	轻伤	重伤	起火事故数
技术故障	95.10%	0.00%	4.90%	0.00%	41
单车事故	37.50%	0.00%	25.00%	37.50%	8
多车事故	18.80%	37.50%	12.50%	31.30%	16
不明	92.40%	4.50%	3.00%	0.00%	66
起火事故数	106	9	8	8	131

四、提升隧道交通安全 这些关键点应借鉴

综合国外对隧道交通安全的调查研究，大致可总结出以下几点。

（1）当隧道长度占路网总长比例较小时，驾驶人倾向于谨慎驾驶，通过降低行驶速度和增大同隧道壁的侧向距离规避风险，从而降低隧道内交通事故率，不过，值得注意的是，短隧道应重点加强在恶劣天气条件下的安全管理。

（2）隧道入口区域（Z2区和Z3区）的交通事故率较高，随着车辆驶入隧道内，事故率逐渐降低。但因Z4区域覆盖距离更长，其事故总量更高。

（3）对于高速公路等公路单向长隧道，由于驾驶环境相对单调，驾驶人的警觉性和注意力反而较低。

（4）隧道事故中83%为轻伤事故，11%为重伤事故，6%为死亡事故，但隧道交通

事故致人死亡的风险是普通高速公路的2倍。

（5）虽然隧道交通事故率普遍低于普通道路，但隧道起火事故率占隧道严重事故率的32%，起火事故易产生灾难性后果，大约71%的隧道起火并致人死亡的事故与重型货车有关，重型货车管理是防控隧道起火事故的重点。

（6）涉及小型车和重型车的隧道起火事故，事故原因有较大差异。前者多由车辆碰撞事故引起，后者应更多关注车辆机械或电路故障，在制定防控措施时应区别对待。

扫一扫查看原文

（7）隧道起火事故可能导致区域公路网长时间拥堵甚至瘫痪，因此在评估隧道交通安全风险时，应结合通行车流构成及其运载人员、货物的类别，纳入事故后果综合评估。

（8）隧道的严重事故率与隧道长度和隧道交通负荷密切相关，严重交通事故通常发生在Z4区和Z1区。

第四篇

车辆安全管理篇

我国机动车安全技术检验制度发展回顾

李 健 公安部道路交通安全研究中心车辆室助理研究员

> **导语**
>
> 机动车安全技术检验直接关系到道路交通安全，关系到人民群众切身利益。自第一辆汽车进入我国以来，我国的机动车检验制度从无到有，几经变化，逐步筑牢了保障安全和为民服务基础。

一、中华人民共和国成立前

1901 年，匈牙利人李恩时将美国制造的奥兹莫比尔牌汽车自香港运到了上海，开中国汽车风气之先，成为我国历史上出现的第一辆汽车。但在相当长的一段时间内，由于我国机动车数量较少、贫穷落后等原因，车辆检验基本无人提及。

1. 1928 年："车辆检验"概念被首次提出

1928 年 11 月 6 日，"北平政府"发布"北平汽车管理规则"，首次提出"车辆应进行检验"的概念，并逐渐被车辆管理机关和社会民众所接受。

2. 1945 年：第一部全国性车辆检验相关法规颁布

1945 年 10 月 8 日，当时的"国民政府"正式颁布了第一部全国性的车辆管理法规《汽车管理规则》，明确提出在全国范围内，对社会汽车必须采用安全技术检验的手段，以保证汽车在公路上的安全行驶。

二、中华人民共和国成立后

1. 1949—2004 年：系列车辆检验有关规定先后颁布

中华人民共和国成立后至 2004 年 4 月 30 日，我国陆续推出《汽车管理暂行办法》《机动车管理办法》《机动车辆安全技术检测站管理办法》（公安部令第 2 号）、《关于对部分国产车型实施新车免检的通知》（公交管〔1997〕27 号）等管理规定及便民利民举措，确立了初次检验、年度定期检验和临时检验相结合的机动车年检制度；逐步扩大新车免检的车型范围；及时调整私人小轿车的检验周期，将使用时间在 6 年之内的私人小轿车的检验时间间隔由 1 年延长到 2 年。图 1 所示为 1989 年我国检测线检车。

图 1　1989 年我国检测线检车

2. 2004年：机动车安全技术检验法规及标准体系初步构建

2004年5月1日《中华人民共和国道路交通安全法》及实施条例的施行，标志着我国公安交通管理从法律层面上确立了机动车安全技术检验制度。《机动车安全技术检验机构监督管理办法》（国家质量监督检验检疫总局第121号令）、《机动车安全技术检验项目和方法》（GB 21861）等机动车检验制度配套法规、标准的制定实施，明确了检验机构准入条件、资质审批、监督检查等规定，规范了检验机构的检验行为。

至此，我国机动车安全技术检验法律法规和标准体系框架初步构建，形成了依法依规进行安全技术检验的工作格局，更好地保证了上路行驶车辆的安全性能，有效预防、减少交通事故。

3. 2014年：改革创新机动车安全技术检验工作

随着我国机动车数量的井喷增长，车辆检验业务量猛增，机动车安全技术检验工作逐步暴露出网点少、排队长、不严格、不规范、不方便等问题，引起较多的社会矛盾。为进一步改革创新机动车安全技术检验工作，加强检验监管，规范检验行为，创新服务措施，2014年4月29日，公安部、质检总局联合印发《关于加强和改进机动车检验工作的意见》（以下简称《意见》）。

《意见》推出了扩大新车上牌前免检范围、试行私家车6年内免检、推行机动车异地检验、实行机动车预约检验、简化检验工作流程、推行周六日、节假日检验等6项便民服务措施，同时在推动安检机构资质管理改革、严格和规范检验程序、加强检验监督管理等多个方面提出了要求。

扫一扫查看原文

在我国机动车安全技术检验法律法规和标准体系框架基础上，未来机动车安全技术检验制度和管理措施将不断完善，进而有效地保障交通安全、更好地服务人民群众。

取消七座以下私家车年检可行吗

公安部道路交通安全研究中心交通言究社

导语

全国人大代表、贵州省安顺市市长陈训华在2018年两会上提交了《关于取消七座以下私家车年检的建议》，引发媒体及社会各界的广泛关注和讨论。那么，取消七座以下私家车年检可行吗？交通言究社采访了同济大学汽车学院教授、博导王宏雁、同济大学汽车学院教授朱西产、华东政法大学社会治理研究院常务副院长邹荣、华东政法大学法律学院副院长、副教授陈越峰、无锡市交警支队车管所机动车检验科科长杨尚利、石家庄华燕交通科技有限公司总工程师陈南峰、深圳市安车检测股份公司董事长贺宪宁等专家，请他们谈谈看法。

在讨论中，专家一致认为，机动车年检制度（即：机动车安全技术检验制度）是保障车辆安全性能的必要措施，关乎公共安全、公共秩序，决不能取消。而且机动车年检制度是世界通行制度，我国实行的私家车六年免检制度已属比较宽松的规定。

专家表示，虽然我国机动车年检存在把关不严、流于形式、不便民等问题，但这些都不是取消年检的理由。不能因为年检制度存在问题就取消，而是要思考如何改进完善，否则就是"因噎废食"。

一、机动车年检制度是保障车辆安全的必要措施，坚决不能取消

我国实行机动车年检制度，机动车检验机构依据有关法律、法规及标准，利用相关仪器和设备，对上道路行驶的机动车的安全技术性能进行检测，确定机动车安全技术状况。机动车年检是确保上道路行驶的机动车的安全技术状况符合规定的重要手段。

朱西产：根据规定，我国七座以下非营运的新车6年内免检，每两年申请检验标志；6~15年的车辆每年上线检验1次，15年以上的车辆每半年上线检验1次，这一检验周期符合车辆性能衰退的客观规律。

随着车辆使用年限增加，零部件的性能会衰退，而通过年检制度，可对车辆基本安全性能、环保性进行最低程度的保障。目前，我国已经取消了私家车强制报废年限，机动车年检制度成了判断车辆在安全性能和环保性能上是否达标的依据，也是车辆是否报废的重要手段。此外，如果年检制度废除，汽车改装问题也将失控。

王宏雁：从车辆质量控制角度来说，取消年检不妥当。因为汽车生产企业对车辆的质量标准和控制以及生产流程等要求不一样，导致生产出来的车辆质量参差不齐，最大的表现就是车辆的可靠性不一致。所以，保障机动车的安全性，年检是必须要保留的。

邹荣：从公共安全角度来讲，机动车安全技术检验制度背后关系着公共安全问题。这个公共安全不仅包括驾驶人的安全，也包括不使用车辆的人的安全。其实，安检、环检和综检三者都没有取消的正当性。车辆在出厂时有合格证，厂家确保出厂的车辆符合安全技术标准；但车辆出厂以后，在使用过程中会产生损耗，可能影响车辆的安全性能，会对公共安全带来潜在的威胁。同时，驾驶机动车是一种高度危险的行为，会对公共安全带来极大的安全隐患，如果政府部门不对这种基本的车辆安全问题采取措施加以监管，这是很危险的。所以，为了保障公共安全、公共秩序，机动车年检制度一定不能取消。

当然，目前附着在机动车上的检验类型过多，有安检、环检，营运车辆还有综检，车主的负担确实较大。这可以通过改革的路径，集中进行检验，提高效率。

陈越峰：人大代表的议案需要经过全面论证，应当听取各方意见，特别是专业人士的意见。如果试图完全取消私家车年检制度，既需要审慎评估对交通安全的影响，也需要对执行这项制度所带来的负担与完全取消可能增加的生命财产损失情况进行权衡。退一步而言，即使考虑采用设定技术标准，规定私家车的安全状态应当符合标准，辅之以合规审查和事后处罚，也需要对可行性进行非常审慎的评估，如果在安全问题上搞放松

监管，一旦出了问题，都是血和泪。

杨尚利：据无锡地区车检数据统计，车辆检验的一次合格率为65%左右，其中小客车的一次合格率为85%左右，也就是说有35%左右存在安全隐患的车辆在道路上行驶。此外，通过年检发现大量的机动车存在非法改装问题，比如七座以下私家车6年以内是免检的，到第六年上线检测时，这些车辆非法改装的比例比每年都进行检测的高很多。因此，目前我国还不具备取消机动车年检制度的条件。

二、车辆年检和维护的目标不一样，维护不能代替年检

很多车主关心车辆维护和年检之间的关系，维护通常是对车辆相关部件进行检查、清洁、润滑等，而年检是对车辆整体的安全技术状况进行细致全面的检验、检测，从根本上消除车辆存在的安全隐患。再加上维护是非强制行为，驾驶人可自行选择维护与否，去哪里维护，专家普遍认为这样一来，车辆的质量和安全难以得到保证。

朱西产：目前我国刚刚步入汽车社会，驾驶人的道路交通安全意识普遍不高，如果没有这些强制性的管理措施加以监督和管理，大多数驾驶人很难做到主动关心车辆的安全性和环保性。此外，我国的汽车维修店还停留在"挣钱养活自己、避免倒闭"的阶段，还没有主动规劝车主消除安全、环保隐患的能力。在这种情况下，我们应该思考如何改进机动车年检制度的问题，而不是"一废了之"那么简单。

王宏雁：机动车年检和维护的目标不一样，维护可能是有选择的针对某一部分进行检测和养护，而年检是对车辆整体的安全状况进行检测。因此，车检制度应该保留，尤其在车辆的使用阶段，如果没有这样的检测和监督，不仅是不负责任的，而且还会对公共安全带来极大的危害。

杨尚利：从无锡东方汽车城的维修数据分析看，这个汽车城在15年内，从4S店销售出去的汽车有37万辆，但是到4S店进行定期维修的只有8万辆左右。也就是说只有少部分的车主具有到4S店对车辆进行维护的安全意识，大部分车主都是到路边修理店，甚至一些卖汽车配件的地方进行维护，车辆的安全性能无法保障。

陈南峰：机动车年检制度有其存在的必要性，因为绝大部分机动车驾驶人对于车辆构造、技术状态、技术性能等的认知不足，无法发现车辆存在的故障和隐患，需要通过车辆年检来保障安全，否则不仅会威胁驾驶人及车上人员的安全，也会威胁其他交通参与者的安全。另外机动车年检对于私自违法改装、盗抢车辆等行为有着不可替代的监管作用。

三、机动车的使用关乎公共安全，有必要通过年检行政许可制度进行把关

机动车是一种直接关系公共安全、人身财产安全的重要设备，对其进行安全技术检验属于《中华人民共和国行政许可法》（以下简称《行政许可法》）第十二条中规定的可以设定行政许可的事项，需要按照相关标准和规范进行检验、检测。此外，《中华人民共和国道路交通安全法》（以下简称《道路交通安全法》）对机动车的安全技术检验

也有明确的法律规定。

邹荣：从法律上讲，机动车安全技术检验是一种行政许可。行政许可包括两大类，一类是对人的行为的许可，一类是对设备、设施使用的许可，例如电梯合格证就是允许电梯运行的许可证，机动车经过年检合格后发放的检验合格标志，就是机动车可以上路行驶的许可，目的在于维护公共安全。另外，《道路交通安全法》对机动车的安全技术检验有明确的法律规定，该项许可设定符合法律规定。所以，机动车年检制度不能取消。虽然在实际的年检中存在排队、乱收费、黄牛等问题，但这些都不是取消年检的理由，恰恰是改进和完善年检制度的契机。

陈越峰：机动车直接关系公共安全，关系人身财产安全，属于《行政许可法》第十二条规定的可以设定行政许可的事项。《道路交通安全法》第十三条规定："对登记后上道路行驶的机动车，应当依照法律、行政法规的规定，根据车辆用途、载客载货数量、使用年限等不同情况，定期进行安全技术检验"，是符合《行政许可法》的规定的。

当然，《行政许可法》第十三条还规定了可以不设定行政许可的情形。也就是说，即使属于可以设定行政许可的事项，如果通过《行政许可法》第十三条规定的方式能够实现目的的，也可以不设定许可。但是，安全问题难以交由公民自主决定，因为人们往往容易轻信自己能够避免发生事故；市场机制也很难有效调节，因为在没有符合规定的压力下，市场主体往往选择削减在安全方面的投入，何况非营运车辆也缺乏市场机制的调节空间；而非营运车辆也不存在行业自律的机制。此外，行政机关的事后监管，例如加大行政处罚力度，也存在认定困难和于事无补的问题。

因此，在无法找到能够实现安全保障目的的替代性制度之前，机动车安全技术检验制度，应当进行改进完善，绝不是完全取消，需要将车辆安全提升到与规范驾驶人驾驶行为同等重要的地位。

四、机动车年检是世界通行制度，不是中国独有

无论是美国、日本等发达国家和地区，还是印度、阿根廷等新兴国家和地区都在采用机动车年检制度，机动车年检制度并不是中国独有，而是世界通行制度。

朱西产：机动车年检制度是欧洲、美国（大部分州）、日本等发达国家在汽车安全管理中总结出来的一套管理措施，可有效减少道路交通事故，提高道路交通安全。我国参照国外先进交通安全管理技术，结合国情，实施了机动车年检制度。

贺宪宁：世界上绝大多数国家和地区都在采用机动车年检制度，并且在逐步加强的过程中。例如欧盟地区、日本、新加坡、澳大利亚、新西兰等国家，中国香港和美国多数州等地，对非营运小汽车都采用强制性定期检测制度，包括安全检测和尾气检测。同时，上述大部分国家或地区均建立了一套完善的汽车生产、销售、召回、注册、检测、报废的制度和标准体系，为确保汽车质量和安全奠定了基础。

此外，与其他国家的机动车年检周期相比，我国实行的私家车6

扫一扫查看原文

年免检制度已比较宽松,例如欧盟的私家车是4年以内免检,此后每两年检验一次;日本的私家车是3年以内免检,此后每两年检验一次。

陈南峰:纵观目前国际上诸多发达国家,普遍采用强制性和周期性的机动车年检制度,依据车辆的使用性质和类型,制定了不同的检验周期和频次,这一点与我国现行的机动车年检制度基本一致。

如何改进、完善七座以下私家车年检制度

公安部道路交通安全研究中心交通言究社

导语

针对全国人大代表、贵州省安顺市市长陈训华在2018年两会上提出的取消七座以下私家车年检的建议,交通言究社在《关注:取消七座以下私家车年检可行吗?听听专家怎么说》一文中邀请了法学、车辆安全等方面专家进行了讨论,专家们一致认为,虽然目前机动车年检制度在执行中存在一些问题,但决不能"因噎废食"取消年检,而应当改进和完善。那么该如何改进完善呢?交通言究社采访了公安部交通管理科学研究所研究员孙巍、公安部道路交通安全研究中心车辆室主任周文辉、同济大学汽车学院教授、博导王宏雁、同济大学汽车学院教授朱西产、华东政法大学社会治理研究院常务副院长邹容、华东政法大学法律学院副院长、副教授陈越峰、四川成都交警支队车管所副所长罗跃、石家庄华燕交通科技有限公司总工程师陈南峰、深圳市安车检测股份公司董事长贺宪宁、3M中国首席交通安全教育与政策联络官官阳等专家,请他们谈谈看法。

请教各位专家,目前我国七座以下私家车年检实施什么样的检验制度?主要检验哪些项目?存在什么问题呢?

孙巍:车辆年检关系到道路交通安全。我国的车辆年检制度也经历了从无到有、不断完善的过程。大家常说的车辆年检就是机动车安全技术检验,目前我国七座以下私家车安全技术检验主要检查三个方面:一是检验车辆的唯一性,以及是否为走私盗抢车辆等,主要检查号牌、车辆识别代码、发动机号码等;二是检验车辆是否经过非法改装,主要检查核载、外观、颜色、是否加装改装灯具等;三是检验车辆制动、灯光、三角牌、安全带等安全项目。这些都是最基本的检验项目。

周文辉:随着我国经济社会的发展,机动车数量井喷式增长,车辆年检的确出现了一些问题,如:检验机构网点少、检车排队、乱收费、检验流于形式、一些检验人员态度恶劣等。针对这些问题,公安部会同质检总局实施了一系列改革,于2014年4月联合下发了《关于加强和改进机动车检验工作的意见》,放开了机动车检验许可,实施检

机构市场化和社会化。4年来,全国机动车检测线增加了一倍左右,同时还开通了网上年检预约服务,基本解决了群众检车排队的问题。应该说,改革后群众检车体验在不断提升。

此外,改革后,在安全检验项目方面,主要检验车辆制动性、灯光、信号装置、底盘等涉及安全的项目,孙巍研究员也谈到了,目前安全检验项目已基本做到了最简化;在检验周期方面,对6年以内的新车实施免检制度,车主每两年提交强制保险凭证以及车船税纳税(或免征)证明等,即可领取检验合格标志;6~15年的车辆,每年上线检验1次;15年以上的车辆每半年上线检验1次。这样的检验周期从全世界范围看,都已经是相当宽松的了。

总体来看,群众检车体验不佳的问题主要不在于检验项目、内容和周期,而在于检验执行过程中因弄虚作假、检验有效性差等导致的"号不准脉,开不对方子"。

陈南峰:同意周文辉主任的看法,目前机动车检验中存在的主要问题的确是出在检验方式上。检验手段滞后于汽车技术的发展,检测设备不能正确反映部分车辆实际情况,从而导致车主不满。

孙巍:除以上两位专家谈到的外,我国机动车安全技术检验被赋予了更多前置环节,包括环保检验、保险、纳税等,车主把这些都看作检车的一部分,也是导致群众认为机动车年检麻烦的原因。当然,当前检验工作在切实排查隐患方面发挥的作用还不够。检验机构往往把检车作为一种牟利手段,缺乏服务意识,个别地方检验机构过度竞争,把关不严、流于形式,也使车主们觉得检车的获得感不强。

刚才各位专家谈到了,目前私家车年检存在的问题主要不在检验项目和检验周期方面,而在检验方式上。那么针对检验方式上存在的问题又该如何改进呢?

陈南峰:目前机动车检验中有些项目,如前照灯、制动性能的检验评判单纯依靠检测设备。但随着电子技术的进步,车辆的某些安全技术状况是设备无法准确检测与评判的。比如高档车的前照灯有随动功能,会随着转向盘转向自动调整左右角度,并随着车速高低自动调整上下角度。而检验的时候是在车辆静止情况下检验,没有随动灯光的车辆就不会有问题,但有随动灯光的车辆就有问题了,由此造成车主极大不满。

解决这个问题的关键是要推行检验师负责制,使设备检验和人员检验相结合,让检验师对检验结果负责。设备是辅助检验师判别的一项重要工具,具体的检验结论由检验师根据设备数据和实际情况得出。

王宏雁:我认为改进机动车检验方式可以从两方面来开展:一是要加大车辆检验设备研发力度,保证车辆检验的便捷、准确、高效,保证不能做假,提高检验质量和水平;二是要加强机动车检验机构和检验操作员的资质管理,由国家颁发机构资质证书和检验操作员上岗证书,并对检验操作员进行设备操作、数据处理、职业道德等培训,充分发挥检验操作员的作用。

周文辉:是的,我也同意要重视和充分发挥人工检验的作用,而不是单纯依靠设备。只有这样才能最大限度查找和发现车辆安全隐患。检验机构具有专业的人员、设备和管理制度,在查找和发现车辆安全隐患方面,比车主、政府执法人员和普通修理厂等具有更大的优势。比如底盘情况、改装情况等安全检验项目,需要借助专业人员的经验和细心观察才能发现。

除此以外,也要从检验机构本身入手,进一步强化检验机构的主体责任,从根本上消除检验机构把检车作为牟利手段,把关不严、流于形式、缺乏服务意识等问题。

刚才专家提到强化检验机构主体责任问题,想请教一下该如何强化其主体责任呢?

邹容: 要通过立法的方式明确检验机构的主体责任,迫使检验机构按照相关规定、标准检验车辆。因检验机构检验不合格或检验疏忽,未检验出隐患车辆而引发交通事故的,应追究检验机构的责任。

陈越峰: 为了避免检验机构在检验机动车时"偷工减料",可考虑建立"谁检验谁发证"的制度,让检验机构对自己的检验行为负责。通过修订《中华人民共和国道路交通安全法》,规定行政许可机关对检验合格标志的样式设定标准,检验机构可根据标准设计样式并发放合格标志,这样检验机构就成为法律责任承担主体。

周文辉: 目前检验机构"权利"过大、"义务"较小,这种权责利不统一的问题是产生各种检车乱象的根源。因此需要落实检验机构的主体责任并加强事后监管。比如,国外一般是由检验机构独立承担检验工作,发放检验合格标志,对检验工作独立负全部责任。监管部门除了日常监管外,更加注重事后监管,一旦发现违法情况,会跟进彻查。检验机构一旦违法,往往只能关门大吉,相关工作人员也会面临被吊销资质、禁止进入该行业的处罚,甚至是刑事处罚,违法成本非常高。因此,国外的检验机构往往不敢触碰违法红线,这值得我们借鉴。

看来加强对检验机构的监管非常重要,那么相关部门又该如何加强监管呢?

陈南峰: 现在我们的机动车检验服务已经社会化了,但行政许可机关依然不能放松对检验机构的监管。可将检验过程纳入监管范围,发现"偷工减料"或其他违法违规情形的,应当依法严格处理,确保检验取得实效,保障机动车车主合法权益。

周文辉: 明确检验机构的主体责任并不能代替监管。建议进一步完善监管制度、提高违法成本、加强执法检查。美国很多州的做法值得我们借鉴。以夏威夷州为例,该州详细罗列了21种常见的车辆检验违法行为,按危害程度分为轻微违法、较严重违法、严重违法三大类,并实行累积记分制度,如一年之内发生两起较重违法行为,暂停资质90天,发生两起以上严重违法行为,则吊销资质。德克萨斯州法律将擅自减少检验项目、车辆未到即通过检验等9种严重违法行为列入刑事处罚。

贺宪宁: 我们要把监管重点从以前的监管设备和技术手段,转变为重点监管检验机构、检验人员和检验结果。要对检验机构实行分类管理,突出监管重点,推动检验机构信用体系建设。对检验严格规范、专业水平高、服务质量好、群众评价好的检验机构,列入"信任"清单。也可以效仿国外,把所有检验机构的检验数据进行联网,融合不同机动车检验机构的多个平台,形成国家级的车检数据库,便于监管的同时还可以为检测、维修、保险、二手车等提供统一的机动车年检查询和分析报告。

陈南峰：监管机动车检验机构时还需建立设备监管制度，防止通过修改设备参数进行检验作弊。另外，还应发挥检验行业协会、地方道路交通安全协会、消费者保护协会、媒体等方面的作用，加强社会和媒体对检验过程的监督和曝光力度。

> 除了改进检验方式、强化主体责任和加强监管外，在提高车检便民性方面，还有哪些需要完善呢？

周文辉：要提高检验服务水平，增强群众获得感，可开展以下几方面工作：一是加强对车主的车辆安全知识宣传和教育，制作清晰易懂的关于检验项目和方法的宣传海报、折页等，并在群众等待区张贴、发放；二是增加检验透明度，播放检验过程视频，使群众实时了解检验进程，同时也起到加强监督的作用；三是可尝试效仿德国等国做法，对于每个分项检验结果，划分为"无损""微损""重损""安全障碍"四种情形，改变单纯用数字呈现检测结果的做法，方便群众理解，进一步增强群众获得感。

贺宪宁：可以简化检验机构特别是小型车检验机构的准入审批许可，优化检验机构建设布局，积极引导在城市不同区域合理布建小型汽车检验机构，方便群众就近检车。同时积极利用互联网和移动互联网的先进技术，加快实现机动车全国范围"通检"。

罗跃：现在的安检机构，须拥有完整检测线并满足相应场地要求，一定程度上导致市场供需不平衡。建议改革质检安全检验机构的资质认证规则，实施检验机构分类认证。允许场地满足基本要求、具有基本设备但没有完整检测线的机构进行机动车检验，增加机动车检验市场竞争以提供更优质的服务。

官阳：可以提供更社会化的检验服务，利用监控授权等方法，让大量专业性强、管理规范的汽车维修店提供年检服务，并对检测、维修、服务、保险等数据进行联网建档与监控跟踪，让私家车主在日常维护车辆时，就完成年检。这样既可以节省私家车主的时间、减少排放和浪费，也能让专业的检验机构更加专注于营运车辆的检验，更加高效，成本也更合理。

邹容：为减少老百姓车检时来回跑的问题，可以将目前的安检、环检、综检三检合一，一个检验机构就能检验所有项目。以后如果有条件时，可以逐步将机动车年检调整为少收费或不收费。

陈南峰：为节省车检时间，避免车主在"检验机构"和"修理厂"之间来回跑，可在有一定资质的修理厂试点推行国外的检验、修理一体的I/M制度（Inspect/Maintenance 检测/维修一体化作业制度），检验不合格的车辆可直接进行修理。此外，也应鼓励检验机构推行免费调修服务。

扫一扫查看原文

机动车查验工作中常见疑难问题解决方法

高 杨 余 曦 重庆市公安局交通巡逻警察总队

> **导语**
>
> 机动车查验是确认机动车合法性、安全性和唯一性的重要环节，在机动车登记工作中的作用不可替代，我国也制定了相应的查验标准，但是随着机动车的飞速发展，机动车查验新情况层出不穷，给机动车查验工作带来许多新的挑战。

一、车辆识别代号打刻深度如何判定

我国在《机动车运行安全技术条件》（GB 7258—2017）4.1.3中对机动车车辆识别代号（简称VIN号码）的打刻作出了规定，如对于汽车和挂车不仅要求打刻的车辆识别代号能够拍照，而且字母和数字的字高应大于或等于7.0mm、深度应大于或等于0.3mm等。但在实际的查验工作中，车辆识别代号的深度不易测量，实际使用的查验工具也无法对打刻的车辆识别代号深度进行测量，部分车管部门的查验员仅凭主观臆断就判定车辆识别代号打刻不符合规定，退办不仅缺乏有力的证据，也极易引发办事群众的投诉。

解决方法：在实际的查验工作中，不能仅凭主观臆断就判定车辆识别代号打刻深度不符合规定，对打刻深度存疑的，要借助专业工具进行测量，或邀请专业机构测量；经调查核实打刻深度不符合规定的，应按照规定启动违规机动车产品信息上报程序或嫌疑车辆调查程序。

二、尚未注册登记车辆识别代号受损的如何处理

在实际工作中，有不少新车在未注册登记前因物流运输、交通事故等原因造成车辆识别代号损坏变形，车主对受损车辆识别代号打刻部位进行修复，到车管部门办理注册登记时，往往会被以车辆识别代号有打磨、挖补等情况退办。

解决方法：按照《机动车登记规定》的相关要求，车辆发生事故后，对于提供机动车安全技术检验合格证明的，可以办理注册登记。因此可参照此项规定，待车辆修复完成，经机动车安全技术检验合格，查验员确认车辆唯一性并查验合格后办理注册登记，注册登记完成后，办理重新打刻车辆识别代号的变更登记。

三、重新打刻车辆识别代号需注意什么

一般有两种情况需要重新打刻车辆识别代号，一种是打刻有车辆识别代号的部位因磨损、锈蚀、事故等原因导致号码辨认不清或者损坏，另一种是更换了车身车架。这两

种情况都涉及对车辆唯一性的再次认定，如果没有准确区分这两种情况，会造成很多困扰。因为如果认定为更换车身车架，重新打刻车辆识别代号时要求车主提供的证明材料很多。如果只是因打刻车辆识别代号的部位损坏，修理后重新打刻车辆识别代号的，一般只需提供修理证明。

解决方法：区分这两种业务的关键是有没有更换车身车架的整个总成，其中车身包括车窗、车门、驾驶舱、乘客舱、发动机舱和行李舱等；车架是跨接在汽车前后车桥上的框架式结构，俗称大梁。如果只是因为打刻车辆识别代号的部位辨认不清或者损坏，更换损坏部件后重新打刻的，不属于更换车身或车架。

另外，重新打刻时建议采用人工打刻的方式，打刻在车辆右侧没有被修复或焊接的地方，并采用照相的方式固定打刻位置，这种做法易确定车辆唯一性。而采用机器打刻的方式容易被不法分子购买相同型号的打码机进行复刻，使一些不合法的车辆获得合法身份。

四、新车注册登记前更换车辆发动机的如何处理

部分新车在注册登记之前因发动机故障更换了发动机，特别是进口机动车更换发动机后，由于海关报关手续烦琐，几乎不可能更换新的《货物进口证明书》，造成车辆发动机号码与相关凭证信息不符，无法办理注册登记。目前对已注册登记车辆可以做更换发动机的变更登记，但对没有注册登记的车辆缺少相关变更登记事项的规定。

解决方法：遇到此类情况，可以通过查验员的查验确认车辆唯一性，关于更换发动机的原因、新发动机的来源等关键性问题，如果能够通过生产厂家和销售商证明其更换发动机的合法性，并通过机动车安检机构检测，车管部门予以办理注册登记，登记完成后再办理更换发动机的变更登记。

五、车身颜色因观察角度不同产生多种颜色以及同色系车身颜色变更如何处理

按照《机动车登记信息采集和签注》（GA/T 946.2—2011）的规定，机动车车身颜色的签注判定必须为白、黄、绿、蓝、红、黑、紫、粉、棕、灰十种颜色。贴膜改变车身颜色的，按照实际车身颜色签注办理变更。车身颜色明显产生镜面反射的，如电镀漆色、粘贴镜面膜等不符合《机动车运行安全技术条件》11.1.1的要求，不予办理变更车身颜色。但对于车身同一部位因查看角度不同产生两种及以上颜色的如何处理，却没有相关规定。另外车辆在办理车身颜色同色系变更业务时，如深蓝变更到浅蓝色时，车身颜色同为蓝色，登记系统中签注均为蓝色，系统无法进行变更签注。

解决方法：对于车辆车身同一部位外观颜色，因查看角度不同产生两种及以上颜色的，可对相关标准和登记系统进行修改，对可变色车辆进行特殊标记登记。针对车身颜色同色系变更业务，可采取变通做法，由查验岗按照变更车身颜色要求查验车辆，上传维护机动车照片，将查验表内部传递至登记审核岗，登记审核岗以换领行驶证的业务流程予以办理，这样行驶证上的机动车照片就能够直观反映车身颜色。

六、核定车辆类型时应注意什么

车辆类型的核定在查验工作中尤为重要,车辆类型的确定直接决定了车辆的检验周期、强制报废期限以及对应的驾驶人驾驶资格等关键因素。查验员在实际工作中由于业务水平的差异,容易出现同一车型核定的车辆类型不一致的情况,容易造成负面舆情。

解决方法:建议《车辆生产企业及产品公告》车辆类型必须严格按照《机动车类型术语和定义》(GA 802)进行判定,做到全国车管系统的完全统一,在公安交通管理综合应用平台中删除不符合GA 802的相关规定的车辆类型(如大型非载货专项作业车、仓栅式自卸货车等)。

七、测量车辆外廓尺寸、轴数、轴距时应注意什么

车辆的外廓尺寸、轴数、轴距等是机动车的重要技术参数,必须与《车辆生产企业及产品公告》等标准的相关参数一致,且必须符合《道路车辆外廓尺寸、轴荷及质量限值》(GB 1589)等标准的规定。但在实际测量中各地测量工具和测量方法不一致,查验员的自由裁量权较大,容易产生廉政风险。

扫一扫查看原文

解决方法:人工测量外廓尺寸时,要求查验员必须使用钢尺等量具进行测量,不允许使用皮尺等具有伸展性的测量工具;测量车身长度时,查验员应在车辆驾驶室一方读取车辆长度,并预估由保险杠圆弧型状造成的测量误差;测量车辆轴距时,应在车辆后轮凹陷处读取车辆轴距;重中型载货汽车、挂车必须两名及以上查验员同时进行查验;装备有红外线自动测距仪的单位采用设备自动测量。同时在测量车辆相关外廓尺寸时,要注意公告备注信息中不同尺寸对应的不同相关数据,如不同的长宽高对应不同的后悬长度等情况。对超限车辆一律不予办理注册登记,车辆的外廓尺寸、轴距等误差必须在国家规定范围之内;测量车辆相关尺寸时,面对车辆限值时不适用于允许存在误差的范围。

国外如何进行机动车检验

公安部道路交通安全研究中心交通言究社

导语

2018年两会期间,"取消七座以下私家车年检制度可行吗?"这一话题引起热议。在本文中,交通言究社针对"国外如何进行机动车检验"采访了公安部道路交通安全研究中心车辆室主任周文辉、公安部交通管理科学研究所研究员孙巍、深圳市安车检测股份公司董事长贺宪宁,请他们介绍一下情况。

一、国外是否有机动车强制检验制度

贺宪宁：国外有机动车强制检验制度，机动车检验制度是世界通行制度。可以说，机动车检验在汽车消费较发达的国家中一直占据重要地位。这些国家通过长期的实践，特别是日本、美国、欧盟更是通过长期的数据对比分析证实了定期检验是及时消除车辆安全隐患、督促加强汽车维护以及减少交通事故发生的有效方式。

目前国内可能存在一种误解，认为新车是经过检验才进入市场的，车主也会考虑出行安全来自行进行判断，所以机动车检验没有必要。其实发达国家早已证实，车辆在使用一定周期后，必然会出现部件的逐步磨损和老化，而实际上车辆很难返厂再重新进行专业检验。与此同时，很多维修和维护企业往往不具备生产厂家那样的专业人员和仪器设备去做到系统、全面、专业的安全性检验，那么车辆的安全技术状态和维护水平将无从保证。

中国和其他发达国家相比，大部分车主缺乏对隐患的判断能力和知识储备，例如对影响安全性能的制动力和制动力平衡缺乏认识等。值得一提的是，强制性安全检验首要考虑和保证的是公共利益和公共安全。这也是国外普遍认为机动车检验具有必要性的一个重要原因。

二、国外机动车检验的周期是怎样的

贺宪宁：目前，绝大多数的发达国家和地区、新兴国家和地区，非运营小汽车都是采用法规检验，即强制性定期检验（包括安全检验和尾气检验），例如欧盟、日本、韩国、澳大利亚、新西兰、美国多数州、东南亚、印度、南美洲和非洲经济较好国家。他们大都是国际机动车检验委员会（The International Motor Vehicle Inspection Committee, CITA）的成员。上述大部分国家和地区均建立了一套完善的汽车生产、销售、召回、注册、检验、报废的制度和标准体系，对于确保汽车质量和安全性奠定了基础。这些国家和地区非运营汽车检验具体周期详见表1。

部分国家地区机动车检验周期　　　　　　　　　　　　　　　　　　　　表1

国家和地区	非运营汽车	强制检测周期
欧盟（各成员国在此基础上可以自行增加要求）	私人乘用车和轻型商用车（3.5t以下）	新车4年内检测一次（含安检和环检），此后每两年一次（含安检和环检）
爱尔兰	私人乘用车	新车4年后每两年一次（含安检和环检）
美国（各州自行规定）		18个州规定定期（一年或两年）安检一次
日本	私人乘用车和摩托车	新车3年后检测一次（含安检和环检），此后每两年一次（含安检和环检）
新加坡	私人乘用车	新车从第3年前每个2年检测一次，满10年每年一次
新西兰	乘用车和轻型车	6年内每年一次，6年后每半年一次

注：安检为安全检验，环检为尾气检验。

三、国外机动车检验项目是如何设置的

周文辉：我们对不同国家和地区的机动车检验项目进行梳理，发现这些项目的设置因地区和车型存在较大差异。

美国联邦层面要求对商用车的制动系统、转向系统、悬架、灯光、燃油系统、排气系统、轮胎、玻璃等13个基本检验项目进行检查。

欧盟的2014/45/EU指令规定了公共道路上使用的车辆定期检验要求，检验项目包括制动系统、转向系统、行驶系统、可视性、照明、信号装置和其他电气设备、底盘、安全装置、尾气排放等30余大类。

日本机动车检验项目因车型不同而有所区别，最多可达100余项，主要包括转向系统、制动系统、行驶系统、悬架、传动系统、电气装置、发动机、车身、座椅、尾气排放等。

四、国外机动车检验采取什么样的方式

周文辉：随着机动车检验技术的发展，国外具体的车辆检验工作基本实现了社会化，委托专业的机动车检测站实施。由于小汽车已经成为家庭的主要交通工具，机动车检测站除了承担定期安全技术检验外，通常还为用户提供车辆安全技术性能诊断服务。我们对具体的机构和做法进行了梳理。

欧盟国家中，奥地利、荷兰、爱尔兰等国家的检验工作由不同的私营检测单位进行，彼此相互竞争，除开展政府授权的车辆检验工作外，这些机构往往还同时开展车辆的维修甚至二手车的买卖。

瑞典、卢森堡等国家政府往往授权一个独立的检测机构开展车辆检验工作，而且这样的检测机构不得从事其他诸如车辆维修和买卖等业务。

德国机动车检验实行国家统一法规，政府制定价格。汽车检测中心既有交通部门建的，也有其他机构或者私人建的，但均需经过政府部门认可的检测管理单位的验收、资格审核通过后才能开业。

亚洲国家中，日本积极发挥维修机构在车辆检验中的作用。日本维修机构包括：一是"认证维修工厂"，此类维修机构不能替代国家进行检验，因此，在认证维修工厂检验维修过的车辆，必须要送到机动车检验法人的检测场接受检验；二是"指定维修工厂"，俗称"民间车检场"，可由具备机动车检测员资质的人员（由国土交通省考核认定）进行检验，在此接受检验并授予保安基准合格证的情况下，不用再向检测场交验机动车。

五、国外对检测站如何实现监管

孙巍：德国对车辆检测中心或者检测站的管理相当严格，汽车检验实行国家统一法规，政府制定价格。

汽车检测中心均需经过政府部门认可的检测管理单位的验收、资格审核通过后才

能开业。车辆检测中心（站）的设置是由政府根据区域需求批准，各省均有检测管理机构，负责从技术标准方面进行监管和认定，并提供技术支持。

检测中心开业前必须进行厂房、设施、人员和程序方面的审核；开业后实行定期监督。监督分两种：一种是考核性的，只要是从技术满足能力方面进行考核；另一种是抽查性的，如果发现检测中心不按照政府规定对车辆进行检验或出现检验投诉，一经发现并核实，该检测中心的信誉度会大幅下降，严重的将被取消车辆检验执照，不再准许经营检验业务，还要处以相应的经济处罚。

周文辉：对于检测站的监管，国外的监管部门除了日常监管外，更加注重事后监管，一旦发现违法情况就会跟进彻查。检测机构一旦违法，往往只能关门大吉，相关的工作人员也会面临被吊销资质、禁止进入该行业的处罚，甚至是刑事处罚，违法成本非常高。因此，国外的检测机构往往不敢触碰法律红线。

例如，美国的夏威夷州详细罗列了21种常见的车辆检验违法行为，按危害程度分为轻微违法、较严重违法、严重违法三大类，并实行累积记分制度，如一年之内发生两起较重违法行为，暂停资质90天，发生两起以上严重违法性为，则吊销资质。警察在路面执法中发现机动车存在安全隐患，可要求车主进行安全检验，并在5日内提供新的检验报告，如果认为该车威胁公众安全，可当场撕下检验合格标志，要求车主立即办理车辆注销登记。

扫一扫查看原文

德克萨斯州法律将擅自减少检验项目、车辆未到即通过检验等9种严重违法行为列入刑事处罚。

"老年代步车"乱象治理对策及建议

公安部道路交通安全研究中心交通言究社

> **导语**
>
> "老年代步车"存在生产无标准、上路无牌照、驾驶无驾照等乱象问题。非法生产、销售、上路行驶的"老年代步车"极易引发交通事故，已成为威胁公共安全的一大安全隐患。那么，如何治理"老年代步车"乱象呢？交通言究社采访了公安部道路交通安全研究中心特约专家团队成员，同济大学汽车学院教授朱西产、浙江省交通规划设计研究院教授级高工郭敏，以及公安部道路交通安全研究中心车辆室主任周文辉，请他们来谈谈看法。

一、"老年代步车"非法生产、销售、上路乱象丛生

"老年代步车"的外形和尺寸虽酷似汽车，但实际上就是"四轮低速电动车"。目

前市场上流通的"老年代步车"并未列入工信部《道路机动车辆生产企业及产品公告》（以下简称《公告》），属非法生产、销售产品，也并非生产厂家和销售商标榜的新能源汽车。但是在各大城市的街头"老年代步车"随处可见，存在极大安全隐患：

一是"老年代步车"设计上存缺陷，生产质量堪忧，如底盘轻稳定性差、生产材质低劣、没有经过安全性能碰撞测试等。

二是"老年代步车"驾驶人大多未经驾驶培训考试，未取得机动车驾驶证，交通安全意识薄弱，闯红灯、逆向行驶、随意掉头等交通违法行为普遍多发，极易发生交通事故。

三是无牌无证无保险的"老年代步车"一旦发生交通事故，事故损害赔偿难以落实，相关人员合法权益无法得到保障（图1）。

图1 "老年代步车"发生交通事故

二、治理"老年代步车"乱象 需加强源头治理

针对"老年代步车"的乱象，到底应该怎么治理？我们邀请了同济大学汽车学院、浙江省交通规划设计研究院及公安部道路交通安全研究中心等相关专家，来谈谈他们的观点。

"老年代步车"治理难的根源是什么？乱象产生的原因是什么？针对乱象，应采取哪些措施呢？

朱西产：

（1）源头不断非法生产、销售，使用群体大量存在，是"老年代步车"治理难的根源。

生产无标准、上路无牌照、驾驶无驾照的"老年代步车"，从生产到上路，多个环节都违规，规定早就有，治理"老年代步车"之乱，从理论上说并不存在"需完善相关法规"之说。既然现有规章制度本就可以用于老年代步车违规生产、上路使用乱象的治理，为什么却"难以治理"呢？主要原因在于有大量不具备生产能力的企业持续的非法生产，还有庞大的使用群体在购买使用，一些地方政府和相关部门也在一定程度上默许了这些行为，这就导致"老年代步车"的治理陷入了艰难的境地。

（2）一边相关标准和管理规定在制定中，另一边产业在迅速发展，这是"老年代步车"乱象产生的根源。

政府主管部门并没有对低速电动车采用"一刀切"的态度，提出了"提升一批、规范一批、淘汰一批"的治理思路。2016年4月14日，国标委对《四轮低速电动乘用车技术条件》立项。2017年10月26日，工信部公布了《关于对十二届全国人大五次会议第6432号建议的答复》。明确四轮低速电动车是特殊一类机动车辆，其定位是微型、短途、低速、特定区域内载客使用的车辆。主要意见是：

一是坚持标准引领，加快制定四轮低速电动车产品技术标准，奠定"规范一批"和"淘汰一批"工作基础。

二是纳入《公告》管理，加强生产一致性监管。

三是完善低速电动车上路行驶管理规定，研究制定统一的低速电动车牌证、登记注册、驾驶资质以及相关税费等规定。

四是省级人民政府根据本地区实际情况，制定本地区低速电动车管理办法，设定本地区路权和时限。

但是，据统计数据显示，2017年我国高速微型电动汽车产量为29.5万辆，而仅山东省，2017年四轮低速电动车产量已达75.6万辆，再加上河南、河北等其他省的四轮低速电动车产量，处于"灰色"产业的四轮低速电动车2017年全国产量约100万辆。

关于"四轮低速电动车"，一边在讨论标准、管理制度，一边产业在迅速发展这是"老年代步车"乱象产生的根源。

（3）治理乱象，应清理城市内的"老年代步车"，并严格治理违法问题。

一是相关部门要尽快治理城市内的"老年代步车"，城市道路资源有限，没有"老年代步车"行驶的道路，且城市公共交通较发达，清理"老年代步车"提升道路交通效率利大于弊。

二是严格治理"老年代步车"违法上路行驶问题，对于发生交通事故的"老年代步车"，应通过司法鉴定机构依据《机动车运行安全技术条件》(GB 7258)进行车辆属性鉴定，如果达到机动车的标准，就按照机动车的相关规定进行处理。

三是建议媒体社会等加大针对"老年代步车"安全隐患宣传，利用事故案例等告知大家这些非法车辆的安全隐患，警惕消费者不要轻信销售商的虚假宣传。同时，引导鼓励群众购买、使用符合标准的机动车。

最后，希望有关部门相互配合，形成合力，制定科学有效的治理对策，早日解决"老年代步车"乱象问题。

"老年代步车"真的是低成本、使用便捷的代步工具吗？如何看待"老年代步车"

大量存在是满足使用者需求的说法?

郭敏:

(1)"老年代步车"的"低成本、便捷性高"是以"牺牲安全"为代价的。

对于使用者个体来说,"老年代步车"使用成本较低,不仅是经济成本,包括商家宣传的无须考驾照、上牌等,因此才受到青睐。但从公共安全以及可持续发展的层面来看,这些所谓的低成本、便捷性高并不成立。比如,在小范围里面,可能十几、几十个人驾驶这样的车辆,一两年内没有发生重大事故,但如果在较大范围里统计,发生伤亡事故的概率就会大大提高。"老年代步车"的"低成本、便捷性高"并非是因科技或者效率突破带来的,而是从安全上减量来获得的。如果这样的低成本、便捷性被认可,那么整个社会是否会朝着不需要最低安全标准的无序中发展呢?

(2)"老年代步车"并不安全,脱离安全讨论"老年代步车"是一种悖论。

"老年代步车"速度较高,但是没有经过实车碰撞及相关安全性验证就在道路上行驶,这是很危险的行为。在机动车发展历程中,像"老年代步车"这样将安全视作成本,并去除安全必需的设备来销售的行为,并不鲜见。人类社会一次又一次的从事故中获取教训,推动机动车、道路的改进,让机动车能够适应人、适应道路、适应社会的安全需求。这样的发展进程,不能因为机动车改成"老年代步车"的名称就往回"发展"。

安全,向来是有成本的,而且大部分成本并不低。交通安全和食品安全、卫生安全一样,都是用成本来保护我们社会长治久安,安全不随着个人或部分群体的喜好往回"发展"。脱离安全讨论"老年代步车",难道是让我们重新开始发明机动车的历程吗?

(3)"老年代步车"使用者的需求给其他使用者也带了安全风险。

在现有的道路上,其实只有机动车、非机动车和行人这三种主要的用路者,"老年代步车"又应该算在哪一种里呢?除了自身的安全风险比较大以外,"老年代步车"也给原有的道路使用者带来安全风险。其他使用者是否同意"老年代步车"使用群体的观点呢?虽然,我们应该倾听所有道路使用者的声音,但所有的道路用路者也得倾听其他使用者的声音。

如何从根源上治理"老年代步车"乱象?对于"老年代步车"使用群体的出行需求,是否有更安全的替代产品呢?

周文辉:

(1)治理"老年代步车"乱象,应加强源头治理。

从源头上有效消除"老年代步车"非法生产、销售和上路的安全隐患,应加强源头治理,淘汰非法生产企业,从源头上杜绝非法生产问题,防止不合格汽车产品流入市场。党的十九大报告提出树立安全发展理念,弘扬生命至上、安全第一的思想,"老年代步车"是涉及人民群众生命安全的大问题,治理中应坚持以人民为中心的发展思想。

从目前来看，"老年代步车"无论是车辆本身的安全性能，还是车辆上路行驶的行为等都存在极大安全隐患，主要体现在以下几个方面：

①在生产上，"老年代步车"没有生产标准依据，而且生产出来的车辆本身质量也不过关，即便通过技术改进的方式也很难达到保障人身安全的水平。加拿大和美国交通部、德国保险机构也对类似的车辆进行过安全性能检测，结果显示这些车辆达不到安全防护的水平，如果上路行驶，安全隐患大。

②在道路上，"老年代步车"行驶速度低于机动车，高于非机动车，速度差是导致交通事故的决定性因素。根据研究，速度差分别为8km/h、16km/h、24km/h、32km/h时，事故概率分别变为2、4、8、16。调查表明，73%的低速电动车平均行驶速度为30~40km/h，混行的60%以上其他机动车平均行驶速度在60km/h以上，两者速度差多在24km/h以上，事故概率也在8倍以上，若混行在非机动车道，则事故概率也在4倍以上。

③"老年代步车"的驾驶人大多未经驾驶培训考试，交通安全意识差，逆行、闯红灯等违法驾驶行为普遍，扰乱正常交通秩序，影响道路交通安全。

④此外，大量"老年代步车"进入市场，极易出现劣币驱逐良币的现象，最终会严重拉低整个汽车产业发展水平和安全水平，影响汽车工业健康发展。

因此，治理"老年代步车"乱象应加强源头治理。源头治理能控制住成千上万的"老年代步车"流入市场，控住增量是解决乱象的关键，也是关系汽车市场规范健康发展的重要举措。

（2）"老年代步车"使用群体可选择新能源汽车等合法交通工具出行。

其实，国家一直在鼓励新能源汽车的发展，现在市场上有很多新能源汽车补贴后价格与"老年代步车"相差无几，而且是正规车辆，可以合法上牌上路行驶，消费者要选择合法交通工具出行，不要轻信"老年代步车"销售商的虚假宣传，提高安全意识，自觉遵守交通法规，做到不购买、不驾驶、不改装、不乘坐。

扫一扫查看原文

自动驾驶汽车撞人致死事故带来的启示

公安部道路交通安全研究中心交通言究社

导语

2018年3月19日，美国一辆自动驾驶汽车撞到行人致其死亡，该事件迅速进入公众视野并引发了媒体、行业专家的关注和讨论。意外闯入道路的行人对任何自动驾驶系统来说都是必须面对和解决的问题，公众在担心什么？自动驾驶技术还将面临哪些问题？交通言究社采访了公安部道路交通安全研究中心特约专家团队成员，台湾逢甲大学运输科技与管理学系所副教授徐耀赐、福建工程学院交通运输研究所所长吕英志，请他们来谈谈看法。

一、事件回顾：自动驾驶汽车首次直接致人身亡

据华尔街日报报道，美国东部时间 2018 年 3 月 19 日晚间 10 时许，一辆 Uber 自动驾驶车辆在亚利桑那州的坦佩市撞到一位女性行人致其死亡（图1）。

图 1 事故图片：（图片来自网络）

当时，这名 49 岁的女性行人正推着自行车走在一条道路的人行横道线以外的地方，Uber 自动驾驶车辆以时速为 38mile/h（约 61km/h）撞上该行人，其在被送往医院后伤重不治身亡。

当时涉事 Uber 车辆处于自动驾驶模式，车上有一名安全监管员。华尔街日报称，这是已知的首例自动驾驶致使行人死亡事故。

二、专家观点

徐耀赐：

（1）质疑不在科技本身，而在于随之引申的其他问题。从理论上讲，在特定外在环境可完全掌控的前提下，车辆自动驾驶具有可行性。但在现实生活中，全自动驾驶最受质疑之处绝非科技本身，而是因外在环境无法完全掌控所引申出来的其他问题，比如安全、定责、保险以及如何与其他传统车辆互动等。

（2）汽车发展的重点应是以科技来实现辅助驾驶。汽车发展的重点应是如何运用科技手段辅助驾驶人安全地完成驾驶作业，包括：在未系安全带之前，车辆发动机无法发动；驾驶分心、瞳孔有异状时，车辆会适时提醒警告；速度过快且有安全疑虑时，车辆会自动调整节气门；视距、视区不足时，车辆会自动侦测，同时提醒驾驶人；在极度危急情况下，车辆会适时接收车辆驾驶权，以及适时将驾驶权返回并告知原驾驶人等。

（3）全自动驾驶车辆推广应用时机还不成熟。我认为有一点很重要，那就是，当行驶在拥有专用路权、完全不存在冲突点的固定轨道上的高铁、地铁列车仍需配备驾驶人

的情况下，无人操作的全自动驾驶车辆却要在复杂的道路环境中任意穿梭，这对人类心理与智慧都是极度的考验。如果要可持续发展就不可急功近利，在现实条件下，全自动驾驶车辆欲推广应用其路尚远！

吕英志：

（1）自动驾驶技术要考虑人车路各种干扰因素。各国在发展智能交通系统（ITS）的框架上，强调的都还是智能辅助技术，自动驾驶是最终目标也是理想目标。因为在交通系统的组成中，最重要的因素是人，一旦有人为因素，则不可避免的包含了许多反应判别与实际行为的误差。在道路系统中，最大的干扰因素也是人，不管是行人或驾驶人，都很难预估其行为的发生趋势。

目前道路设施环境并不完善，先不考虑极端恶劣气候，或是不按标准设置的道路交通控制设施，光是标志标线的清晰度、信号灯及路灯等之间的相互干扰，对自动驾驶车辆都是挑战。这些还只属于静态措施，就更别提行人、其他车辆或是临时的交通控制了。

当路的设施环境尚未达到完善水平，自动驾驶车辆的判别可能比人工驾驶误判率更高，其他用路人的习惯，更不是目前自动驾驶车辆所能预期和反应的。

（2）定位为"辅助"驾驶是正确发展方向。虽然自动驾驶车辆在实验中对夜间行人也能侦测，但在行人突然的行为改变上，其反应效果尚待证实。当然，有人说可以让车辆自动紧急制动做出反应，但这种情况下车内乘客如何得到应有的保护呢？

当乘客很放心地将控制权交给自动驾驶时，其"防御性驾驶"的习惯是否也跟着消失，会不会导致危险发生时无法做出反应，造成更大伤亡，这都是日后自动驾驶实验时该注重的要点。

所以目前智能交通系统的各子系统技术仍定位在"辅助"驾驶上，才是正确的发展方向，切莫操之过急。在相关道路设施或配套系统技术未完成前就急于"全自动"上路，恐怕会造成一场科技灾难。

扫一扫查看原文

公交车内外摆门哪种更安全

公安部道路交通安全研究中心交通言究社

> **导语**
>
> 2018年3月18日，哈尔滨一公交车突然起火，乘客试图从车门逃生但却打不开车门，最后依靠一男子猛拽车门才最终让乘客顺利逃生……针对该案例中"车门安全设计"的问题，交通言究社邀请了公安部交通管理科学研究所研究员应朝阳、公安部道路交通安全研究中心特约专家、福建工程学院交通运输研究所所长吕英志，以及公安部道路交通安全研究中心车辆室主任周文辉，请他们介绍情况。

一、案例：公交车起火 男子拽开车门让乘客逃生

2018年3月18日，黑龙江哈尔滨，一辆公交车在行驶中右转，左后轮突然爆胎，车尾自燃并伴有爆炸声。据乘客描述，当时车内乘客非常慌乱，多人拥挤在车门处，试图逃生，但车门却始终打不开……危急时刻，车上一男子将门向内拽后打开车门，使得所有乘客成功逃生。该起事故造成1人脸部和手部轻微灼伤。

回想该起火事件，至今仍让人心有余悸。为什么会出现一开始打不开车门的现象呢？其实，公交车的车门基本分为内摆门和外摆门两大类型，该事故中的公交车车门采用的是内摆门，即打开时车门向内旋转。所以向外用力无法打开。

二、专家分析：公交车的内外摆门哪个更安全

目前，公交车车门存在两种设计，向内开的是内摆门，向外开的是外摆门。美国、德国等国家的公交客运车辆内外摆门均有使用，而国内内摆门使用较多。

那么究竟内外摆门哪个更安全呢？交通言究社带着这个问题，采访了公安部道路交通安全研究中心特约专家团队成员福建工程学院交通运输研究所所长吕英志、公安部道路交通安全研究中心车辆室主任周文辉以及公安部交通管理科学研究所研究员应朝阳等专家，请他们谈看法。

1. 内摆门和外摆门各有利弊

几位专家都表示，两种车门设计的安全检验都达到并符合国家的安全标准。这两种车门没有绝对的优劣，而是各有利弊。

周文辉：国内公交车内摆门使用比较普遍（图1）。一是内摆门结构简单，制造方便，成本较低。二是如果出现公交车上乘客较多的情况，内摆门更不易被挤开，能有效防止乘客跌落。

图1 内摆门示例
（图片来自网络）

应朝阳：公交车主要行驶在城市道路，停车上下客时车旁经常有非机动车和行人，车门如采用外摆门易与非机动车和行人发生刮擦；并且，内摆门车门关闭动作较快，更适用于上下车乘客多的城市线路公交车。

2. 外摆门在应急方面更出色

周文辉：从应急的角度来看，内摆门不如外摆门效果好，外摆门开度大，乘客上下车方便，而内摆门容易发生因人群拥挤而不能及时打开的现象（图2）。

吕英志：外摆门主要是气动或者电动向外旋转，优点是向外开启，发生紧急情况而车内拥挤时，车门朝外推动，避免乘客卡住车门区导致车门无法开启，这种设计比较符合一般防灾逃生设计要点。

除了传统的外摆门，还有一种塞拉门，类似外摆门，开门时先将车门稍微外推，再用类似滑门的方式由导向滑块打开（图3）。这种方式综合了传统内外型摆门各自的优点，并且车门较能贴紧车身不需要像传统外摆门需要大角度外推旋转，也不需要为了内摆车门旋转而划设大范围的禁止站立区。但因为成本较高，过去多用于轨道交通，现在逐步出现在新型公交车上，这应该是未来的一种趋势。

图2　外摆门示例
（图片来自网络）

图3　塞拉门示例
（图片来自网络）

3. 安全管理和安全教育非常重要

针对紧急情况下如何逃生，专家都谈到了安全管理和安全教育的重要性。

应朝阳：无论是内摆门还是外摆门，公交车的车门应急情况下从车内和车外均应能手动打开。

周文辉：本案例中车辆起火时，为何车门无法第一时间打开？其中一个重要原因是，驾乘人员未在第一时间启动车门开关及车门应急开关，延误了开门时机后，大火可能烧毁车门的启闭控制线路，导致车门无法通过远程控制打开。驾乘人员的安全防范意识和应急反应非常重要，相关企业应落实主体责任，完善内部管理制度，加强培训和演练，提升从业人员的安全意识和应急操作能力。

吕英志：不管是内摆门还是外摆门，车门紧急手动开启方式一定要明确标示在车门边，这是对所有人安全逃生的一种提示，在轨道交通中一般会有，在公交客运中却往往被忽视了。

周文辉：本案例也反映出乘客应急技巧不足，紧急情况下不知如何正确快速地打开车门，亟需教育和培训演练。

应朝阳：对于普通乘客而言，增加相应标识的同时加强宣传教育非常必要，要让乘客知道怎样应对紧急情况，熟悉每一种车门的逃生方式，避免因为拥挤和慌乱打不开车门，造成损失。

三、安全提示：公交车起火应如何逃生

公安部道路交通安全研究中心车辆室主任周文辉指出，本案例中公交车起火后火势蔓延迅速，其中公交车内饰材料的阻燃性可能并不符合标准，如果采用阻燃性好、燃烧烟密度小、毒性小的内饰材料，在发生起火等紧急情况时，乘客可以在驾乘人员的帮助下有序逃生。以下为逃生注意事项。

1. 失火后忌慌乱，拥挤易造成人员死伤

（1）在遇到类似"哈尔滨公交车起火"事件的情况时，相信大多数人都很难做到淡定有序的逃生。因此，当遇到类似情况后，首先要做的便是尽最大可能稳住自己的情绪，不要过度紧张，拼命争逃反而会让救援和逃生变得更加困难。

（2）若在逃生过程中，衣服不慎被火点燃时，可立即就地打滚将火扑灭；发现他人衣服着火时，可用其他布类物品将其身上的火捂灭。

（3）此外，在日常生活中还应提升自身逃生技能、学习应急救援基本知识。

2. 紧急情况下，正确使用车内应急装置

（1）应急锤：紧急情况下，乘客可使用设置在应急窗旁的安全锤，击碎车窗四角玻璃逃生。

（2）灭火器：公交车上通常会配有干粉灭火器。使用灭火器可有效压制火情，为乘客逃生争取时间。一般情况下，公交公司也会定期更换干粉灭火器，以防灭火器老化而影响使用。

（3）安全顶窗：公交车的顶部设有两个紧急逃生出口，在紧急情况下可旋转红色开关，打开窗口逃生。

（4）车门边上的应急开关：当电路损毁、车门无法正常打开时，按住应急开关可切断气路，释放气压后便可手动开启车门。紧急情况下，车外的人也可使用此开关打开车门（图4）。

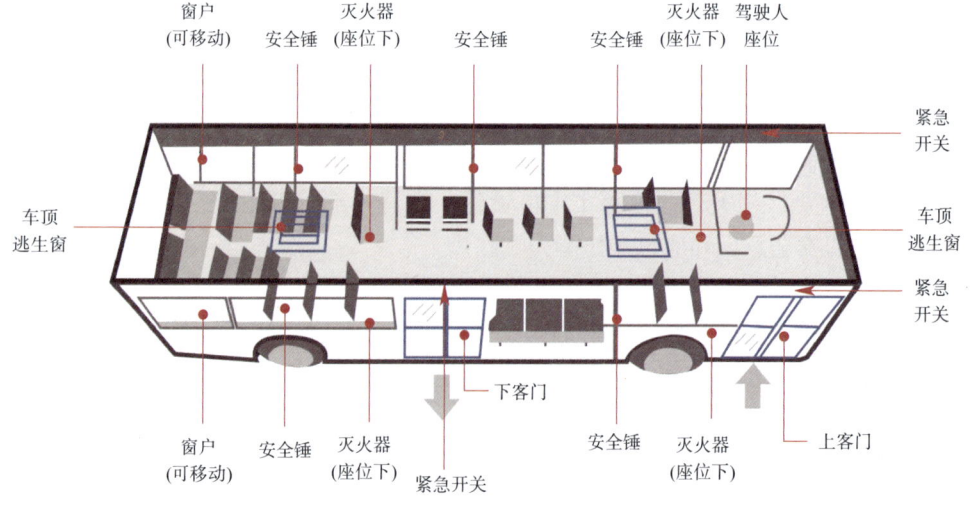

图 4 公交车内各种应急装置位置分布

（5）有些公交车还设置有自动灭火装置和侧窗自爆系统。

（6）自动灭火装置：当车内温度超过170℃或其他危险情况发生时，该装置会启动高压喷淋设置，进而对车内进行灭火。

（7）侧窗自爆系统：该装置由驾驶人手动启动控制，触发后会在0.1s内，产生可击碎应急窗玻璃的气压，玻璃会被击碎成散射的颗粒状（不会对乘客造成伤害），乘客只要轻轻一推，便可打开玻璃逃生（图5）。

扫一扫查看原文

图5　公交车内设置的侧窗自爆系统

农村面包车违规使用车窗玻璃遮阳膜管理对策

公安部道路交通安全研究中心交通言究社

导语

2018年5月，公安部交管局部署西南西北地区集中开展农村面包车专项治理，特别要针对面包车遮阳膜不透光及转出后长期不落户等难点问题，加强重点治理。那么，在执法过程中，如何辨别面包车遮阳膜是否符合标准要求？如何清除不符合标准要求的遮阳膜？为此，交通言究社对公安部道路交通安全研究中心车辆室副主任舒强、公安部交通管理科学研究所研究员孙巍进行了采访。

一、面包车违规使用车窗玻璃遮阳膜，给交通管理带来哪些难题，有哪些安全隐患

舒强：从全国调研的情况来看，将面包车侧窗和后风窗玻璃贴上深色遮阳膜，掩

盖车辆改装、超员运输、违法载货、客货混装、非法运输危险品等违法情形的确较为普遍，增加了路面管理难度，不利于及时发现和查处违法行为，更容易引发交通事故，并造成严重伤害后果，安全隐患突出。

如2018年4月30日，京沪高速公路天津段发生一起面包车侧翻交通事故，造成4人死亡、14人受伤。事故调查发现，肇事面包车后排座椅全部被拆除，用于超员运输，原车核载6人，事故发生时实载18人，严重超员降低了车辆安全性能，是导致事故发生的重要原因；肇事面包车侧窗和后风窗玻璃均被粘贴了两层黑色遮阳膜，使车外人员无法看到车内情况，用于逃避路面民警查处，是车辆超员运输，引发严重伤亡的间接因素。

孙巍：车窗玻璃遮阳膜易成为非法改装、超员超载车辆的"遮羞布"。如2018年5月，重庆市万州区龙都大队开展安全检查劝导活动时，民警检查一辆两侧车窗遮阳膜较深的小型客车（核载7座）时发现，车内座椅7座被撤掉了4座，车内增设了一副担架床、一个氧气瓶和能坐两人的临时座凳，属于非法改装。

另外，从车辆运行安全的角度来看，如果车辆各车窗使用的遮阳膜透光率低或为镜面反光材料，会对驾驶人的驾驶视野产生一定的干扰与影响。透光率低的车窗玻璃遮阳膜通常呈现较深的色泽，导致驾驶人视野昏暗，会降低对车外环境的辨别能力，镜面车窗玻璃遮阳膜则会对车内环境成像，影响驾驶人观察路况（图1）。

图1 镜面反光遮阳膜的高反射率现象

二、怎样辨别面包车车窗玻璃遮阳膜是否符合安全要求，有没有可以依据的标准

舒强：需要说明的是，我国并没有禁止使用车窗玻璃遮阳膜，只是对张贴遮阳膜后的透光率作了要求。一般情况下，对于无法通过侧窗和后风窗玻璃清楚观察车内状况的，或者侧窗和后风窗玻璃粘贴彩色、深色遮阳膜的面包车，可初步判定其透光率无法满足大于或等于50%的标准要求。对于面包车，《机动车运行安全技术条件》（GB 7258）等国家标准作出以下具体要求：

一是所有车窗玻璃不能粘贴镜面反光遮阳膜，以防止车辆外表面产生镜面反射，使周围其他交通参与者产生炫目。

二是前风窗玻璃和驾驶人驾驶时用于观察外后视镜的侧窗部位的透光率应达到70%，以保障在夜间或者雨雪天气等光线不足环境下驾驶人视线清晰。

三是面包车的所有车窗玻璃不能粘贴不透明和带镜面反射材料的色纸和隔热纸，侧窗和后风窗玻璃的透光率要达到50%。对于符合标准要求的面包车，在白天自然光线条件下，车外执法人员可以透过侧窗和后风窗玻璃清楚地观察到车内状况。

三、执法管理过程中，如何治理面包车违规使用车窗玻璃遮阳膜的问题

舒强：在执法管理时，可从以下几点来做：一是严格车辆查验检验。在查验或检验面包车时，按照机动车查验检验标准要求，使用透光率仪实车测量面包车的侧窗和后风窗玻璃的透光率，对于2018年1月1日以后出厂不符合标准要求的，纳入违规机动车产品，不予办理注册登记；对于在用车辆粘贴彩色或者深色遮阳膜导致透光率不符合标准要求的，不予通过查验检验。

二是加强路面执法管理。在路面执法时，应当重点检查侧窗和后风窗玻璃粘贴彩色或深色遮阳膜的面包车，对于透光率存在争议的，可使用便携式透光率仪现场检测，确认不符合国家标准的，按照机件不符合技术标准进行处罚，要求驾驶人整改，并将车辆纳入重点监管，加大拦停检查频次。

三是针对性开展宣传教育。向面包车车主和驾驶人宣传车窗贴膜对交通安全的影响、国家标准规定以及执法检查要求，引导车主和驾驶人正确使用、装饰车辆，提醒不要盲目粘贴遮阳膜。

另外，更重要的是加强车窗玻璃遮阳膜的源头管控。由于目前国内遮阳膜和车窗贴膜还没有行业管理，市场上在售的许多产品以次充好。一般国内的无色或者浅色遮阳膜的透光率能达到《汽车贴膜玻璃》（GB/T 31849）等相关国家标准的要求，即透光率要达到55%，但彩色或者深色遮阳膜多数达不到，因此面包车的侧窗和后风窗玻璃粘贴彩色或者深色遮阳膜后，很难满足透光率大于或等于50%的标准要求。而且贴膜专业水平不高，贴膜工艺和施工条件达不到要求，进一步影响了车窗玻璃贴膜后的透光率。为了从根本上有效解决汽车违法贴膜的问题，必须要加强车窗玻璃遮阳膜的源头管控，在国家层面完善汽车车窗贴膜等售后改装的管理机制和法规标准，加强汽车车窗贴膜产品质量、工艺流程的行业管理，建立汽车车窗贴膜等改装质量可追溯体系，加大贴膜改装后安全质量责任倒查等。

四、如果发现车窗玻璃遮阳膜不符合标准要求，该如何清除

孙巍：考虑到违规使用车窗玻璃遮阳膜的车辆日益增多，带来的危害日益加剧，为了预防违规贴膜引发交通事故，交通管理部门在开展相应的宣传督导工作时，可通过以下几种方法清除违规遮阳膜。

1. 简易除膜法

需准备的工具：报纸、肥皂水清洁剂、海绵、刀片。

第一步：将肥皂水清洁剂擦拭到车窗后铺上报纸（图2），静置1h，过程中每20min喷一次肥皂水保证报纸湿润。

第二步：使用刀片将玻璃表面的顶层贴膜刮掉（图3）。

图2 铺上报纸

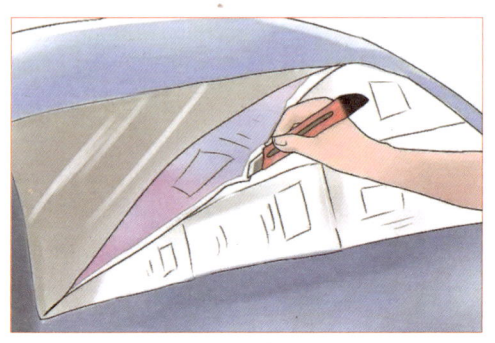
图3 刮掉顶层贴膜

第三步：使用刀片并喷洒肥皂水刮擦底层贴膜（图4）。

2. 蒸汽除膜法

需准备的工具：蒸汽挂烫机、除胶剂。

第一步：使用挂烫机喷头在车窗表面均匀喷射热蒸汽（图5）。

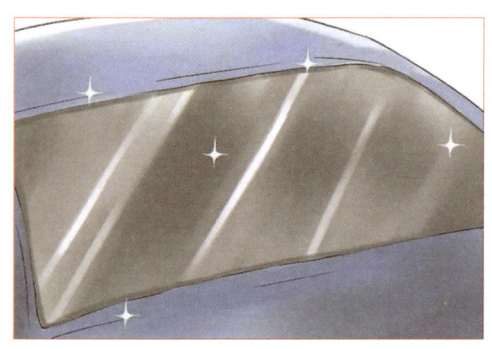
图4 刮擦底层贴膜

图5 喷射热蒸汽

第二步：喷射致贴膜胶粘剂熔化（图6）。

第三步：撕除贴膜后使用除胶剂对车窗进行清理（图7）。

3. 热吹风除膜法

需准备的工具：吹风机或热风枪、毛巾、玻璃清洗剂。

第一步：使用吹风机加热贴膜一角（保持1.25~5cm的距离）（图8）。

第二步：待贴膜的一角脱落后使用吹风机加热贴膜与玻璃粘贴的交界处，软化胶粘剂后将贴膜剥下（图9）。

扫一扫查看原文

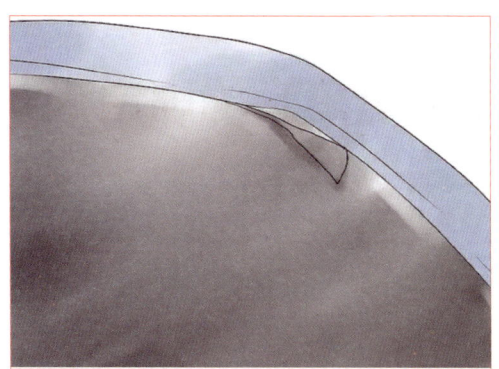

图 6　贴膜胶粘剂熔化

图 7　使用除胶剂对车窗进行清理

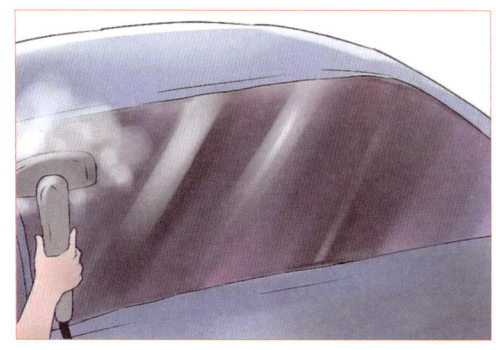

图 8　加热贴膜一角

图 9　将贴膜剥下

第三步：用毛巾将残留的胶粘剂擦拭干净（图 10）。
第四步：使用玻璃清洁剂彻底清洁车窗（图 11）。

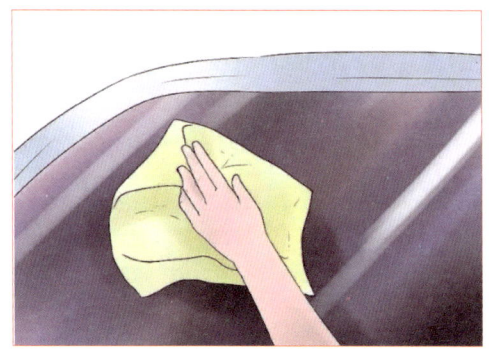

图 10　将胶粘剂擦拭干净

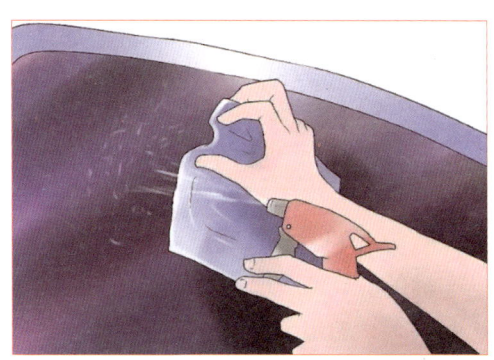

图 11　彻底清洁车窗

国外对于汽车车窗玻璃遮阳膜的规定

孙 巍 公安部交通管理科学研究所研究员

> **导语**
>
> 纵览全球，欧盟、美国、日本、新加坡、澳大利亚、加拿大、中国香港等地都有关于汽车车窗玻璃遮阳膜的法规标准，那么国外是如何规定的？与我国现行的标准规定相比，有什么特点？

一、与我国现有规定相比，国外对于汽车车窗玻璃遮阳膜的法规标准有哪些特点

通过梳理欧盟、美国、日本、新加坡、澳大利亚、加拿大、中国香港等地关于汽车车窗贴膜的有关规定，与我国现行的标准规定比较发现，现阶段各国相关管理的主要特点包括：一是国内外均严格管理前风窗玻璃与驾驶位两侧车窗的贴膜与着色，设定较为严格的透光率要求，通常为不低于70%；二是国内外均严格禁止粘贴镜面反光材料。

二、国内外对于汽车车窗玻璃遮阳膜规定的具体内容是什么

1. 中国：《机动车运行安全技术条件》（GB 7258—2017）

（1）前风窗玻璃驾驶人视区部位及驾驶人驾驶时用于观察外后视镜的部位的可见光透射比应大于或等于70%。所有车窗玻璃不应张贴镜面反光遮阳膜。

（2）公路客车、旅游客车、设有乘客站立区的客车、校车和发动机中置且宽高比小于或等于0.9的乘用车所有车窗玻璃的可见光透射比均应大于或等于50%。

（3）除符合《客车用安全标志和信息符号》（GB 30678—2014）规定的客车用安全标志和信息符号外，不应张贴有不透明和带任何镜面反光材料的色纸或隔热纸。

2. 中国香港：车窗玻璃要求

（1）除去有特殊要求外的车窗，其余车窗的透光率不得低于70%。

（2）前风窗玻璃的透光率不得低于70%。

（3）乘用车、货运车辆、特殊用途车、巴士的后侧车窗以及双层巴士第二层的所有车窗的透光率不得低于44%。

3. 欧盟：机动车驾驶员视野（77/649/EEC-ENGL 1977）

车辆的前风窗玻璃或其他透光表面的垂直光照射透光率不得低于70%。

4. 美国：加州车窗着色法规

（1）前风窗玻璃：前风窗顶部4in的位置不允许张贴可反灯光线的遮阳膜。

（2）驾驶位玻璃：后装玻璃膜透光率不得低于88%；原厂玻璃透光率不得低于

70%。

（3）后车窗与后风窗玻璃：无明确限制。

华盛顿州车窗着色法规条例：

（1）风窗玻璃：透光率不小于70%或者顶部5in区域内张贴非反光遮阳膜。

（2）驾驶位两侧玻璃透光率不得低于70%。

（3）后车窗玻璃透光率：多用途车不得低于35%。

（4）后风窗玻璃透光率：多用途车不得低于35%。

宾夕法尼亚州车窗着色法规条例：

（1）风窗玻璃：不允许贴膜。

（2）驾驶位两侧玻璃透光率不得低于70%。

（3）后车窗玻璃、后风窗玻璃透光率：多用途车无限制。

5. 新加坡：运输管理局规定

（1）车窗膜不允许使用镜面反射型。

（2）前风窗玻璃与驾驶位两侧玻璃的透光率不得小于70%。

（3）后风窗玻璃与驾驶位后侧玻璃的透光率不得小于25%。

（4）前风窗玻璃不得阻碍车内UI设备与道路ERP设备的正常通信。

6. 日本：《道路运送车辆法》（修订稿）

（1）前风窗玻璃以及驾驶人及副驾驶座位的侧面玻璃，不得粘贴阻碍视野的物品。

（2）车辆前风窗玻璃及侧面玻璃（驾驶人座位后列除外），如粘贴膜时，要求其为透明且不会影响驾驶人观察。

（3）在玻璃上粘贴深色膜的车辆，对其违法人员采用拘留以及罚款，并对进行贴膜施工作业的人员所在公司也进行处罚。

《道路运送车辆法的保安基准》规定：

（1）用于驾驶人确认交通情况的观察视野部分的可视透光率必须达到70%以上。

（2）驾驶人观察视野范围不包括：①前风窗玻璃上边缘，车辆中心线与水平面距玻璃开口处实长的20%；②侧面玻璃，侧门下面的玻璃（小型面包车侧门用于观测车身两侧道路情况时使用）。

（3）允许粘贴透明膜，但如其可视透光率为70%以下，以及使用窗帘以及吸盘类会影响视野的物品，均属于违法。

7. 澳大利亚：南澳大利亚州车窗着色法规

（1）前风窗玻璃：仅允许前风窗玻璃顶部且不超过10%面积区域被着色。

（2）主驾驶位两侧车窗：透光率不小于35%。

（3）主驾驶位后部车窗：透光率不小于35%。

（4）后风窗玻璃：透光率不小于35%。

（5）由车辆内部向外部测量时，车窗的透光率不得小于70%。

西澳大利亚州汽车安全和标准公示：

（1）前风窗玻璃：除去其顶部的不影响驾驶视野的区域外，不允许贴膜。

（2）乘用车：B柱后区域的车窗玻璃透光率不小于20%，其余车窗玻璃的透光率不小于35%。

（3）获得机动车安全与标准豁免的相关车型，允许在B柱后设置透光率小于20%的隐私玻璃。

（4）面包车被允许可由制造商使用金属面板代替B柱后方的车窗玻璃。

（5）如救护车、灵车等有隐私需求的特殊车辆，其B柱后车窗玻璃的透光率可低于20%。

8. 英国：车窗着色相关法规

（1）1985年4月1日以后生产并首次使用的车辆：前风窗玻璃的透光率不小于75%，驾驶人位两侧车窗玻璃透光率不小于70%。

（2）1985年4月1日以前生产并首次使用的车辆：前风窗玻璃与驾驶人位两侧玻璃的透光率不小于70%。

（3）对于后风窗玻璃与驾驶人位后侧车窗玻璃的透光率无相关要求。

9. 加拿大：安大略湖州车窗着色法规

不允许驾驶前风窗玻璃与驾驶位左右两侧车窗粘贴有影响驾驶人视野的遮阳膜的机动车上道路通行。

扫一扫查看原文

第五篇

事故调查与安全防护篇

交通事故深度调查不在于打击企业，而是构建交通安全命运共同体

黄金晶　公安部道路交通安全研究中心法规室主任

> **导语**
>
> 近年来，随着交通事故深度调查的不断开展，道路交通相关企业责任追究受到越来越多的关注。那么，交通事故法律责任追究中有哪些易混淆的概念呢？交通事故深度调查中交警可以运用的法律手段有哪些？事故深度调查的初衷、目的和意义是什么呢？

谈交通事故深度调查中的法律责任追究，其重点有三个必须解决的问题，一是为什么交警要进行交通事故的法律责任追究？二是对于道路交通相关企业如何进行法律责任追究？三是交通事故深度调查的目的和初衷究竟是什么？

一、观点一：交通事故法律责任追究是交警依法履职的必然要求

1. 必须分清交通事故法律责任和交通事故责任

人们往往容易对交通事故的法律责任和交通事故责任产生混淆。什么是法律责任？法律责任是需要承担不利的、否定的，并且带有强制性的后果，这种强制性是法律责任最重要的特征。交通事故的法律责任是指当事人违反了道路交通管理法律法规所承担的不利的、否定的、带有强制性的后果。

而交通事故责任是指造成事故之后，对这种行为做出的定性定量的结论，就是行为人和事故的发生有什么关系。交通事故责任是一种客观性描述，本身没有法律后果，主要是表明因果关系。但它是追究法律责任的重要依据，这里要探讨的不是事故责任，而是法律责任。

2. 交警追究法律责任要解决两个问题：谁来用，追究谁

交警追究法律责任，一定要用法治思维来进行责任追究。

什么是法治？十九大报告中用"良法善治"总结了法治精神的精髓。亚里士多德曾说"法律被普遍遵守和执行，而且法律本身是良法"，良法包括三个方面，认同、遵守和执行。

交警用法治思维进行责任追究，那么，对于责任追究本身遵循的是不是良法呢？公安部道路交通安全研究中心通过几年的研究发现，目前我国法律对于交通事故发生之后企业政府部门各方面责任规定是比较详尽的。但是，为什么大家觉得法治化程度、责任追究这方面做得还不尽如人意，交通运输企业不太遵守各项法律规定，违法情况比较普

遍呢？本质在于执行出了问题。所以，可以得出一个结论，用法治思维进行责任追究，法律本身比较健全的，但是执行存在不到位的情况，导致了守法情况的恶化。

那么，用法治思维进行责任追究，重点在于用足法律手段。用足法律手段有两个问题：第一谁来用，第二追究谁。

首先是谁来用。对于交通事故发生之后，《中华人民共和国道路交通安全法》和《中华人民共和国人民警察法》详尽规定了，公安机关交通管理部门的法律职责有两条：

第一，地方各级人民政府的公安机关交通管理部门是道路交通安全工作的负责部门。

第二，地方各级人民政府的公安机关交通管理部门是法定的事故调查处理部门。

企业日常监管职责在交通运输部门，车辆生产、销售的监管职责在工信和市场监管部门，但是一旦发生了事故，公安机关交通管理部门有绝对职责进行事故调查处理。法律地位决定了交警进行交通事故的法律责任追究，既是依法履职的必然要求，也是维护道路交通安全有序畅通的必然要求。例如，深圳开展了每起亡人事故对于企业追究这项工作，这不是越权，这是回归法律职责本位的必然要求。有很多人质疑，交警是不是越权了，其实不然，交警围绕的是交通事故，这是依法履职的必然要求。

其次是追究谁。交通事故法律责任较为传统的思维是追究驾驶人。发生事故之后确定驾驶人的责任，再把车主的责任涵盖进去。但是，对于重特大道路交通事故来说，仅仅追究这两者的法律责任还不够。这里涉及一个法律概念：什么是交通事故的当事人？回归法律本位，交通事故中承担法律责任的人一定是交通事故的当事人，从责任承担主体倒推当事人的范围，这是一个要点。

不同的交通事故，当事人范围不一样，交警开展深度调查追究交通事故的法律责任，追究的对象应涵盖广义的当事人，包括交通事故中依法应该承担法律责任的个人、组织。

那么，究竟交通事故当事人应该分成几类？我认为可以分三类。

第一类是广义的当事人，应包括政府及有关部门的工作人员。交通事故特别是特大交通事故处理中，我们可以发现3人以上的事故必然伴随着大量政府部门工作人员被追究法律责任。

第二类是企业和社会组织。交通事故特别是重特大事故预防重点一定是企业和社会组织，他们一定是开展事故深度调查，追究责任中的重中之重。

第三类是驾驶人和个人。

3.相较于政府调查组，交通事故调查中交警职责权限更高

很多人会有疑问，交通事故处理的公安交管部门和政府的调查组是什么关系？

《生产安全事故报告和调查处理条例》规定，生产安全事故领域内的一般以上事故，政府要组成调查组来调查。那么，交警和政府调查组到底是什么关系？在法律的层面上，他们是相互独立的关系。公安交管部门是国家的常设机构，是《中华人民共和国道路交通安全法》里规定的法定部门。而事故调查组是一个临时性机构，由国务院行政法规规定。他们要独立履行职权，互相不干扰。

由此可知，公安交管部门与政府"调查组"之间职责并无冲突。实践当中确实存在

误区,在政府组成调查组的情况下,公安交管部门工作通常会存在不积极、不全面的问题,其本质原因在于弄混了这两者的关系。

二、观点二:运输企业是预防重特大事故的关键

1.企业的法律责任中有一个重要概念叫作"主体责任"

2016年6月26日,湖南发生的重特大交通事故造成30人以上的人员死亡,事故非常惨烈。从结论来看,涉事公司有10人被追究了刑事责任,其中包括一个驾驶人和实际车主。企业责任人员中有7人被追究责任,从董事长到安全员,都因为这起事故追究了刑事责任。所以,我认为这起事故对于交通事故深度调查,对于追究各个企业主体责任都有很好的指导借鉴意义。

这里对企业责任的追究,在行政上采取了严格的手段。具体表现为关停公司、吊销驾照、吊销营业执照、处高限罚款、企业主要负责人终身不得担任本行业的主要负责人。那么回到最初的疑问,对企业究竟能采用什么法律手段?我国法律规定中,手段是健全的。但实际中运用较少,至少终身不得担任本行业主要负责人这一条是比较少的。交警在事故调查过程当中应该大胆向应急管理部门建议,该让他终身禁业的就要终身禁业。

追究企业法律责任是追究事故法律责任的重点,为什么?企业的法律责任,关联一个概念叫"主体责任"。交通安全当中都说企业要落实主体责任,主体责任这四个字怎么理解,主体说的是第一责任,首要责任,全面责任。

法律上的责任从来不是单向的,是双向的,既有责任也有义务,主体责任意思是管理企业权利,同时得承担义务。如果主体责任不落实,就会变成责任的主体。

2.企业承担的责任主要包括民事、行政和刑事责任

民事、行政和刑事这三个责任中,民事责任最常见的是损害赔偿。行政责任目前最严格的是关停公司,吊销营业执照并且终身禁业。刑事责任是交警追究企业责任当中最应该关注的重点。

交通事故当中,通常出现的刑事责任只有交通肇事罪,但在重特大事故当中出现的罪名有20余个(图1)。

交通肇事罪	非法运输危险物质罪	非法运输爆炸物罪	危险驾驶罪	以危险方法危害公共安全罪	破坏交通工具罪
过失损坏交通工具罪	破坏交通设施罪	过失损坏交通设施罪	不报、谎报安全事故罪	生产、销售不符合安全标准的产品罪	伪造、变造、买卖国家机关公文、证件、印章罪
提供虚假证明文件罪	教育设施重大安全事故罪	强令违章冒险作业罪	重大责任事故罪	工程重大安全事故罪	重大劳动安全事故罪
危险物品肇事罪	滥用职权罪	玩忽职守罪	徇私舞弊不移交刑事案件罪	帮助犯罪分子逃避处罚罪	非法经营罪

图1 在交通事故中,通常出现的刑事责任只有交通肇事罪

这20余个罪名中有3个是重中之重。

（1）交通肇事罪：普遍意义认为交通肇事罪仅限于驾驶人，但必须强调的是，2000年我国最高院出了司法解释，明确了企业责任人员构成犯罪的情形。单位主管人员，企业机动车所有人，或者是机动车车辆承包人指使、强令他人违法驾驶造成重大交通事故的，构成交通肇事罪。目前，深圳已经依据此条司法解释办理了这类案件。

（2）重大责任事故罪：因在生产、作业中违反有关安全管理的规定，发生重大伤亡事故或者造成其他严重后果的行为构成重大责任事故罪。那么，什么是违反有关安全规定呢？交管和交通部门规定的各项规章对企业主体责任的规定是高度重合的。有很多人认为重大责任事故罪，对于事故的结果要求非常高，其实存在误解。我国《中华人民共和国刑法》第二章中对于危害公共安全类犯罪的规定里有一类叫过失犯罪，过失犯罪是要求造成结果的，《中华人民共和国刑法》对这个结果的容忍度是死亡一人，重伤三人。这是一个非常重要的责任。一个人死亡就可能构成犯罪，与交通肇事罪的定罪标准高度类似。

在这里可能存在一个疑问，交警追究企业重大责任事故罪时，是否需要定企业在交通事故中的责任，企业是否需要在事故责任认定书上也明确有主次责任。答案是不用。根据对大量司法判定案件的研究，企业构成重大责任事故罪的前提条件，并不是企业在事故中要承担主次要责任，而只依据是否存在因果关系，那就是说企业因为没有履行主体责任，所以导致了事故，就会构成犯罪，这一点与事故责任认定书没有关系。

（3）非法经营罪：对于被挂靠企业而言，允许挂靠的行为属于"违反国家规定"的非法经营行为；被挂靠企业收取挂靠费的行为，属于《中华人民共和国刑法》第二百二十五条第2项规定的变相买卖"法律、行政法规规定的经营许可证或者批准文件"的行为，对于上述行为，达到相关追诉标准的，涉嫌构成"非法经营罪"，应当依法进行立案追诉。这个罪名的够罪标准并不高，单位数额是50万元，个人数额5万元以上就够了，但需要注意的是，名义上的承包，不能免除挂靠责任，承包和挂靠的最主要区别是所有权问题，承包权是公司，挂靠的所有权一定是个人。

三、观点三：交通事故深度调查的目的是打造道路交通安全命运共同体

2017年6月，公安部交管局部署全国开展道路交通事故深度调查，要求全国各地公安交管部门对一次死亡3人以上事故，不再像以前只追究驾驶人的责任，而是向间接责任延伸，深度调查重点逐步倾向于企业单位安全监管主体责任落实。上文已阐述，交管部门的法律地位决定了交警必须开展深度调查，一方面是依法履职的必然要求，另一方面是维护交通安全的要求，最终，它是打造交通安全命运共同体的必然趋势。

事故追究责任不仅是企业，还有交警群体本身。所以，交通事故深度调查的目的不是要打击企业，而是为了打造命运共同体，深度调查和依法治理的关系也是如此，这是国家实现依法治理这一场深刻革命的必然要求。交警于法有据。

从目前已开展的深度调查情况来看，对于企业来说，公安交管部门开展深度调查将成为常态；对于公安交管部门来说，未来还有两件事情要继续推进，一是用足法律手段，

摒弃以前重直接原因、轻间接原因、重驾驶人、轻企业主体责任的惯性思维。二是要大胆依法履职，不要因为舆论的杂音而不敢履行法定职权；对于行业监管部门来说，主要警示的方面在于不能以行政处罚来代替行政追究。

交警在调查当中可能面临一些困难和阻碍，但是无论怎样，执法办案、处理交通事故都是交警的法定职责，公安交管部门开展事故深度调查，其目的是推动企业落实主体责任，这是法定职责和交通形势的必然要求，而最终要实现的愿景不是打击企业，而是打造属于全社会、全链条的交通安全命运共同体。

扫一扫查看原文

只有将"以人为本"的理念转变为行动，才能真正提升交通安全水平

郭 敏　安部道路交通安全研究中心特约专家
　　　　浙江省交通规划设计研究院教授级高工

导语

2018年12月2日是第七个"全国交通安全日"，主题是"细节关乎生命 安全文明出行"。"千里之堤 溃于蚁穴"，决定一件事情成败的关键往往是那些容易被忽视的细节。在道路交通安全领域，即使是一个微小的细节也关乎人的生命安全。对驾驶人、行人、乘车人等交通参与者是如此，"小动作"关系到"大安全"，这个大家都非常清楚，不再赘述。其实，细节对于道路设计和交通管理也极其重要，从标志、标线、信号灯到道路交通技术体系都离不开对细节的探讨和打磨，只有这样才能贴近道路使用者的需求，保障公众权益，让出行更加安全、更加畅通。

一、交通控制设施缺乏"以人为本"的理念会"迫使"道路使用者不守规则

在日常的交通出行中，机动车随意变道、非机动车使用机动车道、行人不走人行道等极为常见的交通违法行为，不仅影响交通秩序，还存在安全隐患。细究这些行为背后，很大程度是交通控制设施的设置忽视细节，现有交通技术体系思路欠缺"以人为本"理念造成的。大多相关从业人员只是按照标准规范进行设计，并没有充分考虑道路使用者的需求、能力及其出行特征，才"迫使"道路使用者不得不违反交通规则。下面我们通过几个实例来具体剖析。

1."迫使"驾驶人随意变道的细节设计

在我国，频繁地随意变道似乎已成为一些驾驶人的习惯。据一项全国性的统计显示，

约有超过 30% 的道路交通事故是由随意变道引起的，其中虽然大多是小刮擦，但也不乏车毁人亡的事故。对此，媒体、社会更多是从道德层面来谴责驾驶人的行为，往往忽视了应有的专业思考，致使不能有效阻止违法行为。我们应该关注驾驶人随意变道的习惯是如何养成的。习惯的养成，无非是依靠大量的重复，重复到形成条件反射。那么，目前我国道路上的通行规则及一些交通控制设施的细节问题，是否在"强迫"驾驶人每天重复随意变道，以至于形成了条件反射呢？我们来看看几个例子。

车道展宽处标线缺失、交叉口处车道数不对等，令驾驶人不得不随意变道。图 1 中的道路为国内常见的道路类型，驾驶人从东向西行驶需穿过交叉口，交叉口东面为两条直行车道，交叉口前车道展宽变为四条，其中三条为直行车道，一条为右转车道；通过交叉口向西，车道又恢复为两条。

图 1　进出交叉口的车道渐变示例

图 1 中的交通控制方式，使车辆在由东向西通过交叉口的过程中必须进行两次车道转换：第一次是到达交叉口前的二变四，第二次是通过交叉口后的三变二。但是，在二变四的转换点处，两车道的标线消失了十几米，随后突然出现了四车道标线。此处细节工作没有做到位，渐变段没有标线引导，路权不清晰，驾驶人只能靠猜测来判断，容易造成安全隐患。小心翼翼的驾驶人可能会在转换点位置尝试控制好车速，并在对准车道变道；粗心大意的驾驶人往往看哪里容易变道就随意在哪里变道。从某种意义上说，这段缺失标线的道路为途经此处的驾驶人养成随意变道的坏习惯提供了机会。

而通过交叉口后的三变二的车道转换就更困难了，因为这次转换需要在交叉口内完成，也就是说从东入口同时驶出的三辆车，需要在交叉口内挤进西出口的两个车道，即便是小心翼翼的驾驶人，也不得不直面其他车辆的争抢。这样的设计令三车并行通过交叉口挤入两条车道的现象成了"正常现象"，而通过的车辆随后在两车道里或压线、或跨线的变道行驶也就难以避免。在某种意义上，可以说通过这一交叉口的每位驾驶人都被"训练"了两次随意变道，天长日久，也就成了条件反射。

左转车道设置在最右侧，易致驾驶人因走错车道而随意变道（图 2）。目前，越来越多的城市将左转车道设置在道路最右侧，虽然有很多理由支撑这样的设置，但对不熟悉当地道路环境的驾驶人来说，这种设置与日常驾驶习惯相差甚远，行车中突然遇到这类设置往往会猝不及防，极易引发交通事故。驾驶人遇到这种设置，有可能会走错路，然后又通过随意变道的方式来纠正。如果规则频繁地被各种不合理的细节打破，驾驶人还会尊重规则吗？

图2 左转车道设置在最右侧

设置借道左转，驾驶人因转弯时间、空间不够而随意变道。近年来，国内部分城市对交叉口采取了一项创新措施，即图3中的交叉口入口处设置借道左转，而且类似的创新形式还有很多。这类设置都会导致驾驶人没有足够的时间和空间，去发现、理解其中含义，无法按照设计要求转弯。除非驾驶人都具备"超能力"，不然很难安全轻松转弯，但是驾驶人都是普通人，错过转弯后有可能绕行，或是随意变道、插队。

图3 交叉口入口的借道左转

以上三类交通控制细节反映出的问题虽然不同，但其背后的技术思路是相同的，即假设无论在何种情况下，只要道路使用者认真、仔细、负责，就可以理解标志标线含义，并有能力按照要求规规矩矩地驾驶。对道路进行精细化设计，首先应清楚定位道路究竟为谁设计，是为建设者、管理者，还是使用者？或是说，根本无须考虑任何人，只要符合标准规范就可以了？道路交通发展史充分说明，道路使用者的能力有限以及部分道路使用者能力较弱等客观因素，促使了车辆、道路相关新技术、新标准的产生，例如无障碍设计、为货车设置的长纵坡爬坡车道、避险车道等。交通控制的细节设计不能只考虑标准规范，应更多考虑需要被关怀的道路使用者。无论面临何种局面，合理的技术体系都应坚定不移地反映道路使用者的合理期望，并且要确保道路使用者有足够时间阅读、理解交通控制设施传达的含义，以作出正确操作。

2. "迫使"行人、非机动车不遵守交通规则的道路设计

我们的道路设计细节，不仅忽视了驾驶人，同样也忽视了行人和骑车人的权益。虽然大多城市道路都专门设置了人行道、自行车道，却没有充分考虑道路使用者的需求，以及人行道和自行车道的使用效果，只是保证了"有"，而非好用，更别说使用的舒适性了。

图4中，建筑物出入口或小巷路口的人行道断开了，自行车道上也存在阻挡措施。表面上看，这些措施是出于共用这块交叉区域的道路使用者的安全考虑，但乘坐轮椅的人无法使用断开的人行道，即使是正常人也宁愿在平坦的机动车道边缘行走；同样，在非机动车道设置的减速带，也会将非机动车"推向"机动车道。

图 4　起起伏伏的人行道和非机动车道

类似这样的细节问题在城市里随处可见，虽然大家都认为这样的设置并不合理，但在新建道路时，同类问题仍会再次出现。解决此类问题仍然需要回溯其背后的思路。这些对行人、非机动车不友好的细节设计，看似是因为现有相关标准规范背后的支撑思路倾向于优先保障机动车路权，但真正梳理研究现有标准规范就会发现，目前的技术体系根本未认真考虑不同类型道路使用者共用、争用道路的问题。与其说目前的技术体系倾向于机动车，还不如说其没有任何倾向性，而这些问题就只能由各地的道路建设者、设计者自行确定。

二、技术体系要体现"以人为本"的理念，道路在细节上的设计才会更安全

1. 现有技术体系难以满足各方需求，需及时研究并形成新的思路、技术和方法

我们首先需要厘清的问题是：现有技术体系有没有对道路使用者进行思考、思考的结论是什么、需要改进的地方有哪些等。现有的技术体系并没有充分讨论道路使用者、路权以及道路交通安全的本质，只是规定了如何"做"，而没有为什么这样做的相关推导，以至于工程师们面对新问题、新冲突时往往束手无策，并对已发现的老问题无动于衷。长期的行胜于言，或者只做不说的工程师文化，在新时期遇到了瓶颈，难以前

行。例如，标准规范明确规定了道路的标准横断面，甚至详细规定了分隔带、人行道的宽度，但对于单个行人站着需要多少宽度，走动、跑动需要多少进深，坐轮椅需要多少宽度，轮椅转圈需要的半径是多长等问题，既无讨论也没有给出解决路径。规范标准里过多强调道路标准横断面等却淡化使用者及其特征的做法，致使相关从业人员在实践中更关注建筑用地红线而非道路使用者。这样的技术体系虽然解决了规范落地的实用性，但明显忽视了道路使用者的重要性，由此设计的道路，也难以适应社会发展。

符合标准规范经常成为从业人员面对冲突、责难的挡箭牌，而这样的挡箭牌并没有说服力。道路交通技术的核心是人，因此技术体系不仅要体现道路使用者的行为特征，还要有能保障其在道路上安全、公平和体面使用道路的原则和方法。忽视使用者、缺失路权概念的技术体系是教条、生硬、跛脚的，难以适应各方需求，频频制造安全隐患。虽然这一技术体系曾经创造了奇迹、贡献了力量，但目前已亟需更新，如果继续不区分使用者、不探讨各方权益，也就谈不上"以人为本"。

经历了几十年的社会、经济发展之后，我国和发达国家当年一样，也需要对道路使用者进行重新认识和思考，但好在我们有发达国家的经验可以借鉴。自20世纪80年代以来，为满足道路使用者的需求，世界上逐步发展出了新的工程技术，如针对机动车的路侧净区和路侧设计理论，针对行人和社区需求的交通宁静区以及共享街道等。每个国家的工程师都应该了解使用者群体的变化，以及因经济发展或价值观改变而导致的出行者行为改变，及时研究并形成与之相适应的新思路、新技术和新方法，也要及时调整路上的标志、标线、信号灯。

2.改变现有技术体系需转换技术思想，将"以人为本"的理念细化为切实可用的工具

转换技术思路是改变细节问题的关键。细节背后的问题，首先是思想差别，再者是技术体系的问题。不改变思想，不花大力气发展源于新思想的技术体系，想要改变细节就无从谈起，即便依样画葫芦地学习发达城市的模样，也往往是漏洞百出。技术思想的转换可以引导整个技术体系的进化，这个进化的过程才是细节改变的关键，这需要时间、耐心、虚心和实事求是。

图5中的交叉口设计与图1相似，同样存在车道数由二变四、穿过交叉口进入两车道的情况，但图5道路上每一处转换点都有清晰的指示和平顺的连接，这样的设计使驾驶人能够轻松驾驶，有时间和能力注意其他意外情况，也可避免自己出现"意外"行为，如变道、制动等。

实际上，图1和图5的差别是两种思路的差别，一种认为驾驶人无所不能或者压根就没考虑驾驶人的能力，另一种则认为驾驶人的能力有限，需要给予时间保证。不同思路产生了完全不同的技术体系。图5在标线细节上的设置，可以看到对右转车辆减速和排队的控制，也可以看到对直行驾驶人的平顺引导。这些在细节上的种种差别，虽然看上去只是思路上有些许不同，但在实践中却是两套完全不同的技术体系。如果不考虑驾驶人的能力，或在实践中忽视驾驶人采取措施所需的足够空间和时间，都会让驾驶人做出不得不做的行为，导致违法或发生事故，久而久之，道路使用者就不再尊重道路规则，不再关注标志标线。如果道路使用者连标志、标线、信号灯都不关注和重视，良好的交通秩序更无从谈起。规则的有效性要依赖规则的合理性，只有"以人为本"的规则才能形成井然的秩序。

图5　荷兰一处交叉口（经纬度 5° 22'14.11"E 52° 09'45.48"N，from Google Earth）

图6、图7是荷兰某个城市在支路、建筑物停车场出入口的处理方式。图6的支路在接入集散路时，也面临着与人行道的冲突，但冲突区域被设计为人行道，无论在颜色还是高度上都无缝衔接了人行道，让所有使用者都能轻松识别出人行道具备的优先权。同时，支路路面被抬高，并设计为接坡形式，令道路使用者一眼就能看明白此处需要让行。图7中停车场的接入类型与图6类似，只是增加了自行车道的顺接，表明了骑行者的优先权。

图6　荷兰城市的街道，支路接入的形式（经纬度 52° 9'10.31"N　5° 22'49.10"E，from Google streetview）

图7　荷兰城市的街道，停车场接入的形式（经纬度 52° 9'11.87"N　5° 23'2.22"E，from Google streetview）

新的技术体系要把"以人为本"的理念细化为切实可用的工具。"以人为本"的理念、内涵，要在冲突和争议中不断丰富，并逐步实现真正的"以人为本"，成为可以实践的工具，而不只是停留在理念上。在现有的技术体系里，"以人为本"的理念多停留在口号上,还远远不是可以实践的工具,更没有明确细节。理念不细,就无法成为实践工具,做好细节又从何而来呢?

图8、图9是国内一些城市参考国外理念改造的街道。图8是改造过的交叉口,对于图中从上向下开过来打算右转的车辆,会先遇到人行横道然后再遇到交叉口内的合流,这是个多任务且视区持续变化的过程,且在合流完成前,右转驾驶人的正面视区里看不到下一个交叉口驶出来的车辆,而等到手忙脚乱的右转车辆驾驶人的视区转到可以看到下一个交叉口的车辆时,也许已来不及停住车了,事故也就可能发生。通过这一改造实例可以看出,只依赖思想、理念的理想化实践,并不是可靠的实践。要实现"以人为本",就要了解驾驶人是怎么开车的,在右转过程中视线是如何变化的,看得见什么看不见什么,这都是需要明白的细节。停留在口号、理念中的"以人为本",并非是真的"以人为本"。

图8 国内一些城市参考国外理念改造的街道

图9 国内一些城市参考国外理念改造的街道

图9中道路采用了发达国家缘石延伸的做法,为公交车贴近停靠提供便利。不过,这样的实践虽然看上去为驾驶人和公交车乘客提供了方便,但采用了稍微突出的缘石,既没有明显标识,前后也没有标线引导,公交车驾驶人能发现这个稍微突出的缘石吗?还是会因没有注意这个小小的变化而撞上缘石呢?路侧公交候车亭与上车点隔有一条自行

车道，公交车来了，如果上公交车的乘客和骑行者都急匆匆赶路而没有相互注意，会不会导致交通事故发生呢？

在这两个实例中，公交车驾驶人和乘客、骑行者、右转的驾驶人、行人等都需要被关怀，只停留在口号上的"以人为本"，无法处理运输系统里不同人群的复杂需求。思想如果没有体系支撑，只是空想，但形成具有支撑作用的技术体系也需要时间，需要不留情面的争吵，需要自我反思、虚心学习和实践。思想和技术体系，缺一不可。

细节不仅牵连着思想、技术体系，也关系到社会秩序的良好发展。在道路上忽视细节的设计导致道路使用者无法遵守规则，最终不再信任规则，也致使规则的权威性被消磨，以至于只能依赖执法来维持秩序。每一次对细节的质疑或争吵，都是撬动陈旧技术体系的杠杆，那些曾经写入书本的技术内容，需要随着时代更新。在百姓心中，"以人为本"并非口号而是评价结论，是一杆秤，我们唯要更努力，才能体面地面对这杆秤的衡量。祝各位从业者，全国交通安全日快乐！

扫一扫查看原文

以客观冷静、求真务实的态度进行专业讨论是交通安全发展的基石

郭　敏　公安部道路交通安全研究中心特约专家
浙江省交通规划设计研究院教授级高工

一、交通事故原因分析讨论应客观冷静不应被情绪所左右

交通事故发生之后，对事故原因的分析、对道路安全的讨论，经常会集中在两个不同的议题：一个通常是公众提出的"这条路安不安全"，这是一个朴素的问题；另一个通常是专业人员提出的"这条路是否符合规范"，这是个专业问题。在此基础上还会产生第三个议题："符合规范的道路就安全吗"，这些议题在"11·3兰海高速公路事故"发生后就再次被热议。

应该说，围绕这些议题的讨论是有益的。如果交通安全问题被理性地求证，共识就会慢慢形成。特别是"符合规范的道路就安全吗"这一议题，常常可能让讨论变得更加激烈，但这样的讨论仍具有很强的现实意义，值得花更多时间去思考、梳理。然而，有时这些议题会交织在一起，并夹杂着各种情绪，令讨论难以产生结论，也难以达成共识。因此，在讨论这些议题前，应先厘清讨论的本质及讨论的规则，否则，讨论就会漫无边际，变成自说自话。

专业讨论的目的是求真，实事求是，讨论者需要有一定的专业基础；专业讨论中的质疑和指向只能基于事实的判断，而不应被情绪、情理所左右。但是，需要警惕的是，即使是专业讨论，若缺乏程序和逻辑的控制，也易受情绪影响，或因受不同团体利益的影响，使讨论无法持续，演变为针锋相对的争吵，最终令讨论没有意义。

在还没有形成共识之前，不妨用一些朴素的问题，来初步了解这个议题的内涵。譬如，某一型号的飞机，虽然有上万次的安全飞行记录，但突然有一次坠机事故，大家是会问"这个飞机安不安全"，还是会问"这个飞机符不符合规范"？显然，应该没有人问"这个飞机符不符合规范"。安全和规范，这两个不能在飞机失事议题上画等号的名词，为什么会在道路交通事故上画等号呢？

二、交通事故调查的主要目的应是"改进"而非"追责"

一般来说，对于交通事故的调查应该分为技术调查、医学调查、行政责任调查、司法调查等。虽然对道路建设人员、交通管理人员履责的调查，也属于整个调查的一部分，不过，这样的调查，更多的是去了解程序、技术规范、行为准则、预案等规章的机制体制性缺陷。若要对个体问责，应在掌握足够的违法证据之后再进行深入调查。人人都会犯错误，无心之错可以被理解，只要公开错误，社会会用自己的方式评判并对待犯错误的人，或包容，或令其失业。但以无心之错为由来追诉刑责，无疑会使评判尺度变得难以捉摸。评判失衡，评判体系也易崩塌。

在我国，责任调查的环节有时会在实践中被有意无意地放大，舆论在传统文化的影响下，或许更乐于看到快速定责、追责。不过，对交通安全而言，这样反而会阻碍问题的真正改进。责任调查过于被关注，会使交通事故的因、责、改进建议缺乏明确的界限，使"追责"而非"改进"成为事故的主要议题。

当下我国很多交通事故中所反映出来的道路反面的问题，通常是由于一些规章落后于时代甚至存在缺陷而造成的。对于规章的梳理，也应是每次调查必备的过程。陕西8·10事故隧道洞口的安全问题调查，以及各部门快速的反应及全国性的整改，成为交通事故调查的典范。

三、建立从业者利益保障机制使事故原因分析讨论回归求真本质

当发生交通事故后，震惊的公众随之发出追责的呼声，这是可以理解的社会情绪。此时，讨论"符合规范的道路就会安全吗？"这一议题并非为了追责，而是为了从专业角度分析了解事故原因，找出存在的问题，进而解决问题，避免同类事故再次发生。

事故发生后，专业的行政机关和专业调查者应以法律为准绳，按照相关程序规定做出专业的判断，但也要使交通从业者的正当权益得以保障。需要建立起合理的机制，避免迫于舆论压力而导致从业者无端被追责，或正当利益受损。在机制形成之前，从业者可通过专业发声表达从业者的合理诉求，但是，也要警惕这样的发声演变为抱团取暖，以从业者为名，变换概念、偷梁换柱地讨论专业议题，形成另一种舆论压力，使安全问题变成一团乱麻，损害了交通安全事业的发展。

也许，当下悬在从业者头上的达摩克利斯之剑并非只是对立阵营的观点，还有需要改进的调查机制，但是固守某一方利益，希望把

扫一扫查看原文

责任甩出去的想法，最终输掉的会是整个社会的安全。我们只有求真求实，找出问题的症结所在，以专业态度进行讨论，逐步厘清调查机制、规章的缺陷和改进路径，才能推动交通安全的发展，促进国家的进步。

分析事故原因不是为追责，而是为了悲剧不再重演

梁康之　公安部道路交通安全研究中心特约专家
　　　　美国资深交通工程师

导语

兰海高速公路11·3事故发生后，媒体和相关从业者从不同角度进行了探讨，希望通过对事故原因的分析，避免同类事故再次发生。那么，深入分析事故原因的意义是什么？从交通工程核心理念出发，如何改善道路设施，让驾驶人更安全地驾驶？

一、从专业角度看兰海高速公路事故值得反思的几个问题

从媒体报道的兰海高速公路11·3事故相关资料来看（图1），目前还无法评判道路是否存在缺陷、交通控制设施是否不足以告知驾驶人合理控制车辆，但相关事故历史记录显示，这段道路已发生过多起类似事故，在近14年中共有291辆车失控，造成44人死亡，65人受伤。从专业角度说，如果仅仅认为是车辆缺陷、驾驶人操作不当导致的问题，而道路本身不存在任何问题，确实也令人难以接受。在一段道路上，偶然发生一起由于驾驶人疏忽造成的事故，我们可以认为道路在设计和管理上不存在问题，但如果某一类事故频频出现，且死亡事故时有发生，还能认为这段道路没有问题吗？即使道路的设计符合了相关设计规范，就能认为事故频发的路段没有问题吗？难道不应该重新审视规范，发现其中的可改进之处吗？

图1　兰海高速公路11.3事故现场图

据媒体报道，肇事驾驶人是第一次驾驶车辆在这段道路行驶，不熟悉道路状况。这就给我们提出一个问题：这段道路的设计和交通控制为什么会令不熟悉路况的驾驶人产生陌生感？为什么驾驶人没能识别设置在道路上的警示信息，没有采取紧急措施驶入必要的应急避险车道？这些问题都需要我们从专业的角度进行反思，在其中持有任何立场思维都不是专业人士应有的素质。

二、事故原因和应负的责任截然不同 探讨事故原因的最终目的是解决问题

1. 道路建成后也会存在各种问题，需要重新审视、查找原因

道路建成后并不等于不存在问题。在教科书中，通常把交通工程比喻为一条鱼，鱼的头、躯干和尾巴分别代表规划、设计和管理。而交通工程的真正内涵是让这条由规划、设计和管理组成的鱼在水中顺畅地游动、舒适地生活。满足设计规范仅是道路设计的基本要求。然而，自然地质条件的千变万化造成道路的几何条件各不相同，设计的约束条件也不相同，而且，道路建设还可能因受到资金的限制、施工技术的局限等而降低道路设计等级。此外，由于受当时的规范要求、设计者的经验水平以及对道路使用者的认知偏差等因素影响，都可能造成道路交付运营后出现各种预想不到的问题。这就是前面所说的，这条鱼在水中游得是否顺畅。当鱼在水中出现问题时，交通工程师应该重新审视道路运行状况，分析数据，找出原因。查找原因并不是简单比较是否符合规范，而是要分析为什么符合规范的道路还会出现这些问题？为什么在同一路段上行驶的车辆经常失去控制？为什么驾驶人会犯同样的错误？只有找出犯错误的真正原因，才能找出解决问题的办法，才能积累经验。

2. 分析交通事故的目的是避免同类事故再发生

分析了解事故原因是技术人员必须要做的工作，也应是技术人员的基本技能。尤其需要澄清的是，对于重大道路交通事故，技术人员更应该深入调查，探索事故原因。我们要避免过错推定，将事故原因视作责任。事故的原因和应负的责任是截然不同的。将一起事故的原因简单地与责任相关联，不考虑当时的条件、能力水平限制，轻易将原因与责任关联，并不利于我国交通安全事业的发展。这样的观点，要么导致车、路越来越保守，造价抬高却降低效率；要么导致相关人员遇到问题时不愿正视问题，视疑问为猛兽，不愿深入探寻所发现的疑问。拿规范作为挡箭牌的现象越演越烈，成为工程技术行业的形式主义，造成符合规范就万事大吉的机械思维。标准规范是工程实践的总结，有局限性，也可能存在缺陷，这也是世界各国的标准规范会定期或不定期地进行更新的原因所在。

驾驶人、车辆、道路是构成道路交通动态系统的三要素，事故频发说明三者不匹配。从交通工程的理念来讲，即现有道路的几何条件和交通控制设施不足以为现有车辆和驾驶人提供安全有效的行驶环境。统计、分析交通事故的目的是为了找出路段或交叉口存在的问题，进而解决问题，避免同类事故再次发生。但如果道路条件和交通控制设施改进后，同类事故仍然继续发生，说明采取的改进措施没有效果，道路和控制设施改

善失败。必须再找出有效的办法，改善道路情况，保证车辆运行安全。

三、人的能力是有限的 需要完善的规范与合理的道路设计保障安全

1. 道路设计的规范标准需在研究和实践基础上，不断更新完善

编制规范和设计道路的人员的能力是有限的。在美国道路交通近100年的历史中，规范指南（guideline）的编制是基于科学研究的理论支撑，在错误和失败的经验教训基础上，不断地改进、更新和完善的。查找出事故发生的真正原因，分析为什么现有道路条件不能与现有车辆特征相匹配，找出并纠正规范指南的缺陷，尽可能地改进道路几何条件和交通控制设施，防止类似事故继续发生，这样，编制规范和设计道路的人员才能积累有用的经验教训，提高自身能力，提高规范和设计水平。如果我们查找事故原因是用于对人员的责任追究，其实是将无心之错和有意为之混淆，往往会造成问题的复杂化，反而很难找到真正的事故原因。编制规范和设计道路的人员，以及道路管理人员，只要没有故意制造错误，故意违反规范设计，故意违反管理规则，就不应被追究法律上的刑事责任。事故的技术调查，是分析事故原因，找出存在的缺陷，而是否存在有意制造的错误，则需要有充足的论证后才应该启动司法调查。

2. 道路使用者的能力是有限的，道路设计和控制设施让驾驶人可以轻松驾驶

在汽车发明后的100多年中，人的因素（Human Factors）并没有发生变化，人的自身能力并没有因为汽车工业和道路建设的发展而改变：驾驶人必须经过反复练习，积累驾驶经验，才能获得驾驶执照；必须熟悉驾驶所需要的各类法律法规才能安全驾驶车辆；必须明白道路上标志标线和信号灯的意义才能安全到达目的地。而且，驾驶人会犯的错误也并没有随着科技的进步而减少：如人在喝酒后会增加感知反应的难度和时间而错误地控制车辆、人在驾驶中使用手机会分散注意力而发生事故、人在陌生的环境中可能会紧张而导致错过必要的驾驶信息等。

随着交通工程的发展，对人的因素不断的探讨和研究，人的因素在交通运行中的影响逐步减少。从减轻驾驶人的驾驶强度上看，工程师在汽车上发明了增加扭矩的转向设施，使车辆的转向更为容易；液压的制动系统使车辆的制动更灵敏；安装了左右和中间的后视镜观察周围的车辆。现代科技又增加了雷达测距设施、前后影像设施、GPS定位和指路设施等。在近几年的新车上还装有控制速度和定位标线的辅助驾驶、紧急安全制动设备等。

而从道路的设计和交通控制的发展上看，减轻驾驶人的工作负荷，让驾驶人更轻松地在路上驾驶车辆，一直是我们努力的方向。在设计层面，以目标速度为核心的道路建设，所设计和修建道路的周边环境和几何线性，尽可能使驾驶人舒适地驾驶车辆，自觉地保持恒定的速度行驶。而良好的交通控制，则是让道路使用者不论走到哪里都没有陌生感，统一的交通控制设施为驾驶人提供了简洁、清晰、易懂的信息，即使是初次行驶在某一路段，驾驶人同样可以做出应有的反应，合理控制车辆。交通工程师的职责是让驾驶人熟悉和习惯遵循交通工程理念设置的道路交通控制系统，不论走到哪里都有相同

的反应，得到相同指令。

3.坚持交通工程的核心理念，尽可能为驾驶人提供统一的驾驶信息

交通工程的核心理念很清楚地指出，虽然交通工程师无法控制每一个独立的驾驶人和车辆，无法组织车流运行，但交通工程的实践核心是专业的道路网络设计和交通控制；交通工程师应尽可能向驾驶人提供统一的信息，虽然并不能保证驾驶人做出一致的反应，但统一的信息将缩小驾驶人的行为范围，因为驾驶人已经习惯并熟悉道路系统中交通工程师所设计的交通控制设施。

一般来说，在规划阶段，道路的分类已大致决定了道路使用者的类别，例如低等级的城市道路使用者大多是每天上下班的本地居民，他们熟悉道路的状况和连接，知道哪里有上坡下坡、弯道、交叉口，仅需要基本的交通控制设施即可满足其行驶要求。而城市外的高速公路，必须考虑有数量较大的使用者不熟悉道路状况，他们需要知道行驶道路上的限制速度、前方道路的几何状况，在一些特殊的路段，还需要对使用者提供大量信息，及时有效地让驾驶人知道如何控制车辆、应该采取的措施。同时，道路的几何设计和交通控制设施应具有统一性，不熟悉道路的使用者也能识别道路设施，在紧急情况下能够知道如何合理利用应急避险车道，降低事故造成的损失。

在道路设计和交通控制方面，我们所具有的交通工程基础知识还比较薄弱，经验积累的时间相对较短，未来还有相当长的路要走。兰海高速公路11·3事故的原因以及定责还需等待进一步的调查。现阶段，我们更需要做的是研究分析现有的问题，而不是花费大量时间和精力为道路辩解，更不是将事故原因归给某一个个体。为交通事故付出代价的不是某个独立的个人，而是我们整个社会。用宽容的态度，各抒己见，分析问题，齐心协力找出事故真正的原因，同时建立正确的调查机制、采用科学的分析调查手段。只有这样才能找出隐患，改善道路设施，让交通更安全。

扫一扫查看原文

道路原因调查和隐患排查治理不容忽视

蔡德军　湖南省高速公路交通警察局衡阳支队法制科科长

> **导语**
>
> 　　道路交通事故发生后，开展道路原因调查既是道路作为交通系统构成要素之一的客观要求，也是交通事故调查的法定要求。遵循客观、辩证的原则开展道路原因调查，找出事故暴露的道路安全隐患并进行整改，可以防范事故再发生。道路交通相关单位做好日常道路安全隐患排查治理，及时消除隐患，以人为本地对道路进行优化改造，则更有利于防患于未然。

一、事故发生后对道路原因的调查既是客观要求又是法定要求

1. 进行道路原因调查是客观要求

道路作为道路交通的载体,直接影响着交通的安全与效率。一起道路交通事故的发生,可能是人的问题、车的问题或路的问题,也可能是人、车、路、环境四方面问题交叉重叠导致。开展事故调查研究,查找事故原因,不仅要查找人和车的问题,还要查找路的问题。

2. 进行道路原因调查是法定要求

道路交通事故发生后,对道路原因开展调查是事故调查的一部分,也有法可依。《道路交通事故信息调查》(GA/T 1082)规定,道路交通事故信息调查应包括道路信息调查,如道路类型、地形、道路线形、道路安全属性、道路安全隐患类型等。《道路交通事故深度调查工作规范(试行)》第六条规定:"深度调查除按照《道路交通事故信息调查》(GA/T 1082)调查之外,还应当重点开展以下调查:……(三)道路设计、建设、监理、验收和道路安全设施设置情况以及与标准、规范的符合程度,相关标准、规范是否存在滞后、缺陷、漏洞,道路设计通行能力是否满足目前的交通量需求,道路交通标志标线等交通信号及道路照明设施设置是否科学、规范,事故路段日常养护、隐患排查整改及近三年的事故情况,恶劣天气、光照不良等环境因素对事故的影响"。

二、道路原因调查应遵循客观公正的原则

深入开展道路交通事故中道路原因调查,寻找道路存在的问题,也许已知,也许未知,这和追责无关,是为了事故不再重演。道路原因调查应遵循以下两个原则。

1. 对道路因素客观公正地评价

任何一条道路,无论是新建道路还是旧路改造,从规划、设计到建设、监理、验收,都会按照国家和行业标准、规范进行设计、建设。道路越来越好,也越来越安全,但也并非毫无问题。

道路存在问题的原因是多样的,如历史技术问题,自然地理位置局限,资金决策问题,规划、设计、建设及养护问题,任一环节均可能导致道路存在问题。所以,不能把一些特定历史条件下的道路问题,放在现代条件显微镜下来评价,更不能为迎合部门团体和社会舆论,肆意扩大道路因素的问题和责任。当然,对于道路确实存在的问题,也要客观公正地评判和研究分析,倒逼各部门科学地规划、设计、建设,经营管理部门依法履职尽责,使有问题的路尽快变为安全的路。

2. 辩证看待检验道路因素的标准

"实践是检验真理的唯一标准",道路交通工程方面的国家和行业标准、规范,是道路交通建设部门和交通参与者不断实践、总结经验和教训得出来的,符合道路相关标准和规范是道路设计、建设应该满足的基本条件。然而,按照相关标准和规范规划、设计、建设的道路,是名义安全而非实质安全,通过一段时间的通行运营,可以了解其是否存在问题。事故是交通安全的衡量,虽然不一定是道路的问题,但是,如果一段道路

发生的事故具有一定的规律性，则需要进一步去了解、分析。

道路原因调查要在尊重客观事实的基础上，依法整改道路确实存在的安全隐患，辩证地看待相关标准和规范在客观实践中的偏差，修正和完善国家和行业标准、规范，真正让道路越来越安全。

三、交通事故预防还应做好道路安全隐患排查治理

隐患是事故的前奏，亡羊补牢，未为迟也。以事故问题为导向，通过不断深入开展道路安全隐患排查和治理，对交通事故频发路段或存在安全隐患的道路及时整改，才能更好地预防事故发生，提高道路交通安全水平。道路安全隐患可能源于规划设计，也可能源于道路建设或投入使用后的养护，道路安全隐患排查治理应全面系统地开展，才能使道路越来越安全。

1. 查找道路规划设计存在的问题

有的道路受客观地理条件限制，在规划设计时存在先天不足。以沪昆高速公路龙马田隧道为例，整改前，雨天东向隧道不会受降雨影响，而西向隧道却因路面湿滑事故频发。该路段规划设计方案和图纸显示，该隧道东端地势较高，西端地势较低，且隧道下有水系，为避开水系，西向隧道东端路面无法做下沉处理，导致该隧道线形为下坡、左转弯，因地理条件所限，隧道的设计转弯半径和纵向坡度均采用相关标准规定的极限值，而且雨天混凝土路面摩擦系数较低，加之油浸污染，如车辆减速或制动极易打滑失控撞向右侧隧道壁（图1）。

图1 整改前沪昆高速公路龙马田隧道（西向）雨天实景

2. 整改道路建设存在的瑕疵

有的道路虽然不存在明显建设问题，但有一些瑕疵，不利于交通安全。岳临高速公路衡南段路面凹凸不平，雨天容易积水，其中，366km 至 405km 约 39km 长的道路有 13 处易积水点（图 2）。2017—2018 年，因路面积水已引发 173 起交通事故，亟需整改。

图 2　岳临高速公路衡南段雨天积水

3. 整改道路使用中材质老化、不符合现行标准等问题

道路建成投入使用后，也会随着运行出现问题，如护栏螺栓缺失、螺栓变松，护栏插入的土壤、混凝土松散等；建设年代久远的道路也可能由于设计、建设时相关标准和规范要求较低，已不能满足现行相关标准和规范的要求。

这些问题都需要经常性的隐患排查，并开展提质改造（图 3），对于陈旧的设施及时更新。2002 年建成通车的沪昆高速公路潭邵段，自 2015 年 9 月 25 日重型半挂车穿越中央隔离带造成 21 人死亡的重大交通事故至 2016 年 5 月，共发生 8 起车辆穿越中央隔离带的事故。

图 3　提质改造后的沪昆高速公路潭邵段

4. 整改道路养护存在的问题

道路经营管理部门要依法维护道路安全设施，对有破损的设施及时更新补缺，对路

面积水和遗洒物及时清理，否则，一旦由此引发事故，道路经营管理部门也要承担责任。以下是几个案例。

（1）路侧护栏破损，车辆失控冲出道路。岳临高速公路326km+500m处的右侧护栏于2017年9月被一辆货车侧翻致其损坏后，未及时修复（图4）。2018年1月31日13时50分许，一辆小型普通客车行经该路段时，因驾驶人疲劳驾驶，导致车辆从护栏破损处冲出高速公路侧翻于垂直路面高度8m左右的护坡下，造成1人死亡、3人受伤。经交警部门认定，道路经营管理部门未按规定履行好道路养护工作是造成事故的次要原因，负事故次要责任。

图4　路侧护栏破损

（2）路面积水易导致车辆打滑失控。2015年12月5日13时，一辆小轿车行驶至平汝高速公路212km+400m处时，遇路面积水致车辆打滑失控撞上隔离带，车辆尾部撞到正停在旁边的一辆事故清障车上，造成车上2人当场死亡、2人重伤。后经调查认定，道路经营管理部门未及时消除路面积水安全隐患，没有保持路面良好的通行状况，且事故清障车在施救完毕后未按照交警指令即时撤离现场，承担事故50%的责任。

（3）路面洒落物未清理致车辆受损。2015年5月23日凌晨1时45分许，驾驶人袁某驾车行驶至沪昆高速公路1202km+200m处时，与路面上前车脱落的障碍物发生碰撞，导致车辆受损。经长沙市中级人民法院判决，道路经营管理部门承担80%的赔偿责任。

四、道路设计建设不仅应符合标准规范，更应"以人为本"

随着道路建设的发展和交通工程研究的深入，道路的设计建设理念也在发生着变化。除按照相关标准和规范进行道路设计建设外，还应吸纳新理念，从道路使用者的角度去优化道路设计和建设。道路宽容性设计作为一种新理念，使道路具有一定的容错能力，在驾驶人出现失误时仍能提供一定的安全行车条件，为其纠正错误提供缓冲空间，避免交通事故的发生或减轻交通事故的损伤程度。对于已经投入使用的道路，也应采取宽容性补救措施。下面是高速公路常见的宽容性设计内容。

1.隧道、桥梁端头处理

有的高速公路隧道口、桥梁端口突出，未与道路边坡或护栏有效对接，缺少安全指引和保护，极易导致车辆正面相撞时加重事故损害后果。此类型端口应与道路边坡修建成衔接顺滑的墙体，或设置连续的护栏提供安全保护和线形指引。

隧道内应急停车位出口端头也应与隧道壁衔接顺滑。包茂高速公路火炭湾隧道北向隧道内应急停车位出口端头与隧道壁成90°角，一旦车辆失控向右前方漂移，车辆将正面撞击应急停车位出口端头，加重事故后果（图5）。在地理条件允许的情况下，应削去应急停车位出口端头直角，使之与隧道壁衔接顺滑；在不削去端头直角的情况下，在端头处摆放防撞桶，也可以降低事故损害后果。

图5 包茂高速公路火炭湾隧道北向隧道应急停车位

2. 安装具有端头安全保护和吸能效果的护栏

有的高速公路护栏端口缺少足够保护，车辆一旦发生事故碰撞护栏端口，护栏很容易插入车内导致人员伤亡。所以，应将护栏端口向道路外倾或插入路面，或者安装具有吸能效果的护栏，防止车辆碰撞时护栏直接刺入车辆、车辆失控冲破护栏驶出道路或驶入对向车道引发更大事故，最大限度地减轻对车辆乘员的伤害。

3. 桥梁中央分隔带间隙防护

我国高速公路桥梁大多是双向分离，桥梁中央分隔带之间有很大的间隙，但大多数人不知道存在间隙，在发生事故后特别是冰雪天翻越中央隔离护栏避险时，极易导致人员坠桥事故。所以，需要在中央分隔带之间增设安全网兜或防护网，并定期检查维护。

4. 路侧解体消能设施

路侧交通标志和广告牌等立柱由于没有任何物理隔离、遮拦物防撞缓振，导致车辆与其相撞后没有缓冲过渡，扩大了损害后果。因此，应在立柱周围安装护栏、建造防撞缓振水泥墩或安装解体消能设施等。

世界上没有绝对安全的道路，只有越来越安全的道路。道路设计相关标准和规范是道路设计和建设应满足的基本条件，同时还应采用宽容性设计理念，并通过运行效果检验道路是否真正安全，及时整改发现的安全隐患，不断优化道路通行环境，构筑坚实的生命安全防护工程，为服务社会经济发展大局、提升人民群众幸福指数做出更大的贡献。

扫一扫查看原文

兰海高速公路事故并非偶然，历次整治为何不起作用

郭　敏　公安部道路交通安全研究中心特约专家
　　　　浙江省交通规划设计研究院教授级高工

导语

兰海高速公路兰临段新七道梁17km长下坡路段发生事故绝非首次，准确地说是屡屡发生！据统计，即使不包括2018年的"11·3"事故，此路段自2004年开通至2018年10月底已有291辆车失控冲撞前方车辆或兰州南收费站，从中央紧急通道冲入兰州市区的事故也高达21起。事故为何频发？各种整改措施为何不见效果？到底如何才能提升道路安全性？

造成15人死亡44人受伤的兰海高速公路"11·3"重大交通事故发生之后，舆论被相关新闻引爆。公众对这样的重大事故，无疑有质疑的权利，新闻媒体也纷纷邀请相关专家发表观点，给相关部门和企业带来压力。这是一种正常的社会危机发展过程，公众从惊讶到愤怒，质疑和批评声不绝，不过，应该很快就会走向理性，然后忘却；媒体也会从关注、密集报道到不再关注，事情总会趋于平淡。但是，交通安全问题长期难以解决，对于从业者来讲，不应置身事外，仍然需要群策群力，仔细观察，提出疑问或建议。

一、兰海高速公路事故是偶然中的"必然"

据媒体报道，自2004年12月底开通至2018年10月底，兰海高速公路新七道梁长下坡路段共有291辆车辆失控，造成44人死亡、65人受伤。其中，失控车辆冲入兰州市区引发事故21起。仅2012年，长下坡路段共发生55起车辆失控事故，造成9人死亡。兰海高速公路"11·3"重大交通事故并非孤例，只是这些事故中伤亡最严重的而已。

虽然不是所有的交通事故都可以用海恩法则来解释，但兰海高速公路"11·3"重大交通事故却是海恩法则的典型诠释——从小事故的累积，到大事故，然后到不可接受的事故。虽然相关部门也采取了许多措施，但是，从事故发生的链条来看，一直没有阻挡住负面因素的积累，直至再次爆发。

海恩法则（Heinrich's Law）认为：每一起严重事故的背后，必然有29起轻微事故和300起未遂先兆以及1000起事故隐患（图1）。因此，防止重大事故的方法，是要及时对同类问题的"事故征兆"和"事故苗头"进行排查处理，防止类似问题重复发生，以

此解决重大事故隐患。

根据海恩法则的解释，兰海高速公路"11·3"重大交通事故与之前发生的几十起事故都属于一系列的事故，事故致因类似，危害形式也类似，只是程度有所区别。事故的发生和积累经年累月，从2004年底开始，至2018年约14年，相信在此过程中，当地的交通、交警、高速公路公司，甚至属地政府都已为这段路操碎了心，但是，事与愿违，事故仍然发生，直到这起惨剧的发生。这样的操心，从结果来看并没多大用处，至少没有起到应有的作用，其中是否存在事故防范方法、思想上的偏差呢？

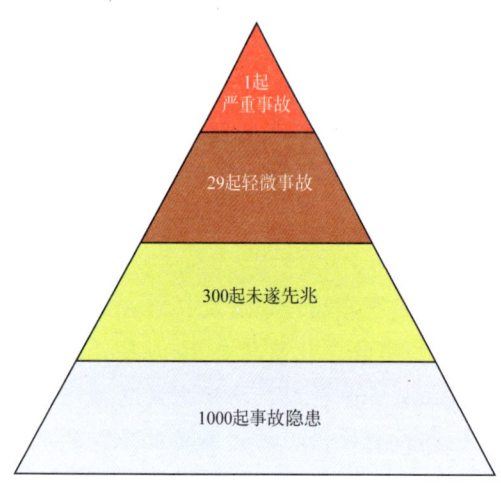

图1 海恩法则

二、危险路段整改不应只在行业内转圈

国内对事故多发路段的警报制度，大多会与行政级别挂钩，有省级、市级、县级挂牌的事故黑点，这些挂牌的黑点也由相应行政级别的行业管理机构督促整改。事故警报相关信息虽然也会抄送给各地政府，但是真正相关的仍然只是行业内的机构。行业内评估、判定其是否为黑点，属于哪个行政级别，然后由行业部门组织整改、验收、通过，绝大部分事故黑点在本地的行业圈子里走完全生命周期。

想必，发生这起事故的兰海高速公路新七道梁长下坡路段也曾经一次又一次地被列入各级事故黑点名单中，也应一次又一次地在行业内打圈循环。行政体系对解决黑点的渴望会形成工作压力，迫使行业部门努力整改，也迫使行业部门按时完成任务，摘除黑点的帽子。兰海高速公路新七道梁长下坡路段有没有经历这些过程，并每次都按时完成任务呢？

瑞典在1997年提出交通事故"零死亡"愿景时，曾希望本国道路死亡人数在2007年下降一半，但是，即使制定了最为完善和严格的政策、进行了大量的研究和投入大量资金改善，仍然没有在预期时间里达到预期目标，这一目标直到2016年才实现。

事故多发路段的整治，固然需要有各种各样的监督，但是切忌让这样的监督变成了只能按时完成任务，也切忌只在本地行业圈子里转圈，优良的成绩只体现在鉴定报告上。只在行业圈子里打转，虽然方便快速，但事实证明并不一定有效。这起事故的发生足以说明之前的整治并不完美，针对长大纵坡的危害，原有的行业圈子拿不出真正有效的解决手段。因此，需要改善事故警报制度，黑点路段在未经实践证明达到安全水平之前，警报不仅不应消除，还应寻求更大范围、更有见解的力量协助，以找到更好的解决方法。

三、以规范为衡量标准的评价不是真正的安全评价

由于兰海高速公路新七道梁长下坡路段一直处在事故高发状态，相信相关部门也应

对其做过安全评价,但是,如果做过,只是再次证明目前的安全评价方式是不足以解决安全问题的。

我国的道路安全评价常将道路是否符合规范当作安全评判标准,实际上道路符合规范和实质安全是两回事。道路符合规范而实质安全不足的情况并非鲜见,以规范为衡量标准的安全评判,并不是真正的安全评价。合理的安全评价要由一个独立的、多学科的、有经验的团队对道路现有的或将来的安全问题进行评审,而不以是否符合条文规定作为检查标准。如果一个设计单位、建设单位连符合条文要求都做不到,是不是该换一家呢?

相信,在这起事故之后,兰海高速公路新七道梁长大纵坡路段还会做一次道路安全评价,鉴于对交通安全的重视,兰州市、甘肃省乃至其他省份或许会兴起黑点路段安全评价之风。不过,在刮起这股风之前,是否能搞明白,为什么安全评价没有阻止这起事故呢?

工欲善其事,必先利其器。要发挥道路安全评价的作用,不是看做过多少次安全评价,或者请了多少大咖提过建议,而要看是否能找到独立、务实、有经验的安全评价团队来评估。我国道路安全评价并没有形成固定的规则,有的是设计校验的工具,有的是行政许可的前置报告,更多的像是解释性文书,缺乏独立的观点,更缺乏能够承担责任的能力。如果在这次事故之后需要逐步推广道路安全评价,应先建立好机制,否则,只是搪塞责任的文书而已。

四、一味增加设施数量并非解决之道

这辆重载货车从制动失控直到兰州南收费站,途经了五处避险车道(图2),驾驶人没有选择任何一处避险车道进入,是因为紧张、不熟悉路况,没注意到避险车道?还是一直试图挽救失控的货车减少损失?这不得而知。但对于投资较大的避险车道,没有吸引这辆货车进入的原因仍然需要搞清楚。

图2 兰海高速公路新七道梁长下坡路段避险车道

自通车以来至2018年10月底,兰海高速公路新七道梁长下坡路段共有291辆车辆失控,其中失控车辆冲入兰州市区引发事故21起。那么,自避险车道建成以来,有多少失控车辆没有驶入避险车道而造成危害呢?

兰海高速公路新七道梁长下坡路段 17km 有 5 处避险车道，密度并不低，如果仍然难以拦截失控车辆，这样的投资无疑需要重新评估。因此，搞清楚为什么不能拦截失控车辆，将有助于这条路的安全改善，也会为全国长下坡路段的安全改善提供借鉴。

从许多网友贴出的照片看，这段路做了密密麻麻的减速标线，路侧标志也很密集，连避险车道也达到5处。依赖不断增加设施来解决问题成为现在应对交通安全问题的最常用手段，然而，事实一次又一次证明这并没有用。在搞明白事故原因之前，固然可以增加一些紧急的措施来避免风险，但是，搞明白事故的原因仍然是治理事故的前提。每次发生事故就增加设施，以为可以对症下药，但是，设施加多了，比如标志标线密密麻麻，驾驶人还会当回事吗？

扫一扫查看原文

由兰海高速公路事故反思如何防范长下坡公路事故

官　阳　公安部道路交通安全研究中心特约专家
　　　　 3M 交通安全系统部首席交通安全教育与政策联络官

导语

2018 年 11 月 3 日 19 时 21 分许，一辆辽宁籍重型半挂载重牵引车行经兰海高速公路兰临段一处 17km 长下坡路段时，因驾驶人频繁制动导致车辆制动失效，车辆与前方收费站排队等候的多车相撞，造成 15 人死亡、44 人受伤（图1）。这种连续、长距离下坡路段常被人们称为"死亡路段"，类似事故并不鲜见。那么，针对连续长下坡的事故高发路段，在现有条件下该如何提升其安全性呢？

图 1　兰海高速公路兰州南收费站重大道路交通事故救援现场

兰海高速公路这起事故让人感到悲痛。对于这次事故暴露出来的道路设计和收费站选址问题、收费技术落后导致的收费站排队拥塞问题、多次发生严重事故而没有得到有效整改等很多有代表性的问题，各种媒体上已有不少声音，相信有关部门会根据进一步调查结果认真研判，这里就不再赘述了。由于道路在实际建设中会受到很多条件限制，包括经济条件、历史技术条件等，要想完全避免这些问题、在短期内全部改造所有类似长下坡隐患路段也是不现实的。2018年10月，笔者随公安部道路交通安全研究中心相关部门到山西调研事故多发路段，在S329临汾段，同样也有一段在长达27km的连续长下坡后设置收费站的高危路段，与兰海高速公路本次事故路段情况十分类似。由于常年连续事故多发，这种位置交警都派有专门力量进行值守，在交警的能力和权限范围内想尽了办法，但事故依旧多发。那么，针对这样的连续长下坡路段的公路事故，在线型、坡度、收费站位置设置等方面一时无法改变的情况下，有哪些防范事故的措施呢？笔者认为主要可从以下四个方面来重点考虑。

一、打造"自诠释道路""积极引导"驾驶人做正确的事

据报道，兰海高速公路多车相撞事故中，半挂车驾驶人是第一次行经该路段，不了解路况，制动失效后车速加快，驾驶人惊慌失措，错过了收费站上游最后一个紧急避险车道，导致事故发生。实际上，在这个路段，本地驾驶人熟悉路况，基本不出事故，出事故的大都是外地驾驶人。那么，沿着这个思路去思考，如果我们能够设法让外地驾驶人也能像本地驾驶人一样去熟悉路况呢？做不到100%的一样，70%~80%，甚至60%能做到吗？这就涉及一个非常重要的交通安全对策理念，打造"自诠释道路"。

自诠释的道路，就是要用积极引导的办法，设法在视觉方面吸引和控制驾驶人的注意力，及时告诉驾驶人该怎么做。"积极引导"的概念是20世纪70年代初美国先提出来的，即："如果我们不能始终在危险时保护驾驶人，我们就必须向他提供足够的信息，让他能自己保护自己"。这种视觉控制与引导，特别重要的就是要在驾驶人需要改变操作程序前，有充分的时间并得到明确清晰的指令，以使驾驶人知道该做什么事情，并在最准确的位置进行最正确的操作。如告诉驾驶人在哪里要控制车速，控制什么样的车速，在哪里要控制什么样的车距，在哪里要检查制动等。其实，本地驾驶人比外地驾驶人，主要就在这点上具有优势。简单说，我们在标志标线的设置上，无论是位置还是内容、形式上，还可以做很多功课。

像兰州这次事故，收费站上游就设有多处紧急避险车道，但肇事车辆驾驶人不熟悉路况，一路上不仅忽视制动系统可能会过热的问题，错过了降低车速的时间点和最佳位置，还错过了进入紧急避险车道的最后机会，以致造成恶性伤亡事故。

自诠释道路是道路安全的基本对策，它不能替代一切，但却是现有条件下能做的、成本最低、速度最快的改善措施。

二、尽可能减少会引起驾驶人突然改变驾车状态的因素

在道路安全人因技术对策里，提到逻辑公理，就是道路状况应该符合驾驶人的逻辑认知，很多事故的起因，都与出乎意料的非常规因素打乱了基于心理预期建立起来的一

连串最自动化的动作有关,这种突然出现的状况,导致了驾驶人的"磕绊"。

像这样的持续长下坡多弯道的路上,有两个非常典型的突发事件就是"变道超车"和"弯道疾驰"引发了突然改变行驶速度和车间距,导致前方或后方车辆的驾驶人措手不及,更频繁地使用制动。解决这两个问题的关键有三个,一是控制车距,二是控制车速,三是抑制危险的变换车道行为。在这些方面,不仅有很多交通工程的办法可以做,也提醒我们需要更多地去改善和加强驾驶人培训。

比如控制车距,可以在路面和路侧,通过标志和标线技术,提供更清晰准确的参照物。其中,数行车道的虚线数目是一种方式,但这种方式比较难,除非在这方面很有经验或经过专门训练的人才能做到。美国宾夕法尼亚州曾研究过一个更简单的方法,就是在理想车距之间,在车道中央画两个圆点,然后在路侧竖立一块标志,告诉驾驶人与前车保持两个圆点就是安全间距。比如,车辆时速为60km/h,安全的跟车距离是50m左右(3s),那么这时只要相隔50m处画两个圆点,告诉驾驶人与前车保持两个圆点就够了。如果车速高达110km/h,安全的跟车距离大约是91.5m,这就需要在91.5m的两端画两个圆点。英国也有同样的做法,但是用箭头替代圆点,要求与前车保持两个箭头的间隔(图2)。我国的标志标线技术标准里有这种箭头设置式样,但几乎很少使用。

图2 英国高速公路上控制车距的标志标线组合

比如抑制超车行为,我们就需要在标志标线上做功课,一方面设置禁止超车标志,另一方面改变行车道的标线形式,用实线代替虚线,还可以增加隆声带来强化这种提示,一个轮胎驶上隆声带,就会有很强的噪声,驾驶人就会受到警示。当然,全程限制超车是不科学的,人的心理耐受力都有阈值,压抑太久也不行,所以要在道路视距和线型允许超车时,调整标线,解除超车禁令,但在危险路段前,一定要禁止超车。

在限速方面,什么地方需要限速、限速多少等都是不一样的。特别是长下坡的路,既不能一刀切也不能传递误导信息。因为错误的限速提示,可能会误导驾驶人的心态,改变驾驶人心理预期。美国的国家标准要求,限速标志的设置是每2mile(3.2km)就要设置一次,以便能让驾驶人有持续的限速意识。在设置降速限制时,也要每隔300~800m做一次降速提示,逐级降低车速,为的就是给驾驶人车速逐级降低,路况逐渐复杂的提示,是道路路况的一种"自诠释"方式。在科学设置限速标志之外,还可以利用压缩行车道的宽度来影响车速。

这个话题还有一个要点，就是全天候的视认性问题。我们的路上很多标志标线和轮廓标的夜间视认性不好，非常影响驾驶人搜索参照物的质量和效率。总之，在路面上和道路两侧，我们还是有很多改善的功课可以做的，要设法让不熟悉路况的驾驶人，能够接收到明确的指令，而不是含混不清的提醒。

三、结合长下坡等道路情况加强对货车的积极引导和管理

在山区持续下坡的公路上，行驶到多长的距离时大型货车的制动会开始过热并可能出现制动失灵的状况？为什么制动会过热和失灵？

在实际中，大型货车长下坡制动失灵的事故并不鲜见，这些都在催促着我们要检视我国目前的货车技术标准要求、监督检查机制以及驾驶培训机制。追求发展速度，不能以牺牲生命为代价。

针对制动失灵问题，除了检视货车生产、使用和技术标准等以外，还应该设法结合道路条件进行一些改善。这方面，一是要在路上提示驾驶人避免制动过热，尽量使用液力缓速器（欧美国家的大型货车都是标配液力缓速装置，我国大型客车已经强制安装，也有部分型号的货车安装了，只是驾驶人未必会用）；二是要在制动开始过热的路段，设置醒目和容易使用的降温区，强制车辆进行降温；三是国家应该考虑要求这类货车上安装制动系统温度传感器的可行性，给驾驶人明确报警提示。

很多路开通很久了，应该掌握了一些数据，特别是在哪个范围里车辆的制动系统容易开始出现问题，那么在路的使用上就可以在这个范围之前，做一些补救工作，比如：

（1）降温和休息区的设置位置是不是有调整的机会？即使降温区不够了，能不能在沿途相对平缓的地区，在路侧甚至牺牲一部分道路空间和效率，来设置一些紧急停车区？让驾驶人多几个缓冲的机会。

（2）在紧急避险车道之前，设置充分的预告设施，告诉驾驶人在哪个位置就应该检查制动了，而不是让驾驶人一路往下开，等错过了紧急避险车道才发现制动失灵。

（3）在特别危险的一些地方，应该考虑设置强制要求大型货车进行临时停车降温或检查后再通过的设施，这样做也许会牺牲更多的效率，但如果没其他方法，也比冒险更值得的。

当然，这些都是没办法的办法，如果有条件和能力，还是应该在十几千米甚至几十千米的长下坡上寻找一些地方，研究能不能调整一些道路的基本条件。如果不行，最起码限速和紧急临停设施要再完善和细致些。

四、提升驾驶培训质量，培养驾驶人的规则意识和安全意识

驾驶车辆重点不在学会操作机械的过程，而是要培养规则和安全意识，要知道如何才能安全行驶，如何与其他道路使用者互动，与道路互动。所以有很多基本的安全意识，是要被转化到驾驶人的底层记忆里去的，比如：

（1）安全视距和车距意识，起码要有3s意识，也要知道6s意识，要知道在路上，跟随前车的距离要保持3s是基本要求，而如果看不到6s以外的路况是非常危险的，这时最简

单的办法,就是要先降低车速。

(2)车道意识,要知道行车道是不能随便更换的,每一次更换都是一次冒险。

(3)危险驾驶行为的识别意识,比如突然变换车道截断他人的行车线路,是非常危险的,因为你根本无法判断后车驾驶人和车辆是不是有能力及时降速和停下给你让路。

(4)困难路况条件下的专项训练技能,也是一个重要领域。比如在持续下坡时,要学会独特的驾驶方式来迟滞车速,而不是一味依赖制动系统,这样的培训不到位也是一种重要的缺失,特别是对职业驾驶人,这些培训更应该加强,原来没学过,现在也应该强制回炉再培训。

长下坡公路不是中国独有,但中国这种路上的事故之多却是独有的。道路是危险的,在国际上,有公认的三个级别的安全对策方法,消除、减轻、警告,也就是说,能消除的一定要消除,消除不了的,要设法减轻(路侧障碍物前增设导轨型护栏就是一种减轻方式),减轻也做不到的,就要有充分的警告,让驾驶人能设法保护自己,少犯错误,长下坡路的危险,消除不易,但减轻和警告,应该是可以尽量去做的。

扫一扫查看原文

美国交通工程师如何在"骂声"中成长

梁康之　公安部道路交通安全研究中心特约专家
　　　　美国资深交通工程师

导语

交通事故发生后,交通工程师往往会面对很多质询,那么,要如何去面对指责?又该如何承担起一名交通工程师的责任呢?

先讲一起几年前的交通事故:一个晴朗的下午,在美国华盛顿特区郊区,一位80多岁的老者推着自行车在人行横道上横跨道路时,被一辆汽车撞倒身亡。事故地点位于一段人行横道上,是自行车、行人专用道与4车道公路的交会处(图1)。当地警察根据事故还原分析推测,老人进入人行横道时并没有观察来往车辆,毫无停顿地从专用道直接进入人行横道,而此时驶来的车辆来不及停车,撞倒老人。事故调查报告显示:事故发生在白天,事发地点地面干燥,视线良好,没有临时施工等外部环境因素干扰;车辆驾驶人身体正常,车辆维护完好,且行驶速度在限速控制范围内,没有发现任何异常。事故发生后,道路管理部门对道路状况进行了实地调查,不论是在人行横道观察左右方向的视距,还是驾驶人在接近人行横道时的视距,都符合规范要求;路面摩擦系数、路面标线和接近人行横道的警告和引导标志均符合标准。道路本身并不存在问题。

事故发生后,当地民众和媒体一片哗然。在多次公众质询会上,笔者和几位主管工程师被要求回答种种问题，如为什么行人在人行横道上被撞？为什么在碰撞后导致行人死亡了？道路管理部门为什么没有更好地保护道路使用者？面对这些质询，作为道路管理部门的主管工程师，我们应该做什么？我们可以在公众面前仅仅回答说我们所管辖的这一段道路符合规范和标准，不存在安全问题吗？

笔者在美国道路管理部门工作的数十年中，遇到过无数类似的场景，被质询、被"骂"。而且，不仅仅是在每一次较大事故后，在日常工作中，从项目立项开始，到规划和设计的各个阶段，相关政府部门都要举办民众信息发布会，还要召开数不清的居民委员会

图1　自行车、行人专用道与4车道公路的交会处

的各类咨询会、讨论会、听证会等。平时还会不时地收到民众或民选代表的电话、电子邮件和信件等，所有这些都在要求我们提供更安全、更有效的道路。

一位启蒙导师告诫笔者，作为交通工程师应该不断审视我们的道路，不断改善道路设施，让道路更安全、更有效。道路没有最好，只有更好。这位导师定期带领团队选取事故高发地点和重大事故地点，进行分析讨论、实地调查。分析、调查的目的是找出道路存在的缺陷和隐患，提出改进方案，提高道路交通安全水平。我们在很多分析调查中，发现道路本身是符合当前的设计指南和管理规范的，但仍然要广开思路，查找可能的改进方案，提升道路安全水平，给那些"骂"我们的民众一份满意的答卷。

交通安全是全体道路使用者与道路设计者、建设者、管理者共同努力的目标。在发生任何交通安全事件后，作为道路交通专业技术人员，首要的工作是审视自己本职工作范围内是否存在问题。分析以往发生在该道路上的事故类型，找出为什么现有道路的各类设施没有防止这类事故的发生，这也是我们工程技术人员应尽的义务。面对民众的"骂"、指责和质询，仅仅回复道路设计符合规范、控制设施满足要求，是不及格的。

各专业职能部门应该查找自身可能存在的问题，或是工作中未注意到的缺陷，在规范和指南等约束条件下找出更好的解决办法。整个事故调查研究和讨论的过程，不仅能找出问题，提出解决办法，提高道路的安全品质，还能更好地提高各级工程技术人员的业务能力和素质，也能为进一步提高规范、指南的质量打下基础。在经过数十次的磨炼后，工程师的业务能力和个人素质都会有很大提高，不仅能够在遇到相似场景时，迅速回答民众质询，提出解决办法；更重要的是能够在以后的道路设计中提前预判可能存在的问题，整体提高道路安全水平。

事故发生原因往往是多方面的，驾驶人的身体状况，是否遵守交通法规，对道路周边的感知和反应，对车辆控制的决策，车辆本身的设计、维护，货物装载情况，道路的几何条件，道路交通控制的设置，以及周边环境的影响等诸多因素，都有可能是事故原因。我们的正确做法是以自己的专业知识和敬业精神，在所熟悉的工作领域内查找我们

专业知识的不足之处。我们被"骂"，往往是因为自身专业知识缺乏，能力不足，不能给道路使用者满意的回答，不能为道路使用者提供应有的安全的道路。

遵守设计规范和指南是工程师和设计人员进行项目设计和道路技术管理的最基本要求。工程技术人员在初级阶段，往往会视规范为戒律，若其不熟悉规范也只能生搬硬套的执行，就像在鱼缸里的鱼离开这个环境就不能生存，只能面壁而行。在这个阶段的设计图纸是在做规范的背书，只要符合规范的基本要求就可以"交作业"了。而成熟的工程师则视规范为手中的画笔，是服务于设计和管理的工具，此时的工程师就变成了回归江河自然游弋的鱼，在这一阶段所作的设计是为道路使用者服务的项目作品，不仅仅满足于符合规范的基本要求，更多的是满足道路使用者的要求，符合交通工程的理念，匹配人车路的交通环境。

面对专业内同行和更高管理层的质询，讨论和接受行业内提出的问题和意见，往往可以促使我们更好地改进设计，改善道路控制和管理，也能更快地提升自身的业务水平。在工作中，从规划、设计到控制管理的不同阶段，都会有不同层次的审查和评议，从各自的专业角度提出评价意见。与国内专家评审最大的不同是，在美国负责评审的评审人员是由各个专业部门的责任工程师担当，而且必须有充足的评审时间，要对自己所负责的评审部分负有职业责任。由于工作的局限性，我们往往很难找出自身所处环境的问题，而正视和接受同行的质询和建议，不仅能够做到完成"作业"，还能够更好地建设和管理道路交通。只有积累有用的经验，才能在工作中少"挨骂"。

回到文章开始讲述的事故：虽然我们没有找出任何不符合规范的道路设计，也没有找出任何不符合要求的交通控制设施，但我们仍然认为这条道路还应该再改善，并且要在尽可能较小地影响正常交通的情况下进行改善。理想的改善方案是将人行横道移到附近有信号灯控制的交叉口，但这一方案需要进行大量研究论证和道路设计工作，短时间内无法完成。为满足民众出行要求，工程师们提出了图2所示的过渡期解决办法，临时将4车道改为2车道，各方向在人行横道处各只有一条车道；增加限速标志、人行横道警告标志和相应的标线等。这些措施虽然降低了道路的通过容量，影响高峰时段的交通，但降低了行人与车辆的冲突和矛盾，是临时有效的解决方法。

图2　过渡期的解决办法

在每一起交通事故中，我们都能找出由于驾驶人不遵守法规或疏忽导致的一系列事故的原因。我们总希望每一位驾驶人都是完美的驾驶人。但我们道路设计、交通控制和管理人员的缺陷，往往容易被忽视。当我们要求驾驶人在我们建造的道路上完美地控制车辆，车辆性能也完美的时候，我们自己首先必须做一名更完美、具有专业素养的工程师。我们应该建造更适合的道路，提供更符合专业知识的交通控制，用我们的专业知识为道路使用者提供更好的服务。

扫一扫查看原文

交通事故重建有哪些新技术，对事故调查有哪些作用

张新海　广东警官学院治安系副主任、教授

导语

对已经发生的交通事故，尤其是重大交通事故，往往需要对事故发生过程进行重建、再现分析、统计研究等，从而为交通事故的处理和预防提供必要依据。那么，重建道路交通事故有哪些新技术？未来，事故重建的技术会如何发展？

一、重建道路交通事故对公安交管工作有哪些作用

1. 正确认识道路交通事故重建

道路交通事故重建是指具有道路交通事故处理职责和相关专业资质人员，根据交通事故现场证据（现场散落物、肇事车辆痕迹及其损坏情况、车辆碰撞点及停止位置及状态、当事人伤情、当事人和目击者陈述、行车记录仪数据等）与非现场证据（鉴定结论、监控录像、GPS信息、手机信息、云端等信息）等调查获取的各类证据材料，对道路交通事故作出的系统分析与科学推断，并对道路交通事故发生过程依据运动、碰撞、应变、视频、色彩等形成原理进行呈现的过程。道路交通事故重建不研究事故为什么会发生，只关心事故发生的过程。

不同时期，事故重建结果呈现的形式不同，随着模拟仿真技术的发展，现代道路交通事故重建结果通常以二维图形、三维图形或虚拟现实VR的形式进行呈现（图1）。

道路交通事故重建涉及运动学、碰撞力学、材料力学、交通行为学、生物力学、车辆工程、道路工程、模拟仿真、侦查学、证据科学以及数字射影技术等相关学科。由此可见，道路交通事故重建工作确实是目前交管业务当中技术含量比较高、难度比较大、对人员素质要求比较高的工作。

图 1　人与车碰撞事故重建示意图

2. 重建道路交通事故对公安交管工作意义重大

重建道路交通事故的前提是对道路交通事故过程有比较全面、清晰的认识，科学、客观地重建道路交通事故过程，对于目前交管工作而言意义重大。主要表现为以下几个方面。

一是可以帮助执法人员科学认识事故发生的过程，正确分析道路交通事故成因，科学认定交通事故责任。

二是可以提高道路交通事故执法办案的科学性与公正性，提高交通事故认定的质量，提高执法办案部门的公信力和权威性。

三是每起道路交通事故重建的结果都是一部典型、生动的交通安全宣传教育材料，可以帮助不同的交通参与者正确参与交通、科学使用交通工具，有效预防道路交通事故的发生。

四是可以提高交通事故处理业务的水平，增强执法办案的可视化效果，有助于办案人员与当事人、执法监督部门、法官、保险部门等相关人员进行沟通和交流。

二、交通事故重建技术的发展历程是什么样的

回顾整个汽车工业发展历程，在不同时期，机动车安全技术水平以及典型安全装置有较大不同。

在汽车工业初期，汽车安全装备中以被动安全装置为主，这一时期交通事故重建主要依赖于地面上勘查获得的各种痕迹物及散落物，事故信息主要依附于车体、轮胎与路面上，事故调查人员利用运动学原理、碰撞分析原理来分析重建事故过程。

现在，随着汽车主动安全技术的发展，越来越多的ECU（Electronic Control Unit）在汽车上被广泛使用，如防抱死制动系统（ABS）、制动力分配系统（EBD）、牵引力控制系统（ASR）、车身稳定控制系统（ESP）等装置，轮胎在路面上的痕迹越来越少、越来越不清晰、越来越难提取。同时，电子控制装置也时刻影响着汽车的运行状态，汽车每个轮胎与地面之间的作用力大小和方向随时都在改变，传统的事故分析方法失去应有的效能。与此同时，各类ECU计算的数据在汽车内得以记录和保存。EDR（Event Data Recorder：事件数据记录器）可以为道路交通事故重建提供更加丰富和精确的数据支持，

为道路交通事故重建工作带来新的机遇。

目前，车辆交通活动中有众多的车载电子证据，主要包括事件数据记录器（EDR）数据、汽车行驶记录仪数据、行车记录仪数据及车载多媒体数据等，这些载体都客观、全面、准确地记录道路交通事故有关的信息，将来都会成为道路交通事故重建的重要信息来源（图2）。

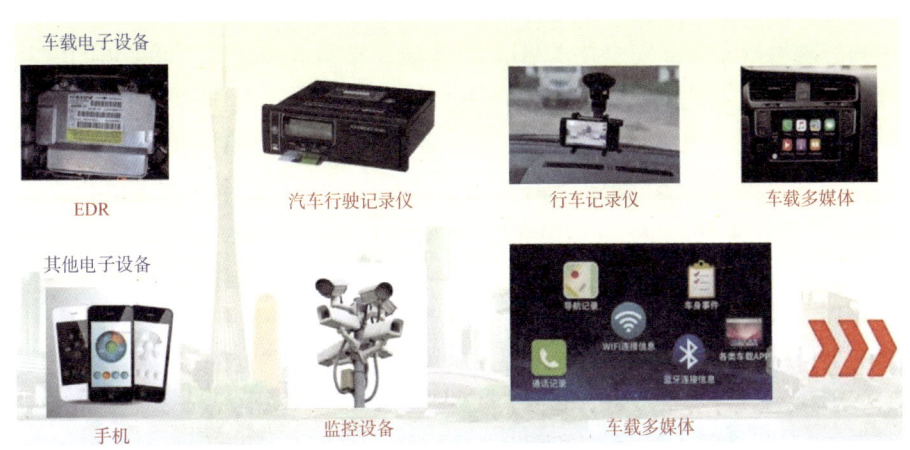

图2 众多的车载电子证据

即便是在恶劣条件下，车载电子设备的数据仍然可以获取，例如，一些重型车辆发生剧烈事故后着火、车体严重变形、车内一些零部件损坏严重、甚至被烧焦等，由于芯片存在，这些芯片里面记录了当时事故发生时的客观数据，有了这些准确的数据信息，我们可以借助一些功能强大的事故重建平台，如PC-Crash、Virtual Crash等重建道路交通事故过程，科学重建事故发生时的情形（图3）。

图3 即便是在恶劣条件下，车载电子设备的数据仍然可以获取

目前，国家也赋予了公安交管等相关执法部门利用车载电子证据进行事故调查、检验鉴定的职责，主要依据如：

（1）《中华人民共和国道路交通安全法实施条例》规定：用于公路营运的载客汽车、重型载货汽车、半挂牵引车应当安装、使用符合国家标准的行驶记录仪。

（2）《道路运输车辆动态监督管理办法》规定：用于公路营运的载客汽车、危险货物运输车辆、半挂牵引车以及重型载货汽车（总质量为12t及以上的普通货运车辆）应安装、使用具有行驶记录功能的卫星定位装置。

（3）《机动车运行安全技术条件》（GB 7258—2017）规定：校车、公路客车、旅游客车、危险货物运输车、半挂牵引车和总质量大于或等于12000kg的其他货车需要安装符合标准的行驶记录仪或具有行驶记录功能的卫星定位装置。

在未来，随着汽车智能安全技术ADAS的发展，车辆上会有更多可采集的信息，这些信息对提高交通事故重建的水平将会发挥更大作用。未来随着汽车的网联化与智能化，交通事故调查取证的数据可能在云端。可以看出，获得道路交通事故重建所需要的信息，过去只能通过勘查轮胎、地面、车体等方式进行采集，现在主要通过汽车主动安全装置ECU记录的电子数据获取，而未来则通过云端即可采集获得。

三、交通事故重建有哪些新技术

这里主要介绍2010年以来，全球出现并应用的10个方面的交通事故重建新技术。

1. 事故现场点云数据辅助事故重建技术

利用三维扫描技术对交通事故现场进行扫描，是国外重大交通事故现场勘查普遍采用的现场勘查技术。利用该技术可以在短时间内（一般20min左右）获得事故现场比较客观、全面的图像数据，利用这些现场扫描的数据，可以十分逼真地重建交通事故过程。

2. 汽车主动安全装置工作过程模拟

现代汽车装备了越来越多的主动安全装置，在事故预防与减少伤害中发挥了重要作用。事故发生后，重建道路交通事故就必须模拟事故发生时车辆的运动情形，而利用传统的方法是无法实现的。一些事故重建系统（如PC-Crash）开发了汽车主动安全装置的功能模块，有效模拟装备有ABS、AEB、ACC及ESP等系统起作用时汽车的运动情况。这些软件里建立的这些模块，可以设定主动安全装置的工作频率等工作参数，另外还可以根据系统给出的模块自行设计出active safety主动安全装置。

3. EDR（事件数据记录器）数据辅助乘用车事故重建

通过EDR（事件数据记录器）采集的数据比较客观、精确，因此在欧美国家已经普遍使用车载电子证据、EDR数据来辅助事故重建。在欧美每年都有EDR高峰论坛，在论坛中一定有关于EDR(事件数据记录器)数据辅助乘用车事故重建的相关内容。目前，国内也有公司开发了名为"汽车取证大师"的技术，通过新一代取证技术对车辆数据进行全面提取，让汽车电子数据取证更高效。

4. EDRfinder 辅助获取EDR数据技术

利用BOSCH CDR TOOL获取碰撞车辆事故数据时，通常会面临一个突出的困难，就是全球的汽车品牌、型号太多，无法确定CDR是否支持某个车型，也很难准确知道使用CDR配备的某一条专用数据线和转接头，甚至无法准确知道数据的接口在哪里等问题。为了解决这个问题，德国人发明了EDRfinder，来帮助事故调查人员通过录入车辆品牌、型号、出厂年份等信息，快速确定是否可以利用BOSCH CDR TOOL 来获取EDR数据,获取数据时使用的接头型号与专用数据线编号。通过这一个平台可以帮助事故调查人员加快数据调查进程,高效辅助道路交通事故重建工作。

5.重型车辆HVEDR(Heavy Vehicles EDR)数据辅助事故重建

像小型汽车和乘用车一样,大型客车、牵引车等实际上有很多ECU来记录汽车行驶的过程,如:Caterpillar、Detroit Diesel、Mack、Cummins、Volvo、PACCAR等品牌的重型车辆,发生事故后ECU也会记录时间、车辆行驶速度、发动机转速、发动机负荷、制动状态、离合器状态及灯光使用情况等信息,利用这些数据也可以帮助事故重建师重建事故过程。

6. EDR数据自动分析技术

通过BOSCH CDR TOOL获取的EDR数据量非常庞大,利用这些数据揭示车辆发生事故时的运动情况往往是一件非常专业和有挑战性的工作。EDR ANALYTICS系统平台,利用从EDR读取的车辆数据,特别是大型货车、牵引车以及大型客车的车载电子数据来自动分析车辆在事故时是如何行驶的、驾驶人操作了哪些动作等,然后自动生成分析报告。

需要说明的是,前面我们介绍了EDR数据在道路交通事故重建工作中有其自身的优越性,但EDR数据也存在一定的局限性,主要表现在以下几个方面:

一是EDR数据仅是交通事故现场数据的其中一种,不宜过分夸大其作用;

二是人、车、路、环境等因素中,仅有关于车辆一方面的部分信息;

三是EDR数据中不包含车辆材料性质的有关信息(如附着系数、车身摩擦系数等);

四是不包含车辆位置、车辆行驶监控录像等信息;

五是不包含驾驶人感知、判断与反应的信息;

六是EDR数据有延迟,也有误差。

应用EDR数据需要从事故过程的全局分析数据包含的意义,否则容易得出错误结论。

7.不同道路环境与照明条件下的事故重建技术

为了使交通事故重建的结果不仅符合车辆碰撞时的运动情况,还需要符合事故发生时的环境变化情况,PC-Crash从11.0版本开始,允许事故重建人员根据事故发生的地点和时间,通过谷歌与必应地图,就可以知道事发时天气情况及阳光相对于交通事故环境的照射方向、事故发生时环境的明暗程度,并可将车辆、路灯杆与行道树当时的阴影呈现在地面上。这样,使事故重建结果更加符合事故发生时的情景,也有助于事故调查人员判定交通事故现场哪些痕迹是真实的,哪些痕迹是容易造成误解的。

8.重建平台支持Google地图数据

目前,无论是PC-Crash还是Virtual Crash均全面支持谷歌地图数据,可以直接将地图数据导入重建系统,无论是平面的还是三维的,由此可以帮助事故重建师提高事故重建的效率。

9. 3D场景任意切换技术

场面比较大的交通事故现场,人们往往需要从不同地点、不同高度、不同位置、不同视角了解事故过程,例如可以以旁观者的角度,也可以从驾驶人角度,可以从空中俯瞰,也可以从转弯处观察事故发生的过程。PC-Crash三维显示窗口支持从任意位置和视角显示交通事故的演变过程。

10. 实验测试及案例数据在线支持技术

奥地利DSD公司研发的PC-Crash事故重建系统目前集中了579宗他们曾经做过的实验验证的案例，这些案例包含各种事故形态，如果事故重建人员正在重建的事故过程属于其中某一种事故形态，系统提供了分析的方法和数据可供事故重建人员参考，典型测试案例包括照片、视频以及文字说明等信息。

四、未来，交通事故重建技术会如何发展

未来，汽车的网联化、智能化、电动化、轻量化、共享化进程加快，交管业务将面临诸多挑战，未来汽车将携带更加丰富、更有价值的交通信息。传统事故调查与重建手段由于其精度差、经验型、效率低、获取成本高等不足，其应用的局限性越来越明显。而基于新技术、新智慧的手段正逐渐兴起，并得到推广应用。

在未来，事件自动检测、数据直接调取、图像自动捕捉、过程自动重建、动画自动生成将成为可能，主要体现在以下5个方面。

1. ADAS助力事故自动重建技术

在未来，先进的驾驶辅助系统（ADAS）（Advanced Driver Assistance System）将得到普及应用，利用安装于车上的各式各样的传感器，在第一时间收集车内外的环境数据，进行静、动态物体的辨识、侦测与追踪等技术上的处理，特殊事件（如交通事故）发生时的冻结数据，有助于提高事故重建水平。德国的科学家正在研究探索利用GIDAS数据根据事故形态和碰撞模型，让事故分析系统自动重建交通事故发生的过程，提高事故重建的效率，降低事故重建的成本。

2. 虚拟现实辅助事故重建技术

未来VR技术和AR技术对事故重建工作将带来很多挑战。未来，人们可以利用VR技术重建交通事故过程，VR技术带来的沉浸感会使事故重建结果更加逼真、更加生动，并可成为交通安全宣传教育的生动教材。目前，国外已经开始探索VR技术在事故重建工作中的应用。

3. 新一代EDR技术有助于提高事故重建水平

基于现在的EDR技术，EDR数据可以帮助人们进行事故调查、事故重建以及事故鉴定。但是，EDR技术也在不断发展，现在的EDR记录了车辆行驶速度、安全带、节气门、制动、灯光等车辆自身事故发生时的数据，未来汽车的EDR技术还将记录更多的数据，下一代的EDR技术将会记录车与车、车辆与周边车辆以及周边设施的通信数据，这些数据更加丰富，可以帮助人们提高事故重建的效率和水平。

4. 摩托车EDR数据辅助事故重建技术

汽车有EDR数据，未来摩托车也可能采用EDR技术，前面已经介绍很多汽车EDR数据在事故重建工作中的优势。在交通事故重建工作中，重建摩托车事故是比较复杂、难度比较大的一项工作，如果摩托车有了EDR数据，对交通事故重建会带来更大的便利。目前日本川崎重工Kawasaki和庞巴迪Can Am已经尝试在摩托车上装备EDR，未来摩托车装备EDR之后，将会大大提高重建摩托车事故的效率。

5. 事故重建中的多体优化技术

对于汽车与汽车间的碰撞事故，PC-Crash研发的优化器（Optimizer）有效帮助初学者加快事故重建的进程，通过Linear Method、Genetic Method、Monte Carlo Method对碰撞速度、碰撞点位置、碰撞点高度、接触面方向、车辆位置、车头方向、恢复系数、车体间摩擦系数等8个参数进行优化。但对于重建摩托车与行人事故则大不相同，摩托车和行人在事故重建过程中是作为多刚体进行分析处理，系统研发的优化器（Optimizer）失效，事故重建的过程是基于事故重建人员根据经验和对事故过程的理解进行反复调试，重建过程艰辛漫长，也很难获得最优的事故重建结果。事故重建科学家经过研究，正试图解决多刚体碰撞的优化问题，并取得技术突破，未来PC-Crash将可实现对行人碰撞事故的优化运算，提高事故重建的成效。

扫一扫查看原文

无人机及3D扫描在交通事故现场勘查与重建中的应用

黎晓龙　浙江警察学院交通管理工程系副教授

> **导语**
>
> 传统的交通事故重建由于勘查技术、勘查时间等条件限制，可能会遗漏一些重要痕迹物证。而无人机、3D扫描以及交通事故仿真软件的应用，让重建交通事故更准确、更高效。那么，这些创新技术具体是如何应用的呢？

一、交通事故现场勘查可以采用哪些新设备获取数据

1. 无人机在现场勘查中的应用

这里以一起交通事故为例，通过交通事故重建，还原事故经过：先是一辆小型客车碰撞行人，行人倒地后又遭到另一辆车的碾压、拖曳，之后两辆涉事车辆相继驶离交通事故现场。图1是无人机拍摄的交通事故现场，可见在现场遗留有血迹、滑移痕迹及散落物。使用无人机进行现场勘查，可以获取一张现场的正射照片，无人机拍摄的照片现场元素清晰、尺寸关系明确，某种程度上可以实现比交通事故现场图更优的功能。交通事故现场图最重要的功能除了相关法律手续之外，就是现场元素之间的尺寸关系。无人机拍摄的照片比现场图更加生动、直观，而且其中的数据可以更有效的在计算机仿真软件中应用。

2. 3D扫描在现场勘查中的应用

交通事故现场和刑事案件现场不一样，其特点是高度的开放性。刑事案件现场多数

情况下是封闭的，比如凶杀案现场，可能是在封闭的室内，勘查人员可以在室内较长时间的进行现场勘查。但交通事故现场的开放性特点，要求勘查人员在短时间内把现场的痕迹物证都勘验好，其难度更大，可能会造成一些现场痕迹物证的遗漏。如果使用3D扫描仪进行交通事故现场勘查，哪怕是一个螺母，我们都可以将其形状、大小、颜色及在现场的位置准确的存储下来，3D扫描的交通事故现场资料为进一步调查证据提供了完整的现场数据。并且可以汇集专家在计算机前多次进行现场勘查，对现场的任何痕迹物证进行深入分析。

图1　无人机拍摄的事故现场

二、现场勘查数据如何在事故仿真软件中应用

使用无人机和3D扫描仪进行现场勘查后，可以得到准确的现场数据，关键是怎样进行交通事故重建。勘查人员赶到交通事故现场时，碰撞已经结束，现场元素分布在各自停止位置上。那么这些现场元素为什么会出现在其位置上呢？相关的痕迹物证又是怎样形成的呢？这时就需要借助技术手段进行分析，目前应用比较广泛的是PC-CRASH（交通事故仿真软件），已更新至11.0版本，12.0版本正在测试。本文我们主要介绍该软件的功能包括现场勘查数据导入、CRASH3 EBS计算（车辆碰撞固定物的有效碰撞速度计算）、运动学倒行跟踪路径计算及碰撞优化等四个方面。

1. 现场勘查数据导入

无人机勘查位图导入。通过导入无人机拍摄的正射现场照片，就能测量现场元素之间的二维尺寸关系，经测试，误差值低于10cm，基本满足交通事故重建的要求。获得导入的现场照片（软件称之为位图）后，可以在仿真软件中测量现场元素之间的二维尺寸关系。

3D扫描点云导入。使用3D扫描仪对交通事故现场进行扫描，可以将E57格式的3D扫描点云文件直接导入PC-CRASH11.0仿真软件，在软件中将呈现三维现场。这时导入车辆模型，模型数据包括车辆的车型、出厂时间、轮胎模型等，需要与事故中的车辆一致。交通事故过程的每一个细节都可以进行仿真，包括碰撞前后车辆轮胎的卡死状态、车辆运行轨迹情况等，所以在现场勘查时需要深入调查每一个细节，而这些细节都可以通过3D扫描获取并建立相关的模型。

2. CRASH3 EBS计算（车辆碰撞固定物的有效碰撞速度计算）

车体痕迹物证勘验时需要测量车辆的碰撞变形量，实际上通过一张照片就能解决，不需要再进行手工的测量。如使用无人机在高空中拍摄一张车体的正射照片,就能够得到车体的变形情况,再通过车体的尺寸比例关系计算出车体的变形值。PC-CRASH11.0 提供了各个年份车型在不同速度下碰撞的实验数据。通过 CRASH3 EBS 计算,就可以计算车辆碰撞固定物的有效碰撞速度。

3. 运动学倒行跟踪路径计算

发生交通事故尤其是碰撞后,车辆运动的路线比较复杂,很难用一种方法或者一种技术手段描述清楚。使用无人机拍摄的交通事故现场照片,可以清楚、准确地固定地面上的滑移痕迹、散落物。滑移痕迹及相关物证能够说明现场元素碰撞后的运动轨迹,但车辆的滑移轨迹及过程依然很难分析,PC-CRASH 中运动学倒行跟踪路径的计算可以很好地实现这个过程。可以设置车辆运动中的十个不同点位,在仿真车辆旋转时,判断其旋转方向,车辆旋转结束时,会有最终停止位置,碰撞后也有开始滑移的起始位置,通过软件可以计算车体碰撞固定物后的行驶速度。再根据车体碰撞固定物所损失的速度,就可以准确地计算出车辆碰撞前的速度以及车辆的运行轨迹。

4. 碰撞优化

对于碰撞优化,以前鉴定人员往往是用手动计算,如在车速鉴定时不断计算、调整角度,反复输入相关参数进行验证,通过这些参数不断调整车辆输入速度,最终得到碰撞过程(速度、方向、距离等)。仿真软件用遗传算法几秒就可以运算几百次,只要确定了碰撞起点,再通过车体痕迹勘验,确定碰撞接触部位,同时优化碰撞角度,分析路面对车体的滑移摩擦系数,当所有参数都正确时,才能形成唯一的正确结果。利用软件进行碰撞优化,得到的结果更客观,更符合真实情况。

三、事故重建案例分析碰撞行人事故、多车多次碰撞事故重建

1. 碰撞行人事故重建

还是以上文的逃逸事故为例。该起事故共有两辆嫌疑车辆,第一辆车碰撞行人,第二辆车碾压、拖曳倒地的人体。事后两车驶离交通事故现场,现场只留下血迹、滑移痕迹及散落物。为了查清事故过程,需要进行痕迹物证勘验和交通事故重建工作。

(1)撞人车辆滑移痕迹的起点勘验——认定交通事故接触点(确定碰撞起始位置)。办案人员通过调查走访查获了两辆嫌疑车,通过痕迹物证勘验,确定帕萨特车先碰撞行人,桑塔纳车又碾压、拖曳倒地后的人体,事故过程中两辆车形成的痕迹是不同的。根据计算机仿真与痕迹物证勘验,能准确认定碰撞接触点,当帕萨特车在碰撞行人时,车体左前照灯位置的部分部件脱落,但是脱落的部件还有部分与车体处于粘连状态,运动过程中在地面形成划痕,划痕起点可以被认定为交通事故接触点。

(2)撞人车辆车体附着痕迹勘验——血迹、毛发提取(DNA 鉴定)。车辆正面碰撞行人时,发动机罩会与人体碰撞接触,车辆前风窗玻璃也会与人体发生碰撞并形成蜘蛛网状破损,往往行人头部和前风窗玻璃发生碰撞,因此,前风窗玻璃破损处就会留下人体的毛发或血迹,通过DNA鉴定,进一步确定碰撞事实是否成立。

(3)测量地面附着血迹1(人体落点)与接触点的距离(用于车速鉴定)。碰撞

后，行人被抛向空中，落地时如果头部与地面发生碰撞，行人身体与地面哪个位置开始接触，也就是说行人被车辆碰撞后在空中飞行的距离，这和车辆的行驶速度有关，因为只有唯一的速度和碰撞接触部位，才能让人体落到现在的血迹1位置（图2）。

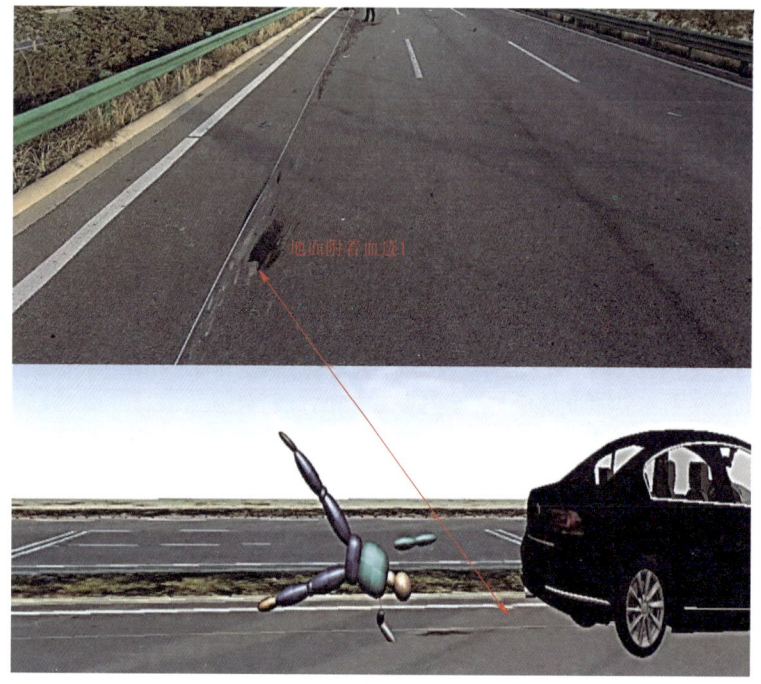

图 2　地面附着血迹 1

（4）地面附着血迹2勘验——测量与血迹1的距离（用于车速鉴定）。人体落到地面需要滑移一定距离后才能停止，根据人体碰撞地面的起始位置和滑移后停止位置的尺寸关系，以及地面对人体的摩擦系数，就能精准计算车辆碰撞时的行驶速度了。车辆正面碰撞行人，只有唯一的碰撞速度，对应唯一的人体落点、对应唯一的人体滑移距离，不同的车速，会得到不同痕迹或现场元素尺寸关系（图3）。

图 3　地面附着血迹 2

(5) 车体附着血迹及人体组织勘验——提取（用于 DNA 鉴定），确定身份信息。人体滑移停止后，血液开始溢出，在地面上形成较大面积的血迹，据此判断人体曾经在此位置停留过一段时间。经过第二辆车碾压、拖曳，人体又发生位移，第二辆车与人体的分离位置，既是人体的最终停止位置，因此，地面又会留下较大面积的血迹，说明人体在这个位置也停留过一段时间。

(6) 现场痕迹综合勘验——重建交通事故。根据前面的综合勘查，以及无人机拍摄位图的导入，得到了事故现场元素之间的尺寸关系。结合现场勘查及痕迹物证的勘验，利用计算机仿真软件进行分析、重建交通事故。

2. 多车多次碰撞事故重建

以一起 4 人死亡的多车多次碰撞事故为例（图 4）。通过无人机拍照，不难发现现场遗留有一个形状类似 W 字母的滑移痕迹。如果仅凭交通事故现场绘图以及在地面拍摄的现场照片很难发现并完整记录这样的痕迹，这是无人机现场勘查的优点。无人机的使用也受到很多条件的限制，如夜晚、大风天气等，3D 扫描设备可以弥补这些不足。

图 4　事故现场图

这起事故中，第一辆车首先与护栏发生碰撞。根据运动学倒行跟踪路径计算功能运用，结合地面痕迹判断和交通事故现场图以及现场照片分析，最终确定第二辆车与第一辆车发生碰撞的接触点。又根据计算机进行碰撞优化，通过现场勘查、车体痕迹勘验，确定了两车碰撞的接触部位、接触点。第二辆车碰撞了前车的左后车轮位置，碰撞瞬间造成前车左后车轮处于卡死状态，而车轮卡死和未卡死状态的滑移情况是完全不一样的。这个因素在现场勘查时也是必须注意的问题，也就是说滑移前车辆轮胎到底处于什么样的状态，这直接影响对碰撞后的车辆滑移轨迹分析。

第三辆车与第一辆车发生碰撞，也经过反复碰撞优化，并结合第一辆车轮胎碰撞后的受损情况，才能形成实际在道路上的滑移痕迹和车辆最终停止位置。通过交通事故现场勘查与重建，查清了交通事故事实。

现场勘查和重建需要相关的设备支持，每个设备或每种技术手段都有各自的优、缺点。如道路上方有树木屏障、大风天气、夜间等情

扫一扫查看原文

况下,无人机很难发挥它的作用,但是这时可以考虑使用3D扫描设备,仿真软件也有它的局限性。交通事故现场勘查与重建需要相关的设备,更需要经验丰富的办案人员,查清事实需要汇集多种方法、多种手段,才能得到客观、真实的结果。

事故调查揭开真相:一起普通碰撞事故为何演变为12死37伤的惨剧

柴智勇　中国汽车技术研究中心有限公司
　　　　北京中机车辆司法鉴定中心高级工程师

导语

2017年5月15日,江西鹰潭龙虎山香炉峰路段发生一起重大道路交通事故,造成12人死亡、37人受伤。参与这起事故调查的专家表示,这原本可能只是一起普通的碰撞事故,就因事故车辆货厢栏板松脱、倾斜,最终横向嵌入公交车内,造成惨重的人员伤亡。那么,半挂车货厢栏板为什么会嵌入公交车内?事故调查为您揭开真相。

一、事故案例:江西鹰潭半挂车撞上公交车致12人死亡37人受伤

2017年5月15日,驾驶人占某某驾驶重型半挂汽车行驶至206国道江西鹰潭境内一处弯道时,挂车尾部甩尾越过道路中心线,车厢左后部与对向驶来的公交车发生剐撞,之后公交车又与后方同向行驶的重型自卸货车车头发生刮擦,造成公交车内10人当场死亡、2人经抢救无效死亡、37人受伤(图1和图2)。

图1　事发现场

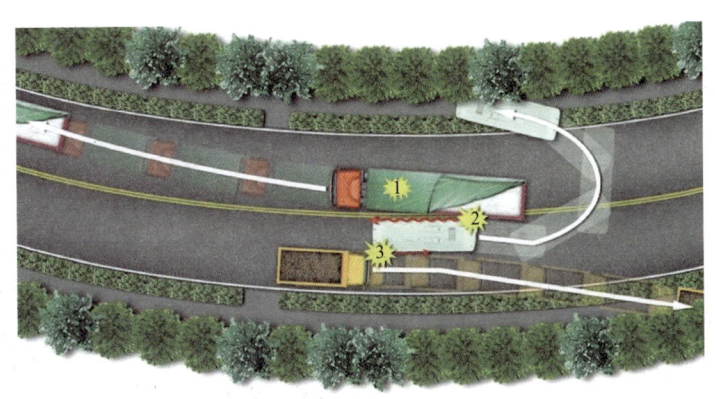

图 2 事故形态示意图

1- 重型半挂车；2- 公交车；3- 重型自卸货车

事故发生后，江西省人民政府成立了由省安全生产监督管理局、省公安厅、省监察厅、省交通运输厅、省总工会及鹰潭市政府组成的鹰潭市"5·15"重大道路交通事故调查组，全面开展事故调查。北京中机车辆司法鉴定中心受事故调查组的委托，指派技术人员共同参与该起事故的相关调查工作。

二、事故原因：为什么会发生如此惨烈的交通事故

经调查显示，半挂车驾驶人占某某驾驶安全性能不符合要求的超载车辆，弯道及雨天未有效控制好安全速度，行驶中车尾越过道路中心线进入对向车道，是导致事故发生的主要原因；重型自卸货车驾驶人黄某某驾驶安全性能不合格的超载车辆，弯道及雨天未有效控制好安全速度，是导致事故发生的原因之一；公交车驾驶人任某某未按照驾驶操作规范安全驾驶，弯道及雨天未有效控制好安全速度，也是导致事故发生的原因之一。

事故发生时，半挂车车厢左后部固定栏板的锁扣和内插式立柱在碰撞中脱落，货厢栏板松脱、倾斜，撞入公交车车厢内，是造成人员伤亡扩大的主要因素。那么，半挂车的栏板为什么会脱落？专家对事故进行了进一步调查。

三、事故调查：半挂车货厢栏板为何会嵌入公交车内

半挂车撞上公交车后，货厢栏板为什么会脱落嵌入公交车内？是车辆自身质量问题，还是后期维护不当？为解答这些疑问，专家组对事故现场进行了细致的勘验，并提取了半挂车左侧货厢栏板以及栏板间吊式穿销等材料，进行了实验室分析检验。

1. 现场勘验：货厢栏板穿销长度不足、定位螺栓缺失

经现场勘验发现，半挂车左侧装配六块货厢栏板，其中前3块栏板及栏板立柱基本完好，后3块栏板及栏板立柱脱落，半挂车4号货厢栏板掉落于事故现场路面，5号与6号货厢栏板嵌于公交车内，如图3图4所示。

为进一步了解半挂车左侧货厢栏板受损情况，专家对1~6号货厢栏板进行了检验。初步检验结果主要包括以下几方面：

图 3　货厢栏板编号示意图

图 4　5 号与 6 号货厢栏板嵌于公交车内

（1）1 号与 2 号货厢栏板间吊式穿销定位螺栓缺失，使用粗钢丝代替（图 5）。

图 5　1 号与 2 号货厢栏板穿销定位螺栓缺失，使用粗钢丝代替

（2）4 号、5 号和 6 号货厢栏板呈现不同程度的折曲、变形以及撕裂（图 6）。

图 6　5 号货厢栏板受损最为严重，大面积撕裂

（3）4号与5号货厢栏板间吊式穿销定位螺栓缺失，穿销向4号货厢栏板发生移位，穿销与5号栏板可接触长度明显短于与4号栏板可接触长度；5号与6号货厢栏板间吊式穿销及固定螺栓局部轻微变形；6号货厢栏板后部吊式穿销局部弯曲变形（图7）。

图7　穿销向4号货厢栏板发生移位，穿销与5号栏板可接触长度明显短于与4号栏板可接触长度

（4）4号货厢栏板下部左侧固定锁扣撕裂，其余固定锁扣均断裂脱落（图8）。

图8　4号货厢栏板锁扣撕裂，其余锁扣均断裂脱落

2. 实验室检验：货厢栏板无质量问题，但定位螺栓和穿销存问题

为进一步证实现场勘验时发现的问题，专家在现场提取了半挂车左侧货厢栏板、锁扣断裂失效区域检材以及4号和5号货厢栏板间吊式穿销，带回实验室继续进行下一步的分析。

通过对半挂车左侧货厢栏板断裂失效区域样品进行多种检验发现：半挂车左侧货厢栏板断裂失效区域的力学性能均符合国家标准《碳素结构钢》（GB/T 700—2006）要求（图9）；断口表面不存在疲劳裂纹以及陈旧伤痕等先期开裂痕迹、断口形貌为受撞击后形成的正常韧性断口（图10）；断口截面金相组织为铁素体+珠光体，组织形态正常，未发现夹杂、偏析等冶金缺陷；焊接处不存在焊接裂纹、未熔合、未焊透等焊接缺陷（图11）。综合实验室分析结果表明，半挂车货厢栏板材料本身无质量问题，且焊接质量也正常。

对半挂车4号与5号货厢栏板之间的吊式穿销样品进行实验室检验，尤其对安装定位螺栓的上下两侧"通孔"作进一步检验后发现：定位螺栓上下"通孔"均呈现规则圆形，说明事故发生时"通孔"处未安装定位螺栓（图12）。如果安装了定位螺栓，上下两处"通孔"均会在事故发生时，4、5号货厢栏板分离过程中，被正在逐渐变形的定位螺栓向4号栏板方向拉曳，从而产生变形。

室温拉伸测试结果

项　　目	抗拉强度 R_m（Mpa）	屈服强度 R_{eH}（Mpa）	断后伸长率 A（%）
货厢栏板样品	432	280	30
GB/T 700—2006合格标准(Q235)	370~500	≥235	≥26

图9　半挂车左侧货厢栏板断裂失效区域的力学性能均符合国家标准

 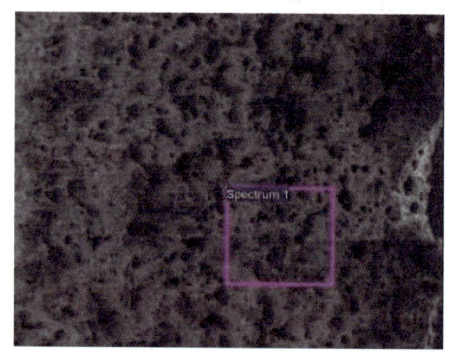

图10　断口表面不存在先期开裂痕迹（左图），断口形貌为受撞击后形成的正常韧性断口（右图）

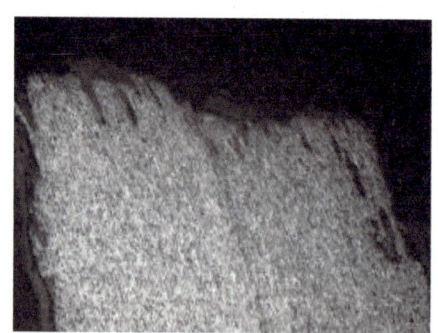 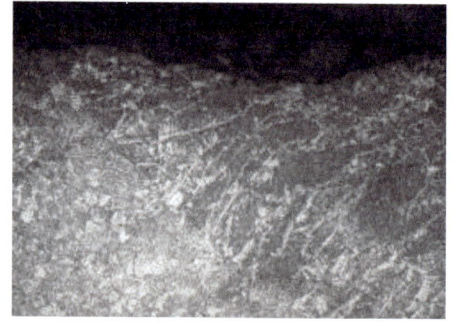

图11　断口截面金相组织形态正常（左图），焊接处不存在缺陷（右图）

同时，发现该吊式穿销已发生变形、在穿销套内不能移动，说明穿销向4号栏板移位的状态是事故结束之前已经形成（图13）。（注：穿销向4号栏板移位有两种可能性，一是事故之前，穿销处未用粗钢丝代替进行定位，在车辆使用中，穿销已经向4号栏板移位；二是事故发生一瞬间，穿销处即使使用粗钢丝代替定位，但由于粗钢丝较软，被穿销移位拉断。不管以上哪种情况，都可以确定定位螺栓在事故之前已经缺失。）

综合现场勘验和实验室检验可以确定，由于半挂车货厢栏板的穿销定位螺栓缺失，致使车厢左后部与对向驶来的公交车发生剐撞时，穿销向4号货厢栏板发生位移，导致4号货厢栏板失去约束后掉落地面，5号与6号货厢栏板松脱、倾斜并嵌入公交车内。

图 12 "通孔"呈规则圆形，定位螺栓在事故发生前已经缺失

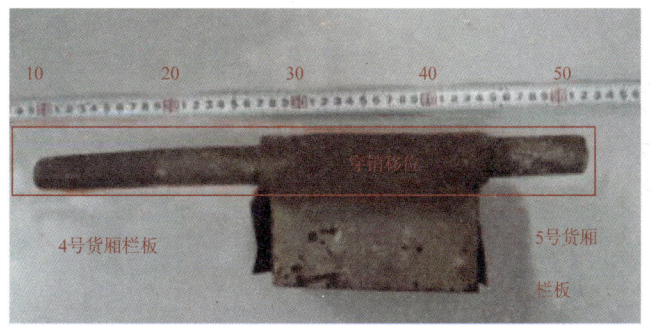

图 13 穿销定位螺栓缺失，穿销向 4 号货厢栏板移位

四、还原事故过程：半挂车货厢栏板脱落嵌入公交车，切断左侧立柱

为详细还原事故发生时，半挂车栏板从碰撞、脱落到嵌入公交车内的整个过程，专家对4~6号货厢栏板、货厢栏板吊式穿销及定位螺栓的现场检验及实验室检验结果进行分析，最终确认：在事故发生时，半挂车左后部4号货厢栏板首先与公交车发生碰撞并产生内凹变形和开裂，随着两车继续相对运动，碰撞区域扩展至4号和5号货厢栏板间，但由于半挂车左侧4号与5号货厢栏板之间吊式穿销定位螺栓缺失，导致穿销无法固定，穿销向4号货厢栏板方向发生移位，致使5号货厢栏板安装不牢，导致半挂车左侧4号货厢栏板后部失去约束，在涉案道路交通事故过程中，被公交车车头左前部位撞击产生内凹变形和开裂。

图 14 公交车立柱被嵌入的货厢栏板整齐切断

随着两车继续相对运动，5号货厢栏板从穿销处滑出并向外侧松脱、倾斜，与公交车左侧立柱直接碰撞并被撕裂，最终导致5号货厢栏板与4号货厢栏板整体分离、脱落，5号与6号货厢栏板一并横向嵌入公交车内。公交车除左后尾部立柱外，其余立柱均被嵌入的货厢栏板整齐切断，最终导致公交车内12人死亡、37人受伤的惨剧发生（图14）。

结语

千里之堤，毁于蚁穴。如果重型半挂车左侧4号与5号货厢栏板之间吊式穿销定位螺栓缺失被及时发现并修复，驾驶人不驾驶带病车上路，公交车内12条鲜活的生命也不会戛然而止。而针对这起事故开展的调查，就是为了挖掘事故背后的问题，从源头上消除隐患。

扫一扫看原文

新修订的《道路交通事故处理程序规定》于2018年5月1日起正式施行，其中第二十九条规定："对发生一次死亡三人以上道路交通事故的，公安机关交通管理部门应当开展深度调查；对造成其他严重后果或者存在严重安全问题的道路交通事故，可以开展深度调查"。开展交通事故深度调查，不仅可以规范道路交通事故处理程序，保障公安机关交通管理部门依法履行职责，还可以保护道路交通事故当事人的合法权益。

车辆撞树气囊未展开，是否存在质量问题？事故鉴定还原真相

柴智勇　中国汽车技术研究中心有限公司
　　　　北京中机车辆司法鉴定中心高级工程师

> **导语**
>
> 交通事故发生后，当存在事发现场既没有监控摄像头，也没有目击证人的情况时，往往给事故调查、分析和鉴定等工作带来极大困难。在这种情况下，如何开展事故调查、如何鉴定事故原因呢？我们以一起轿车单方事故为例，来看看专家是通过哪些方式和技术手段来破解事故疑点和难点的，如何一步步开展事故分析和鉴定工作的。

一、争议：轿车撞树正面安全气囊却未展开

2013年5月，吕某驾驶一辆轿车由西向东行驶过程中，发生一起撞树的单方交通事故（图1）。事故中，驾驶人吕某当场死亡，副驾驶乘员昏迷，事故车辆正面安全气囊无一展开。据当地交管部门的尸检报告显示，驾驶人吕某事发时体内酒精含量达到442.1mg/100mL，属于醉驾。

图 1 轿车由西向东行驶过程中，发生撞树的单方交通事故

因为车辆主副驾驶正面安全气囊未展开，没能有效保护驾驶人在本次事故中免受伤害，死者家属认为事故车辆存在产品质量问题，因此，将事故车辆生产厂家及经销商诉至法院，希望得到相应经济赔偿。由于副驾驶乘员醒来后即神秘失踪，现场无目击证人及视频监控，再加上该事故为单方事故，导致事故发生过程信息十分模糊，疑点重重，需要专业、权威的机构和专家进行分析和鉴定。

汽车是一种结构复杂的工业产品，安全气囊系统又是汽车被动安全方面的最重要部件，集机械、化学、电子、计算机控制等多学科于一体，鉴定难度极大。负责审理本案的人民法院经过多次遴选，最终选定北京中机车辆司法鉴定中心（以下简称"北京中机"）作为本案的司法鉴定机构，得到死者家属、事故车辆生产厂家及经销商的一致认可。

那么本案中，安全气囊到底应不应该展开？即使安全气囊真的展开了，就不会发生白发人送黑发人的悲剧了吗？

二、调查：检验事故车辆 还原事发过程

1. 检验车辆受损情况 获得碰撞变形数据

北京中机的技术专家首先对事故车辆进行检验、测量和事故再现仿真分析，发现事故车辆至少发生过三次碰撞（图2）。车身右侧B柱有一处碰撞变形；车头正面有两处碰撞变形，其中：一处碰撞位置位于左前翼子板与左前纵梁之间，呈深V状撕裂变形，变形一直深至驾驶人座椅导轨处，变形距离深达2m左右；另一处碰撞位置位于事故车辆右前部横梁处，呈U形柱撞变形。另经检验发现，事故发生时，驾驶人和副驾驶乘员均未系安全带。

进行安全气囊鉴定，首要任务是准确获得事故车辆的变形情况，即获得车辆变形的精确数据。那么，同型号车辆的外廓尺寸参数测量工作显得尤为重要。北京中机的技术专家使用精密仪器，对一辆与事故车辆同型号的参照车进行精准测量，并与事故车辆的外廓尺寸数据进行比对，得到事故车辆的碰撞变形数据，用于技术分析。

车辆变形数据有了，可事故车辆存在的至少三处明显碰撞痕迹是如何产生的、车辆在事发时先后撞到了哪些物体、撞了几次、最后如何停下来的呢……这些问题还有待解决。

图 2　事故车辆至少发生过三次碰撞

2. 根据尸检报告和车损情况 真实还原事发全过程

根据当地交警提供的尸检报告以及现场照片等信息,北京中机的技术专家最终找到了事发地点,结合事故车辆的损伤情况,最终还原出整个事故过程:事发时,事故车辆正沿某大街由西向东行驶,突然冲上南侧的路基,首先车头左前部位正向撞断水泥电线杆后,接着撞断第一棵行道树,然后又撞到第二棵行道树,以第二棵行道树为中心发生了逆时针旋转,旋转后车头右前方再次撞到第二棵行道树,车辆右侧 B 柱则在旋转过程中撞弯了木制电线杆,最终停车(图3)。

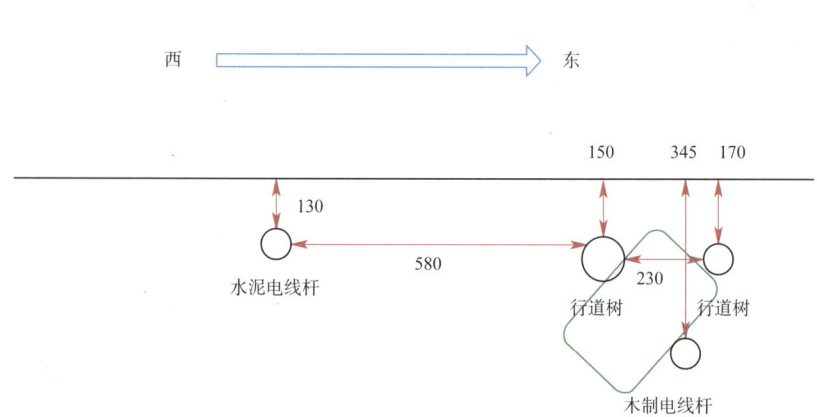

图 3　事故车辆行驶轨迹及碰撞图解(尺寸单位:cm)

车辆变形数据有了,事故发生过程也已经清晰了,接下来如何对安全气囊进行分析、鉴定呢?

三、鉴定:安全气囊应展开 车辆存质量问题

1. 经鉴定,厂家设定的安全气囊展开条件不合理

回到实验室后,专家们首先使用专业仪器设备读取事故车辆上安全气囊电脑ACU(即

Airbag ECU）中的数据，结果显示事发时 ACU 只侦测到一次有效的左侧（即驾驶人侧）的侧面碰撞，并触发了前排主副驾驶安全带和左侧的侧面气囊和气帘。通俗地讲，就是 ACU 认为主副驾驶两个正面安全气囊没有达到展开条件，因此没让其展开。

仅仅凭借读取ACU存储数据就能给出最终的鉴定意见吗？虽然本案事故车辆ACU存储数据显示，事故车辆的安全气囊未达到生产厂家设定的展开条件，ACU没有给安全气囊发送触发信号，但ACU判断的究竟对不对、生产厂家原本设定的安全气囊展开条件是否合理……这些问题都有待解决。

专家们根据车辆左前深V状变形处为第一次碰撞点且碰撞力度最大的客观事实，一方面基于测量得到的车辆实际变形数据，结合中国汽车技术研究中心实车碰撞数据库的相关数据，进行力学建模，计算得出事故车辆第一次碰撞时刻的瞬时速度；另一方面采用国际上先进的动力学仿真软件，对整个事故过程进行仿真和再现，得出相应车速；同时，依照相关标准进行计算，推导出瞬时理论车速。

北京中机的技术专家应用三种不同原理的技术方法，通过相互印证，得出事故车辆第一次碰撞时刻的瞬时速度约为106km/h，再结合生产厂家对该车型正面碰撞试验标定的工况数据进行分析，最终认定事故车辆存在产品质量问题，其主副驾驶正面安全气囊在此次交通事故中应该展开。

2. 经判决，厂家和驾驶人各承担50%的责任

北京中机的鉴定意见被委托的人民法院采信，一审判决事故车辆生产厂家和驾驶人各承担50%的责任。既然事故车辆的安全气囊应该展开而未展开，车辆存在质量问题，为什么生产厂家只承担50%的责任？

根据专家的检验，事故发生时，驾驶人和副驾驶乘员均未系安全带。在车辆被动安全设计中，只有在安全带和安全气囊共同作用时，才能发挥最大的保护作用（图4）。安全气囊的展开速度往往达到300km/h，如果未系安全带而单纯依靠安全气囊，不仅无法起到保护作用，还会对乘员造成伤害。通俗地讲，开车如果不系安全带，一旦发生事故，安全气囊展开非但不能保护驾乘人员，还有可能加重伤亡程度。

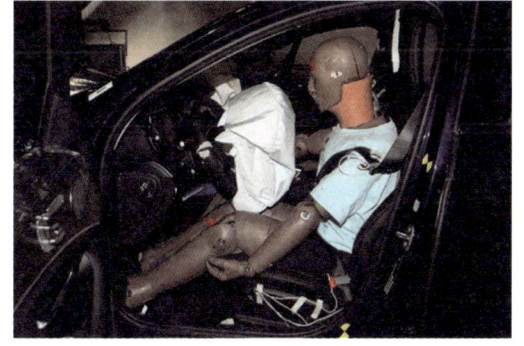

图4 安全气囊和安全带配合使用才能起到保护作用

因此，事故车辆安全气囊理应展开不假，但跟驾驶人吕某的死亡没有直接联系，本次事故的罪魁祸首是吕某醉驾且未系安全带。

结语

交通事故鉴定在事故处理中的作用日益显著，不仅有益于查清事故的基本事实和成因，还可以为交通事故预防及对策研究提供科学依据；同时还能推动厂家提高产品质量，提升交通出行的安全性。

扫一扫查看原文

如何提升事故现场防护安全性，防范二次事故

董伟光　公安部交通管理科学研究所助理研究员

导语

近年来，一线交警在交通事故处置现场发生二次事故的情况时有发生，虽然有时在事故现场采取了安全防护措施，但仍然会发生涉警牺牲的二次事故。那么，如何才能提升事故现场防护的安全性，预防和减少二次事故的发生呢？

一、现状分析：交警在事故现场因二次事故牺牲的占比较高

1. 2015—2016 年，交警在事故现场因二次事故牺牲的占比高达 20%

如图 1 所示：通过分析 2015 年和 2016 年全国各地交警和辅警因公牺牲的数据可知，驾车事故和路面执勤执法被撞牺牲各占 37%，交通事故现场因为二次事故牺牲占比 20%。这个数据和安全防护密切相关，尽管占比不是最多，但由于事故处置民警在交警中的比例少，因此，1：5 的比例还是很高的。

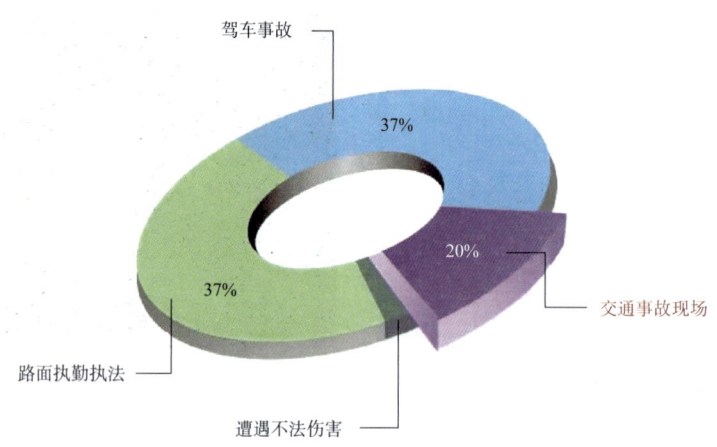

图 1　2015—2016 年，全国各地交警和辅警因公牺牲（不含积劳成疾牺牲）数据分析

下面来看两起交警在事故现场发生二次事故的案例。

案例一：天津蓟州区"8·10"事故，4 名交警不幸牺牲（图 2）

天津这起事故的现场，基本的防护措施都落实了，但仍然发生了 4 位民警死亡的悲剧。

案例二：重型货车闯入事故现场，导致 1 名交警死亡、3 名辅警受伤（图 3）

第五篇 事故调查与安全防护篇

初次事故情况
- 时间：2014年8月10日20时22分许
- 地点：津蓟高速公路南行76.6km
- 事故：两车损坏交通事故（2人死亡、5人受伤），抢救伤员、勘查现场
- 防护：事故点前摆放锥筒；封闭车道，应急车道临时通行；事故地点前100m处第二车道内，停放清障车、警车

二次事故情况
- 时间：22点3分许
- 经过：一辆重型半挂车因驾驶人疲劳驾驶，在未采取任何制动措施情况下从第二车道撞倒锥筒，闯入事故现场，高速冲撞清障车，引发连环碰撞
- 结果：6死4伤（4名交警牺牲、1名受伤）

图2 两起交警在事故现场发生二次事故的案例

- 时间：2017年5月3时左右
- 地点：省道
- 经过：重型货车闯入事故现场，连续撞击警车、清障车、事故车辆和现场人员
- 后果：1名交警牺牲，3名辅警、3名施救人员和1名事故当事人受伤
- 原因：重型货车驾驶人疲劳驾驶(直接原因)；
  安全防护设施不完备、照明及声光警示装置应用不足；
  现场警戒人员未发挥作用

图3 导致1名交警死亡、3名辅警受伤的事故案例

这起涉警牺牲二次事故，尽管在现场配置了安全员，但由于没有携带警情传递工具，导致二次事故后果加重。

这两个案例给我们的警示就是：对于安全防护是不是简简单单摆上锥筒、放上警示标志就可以了？是不是只要有安全员警戒就可以了？答案显然是否定的。

2. 交警达到事故现场后，面临"事故车辆、环境条件以及其他潜在威胁"三个危险源

据2015—2016年涉警牺牲二次事故数据显示：高速、夜间、冰雪路面构成了二次事故高发的三个关键词；2017年的涉警牺牲二次事故显示：防护区还没有设置完成就去勘查事故具有极高的危险性，而且发生事故的时间段也是容易发生疲劳驾驶的凌晨和中午（图4和图5）。

从以上数据分析可知，事故现场的危险源来自三个方面：
一是事故车辆，包括车辆散落物、车辆内部威胁以及不稳定的车辆。
二是环境条件，包括凌晨等特殊时段、雨雾雪等恶劣天气和事故多发路段等特殊位置。
三是其他潜在威胁，如当事人不配合、袭警，防护装置存在缺陷等。

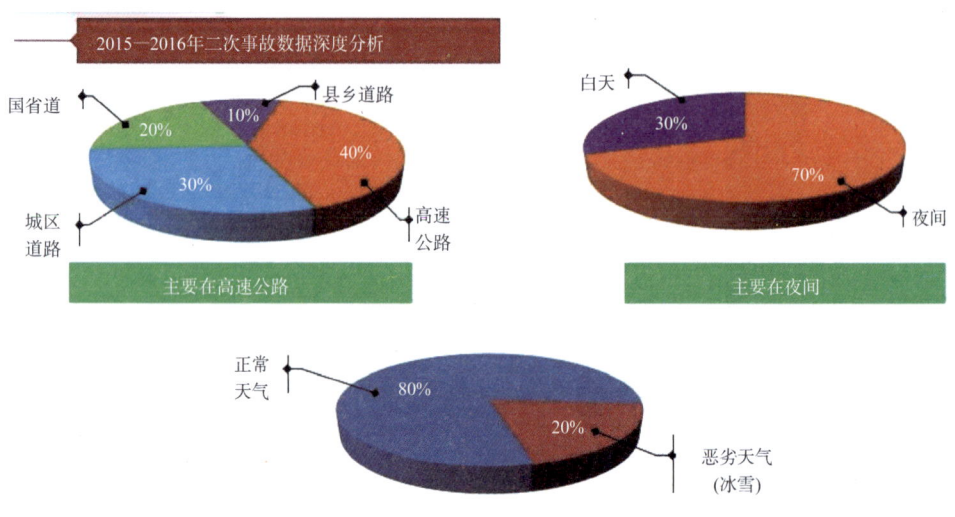

图 4　2015—2016 年二次事故数据深度分析

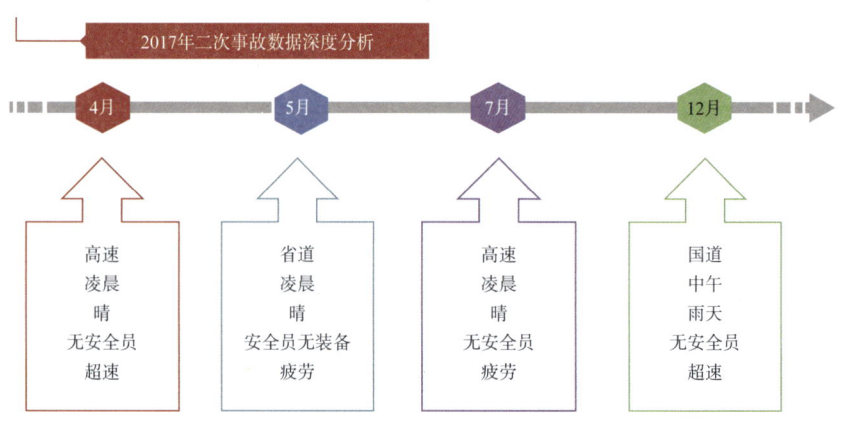

图 5　2017 年二次事故数据深度分析

二、安全防护：推行事故现场三级防护理念，可实现最佳的现场防护效果

1. 什么是事故现场三级防护理念

近年来，我们一直在倡导事故现场三级防护理念，即通过在预警区、警戒区和核心区实施不同的防护技术，达到最佳的现场防护效果（图6）。

所谓的"预警区"，是指在警戒区前端，在来车方向通过设置一定的警示标志、采用一些预警手段来对车辆进行提示的区域，该区域主要是警示来车避让，减速行驶。

所谓的"警戒区"，主要是指事故发生的车辆以及民警处置现场的核心区域，通过采用隔离设施对其进行隔离，严禁其他无关车辆、无关人员进入的区域，该区域主要是通过周密布防，达到发生险情时主动报警的目的。

所谓"核心区"，主要是指现场执勤民警本身，重点是提高现场人员的视认性。

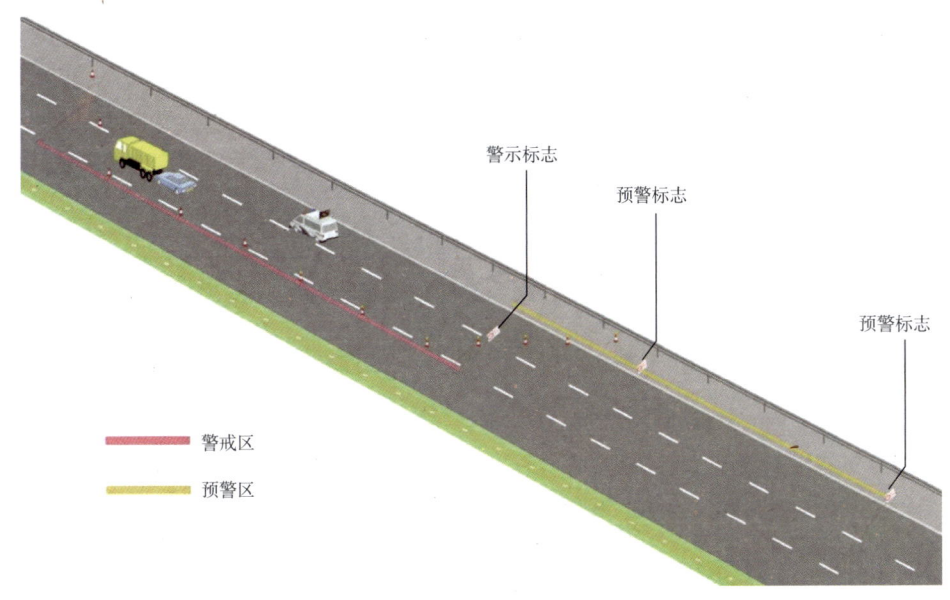

图 6 事故现场三级防护

2. 事故现场远端、中端和近端三级防护有哪些

（1）在远端，也就是预警区，技术装备要达到警示来车避让、减速行驶的目的。

第1种装备是便携式LED警示屏，不但携带方便，还能通过无线方式远程灵活更改编辑显示内容，警示性效果好、操作简单、使用方便。

第2种装备是拖车式LED警示屏，它是便携式LED警示屏的放大版，警示面积更大、警示距离更远、工作时间更长，适合大事故现场的防护预警需求。

第3种装备是事故现场预警机器人，它是把前面提到的LED警示屏增加了自主移动的功能，使我们的现场民警可以在远端根据现场情况更加灵活地配置警示装置，而且具备自主移动和遥控移动两种运动模式，自动化程度高、操作简单灵活，警示作用更加明显。

第4种装备是事故现场预警抓拍机器人，它是在护栏上移动，具备了违法抓拍、灯光和语音警示的作用，自主性和灵活性更高。

（2）在中端，也就是警戒区，技术装备要达到周密布防、自主报警的目的。

第1种装备是锥筒自动布设回收机器人，它克服了现有大型锥筒布设车在灵活性、适应性、经济性上的缺陷，基于警用皮卡平台，结合工业机器人技术，实现锥筒自动布设和回收装置的小型化、自主化，更加适合基层公安交通管理部门使用。通过视频可以看出它具备了操控简单、安全快速、通用性强、机动灵活、性价比高等优点，使我们的锥筒布设和回收工作更加省时省力，防护区布设过程的安全性也相应提高。

第2种装备是智能一体化车辆闯入报警设备，它的预警装置和锥筒设计为一体，在布设锥筒的同时就完成了防护装备的布设，提高了工作效率，车辆闯入警戒区域能快速监测，通过警戒区边缘声光报警、穿戴式振动报警和车载式声光报警三位一体的立体警示系统，进行同步报警，事故防护效果更优。

第 3 种装备是移动式发光减速垄,滚轮结构,收放更便捷,而且配备灯光,夜间警示效果更明显,能起到较好的减速效果。

(3)在近端,也就是核心区,技术装备要达到提高工作人员视认性的目的。

主要有全反光服以及一些发光指挥棒、肩灯等,这些装备能有效提高现场处置交警的视认性,从另一个维度提高交警的安全性。

从远端警示来车、减速行驶,从中端周密布防、自主报警,从近端提高处置人员的视认性,三级防护、合理搭配,可最大限度提高事故现场的防护效果。

三、趋势分析:综合利用远程预警、智能监控等多种技术手段,构建防护体系

从公安交通管理部门的应用角度出发,结合事故现场安全防护装备的应用以及实际需求,未来事故现场防护技术发展趋势包括从远程智能预警到现场自主监控再到防护体系构建三个方面(图7)。

图 7　综合利用远程预警、智能监控等多种技术手段,构建防护体系

一是远程智能预警,目的是预防二次事故。技术装备解决的问题是警示事故现场来车方向驾驶人提前减速、谨慎驾驶,安全通过事故现场,而"智能"主要是解决在警力不足的情况下,可以实现装备自主移动、灵活预警的目的。

二是现场自主监控,主要针对警戒区域、核心区域。通过对事故现场的监测和预判,结合人工智能技术,在不增加现场处置民警负担的情况下,实现自主的监控和报警。这个"自主"主要涉及两个方面:一是自主布防,也就是警戒区边缘的自动化周密布防;二是闯入报警,当有车辆闯入事故现场后,可以及时发送报警信息。

三是防护体系的构建,人的因素很重要,这里涉及战术的因素,但是光靠人也不行,还必须发挥技术装备的作用。没有一种装备是万能的,它都有自己的优缺点,因此,在不同区域合理设置不同类型的装备,发挥各自优点,才能最大限度地提高现场安全防控的综合水平。

扫一扫查看原文

常用事故现场安全防护警示设备特点及研发使用建议

张　伟　内蒙古自治区公安厅交通管理局
高龙伟　广西壮族自治区公安厅交通管理局高速公路支队

导语

近年来，交通民警在处置交通事故等交通应急事件过程中因二次事故发生伤亡的情况时有发生，事故现场的安全防护一直是各地交通安全管理工作的重点，选用性能良好的安全防护警示设备并正确设置是做好事故现场安全防护的基础和有力保障。

一、国内常用事故现场安全防护警示设备存在缺陷

根据《道路交通事故现场安全防护规范》（GA/T 1044.1），道路交通事故现场安全防护警示设备主要有反光、发光隔离器材、警示标志，如锥筒、警示带等。

1. 反光类警示设备的缺陷

常见的反光类警示设备有反光锥形交通路标、警示标志等，具有如下缺陷：

（1）亮度具有局限性，依赖外界光源，受限于反光材料的面积。

（2）使用条件具有局限性，三角警示牌等立面警示设备需要被设置在一个适当的角度以提醒迎面而来的车辆，角度的选取是关键。

（3）稳定性较差，易因车辆行驶形成的气流带动而倾倒。

（4）环境适用性差，在白天或能见度低等恶劣天气下警示效果差。

（5）配置成本高，易破损、易污损（图1）。

图1　常见反光类警示设备

2. 发光类警示设备的缺陷

常见发光类警示设备一般将电池作为发光能源或通过化学材料的相互反应作为发光能源。常见的将电池作为发光能源的警示设备大多是充电类便携LED灯式设备，其主要缺陷为：依赖于电池，废弃的电池会对环境产生影响；配置成本高，且操作、维护成本高；易受到破坏和盗窃；不易被途经驾驶人理解为紧急信号（图2）。

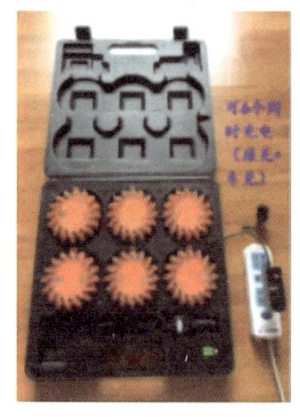 

图2　电池作为发光能源的发光类警示设备

常见的通过化学反应作为发光能源的事故现场安全防护警示设备有荧光类设备，其主要缺陷为：亮度不够，在白天几乎没有使用价值；化学反应受气温影响较大（寒冷抑制亮度，温暖抑制使用时间）；化学液体泄漏对环境有污染；配置成本高，易受到破坏和盗窃；常被用于娱乐，不易被途经驾驶人理解为紧急信号（图3）。

图3　荧光警示设备

由于上述警示设备存在明显缺点，国内也有厂家根据实际需求开发了一些改良型产品，如充电式LED发光锥筒、高亮度荧光设备等（图4）。

针对荧光设备的缺点，有厂家引入了军用级别的荧光设备，可以在高寒地区使用，且亮度优于民用级荧光设备（图5）。

此外，目前还有一些利用红外或激光进行提前预警的设备，但由于在实际交通环境中因气流会带动多个方向的物体移动、干扰预警，容易造成误报警。

第五篇　事故调查与安全防护篇

图 4　充电式 LED 发光锥筒

图 5　军用级别的荧光设备

二、国外常用事故现场安全防护警示设备优势明显

国外道路应急管理部门、执法部门为了弥补反光设备的不足，往往在现场采取发光与反光设备组合使用的方式（图6）。

常用的主动发光式警示设备名称为flare，可直译为"光斑"，也可称为警示信号。在美国常见于机场跑道紧急照明、特定地点的临时标示、地面远距引导、公路事故等用途。除了配合反光设备使用，在很多情况下还独立使用，使用场景如图7所示。

1. flare 在美国的测试优势

美国宾夕法尼亚州立大学对 flare 警示设备的功效进行了测试，测试报告证明 flare 警示设备在事故现场安全防护中的优势包括：

（1）扩大了现场安全区域。可使途经车辆的行驶速度降低16%，增加了制动距离，扩大了现场安全区域；横向距离增加了85%，保证了途经车辆远离事故车辆或警戒区；三个flare可以产生一个光幕，警示范围广，使警戒区所占用的右侧车道面积减少89%，在警

379

戒区附近创造更好的可见性，并且使安全区域向两侧扩张（图8）。

图6　发光与反光安全防护警示设备组合使用

图7　flare（可直译为"光斑"，也可称为警示信号）

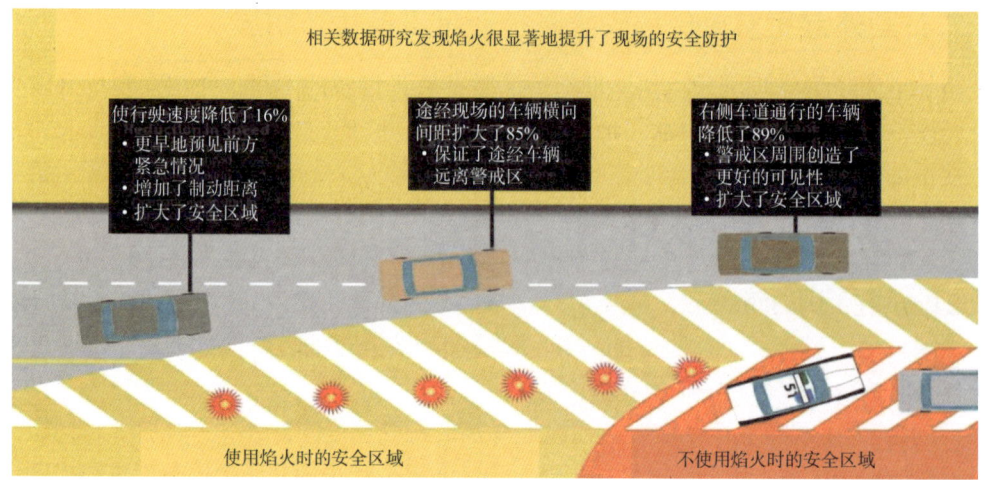

图8　flare 扩大了安全区域

（2）辨识性和可见性强。flare的红色闪光亮度高，属于普遍易懂的应急信号，且照明范围广，1~2km范围内可见。

（3）环境适应性强。可在大风、雨中燃烧，基本上所有的天气条件都可以使用（图9）。

图9　特定条件下Flare的可见性测试

（4）环保性能好。符合美国环保标准要求，通过EPR检定，对人体完全无害。

（5）安全性能好。flare的成分主要有硝酸锶、高氯酸钾、氯酸钾、硫黄、虫胶的混合物、石蜡油、锯末木粉，类似于"安全火柴"，据美国休斯敦消防部门和警察部门的实验，flare在115.56℃下是安全的。

2. flare在国内的使用测试

为了获得更多的第一手数据，笔者团队经自购flare在广西G72线泉南高速公路进行测试（该路段高峰时期日均双幅车流量达10万辆），flare警示设备具有如下优点：

（1）相对于锥形路标等反光设备，便携、易于管理和存储，且可以快速有效地建立预警区和过渡区，每只信号布置时间（点燃到放置）仅需10~15s。

（2）闪烁红光可以给驾驶人"慢/离开/紧急事件现场/前面危险"的提示，且亮度高，可以照亮周围的车辆、树丛、护栏、电话杆等，使"信号"更加醒目，无论白天还是低能见度的情况，对途经驾驶人行为的影响，比常用的安全防护警示设备效果更强。

（3）使用3个flare可产生一个连续的光幕，增加了警戒区覆盖的横向间距。

（4）部署更多的flare效果更佳，设置间隔为1.5m时所产生的光幕效果要优于3m间隔的设置效果，途经机动车会提前约100m产生明显的减速和变道行为，侧向分离效果显著提高。

（5）即使没有设置警车警灯等发光设备，警示效果也很显著，使用3根及以上flare的效果相当于一辆开启警灯的警车。

（6）在小雨甚至中雨的情况下警示信号燃烧情况依然稳定，车辆行驶带动的气流不会使信号熄灭或倒伏，暴雨情况会对警示信号的正常使用造成干扰（图10）。

图 10 flare 在雨中的使用情况

（7）单色红光不会导致驾驶人分心或致盲。

（8）可以充分燃烧，基本无残留，不会对环境造成危害。

由于 flare 是通过燃烧产生光亮，具有一定危险性：

（1）操作不当可能造成皮肤灼伤和眼睛损伤，如果大量吸入燃烧产生的气体，可能会造成呼吸黏膜的损害。

（2）不可在密闭空间（如建筑物内）、春冬干燥季节的林区和草场及运载危化品车辆事故现场使用。

（3）应当被充分燃烧，以免残留物质造成环境污染。

（4）应储存在干燥的地方，避免阳光直射，远离高温、食品和饮料。

三、"双管齐下"提升事故现场安全防护能力

根据上述安全防护警示设备的特点，结合工作实际，提出如下安全防护警示设备研发或改进及使用建议。

1. 研发新型安全防护警示设备

研发具有下列特点的安全防护警示设备：

（1）亮度高的发光类设备。

（2）布设成本低，即易管理、易携带、易部署、易操作。

（3）环境适应性高，在白天和恶劣天气都适用。

（4）配置成本低。

（5）对环境污染性低。

2. 对已有安全防护警示设备进行性能优化

针对目前国内已有的使用 LED 技术的发光警示设备易倾倒、续航时间短的问题，在其底部增加地爪提高其使用的稳定性；加强对电池的性能优化，提升其续航能力。

根据国外的使用实践和国内实验情况，flare 是给定燃烧时间、部署速度和有效性等

方面比较理想的警示信号。目前，我国的军队和海事救援已经在使用类似flare的警示信号弹，但由于没有考虑到用于道路交通安全，燃烧后烟量较大，建议充分考虑环保要求，并尽量减少烟雾对驾驶人视线的影响，对信号弹成分进行优化，降低燃烧后的烟量，将性能优化后的警示信号用于道路交通事故现场安全防护。

3. 规范设置警示区

虽然符合安全要求的警示设备能够起到较好的警示作用，但如果没有提前的提示与告知，现场的工作人员、当事人、途径驾驶人等仍然可能面临危险。现场处置人员应提前进行分工，按照安全防护原理的要求进行预警区、过渡区的布设，将危害概率降到最低（图11）。

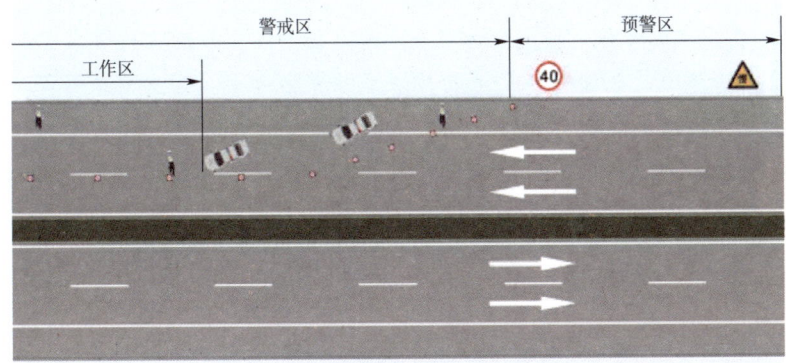

图11　事故现场安全防护区设置

过渡区是位于上游来车方向、供对向行经车辆预警、变更车道、调整车速的区域，其设置应根据视距效应，呈现给车辆驾驶人一条引导线，引导其融入车流。过渡区与车行道分界线呈一定角度，角度值应考虑车速与视距的关系，建议小于30°（图12）。

道路交通事故现场安全防护任重道远，应立足于当前科技发展成果、交通管理，做好警示设备研发、确立科学合理的工作方法，才能实现保障执法者及交通参与者安全的目的。

扫一扫查看原文

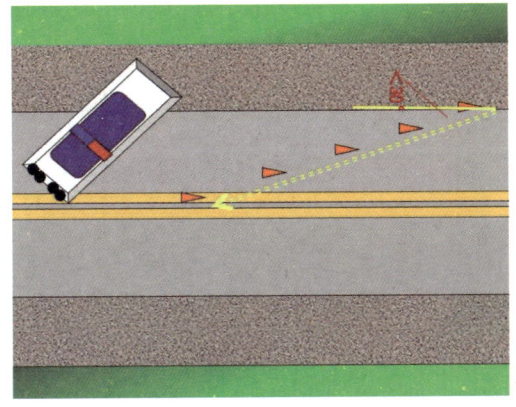

图12　过渡区警示设备设置

保障警察执法安全 美国执法安全防护理念值得借鉴

张 伟 内蒙古自治区公安厅交通管理局
高龙伟 广西壮族自治区公安厅交通管理局高速公路支队

导语

近年来,我国机动车保有量迅猛增长,给道路交通安全管理工作带来了挑战。同时,日益严峻的执法环境,也使一线交警的执法危险系数增大。为更好地保障交警执法安全,公安部交管局组织开展了《交通警察执勤执法安全防护规定(试行)》的修订,内蒙古公安厅交警总队张伟、广西公安厅交警总队高龙伟参与了此项工作,并对美国警察执法安全防护进行了研究。那么,美国警察执法安全防护的理念及方法,有哪些可供我们借鉴的呢?

美国虽然文化多元、非法移民问题突出、枪支泛滥,但据调查资料显示,其警察伤亡率并不是很高。2017年美国因公牺牲警察为137人,2018年以来,牺牲警察124人(截至发稿前),其中因枪击牺牲的人数最多,其次为汽车撞击、心脏病导致牺牲(图1),后两点在我国也尤为突出。究其原因,一方面是机动车已成为主要生产、生活工具,警察高频次驾车执法、处置涉车违法犯罪行为成为常态;其次,高强度的工作对于警察身体健康的影响日益加剧。

年统计数据2017		年统计数据2018	
总死亡人数: 137		总死亡人数: 124	
9/11事件相关疾病	7	9/11事件相关疾病	12
飞行事故	2	被攻击	3
动物相关事故	1	驾车事故	22
被攻击	6	溺水	3
驾车事故	28	职业病	4
航运事故	2	坠落	1
溺水	5	枪击	46
职业病	3	涉枪意外	1
中毒	1	心脏病	16
枪击	45	驾驶摩托车事故	1
心脏病	16	被火车撞击	5
驾驶摩托车事故	4	追车	4
被刺	1	被汽车袭击	6
被火车撞击	4		
不明原因	1		
追车	5		
被汽车袭击	6		

图1 美国警察2017年、2018年1至11月牺牲人数及原因

一、交巡警易出现的"十大致命错误"

根据交巡警伤亡案例,美国警察培训机构总结了交巡警易出现的"十大致命错误"。

1. 不能熟练掌握武器、车辆或设备且无养护习惯

对于大多数交巡警来说,每天拦截、检查违法嫌疑车辆是一件充满危险的工作。这些工作每次面对的情况都有所不同,如天气情况、能见度、道路地形、交通流量和速度、车辆中的嫌疑人数量等。美国联邦调查局的统计显示,在遇袭采取回击的交巡警中,只有15%击中了袭击者,而手足无措是常态。同时,较多伤亡发生在交巡警每天驾驶警车进行巡逻活动的过程中,有的是因为不系安全带、超速,更有甚者是因为警车轮胎损坏却未发现(图2)。

系好(安全带)

安全带拯救生命-每次都要系好安全带

图2 美国宣传画:系安全带,挽救生命

2. 未正确地搜身和使用手铐

对于处置暴力反抗警察执法的嫌疑人,正确的处置程序应为:制服暴力反抗的嫌疑人——给其戴上手铐——对其进行搜查——转移,如果始终遵循这一程序,警察牺牲人数就会减少。有的嫌疑人为了防止被搜身,可能会辱骂警察,有的嫌疑人还可能会尝试通过贬低自己来营造虚假的安全感或优越感。如果你在嫌疑人身上找到了一件武器,应继续搜索,因为犯罪分子携带两种武器的情况越来越多。非常重要的是,当嫌疑人被移交给另一名警察时,该警察也必须对其重新搜身。

3. 未注意保持个人身体健康

交巡警长期在室外工作,应注意保持身体温暖、干爽和营养。繁重的工作和其他因素可能会使交巡警无视身体的感受和功能变化,从而误判或忽视自身身体的"报警"。

4. 未携带必要的装备

美国联邦调查局的统计显示,在美国因公牺牲的交巡警中,有近30%的人没有携带必要的单警装备(图3)。

 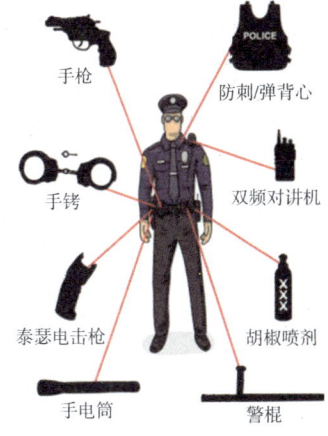

图3 装备齐全的美国警察

5. 没有寻找掩体或隐藏身形的意识

遭遇枪击或被车辆撞击的交巡警中，有近三分之二是因为没有使用掩体。交巡警应该时刻牢记基本常识：不要在任何建筑物的门口或走廊里扎堆聊天；任何情况都不要背对嫌疑人，尽量养成侧立的习惯（图4）；大多数人都是右撇子，所以要从左边接近嫌疑人；在检查或拦截嫌疑车辆时，从副驾驶一侧接近是最安全的方式，可以让你远离醉酒、路怒症、超载货车等危险因素，同时可以观察驾驶人的右手。

图4　乘客副驾驶一侧站位及 L 型站位

6. 忽视临时交通措施的重要意义

如果交巡警正在处理的交通事件已经破坏了原有的交通规则，必须重新设计临时通行规则，否则按照原速度行驶的车辆可能会造成事故；同时要提前提示途经驾驶人，告知其正在发生的事情，因为如有大型货车或房车经过，会阻挡小型车辆驾驶人的视野，使他们无法观察到前方情况。在道路上临时布设的交通信号及警示设备、车辆等也是很好的掩体，即使在白天也可以设置发光型Flare（主动发光式警示信号），它的警示效果比其他警示信号好（图5）。交巡警在引导交通时，一定要始终穿好带有发光或反光材料的背心，即使在白天，只穿深色制服也容易让交巡警被忽略，从而带来安全隐患。图6所示为美国宣传画"路侧执法安全没有侥幸"。

图5　Flare 的警示效果

第五篇　事故调查与安全防护篇

图6　美国宣传画"路侧执法安全没有侥幸"

7. 自我放松得太快

即使犯罪嫌疑人被控制，只要你还在现场，就应该坚持"加一理念"。即把面临的危险和处置的难度提高到一个更高的层次加以考虑。图7所示为美国警察在执法现场的分工与戒备。

图7　美国警察在执法现场的分工与戒备

8. 草率地冲进现场

"停下来，看，听"——时间是交巡警的盟友。影视作品中冲入险地战胜一切的是"超人警察"，而在现实中，交巡警应该等待增援。当一名交巡警是冲突事件现场的第一处置者时，时间和距离有助于他/她更好地完成任务。远离危险源，危险爆发所需的时间就越长。图8所示为美国宣传画"小心被伏击"。

387

图 8 美国宣传画"小心被伏击"

9. 分心于外物

每个人都有账单、配偶和孩子需要操心,无论这些对于个人生活多么重要,在执勤执法期间都无关紧要。作为一名警察必须学会将生活和工作分开,将家庭生活留在家中,工作时只有工作。图9所示为美国宣传画"保持专注力"。

图 9 美国宣传画"保持专注力"

10. 冷漠及自满

无论中美,大多数警察在工作中可能一辈子都不会遇到一次生死攸关的事件,主动制服或开枪射击犯罪嫌疑人的概率也很低。尤其是很多交巡警日复一日重复相同的工作,难免会对潜在危险变得冷漠、漫不经心或无所顾忌。根据对多起袭警案件的调查来看,受到攻击的警察大多是从业多年的老手。事实上,新警察执行任务的第一年并不是最危险的。新手们对于训练、执法都感到很新鲜,虽然他们的执法技能和知识可能不完备,但可以通过始终保持警惕弥补这些不足。数据显示,从警第五年是最致命的!据调查,袭警罪犯袭警原因大多有三个:感觉到警察对他构成某种威胁,活动受到了严重干扰；遇袭的警察看起来戒备程度低、易被攻击（有数据表明，超过三成的交巡警牺牲时是背对违法嫌疑人或行驶车辆的）；罪犯拥有暴力手段和动机。

二、美国警察执法安全防护的四项理念

如何避免错误，更好地保证警察执法安全呢？美国建立了一整套的警察执法安全制度体系，包括立法、执业考核、日常培训、抚恤救济等多个方面，并针对不同岗位的警察制定了详尽的执法指引，防护内容细致入微且可操作性强。美国43个州通过了旨在保护警察执法安全的"Move over\Slow down"法律，如图10所示。

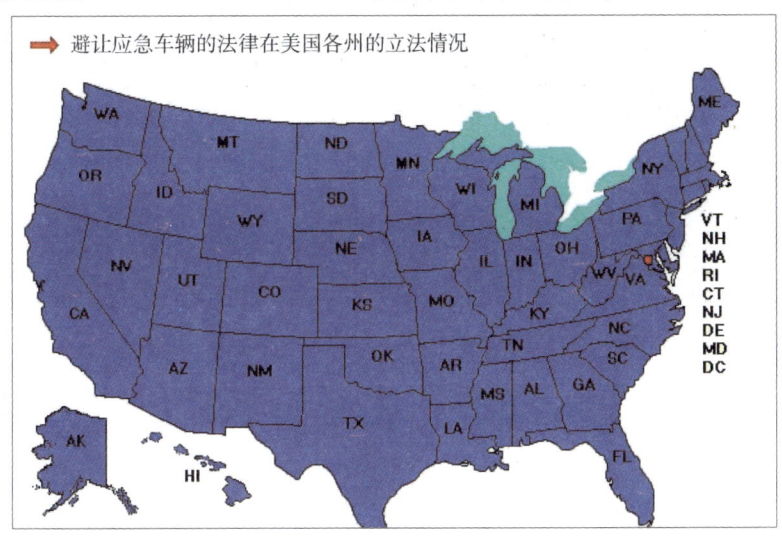

图10　美国43个州通过了旨在保护警察执法安全的"Move over\Slow down"法律

下面就来介绍美国警察执法安全防护理念中最主要的四项共性理念。

1. 现场执法八要点

（1）在公共场所工作时应结合颜色理论保持安全距离及相应戒备等级（注：颜色理论下文中有详述）。

（2）在询问或控制违法嫌疑人时遵循法定程序，保证自己使用武力的合法性。

（3）不要单人控制嫌疑人、不要单人处置冲突事件（图11）。

图11　美国警察间协同控制嫌疑人

（4）在遭到袭击时要有永不放弃生存的意志。

（5）通过清晰而坚定的执法态度及执法方式展现专业性和权威的形象（图12），可以高概率地确保自身安全。

图12　美国警察很注意对外形象

（6）注意仪表，穿着干净得体的制服及闪亮的皮鞋，佩戴足够的装备，体现出法律的权威，这样面临袭击的概率会下降很多。

（7）美联邦调查局的研究发现，大多数警察的死亡和受伤都是由违法嫌疑人隐蔽携带的武器造成的，因此一定要看到嫌疑人的双手，同时对嫌疑人衣服的凹陷或可疑凸起的口袋保持警惕；如果交巡警无法看到嫌疑人的双手，则必须假定他是高危人员，需立刻提高戒备等级，并立刻进入有利位置，然后命令嫌疑人停止移动接受调查。美国警界有一句老话"罪犯的双手会杀死你，而不是他的眼睛，控制他伤害你的手段，你就赢得了一半的战斗"。图13、图14所示为美国宣传画"注意嫌疑人的双手"。

图13　美国宣传画"注意嫌疑人的双手"　　图14　美国宣传画"注意嫌疑人的双手"

（8）嫌疑人的言语和面部表情、肢体动作大多数会暴露他的意图，只是你没有注意到不同寻常之处或没有及时与其拉开距离、拿出武器。

2. 颜色理论

许多年前由杰夫·库珀（Jeff Cooper）提出的颜色理论是一种戒备意识调整理论（图15），它使警察能够在与其他人接触时采取适当戒备措施，因其形象且易于执行，至今仍被美国警界奉为金科玉律。

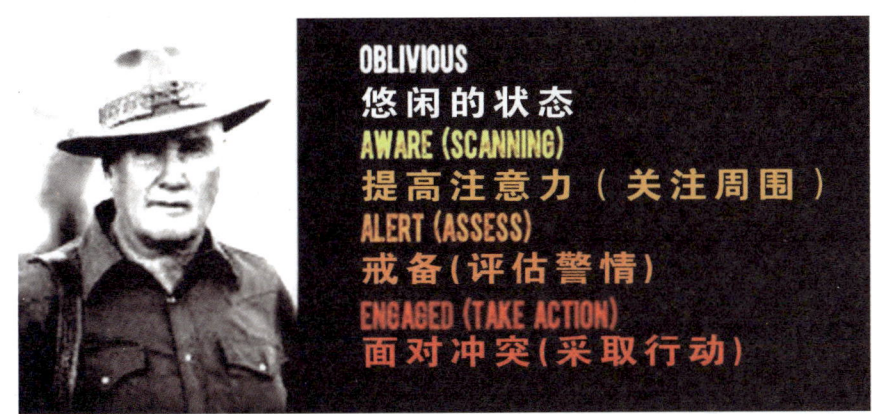

图15　前美国海军陆战队员、作家杰夫·库珀和他的颜色理论

颜色理论来源于军事警戒级别，将白、黄、橙、红、黑五种颜色定义为五种戒备等级，戒备等于心理上保持关注力，并保持身体与潜在危险的距离（图16）。

白色	处于无行动准备及计划的状态
黄色	有行动准备，处于有警觉与放松状态之间
橙色	处于警惕危险、准备采取行动的状态
红色	处于行动模式，集中注意力处置紧急情况
黑色	处于恐慌、分心、无法控制身体的状态

图16　颜色等级理论模型

（1）"黄色等级"：这是大多数警察在公共场所应采用的戒备等级。在街头巡逻执勤时，警察应抬起头，用眼睛"扫描"各个区域并进行切片观察，根据片区的不同情况改变关注焦点，这样就可以准确了解到周围的人在做什么并及时调整距离。"黄色等级"还涉及身体姿势，建议警察保持直立姿势，放松且注意行走方式来投射自信的形象。在街上的行人大多都是在白色等级下，低着头，看着他们自己的脚。这些人很容易成为犯罪的侵害目标，因此作为警察要避免这样做。

（2）"橙色等级"：当注意到反常迹象，或感知到可能进入危险境地时，应该调整为橙色状态。这时应仔细评估情况，尝试预测暴力可能发生的方式，并制定处理暴力的计划。应该事先了解暴力犯罪活动的类型，有重点地搜寻袭击者可能藏匿的地方，并制定应对暴力的可能性计划。例如，每当接近犯罪分子及其活动频繁的地区时，就应保持橙色等级，调整身体站姿，保持随时能快速移动。

（3）"红色等级"：指在观察到正在发生非法、不寻常的事情或可能遇到致命武力时，应该采取的准备状态，即直接使用武器或采取最强控制措施，这时候最重要的是寻找掩体、呼叫同伴。

（4）"黑色等级"：当犯罪嫌疑人实施暴力时，很有可能会产生"黑色等级"，即事件的失控状态。此时，戒备级别往往不会再下降，必须实施既定的最优计划来控制局势。如果在戒备等级变为"黑"色，特别是嫌疑人已经计划袭击时，警察还没有及时制定计划，就会处于明显劣势。

最后一点非常重要，如果嫌疑人已有袭警计划，戒备等级可以直接从黄色或橙色转变为黑色，而无须在中间的任何阶段停顿。

3. 柔和一点，将助力你成为一名成功的警察

执法工作的惩戒性质会令很多人并不乐于见到警察，如何化解这些弥漫在空气中的敌对情绪？这就需要警察具有高情商，并将其运用于每次出警中。

（1）应以自信的方式说话，但不能以激进的方式说话，因为激进言论可能会刺激违法嫌疑人，使其变得暴力。

（2）应以同理心而不是同情心来对待每个人，无论他们是目击者、受害者还是嫌疑人。同理才能共情，共情有助于建立融洽关系并为紧张和创伤带来抚慰（图17）。保持同理的也许是现代警察在日常与执法对象互动中最重要的技能之一。但要切记，同理心不等于可以突破执法尺度。

（3）擅用肢体语言交流。例如图18中的男警官与小男孩击掌，从而获得他的认同。通过手势和面部表情、语气及发音发送的信息，通常比仅仅使用语言更能缓解冲突、缓解紧张局势。

图17　同理并共情

图18　擅用肢体语言

（4）积极倾听。作为一名警察，你想要执法对象认真听从你的命令或告知，就别打断他的倾诉。无论面对犯罪嫌疑人，还是受害者，积极倾听会使执法对象感受到理解和尊重（图19）。

4. 不要低估精神疾病患者，尤其是反社会型人格者的危害性

美国精神疾病联盟公布的最新数据显示，在美国，约25%的成年人患有精神疾病，其中至少有1%的精神疾病患者会对他人生命构成威胁。联邦调查局也进行了相关研究，调查了93名袭警罪犯后发现他们平均年龄约为26.5岁，大多为具有大学以下学历的未婚男

性，有违法记录（或多起交通违法记录），来自不稳定的家庭，且这些人大多患有精神疾病（56%的人具有反社会型性格，23%的人具有依赖型性格）。

图19　积极倾听有助于识别情感和搜集信息

通常，精神疾病导致个体行为和反应具有不可预测性、感知困难甚至幻觉，患者可能相信自己被赋予了特殊权力，并享受特定的待遇。警察在了解这些情况的基础上，即使表现得彬彬有礼，仍可能被认为是无礼的，甚至最简单的陈述也可能被误解为指责，在这种情况下试图建立沟通和信任会很困难。

美国资深警察培训师康罗伊博士建议，警察在与精神病患者沟通时不要把任何事情视为理所当然，不要因为穿着制服就认定对方会尊重你，更不能假设他们知道自己患病，甚至不能假设他们了解当前事件的重要性或时空关系。因此，请慢慢说话、慢慢移动。

反社会型人格者的伪装性使其更加危险，他们熟知社会规则却肆无忌惮，面对警察时表现得友好且合作，还会试图接近警察表示亲切；接受询问时往往会回避与自己相关的问题，并试图引导谈话的方向及内容，他们会否认参与违法行为，并将其怪罪于他人；他们擅用谎言对违法行为进行合理化包装，当上述方法没有实现逃避处罚的目的时，就会采取暴力行为。突然使用暴力是这类人最危险的地方。具有依赖型人格的人通常因恐惧和缺乏自信，而依附于具有反社会型人格的人。因此，依赖型人格者认为对依附对象的任何威胁都是对自己的攻击。例如某案例中警察试图逮捕丈夫，其配偶在毫无征兆的情况下袭击警察。

扫一扫查看原文

第六篇

各地经验篇

第1章 决策者谈

陈玉峰：新形势下道路交通安全工作的探索与实践

陈玉峰　江苏省公安厅交警总队总队长

> **导语**
>
> 新时代，江苏省道路交通迎来新一轮大发展、大变革，各种风险隐患交织叠加，交通安全管理正面临着新挑战、新考验。面对挑战，江苏交警总队不断优化和创新交通管理路径和方法，探索实施"五大提升工程"，精准治理交通安全隐患风险，实施高标准的交通安全监管，不断提升道路交通安全水平。下面我们来看看江苏具体做了哪些探索与创新？有哪些智慧、经验可借鉴？

一、道路交通迎来新一轮大发展、大变革

江苏地处东部沿海，经济发展快，公路总里程、高速公路密度、道路运输企业数量、机动车保有量、客货运输量等多项指标位居全国前列。未来三年，江苏省围绕实施"1+3"重点功能区战略，加快推动城市群建设、乡村振兴和综合交通运输体系建设，道路交通已经进入全新的发展阶段。

1.新型城镇化和城乡一体化发展的大势不可逆转

江苏正在构建以城市群为主体形态，大中小城市和小城镇协调发展的城镇体系，"一带两轴"和"三圈一极"的城镇化空间格局加快形成，人口、物资等生产要素向城镇快速集聚，城镇人口将从2017年年底的5524万人增加到2020年的6400万人。城乡高度融合、一体发展，路网通达性将显著提升，交通联系将更加密切。

2.道路交通在综合交通运输体系中较长时期内仍处主体地位

目前，江苏城乡道路网络基本形成，高速公路、普通国道路况综合指数保持全国第一，特别是高速公路建设快速推进，省际出口增加到26个，跨江通道增加到14座，实现了由"县县通"向"县城通"的提升；公路客运量在各类运输方式中占比84.3%、公路货运量占比54.4%，公共交通分担率提升到23.6%，镇村公交开通率达到72.4%。

交通强省战略已经付诸实施,道路交通将步入新的快速提升阶段,仅2018年就要建成588km的国省干线公路、4000km的农村公路和2000座桥梁,新建铁路355km;交通运输向"多式联运、集约发展"转型,一批综合客运枢纽和多式联运站场即将投入运营,道路在"陆海空网"多种运输方式融合发展中的纽带作用将更加凸显。

3.机动化和汽车社会加快发展的强势步伐不可阻挡

2011年,江苏省总体进入汽车社会以来,机动车保有量已经达到2000万辆规模,其中私人汽车超过1440万辆,年均增速10%以上,目前每百户居民拥有55辆,到2020年全省私人汽车将达到1700万辆。

随着乡村振兴战略实施和"四好农村路"建设,农村将进一步繁荣富裕,交通基础设施加快改善,机动车升级换代速度更快,汽车取代摩托车成为主要交通工具(图1)。

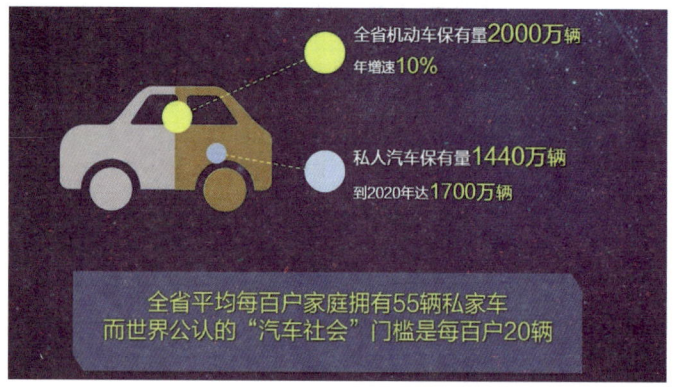

图1 目前,江苏每百户居民拥有55辆,苏南经济发达县市超过100辆

二、挑战:道路交通安全仍处于艰难的爬坡期

当前,交通格局大调整、交通要素大发展,道路交通形势不断发生变化,各种可预知和不可预知的风险隐患交织叠加,道路交通安全管理正面临着新挑战、新考验。目前,江苏总体道路交通安全形势相对平稳,但时有波动起伏。

1.交通安全形势复杂多变

近年来,江苏省交通违法查处量、交通事故警情量均处于上升阶段。理论上讲,每一次违法都有发生事故的风险,每一起小事故都有转化为伤亡事故的危险。综合分析近几年发生的亡人事故,交通安全风险集中体现在三个方面:

(1)农村和国省道事故多发高发,其中,货车事故占道路运输事故80%以上,农村交叉路口事故占60%以上,电动自行车事故占40%以上。

(2)高速公路安全风险居高不下,江苏境内每天有3万多辆大客车和4万多辆危化品运输车混行高速公路,一旦发生碰撞、泄漏、燃爆,都有可能造成群死群伤。

(3)村口、河边、码头、堤坝等边角部位的事故难以预料,私家车翻车坠河事故在农村地区最为突出(图2)。

2.交通安全隐患多发高发

当前,各类交通安全风险隐患依然大量存在:有的运输企业已经关停倒闭,但名下仍有营运车辆在从事经营活动；有的就是"空壳企业"，所属车辆均为隐形挂靠，无人管理；有的企业车籍地与实际营运地不在同一个地方，一地领证、两地不管、全国运营；一些没有取得校车许可的车辆接送学生，使用面包车、三轮车接送学生现象仍然比较突出；农村公路街道化程度高、路幅宽，沿线民居、商店和工厂密集，搭建道口密布。这些面广量大、风险甚高的安全隐患，随时都有可能酿成重大交通事故。

图2　农村道路事故多发高发、高速公路安全风险居高不下、边角部位事故难以预料

3. 交通违法犯罪只增不减

交通违法是破坏秩序、酿成事故的根源。江苏持续开展交通安全整治行动，聚焦人民群众反映强烈、道路交通事故频发的重点运输企业、重点运输车辆和重点驾驶人，重拳打击违法，攻坚清剿隐患，事故压降成效十分显著，已经连续6年未发生重大道路交通事故。但是，仍存在一些问题。分析近5年影响秩序与安全的几项关联数据发现，交通违法的查处总量一直在稳步增加，增幅最大时超过30%；交通事故警情的增量仍然很大，每年以10%的幅度持续增加；刑事处罚与行政拘留的案件起数、人数逐年增长，酒驾醉驾案件尤为明显（图3）。

图3　持续开展交通安全整治行动，重拳打击违法

三、探索：用改革解决问题，用新思路、新方法推动交通管理实现变革

面对交通安全形势复杂多变、隐患多发高发等问题和挑战，江苏交警总队进行了哪些探索和实践？

1. 实施"道路交通安全监管责任体系"提升工程

进一步落实各机构、部门和单位的监管责任。积极争取党委政府对道路交通安全监管工作的重视和领导，健全重大事故、安全隐患向市县政府通报制度，进一步落实党委政府的属地监管责任、行业部门的安全监管责任和企业单位的安全监管主体责任。提请省政府出台《道路交通安全管理权力清单》和《重点车辆管理职责分工》，准确划分行业部门职责边界。

制定公安交警部门安全监管责任清单和追究办法。按照"法无授权不可为、法定职责必须为"的原则，制定公安交警部门安全监管责任清单，明确交警部门监督管理与单位自身管理的职责界限，回归到对主体责任履行情况的监督。按照"履职负责、失职追责、尽职免责"的要求，制定公安交警部门安全监管责任追究办法，明确认定标准和处理尺度，严肃追究失职责任。

健全事故深度调查工作机制。链条式推进溯源成因、落实责任、曝光问题、倒逼整改，促发有关部门对道路设计建设标准和车辆安全标准的提档升级。

成立交通安全专业委员会。在安全生产委员会构架下，成立交通安全专业委员会，完善公安交警与交通运输、安监等部门多方联动、常态监管机制，建立规范化的道路交通安全监管议事、约谈等制度。

2. 实施"交通基础设施安全保障能力"提升工程

加强农村地区交通安全保障工作。开展农村地区"平安放心路"和"平安交通示范村"创建，将农村交通安全纳入县乡村社会治理网格体系，实行道路管养人员和派出所专职交警"双路长"责任制；开展农村地区事故预防"三亮工程"建设，推进电动车"亮尾工程"，在电动车尾部和侧面统一粘贴反光标识；实施农村公路危桥改造计划，全面整改干线公路问题桥梁（图4）。

图4 实施交通基础设施安全保障能力提升工程，推进电动车"亮尾工程"

增设农村地区交通安全基础设施。推进交通信号灯"亮灯工程"，在国省道平面交叉口和车流量大、事故易发多发的县乡公路平面交叉口，全部安装交通信号灯等交通安

全设施；推进事故多发路口路段"亮化工程"，在事故多发路口路段安装照明设施。

提升公路安全防护水平。深入推进公路安全生命防护工程建设，协调交通运输等部门建设改造普通国省干线公路和县乡之间、通镇村公交的农村公路安全防护设施。开展重点高速公路交通安全示范路建设，整合加密高速公路卡口监控，精细治理高速公路交通堵点和事故"黑点"（图5）。

图5　建设、改造农村公路安全防护设施

3. 实施"交通安全源头防控能力"提升工程

设立专门监管机构、建设多个监管平台。组建源头管理专职队伍，市、县车管所设立专门机构，执勤大、中队指定专人负责，加强重点车辆及驾驶人监管工作。建设机动车查验、检验和驾驶人考试三大监管平台，推行机动车驾驶证管理无纸化、档案管理影像化、检验查验智能化，推广应用车辆报废、二手车交易管理和机动车登记服务等系统，实现全流程、数字化监管。深度应用重点车辆"一车四方"监管平台和江苏省道路运输第三方安全监测平台，将重型货车纳入动态监控（图6）。

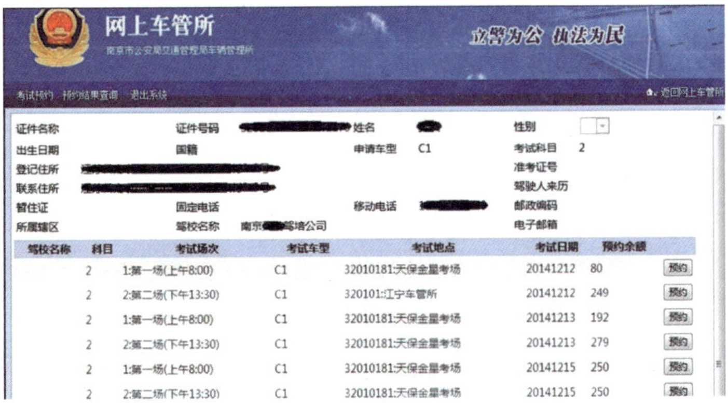

图6　建设机动车查验、检验和驾驶人考试三大监管平台

多部门联动，全面加强源头防控力度。会同相关部门推行检测机构分级管理，健全违规检验查处机制。针对"两客一危一货"交通事故暴露出的问题，推动相关部门制定交通安全风险辨识手册、风险目录、管控措施清单和重大事故隐患判定标准，指导企业预警干预车辆和驾驶人不安全行为。联合交通运输等部门持续推进重点车辆交通安全专项整治，对列入"黑名单"的运输单位和重点车辆，由高速公路经营管理单位禁止其通

行ETC通道，必须走人工收费通道接受重点检查；属于外省市的重点车辆、旅游包车，抄告省交通运输厅推送车籍地交通运输管理部门，建议不予审批发往江苏的营运线路（图7）。

图7 推动相关部门制定交通安全风险辨识手册、风险目录等

4.实施"突发事件应急处置能力"提升工程

构建交通应急体系，健全工作规范。在政府整体应急框架内，构建多方联动、分级管理的交通应急体系，围绕恶劣天气、交通大流量、重大交通事故、敏感交通舆情等突发事件，健全高速公路"一路三方"联勤联动、施工路段交通组织等工作规范，细化信息发布、现场处置、伤员急救等预案，完善高速公路区域、路警、高地联勤处置模式，加强救援机制、能力、装备建设。

完善医疗抢救机制。会同卫生、保险等部门完善医疗抢救机制，在有条件的地方试行空中救援，提高交通参与者自救、互救、施救的意识和技能，降低致残率和致死率。

推行货车限时错峰通行措施。创新高速公路大流量交通组织措施，推行客货分道行驶、货车限时错峰通行和服务区借区加油，视情扩大重大节日期间跨江大桥货车限行的时间、路段和区域，推广主线收费站、大型枢纽车道数合理匹配模式。

建设可变限速执法管理系统。全面建设应用高速公路恶劣天气可变限速执法管理系统，解决雨雾冰雪等恶劣天气交通管控难、执法管理难等问题。

5.实施"道路交通安全科技支撑体系"提升工程

着力打造交通管理"数据大脑"，制定实施《江苏公安智慧交通建设规划大纲》，建设江苏智慧交通警务平台，开发应用交通安全风险隐患研判预警、交通事故智能分析、重点车辆源头监管信息系统。

构建总队、支队、大队、中队"四位一体、上下联通"的交通指挥调度体系，做优大数据汇聚、情报研判、民生服务、媒体发布和监管考核等核心功能，建成覆盖全省所有支队、大队和1400个执勤中队、3000辆巡逻车的音视频指挥调度系统，布建全省统一的4G语音对讲通信联络网络，实现各类信息资源和交通指挥要素的集成可视。

推进"科技围路"建设，实施高速公路高清视频和查缉布控系统加密工程，推广应用"道路交通安全智能化管控关键技术与集成示范"研究成果和高速公路恶劣气象速度管控综合执法、视频智能

扫一扫查看原文

监测分析研判等系统。

全面升级科技信息化装备,建设全省交警移动警务平台,为一线执勤单元配备智能移动卡口、智能巡逻车、无人机和新型警务通、执法记录仪、酒精测试仪等装备,着力提高单警执法装备科技含量和集成度(图8)。

图8　全面升级科技信息化装备,建设全省交警移动警务平台

叶建昆:以科技应用为突破口,驱动农村道路交通安全治理能力现代化

叶建昆　四川省公安厅交警总队总队长

导语

近年来,随着经济社会发展,农村道路交通发生了巨大变化,农村道路交通安全管理面临新契机、新态势、新挑战,如何在复杂条件下寻求农村交管新发展呢?

一、立足科技信息化应用农村交管开展了"五个探索"

四川是典型的丘陵、山区省份,农村公路通车里程29.7万km,占公路总里程的91.5%;实有机动车1900余万辆、驾驶人2100余万人,近5年年均增长率分别为8%、10.4%。"十二五"以来,全省农村地区道路交通发展势头强劲,呈现出交通要素猛增、出行方式多样等新特点。农村地区作为全省道路交通安全的重中之重,交通事故已成为危及群众生命财产安全的首位因素。"十二五"期间,全省农村地区道路交通事故占事故总量的60.5%,因道路交通事故致人死亡2.9万余人,直接经济损失13亿元。为有效遏制农村道路交通事故,特别是10人以上重特大事故,全省立足科技信息化应用,积极开展了"五个探索"(图1)。

1. 搭建农村交管信息平台,形成交管数据库

按照公安部交管局要求,从上至下搭建农村道路交通安全管理信息平台,重点依托农村"交管办"准确采集录入农村驾驶人、机动车、道路等基础信息,省、市、县三级公安交管部门适时传输工作部署、执法纠违、宣传教育、隐患排查等动态信息,基础数据录入居全国前列,基本实现农村交管动态管理、网上监督、实时预警。

图1　农村道路交通现状

2. 构建应急指挥平台雏形,激发联防联动效能

整合农村"雪亮工程""天网工程"等设备资源,接入农村"交管办",加强多点连接、实时监控,重点实现县、乡监控资源在应急状态下的对上实时传输,省、市、县、乡四级联防联动应急机制得到巩固落地。特别是在茂县山体滑坡、九寨沟地震等抢险救援中,农村"交管办"监控资源与农村交管信息平台的路网数据为灾区应急交通管理提供了重要支撑(图2)。

图2　农村道路交通应急指挥联防联动

3. 开启农村科技治超试点,巩固综合整治成效

在农村砂石场、矿区集中地区开展科技治超试点,将电子称重设备安装在运输源头,与路面执法共享载重信息,严防超限、超载货车上路行驶(图3)。

图3　科技治超

4. 盘活缉查布控系统功能，推动重点车辆整治

将逾期未检验、未报废和近3年有超员超载、非法改装违法记录的农村面包车、校车、货车等重点车辆信息录入缉查布控系统，在国省干线等重要路段及高速公路入口、城乡接合部等重点区域进行布控，严格实行"一点报警、全网响应"。2018年已查处重点车辆交通违法9600余起（图4）。

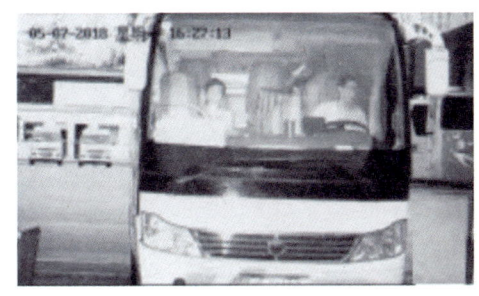

图 4　重点区域缉查布控

5. 创新民族地区驾考举措，破解区域性驾考难题

针对高寒牧区藏民文化程度低、汉语基础差的特点，阿坝州探索研发了安多藏语翻译软件，创新实施藏文驾驶理论考试改革，累计有3300余名藏族群众通过了科目一考试。

5年来，农村地区年均事故量同比下降9.5%，死亡人数下降8.2%，已连续52个月未发生一起死亡10人以上重大事故，农村地区交通事故易发、高发态势得到有效缓解（图5）。

二、交管治理困境凸显"五多五少"矛盾成为瓶颈

全省农村交管点多线长面广，治理难度大、周期长，特别是科技信息化建设存在"五多五少"的突出矛盾，严重制约了治理能力、治理水平和治理成效的提档升级。

1. 交通要素变化多，智能化防控技术少

预计到2020年年底，全省农村公路通车里程将突破35万km，农村主要居民聚居点将实现道路基本覆盖；机动车将达到2700万辆，驾驶人将达到3500万人，管理体量庞大。同时，全省农村地区山路多、临水临崖、弯路窄路、长坡涵洞等危险路段占65.8%，近87%的路段处于智能监控盲区，已有的系统仅停留在日常监管和数据统计层面，红外检测、自动识别报警等科技建设缺口大。

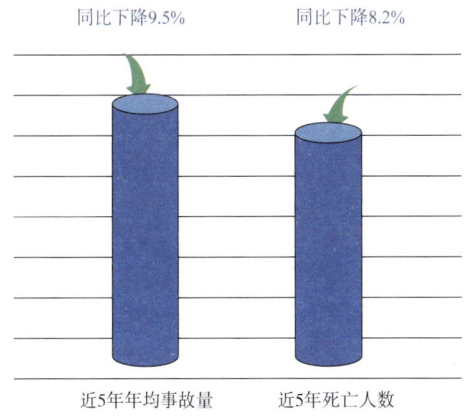

图 5　近 5 年道路交通事故及死亡人数变化情况

2. 基础数据录入多，精准分析应用少

尽管全省农村交管信息平台运用情况居全国前列，但大数据的整合、分析、研判进

展较慢，没有发挥事故预警、违法预警的潜在功能。原因有两个，一是全省农村地区交通管理指挥平台严重缺失，缺乏专业性分析研判；二是相应的数据检测预警系统还未研发建立，缺乏通过整合分析年度事故数据、事故成因数据、违法数据、驾驶人重点违法数据等实现自动精准锁定预警的功能。

3. 常规手段宣传多，"互联网+"运用少

近年来，全省采取现场讲解、短信推送、"大喇叭"播报，制作专题展板等方式开展了农村交通安全法规、车驾管"放管服"改革等宣传，但忽略了不同年龄阶段、不同文化层次人群对交管宣传服务的需求，特别是在"互联网+"和智能手机大普及的环境下，大多数农村地区"两微一端"平台建设应用滞后，主动回应群众关切不足；在农村逢集、逢节、婚丧嫁娶等客流量大、交通事故易发高发节点，推送发布道路交通诱导信息的密度不够。

4. 传统警用装备多，高效能科技设备少

近些年，全省农村交警执法车辆、执法记录仪、对讲机、警务通、数码照相机、录音笔等工作设备得到有效保障，基层民警执勤执法装备不足的局面得到根本扭转，但现有装备在具体执法执勤、协管劝导过程中的功能性还不够强、针对性也不足，以无人机巡逻为代表的高效率、灵活性强的科技设备应用在农村存在较大真空。

5. 风险隐患传导多，智能化阻断措施少

受社会治安大气候的影响，省内个别农村地区已逐渐成为涉稳案（事）件的转移、集结、活动平台，易形成风险隐患多向传导、多维蔓延的态势。但农村地区对路面涉稳信息的现场发现和应急处置能力制约性大，现实手段对二手车市场和牧区、寺庙周边车辆以及重点人员的管控还不够，在入藏公路的交通卡口，仅有甘谷地实现了涉稳重点人员、重点车辆的信息预警。

三、交管治理进入窗口期"三个转变"推进交管科技信息化

面对上述"五个矛盾"带来的不平衡、不充分的发展现状，未来，全省农村交管发展将坚持行政手段向科技手段让位，向科技要警力、要战斗力，以科技信息化驱动农村道路交通安全治理能力现代化，重点实现从点位到全域、从静态向动态、从分散到集成的"三个转变"。

1. 建立完善农村路网高精度数字地图，实现从点位着力到全域谋划的转变

目前，基于农村公路网的数字地图无论是覆盖面积还是精细程度，都与城市数字地图存在较大差距，极大地制约了智能交管的"上山下乡"。因此，将以遥感技术、移动测量、三维激光、高点视频、全景成像等相关技术为基础，建立包括农村路网三维信息、360°全景影像信息、各类交安设施信息等内容的地图数据库，实现农村交管基础数据"一张图"。

2. 提高农村道路交通安全管理的态势感知能力，实现从静态管控向动态治理的转变

一方面，加大农村道路科技设备投入力度，用智能化感知手段弥补农村道路点多、

线长、面广带来的监管盲区和漏洞。另一方面，依托科技信息化应用，打造具有视频全覆盖、信号灯自适应、事件自动检测预警、指示信息自动发布、环境气候信息和交通违法行为自动提醒等功能的农村公路信息化体系，给农村公路装上"智慧大脑"，切实提高工作主动性，提升应急管控联动指挥能力，真正落实警力跟着警情走、勤务跟着情报走的工作原则，实现动态防控和主动治理。

3. 建立健全"大数据+农村交管"新模式，实现从分散应用向数据集成的转变

加大对各类信息资源的整合力度，升级完善农村交通安全信息系统。在公安系统内部，促成农村交管云平台与公安天网工程和公安内网系统"三网"集成融合，实现道路监控信息、一标三实信息、网格化管理信息、户籍管理信息等数据联网共享。与交运、旅游、安监、应急、农机、气象等部门协调建立数据开放应用机制，实现交通流、信息流、管理流深度融合。此外，还要积极谋求与互联网企业、移动通信服务商的深度合作，引导交通大数据应用从城市向农村延伸，探索建立"大数据+农村交通安全管理"的新模式，提升大数据在事故防范中的分析应用。

四、农村交管任重道远亟待推进四项重点工作

农村交管科技信息化建设任重而道远，当前，全省有以下四项亟待推进的重点工作。

1. 建立全省农村路网数字地图

整合多方资源，利用科技手段，建成覆盖全省的农村公路数字地图，全方位掌握道路地质灾害易发点、事故重点路段、急弯陡坡等路况信息，以及沿途群众生产生活区域分布情况等，形成基础信息丰富的交管数据库。

2. 建设县级智能交通指挥中心

集违法智能抓拍、视频监控、道路情报提示、执法取证、事故监测等功能于一体，多部门集中办公监测，统一集成指挥，以科技指挥勤务，服务实战，打造农村交管工作指挥平台。

3. 提高农村警用装备科技信息化程度

优化移动警务设备功能，开发交管科技设备，探索无人机在农村重点路段的自动巡逻、交通状态感知、违法行为及事故取证工作中的常态化应用，尤其是开发适用性强的无人机，在地质灾害、恶劣天气、群体性事件等极端条件下，为交通疏解和应急救援提供数据分析支撑。

4. 优化农村交管智能化便民举措

以推动公安交管"放管服"20项措施落地落实为契机，优化相关科技应用系统，增加藏语、彝语等少数民族语言识别翻译功能，方便驾驶人在线安全教育；优化线上预约、人脸识别等新技术，服务交管业务一站式、一网式办理，让群众少跑腿，让数据多跑路。

王巧全：实施系统化治理 全力维护城乡道路交通安全

王巧全　江苏省盐城市副市长、公安局局长

> **导语**
> 近年来，随着经济社会快速发展，盐城市交通区位优势愈发明显，交通安全管理也迎来前所未有的挑战。面对挑战，盐城坚持系统化治理思维，实施"四个一体化"治理策略，积极探索交通安全管理新路子，全市交通事故亡人数连续8年下降。提升城乡道路交通安全，盐城做了哪些的探索呢？

一、盐城市路网密布、人多车多

盐城市是长江三角洲重要的区域性中心城市，也是江苏省面积第一、人口第二的城市，路网密布，全市道路通车里程约为2.14万km，占全省通车里程数的1/7，名列江苏省第一；境内4条高速公路总长397km，4条国道总长677km，17条省道总长1217km，县乡及"村村通"公路总长近1.72万km。同时，人多车多，机动车驾驶人为204万人，其中汽车驾驶人达171万人；机动车保有量达104万辆，其中汽车达80.7万辆，平均每10个人拥有1辆汽车。

近年来，随着机动化、城镇化的快速发展，盐城公安始终坚持问题导向、民意导向，立足本地，实施"四个一体化"治理策略，全力维护城乡道路交通安全，全市交通事故死亡人数连续8年下降（图1）。

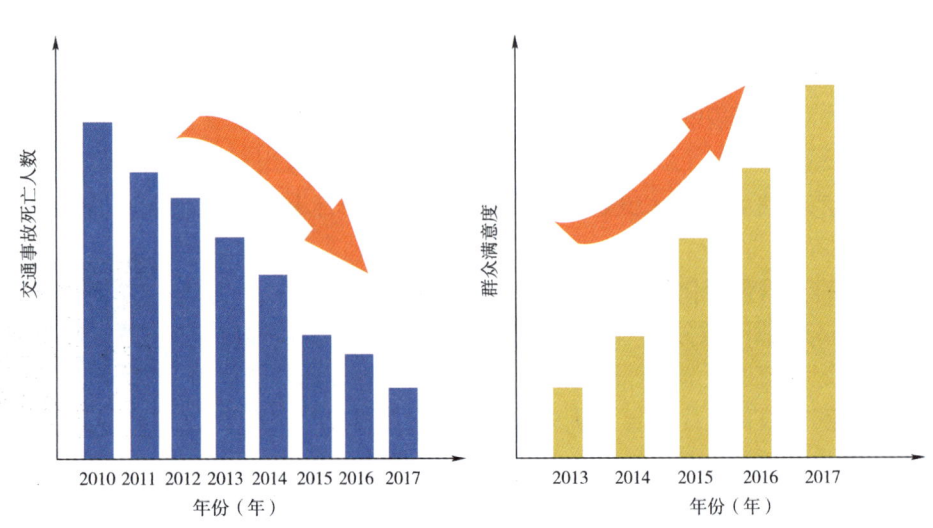

图1　全市交通事故亡人数连续8年下降，群众满意度明显提升

二、在空间布局上,推进城市、农村一体化

随着"乡村振兴战略"逐步推进,盐城市农村道路建设力度持续加大,交通条件突飞猛进,农村地区道路里程数占全市道路总里程数的86%,农村公路交通事故数和亡人数占比逐年上升,2018年达60%左右。盐城公安坚持问题导向,在空间上推进城乡交通治理一体化,让发展和安全惠及城乡。

1.交通安全设施均衡化

根据盐城市新一轮的农村公路提档升级三年行动计划,农村道路宽度普遍从3.5m扩到6m,农村交通的毛细血管被打通拓宽。但农村交通安全设施配套滞后,很多道路基本没有任何交通安全设施,呈"裸路"状态。亡人事故主要集中在无红绿灯等安全设施的道口、集镇道路连接国省道的路口、邻水路段,占农村地区事故亡人数的80%左右。

为解决农村地区交通安全设施薄弱问题,盐城在省人代会专门提出《致力推进城乡交通治理一体化》议案,将城乡道路安全管理纳入法治轨道。实践中,在农村"村村通"公路改造时,督促建设部门落实"建设、管理、养护和运营"四级管理体系,对临水、国省道搭接路口等事故高发地段,安装安全防护设施,缩小中隔开口距离,将"T"形路口改造成"Y"形路口,有效减少消除安全隐患。经过改造以后的47个路口、71条路段,至今未发生亡人事故(图2)。

图2 安装安全防护设施,改造路口

2. 集镇交通管理城市化

集镇是农村人口集聚区域,也是重要的交通节点。盐城市21条国省道穿越47个集镇,集镇交通秩序既是"美丽乡村"建设的重要内容,也是交通安全的重要保证。

为提升集镇交通安全水平,选取全市10个重点乡镇开展集镇城市化治理,在国、省道主要道口和重点集镇渠化路口交通组织,设置"严管路口"、礼让斑马线,施划停车泊位、禁停黄标线,增设禁停标志、抓拍设施;联合城管部门取缔路边流动摊点、清理沿街广告标牌,严格整治各类"杂车""僵尸车"等交通乱象,切实改善镇区交通面貌;渠化路口交通组织,精细交通信号配时,严格整治交通乱象,有效提高道路通行效率,严控交通违法。图3是上冈中队在上冈镇实施镇区秩序整治攻坚以后的景象,改善了镇区交通环境,事故同比下降48%,成为全市镇区秩序的一道标杆。

3.道路联勤联控一体化

农村道路交通管理力量不足是普遍性难题。盐城在市区全面推行"路长制"的基

础上，向全市156条重点农村道路进行推广，整合派出所、巡特警等力量，实行一路一长、一路一策、一路一体，形成"人人有路、路路有人、人人有责、路路有序"的生动局面。对全市事故多发、高发道路实施严管严治，特别是在228、204国道，建立联勤指挥中心，沿线中队实行联勤机制，依托市县际卡口、超载超限检查站，组织集中统一行动、异地交叉执法等方式开展路检路查，提升事故预防的针对性和实效性。发挥摩托机动化优势，全市组建10支铁骑队，新招800名辅警力量，既管交通、又管治安，有效弥补管理盲区，提高了社会面交通治安管控能力（图4）。

图3　整治后的镇区交通环境

图4　建立联勤指挥中心，组建铁骑队

三、在治理内容上，推进动态、静态一体化

城市交通是一个非常复杂的开放系统，盐城抓住变与不变，统筹动、静两个层面，多方位、多层次入手，全力护秩序、保畅通、保安全，努力创造良好的交通环境。

1. 抓动态，有效解决动态行车问题

近年来，盐城从宏观、中观、微观三个层面，加大供给、优化结构、强力整治、破解顽疾，划小单元、夯实责任，有效解决动态行车问题。2018年，盐城在前期探索实施的动态交通治理经验基础上，继续推进"大交通"建设，开建高架三期工程，大市区20条道路同时封闭施工，而交通依然保持畅通有序（图5）。

图 5　施工路段交通秩序良好

2. 整静态，重构城市停车服务管理体系

停车难是大中城市普遍面临的难题。2018年，盐城聚焦静态交通，主攻停车问题，以整治"乱施划、乱收费、乱停车"三大问题开路，在大市区实施停车秩序整治，统管停车泊位，组织开展"大巡查、大执法、大清拖"专项整治行动。综合运用科技、法治、宣传等多种手段，按照"一个信息管理系统、一个停车设施建设标准、一个停车收费标准、一个停车管理办法""四个一"的工作思路，重构城市停车服务管理体系，初步确立盐城停车规矩，逐步实现停车供给科学化、停车秩序规范化、停车收费合理化、停车服务智能化"四化"目标。

3. 动静结合，统筹人、车、路管理要素

在交通实践中，动态和静态是交通体系完整的生态链，必须坚持系统思维，按照停车管理和行车管理相结合，交通组织和执法管理相结合，交通供给和需求抑制相结合的思路，统筹人、车、路管理要素，切实打好主动仗、整体仗、协同仗，逐步建立顺应城市发展规律的交通管理服务体系，实现动静态交通平衡，才能保障城市机能正常高效运转。

四、在联动协作上，推进建设、管理一体化

当前，交通安全建设明显滞后于城市建设和基础设施建设，无法满足正常的交通管理需求。盐城紧盯规划、建设和管理等核心环节，狠抓顶层设计、风险控制和规范管理，切实解决建管分离、管建脱节等影响交通安全的根源性矛盾。

1. 推动市委市政府，参与安全共建

盐城公安向市委常委会专题汇报，提请成立道路交通安全委员会，推动政府出台了《道路交通安全设施建设管理办法》，明确道路设计、施工、验收、使用"四同时"工作规范。完善交通安全分级管控机制，做实做硬交通环境评价，把以下6大类项目纳入刚性交通影响评价体系，并实行一票否决。

一是市区建成区内，建设项目规模超过2万m^2的大型公共建设项目及超过5万m^2的居住类项目；

二是边缘组团、城镇及重点地区，建设规模超过5万m^2的大型公共建设项目及超过10万m^2的居住类项目；

三是大型城市交通设施建设项目（如航空、铁路、公路的客货站场、客货运码

头、物流中心、公共汽车停车场、社会公共停车场、加油站、公交枢纽、出租车服务中心等）；

四是距城市主次干道交叉口 120m 以内需开设机动车出入口的建设项目；

五是在城市主、次干道上施工并对交通有严重影响的路桥工程项目；

六是规划行政管理部门或公安交通管理部门认为对城市交通有严重影响的其他建设项目。

2017 年以来，先后叫停了 3 个没有通过交通影响评价审核的大型项目，真正把交通需求印在了相关部门的脑海里，从源头上消除先天不足的"畸形儿"。

2. 联合交通部门，开展隐患共治行动

充分发挥公安主力军作用，联合交通部门开展道路安全隐患"定期巡查行动"，建立"四巡查"工作制度，对未中断交通的施工作业路段每天开展一次巡查，对封闭施工路段每周开展一次巡查，对国省道以及农村公路每月开展一次巡查，对校车行驶路线每学期开展一次巡查，及时发现新增的安全隐患路段，实时推动整改（图6）。

图 6 联合交通部门开展道路安全隐患"定期巡查行动"

近年来，共排查国道隐患 101 处、省道隐患 127 处、县乡道路隐患 157 处，严格落实责任，限期整改到位。选择事故高发的 228 国道组织开展交通安全管控会战，推动政府开展路域环境综合整治，建立交通安全隐患排查整治机制，先后优化 45 处平交路口交通组织、新增 50 处路口照明设施、推进 6 个服务区建设，2018 年亡人交通事故同比下降 56.25%。

3. 专门成立"项目办"，共同创建示范区

围绕高质量的目标追求，抓示范引领，解放思想，确立标杆，全面提升整体建设和管理水平。围绕市区高架快速路建设运行，专门成立"项目办"，对接设计、施工单位，对配套的交通设施、智能管理设备进行统一科学规划，同步制定符合盐城实际的快速路管理模式和勤务运行、应急保障工作机制，确保道路开通后各项设施、措施同步运行。盐城高架运转以来，没有发生亡人事故和长时间拥堵。同时，盐城以高架路为标杆，联动建设、交通等部门，对大市区交通标志进行了整治，共整改 1326 块指路标志牌、1117 块导向车道标志牌、安装 2362 套慢行系统路牌、安装 48 块桥梁标志、142 块组合禁令标志，拆除 160 块非法标志，全面提升交通标志牌的科学化、精细化水平（图7）。

图 7　全面提升交通标志牌的科学化、精细化水平

五、在方法手段上，推进治标、治本一体化

"标"是现象，"本"是本质。盐城始终抓住影响交通安全的主要矛盾和矛盾的主要方面，以治标促进治本，既猛药去疴、重典治乱，也综合治理、久久为功，努力实现根本性转变。

1. 紧盯突出问题，开展专项治理

在交通治理上，以"五个一"区域整治为抓手，对重点问题区域及周边交通开展根本性治理，通过治理一个、带动一片，实现全域治理。近年来，按照先难后易，学校、医院、商贸、小区等交通单元逐一得到突破，区域交通秩序明显改善，一块一块小的安全畅通推动了整体的安全畅通（图8）。

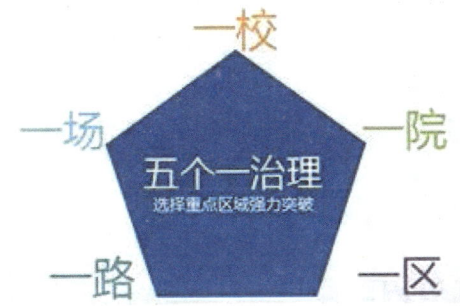

图 8　以"五个一"区域整治为抓手，选择重点区域强力突破

2. 抓住关键节点，筑牢铁桶工程

把控全市95个市际出入口、28个高速公路出入口等关键交通点位，全面建成智能卡口，布建车辆抓拍、视频监控、电子围栏、网络围栏、人证一体采集安检门等全项数据信息采集前端，实现多维数据采集，织密一张防控网。全面采集进出盐城的车辆和驾乘人员信息，通过线上分析研判、线下精准布控，有效将隐患车、隐患人进不了市、上不了高速公路（图9）。

卡口大队民警朱勇发挥职业特长，精细研究假牌、套牌查缉战法，深度挖掘公安大数据资源，第一时间将查控指令、研判结果通过点调系统等推送到全市各卡口点，查获假牌、套牌车辆2271起、走私盗抢机动车404辆，无证驾驶、失驾、毒驾人员936名，抓获逃犯391人，涉毒人员103人，查获毒品370余g，消除了一大批交通和治安隐患（图10）。

图9 多维数据采集,织密一张防控网

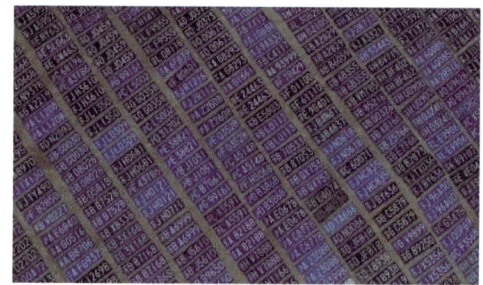

图10 卡口大队民警朱勇精细研究假牌、套牌查缉战法

3. 坚持以人为本,强化宣传攻势

凸显"人"这一关键主导地位,以交通安全宣传为载体,针对不同群体精准开展交通安全宣传,提升群众的守法意识和安全防范意识。发挥新媒体覆盖面大、扩散力强特点,着力打造"两微一抖一直播"的宣传阵地,宣传影响力全面提升。2018年7月25日,在公安部"2018年度互联网+城市交通管理"论坛中喜获十佳多媒体创新奖。组织开展"随手拍"等活动,增强群众交通安全的参与度,设立校园交通安全宣传周,把安全设施、安全知识送到孩子手中,取得良好效果(图11)。

扫一扫查看原文

图11 把安全知识送到孩子手中

李军龙：借鉴香港交通需求管理经验，探索破解长沙交通治理难题

李军龙　湖南省长沙市公安局交警支队支队长

> **导语**
>
> 破解城市交通发展难题的核心在于如何通过强化城市交通需求管理来缓解供需矛盾。在这一点上，香港塑造了以公共交通为核心的城市交通出行结构。那么香港城市交通需求管理有何经验？对长沙市交通发展又能带来哪些启发呢？

一、长沙城市交通管理现状及问题

近年来，长沙在智能交通建设及交通领域的大数据应用等方面快速发展，取得了全国瞩目的成绩，但机动车保有量的不断增加、车辆密度不断扩大、公交分担率低等现状使得交通形势依然严峻，主要存在下列问题。

1. 城市发展快速，交通供需失衡

交通需求方面，城区人口持续增长，近两年有加快趋势，全市千人机动车保有量为274辆/千人，在全国主要城市中排名第十位，高于北上广深等一线城市；交通供给方面，道路设施扩容难度较大，近5年干路里程年增长率为5%~6%，汽车保有量年增长率为14%~15%，车辆增长与道路增速差距明显。

2. "公交+慢行"的绿色交通发展滞后

市民对小汽车出行依赖度很高。道路路权分配中小汽车占据主体，慢行空间不足、品质不高。公交分担率虽然逐年提升，但与城市发展速度及现代交通要求相比差距较大，体现在公交线网层次不清晰、快线支线比例偏低、公交服务水平不齐等方面。

3. 核心城区停车资源利用率不高

市内五区共有2086个停车场，停车位约73.8万个，与五区128.7万辆的汽车保有量相比，存在泊位缺口。据统计，行政办公停车场夜间（22:00~7:00）平均停放率不足20%；住宅小区白天（9:30~17:00）平均停放率在50%左右，小汽车占道违停现象普遍，停车资源利用不充分（图1）。

与香港对比，长沙城市交通状态呈现出"两高两低"的特征，即千人机动车保有量、车辆密度远远高于香港，而公交分担率、慢行立体设施数量明显低于香港，给长沙城市交通管理带来了更大挑战（表1）。

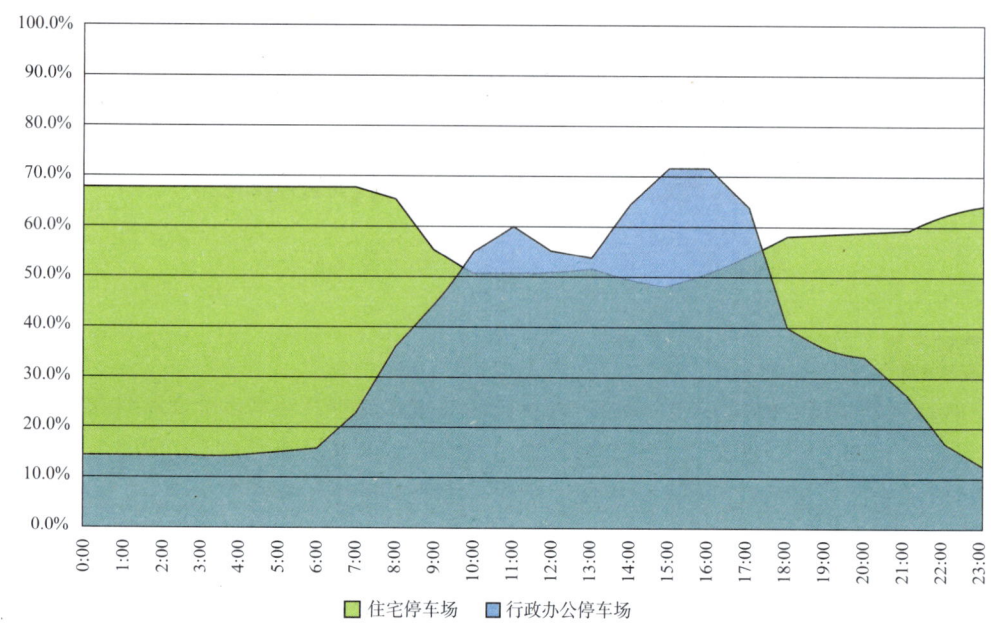

图1 住宅、行政办公停车场工作日平均停放率分布

长沙与香港主要交通数据对比　　　　　表1

内　容	长　沙	香　港	内　容	长　沙	香　港
人口总数（万人）	791.81	740	车辆密度（辆/km^2）	6100	700
机动车保有量（万辆）	234.92	77.7	建成区路网密度（km/km^2）	6.27	9.87
建成区道路里程（km）	2248	2112	公交分担率（%）	23.4	90
建成区面积（km^2）	358.5	214	慢行立体设施（座）	211	1195
千人机动车保有量（辆/千人）	274	76	—	—	—

二、香港城市交通需求管理经验

香港交通发展政策一直遵循"对道路的使用进行需求管理"的基本原则，塑造以公共交通为核心的城市交通出行结构，主要体现为"三限两促"。

1. 依法利用经济手段控制交通需求，限制车辆的拥有、使用和停放

香港通过立法保障，多次提高车辆首次登记税、年度牌照费、燃油费、路桥费及停车费。车辆首次登记税最高达115%，隧道收费最高可达60港币每次（约为人民币52元），中心城区停车费30港币每小时（约为人民币26元），避免了仅依靠行政手段强行"限牌限车"，而是通过法律手段来保障经济杠杆在调控交通流量、控制机动车总量和使用频率等方面的运用。

2. 高度重视以TOD公共交通模式为核心的交通规划，促进公共交通发展

香港城市空间布局主要沿公共交通走廊沿线高密度发展，整体形成以"公交走廊为城市发展轴，车站为城市发展节点"的TOD发展模式。

据统计，香港45%的人口居住在地铁站500m范围内，且九龙、香港岛等地铁站人口覆盖率高达65%，公共交通客运量每天达1200万人次，占出行总量的90%，公交分担率居世界城市第一。

3.高密度规划建设慢行立体交通设施，促进慢行交通发展

香港通过行人天桥、楼宇连廊、与地铁站相通的步行通道等，构建了人车分流的立体化步行交通体系，实现全路网连续立体过街，有效实现了人车分流，既方便了行人过街，又确保了交通安全（图2）。

图2　香港行人立体连廊

三、长沙城市交通需求管理工作建议

在城市高速发展、汽车全面普及的大背景下，长沙交通发展形势依然严峻。为适应城市发展需求，交通管理要改变以往"强化供给""就堵治堵"的理念，避免"面多了加汤，汤多了加面"的做法，转向以"市场经济杠杆为主，行政政策管控为辅"的城市交通需求管理策略，着重调整出行结构，转变出行方式，积极引导市民绿色出行，实现对中心城区交通的有效疏解。

1.推行以公共交通为导向的城市发展新模式

城市交通形态是城市社会经济活动产生的交通需求与城市交通系统所提供的交通供给之间相互作用的产物。土地利用是城市社会经济活动在空间上的体现。因此，要解决城市交通问题，必须综合考虑交通系统与土地利用，使交通系统与土地利用方式相协调，从源头上优化土地开发利用，调整城市功能结构，促进城市向多中心发展，均衡商业、办公、住宅布局，并大力推进公共交通为导向的城市发展模式，才是促进城市交通健康发展的根本所在。

2.多措并举有序推进城市交通需求管理

通过市场经济杠杆，限制车辆拥有、使用和停放。建议地方立法机构进一步研究首次登记税率、牌照费、燃油税等一系列市场经济杠杆措施在长沙市施行的可行性，择取适合长沙的措施予以试行。长沙市全面实行停车差异化累进制收费制度。同步推行市党政机关单位停车场共享收费制度，利用单位和小区停车需求的时间差，对部分市党政机关单位停车场采取对外开放和统一收费，盘活党政机关单位停车场，方便停车供需矛盾大的老旧小区车辆停放。参照长沙市湘雅附一、附二医院员工停车管理制度，限制机关员工将车辆停放至医院，对员工发放公交补贴，鼓励员工搭乘公交（地铁）上下班，将医院停车资源最大限度提供给就诊患者。

应用行政政策管控，限制车辆拥有、使用和停放。目前长沙城区的主要交通压力集中在过湘江通道和快速路，建议实行过湘江通道工作日高峰时段尾号限行，万家丽路高架试行工作日高峰时段外籍车限行等限行措施。限行将极大缓解核心城区道路交通压力，并促使核心区内出行向"公交+慢行"为主的绿色出行方式转变。转变以往中心城区"停车设施越多越好"的理念，控制和降低停车设施配建，特别是一些大型商业综合体，要成为停车设施控制的核心区域，倒逼市民选择公共交通出行。

3. 完善公交骨干网络的优质交通服务新体系

建设"轨道+公交+慢行"立体交通网络。以目前已运行的地铁1号线、2号线为骨干，在城区五一路、金星路等主要道路建设干线快速大客车专用道，作为大运力公共交通的补充，提高片区之间的交通转换效率，实现骨干公交"扩容提速"。在规划的新城区内主要公交接驳站点建设"P+R"停车场（Park and Ride，即换乘停车场）。合理分配路权，规范共享单车管理，保障步行与自行车通行，营造良好步行、骑行环境。同时在今后的轨道交通设施建设中，应将换乘（P+R）停车场、公交接驳站点、非机动车停车区与轨道交通设施同步设计、同步建设、同步使用（图3）。

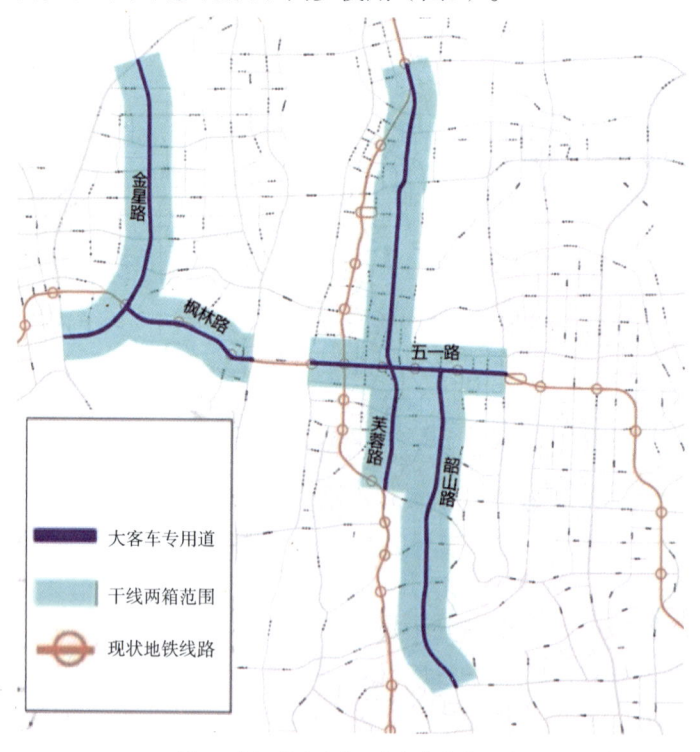

图3　建议实施干线示范大客车专用道

不断优化公交线网体系，构建涵盖主干、次干、支线多级公交网络，并区分每级公交网络的公交车车型。在主干、次干道路上建设公交快速专用道，在支线上围绕地铁开通绿色巴士进社区接驳出行（图4）。

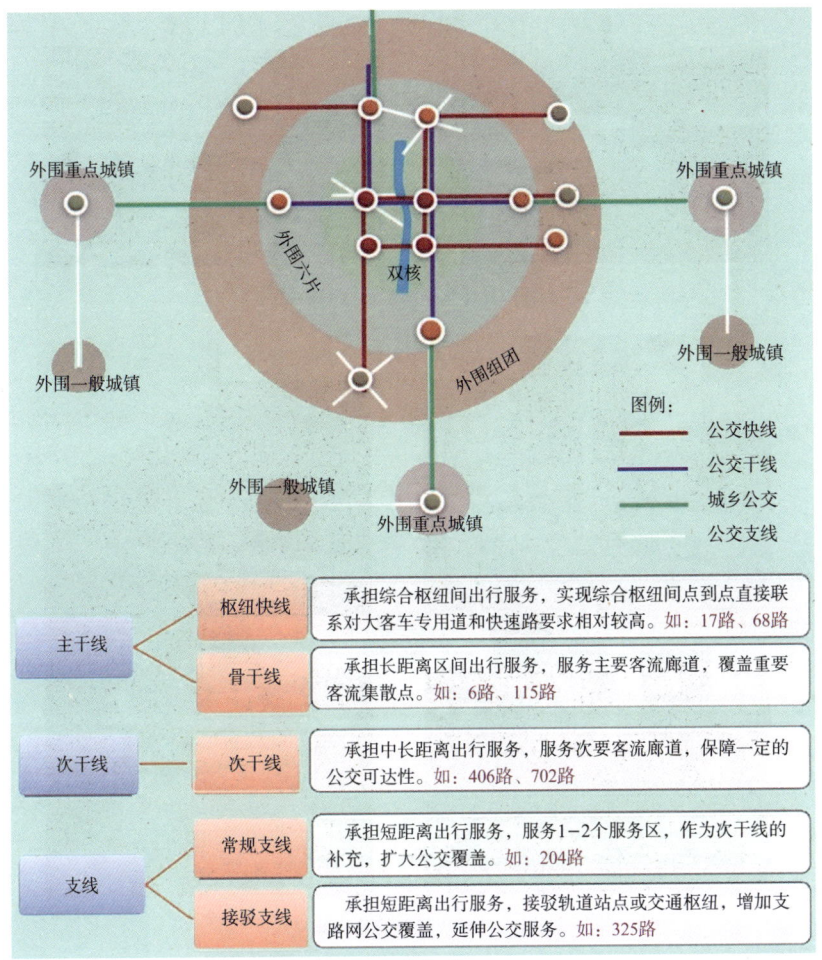

图 4　公交线网功能优化

打造"可达+便捷+舒适"交通服务体系。降低公交收费标准，借鉴香港"八达通"一卡式支付，在长沙发展"互联网+公交"模式，研发公交综合信息APP，提供在线咨询、支付、预约、引导等信息化服务，地铁与公交加装手机扫码支付系统，推动公共交通移动支付全覆盖，提升市民公交出行舒适体验。

4.促进城区慢行交通与公共交通一体化建设

目前，长沙很多道路机非混行、步行不畅，其主要问题是路权不明晰，机动车、非机动车、行人相互干扰严重，通行效率低下，而且容易产生交通事故。香港通过行人天桥、楼宇连廊、与地铁站相通的步行通道等，构建了人车分流的立体化步行交通体系，有效实现了人车分流（图5）。

长沙可以借鉴香港经验，结合轨道站点建设及地下商场开发，加快慢行交通立体设施的建设，行人过街通道应与站点相对独立，互不干扰，且与站点同步设计、同步建设、同步使用。同时将慢行交通系统进行顶层设计，结合市政府"十五分钟生活圈""一圈两场三道"项目建设，尽可能增设非机动车专用道和非机动车停放点，保障慢行交通路权（图6）。

图 5　长沙市道路机非混行的情况

图 6　长沙市慢行交通项目建设

5. 推动停车资源建设、管理、营运机制创新

随着长沙机动车保有量爆发式增长，中心城区停车供需矛盾愈发突出，在医院、商场、写字楼等人流集中地"办事一小时，停车半小时"的现象司空见惯。

政策支持推动停车场建设市场化。建议引入"政府带动为先，社会资产注入为主"的建设模式，鼓励多元化投资建设停车场。在停车场土地批租和征用、资金补助、税收减免、商业配建、停车收费定价、运营保障等方面制订明确的扶持政策，鼓励社会各方面共同参与停车场的开发、建设、经营和管理，提高投资者和经营者的积极性。

运用大数据推动停车管理机制创新。明确单位搭建停车信息管理平台，采集、整理、分析停车静态、动态数据，实现数据处理展示、模块分析、决策支撑等功能，最大限度提升车位使用效率，形成全市停车管理一盘棋的格局。

盘活现有停车资源，实现共建共用共享。建议市政府授权社会企业统筹管理市党政机关、公共事业单位及路侧停车位，负责停车场设施建设、维护、运营，提高现有停车资源利用效率。

扫一扫查看原文

孔万锋：以"四化"为抓手，提升城市道路交通管理精细化水平

孔万锋　原杭州市交警支队副支队长，现任杭州市公安局科技信息化局局长
张建文　杭州市交警支队秩序处秩序科科长

> **导语**
>
> 近年，随着城乡一体化不断推进、城市规模不断扩张，交通管理逐渐成为了城市管理的重点、热点和焦点。交通管理者需要在有限的道路资源中发挥道路效率的最大化，保障交通出行与城市建设的平衡。我们来看看杭州交警是如何以道路基础标化、交通组织优化、交通秩序序化、交通管理智化"四化"为抓手，提升城市道路交通精细化管理水平的？

杭州全市面积 1.66 万 km^2，常住人口 946.8 万人，机动车保有量 279.56 万辆。城市主城区城市道路里程数 2203.15km，路网密度 $6.2km/km^2$。同国内很多城市一样，杭州也"处在城市的发展、转型期，面临很多交通问题"。2017 年，杭州共查处各类交通违法行为 1462.7 万起，全市交通违法查处总量在全国 36 个大中城市中位居前列。据有关机构发布的交通报告，杭州由 2015 年全国城市拥堵排名第 3 名，下降到 2017 年的第 45 名，2018 年第二季度排名第 57 位，拥堵下降趋势明显。这很大程度上得益于杭州"标化、优化、序化、智化"的交通秩序管理理念。

一、以交通工程学为基础，"标化"道路基础

城市道路基础设施"标化"是交通管理的基础和前提，必须严格按照道路设计、工程施工、交通设施维护 3 个阶段，实施标准化设置和管理。

1. 工程项目设计管理标准化

道路工程"四同步"。《中华人民共和国道路交通安全法》颁布实施以后，杭州交警按照浙江省实施条例及杭州市行政审批改革要求，全程参与道路工程与交通设施建设"四个同步"，即同步规划、同步设计、同步建设和同步验收使用。交警部门安排专人对道路工程项目进行审查。其中，重点把握了道路横断面、交叉路口、基地出入口、公交站点等安全性审查内容。对路口展宽、公交停靠站的设置、跨等级道路的衔接、基地出入口的控制、斑马线的设置等都做了相关的规范和处理。

建筑工程控源头。城市建筑是城市所有交通流 OD 原发性基础设施，前期的设计规模、车位、出入口直接决定后期的交通管理效果。杭州交警制定下发了《杭州公共或专用停车场（建筑工程）设计方案审查岗位工作流程和职责》及《杭州公共或专用停车场

（建筑工程）竣工验收岗位工作流程和职责》等文件，从规划选址、初步设计、施工图审查、项目验收等环节全程参与，并按照规范标准严格对机动车、非机动车配比，出入口设置进行审查、验收。

2. 占道施工抓红线

城市占道施工管理是城市交通的重要组成部分，科学合理的施工组织是降低交通影响的关键。杭州交警借助全市行政审批权力改革将占道施工交通组织由审查事项升格为行政许可这一契机，对占道红线的控制、施工时序的安排等方面掌握主动权。制定相关规范文件，对进件资料基础审查、占道红线控制、施工方案审查、交通安全设施设计、竣工验收等5个方面审查要点进行了规范。组织专家对施工交通组织方案进行评审，并加强与市建委、地铁集团等部门的对接，建立完善道路工程施工"占道红线、占补平衡"工作机制，刚性确保下降一级的占道红线原则（如双向六车道进行施工的，施工期间至少保持双向四车道通行）。

2018年上半年，在共有231个项目同时施工，车道总数减少494条的情况下，全市交通通行平稳有序，城市道路交通高峰延时指数同比下降12%，高峰平均出行时速达25.52km/h，同比提升6.1%。

3. 交通设施提"两化"

交通设施标准化提升。杭州交警以公安部交管局《关于推进城市道路交通信号灯配时智能化和交通标志标线标准化的通知》（公交管〔2016〕230号）精神为指针，会同市有关部门共同制定了相关规范性文件，全面开展交通设施标准化提升工作。在推进交通设施"两化"工作中，严格落实"事前、事中、事后"的施工监管，扎实推进项目实施工作。2017年以来，杭州交警还开展了国际化交通标志标识建设工作，交通设施标准化工作从市区向城郊接合部进行延伸，完成市区132条道路标志牌和1130个路口信号灯的国标化提升改造，并在市区613条道路安装了4988块路名确认标志，完善指路体系。特别是从系统的角度，对城市快速路指路体系进行了整体性优化，进一步规范了立交互通和上下匝道标识信息内容。

交通设施标准化建设。近年来，杭州严格落实"未经交警部门审查和验收的道路不予开通"的要求，强化对新改建道路交通设施建设的源头管控，以此来推动前端审查意见的落实，形成良性循环。2016年以来，审查验收了187条新建道路，对28个城市入城口、537条城市美化道路的交通设施按标准予以规范。

二、以需求平衡为导向，"优化"交通组织

杭州是人均小汽车拥有率最高的大中型城市之一，加之西湖、钱塘江、西部环山等特殊地理条件的限制，道路网系统部局先天存在较大缺陷。近年来，杭州交警紧紧围绕"道路资源寸土必争、信号配时分秒必夺"的优化原则，做好交通组织优化工作。

1. 处理道路"血栓"打通"瓶颈"

道路上的"血栓"，就是道路的堵点，又称堵源，是指道路上引发交通拥堵、通行效率下降、安全性能减弱的单一性交通节点，一般发生在路口或具有复杂交通流汇集的

路段上。杭州交警通过开展路口精细渠化、实施"四头"交通组织和道路"微手术"3个层级,优化交通组织,提高道路通行效率。

实施路口精细渠化。按照路权合理分配原则,综合考虑机动车、非机动车、行人通过路口时的通行权、先行权和占用权要求,分别对"十字"路口、"丁字"交叉口、"环岛"及立交路口及支小路口实施路口精细渠化。

"十字"路口:重点对进(出)口道机非隔离、车道优化、路口中心圈及转向轨迹线、待驶区、绿化端头导流线、非机动车转弯导向线、非机动车道进口道地面提醒文字、非机动车道出口标线、人行护栏长度和开口尺寸、行人等候区等10类要素进行统一标准,通过规范设施设置,确保交通参与者各行其道(图1)。

"丁字"交叉口:重点对阶梯式机动车停止线、路口中心圈、非机动车转弯导向线、非机动车道出口标线等要素进行统一标准(图2)。

图1 西湖大道建国路口

图2 西湖大道南山路口

"环岛"及立交路口:重点对导流线线形、车道隔离设施等要素进行统一标准(图3)。

支小路口:主要对主辅道进出口、机非隔离等要素进行统一标准(图4)。

图3 环城东路解放路环岛

图4 西湖大道城头巷

目前,杭州还将非机动车、行人的路权保障延伸到了施工道路,不仅给出路,更千方百计保安全。据统计,杭州市区共设置可变车道路口317个,设置左转、直行待行区路口310个。

实施"四头"交通组织优化。"四头"即断头、转头、掉头、结头,主要是打通断头路、禁止违法左转、禁止违法掉头以及进行斑马线优化消除道路"乱点",其中,交警部门主要牵头做好后3项工作。

"禁左"（禁止违法掉头）：对该节点的交通运行状况、拥堵成因进行分析排查，对交通流在不同时段下的流向、流量进行测算和评估，对措施实施后的绕行线路进行推断，以此评价该节点实施"禁左"或"禁止违法掉头"措施的可行性、必要性和合理性。

斑马线优化：在符合人行横道线设置技术规范基础上，对行人过街需求、机动车车辆延误、驾驶安全等方面进行评估，并以此对道路沿线缺口进行封闭。

近年来，杭州共实施了"禁左"321处，优化斑马线482处，封闭缺口189处。各点位通过优化，平均通行速度提高了7%，部分路段的交通事故总数下降了65%。

实施道路"微手术"。对无法通过路口精细化管理、"四头"交通组织优化措施解决的道路节点，则借助"微手术"对道路进行局部改造。近5年来，杭州累计实施改造项目161个（图5）。

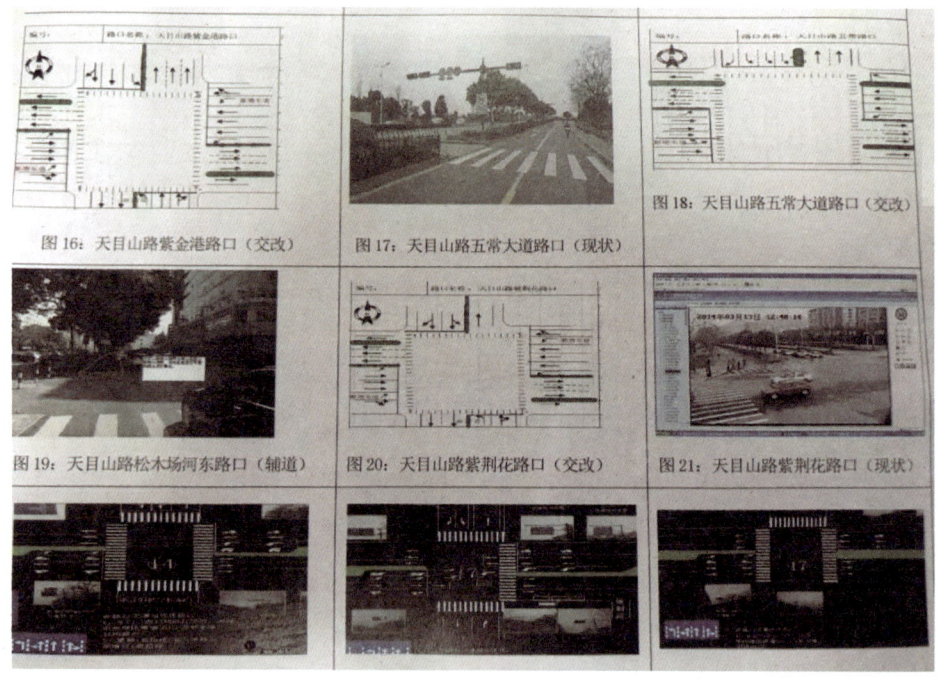

图5 交通改造项目

2. 清理道路"管壁"疏畅"通道"

对于特定道路、特定方向、特定时间的规律性交通拥堵，杭州交警通常采用全线优化的交通组织措施，如潮汐车道、单行线及替代通道构建。

设置潮汐车道。主要针对通勤交通，结合杭州钟摆式、向心状潮汐交通的特征，借鉴台北"调拨车道"的基础上，在曙光路、保俶路试点潮汐车道组织。其主要特点：一是大胆使用了"4+1"车道划分模式，制定了城市道路"先潮后单"的整体策略控制；二是采用2个车道的潮汐车道和磁吸式道钉隔离的全新交通设施，灵活调节路段和路口上的潮汐车道分配；三是以智能控制和信息诱导为科技支撑，使得城市交通流按照设定的路径有序高效运行，以达到充分利用既有潮汐车道的交通资源。目前，杭州共设置了20条潮汐车道（图6）。

设置单行线。单行线是以局部限制来保障全局畅通的一项限制性交通组织措施，一般应用于支小路密度较高、配对性较强的"棋盘状"路网区域。区域微循环是单行线的"升级版"，对于消除路口冲突点、减少交通事故、提升区域通行效率具有显著成效。目前，杭州共有单行线283条，占主城区道路总条数的24%，在国内属于占比较高的城市之一，采用了主干道单行、区域单行、时段性单行等各种方式。

图6 潮汐车道

构建替代通道。在大型安保活动、道路施工等道路阻断，路网交通流发生重大变化时，构建替代通道，主动挖渠吸流，发挥快速走廊作用，使得城市交通流按照设定的路径有序高效运行，以达到充分利用交通资源。主要是通过路口车道分配、路口禁左等交通组织措施、信号协调控制策略、交通科技应用、路面一线管理等措施，形成符合大流量特点的替代通道，实现道路资源利用和通行效益的最大化，解决路网重大变化时的大流量交通；对临时性的替代通道构建中涉及路面标线调整的，使用预成型标线贴对地上指示箭头进行临时调整，节约成本，提高操作灵活性（图7）。

图7 临时替代通道

3. 实施道路提速增效，提高"弹性"

针对市区快速路隧道、主干道限速较低，道路资源无法充分利用的问题，杭州交警对设计速度、管理限速、法规限速等3个限速概念进行了再解析，结合杭州道路实际，采取3种模式实施了城市道路提速工程。

模式一：拆除道路限速标志，直接采用法规限速管理。

模式二：对提升限速5~10km/h的，按照上级有关规定，发布通告予以执行。

模式三：调整限速差值超过20km/h（含）时，严格依法实施评论、论证、民意调查、上级公安机关批复等一整套法定流程。

根据提速后评估，通行效率均较提速前大幅提升，各条道路断面通行能力提升

10%~15%，交通总量上升约7%。

三、以久久为功为理念，"序化"交通秩序

"序化"是交通秩序管理的核心，交通秩序整治，严查道路交通违法也是削减交通流量、提高道路通行效率的重要方法之一。2017年6月至2018年8月，杭州交通违法查处总量持续位居全国36个大中城市前列，并取得了"两升一降"的成效，即违法查处总量进一步提升、通行效率进一步提高，交通事故稳中有降。在序化中，杭州始终将"贯彻好1个理念、处理好1对关系、创新好5类招数"作为"序化"的根基。

1.树立"久久为功、法治思维"的整治理念

所谓整治，整是措施，治是目的。整治是为了促成交通参与者养成良好的出行习惯，提高交通遵章率。为此，杭州交警坚持"精细管理、服务至上"的行动准则，在城市交通管理中用足用好法律手段，对交通违法行为进行依法管理，让法律根植于每个交通参与者心中，使文明交通成为自觉的行动。

2.处理好主城区与城郊接合部的关系

2017年以来，杭州交警在管理中发现，交通事故的发生半径开始向城市外围区域蔓延，电动自行车的出行距离拉长了1/3，出行高峰开始整体前移，交通参与者的关注焦点开始出现在城郊接合区域，这要求交警部门在做好主城区城市道路交通秩序管理工作的同时，需强化对城郊接合部区域及公路的管理。

借好力。借助"两治一整"——治理超限超载、治理"黑车"、整治交通乱象专项行动，杭州交警积极发挥交通联合执法整治机制，坚持路面联合执法、行业监督管理、属地源头管理、舆论宣传报道四轮驱动，综合运用法律、行政、经济手段，开展电动自行车、工程运输车、低速电动车、农用车等违法联合整治。

强基础。道路是交通管理的基础，行车环境的好坏对安全形势起到决定性的作用，但往往城郊接合部的最大问题就是道路验收不全、交通安全设施缺失。为此，杭州交警以"边整边排"为原则，摸清辖区道路底数，按照"未通车未验收、已通车未验收"，倒排道路验收计划，加快推进验收进程，重点对已通车未验收道路交通设施的查漏补缺、优化完善。

用好人。改变原来警力向核心管理单元倾斜的分配原则，根据实际管理需求，对城郊中队相关警力进行及时调配。同时，积极向外借势借力，争取管理力量，做好交通管理队伍的统筹。

3.创新好5类办法

创新电动自行车治理。坚持"教育与处罚相结合"的原则，在全市62个执勤岗亭建立了电动自行车违法现场教育点，进行"现场手抄交规""体验执法"等，2017年，现场警告教育电动自行车违法77.2万人次（图8）。

创新违法停车记分管理。在浙江省率先实施违法停车"罚款+记分"处罚，2017年共对60.2万起违法停车行为予以记分处罚，2018年上半年查处36.3万起，城区主次干道

违法停车乱象得到有效遏制。同时坚持"疏堵结合",抓好配建停车位前端管控和路内停车泊位的清退工作。在新建小区、公建项目的方案、施工图和竣工验收等每个审查阶段,对配建的停车位数量、尺寸、位置等要素进行严格审查。目前,主城区共有配建停车泊位80.89万个,平均每年新增配建停车位8万个左右。此外,自2013年起,交警会同城管部门开展了"退路入库、还路于民"行动,对公共停车场周边、主(次)干道上的路内停车位实施清退。截至目前,杭州主城区路内泊位已从原先的7万多个下降至3.1万个(图9)。

图8 电动自行车违法现场教育点

创新电子卡口图像挖掘。深挖市区1045个卡口点数据,利用图像二次识别技术,查获开车打手机8.1万余起、不系安全带40.7万起,取得了明显治理效果。

创新重点违法精准打击。通过大数据分析研判,精准开展"清霾"和"追违清库"行动,共查处6.9万辆多次违法未处理车辆,查处套牌、假牌、非法改装和逾期未年检等重点违法车辆9.6万辆,查获毒驾人员175人(图10)。

图9 清退主(次)干道上的路内停车位　　图10 "清霾"和"追违清库"行动

创新宣传发动群众参与共治。通过杭州公安"警察叔叔"警务APP、支付宝、交通拍客等多种渠道,发动群众举报交通违法行为9.6万起,审核采纳3.1万起;深化开展单位认领、志愿者参与、初学(增驾)驾驶人交通安全上路体验等工作,提升交通文明水平(图11)。

图 11 "警察叔叔"警务 APP

四、以创新驱动为引领,"智化"管理新模式

自 2017 年 7 月上线运行基于交通治堵的"城市数据大脑"V1.0 以来,市区 2 个试点主干道平均延误分别下降 15.3% 和 8.5%,萧山区 5km² 试点范围内平均通行速度提升超过 15%。

1. 加强技术突破,推动项目落地

成功解决公安网与互联网数据交换问题,并在此基础上,实现"球机视频监控事件自动报警、交通实时状态判定和预警算法、人工智能反哺信号控制系统"3大技术突破,推进城市资源的科学配置和高效使用。2018年3月新版视频分析报警系统上线后日均报警2500余起,准确率从原来的91%提升至95%,事件发现至报警的平均用时缩短至20s以内,大大提升了交通管理工作效能。

2. 强化创新驱动,提升治理能力

数据整合从单一到多元。摒弃"数据已用""交通专治"的固有观念,建立完善"党政主导、公安牵头、部门联动、企业支撑、群众参与"的多元共治综合协调机制,有效整合规划、建设、管理等多部门、上下游、前后端的数据资源,打通数据壁垒,加速数据汇聚,促进数据融合,共同完善城市交通的制度、结构、方法、功能、运行等一整套治理体系,为促进部门协同治理"城市病"探索了方案和路径。

交通管理从被动到主动。通过人工智能技术，用历史和实时大数据作比较分析，找准交通拥堵的病象病因，推进交通管理由被动向主动管理转变。由此推动指挥体系专业化、信号配时社会化、路面勤务动态化，着力构建安全可靠、开放共享、实时联动的城市交通治理生态系统（图12）。

扫一扫查看原文

图12　"城市数据大脑"V1.0

2018年9月19日杭州城市数据大脑V2.0版正式上线发布，与V1.0相比，V2.0版本实现了全市域覆盖，支持各区、县（市）的分域应用，并在改善交通、服务民生方面实现了4项新突破（图13）。

图13　"城市数据大脑"V2.0版，实现全市覆盖

李文胜：构建智慧交通应用场景，打造高效能道路交通治理体系

李文胜　成都市公安局副局长、交通管理局局长

导语

当前，大数据、云计算、互联网、人工智能等新技术发展突飞猛进，通过进一步加强新科技在城市交通治理中的深度应用，可以推进城市道路交通治理体系和治理能力现代化。如何将新技术应用于城市交通治理、打造高效能城市交通治理体系呢？

成都地处一带一路和长江经济带的交汇点，在国家发展大局中具有重要的战略地位。随着经济社会的快速发展，全市实有人口2054万人，在全国副省级城市中名列第一，汽车保有量达到476万辆，居全国第二，交通拥堵等城市病日益突出。为此，成都交警聚焦打造超大城市高效能交通治理体系，搭建开放合作平台，构建多维度、多层次的智慧交通应用场景，将新技术、新设备与城市交通治理需求有机衔接，初步实现了科学治理的动力变革、效率变革、质量变革。

一、构建智慧治理应用场景实现科学治理的动力变革

依托互联网技术，开发了"蓉e行"交通众治公益联盟平台，以整合政府和社会资源、动员企业和市民力量，推动城市交通共建共治共享。

1.引导市民参与交通治理，凝聚共建共治合力

为了强化交通参与者的路权和规则意识，梳理出随意变道、不按规定车道行驶、不礼让行人等25类妨碍公共安全、影响通行效率的突出交通违法行为，群众可通过"蓉e行"平台的违法举报模块拍摄交通违法行为并上传，经交警后台审核通过后，依法实施处罚并曝光。同时，依托交安设施故障上报功能模块，建立线上线下联动的交安设施高效精准运维机制，提高交通安全设施维护水平。"蓉e行"上线以来，共收到66万余条群众提供的交通违法举报、交安设施故障报告和交通组织优化建议，形成了城市交通共建共治共享的局面。

2.鼓励市民申报私车停驶，厚植绿色出行习惯

私家车可在"蓉e行"平台主动申报停驶，并通过智能交通检测设备监测停驶情况，对自觉履行停驶承诺的私家车给予积分奖励，进一步促进群众交通方式从驾车依赖向绿色低碳出行转变。截至2018年8月底，累计已有1.56万辆私家车申报停驶，平均每车停驶13天，单车申请停驶时间最长达112天，累计减少十项主要污染物排放总量约13t。

3. 推出电子车证掌上办理,提供高效审批服务

紧密结合"仅跑一次"的改革,按照减环节、减材料、减时间、减费用的要求,推进网上政务互联互通,优化网上办事流程,提高网上服务体验,上线货运汽车城区道路行驶证(H证)申领、电子监控违法处理、五路一桥退费、电子账户等网上全流程办理服务,累计办理各类便民服务70万余件,为群众、企业节约综合成本6000多万元。

4.开展交通安全网上学习,提升法治文明意识

利用人脸识别、可信身份认证等新技术,为驾驶人提供审验教育和满分教育的网上申请、网上学习、网上认证。网上学习具有灵活的教育方式、个性化的培训内容,受到了广大驾驶人特别是职业驾驶人的欢迎和认同,实现了驾驶人安全教育常态化,进一步夯实了驾驶人安全管理源头(图1)。

图1 "蓉e行"平台

二、构建智慧治理应用场景实现科学治理的动力变革

依托现代科技,重塑传统警务模式,推动数据流、业务流、管理流融合,有效提升执法管理、事故预防、民生服务质量和效率。

1.数据融合应用,加强执法管理

(1)扩建智能监控识别系统。在已有电子警察、智能综合检测设备、事件检测设备、视频监控设备的基础上,引入图像识别、声源定位、光源监测、视频监测等新技术,通过新型抓拍设备实时对违法鸣笛、违法使用远光灯、不礼让行人等不易辨识的交通违法行为进行自动监测抓拍。依托繁星图像视频综合分析系统和刀锋图片结构化处理技术,实现视频图片数据处理效率的指数级提升。

(2)建立"情指勤"现代勤务模式。依托交通集成指挥平台,建立了以指挥中心为核心,交通情报、勤务督察、宣传保障3个中心为支撑,网格勤务、视频勤务、夜间勤务、假日勤务、商圈勤务、景区勤务等为抓手的"1+3+N"勤务运行模式，不断提高勤务的主动性、精准性、时效性（图2）。

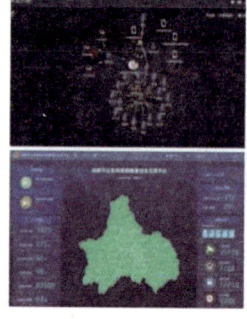

图2 "情指勤"现代勤务模式

（3）梳理重点交通违法行为的异常特点，以特征多维描述、风险自动甄别为目标，搭建了毒驾、假牌套牌、累计多次违法未处理、买卖分嫌疑人等数据研判模型，依托智能交通管理系统、稽查布控系统、视频图像信息综合应用平台、鹰眼系统，形成立体化防控和精准执法机制。2018年，成功挡获违法嫌疑车辆2026辆、违法嫌疑人170余人。

2. 强化科技应用，做硬事故预防

（1）提高重点车辆交通事故技防水平。在部分运渣车上试点加装具有前碰撞预警、行人探测与碰撞警示、自动减速与主动制动等六项功能的主动防碰撞安全系统，利用毫米波雷达目标识别、图像识别、多传感器数据融合、自适应安全车距控制等新技术，实时评估车辆运行态势，同时开发了智能安全驾驶云平台，针对不同危险等级，主动提醒驾驶人采取避险措施，减少运渣车运行过程中的安全风险，有效降低追尾碰撞等交通事故发生（图3）。

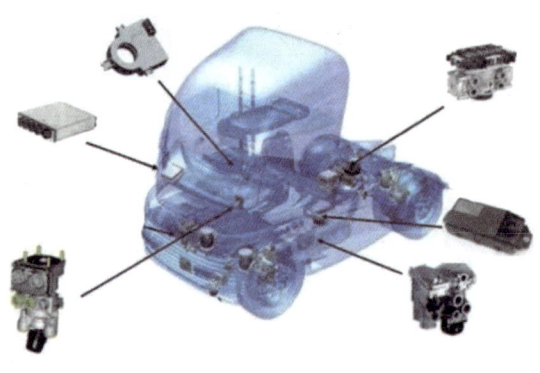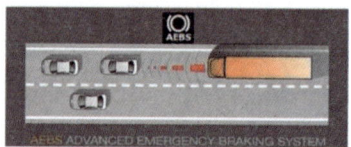

图3 货车加装主动防碰撞安全系统

（2）破解重点驾驶人疲劳驾驶监管难题。依托运用生物技术和人工智能技术，建立了驾驶人疲劳度定量评估标准，研发了智能疲劳监测转向盘、头环、手表等可穿戴智能监测设备，通过智能监测设备对客货运重点驾驶人的驾驶状态进行动态监管，凡达到疲劳驾驶标准的，后台实施预警并督促驾驶人停车休息，实现了事前预防、事中预警、事后追责的闭环式监管。

（3）强化交通新业态动态监管。联合成都市交通运输委员会搭建了共享交通监管平台，强化企业服务质量信用考核。一方面，建成网约车监管系统，强化对网约车企业、车辆、驾驶人的准入监管、及时监管、联合监管；另一方面，推进共享单车监管系统建设，指导共享单车企业精准调度、科学投放，减少城市乱象，防范安全隐患。

3.再造民生服务流程，提升服务便利性

（1）多维渠道在线办。以深化公安放管服为契机，推出"成都电子政务网""成都交警官方网站""成都交警微信公众号""蓉e行"等多渠道网上便民服务，开通交管"11185"上门服务和"12123"远程服务，实现了"指尖一触轻松办"（图4）。

图4　交管业务多渠道在线办理

（2）延伸窗口就近办。在全市所有交管服务大厅和社会化服务机构代办点，设置交管业务自助服务终端，并将公安交管业务延伸至全市公安派出所、交管一站式服务站和部分社区服务站、24h超市，方便群众就近办理交通违法处罚等十余项交管业务。

（3）部门协同高效办。推出成都交警道路交通事故在线快速处理中心，研发了道路交通事故远程视频处理系统，加强与保险监管部门的配合协作，实现交通事故在线快速处理、理赔跨部门协同、全流程闭合办理，打造了升级版的交通事故快撤快处快赔"三快"服务。会同人民法院司法行政机构、保险行业协会，大力推进交通事故损害赔偿纠纷网上数据一体化处理，形成交警办案、人民调解、司法确认"三位一体"的交通事故矛盾纠纷快速化解的运行机制（图5）。

图5　道路交通事故在线处理

三、构建智慧出行应用场景实现科学治理的质量变革

强化警企合作,与国内知名的互联网企业开展战略合作,积极探索"互联网+交通管理"新模式,初步实现了用数据决策、用数据管理、用数据创新。

1. 强化交通态势研判,攻克交通管理难点

研发上线成都交通实时监测与研判分析平台,以平均车速监测、路网交通负荷研判、重点区域热点分析、交通拥堵路段排名、交通OD分析、异常交通分析等为重点,宏观把握城市交通运行态势,微观治理交通拥堵瓶颈,提升交通管理的精细化水平(图6)。

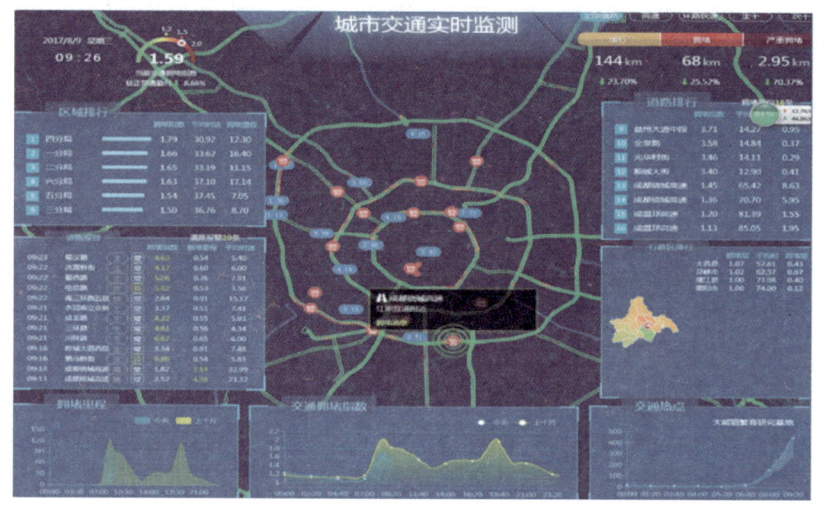

图6 交通态势研判

2. 推动信号配时智能化,消除延误痛点

推广应用智慧信号灯,通过人工智能深度学习等先进技术,持续优化信号灯配时算法模型,制定信号灯智能联控方案,打造交通智能化"绿波带"。目前,已经完成130个智慧信号灯路口改造、173个信号灯联网控制,试点的交通延误下降了11.2%(图7)。

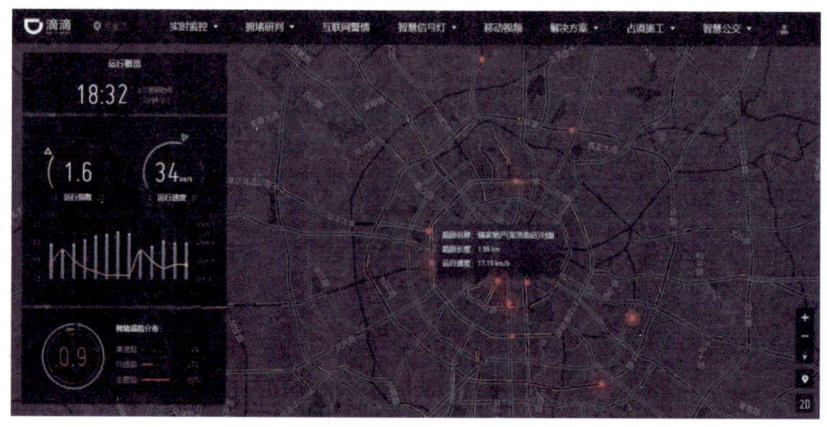

图7 智慧信号灯应用

3. 开展交通出行精准诱导，实现堵点绕行

充分发挥成都市中小街道路网发达的特点和以静制动的工作思路，依托百度地图全景路况采集车，全覆盖更新中小街道实景路况信息，优化调整百度导航，智慧避堵规划路径，引导群众利用中小街道绕行拥堵区域，盘活了闲置的路网资源，均衡路网流量，提升了路网整体运行效率（图8）。

扫一扫查看原文

图 8　出行诱导

钟劲军：如何创新运用新技术进行重点车辆、驾驶人安全管理

钟劲军　成都市公安局交通管理局副局长

导语

重点车辆、驾驶人监管是公安交管部门预防恶性交通事故的主要工作措施。那么，应如何运用新技术强化重点车辆、驾驶人的科技监管呢？请看成都交警的相关经验。

一、聚焦重点车辆、驾驶人安全管理问题

虽然近三年成都市整体交通事故量呈现逐年下降趋势，但重点车辆事故始终呈现高发态势。2015—2017三年间，成都立案交通事故总共5379起，涉及重点车辆的共463起；立案交通事故中死亡人数为1791人，其中涉及重点车辆的死亡人数为317人。重点车辆事故占全部交通事故的8.6%，死亡人数却占17.7%，一次死亡2人（含）以上的事故更是占所有事故的44.3%。重点车辆的交通事故严重危及群众安全（图1）。

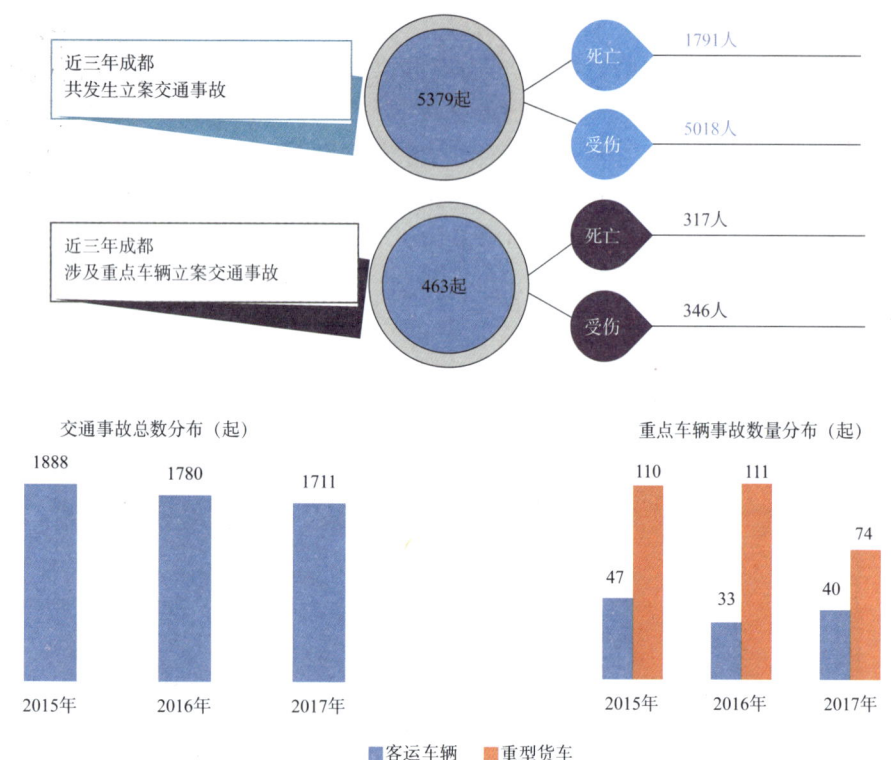

图1 近三年成都交通事故统计

此外,重点车辆交通事故社会影响极其恶劣。例如2017年"8·10事件",系从成都城北客运站发往河南的客车,在陕西境内因驾驶员严重疲劳驾驶,撞上隧道口端墙面,造成了36人死亡,13人受伤的严重后果,引起社会舆论聚焦和各界广泛关注,社会影响极其恶劣(图2)。

图2 "8·10事件"现场

二、成都重点车辆、驾驶人科技监管现状

1. 利用数字台账,建立建筑垃圾运输车辆重管系统

建立企业、车辆、驾驶人、运输证等重管数据库,实行企业、车辆、驾驶人逐一登记备案和"人车证绑定"制度,并关联全国交通管理综合平台("六合一"平台)、民

警手持执法终端（PDA），便于民警路面执法查询。

2.打造专业平台，推动信息开放共享

成都市政府投资建设的建筑垃圾处置监督管理信息共享平台，已进入试运行阶段。行业主管部门可以通过这一平台共享全市建筑垃圾处置信息，为行业主管部门强化渣土运输全要素、全过程监管提供支撑。

3.严格按照标准，实施动态监管

建设重点车辆卫星定位动态监管平台，将客运车辆、危化品运输车辆、重中型货运车辆、危爆品运输车辆全部纳入管理，预防因车辆超速、驾驶员疲劳驾驶等造成重特大交通事故。

4.整合多方资源，开展图侦倒查

整合天网监控、视频巡查、图综平台等系统资源，运用"监控回访、轨迹倒查、违法锁定"图侦技术手段开展图侦倒查，严密监控建筑工地周边重点路段和重点时段，锁定运渣车违法证据，对违法车辆驾驶人及所属运输企业实施"双处罚"。

5.利用专业分析系统，强化数据研判

建立交通违法分析研判系统，对全市交警部门、执勤民警重点车辆纠违数据开展分析研判，定期对执法查处数据和电子警察设备抓拍数据进行动态跟踪、对比分析，根据纠违处罚数据量、重点时段、重点路段违法情况确定管理重点，实施精准制导打击。

三、重点车辆、驾驶人监管存在哪些短板

1.重点车辆驾驶人实时监管不到位

以驾驶人疲劳驾驶监管为例，目前主要采取人工方式监管，无法对所有在途车辆实现全面监控。虽然也可基于人脸识别技术对驾驶员做出疲劳驾驶判断，但从实际运用情况来看，因不同驾驶人在体质、精神状态表现、驾驶习惯等方面存在个体差异，判断效果并不理想。另外，疲劳驾驶没有直接判定标准体系，因个人体质差异较大，单纯以连续驾驶时长作为判定方式，监管存在明显滞后。

2.重点车辆主动事故预防技术应用滞后

2017年11月13日，公安部发布了《关于做好〈机动车运行安全技术条件〉（GB 7258—2017）贯彻实施工作的通知》（公交管〔2017〕673号），要求2021年1月1日起，对新出厂大于11m的公路客车、旅游客车强制安装自动紧急制动系统等主动事故预防装置。我国已经开始重视相关新技术应用，但还存在一些不完善的地方，比如三年后才对大于11m的公路客车、旅游客车实施，且未将其他交通事故高发的重点管理车辆纳入强制安装主动事故预防系统范围。另外，也没有发布自动紧急制动系统的相关产品标准，且未出台对已注册车辆实施改进的相关政策，仍有900余万辆重点车辆不能及时使用新技术，不能及时提升安全性能。

四、重点车辆、驾驶人监管新技术试点应用

借助新技术应用，强化重点车辆和重点驾驶人科技管理，成都交警结合长期管理实

践和重点车辆及驾驶人管理实际,做了理性思考和有益探索。

1. 创新应用生物科技破解疲劳驾驶监管难题,提高重点驾驶人的科技监管力度

据国外研究,由驾驶人本身引发的交通事故占总数的57%~65%,与驾驶人相关因素造成的事故占总数的95%左右。疲劳驾驶是人为因素导致交通事故的主要成因之一,且较于饮酒驾驶和超速驾驶更具有隐蔽性和普遍性。

成都交警按照社会化、法治化、智能化、专业化治理方向,加强警企合作,探索运用生物信息和人工智能技术破解疲劳驾驶"事前缺少预防、事中缺乏预警、事后缺失证据"等问题,提高预防道路交通事故的能力。

(1)联合开展驾驶人疲劳度定量评估标准研究。根据我国《道路交通安全法实施条例》第六十二条规定,以连续驾驶4h作为"疲劳驾驶"的标准,而对于人体疲劳状态目前没有标准。成都交警与思澜科技合作,对连续驾驶4h的驾驶人的生理指标信号进行多数据融合建模,初步建立了"危险""疲劳""倦怠""一般""清醒"五级疲劳度分级。

以图3为例,横轴是时间轴,纵轴代表生理指标。生理指标处于2以下,是安全驾驶区,2以上是疲劳驾驶区。从图中可以看出,这位驾驶人在前40min处于清醒状态,在50~60min时出现了疲劳驾驶情况,随后又回到安全区。

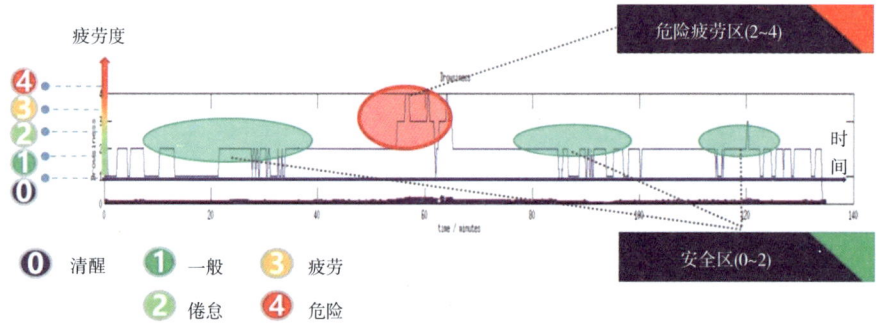

图3 驾驶疲劳度实时监测图

(2)联合开展驾驶人潜在睡眠障碍普查。睡眠呼吸暂停及低通气综合征(SAHS)的症状是白天嗜睡,易疲劳,甚至在驾驶中出现精神空白,打瞌睡。西方国家尤其是美国、欧洲、澳洲,已经把SAHS检查作为重点车辆驾驶人、高风险职业人员等每年必检项目。我国一些专家教授也认为驾驶人若患有睡眠呼吸暂停及低通气综合征且不及时治疗,会成为"马路杀手"。

成都交警联合思澜科技通过对部分危化品运输车辆、客运车辆等驾驶人进行SAHS抽查、检测,发现患有睡眠障碍疾病的驾驶人,占总受检人群的18.2%,这个数字远远大于SAHS在我国总人口的普查占比(4%~6%)(表1)。

国外关于SAHS检查的相关要求　　　　表1

国家	对象	是否筛查SAHS	方式
美国	私人驾驶人	部分州	驾照申请或更新前填表申明
	商业驾驶人	是	驾照申请前进行健康检查,否则降级或取消驾驶资格,合格批准两年有效期医疗证书

续上表

国家	对象	是否筛查SAHS	方式
英国	小型车/摩托车驾驶人	是	主动申报,否则发生事故被罚款、被起诉
	公共汽车/卡车货车驾驶人	是	主动申报,否则发生事故被罚款、被起诉
澳大利亚	私人驾驶人	是	主动申报、必要时医生告知当局,否则发生事故被起诉,保险不赔付
	商业驾驶人	是	医生监督填表或临床评估,否则发生事故被起诉,保险不赔付
新西兰	小型车/摩托车驾驶人	是	驾照申请或更新前申明是否患有指定疾病,若有则需提供医疗证书
	中/重型车驾驶人	是	驾照申请或更新前必须提供医疗证书

（3）试点开展重点驾驶人的疲劳驾驶动态监管。目前,思澜科技开发的SafeDriver100智能疲劳度监测方向盘、SafeDriver110智能疲劳度监测方向盘套,已试用于重点驾驶人疲劳驾驶动态监管。另外,疲劳驾驶监测手环、监测头环目前也在研发之中（图4）。

   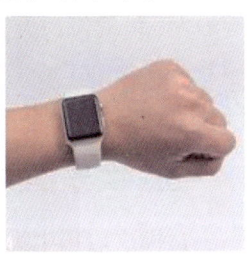

SafeDrive100　　　　　SafeDrive110　　　　　SafeDrive200　　　　　SafeDrive300
智能疲劳度监测方向盘　智能疲劳度监测方向盘套　驾驶疲劳度实时监测头环　驾驶疲劳度实时监测手表

图4　疲劳驾驶监测设备

2. 深化应用智能主动事故预防技术,提高重点车辆交通事故技防水平

车辆防碰撞主动安全产品是针对重点车辆行驶过程中存在的前向碰撞风险,运用多传感器融合的识别技术,对危险状态进行评估,进而根据危险等级进行预警和减速干预的车辆主动安全产品。

据调查,欧盟在2012年出台规定要求9m以上客车和12t以上的货车必须配备AEB系统,并将安装AEB系统纳入新车碰撞测试（NCAP）评分体系;美国也明确规定如果此类车辆不具备防碰撞警告系统或自动制动功能,不能获得顶级安全评价。

欧盟发布的报告显示,自动减速与刹车（AEB）技术可减少至少27%的交通事故。美国高速公路安全保险协会（IIHS）研究发现AEB系统可减少39%的追尾事故并降低42%的追尾受伤率。

（1）试点应用车辆防碰撞主动安全技术。成都交警联合天津所托瑞安汽车科技有限公司(SOTEREA),在成都伟腾运业、卡递王运业的城市建筑垃圾运输车上加装前碰预警（FCW）、行人探测与防撞警示（PCW）、车道偏离预警（LDW）、车距保持与危险预警（HMW）、城市路况前碰撞警告（UFCW）、自动减速与主动刹车（AEB）共6项车辆防碰撞主动安全系统。从358天的统计数据可以看出,加装前追尾事故9起,加装后3起;加装前碰撞事故32起,加装后12起;其他事故加装前11起,加装后3起,整体交通事故数量大幅度下降（表2）。

防碰撞主动安全系统安装前后数据统计　　　　表2

项　　目	追尾（起）	碰撞（起）	其他（起）
安装前	9	32	11
安装后	3	12	3
事故降幅	−66.67%	−62.50%	−72.73%

（2）开发智能安全驾驶云平台。基于前端智能防撞系统，开发了智能安全驾驶云平台实时收集车辆的各种信息，包括车外的各种信息，实现所有在途车辆实时监控，统一管理车辆预警信息。同时做到了对所有车辆信息、驾驶人以及各种车载设备的管理。目前，搭载智能防碰撞产品车辆582辆，实际运营里程1亿多km，云控平台有效预警32826次，主动提示或执行减速8159次。

（3）推动政策出台鼓励新技术应用。成都市人民政府安全生产委员会《关于开展"9+3"安全生产专项整治行动的通知》（成安委〔2018〕11号）提出："在全面实施GPS监控基础上，推行安装ECU、AEBS等智能化设备并实现远程监控，减少运渣车运行全过程的安全风险，消除运行安全隐患。"

五、关于推广应用新技术强化重点车辆、驾驶人管理的思考

1. 推广应用生物技术，强化重点车辆驾驶人疲劳驾驶智能化动态监管

建议从国家层面研究制定基于生理指标的疲劳度客观评价标准；制定疲劳度实时评估设备认定标准，并借鉴欧美国家的监管模式，通过立法立规对重点车辆驾驶人进行SAHS病症普查、管理。

2. 推广应用事故主动预防技术，提高重点车辆事故预防水平

建议提高全部重点车辆运行安全技术要求，强制安装自动紧急制动系统等主动事故预防装置，提高新生产车辆安全技术性能。另外建议出台相关鼓励政策，推动已生产的重点车辆强制加装自动紧急制动系统等主动事故预防装置，提高车辆安全技术性能，预防和减少事故发生。

3. 大力推动重点车辆科技监管新科技融合应用

建议将保障行车安全的新技术在重点车辆安全管理领域先行尝试、融合应用，逐步建立健全重点车辆及驾驶人智能化监测、自动化预警、主动化预防的科技监管体系，有效预防重特大交通事故。

扫一扫查看原文

第2章 城市交通管理

北京：积极探索优化城市道路交通组织

北京市公安局公安交通管理局　管理建设团队

导语

为治理交通拥堵、停车难等"城市病"，不断提升城市道路交通治理能力，北京交管局积极落实"城市道路交通文明畅通提升行动计划"中关于"交通组织提升工程"的工作措施，针对拥堵严重、秩序混乱等路口路段，多次深入实地调研，采取深度渠化、远引近限、均衡分流等措施，不断优化交通组织，取得良好效果。下面通过具体实例来看看，北京交管局在城市道路交通组织优化上做了哪些工作？

一、深度渠化，精细组织空间

细化分析具体路口各流向交通运行情况，研究利用对向车道设置左转车道、多点位灯控综合控制等措施，充分考虑车辆行驶轨迹、信号放行相位、车道匹配等情况，科学设置交通设施，从而提高路口及区域通行效率。

1. 创新交通组织，改造莲芳东桥

现况调查及存在的问题：莲芳东桥桥下路口位于莲石路上，现状是西向东方向为左、直、直带右三条车道，由于左转车道少，且车道较短，左转机动车排队路段内，经常影响西向西掉头车辆和西向东直行车辆通行，造成局部交通拥堵（图1）。

改造方案：为提升西进口通行能力，有效缓解交通拥堵，方便群众出行，经过多次现场勘察与研究，在不影响路口通行能力与通行安全的基础上，对西进口桥下掉头通道进行适当改造，并利用西出口内侧两条机动车道，增设左转专用道，通过隔离护栏与对向行驶车辆分隔开，同时完善信号灯及增设、调整交通设施等措施，规范路口通行秩序（图2、图3）。

2. 创新联动控制，改造高碑店路

（1）现况调查：高碑店路位于京通快速路高碑店桥南侧，广渠路北侧，道路较窄，且机动车流量大，道路通行缓慢，尤其是高碑店路跨河段，难以满足车辆双向行驶，拥堵现象较为严重，导致交通秩序混乱，时常发生交通拥堵，严重时影响到高碑店桥下路口的通行,存在安全隐患(图4、图5)。

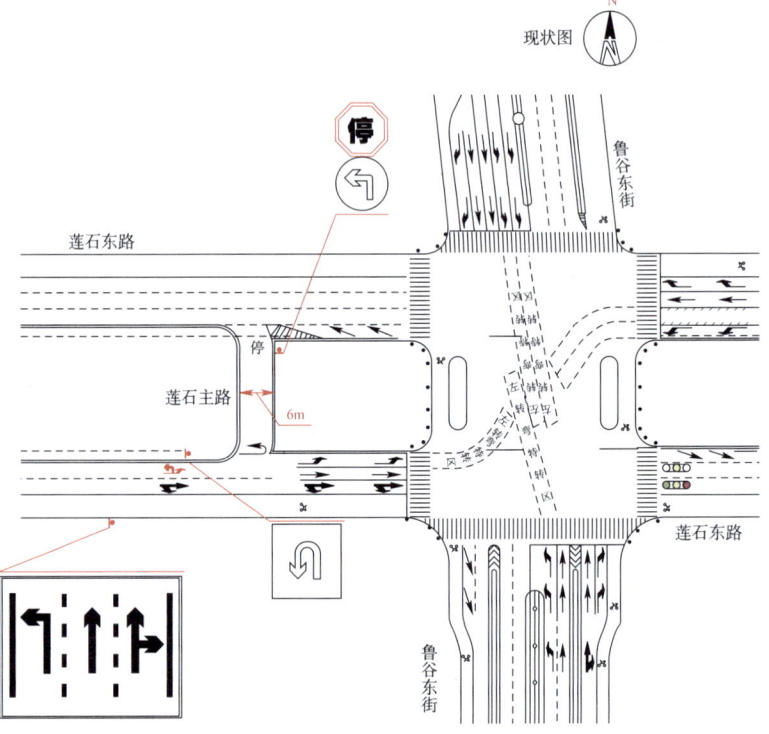

图 1　路口示意图

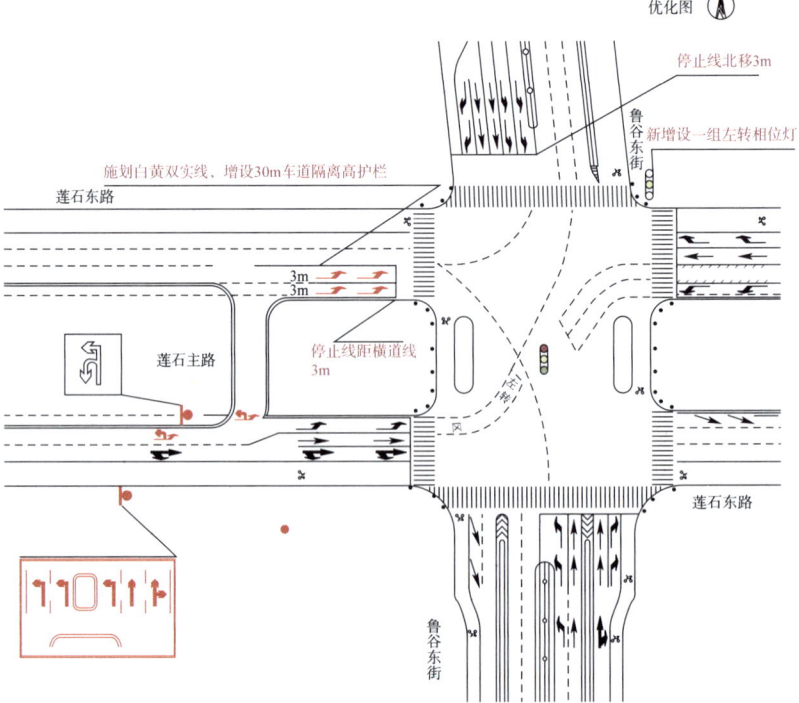

图 2　改造后的路口示意图

图3 改造后的效果图

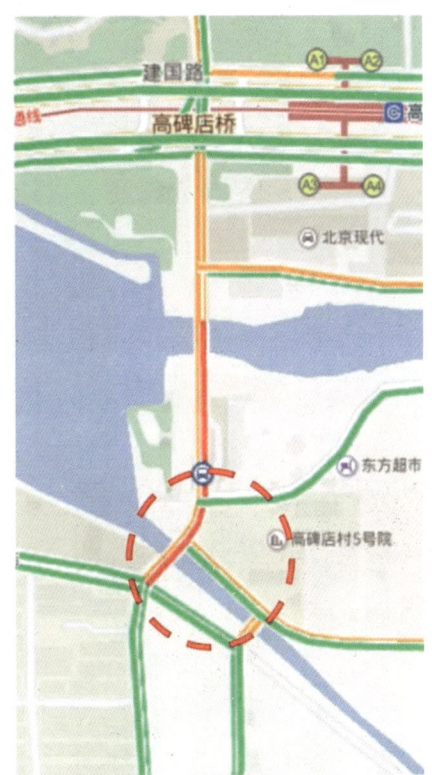

图4 高碑店路示意图

（2）存在的问题：一是现况高碑店路，跨河桥与道路相交路口较多且距离较近，车辆变道困难，部分车辆进入对向车道或非机动车道行驶，形成三排车现象；二是缺少灯控，路口车辆无序行驶，交织严重，形成拥堵；三是现况途经高碑店路公交车经过环岛与社会车交织较大。

（3）改造措施。

①调整交通组织，高碑店旧路及西侧跨河桥设置为北向南单行道路，陶家弯路与跨河桥交叉口至高碑店路路段设置为东向西单行。

②在两座跨河桥桥头处新增三处交通信号灯，信号灯放行顺序如下：a.在1号放行东西相位时，3号放行东西相位，2号放行北向南、北向西相位；b.在1号放行南北相位时，3

号放行南向东、南向西相位，2号放行南向西和南向北相位/2号转换放行西向南，西向北。

③环岛内双向行驶路段增设中央隔离护栏，并完善相关交通标线。

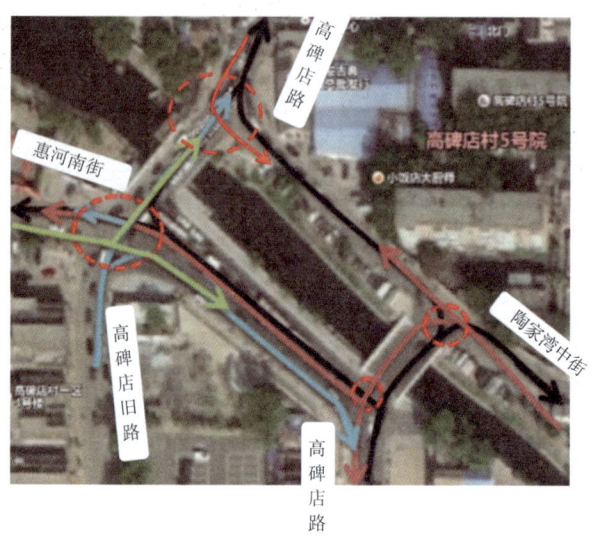

图5 高碑店路示意图

④调整原南向北经过西侧跨河桥行驶公交线路由双层车变为单层车（由于东侧跨河桥出口处合成坡较大，易造成侧翻），且路线调整为经过东侧跨河桥进入高碑店路北段。

⑤高碑店旧路调整为单行单停。

改造后的高碑店路示意图如图6所示。

二、远引近限，减节点远绕行

细化分析重点交通吸引点周边拥堵点段交通运行情况，采取封闭路口、设置禁行等近端限制性措施，消除节点影响；利用周边路网，远端引导车流绕行，分流拥堵点段交通压力，从而提高区域通行效率，有效缓解交通拥堵。

1. 东单体育馆南路改造工程

（1）现况调查及存在的问题：东单体育场南路东口位于东单路口南侧约150m，周边北京医院、同仁医院等就医车辆及附近单位、居民出行车辆集中（图7）。同时受长安街影响，经常出现东单体育馆南路东口

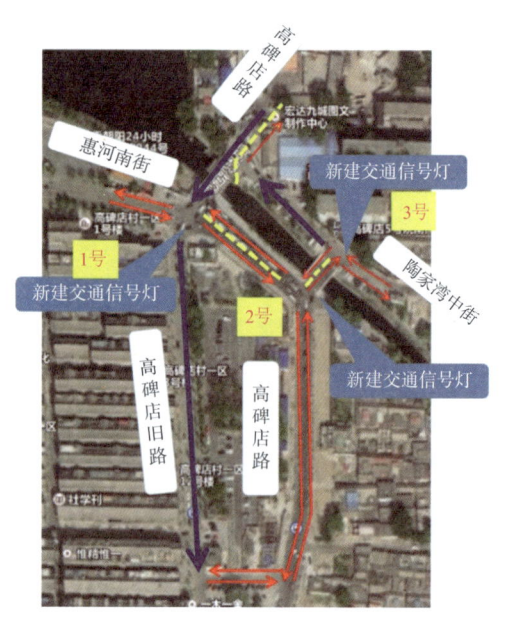

图6 改造后的高碑店路示意图

南向北车辆排队过路口、大华路驶出车辆与南向北排队车辆争道抢行并影响北向南车辆通行的现象，路口拥堵严重。

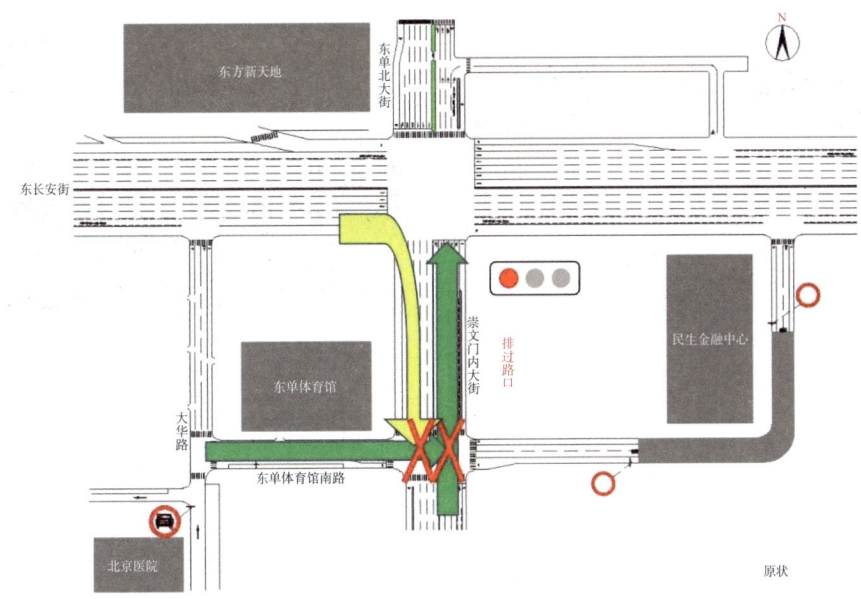

图 7　东单体育场南路东口示意图

（2）改造方案及效果：为规范道路交通秩序，减少交织冲突点，消除安全隐患，结合东单路口东南角匝道的开通，取消东单体育馆南路东口信号灯，增设、调整交通设施，用中心隔离护栏封闭路口、引导车辆绕行东单路口东南角平面立交，从而消除了东单体育馆南路东口的交织点与冲突点，规范了通行秩序（图8）。

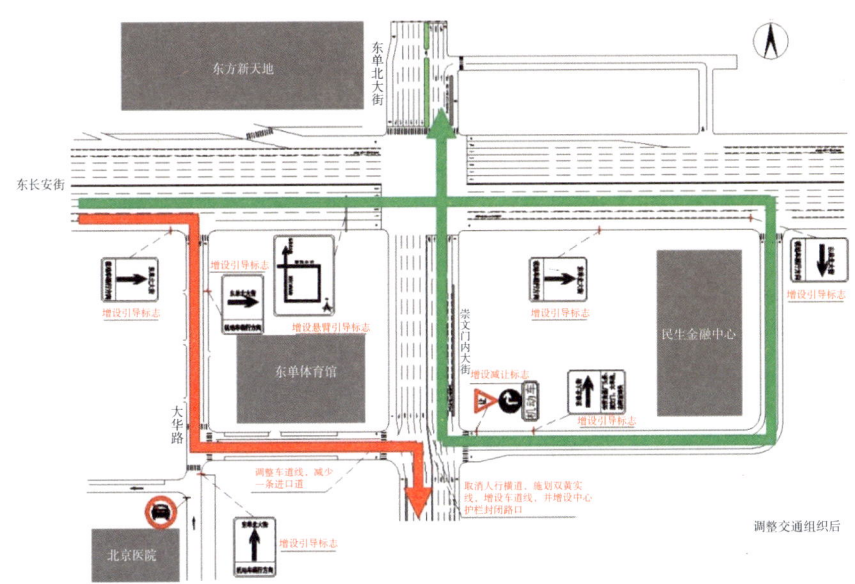

图 8　调整交通组织后的情况

东单体育场南路东口封闭后，拥堵节点消除，路口北向南方向排队拥堵现象消除，东单路口南北向通行能力提高15%（图9）。

图 9　分流改造后效果图

2. 东土城路口改造工程

（1）现况调查及存在的问题：东土城路南口现禁止机动车由东向南左转，但由于客观需求较大，存在以下问题：一是此处为丁字路口机动车只能右转，由东向南进二环辅路车流过大，北向南只有一条车道，驾驶人违法掉头造成拥堵；二是东土城路南口临近建材城，违法停车多（图10）。

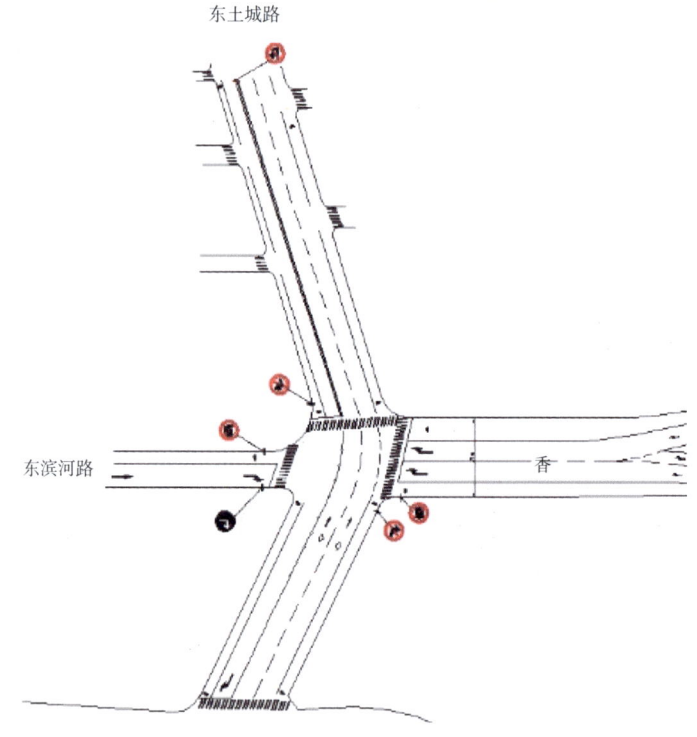

图 10　现况交通组织示意图

（2）改造方案及效果：一是打开封闭路口，路口增设信号灯，增加东向南左转车道；二是将现况东土城路南段原2上1下交通组织调整为1上2下，并将一条车道调整为公交专用道；三是在前端路口（二环辅路与香河园西街相交路口）提前设置导行标志，引导去往东土城路方向车辆经过香河园西街通行（图11、图12）。

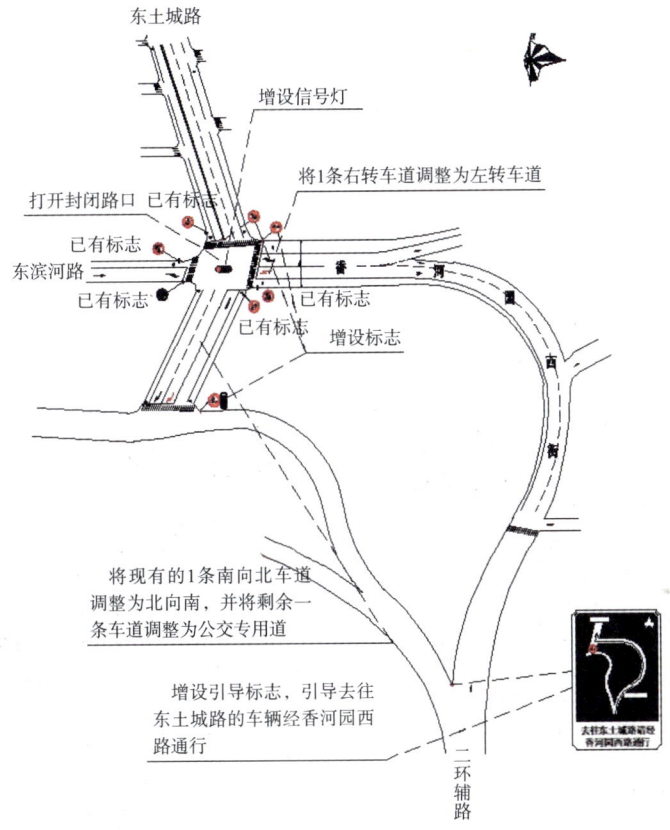

图 11　改造后交通组织示意图

图 12　改造后效果图

三、均衡分流，路网充分利用

对二环平行道路进行单行设置，充分利用道路路网，提升相邻道路通行能力，分流二环路机动车流量，缓解交通压力。

1. 将北礼士路设置为单行道路

（1）现状调查及存在的问题：北礼士路（车公庄大街至百万庄大街段）全长450m，路宽14m。现状为机动车双行，两侧施划3m宽非机动车道，设置有机非隔离护栏和中心隔离护栏，全线道路禁止停车，施划禁停标线。该段道路两侧有新华印刷厂、北京市政专业设计院、物华大厦等单位，百万庄7号院、北礼士路64号院、车公庄大街2号院等居民小区，以及西城外国语学校附属小学。主要存在停车需求突出，在上下学时间段，学校周边临时停车易造成拥堵等问题（图13）。

（2）改造措施及效果：结合道路通行情况和周边路网情况，经过深入研究，并在广泛征求意见的基础上，对北礼士路（车公庄大街至百万庄大街段）采取了以下管理措施：将其设置为机动车北向南方向单行、两侧设置非机动车道、道路西侧设置内嵌式停车位。这样，一方面提高了道路通行能力，分流二环辅路交通压力，晚高峰期间官园桥下二环辅路排队长度缩短100m，同时兼顾了北向南方向公交车的运行；另一方面缓解了周边居住区停车难问题（图14、图15）。

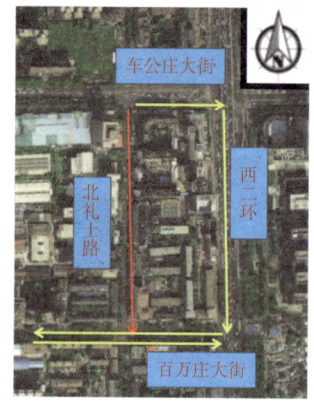 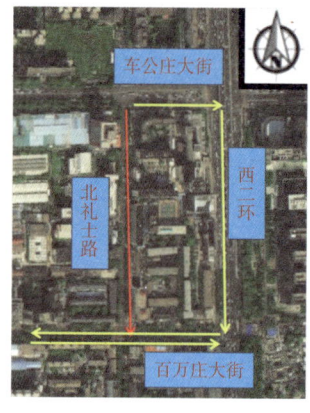

图13　北礼士路交通流向图　　　　图14　改造后北礼士路示意图

图15　改造后效果图

2. 将安定门东西滨河路设置为单行道路

（1）存在的问题：安定门西滨河路、东滨河路（安定门外大街至和平里西街段）位于北护城河北侧，均为东西向道路，路宽为7~8m，双向混合通行（图16）。安定门东滨河路（和平里西街至东土城路段）已调整为机动车西向东方向单行。由于现状道路周边有一些小区、单位，存在较大停车需求，部分车辆停放在该处，造成双向行车困难，拥堵频发。

（2）改造方案及效果：根据周边路网情况以及征求意见情况，为规范道路通行秩序，利用二环路相邻道路缓解环路交通拥堵，对安定门东滨河路、西滨河路采取了以下交通管理措施：一是将安定门东滨河路（安定门外大街至和平里西街段）调整为机动车西向东方向单行；二是将安定门西滨河路（旧鼓楼外大街至安定门外大街段）调整为机动车西向东方向单行（图17、图18）。

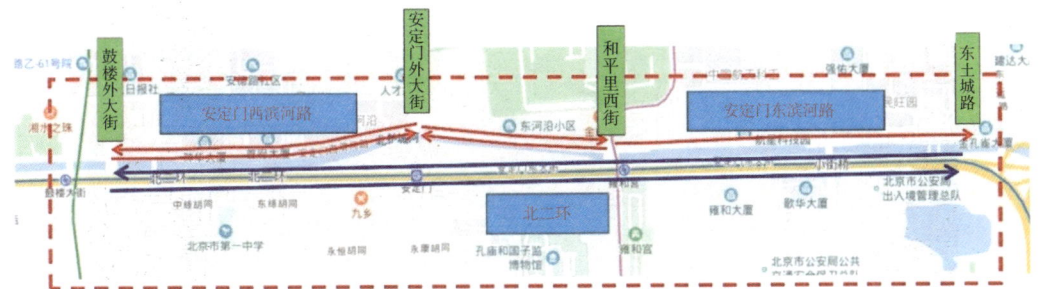

图16　安定门西滨河路、东滨河路示意图

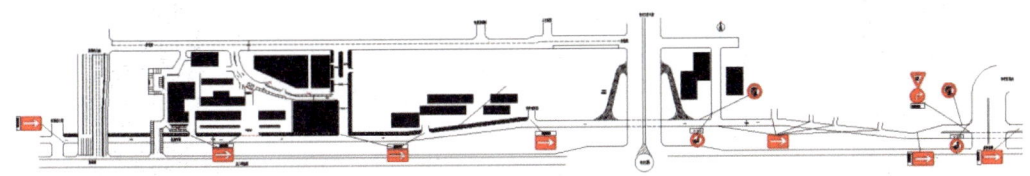

图17　改造方案示意图

图18　改造后效果图

同时，在北二环滨河路路侧施划停车泊位200余个，解决了沿街居民的停车需求，高峰小时流量。

四、品质提升、改善出行环境

为提升区域品质，重塑街区环境，依据区域定位，以中关村西区、百万庄地区为试点，积极推动并配合区相关部门，深化研究分析，通过完善绿化设施，增加科技设备，采用单行单停的改造方式，打造快捷、舒适的区域交通出行环境。

1.中关村西区区域环境提升工程

（1）存在的问题：中关村西区区域交通设施陈旧落后，交通管理手段单一缺少精细化，交通环境秩序差、违法多、停车难（图19）。

图19　中关村西区区域道路示意图

（2）改造工作措施。

①撤除护栏。拆除善缘街北段东侧地库通道处、彩和坊路北段匝道下桥处、海淀中街北段东侧地库通道处以外的全部机非、便道、中心护栏（机非护栏7160m，中心护栏3768m，便道护栏718m），如图20所示。

图20　海淀中街改造前后对比图

②完善科技抓拍设备。在海淀中街、海淀西街、海淀大街等道路施划禁停黄线，加密违法抓拍点位，提升管控震慑力（图21）。

图 21　完善科技抓拍设备

③在中关村西区内部道路全面铺设非机动车道彩色铺装（图 22），明确非机动车路权，提示机动车驾驶人遵守交通法规，保障非机动车通行权，提升慢行交通系统舒适性。

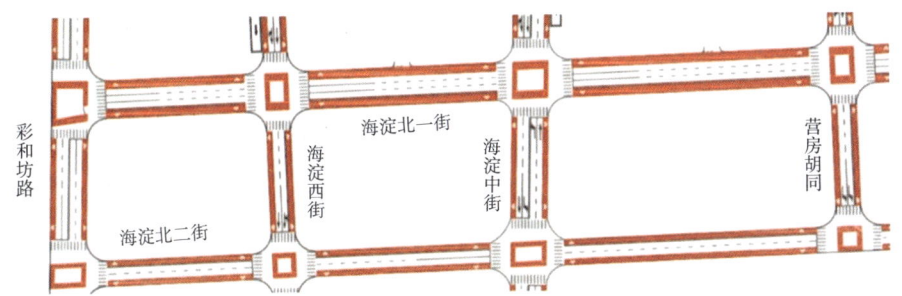

图 22　在中关村西区内部道路全面铺设非机动车道彩色铺装

④拆除便道护栏后，在善缘街、丹棱街、海淀北一街、海淀北二街等条件允许路段增设绿化隔离，实现便道护栏功能，同时美化整体环境（图 23）。

善缘街-海淀东三街-改善前　　　　善缘街-海淀东三街(效果图)-改善后

图 23　增设绿化隔离，实现便道护栏功能

2. 百万庄区域环境提升工程

（1）现况调查及：百万庄地区北起车公庄大街、南至百万庄大街，西起三里河路、东至展览馆路，由百万庄东、西两个社区构成，辖区面积 0.49km²。经前期摸排，百万庄地区共有住户 3000 余户，人口 8000 余人，区域内停放机动车约 1200 辆。

（2）存在的问题：百万庄地区内部共有主要道路 10 条，其中规划命名道路 6 条、小区路 4 条，多为 20 世纪 50 年代形成（图 24）。因前期管辖单位较多，造成无人管理问题，道路和市政设施均由区市政部门代管，道路宽度均为 3~7m。区域道路共有出入口 14 处，可供车辆通行进出口 7 处，人员进出口 7 处。

百万庄地区区域内部主要道路为 3~7m 宽，道路两侧停满车辆，中间仅能容纳一辆小型车辆通行，且道路均为双行，遇对向行车，易发生拥堵，影响道路和应急通道的畅通。

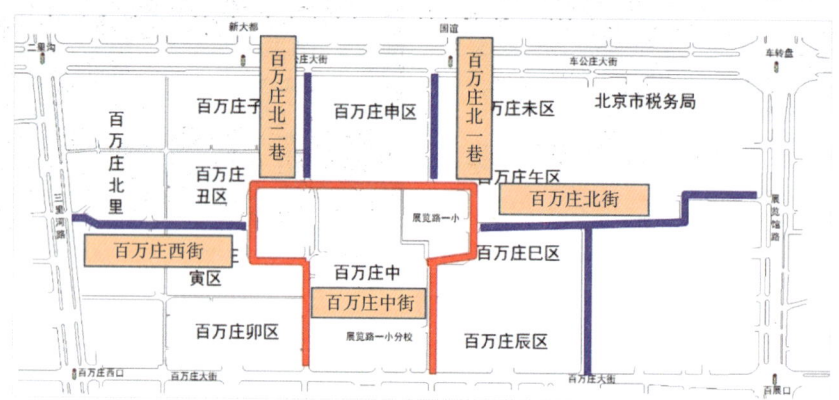

图 24　百万庄区域道路示意图

（3）改造工作措施。

一是对百万庄中街东段（百万庄大街至百万庄北一巷段）由现状 7 时至 9 时、15 时至 16 时机动车南向北方向单行调整为机动车全天南向北方向单行。

二是对百万庄北一巷由现状 7 时至 9 时、15 时至 16 时机动车南向北方向单行调整为机动车全天南向北方向单行。

三是对百万庄北街调整为机动车由西向东向南方向单行。

四是拟对百万庄北二巷调整为机动车北向南方向单行。

改造后的百万庄区域道路示意图及效果图如图 25、图 26 所示。

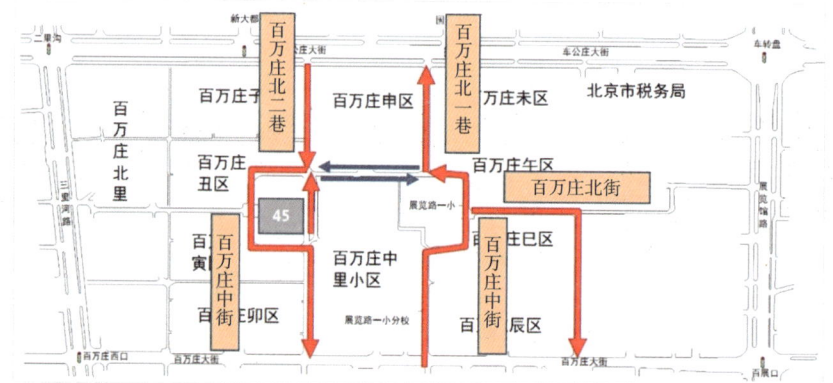

图 25　改造后的百万庄区域道路示意图

图 26　改造后的效果图

五、廊道疏通，纵向联动施策

朝阳北路、朝阳路是连接北京城区和通州行政办公区的重要联络线，交通压力很大，且道路沿线分布企事业单位、商业中心、居住区众多交通吸引点。为充分发挥朝阳北路、朝阳路联络线功能，提升道路通行能力，针对朝阳北路、朝阳路采取了"纵向治堵、多点联动"的办法，逐点排查，针对不同点段的问题，结合实际情况，进行个性交通组织优化工作。

1. 朝阳北路缓堵改造工程

（1）现状调查：朝阳门外大街（朝阳门桥至东大桥）、朝阳北路（东大桥至白家楼桥），路段长度约9km，共26个路口（含17个灯控路口、9个路段行人过街），是朝阳区东西走向的一条主干道路，断面形式主要为三块板（图27）。

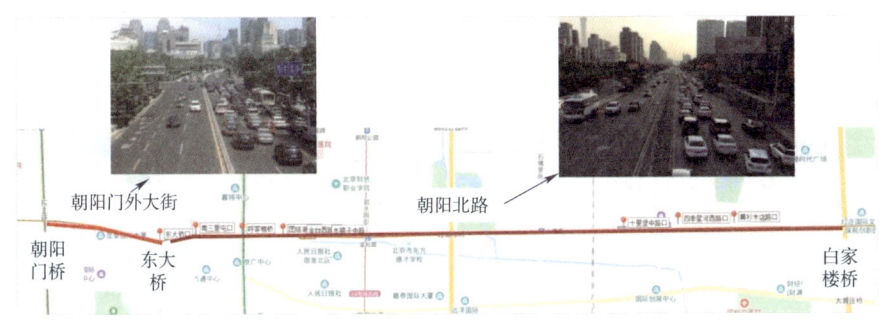

图27　朝阳北路是朝阳区东西走向的一条主干道路

（2）存在的问题（图28）。

①通行不畅——高峰期间路段平均行驶速度不足20km/h，平均停车次数14次，停车多、延误长。部分路段需进行交通组织完善，全段改造主要内容为路口交通组织完善4处，分别是黄衫木店路口、四季星河西路口、金台西路口、核桃园桥下路口。

图28　通行不畅、设施不足、相位缺失

②设施不足——交通基础设施建设不足，部分路段存在标线不清晰、渠化不合理、标志牌缺失、中央护栏破损等问题。全段改造主要内容为设施改造的共计2处，分别是十里堡中路口、东大桥口。

③相位缺失——部分路口信号灯相位缺失，机动车行驶秩序、行人通行秩序、停车秩序混乱，扰乱交通正常运行。全段改造主要内容为科技设施完善共计3处，分别是南

三里屯路口、水碓子东路南口、团结湖路南口。

（3）解决思路及治理措施：通过全线采取"纵向治堵、多点联动"的办法，对朝阳北路整体交通环境及通行效率进行提升（图29）。主要采取交通组织完善、交通设施完善、科技设备完善的解决方式对应解决问题。

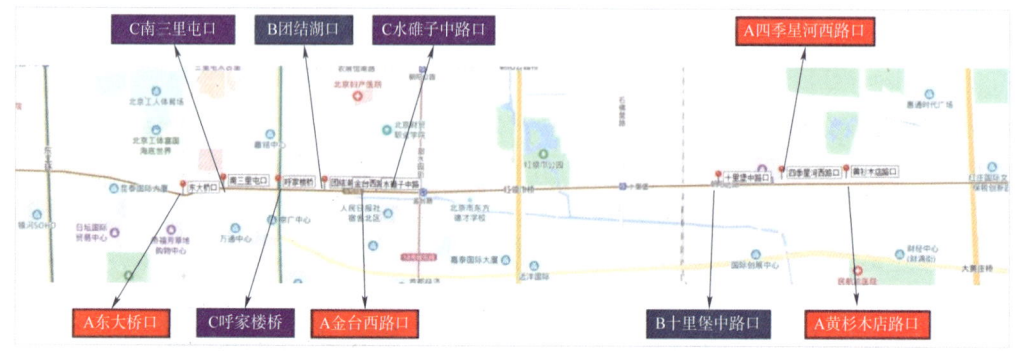

图29 朝阳北路整体交通环境示意图

①完善交通组织。

例如：针对朝阳北路核桃园桥桥下路口的改造（图30和图31）：

a. 桥下路口北进口增划一条左弯待转区。

b. 向军北里三巷南口施划导流带、减让线及导向箭头标线。

c. 北进口最外侧原况右转车道调整为直带右车道。

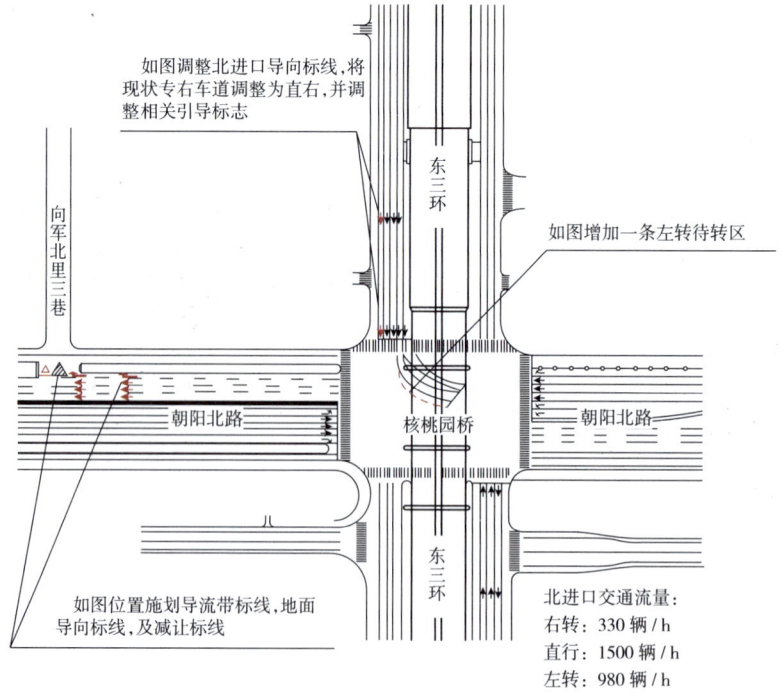

图30 朝阳北路核桃园桥桥下路口

图 31　核桃园桥桥下改造后效果

针对朝阳北路与金台西路相交路口的改造（图32、图33）：

a. 东进口增设左转相位灯。

b. 南侧中心线东移一条车道，进口渠化分别为二条左转及右转、非机动车道各一条，南出口增加一条机动车道。

c. 增设、调整交通设施，复划地面标线，相应位置增设机非隔离护栏100m，并完善相应的桩头标志。

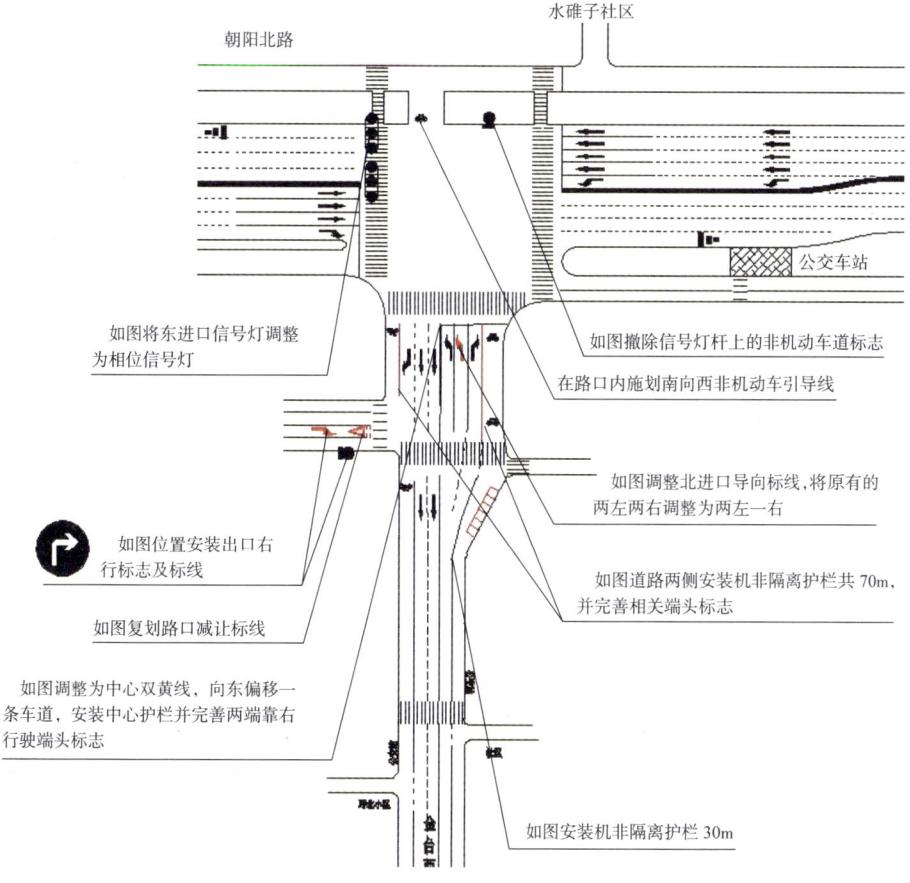

图 32　朝阳北路与金台西路相交路口改造示意图

图 33　朝阳北路与金台西路相交路口改造后效果

②完善交通设施。例如：在朝阳北路十里堡中路口，增设隔离护栏30m（图34、图35）。

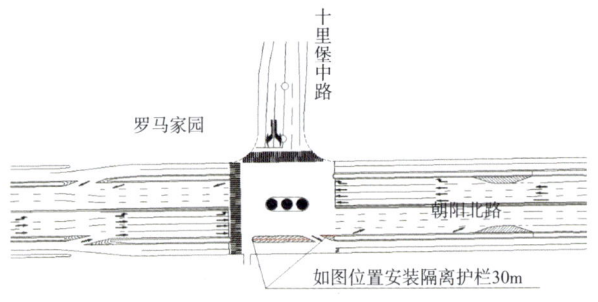

图 34　朝阳北路十里堡中路口完善交通设施示意图

图 35　朝阳北路十里堡中路口完善交通设施改造后效果

③完善科技设施。例如：在水碓子东路南口，结合东西进口的实际情况，设置相位灯（东进口增加掉头相位灯，西进口现有左转相位灯，按相位同步放行），如图36所示。

图 36　水碓子东路改造后效果

2. 朝阳路缓堵改造工程

(1) 现状调查：朝阳路位于北京市区的东面，与通惠河、京通快速路、朝阳北路平行。朝阳路西接朝阳区朝阳门外大街东三环京广桥段，穿过东四环路、东五环路，东接通州区八里桥北京榆旧线，接通燕高速公路，远接京哈高速公路，全长约17km（图37）。

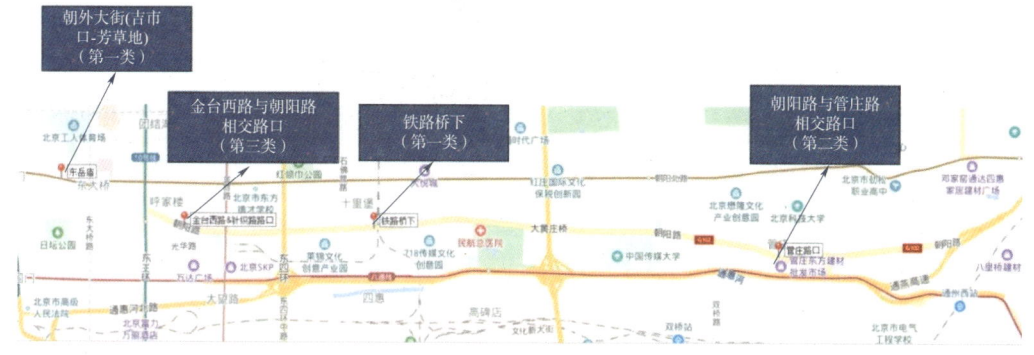

图37 朝阳路

(2) 存在的问题及改造措施。

问题1：朝外大街为三块板道路，路宽43m，施划三上三下六条机动车道。行人过街距离较长，存在安全隐患。

改造措施（图38、图39）：为规范机动车行驶，保障行人过街安全，在朝外大街（吉市口－芳草地西街）之间路段采取以下措施：一是相应位置完善人行横道桩；二是将东岳庙前道路南侧主辅路隔离带用隔离桩封闭，避免机动车出入对行人影响；三是规范东岳庙前道路南侧拟封闭开口上下游开口，并增设调整相应的交通设施。

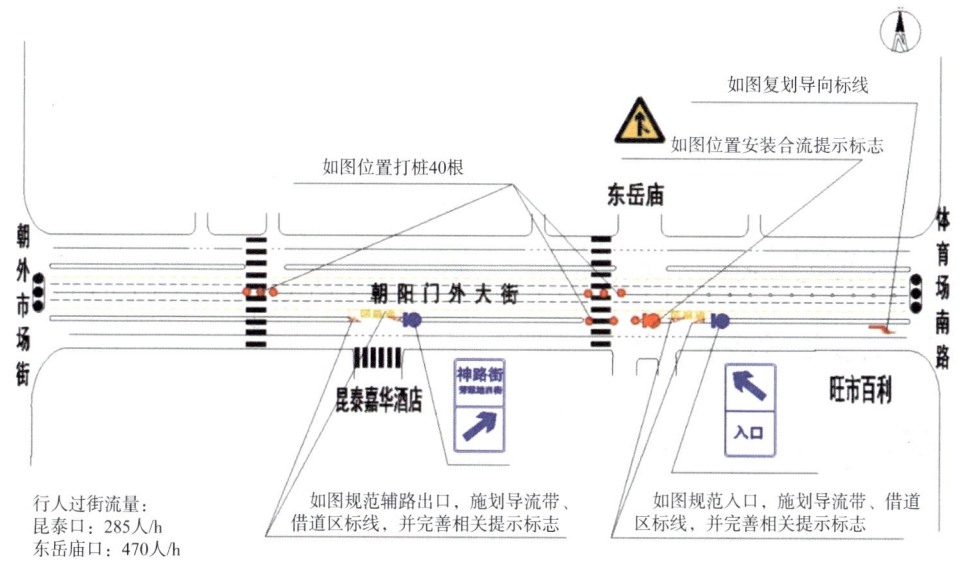

图38 朝阳路改造示意图

图 39　朝外大街改造后效果

问题 2：路段车辆行驶速度较快，且时有占用非机动车道行驶情况出现，非机动车通行安全无法得到保障。

改造措施：朝阳路铁道桥下路段，安装机非隔离护栏预计 200m，并完善相应的桩头标志（图 40、图 41）。

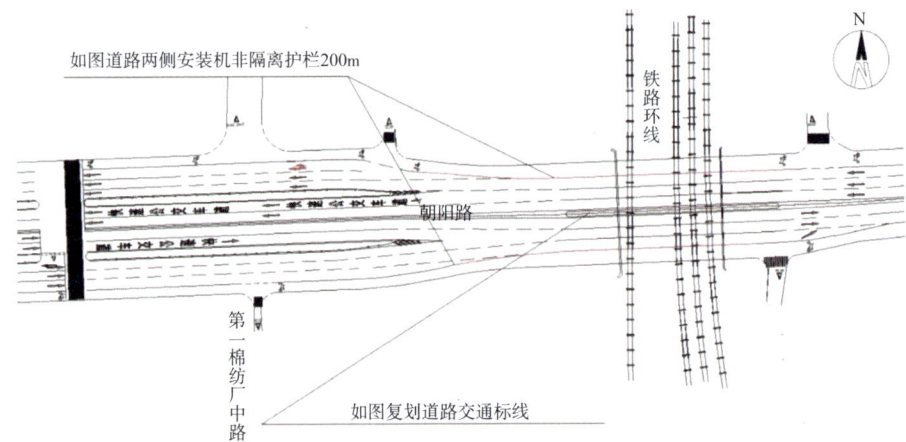

图 40　朝阳路铁道桥下路段改造示意图

图 41　朝阳路铁道桥下路段改造后效果

问题 3：朝阳路与管庄路路口过街流量较大，人行过街设施不完善。

改造措施：朝阳路管庄路口，路口西侧增设人行横道，并完善人行横道灯（图 42、图 43）。

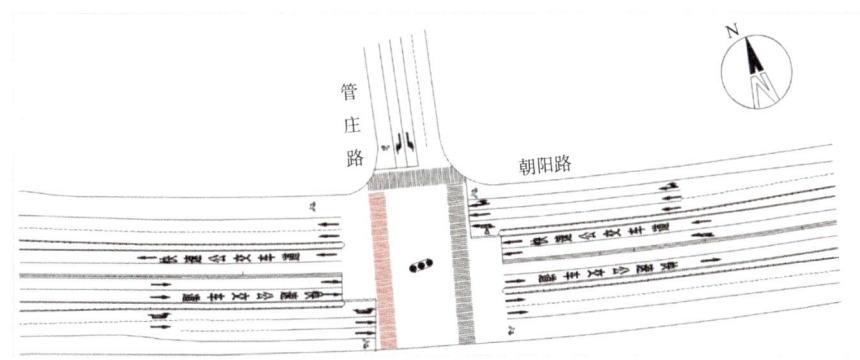

图 42　朝阳路管庄路口改造示意图

图 43　朝阳路管庄路口改造后效果

问题 4：金台西路南段存在违法占用非机动车道情况，针织路北段车辆行驶轨迹不顺畅。

改造措施：①金台西路南段增设机非隔离护栏 110m，并完善相应的桩头标志，规范路口交通秩序；②针织路北段（朝阳路至景闻街之间路段）中心线拉直，北向南方向减少一条车道，针织路与景闻路相交口北进口渠化调整为直带左、直行，提升金台西路与朝阳路相交口的通行能力，缓解 CBD 地区交通压力（图 44、图 45）。

六、环路治理，规范行驶秩序

针对环路进出口排队距离长，车辆穿插并线交织问题，以二环路为重点，按照"提前分离、减少交织、行驶有序"的原则，通过延长出口实线、设置车道实线、扩大出口渠化等措施，规范进出口通行秩序，减少对环路正常通行的影响，推进"闭环通行"进程。

1. 延长白纸坊出口实线

对下游道路排队造成拥堵的出口延长实线。由于车辆排队，违法穿插并线导致出口秩序乱，对这类出口采取延长导流带处实线长度，提前分离出口车辆，同时加装违法监控设备，减少车辆随意并线（图 46）。如：二环路内环白纸坊桥南加油站出口（图 47）。

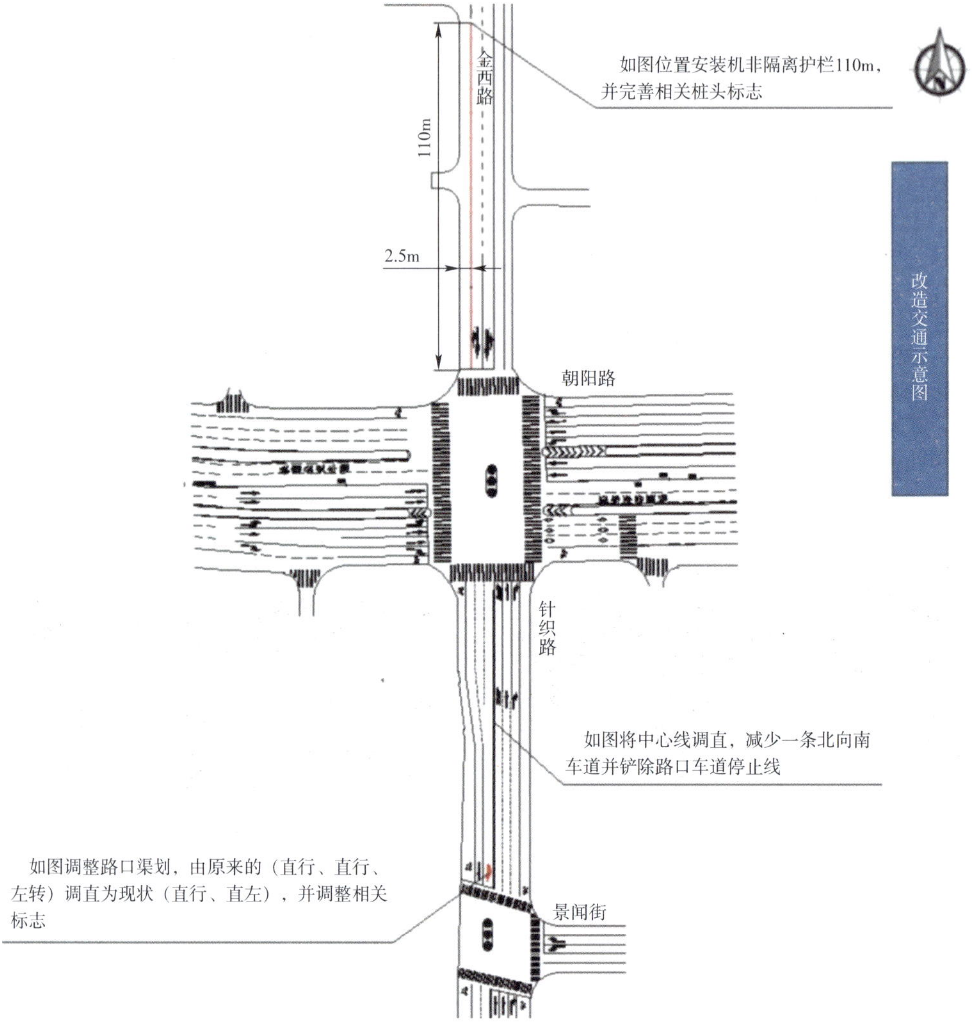

图 44 朝阳路与金台西路口改造示意图

图 45 朝阳路与金台西路口改造后效果

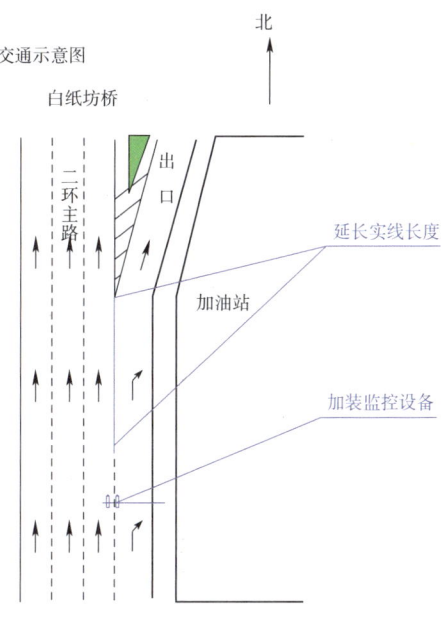

图 46 改造示意图

图 47 白纸坊出口改造前后对比图

2. 阜成门桥外环施划实线

对车辆交织造成拥堵出口设置车道实线。二环路、三环路等道路部分出口拥堵，主要由进出口设置间距过短，驶入车辆与驶出车辆并线交织引起。对于这类出口采取内侧车道施划实线的方式，保障过境车辆的通行，远端同步完善引导标志及地面文字，引导车辆选择车道行驶，近端加装监控设备，对违法并线车辆行驶进行监控（图 48）。如：二环路外环阜成门桥南出口，可以对阜成门桥区内侧两车道设置不可跨越车道，施划实线，确保北向南直行车辆通行（图 49）。

3. 北二环内环小街桥东调整线型

对标线线型不完善路段进行线型完善，原北二环内环小街桥东主路出口处进入机场高速匝道位置为两条车道，其中南侧车道宽度较窄，且车道之间的导流带影响车辆通行，导致内外侧车道变道困难，车道流量分配不均，时常发生拥堵。现取消两车道中心处导流带，调整导流带线型，对南侧车道进行展宽，同时增设车行道纵向减速标线，

扫一扫查看原文

延长交织段同时，规范了行驶秩序（图50、图51）。

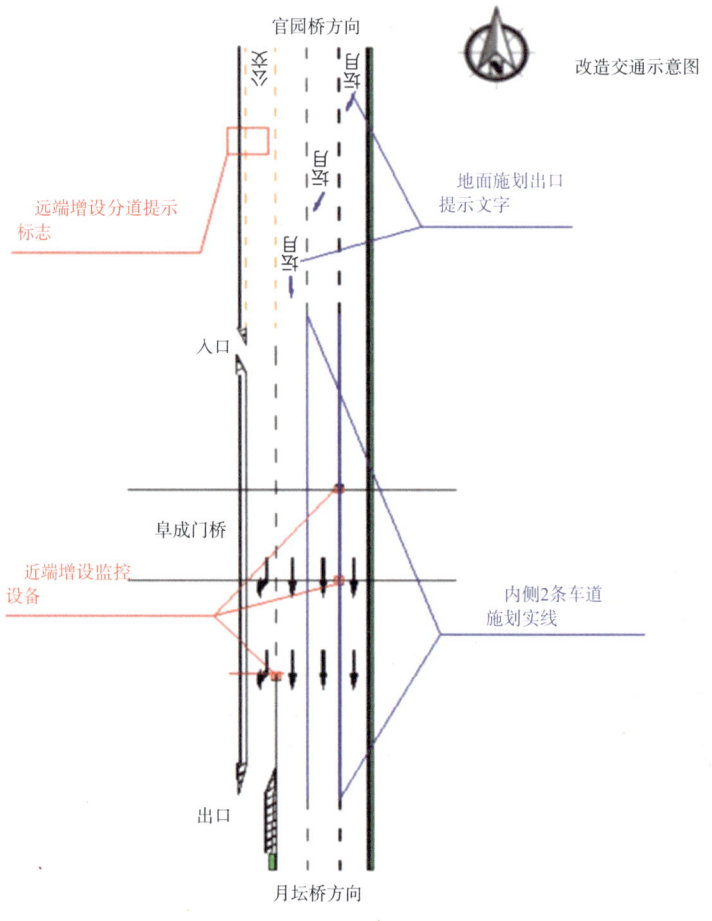

图48　改造示意图

图49　改造效果图

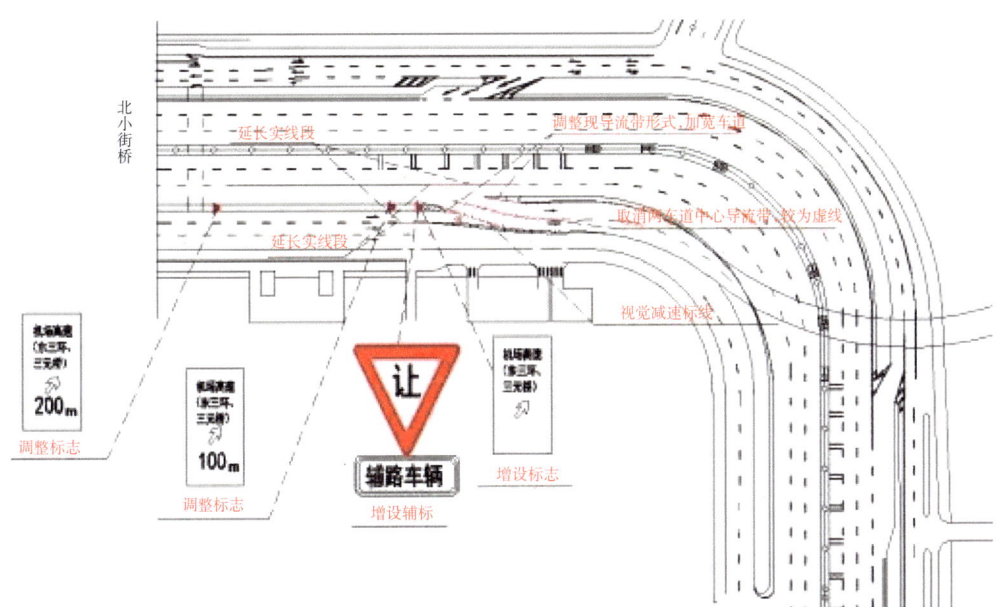

图 50　改造示意图

图 51　改造后效果图

上海：交通违法大整治，电子警察原来还能这样用

桑志刚　上海市公安局交警总队科技处处长

> **导语**
>
> 　　自 2016 年 3 月开展道路交通大整治以来，上海市公安交管部门充分利用科技手段保障和助力道路交通违法整治工作。目前，全市突出道路交通违法现象明显减少，道路通行能力和交通秩序明显改观，市民遵法守法意识明显提升。今天我们就来看看上海的经验和做法。

一、道路交通违法大整治成效明显

自 2016 年 3 月 25 日,上海市委市政府动员全市力量协助交警开展大整治,两年多来,全市突出违法行为明显减少,道路交通秩序和通行能力明显改观,市民群众的遵法守法意识明显提升(注:文中相关数据统计截至 2018 年 5 月)。

交通事故方面,2014—2017 年,上海全市道路交通事故数量下降近 47%,死亡人数下降 25.1%,万车死亡率下降 41.8%。道路通行能力方面,开展大整治以来,上海市区高架等主干道路拥堵时间日均减少 20min 以上,突出堵点早高峰拥堵消除提前 20min,早晚公交车道车速提升 15%、平均车速达到 18km/h 左右。

下面我们来看上海如何依靠科技力量,通过非现场执法应用进行大整治的。

二、电子警察在道路交通违法大整治中的应用

1. 电子警察发展的三个阶段

上海电子警察设备规模在 2014—2018 年期间实现较大跨度发展,至 2018 年 5 月份数量已达 22076 套。但有不少设备为整治初期设置的违停抓拍球,已赶不上交通管理形势的最新要求,上海交警正在逐步将其改造成多功能设备,确保电子警察作用不下降。

上海电子警察主要经历了三个发展阶段:

(1)电子警察 1.0 阶段(2016 年 3 月以前)。为传统电子警察,主要是抓拍违法变道、闯红灯、超速等常见违法行为。

(2)电子警察 2.0 阶段(2017 年 9 月以前)。为智能电子警察,能够对复杂交通模式进行识别,抓拍不良驾驶习惯类违法行为。

(3)电子警察 3.0 阶段(2017 年 9 月至今)。为集成多功能电子警察,通过一套设备来实现抓拍路口大部分违法行为,大大减少了电子警察的重复建设。

2. 电子警察在整治 9 种不良驾驶习惯类违法中起到什么作用

近年来,上海交警电子警察设备 2.0 版本主要针对左转弯不让直行,不系安全带、开车打手机,不交替通行,不礼让行人,加塞,大弯小转,滥用远光灯,违法鸣号,行人和非机动车违法 9 种违法进行了重点整治。

(1)左转弯不让直行。左转弯不让直行,此类违反让行规定的违法行为,是造成交通事故的首要原因。特别是在路口,左转不让直行、右转不让直行的违法现象比较突出。图 1 中白色车辆就是典型的转弯未让直行的抢道行为,十分容易引发道路碰撞事故。自 2017 年 3 月 3 日起,累计查处"左转弯不让直行"违法行为 3.9 万起,2014—2017 年因左转弯不让直行引发交通事故数下降 63.8%。

(2)大弯小转。"大弯小转"本质也是一种抢行,路口左转应该靠中心点附近左转弯,这样才能保证行使轨迹准确进入相应车道。图 2 中被标记车辆就是大弯小转,甚至已经进入逆向车道。在大整治之前此类违法行为比较普遍,大家都在路口抢车头,谁抢得过谁就先行,导致路口交通秩序混乱,事故多。经过整治,查处"大弯小转"违法行为 10.7 万起,路口秩序得到规范,争道抢行引发的交通事故大大减少。

图 1　左转弯不让直行

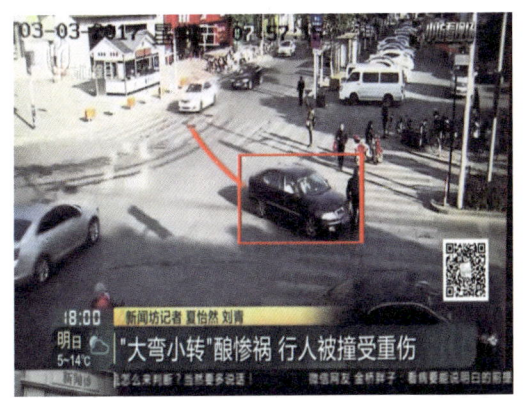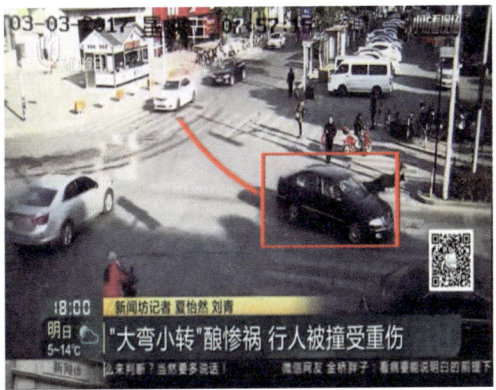

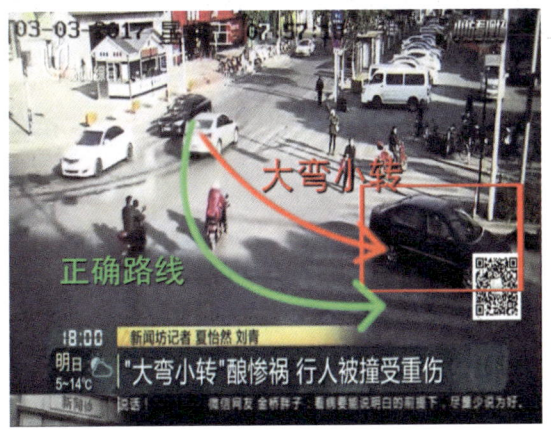

图 2　大弯小转酿成事故

（3）不礼让行人。对于"不礼让行人"违法行为，民警现场处罚耗时耗力，电子警察处罚则效率较高。在对"不礼让行人"行为的处罚中，69%是非现场处罚。自2016年12月9日起，累计查处"不礼让行人"违法行为16.4万起，不礼让行人引发交通事故死亡人数2015—2017年下降了19.2%（图3）。

图 3　行车过程中不礼让行人

（4）不系安全带、开车打手机。自 2016 年 5 月 6 日起，全市累计抓拍查处不系安全带违法 18.2 万起，全市累计抓拍查处开车打手机违法 3.1 万起。

（5）滥用远光灯。据专家介绍，远光灯照射眼睛后会产生暂时性的辨别障碍，甚至瞬时失明，从而做出不恰当的反应造成事故。在夜间用 2.0 版本电子警察设备抓拍此类违法行为，能够清晰显示出车牌。自 2017 年 9 月 19 日起，通过电子警察设备已累计查处 1766 起滥用远光灯的违法行为。

（6）加塞。加塞行为降低了路段通行能力，并容易引发后车追尾事故。自 2017 年 10 月 22 日起，通过电子警察设备已累计查处 5414 起加塞违法行为（图 4）。

图 4　强行加塞

（7）不交替通行。驾驶人行驶到图 5 中这样的路段，如果没有交替通行的规则意识，大家就是"拼"技术、"拼"胆识，谁抢到谁先行。如果大家交替通行，形成默契，通行效率就会大大提高，交通事故也会大大减少（图 6）。

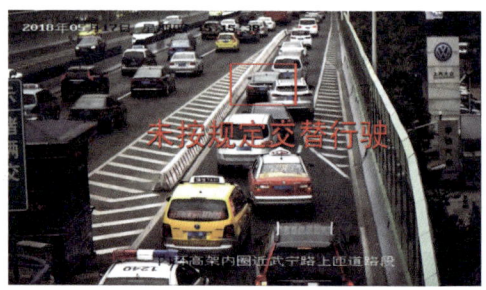

图 5　未按规定交替通行的情景

自 2016 年 12 月 30 日起，通过电子警察设备已累计查处 1.5 万起不按规定交替通行的违法行为。我们在高架上，布置了 11 个检测交替通行的设备之后，因为争道抢行，不交替通行引发事故数逐步下降,从 2014 年的 426 起到 2017 年的 133 起,下降幅度约 68.8%。

图 6　按规定交替通行的情景

(8) 违法鸣号。上海外环线内禁止鸣号,但违法鸣号行为难发现、难锁定。上海交警结合声呐阵列声源定位技术和电子警察抓拍技术对违法鸣号行为进行实时采集。第一阶段为辅助民警现场执法,抓拍以后号牌显示在显示屏上,民警看到车号后拦截车辆进行处罚(图 7)。

图 7　电子警察对违法鸣号的抓拍

2017 年 3 月开始,考虑到民警需要在现场部署,造成不便,转变为后台处理,民警对后台抓拍到的数据进行人工审核,审核无误后向车主发送违法鸣号处理告知单。随着声呐技术及设备发展,其精确度和准确率比原来有大大提高,2017 年 4 月升级为非现场处理。自 2016 年 8 月起,通过该类设备已累计处罚 8300 起,其中,辅助民警现场执法 1200 起,电话通知车主 2200 起,非现场查处 5300 起。

(9) 行人和非机动车违法。上海交警在一些有需求的路口安装了定点设备,对行人和非机动车的违法行为进行治理。基于人脸识别技术进行非现场执法,执法效率得到极大提高。市民群众看到自己违法的照片跟视频后,可以到窗口处理,也可在上海交警 APP 上在线处理,有异议的可以申辩投诉。自 2017 年 4 月 13 日起,通过该类设备已累计查处行人闯红灯和非机动车逆向行驶、闯红灯 1.6 万起。

上海交警为提高设备集成性,将路口常见的 13 种违法行为集合到一套电子警察设备中,打造 3.0 版本的"十三合一"复合型电子警察,一套设备就可以实现对 13 种违法行为的抓拍。并启用"电子警察违法抓拍即时告知系统",实现对违法行为的实时抓拍,并在 1~2min 之内通过短信形式告知车主,起到及时提醒的作用。自 2016 年 8 月 1 日启用起，已累计接入设备7371套，发送短信68万条。

三、电子警察的拓展应用

1. "失格"驾驶人违法行车分析系统

"失格"驾驶人是指驾驶证被注销、吊销、撤销暂扣或超分后失去驾驶资格（简称"失格"）的驾驶人。

除了常规的大数据和人脸识别等技术之外，上海交警还利用"人车伴随"的手段来确定"失格"驾驶人是否存在违法驾车行为。通过手机号码确定"失格"驾驶人是否处于驾车状态，若检测到驾驶人处于驾车状态，则通过道路卡口电子警察的人脸识别系统确定其违法驾车行为。比如开租赁号牌的"失格"驾驶人，使用传统手段很难捕捉到，通过"人车伴随"手段就很容易将其从茫茫车海中辨别出来。在此系统应用之后，共查获1106名违法行车的"失格"驾驶人，实现了对"失格"驾驶人的精准打击（图8）。（注：文中相关数据统计截至2018年5月）。

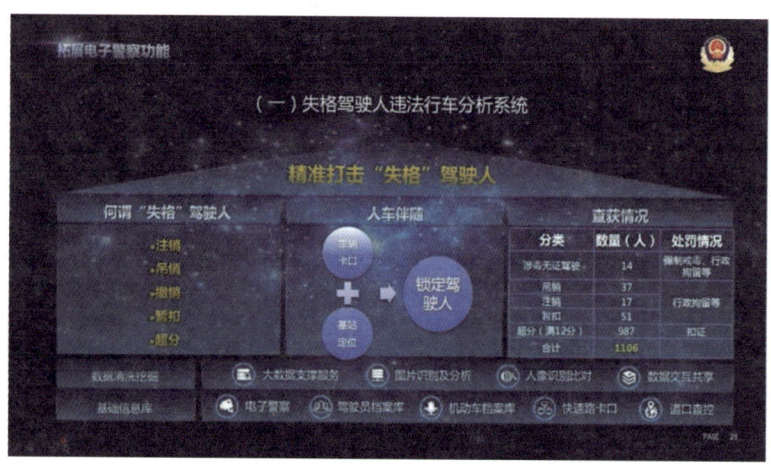

图8 失格驾驶人违法行车分析系统

2. 货运车违法上高架实时预警系统

2016年5月23日，上海中环线高架道路发生严重车祸，道路梁体被压断，发生横向倾斜。后经调查，事故起因是一辆装载电线杆的重载货车违规驶上中环高架桥并发生侧翻。此次事件之后，上海交警启用了"货运车违法上高架实时预警系统"，利用车型识别、黑名单对比等手段对违法上高架的货运车进行预警和拦截。系统自2016年6月投入使用以来成功预警货运车违法上高架行为1700余起。

四、创建违法行为视频举报平台

除了警方积极开展工作之外，上海交警创建违法行为视频举报平台，发动市民群众一起参与到交通违法大整治行动之中。通过上海交警APP可以对包括闯红灯、逆向行驶、大弯小转等29项违法行为进行举报，缩短了工作流程，极大提高了工作效率。自2016年5月4

扫一扫查看原文

日启用至今，群众举报热情不断高涨，参与人数不断增长，累计接受视频举报65万起，采纳36.9万起，采纳率达57%（图9）。

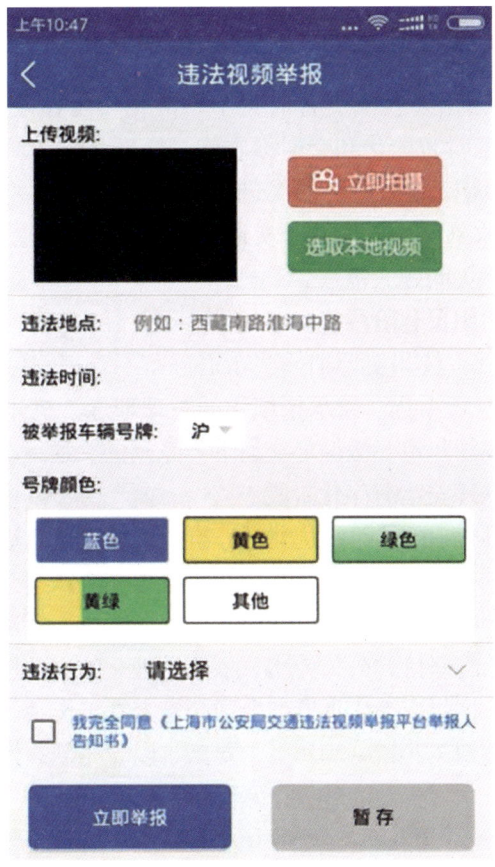

图9 违法行为视频举报平台

杭州：探索城市交通治理新模式 城市数据大脑治堵新实践

张建文 杭州交警支队秩序处秩序科科长

导语

随着城市迅速发展，杭州机动车保有量逐年攀升，交通供需矛盾加大，警力不足矛盾日益突出。在此背景下，杭州提出城市数据大脑概念（以下简称"城市大脑"），主动运用"城市大脑"解决城市交通拥堵问题。运用"城市大脑"治堵实践中，杭州交管部门做了哪些工作？效果如何？未来"城市大脑"还能为城市交管做什么？

一、杭州城市交通发展变迁的四个阶段

杭州跟世界各大城市一样,在整个城市发展变迁中,经过了以下几个发展阶段:

1. 第一阶段:交通设施标准化阶段

前几年,杭州交警根据公安部交管局关于"两化"工作的部署("两化"工作是指城市道路交通信号灯配时智能化和交通标志标线标准化),对整个市区的交通标志标线、交通信号进行了整体梳理和提升,促进交通设施规范化、标准化。杭州交警落实"两化"工作之前,也收到不少群众关于交通设施不规范等问题的投诉,但是,经过交通设施标准化建设后,相关问题大幅减少。

2. 第二阶段:交通组织渠化阶段

交通设施标准化以后,杭州交警把一些车道分布不合理、信号配时不合理以及一些干扰路段出入口的地方进行渠化。秉承精细化的管理理念,杭州交警开展了路口可变车道、左转直行待行区、潮汐车道、微循环交通等一系列的交通组织优化工作。

3. 第三阶段:交通秩序整治有序化阶段

在做好交通设施标准化、交通组织优化后,杭州交警还重点进行了交通秩序的整治。在交通管理工作实践中,有个比较突出的问题,部分驾驶人认为交通控制的不合理设置造成了驾驶人违法。因此,把交通设施、交通组织做好,对执法管理非常重要。杭州交警在交通秩序整治过程中,始终坚持"久久为功、依法治理"的法治思维,对交通秩序整治常抓不懈。特别是2017年,杭州交警认真贯彻全国公安交管工作会议精神,按照《城市道路交通文明畅通提升行动计划(2017—2020)》要求,以"一创一治"(创文明交通、治秩序乱象)和"两治一整"系列行动为载体,紧盯城市交通违法顽疾,2017年处罚了1400多万起交通违法行为,连续6个月位列全国36个大城市首位。通过严管,道路交通秩序明显改善,通行效率明显提高。这正是建立在交通设施标准化、交通组织优化基础上所做的工作。

4. 第四阶段:大数据、云计算、人工智能的智能化阶段

随着城市的扩张和快速发展,警力不足的矛盾日益突出。在这种背景下,杭州借助人工智能和机器智能更精准地盯紧城市交通每一个细节,更精准地调控城市交通每一个阶段节点。预计2022年,杭州将建成快速路464km,4年内将新建281km;轨道网里程446km,4年内将新建329km。由于轨道网及快速路网的施工,交通管理将面临更大难题,亟须利用现有的一些科技手段进行交通拥堵的治理工作。

二、城市发展亟须找到治堵新路径,"城市大脑"应运而生

为解决城市交通治理难题,杭州提出了"城市大脑"概念。"城市大脑"不仅涵盖交通,还有其他各个行业,交通只是一个切入点,先做深做透交通治堵项目,探索可以复制的经验,逐步拓展应用到城市管理的各个行业和各个方面。那么,探索"城市大脑"在城市治堵工作中的应用,杭州做了哪些工作?

1. 搭建"城市大脑"组织领导框架

2016年12月,杭州市委、市政府专门成立了由省委常委、市委书记任组长,五位市委常委任副组长的"城市大脑"建设领导小组的组织框架结构,汇聚政府、企业、公安、产学研各方力量,整合了建委、公安、财政等十个部门,形成部门合力(图1)。

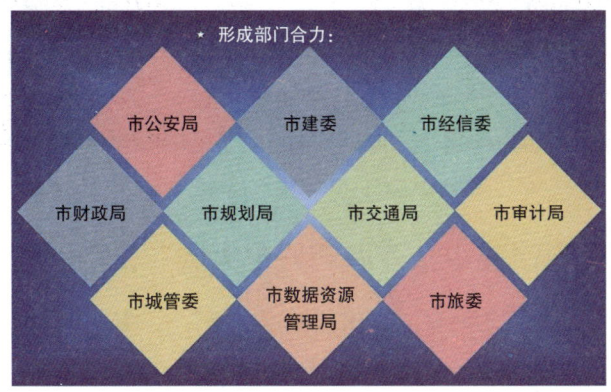

图1 搭建"城市大脑"组织领导框架,形成部门合力

为解决数据归集资源统筹等问题,杭州市政府专门成立了市数据资源管理局,着力消除信息孤岛、信息壁垒,真正发挥数据价值,为推进项目研发提供支撑和保障。同时,在政府与企业、社会之间,坚持需求引领技术,通过政府主导,主控主推,会同阿里等13家高新企业、浙大等高校组成工作专班,开展日常研发工作,规划设计杭州治堵方案。

此外,杭州交警与各大企业合作建设了两个实验室,还挂牌成立了杭州交警城市大脑实践基地(图2),积极探索警务机制改革,全力推进试点项目的研发探索。

图2 杭州交警城市大脑实践基地

2. 实施"三步走"战略

杭州"城市大脑"组织框架结构搭建好以后,为了用数据治堵,又提出了"三步走"战略。第一阶段,2017年建成了V1.0平台;第二阶段,2018年准备推出V2.0平台;第三阶段,2022年准备完善推出V3.0平台。通过这三个阶段,积极探索"用数据研判、用数据决策、用数据治理"的城市交通治理新模式(图3)。

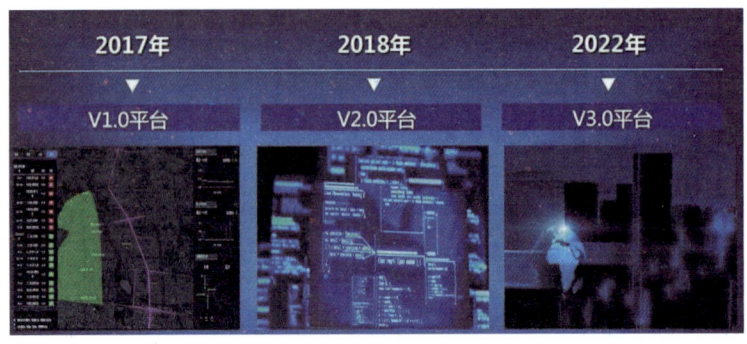

图3 "三步走"战略

三、在城市交通治理中,开展"城市大脑"试点工作

经过半年多的努力,从无到有,杭州"城市大脑"交通V1.0平台于2017年7月上线运行,在2017年10月11日的云栖大会上正式对外发布。目前,"城市大脑"已在杭州两个地方开展了试点。

1. 试点一:中河—上塘高架和莫干山路

选取这两条道路的主要原因是附近区域的出行主要以这两条道路为主。2015年之前,中河—上塘高架曾经被高德地图评为全国最拥堵、高峰时间时速最低的一条快速路。经过"城市大脑"半年时间的实践,中河—上塘高速公路平均延误降低15.3%,出行时间节省了4.6min。莫干山路平均延误降低8.5%,出行时间节省了1min。现在白天时段,整条快速路车速基本维持在40~45km/h之间。

2. 试点二:萧山区 5km² 区域

在萧山区 5km² 的试点范围内,平均通行速度提升超过 15%,平均节省出行时间 3min,120、119、110 等特种车通行速度最高提升超过 50%、救援时间减少 7min 以上。

据高德地图统计的数据显示,2017 年杭州的拥堵排名由 2016 年的第 8 位下降到第 48 位,拥堵缓解趋势为全国第一,而且交通拥堵下拐态势已经形成。

四、杭州"城市大脑"治堵实践中,突破了"四项工作"

杭州"城市大脑"在试点的过程中,主要围绕以下"四项工作"展开:

1. 规划四个路径

在规划路径当中,根据杭州市委市政府提出的城市生命体理论,运用互联网+现代治理思想构建平台,推进大数据、云计算、人工智能等深度融合后,运用于城市治理之中,从而对整个城市的运行,实现生命体质感知提升,实现预测预警,决策指挥公共资源配置。在强化原有系统、原有数据、效率以及横向联系的基础上,设置四个实现路径,即全面感知、战略主导、智能模仿、反哺系统。

在战略层面上,注重城市交通的战略性、宏观性管理,实现交通点、线、面特征转向宏观指标的展现,解决交通治理、安全防控的反复性、失调性问题,以系统论的方法来统筹面上交通和区域交通(图4)。

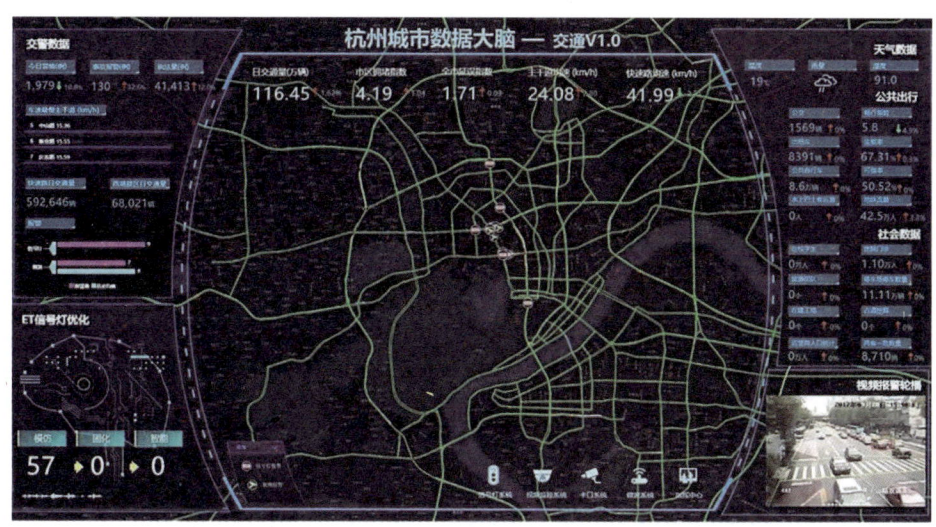

图4 在战略层面，实现交通点、线、面特征转向宏观指标的展现

在战术层面上，以数据技术为支撑，找出交通管理中与拥堵相关的影响因子、非直接关系的关联因子，并立足视频、信号、匝道、断面等检测技术，分门别类建立交通特性分析模块，以规律性、反复性、周期性的统计科学，预判交通流、拥堵、安全风险等趋势，实现城市交通管理的预警、预判、预决。

2.城市交通实时生命体征检测

如果将交通研究者看作医生，城市就是生命体，道路是城市的血脉，车辆就是流动的血液，信号灯就是经络，经络不通，就会堵塞。城市交通拥堵和人生病一样，一般要通过检验、化验、CT等技术手段检测身体指标，这就需要全面感知掌握整个城市交通运行的状况。

城市交通归结起来有五个生命体征，即交通流量、拥堵指数、延误指数、主干道车速、快速路车速。这些生命体征是交通管理工作的目标，也是"城市大脑"的首要任务（图5）。前三个生命体征大家比较熟悉，我们为什么把主干道车速、快速路车速也作为生命体征呢？举个例子，之前在管理高架路时一直有两种不同的声音，即高架路优先还是地面道路优先？一种说法是高架堵不要紧，因为在警力缺失的情况下，高架堵可以不上警力，地面堵要上警力。从交通管理、警力方面考虑，这个说法有一定道理。另一种说法是高架是城市主动脉，高架通畅城市才会通畅。这两种观点都只是基于原来的理论或实践，没有数据支撑。

通过数据分析，现在整个杭州市区日交通流量接近175万辆，全市的交通道路里程1913km，整个高架体系占交通流量的50%左右，但高架的公里数也仅有183km，这说明高架占的道路里程少，但承担的交通功能多，因此应该坚持高架优先。那么，怎么让高架优先呢？那就是数据融合。

3.数据融合找交通堵点和乱点

一是对堵点进行分析。通过对交通流理论和交通特性进行分析，融合外部数据以及交警内部资源后，建立交通堵点算法，通过数差失衡度、延误率等16项参数指标，全面感知检测，对交叉路口、快速路、匝道以及道路断面每两分钟进行一次类似CT切片的检测，再通过与历史数据进行对比，发现城市交通堵点。例如，在高架道路试点当中，对所有的匝道进行切片式的检测，与历史数据对比，再决定哪个匝道该封掉，哪个匝道该用信号灯。

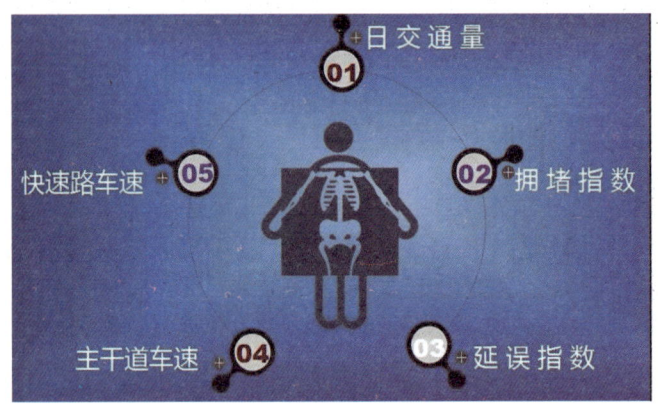

图5 这五项生命体征是交通管理工作的目标，也是城市数据大脑首要任务

由于道路规划的问题，大部分快速路从高架下来，一两百米就进入主要路口，受信号灯控制，因此要满足下匝道优先，只要保证从高架下去道路的信号灯优先就可以。虽然简单，但由于高架和地面交通流量不同，在保障地面通行时，导致下匝道优先理论在原来实施中并不能保证道路畅通。但在经过全面感知检测后，这个问题得到了解决。

二是视频检测乱点。将144个监控纳入数据分析，监控点会自动报警。在原来的交通组织中，治理乱点堵点，进行交通优化，要亲自到路口现场查看，然后分析出现的问题、原因，也可能是通过群众投诉、举报或者民警发现问题才会去治理，导致不能实时发现、实时治理。通过视频检测自动报警，可以更有针对性、更高效地治理堵点、乱点（图6、图7）。

图6 浙江省新华医院门口一天规律性报警最高达63次　　图7 浙江省人民医院门口一天规律性报警最高达156次

4. 提取人工经验，实施机器智能

多年以来，公安交警部门在工作中积累了丰富的经验，形成了师傅带徒弟的工作传

承,但是缺乏系统性、连贯性的经验总结固化。在"城市大脑"建设中,通过提取师傅们的经验特征,形成算法和场景,实现机器智能。

用球机监控替代交警路面巡查来发现各类交通事件,诸如交通事故、车辆抛锚、违法停车等。杭州道路里程1900多km,信号灯路口有1700多个,路面交警不到1000人。按照现在三班次的勤务安排,高峰时间也只能巡查260个路口左右,还有1500多个路口处于失控状态。因此,通过监控替代人员去路面自动巡查,准确判断每起事件的不同属性,进而对交通堵点、乱点以及涵盖交通事故、交通拥堵等交通事件自动报警。目前,杭州市区有3400多个监控,自动巡查试运行以来,整个视频监控产生了5万多起报警数据,平均每天200多起(图8)。

图8 视频监控自动巡查试运行以来,自动发现事件50000起

对卡口设备的应用进行创新。原来卡口设备主要运用于治安事故的车辆轨迹、人脸查寻,现在通过"城市大脑"将卡口应用升级成非现场执法,包括驾驶人开车打手机、未使用安全带、重点车辆报警等,这些数据都可以从卡口系统里抽取。这种通过抽取卡口数据进行非现场执法的方式,可以很大限度地解放有限的警力,让民警去快速处置事故和抛锚车辆,快速管理行人和机动车。

运用城市大数据对警务进行创新。把原来传统的路口民警定点为主的勤务模式,创新升级为现在的路口智能监管,路段滚动快处理的模式,为此配套成立交警机动队,快速处置"城市大脑"报警发现的各类事件。例如,在高峰时间按照260个警力计算,全部作为交警机动队,杭州市平均每个民警可以覆盖7km的范围,也就是说每个民警最远到达3.5km的地方,按照摩托车快速反应,只要3~4min就可以到达现场,对各类事件进行快速处置。在工作日期间,最忙的高架道路成立交警机动队,在双休日,最忙的景区也成立了交警机动队,下一步还会在全市铺开(图9、图10)。

建立"城市大脑"交通信号配时中心(图11),由专家和专业人士专门研究、调整信号配时,结合理论与经验,并配以大数据算法,用结果衡量,找到适合本土混合交通模式的最佳配时方案,实现信号灯的集中统一独立调控。交通信号配时中心作为"城市大脑"最灵敏的双手,在监控发现堵点自动报警后,通过信号灯实时配时优化,消红变绿,缓解拥堵。

图9 创新警务新模式

图10 成立交警机动队(TPTU),快速处置"城市大脑"报警发现的各类事件

图11 建立"城市大脑"交通信号配时中心

结语

杭州"城市大脑"是最强大脑,交警机动队是最快双腿,监控设备是最亮眼睛,指挥中心是最灵敏双手,它们互相配合,共同解决城市交通难题。未来,杭州运用"城市大脑",还将对交通量、交通流、拥堵指数等14个模块、百余项指标进行细化,对交通安全预测、预防以及城市交通关联因子方面进一步深入研究。

长沙：问题导向，信息引领，打造城市交通治理新模式

公安部道路交通安全研究中心交通言究社

导语

2018年1月30日，公安部召开全国公安交通管理工作电视电话会议，安徽、四川、广东省公安厅、长沙市公安局分别围绕交管改革、农村安全、春运交通安保和城市畅通等工作发言。交通言究社已推送了广东、安徽、四川的经验做法，今天来看长沙如何通过"大交管+大数据"创新城市交通治理模式，破解城市交通管理难题。

一、优化顶层设计，打造最强交通大脑

1. 形成政府主导合力

为破解城市交通多头管理、资源分散难题，长沙按照"政府总揽、中心牵头、部门共治"要求，将城市交通管理领导小组、交通综合整治领导小组、道路交通安全委员会三者合一，组建统一的大联合交管中心，交通、规划、城管、教育、安监、交警等部门常态入驻，共同会商解决重大问题，督促推动城区政府落实属地治理责任，打造成长沙城市道路交通治理的"司令部"。

2. 建设城市交通大脑

长沙交警在大联合交通管理中心的基础上搭建起"一中心+两平台"的整体架构。"一中心"即大联合交通管理中心，下设系统支撑、研判调度、督导评估、业务综合"四室"（图1）。"两平台"是指指挥调度平台和交管信息平台。从机制上解决了指挥层级过多、部门分工过细、资源分散闲置、警务运行空耗等问题，使公安交管工作由传统粗放向精准高效转型升级。

全面升级指挥调度平台功能。在前端，布建774套高清监控、558套高清电警、228套交通流断面信息采集系统、426套智能信号控制系统、40套事件检测器，全部覆盖主城区主次干道。在后台，开发交通拥堵事件自动预警、警力资源可视调度、缉查布控秒亿运算、应急预案一键启动等功能。

研发交管大信息平台。实现"公安网、政务网、互联网、视频网"四网融合，汇集1600亿条

图1 大联合交通管理中心的"一中心"架构

数据,已上线运行并实现交通违法精准查缉、运输企业风险预警、执勤执法网上监督、交通事故时控分析、交通运行指数分析等功能。

3. 推动交通拥堵前端治理

充分发挥大联合交管中心协调作用,统筹规划、建设、管理三大环节综合治堵。推动加大城市通江隧道、快速干道、城市地铁、城市轻轨、城际铁路等重大交通设施建设,优化城市路网和交通结构;加强断头瓶颈路、社区小街小巷、公共停车场等基础设施改造提质,打通179条断头瓶颈路、157个社区微循环,提升路网通行能力;推动实施交通需求管理,实行错峰上下班、错时上下学等政策,推动治堵从末端管理向前端治理转变。根据数据评估,经过治理,2017年长沙交通拥堵由2016年全国第14位下降到第26位。

二、创新警务运作机制,实现警务改革

长沙交警依托大联合指挥中心,深化科技应用,创新警务改革,升级"一中心、两平台"构架,打造实战、实效、实用的情、指、勤一体化现代警务机制。

1. 做强分控中心指挥功能 使调度更高效

大联合交管中心将交管信息平台和指挥调度平台布建到城区7个勤务大队和72个城区中队,赋予分控中心先期处置权,工作指令和信息直接推送到数字化中队岗亭和执勤民警的警务通、数字对讲机上,实现了点对点扁平指挥。形成以大联合交管中心为龙头,支队、大队、中队三级一体、上下贯通的指挥调度体系(图2)。通过智能交通系统地磁、微波、事件检测等前端设备,实时监测1380处堵点的交通流量、流速,自动生成拥堵预警推送到指挥调度平台,指挥调度平台一键启动拥堵应急处置预案,自动推送民警处置,警情主动发现处置率提高34%。

2. 运用交通运行分析系统 使组织更高效

充分运用交通运行分析系统,对城区交通流量、流速、事故、天气等数据进行同比、环比分析,对交通拥堵提前预测、预判,通过大数据分析为交通优化提供科学依据。通过交通管理数据分析出重点区域车流量大、路网结构不合理、交叉口设计不合理、占道施工影响交通四大类堵点,按照"总量削减、交通分离、流量均衡、交通连续"的交通组织原则,精细化推行借道左转、可变导向车道、"拉链式"交替通行、潮汐车道等治堵创新举措。同时,与高德、滴滴、百度等企业联合研发"长沙交警"精准导航地图,为市民出行提供最优线路(图3)。

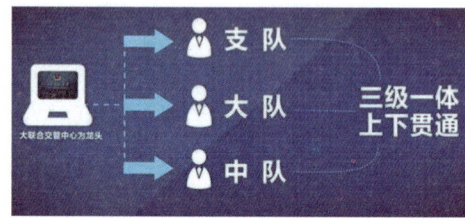

图2 上下贯通的指挥调度体系

图3 与企业合作研发"长沙交警"精准导航地图

3. 推行新型勤务模式 使部署更精准

大力推行"网格勤务+机动勤务+夜间勤务"的新型勤务模式，100台大功率摩托"巡主线、纠违法、疏堵点、保畅通"。在信息平台和指挥平台的强大支撑下，支队将机动铁骑打造成为最强大脑下的最快双腿和最硬拳头，根据交通流量、交通违法、交通事故规律特点，分级分类实施等级勤务工作，建立灵活布警、快速反应、动态查控的用警机制，确保了"守点、巡线、扩面"并举的良好效果，平均处警时间缩短36%。

长沙大交管中心交管信息平台、指挥调度平台已融合成型，信息中心适时向指挥中心推送预警信息，提出工作建议。指挥中心形成工作指令调度路面勤务力量，指导勤务编排，开展交通秩序整治，形成"收集—研判—指令—执行—评估"闭环运转。勤务管理根据警情变化规律，进行动态调整，实现"警力跟着警情走，勤务围着情报转"的实战效果。

三、突出问题导向，破解城市交通管理难题

面对人、车、路的高速增长，长沙交警依托最强大脑，打造最硬拳头，以新机制、新手段、新方法化解新时代城市交通拥堵、交通违法、交通安全难题。

1. 常态治理交通乱象

牢牢抓住城市秩序"牛鼻子"，借助"创城"契机，依托"情、指、勤"警务机制，强力整治"不礼让斑马线"不文明行为，并建立酒驾、毒驾、"失驾"、涉牌涉证、"违法王"等严重交通违法行为的分析模型，通过电子卡口和视频监控系统实时监测预警车辆运行轨迹，实时推送到一线民警手中进行拦截和查处，实现打击交通违法由"运动式"、"盲目拦查"向"常态化"、"精准查缉"的转变，2017年长沙严重交通违法查处量同比上升35.9%，城市交通秩序进一步好转。

在拥堵治理上实现自动预警。利用情报平台运行指数分析系统，在电警、卡口、地磁、微波、视频检测精准采集道路流量、车速的基础上，在主城区39条主次干道实现交通拥堵实时检测，系统自动与相邻时段和历史同期的情况进行对比，出现流量明显异常，流速明显下降的情况，系统将自动生成警情，一旦预警触发，将自动推送到指挥调度平台，在地图上自动标注拥堵位置和周边可调用的警力资源，精准开展指挥调度，为快速缓堵争取时间。

在交管执法上实现精确打击。将交管情报平台和警综平台数据进行多维度地比对、碰撞，对毒驾、失驾、假牌套牌等隐性违法行为进行人车关联分析，定期生成精准执法清单，纳入查缉布控系统，坚决落地就查；开发执法状况分析模块，对交通违法的查处情况构成与拥堵乱象的时空分布规律进行匹配分析，精准引导各勤务大队以致堵致乱违法为重点，开展定向执法、定向整治，有效杜绝了为任务而任务的执法行为和过度用警现象。同时，自主研发了勤务监管系统，建立民警执勤执法足迹档案，对民警履职状况进行精准记录；特别是运用交通运行指数测算主要路段畅通率，评估勤务工作的好坏优劣，提升了大队、中队的勤务主动性，警情主动发现处置率提高34%，平均处警时间缩短36%（图4）。

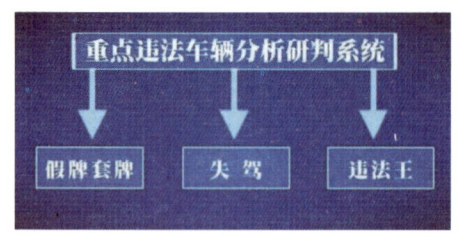

图 4 分析重点违法车辆及驾驶人信息

2. 深挖道路通行能力

加强警企合作,联合互联网企业探索实施"互联网+交通信号灯"模式,提高交通信号配时智能化。强化警校合作,邀请权威专家对全市交通组织现场把脉,对标国内一流标准,充分挖掘道路时空资源,科学设置6处借道左转、20处潮汐可变、7处"拉链式"通行车道,不断提升道路通行效率。推动破解停车难,建立智能停车信息平台、开发精准停车导航地图,在全市医院、学校、商圈、老旧社区周边改造建设345个公共停车场,配套实施差异化、累进制停车收费政策,严格实施"主干道严格禁停、次干道错峰停车、支路街巷入位停车"管理措施,静态交通环境不断改善。根据评估,2017年长沙交通高峰拥堵延时指数同比下降2.9%。

3. 创新源头安全监管模式

研发运输企业安全风险评估预警系统,对"两客一危一校"等企业、车辆、驾驶人进行风险动态预警。通过整合全市288家重点运输企业及其管理的运输车辆、驾驶人相关信息,按照危险程度设定相应风险分值,生成企业风险、车辆风险、驾驶人风险三大类"红、橙、黄、蓝"四色预警信息,对存在严重隐患的企业进行红色预警,行业监管部门对红色预警企业采取重点检查、约谈法人、限期整改等措施,督促企业落实主体责任,从源头上消除安全隐患。通过创新源头安全监管模式,2017年长沙市交通事故死亡人数同比下降16.4%,运输企业交通事故死亡人数下降20.6%。

扫一扫查看原文

(资料来源:长沙市公安局交警支队)

第3章 深化放管服改革

山西：早谋划早部署　实现罚款缴纳、车驾管业务缴费支付电子化

公安部道路交通安全研究中心交通言究社

导语

> 公安交管20项"放管服"改革新措施于2018年9月1日在全国全面推行，其中实现缴费支付电子化是落实改革新举措的重点和难点。面对这一难题，山西交警攻坚克难，加强与省财政厅、合作银行等各方沟通协调，强力推进落实交通罚款、车驾管业务收费支付电子化建设工作，在全省范围内实现了缴费支付电子化。那么，山西交警总队具体做了哪些工作、克服了哪些难题？

一、山西全省实现缴费支付电子化

1. 窗口缴费实现电子支付，方便"一次办"

办理车驾管业务一般需要经过受理、审核、缴费、发证等多个环节，群众需要到不同窗口多次排队、往返。"放管服"改革"一窗通办"就是要优化办事流程，变群众往返为内部转递，变群众跑腿为数据传输。窗口缴费支付电子化不仅是改革的重点和难点，也是实现"一窗通办"的关键。

2018年9月，山西全省已实现窗口缴费支付电子化。群众在窗口及自助一体机办理车驾管业务缴费，使用微信、支付宝扫描收费系统生成的二维码即可完成缴费（图1、图2、图3）。

图1　收费系统生成的收费二维码

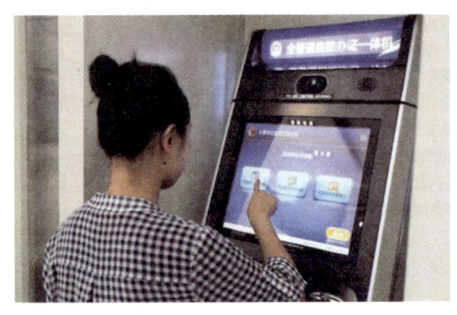

图2 群众通过扫码支付费用　　　　图3 群众通过自助一体机办理业务

2. 实现互联网、手机电子支付，方便"网上办、掌上办"

推进"互联网＋交管服务"，实现"网上办、掌上办"，是此次"放管服"改革的重要方面。目前，山西已实现"互联网交通安全综合服务管理平台"（以下简称"互联网服务平台"）交通罚款及考试费的电子支付。群众登录互联网服务平台PC端或交管12123手机APP，使用微信、支付宝、银联卡均可进行交通罚款缴费，车驾管业务"考试费"缴纳也可使用银联卡进行电子支付。截至目前，已有70余万笔交通罚款、3000余笔"考试费"通过平台完成缴费（图4）。

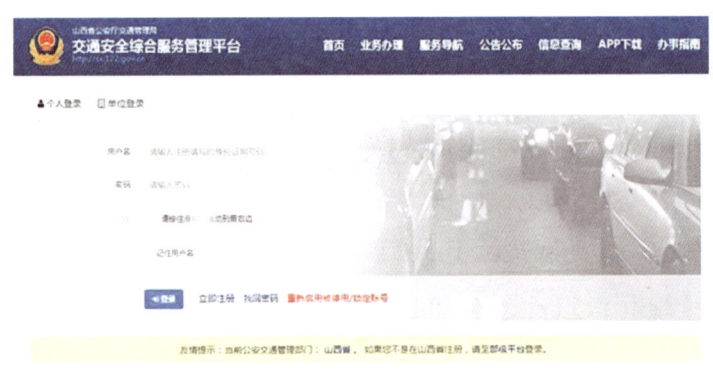

图4 交通安全综合服务管理平台登录界面

除了在互联网服务平台、交管12123手机APP上实现电子缴费外，山西交警还增加了通过微信公众平台缴费的渠道，群众可通过"山西公安"微信公众号进入"一网通一次办"平台，采用微信支付方式就可完成交通罚款和车驾管业务的电子缴费。目前，9万余笔缴费通过该渠道完成（图5）。

3."专网服务系统"实现缴费支付电子化，方便"就近办"

为实现群众办理交管业务时"就近能办、多点能办、少跑快办"，"放管服"改革大力推行社会机构代办交管业务。山西交警在各地"专网服务系统"部署了收费管理系统。通过该系统，群众在汽车销售4S店、二手

图5 "一网通一次办"平台

车交易市场、报废回收企业、机动车检测站、银行、保险公司6类登记服务站办理车驾管业务缴费时，可直接出示微信、支付宝付款码，由工作人员使用扫码枪等设备完成费用收取工作。

二、山西如何实现全省范围缴费支付电子化

1. 升级改造全省公安交警收费系统、建设山西交管业务"自建支付平台"

为确保"放管服"改革中窗口缴费支付电子化工作落地见效，山西交警专门从警保、科技部门抽调业务精、能力强的骨干组成工作专班，精准落实工作。

早规划早部署，率先在窗口实现收费系统扫码支付。缴费支付电子化是实现交管业务"一窗通办"的重点和难点，早在2017年，山西交警就对全省各交警支队车驾管收费系统进行数据集中，部署全省统一版本的车驾管收费系统，为实现缴费支付电子化奠定了坚实基础。按照公安部交管局在7月底前实现"一窗通办"的要求，山西交警积极推进窗口缴费支付电子化工作，研究制定了在收费系统实现电子支付功能的方案，并与承建单位、代收银行在收费系统开发部署了收费二维码。7月26日，太原全部实现业务大厅缴费支付电子化。8月8日，率先在全省车管所窗口业务大厅实现了微信、支付宝扫码电子支付。

继续推进窗口综合应用平台扫码支付。为了在"交通管理综合应用平台"上实现交通罚款、车驾管收费的电子缴纳，公安部升级了综合应用平台和互联网服务平台。但想要在综合应用平台上实现扫码支付，需要"自建支付平台"作为支撑，目前，山西交警已完成"自建支付平台"的建设工作。下一步，基于升级后的综合应用平台，山西交警将逐步在窗口推广实施通过微信、支付宝、交管12123手机APP以及其他APP等方式扫描综合应用平台二维码，完成交通罚款、车驾管业务收费的电子缴费工作。

2. 建设"交管业务互联网缴费平台"，实现互联网服务平台缴费支付电子化

为实现群众可通过互联网服务平台PC端、交管12123手机APP办理交通罚款和车驾管缴费电子化支付业务，山西交警按照互联网服务平台技术规范，开发了"交管业务互联网缴费平台"。

在缴费平台基础上，为实现交通罚款电子支付，一是积极协调省财政部门申请开通线上收费模式，并确定代收银行，同省财政厅、代收银行签订三方代收协议；二是与代收银行、第三方公司共同搭建了PC端、手机APP端的微信、支付宝、银联卡的支付通道；三是打通互联网服务平台、省财政厅非税收入管理平台、线上代收银行资金汇划平台，实现交通罚款数据互通，缴费退费、业务对账、资金清分等业务全流程电子化管理，实时监管交通罚款资金流向，及时返还各级交警部门所属财政专户。为实现车驾管业务收费电子支付，一是与代收银行共同搭建了PC端、手机APP端银联卡支付通道；二是打通交管业务互联网缴费平台、公安交警车驾管收费系统、代收银行收付款系统，实现车驾管收费数据互通，缴费退费、业务对账等业务全流程电子化管理（图6）。

图6 山西交警开发的"交管业务互联网缴费平台"

3. 完成政务平台与互联网服务平台互联互通，实现"一网通一次办"平台电子支付

推进网上政务互联互通、互联网服务平台信息共享，是提升交通管理网上服务水平的关键举措。2018年3月以来，山西省公安厅把深入推进公安审批服务便民化作为深化"放管服"改革的主要抓手和突破口，联合第三方技术公司，分别组建了治安户政、出入境管理、交通管理等审批服务便民化专项工作团队，全力建设了山西公安审批服务"一网通一次办"平台。"一网通一次办"平台涉及公安交管业务共91项，其中车管业务77项、秩序业务12项、事故业务2项，群众可通过该平台办理相关业务。

为了在"一网通一次办"平台上实现电子支付功能，山西交警打通了"一网通一次办"平台与互联网服务平台，实现系统和数据的对接。同时，申请了非税收入微信商户号，与代收银行对接用非税接口开发支付通道。群众通过"山西公安"微信公众号进入"一网通一次办"平台即可完成交通罚款和车驾管收费的电子缴纳。

4. 部署建设专网平台收费系统，实现代办机构缴费支付电子化

在落实交管服务向社会延伸工作中，山西交警健全了汽车销售4S店、二手车交易市场、报废回收企业、机动车检测站、银行、保险公司6类登记服务站办理车驾管业务的社会服务网络建设，形成了"就近能办、多点可办"的社会机构代办交管业务新格局。为实现社会代办机构缴费支付电子化，山西交警联合第三方公司，按照专网接口要求开发了专网平台收费系统，并与各地市交警支队沟通，在做好收费系统硬件部署、网络环境以及收费专网接口申请等工作的基础上，在各地市搭建了11套专网收费系统。同时，与代收银行进行对接，由代收银行按照地市交警支队授权的六类企业服务机构，统一部署无线POS机等设备，群众仅需出示付款码，就可完成车驾管业务的电子缴费。

同时，代收银行提供的无线POS机等设备与各地市交警支队收入专户实时对接，群众在社会代办机构缴纳的资金直接划转专户，保障了资金安全。

扫一扫查看原文

（资料来源：山西省公安厅交警总队）

江苏：设立"一号窗口"提升执法服务质量

公安部道路交通安全研究中心交通言究社

导语

2018年6月，公安部推出20项交通管理"放管服"改革新举措，旨在提升交管服务的便民化。而早在2008年，江苏公安交管部门就已开启窗口改革，并在全国率先创立专治"疑难杂症"的"一号窗口"，实行集中受理，跨部门、跨地区，联动解决群众办理交管业务中涉及车驾管、交通违法等方面的疑难事项。今天，我们就来看看江苏的"一号窗口"是怎样打通交管服务"最后一公里"的。

一、什么是"一号窗口"？其如何解决交管业务中的疑难杂项

近年来，随着非现场执法的大量实施和信息系统在交通管理工作中的普遍应用，驾驶人常常遇到因车辆被套牌发生交通违法行为、交通违法罚款已缴纳而系统显示未缴、车辆存在交通技术监控错误记录、信息传递失误等原因，而不能及时办理车管业务的情况，往往办理人不得不来回奔波，甚至需要自行与相关地区车管及违法处理等部门申诉才能解决……而在江苏省有这样一个窗口，可以让办理人少跑路、甚至不跑路，便可轻松解决问题，这便是"一号窗口"（图1）。

图1 成立于2008年的南京交管"一号窗口"

"一号窗口"主要负责集中受理办理人在车管业务中所遇到的疑难事项，包括：群众对交通技术监控资料记录的交通违法行为有异议的，群众投诉举报机动车被套牌发生交通违法行为的，群众对交通违法行为处罚信息有异议的，无法正常办理机动车、驾驶证相关手续的，需要跨辖区、跨部门协调解决的其他疑难事项五种情形。

下面，我们就来看看江苏"一号窗口"所办理的具体业务案例，看它是如何帮助办

理人解决疑难问题的。

1. 案例一：车辆号牌被套牌

2017年12月苏GJZ***小车车主到连云港车管所"一号窗口"报案称被套牌。经查该车被小车苏G2S***套牌数次，且均在晚间违章，套牌车主反侦察意识较强，照片较模糊，比对有一定难度，但"一号窗口"民警与指挥中心工作人员仔细比对，不放过任何蛛丝马迹，发现套牌车主杨某某还套用一淮安车牌，遂及时与淮安"一号窗口"联系，将淮安车主被套的信息告知，避免了车主损失。经周密查缉布控，将套牌车主杨某某抓获，并依法予以处罚（图2）。

2. 案例二：驾驶证被套用

徐州驾驶人昝先生于2018年1月来徐州车管所"一号窗口"反映其驾驶证2016年、2017年在山东省境内共有65条违法记录，违法金额共计10900元，并非本人驾驶车辆所产生。

徐州"一号窗口"民警经过详细地比对违法记录，发现驾驶人齐某、张某涉嫌套用昝先生驾驶证进行违法处罚，且违法金额巨大。"一号窗口"民警向山东相关交管部门发出多份协查函，对齐某、张某套用驾驶证一事进行布控。最终张某套用驾驶证记录的54条违法得以撤销，齐某也缴纳了其套用驾驶证的所有罚款。"一号窗口"民警又协助昝先生办理了审验、补证业务（图3）。

图2 "一号窗口"的民警耐心地为驾驶人处理车管问题

图3 设置在独立办公室内的无锡"一号窗口"

3. 案例三：对交通违法记录存有异议

2017年10月，驾驶人王先生到徐州车管所进行期满换证时被告知于2017年5月在外省某高速公路有一条"酒后驾驶非营运机动车"的违法记录，王先生随即提出异议。"一号窗口"民警与外省交管部门联系，得知当时查处该违法行为时已将违法行为人的驾驶证暂扣。为了弄清原委，办事民警及时将驾驶人的驾驶证复印件及相关信息资料邮寄至处罚单位，请其进行比对、核查，并对此事密切关注，跟踪了解处理进度。在处罚单位确认为错误录入违法信息后，主动将2017年5月的违法记录删除，王先生的驾驶证状态恢复正常，得以顺利换证。

4. 案例四：办理驾驶证业务遇问题

扬州俞先生发现驾驶证为超分状态，无法正常使用，但自己并未扣过分，遂向当地车管所"一号窗口"求助。"一号窗口"民警经仔细核查后发现当事人原持上海驾驶证,在上海满分学习清分后转入新疆增驾,增驾后又转入扬州,之后并未扣过分。民警对驾驶人的证件信息核查后,联系上海总队将清分数据上传,事件得以解决。俞先生表示希望"一号窗口"能够在全国推广,更好地为老百姓服务。

5.案例五:办理人其他合理诉求

2017年2月27日,镇江市民邓先生驾车途中发现路边有一位妇女抱着孩子拦截过往车辆,停车寻问得知,小孩高烧,情况极其危险。邓先生立刻驾车将二人送去附近医院,为抢时间途中闯了红灯,最后孩子因抢救及时转危为安。事后邓先生咨询是否能消除其因做好事而闯红灯的违法记录,"一号窗口"让邓先生和被救当事人出具了相关材料,调取监控查看,与医院进行调查、核实,证明情况属实。最后,"一号窗口"以人性化执法观念对待,按规定办理了相关违法记录的消除。

十年来,江苏省公安交管部门坚持专人负责、完善流转机制、发挥科技支撑、强化考核监督,把"一号窗口"打造为江苏公安交管部门服务群众的特色品牌,共接待群众300万人次,办理疑难事项52万余起,其中跨省协调业务8万余起,机动车套牌申诉2.9万余起,交通违法曝光(全国范围内)异议申诉30万余起。

二、规范"一号窗口"设置,实现省内联动,全面提升执法服务质量

1.统一窗口设置

(1) 在办公地点设置上,为方便群众在办理车管业务过程中及时申请解决疑难事项,"一号窗口"统一设在各市、县公安交警部门车管所办证大厅,与值日警官岗、咨询服务窗口职能合并。

(2) 在力量配备上,从交通违法处理、车辆管理、信息系统管理等业务岗位选调民警担任"一号窗口"具体经办工作,支队"一号窗口"民警人数原则上不少于3人,县级"一号窗口"至少1人,并根据情况配备部分辅助工作人员。

(3) 在硬件建设上,配备计算机、电话、传真机、复印机、数码照相机等必要的办公设备,保证工作需要,并在大厅显著位置张贴摆放标志标牌,向社会公布电话号码,方便群众办事。同时,总队成立"一号窗口"领导小组和专门办公室,负责对全省"一号窗口"建设工作的检查、指导,解决基层不能解决的疑难事项以及需要总队出面反映、协调的问题。

2.明确受理事项的职责及服务权限

为保证"一号窗口"能够快速处理疑难事项,相关部门还赋予了其七项综合执法服务权限,即省、市级交通违法信息管理系统查询权,本地交通违法信息管理系统相关信息撤销、变更权,全国公安交通管理信息系统查询权,本地机动车、驾驶证信息管理系统信息更新权,本地银行交通违法缴款记录查询权,高速公路非现场执法系统查询权和本市交警队信息平台维护权。

3.规范处理各类疑难事项的操作程序

对群众经常遇到的疑难事项,明确了处理各类疑难事项的操作程序。

（1）群众对交通技术监控资料记录的交通违法行为有异议的，受理地"一号窗口"通过道路交通违法信息管理系统调阅监控资料，属信息录入错误、仅录入文字信息而没有违法车辆照片等情形的，予以撤销或变更。

（2）群众投诉举报机动车被套牌发生交通违法行为的，受理地"一号窗口"调阅该机动车交通违法行为证据画面，认真核对号牌种类、号牌号码、车辆品牌、型号、车身颜色、违法事实、时间等信息，能够认定不是同一车辆的，予以撤销；不能排除为同一车辆的，要求群众进一步提供证据，查证属实的予以撤销。

（3）群众对交通违法行为处罚信息有异议的，群众能够提供已接受处罚证据或由于处罚决定书填写、信息录入存在错误的，经受理地"一号窗口"查证属实，由违法行为地"一号窗口"确认、更新、撤销交通违法行为信息；群众无法提供已接受处理证明的，由违法行为地"一号窗口"在银行交通违法数据库中予以核查，确认是否已缴纳罚款。

（4）对无法正常办理机动车、驾驶证相关手续的，由"一号窗口"查明原因，确属不是机动车所有人、驾驶人原因造成的，尽量协助予以解决，不能解决的，做好解释工作。

4.落实首接责任

"一号窗口"实行首接责任制，对群众提出的属于职责范围内的求助事项，不论交通违法行为发生地在本地还是在外地，均要受理并认真调查。

一般受理地的"一号窗口"会在2个工作日内将有关情况转至需要协助调查处理地，协助调查处理地3个工作日内完成核实、调查、处理工作，并向受理地反馈情况。对不需要跨辖区核实、调查、处理的，3个工作日内向群众反馈结果；需要在本省内跨区域核实、调查、处理的，5个工作日内反馈结果。涉及特别疑难事项或需要省外公安交通管理部门协助调查处理的，可以适当延长办结时限，但要及时向群众做好解释工作，并力争尽快办结。

5.实行全省联动受理解决疑难事项

机动车所有人、驾驶人可选择在车籍地、驾驶证核发地或交通违法行为发生地、车辆转入地、驾驶证转入地"一号窗口"申请解决疑难事项。对疑难事项发生在外地的，需要受理地"一号窗口"负责核实、收集群众反映的情况和提交的凭证、资料等证据，填写《江苏省"一号窗口"受理群众疑难事项流转单》，通过传真流转，由协助调查处理地"一号窗口"进一步核实、调查、处理。

为保证全省"一号窗口"之间通讯畅通，江苏交警总队还汇总了全省"一号窗口"联系人名单、电话和传真，联系方式发生变化时会及时更新。比如，群众反映车辆被套牌在省外发生交通违法行为，受理地"一号窗口"经查证属实后，由受理地"一号窗口"通知行为发生地"一号窗口"予以撤销或变更违法行为，并将套牌车辆信息录入交警队信息平台。对涉及本省车辆在省外交通违法或在外省被套牌，经查证属于应撤销的，由受理地"一号窗口"协调行为发生地公安交通管理部门予以撤销。

扫一扫查看原文

（资料来源：江苏省公安厅交警总队）

浙江："警医邮"便民服务助推"最多跑一次"改革

公安部道路交通安全研究中心交通言究社

> **导语**
>
> 2018年6月27日，公安部在浙江宁波召开深化公安交通管理"放管服"改革现场推进会，对公安交管部门深入推进"放管服"改革进行专题部署。会上观摩学习了浙江交警"最多跑一次"改革经验，其中"警医邮"便民服务成为"放管服"改革的一大亮点。今天，我们来看浙江是如何推进"警医邮"便民服务工作的。

一、真正实现"最多跑一次"，换领驾驶证"一站式"办理

截至2017年年底，浙江省机动车保有量达1698万辆，机动车驾驶人达2077.7万人，车驾管业务量也随之不断攀升，年办理量达3200多万笔。特别是换领机动车驾驶证，要提交县级以上医院出具的健康体检证明及近期照片，申请人要在医院、照相馆、车管所三个地方往返跑……面对人车数量激增和警力不足的矛盾，特别是为服务县乡、农村、山区等偏远地区群众，解决办理相关交管业务长途跑、往返跑问题，浙江省公安交管部门以作为全国邮政网点代办交管业务试点为契机，在全省实施了"警医邮合作"改革，推进车管服务社会化"破题"（图1）。

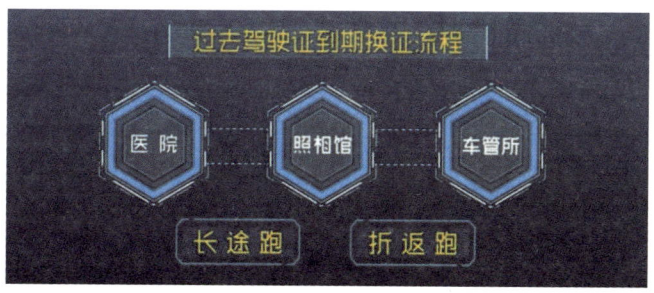

图1 过去的驾驶证到期换证流程需要申请人长途跑、往返跑

在"警医邮"交管业务代办网点，申请人只需提出申请，并在网点完成远程体检即可，真正做到了让群众"最多跑一次"。邮政工作人员在网点对申请人进行体检数据采集（图2），数据实时传输给具有体检资质的医院，由医生远程作出体检结论（图3）；通过12123平台实时传输给车管所（图4），车管所汇总相关信息后，作出审核结论；如通过审核，当事人就可直接向"警医邮"网点递交相应申领材料；车管所收到材料后，当天完成新驾驶证制作（图5），以邮政快递的方式寄送申请人（图6）。对于审核不合

格的当场告知审核结果及失败原因、处置方式等。

图2 申请人在"警医邮"代办网点体检区域体检

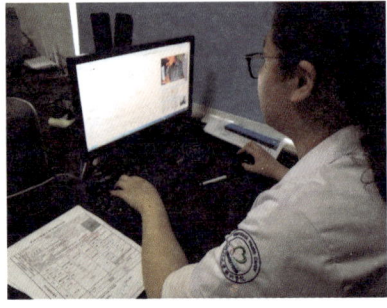

图3 体检过程及数据实时传输给医院，医生作出体检结论

图4 相关数据传输给车管所

图5 审核通过后当天完成制证

图6 新驾驶证通过邮政快递寄送申请人

二、创新"远程体检"，打造"警医邮"便民服务平台

1. 推改革 实施"警医邮合作"

浙江省公安厅将邮政网点代办交管业务试点工作列入2017年度全省公安重点改革事项，将补换领机动车驾驶证、行驶证、机动车免检合格标志等4大类12项交管业务开放给邮政网点代办，2017年8月与中国邮政集团浙江分公司签署了战略合作协议，制定网点设置标准、业务规范、岗位职责、考核办法等制度，2017年9月召开现场推进会，在全省部署实施（图7、图8）。

图 7　警医邮合作网点

图 8　战略合作协议签署现场

浙江省公安厅与省卫计委联合发文，明确在确保医疗质量和医疗安全的情况下，各地卫生计生行政部门和公安机关可以选择具备条件的医疗机构，通过与中国邮政等部门合作，运用互联网和视频技术，开展机动车驾驶人驾驶证期满换证远程体检，实现驾驶人体检换证"一站式"办理。

为全程掌控"警医邮"便民服务业务办理环节，浙江省公安厅交警总队建立体检过程视频存储和设置黑名单制度，服务平台体检数据 6 个月内可倒查；平台系统设置黑名单功能，并录入网点体检不合格人员信息，全省范围内共享。目前全省累计查到不符合换证体检条件的驾驶人 200 余人，有效杜绝了交通安全源头隐患。

2. 破难题　试点创新"警医邮"

浙江总队指导金华试点先行，打造交管、邮政、医院"警医邮"便民服务平台，三方数据互联互通，实现交管业务"一站式"办理。

（1）解决体检方式行业认可难题。网上体检的行业认可是"警医邮"项目推进过程中的最大难题。金华支队在总队的大力支持下，取得省卫计委的支持后，又多次与市卫计委进行具体的沟通、协调，商定金华市人民医院作为远程换证体检的试点单位，从而为"警医邮"项目的正常开展取得了行业支持。

（2）解决项目技术研发难题。如何通过技术手段真实反映当事人的体检数据采集过程？金华支队经过多次试验，确定了采集身份证、证件照、驾驶证照片，录制视力、辨色力体检音、视频，随机抓拍体检过程中的全景照片等多种技术手段相结合的方式，立体化展现申请人体检的全过程，确保医生后台审核时有充足的依据（图9）。

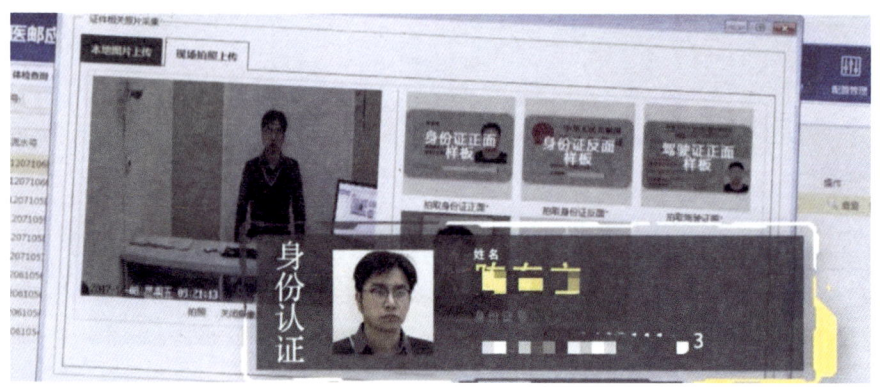

图9 体检数据采集过程

（3）解决规范标准编制难题。如何大范围地进行网点建设及业务铺开工作？邮政网点的场所条件各不相同，人员业务水平不一。为确保业务办理规范统一，先后制定了网点设备安装和调试标准，业务流程操作规范，网点工作人员工作职责、业务考核办法，业务回访工作规定等一系列的规范化标准，密集开展多批次的人员业务培训，确保开设一家、成功一家，保证在网点开设量快速增长的同时业务质量不下降。

目前邮政代办工作已在浙江全省范围开展，开通代办网点近800个（乡镇网点400余个），办理各类交管业务近20万笔，业务办理量居全国第一，其中"警医邮"网点达350个，办理"一站式"体检换证2万余笔，大大方便了县乡、农村、山区等偏远地区群众。

扫一扫查看原文

（资料来源：浙江省公安厅交警总队）

宁波：创新机动车查验工作方法

公安部道路交通安全研究中心交通言究社

导语

2018年6月，公安部在浙江宁波召开深化公安交通管理"放管服"改革现场推进会，对公安交管部门深入推进"放管服"改革，提升交管服务便利化水平，不断满足新时代人民群众新期待新要求进行专题部署。在推进公安部"放管服"改革和浙江省"最多跑一次"改革中，宁波交警支队大力简化优化车驾管服务，尤其在机动车查验工作中，创新推广应用封闭式查验工作法，精简优化查验工作流程，取得明显成效。那么，宁波交警在机动车查验中采用了哪些方法？有哪些经验值得借鉴？

一、创新机动车查验工作,宁波交警采取了哪些有效手段

1. 在全市创新推广应用封闭式查验工作法

2017年以来,宁波交警支队创新机动车查验工作机制,在全市推广应用封闭式查验工作法,所有需要查验的机动车均由专职引车员驾驶进入封闭式查验工作区,然后由查验员对随机驶入查验位的车辆开展查验。在此期间,非工作人员禁止进入查验工作区,避免对查验工作造成干扰。

在查验过程中,查验员均严格按照规定使用便携式查验智能终端设备(PDA)记录查验结果,并实时上传至查验监管系统。查验工作结束后,还是由专职引车员驾驶车辆驶离查验工作区,然后再与车辆驾驶人进行交接,整个检查过程均在执法记录仪和视频监控拍摄下完成(图1)。

图1 在全市推广应用封闭式查验工作法

2. 严格落实查验员查验仪器设备,优化升级查验工具

在机动车查验过程中,查验员根据公安部《机动车查验工作规程》的相关工作要求,按照相关法律法规和机动车国家安全技术标准对车辆进行查验。对机动车进行查验的关键是确认车辆的唯一性,查验车辆识别代号、发动机号是否存在焊接、凿改、打磨、垫片等异常情况;是否存在非法拼装或篡改、套用其他机动车信息的嫌疑。在具体的查验中,根据不同的查验项目,检查车辆的品牌型号、整车外观形状、颜色、轮胎完好情况等;核查车辆相关凭证、安全装置是否齐全等。

通常情况下,查验员使用车辆识别代号信息读取仪器(也就是我们通常说的汽车读码器)获取随车电脑信息,确认车辆识别代号与登记时的车辆识别代号是否一致,高性能的汽车读码器还能读取车辆主要零部件生产日期、编程日期等相关信息,方便查验员与机动车登记时的情况做比对。在日常工作中,每位查验员都配备简易汽车读码器,便于开展工作。

为提升查验工作的效率和精准度,宁波交警优化升级了查验工具。在查验工作中,

查验员使用的油漆涂层测厚仪、超声波金属探伤仪、内窥镜等仪器设备，主要用于检查车辆识别代号、发动机号以及车身是否存在焊接、凿改、打磨、垫片等异常情况。通常情况下，车辆在维修喷漆后，查验员在查验过程中，用肉眼很难发现车身、车架是否存在焊接、拼接等情况。查验工具的优化升级，有益于查验员尽可能准确地确认查验车辆的真实身份（图2）。

图2 查验员按照规定查验机动车

3. 建立车辆统一归口查验、嫌疑车辆司法鉴定、警种部门联动工作机制

如果查验员在查验过程中发现机动车的车辆识别代号及发动机号存在异常情况，汽车读码器读取的信息和登记信息不符，多个车辆配件的生产日期与机动车登记的生产日期存在逻辑异常，车辆存在盗抢、走私、车身拼接等嫌疑时，由现场监管民警负责采集嫌疑证据，然后统一移交到车辆管理所嫌疑车辆调查岗进行下一步排查处置，必要时委托第三方司法鉴定机构介入。同时，宁波交警还利用信息化手段，建立重点车辆黑名单信息库，形成系统自动预警，重点核查甄别，加强嫌疑车辆源头防控。此外，车管所还与治安、刑侦等相关部门形成联动机制，相互协作，共同打击查处走私、盗抢车辆。

截至目前，宁波交警支队在全市范围内，共调查嫌疑车辆1900余辆，锁定交通事故全损拍卖车2700余辆，核实并查扣拼装、拼接、私自篡改等问题车130余辆，查实处置87辆。其中，3辆涉嫌盗抢汽车均移交公安刑侦部门办理，26辆"问题车辆"移交登记地车管所处置，对58辆拼装汽车进行报废处理，还对125辆违规汽车责令进行整改。

二、机动车查验案例分析，看宁波交警如何让非法改装等车现真身

1. 案例一："全损拼装车"难以遁形

2018年5月7日，宁波车管所在查验号牌号码为"浙BG136G"丰田轿车时，发现该车车架号存在打磨痕迹。经嫌疑车辆调查岗进一步确认，该车存在车架号焊接、车身前后拼接问题，焊接印迹上部位于车辆B柱前的上边梁，下部位于前排座椅下端，左右贯穿车身，存在极大的安全隐患。

办案民警询问车主尤某得知，该车是从"博车网"拍买所得，为交通事故全损车辆，因车身前部在事故中受损严重已无法修复，于是在北京购买同款车型的前半部分车身，然后进行焊接拼装。目前，该车已暂扣待处理。

2. 案例二："克隆车"牵出案中案

2017年6月，宁波市民刘某从江苏某二手车中介公司购买一辆帕萨特轿车，在宁波车管所办理转入查验时，查验员发现车辆的车架号、发动机号均有重新打刻的痕迹，且车辆档案中合格证和发票均有伪造嫌疑。

嫌疑车辆调查岗民警通过技术手段，还原了这辆"克隆车"的真实身份，并主动联系受害人保障其合法权益。经进一步调查，办案民警挖出了一起涉及20辆同款车型、涉案金额达200多万元的诈骗案。在车管所协助下，刘某已向二手车中介公司索回购车款。目前，案件正在全力侦破中。

3. 案例三：走私"顶包车"难逃"火眼"

2018年6月6日，宁波车管所在办理号牌号码为"浙BX038C"的保时捷"卡宴"汽车补领登记证书业务时，通过查验发现，该车多处配件生产日期不符，且存在无铭牌、车头标签粘贴、车架号字体不符等疑点。

车管所遂启动嫌疑车辆调查程序，通过OBD读取该车车辆识别代号"WP1AC29P44LA93079"，经查询核实并无盗抢及注册记录。此外，该车车架号与档案中注册、过户时所留存的拓印不符，涉嫌走私"顶包车"。同时，查验民警立即询问当事人，该车为淘宝网法院拍卖所得，由安徽省芜湖市人民法院提车后在广州番禺修理。目前，车管所已依法扣留该嫌疑车辆，并移交芜湖市人民法院进行处理。

4. 案例四：蛛丝马迹显"盗抢车"原形

2018年1月4日，号牌号码为"浙B2K6E2"的丰田凯美瑞轿车在宁波市和美（社会代办）机动车登记服务站办理转移登记，查验人员通过仔细查验发现，该车车架号所在横梁焊点异常，遂移交车管所嫌疑车辆调查岗。

经嫌疑车辆调查岗民警再次查验确认，车架号所在横梁为后期焊接，发动机号系人为粘贴。车管所深挖线索，对接宁波市保监会，获知该车曾经在2013年发生过严重车损交通事故，存在以其他车辆"顶包"的违法嫌疑。

通过技术还原，车辆的真实发动机号为"2AZ-C*67*57"（"*"为被破坏点），通过全国被盗抢汽车信息系统对残留的发动机号进行模糊查询，系统显示被盗抢丰田凯美瑞轿车"苏A133M2"信息与嫌疑车辆"浙B2K6E2"特征吻合。为进一步固定证据，车管所致函广汽丰田汽车公司，要求对该车的主副安全气囊编号进行查询确认，最终证实了该车真实身份就是被盗抢汽车丰田凯美瑞轿车"苏A133M2"，此案已移送被盗抢车立案公安机关做进一步侦查。

扫一扫查看原文

（资料来源：宁波市交警局车辆管理所）

宜昌：立足山区特点推进便民实效，"放管服"创造新气象

公安部道路交通安全研究中心交通言究社

导语

2018年6月，公安部推出20项交管"放管服"改革新举措。宜昌交警支队车管所以群众满意为导向、以创新发展为动力，"放、管、服"三管齐下。针对宜昌市地貌多样，交通环境复杂，边远地区办事不方便的现状，推行"六进六放六办"；针对农村地区摩托车管理不到位的问题，提出"三到三有"便民措施，为群众提供优质、便捷、高效服务。那么，来看看宜昌交警具体是如何推进"放管服"改革的。

一、坚持服务先行，传递"为民"正能量

1. 服务长江经济带，推出"六办六放六进"

完善特色服务配套设施，建立健全便民服务措施，打造"宜昌车管"服务品牌。将窗口前移，让群众"少跑一段路"。

推出"六办六放六进"服务长江经济带建设工作思路。下放全市车驾管业务权限，通过网上办、现场办、社区（村委会）办、流动办、预约办、邮局办六种途径，将小型汽车初学（增驾）考试权限、机动车年检审核权限下放到县市区交警大队车管所；将8项车驾管业务下放到农村派出所（社区、村委会）；将二手车转移登记业务下放到二手车交易市场；将汽车查封抵押登记业务下放到辖区法院（银行）；将新车注册登记业务下放到汽车销售4S店；将14项交管业务下放到邮局。扎实推进车驾管业务进社区、进学校、进企业、进农村、进厂矿、进基层派出所（图1、图2）。

图1 车驾管业务下放到村委会

图2 交管业务邮局办

创优车驾管服务发展环境，升级改造"一窗式"服务大厅，配套设置排队叫号系统、

窗口评价器和服务大厅 LED 显示屏,着力提升群众体验感、满意度。

2. 建立"流动车管所",服务送到"家门口"

建立"流动车管所"服务站,对大型民营企业及边远山区群众提供预约上门服务,为驾驶人 20 人以上、车辆 15 台以上业务,提供上门服务。"流动车管所"每周六固定在宜昌城区滨江公园大门处开展流动便民服务,每周二、三、四为宜昌市企事业单位、学校、社区提供上门服务,每周五集中受理厂矿、农村等边远地区车管业务预约服务(图 3)。

图 3　风雨无阻的"流动车管所"

同时,针对三峡工程建设需要,将流动车管服务送进施工现场,上料场、下基坑进行车辆审验、驾驶证换发服务;民警预约上门,将车驾管服务送到葛洲坝集团、稻花香集团及各县市区车辆、驾驶人大户之中。上门审车、换证,组织驾驶人考试,"流动车管所"20 年来从未间断,车管民警的足迹遍布宜昌 9 个县市区,先后为 1 万余个单位送服务近百万批次,提供补、换证业务和受理提交身体条件证明 300 余万人次,为车属单位和驾驶人节约成本近 10 亿元(图 4)。

图 4　"流动车管所"服务山区群众

3. "三到三有"破解农村摩托车管理难题

车管工作是道路交通安全的"源头"。宜昌大部分县市地处山区,到车管所办事距离远、成本高、不方便。部分村镇 90% 的农户有摩托车,可证照齐全的却不足 30%,给农村道路交通安全埋下很大隐患。

宜昌市车管所提出"车管到乡镇、上牌到农户、考试到村委会"以及"车有牌、有保险、人有证"的"三到三有"便民服务举措,切实破解农村摩托车管理难题。针对个别偏远山区村民办事路途远、不方便的问题,在当地派出所设立"车管业务便民服务站",将7项车驾管业务下放到基层,极大地方便了群众安全出行,赢得广泛称赞(图5、图6)。

图5　车管业务便民服务站　　　　　图6　考场开到群众"家门口"

二、坚持改进作风,营造"务实"大环境

1. "一窗式"办理、"通道式"上牌,展现优质高效服务

细化车驾管业务流程,实施车驾管业务"一窗式"办理,机动车、驾驶证业务从受理、登记到办结均在一个窗口完成,所有手续内部传递,非疑难业务5min内即可完成,较过去节省一半时间,真正实现了"优质高效一窗受理一窗结"。

创新推行"通道式"汽车上牌服务模式,车主办理新车注册、二手车转移、补办号牌等,开车沿长约百米的"U"形通道递次行进,半个小时轻松办完所有上牌手续,大大缩短上牌时间,工作效率提高9倍(图7)。

图7　"通道式"汽车上牌

2. 网上办理、远程查验,减轻群众办事负担

搭建网上车管所、手机车管所 APP 等服务平台,开通车管咨询服务热线,完善宜昌车管所微博、微信平台。启动"互联网+"智慧车管建设,实现多平台、多渠道办理网上约考、网上选号、补换牌证等 23 项业务(图 8)。

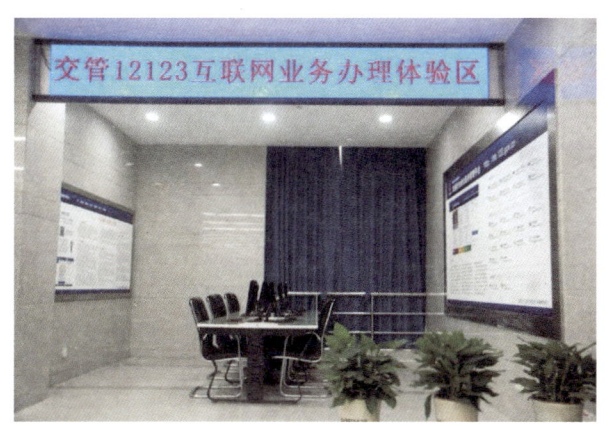

图 8　交管业务互联网体验区

将先进的科技成果运用于车管工作,搭建"机动车远程查验平台",实现远程核发检验合格标志;完善"机动车驾驶人考试监管系统",实时监管全市考场运行情况;开发"二手车交易监管平台",实时掌控二手车流通方式、地点、买卖双方情况等,有效防止非法买卖。对公路客车、旅游客车、校车和危化品运输车等重点车辆查验实行远程监控,将全市行政区划分、危险路段、车辆检验信息导入车辆监管系统,对重点车辆驾驶人进行实时预警提示(图 9)。

图 9　用先进科技进行机动车远程查验

3. 有奖举报、"四全监督",打造高素质为民队伍

宜昌市车管所采取定期走访、开门评警、召开座谈会、问卷调查、"警营开放日"等形式,广泛征求驻宜企业、个体企业等市场主体的意见建议,了解企业和群众需求,共同研究制订便民利企服务措施。利用上门服务、预约服务、延时服务、流动服务等途径,切实将企业、群众的冷暖放在心上。

转变作风的关键在于建立有效的监督机制。车管所狠抓队伍建设和业务规范，强化从内部到外部的结合、从网上到网下的结合、从群众到媒体的结合、从政府到社会的结合，构建起"廉政教育全动员、业务监督全覆盖、流程监督全公开、社会监督全参与"的"四全监督"机制，狠抓门难进、脸难看、事难办和耍特权、抖威风等不良作风。

建立"举报有奖"制度，但凡发现驾考、选号上牌、车辆年检等17项业务涉嫌违规违法的，由举报人提供线索，查证属实的，每一起奖励500元；提供作弊音频或视频，查证属实的，每一起奖励1000元，最高奖励2000元；对举报车管所工作人员违规办理车驾管业务，查证属实的，给予双倍奖励。

三、坚持阳光作业，树立"清廉"好形象

1. 健全责任体系，制度保廉

牢固树立"车管岗位有风险、人人都有风险点、认真排查重防范"理念，大力开展思想作风、岗位职责、业务环节、制度机制、外部环境等风险点排查，实现风险明示、重点预警、关口前移、科技防控，打造全流程监督体系。

实行绩效考核制度，细化岗位职责任务，畅通信息传递渠道，规范业务工作流程，强化相互制约监督，落实廉洁奖惩制度，推动提升队伍正规化水平。建设"电子视频音频监控系统""考位随机分配系统""计算机智能评判系统"，施行系列监督举措，用制度约束权力，实现考试全过程阳光透明、公平公正。近年来，全市共拘留21名考试作弊人员，其中刑拘4人，47名教练员因"吃拿卡要"被处罚，4家驾校校长被约谈，驾考风气得到有效改善。

2. 抓好警务公开，监督促廉

实行"公开警员身份、公开法规政策、公开办事结果、公开办事程序、公开收费标准"的"五公开"制度，坚持"岗位每天自查、科所站周查、分管领导月查、所长不定期巡查"的监督模式。在各服务窗口设立"服务台卡"，主动接受群众监督（图10）。

图 10　主动接受群众监督

建立监控中心，通过科技"千里眼""顺风耳"，对窗口服务、驾驶人考试、机动车远程查验等重点场所进行监控。在城区设立60个举报箱，从社会各界选聘16名警风警

纪监督员，每场考试随机抽取5名学员担任考场监督员；开展"走近车管"系列宣传活动，依靠社会力量构建立体化监督模式，为实现"广大民警受教育、人民群众得实惠，服务质效有提升，公安工作上水平"的总体目标起到了积极作用。

（资料来源：宜昌市公安局交警支队）

扫一扫查看原文

自贡：打造"驻不移车"登记服务模式，高效实现"一站办"

公安部道路交通安全研究中心交通言究社

> **导语**
>
> 为全面落实公安部深化公安交管"放管服"改革新举措，自贡交警再造业务办理流程，创新打造"驻不移车、一站式"机动车登记服务，车主只需到一个区域、停一次车即可完成登记业务。下面，我们来看自贡交警具体是如何做的。

随着自贡市机动车保有量增加，车管所办理机动车登记业务的人数也随之增多。改革之前，车主办理登记业务经常多头跑、多排队，程序较为繁琐，耗时较长，同时，也给车管所管理工作带来巨大压力。为解决这一问题，自贡交警结合实际情况，从满足群众便捷高效办理业务的需求出发，将机动车查验场地和业务办理流程高度融合，再造办事流程，创新实施了"驻不移车、一站式"机动车登记服务。车主只需把车停在查验区，用手机扫描车位旁的二维码，提交资料后就可到休息区等待，所有中间环节均由工作人员办理，车主最后按照短信通知回到车位取车即可。

以往办牌办证至少需要耗费4小时以上，简化后只需停一次车、到一个区域、不到1h就能完成。据统计，2018年1月至7月，自贡市采用"驻不移车"方式办理登记业务52488笔，占全市机动车登记业务总量的90%。

一、什么是"驻不移车、一站式"登记方式

办理车辆登记业务的车主，将车停在查验区指定车位后，手机扫描对应车位旁的二维码，即可预约车辆查验（图1）。相关预约信息会同步推送至查验员的智能PDA查验终端机和查验区业务进度公示LED大屏上，车主可实时看到业务办理进度（图2）。

收到预约信息后，查验员驾驶自主研发的移动查验车到对应车位，利用移动查验车上配备的平板电脑、高清拍摄仪、身份证读卡器等设备收集车主、车辆等相关资料，并进行车辆查验。车主提交完所需资料后，就可到专门的休息区等候接车（图3）。

图1　机动车查验区每个停车位旁均有二维码，车主只需扫描二维码即可预约车辆查验

图2　预约信息会同步传至查验员智能PDA查验终端机上

图3　车主只需递交相关材料即可到休息区等待

查验员完成车辆查验后，查验信息同步传送至受理审核岗、制证岗和号牌制作岗，待工作人员审核完成后即可进行制牌、制证，制牌、制证过程信息也同步推送至车主手机、查验区LED大屏和牌证发放、安装人员PDA终端机。号牌安装人员收到信息指令后，便会领取号牌到对应车位安装。当车主收到业务办理完毕的短信通知时，可直接前来取车。

这就是"驻不移车、一站式"登记方式，从车主扫描二维码到上牌领证，流程简单且用时短，让群众办理业务更加方便快捷（图4、图5、图6）。

图4 查验员驾驶"移动查验车"对车辆进行查验

图5 查验信息同步传送至"机动车登记管理系统"受理审核岗进行后台审核

图6 后台同步进行制证、制牌

二、"驻不移车"登记业务模式如何实现的

自贡能够实现"驻不移车、一站式"机动车登记服务,自主研发的"机动车登记管理系统"和"移动查验车"发挥了关键作用。

1. "机动车登记管理系统"实现"数据多跑路,群众少跑腿"

为实现车主"驻不移车"办理登记业务,自贡交警自主研发了"机动车登记管理系统",该系统高度融合了查验系统和登记系统,将车主办理登记业务中的受理、审核、缴费环节从线下转移到线上,实现车主与工作人员只在一个点位、一次对接、一次提交即可完成全业务流程,尤其是其中的缴费环节,以往车主只能到缴费窗口排队缴费,现在通过"机动车登记管理系统"实现了电子缴费,真正实现了"数据多跑路,群众少跑腿"。此外,车管所使用"机动车登记管理系统"后,将原先查验、登记两次受理变为一次受理,大大简化了业务流程,提高了工作效率。

2. 移动查验车可实现信息"一站式"采集

扫一扫查看原文

为避免多窗跑，多排队，实现车主只需在一个点位就可完成相关资料的提交、审核等工作，自贡交警结合实际情况，专门创新打造了"移动查验车"。"移动查验车"不仅可以保证查验员在收到预约信息后第一时间到达对应车位办理业务，车上配备的平板电脑、外置高清摄像头、高清拍摄仪以及身份证读卡器，还可以实现车主在一个点位就能完成提交相关资料、人像信息采集比对、申报车辆使用性质、留存联系方式和电子签名确认等多个步骤（图7、图8）。

图7 车内集成平板电脑、高清拍摄仪、身份证读卡器等设备

图8 车辆后排外置高清摄像头，可进行人脸识别

（资料来源：四川省自贡交警支队）

第4章 高速公路管理

山西：创新管理，综合施策，高速公路隧道安全风险防控经验

公安部道路交通安全研究中心交通言究社

> **导语**
>
> 隧道安全风险防控是高速公路安全管理的重点，如何通过制度机制完善、科技创新应用、协同共治全方位提升高速公路隧道的安全管理水平呢？请看山西公安交管部门的经验和做法。

山西省内高速公路属于典型的山岭重丘高速公路，道路线形复杂，隧道众多。目前，已通车运营隧道有695条，双向全长963.506km，约占全省高速公路通行总里程的9%，10km以上隧道8条，其中，太古高速公路的西山隧道全长13.6km，是世界第四、全国第二的特长公路隧道。2011—2016年，全省高速公路隧道共发生一般程序事故109起，造成63人死亡、205人受伤，直接经济损失超过463万元，其中，死亡事故48起，伤人事故59起，特别是2014年发生的岩后隧道"3·1"特别重大道路交通危化品燃爆事故造成了巨大的人员伤亡和财产损失，风险防控尤为重要。

2017年以来，山西公安交管部门紧扣隧道安全风险突出问题，主动创新，综合施策，抓隐患整改，抓行车秩序整治，抓应急处置，大力推进隧道安全管理工作，隧道安全形势持续平稳向好。据统计，2017年1月至2018年7月，全省高速公路隧道共发生一般程序事故44起，造成13人死亡、45人受伤，较前一统计周期分别下降8.3%、59.4%、60.9%，其中，死亡事故数量较前一统计同期下降29.4%。

下面，我们来看山西是如何从制度机制完善、科技创新应用等方面来全方位提升高速公路隧道安全管理水平的。

一、完善制度机制，协同共治

1. 联合制定政策，隧道安全隐患排查治理有据可依

2017年，山西省交警总队联合省安监局、省交通运输厅编制了《山西省公路危险路

段排查治理管理办法》，还下发了《高速公路隧道安全隐患排查方案》，对隧道交通安全设施、交通管理设施、交通管理措施3个大项20个小项的隐患排查内容进行了穷尽式列举，使高速公路隧道安全隐患排查治理工作有据可依，对隧道隐患排查起到规范和指引作用。

2. 建立共建共管共治机制，协同管理形成合力

探索建立了路警双方交叉巡逻、联合治理新路径；加强应急队伍建设，注重发挥隧道应急分队、隧道管理站的职能作用，建立了快速反应、职责明晰、保障有力的管控工作模式。2017年以来，山西省交警总队与山西省高速公路管理局就高速公路隐患排查治理事宜达成"定期排查、共同施策、联合治理"的共识，与山西交通控股集团达成"协同桥隧安全防控，完善应急管控，加强事故防范，确保桥隧安全运营"的隧道安全管理共识，各高速公路大队联合隧道管理站组建隐患排查整治小组每月对隧道进行一次彻底的安全隐患排查，形成隧道安全风险协同管控机制，避免了传统"交警排查、公司整改"模式下高速公路运营公司对隐患排查治理积极性不高、隐患得不到及时整改的问题。

3. 联合组织演练，进一步提高突发事件应急处置能力

山西省交警总队高速公路支队定期举办培训，对事故拍照、现场绘图、应急处置操作如隧道间横通门的开启方法、隧道内安全站位、标志锥筒的摆放等专项技能进行实地模拟训练，增强应对突发事件的处置能力，做到快速反应、合理预判、快速救援。

各高速公路大队按照总队的统一部署联合应急、安监、环保、消防、医疗急救、新闻、路政、养护等部门开展应急事件实战演练。2018年以来，全省高速公路交警共组织开展针对隧道安全的各类应急演练24次，其中，隧道内较大交通事故和群死群伤交通事故处置演练2次、危化品车辆交通事故应急处置演练10次、客运车辆交通事故应急处置演练1次、雨天交通事故应急处置演练2次，进一步提高了应对隧道内突发事件时的组织指挥、快速响应和协调配合等处置能力，为实战工作积累了经验（图1）。

图1　隧道突发事件应急演练

4. 联合摸底建档，隧道基本数据底数清明

2017年，各高速公路支队完成全省高速公路内695条已通车运营隧道的摸底统计，充实台账基础资料，建立档案，明确管理责任单位和人员，做到"一隧一档"。2018年，

山西省交警总队组织开展了为期一年的隧道安全风险防控专项行动,要求各隧道管辖大队按照"一隧一档"标准,继续完善基础信息档案,加强隧道档案建设工作,做到基本数据底数清明。

二、推进隧道安全工程,提升隧道安全设施水平

在隧道安全协同共治机制下,山西省交警总队联合相关部门推进了一系列隧道安全工程。

1. 推进"亮化工程",提高隧道可识别性

2017年以来,全省高速公路隧道进行了"亮头、亮面、亮身"的"亮化工程"改造,通过增加隧道入口灯杆照明,加强夜间隧道外场提示,起到"亮头"作用;在隧道墙体外缘,加装黄色LED灯带,强化隧道轮廓显示,夜间提醒效果明显,起到"亮面"作用;将隧道检修车道原有的被动反光轮廓标示改为主动式LED闪光灯,并加装应急蓄电池,在停电后仍可持续使用48h以上,确保车道轮廓清晰,起到"亮身"作用。此外,对部分山区隧道增设反光环,减轻驾驶人视觉疲劳,消除黑洞效应,提高隧道内行车的安全系数,并在隧道口及隧道内壁每隔50m设立具有反光或发光功能的隧道名称标识(图2)。

图 2　隧道内反光环

2. 护栏"贴壁进洞",消除碰撞入口墙壁隐患

针对陕西秦岭一号隧道"8·10"事故暴露出来的隧道入口安全隐患问题,将500m以上隧道入口护栏"贴壁进洞"过渡设计整改工作列为省政府目标责任考核项和省交警总队2018年度重点工作。截至7月底,全省高速公路内425条500m以上、251条500m以下已通车隧道均已完成贴壁进洞工作,完成率分别达99.5%、91.6%,基本消除了车辆撞击隧道入口墙壁的安全隐患(图3)。

3. 安装柔性防撞柱,实现车道强制隔离

与硬隔离设施相比,柔性防撞柱的优点为:具有耐碰撞特性,经外力滚压能反弹恢复原状,底座设置伸缩带,经碰撞后摇摆不倒,可回弹至原来状态;独有的环形顶部,能与各种反光杆及塑料警示链条配套使用,起到防护及隔离的作用;车辆撞击后,不易损坏车辆。

图 3　隧道入口护栏贴壁进洞

为了避免隧道内随意超车引发拥堵和事故，在日均车流量4000~5000辆/h、两条以上车道的隧道内安装柔性防撞柱，对车道进行强制隔离，实现大、小型车辆分道行驶，互不影响，同时柔性防撞柱具有警示性，提醒驾驶人注意减速慢行（图4）。

4.安装入口阻拦系统，防范次生事故

吸取"3·1"岩后隧道特别重大道路交通危化品燃爆事故的教训，在隧道入口处安装远程控制起降杆，隧道内一旦发生车辆自燃、危化品泄漏、重特大交通事故等突发事件，可通过运营公司监控中心远程控制降下起降杆，或通知隧道应急小分队的值班员人工降落起降杆，封闭隧道入口，禁止后方车辆继续驶入隧道，防止发生次生事故或导致更加严重的后果。

2018年6月5日13:41，高速公路六支队五大队接警"平榆高速公路平遥方向紫金山隧道内有刺鼻气味"，值班领导立即指挥监控中心降下起降杆，关闭双向紫金山隧道。经检测，隧道内有泄漏的浓度为90%的无色天然气，含有乙硫醇成分。由于及时封闭隧道，避免了由于天然气泄漏而引发人员中毒事故（图5）。

图 4　柔性防撞柱

图 5　隧道入口阻拦系统

5.施画白色实线，确保车辆分道行驶

在隧道内设置软性隔离柱渠化车道的基础上，探索在隧道路段分车道管理的新举措。例如，在太古高速公路西山隧道内统一施画白色实线，区分客、货车行车道，实行分道行驶，设置醒目交通标志标牌，地面喷涂行驶车型，提示大车靠右、小车靠左；京昆高速公路阳曲段、京昆高速公路盂县段隧道分别在隧道出入口3km距离内的第二、三车道间施画白色实线，并在车道内标注"货车专用车道"，确保车辆进出隧道时按规定车道行驶。

对隧道内的分道实线，实施延伸出洞，提前将车辆"分道"，提醒驾驶人隧道内禁止变更车道，减少因变更车道等违法行为引发的道路交通事故（图6）。

6. 增设标志标牌，强化对驾驶人的提示

在洞口及隧道内的紧急停车带迎面墙施划立面标记；在隧道入口、隧道内设立限速、禁止超车等提示标志，提醒车辆遵章守纪、安全行车；在隧道出入口增设震荡线、铺设彩色路面、增加入口灯光的亮度，尽量减弱隧道内外明暗对比度，延长明暗交替过渡区域，减少隧道出入口事故；在隧道入口，增加防撞桶数量；安装雾天指示灯，增加夜间及雨雾天气等视线较差行车环境下的可视间距；从隧道外150m处开始安装LED灯带，引导车辆正确驶入隧道。高速公路一支队为辖区3km以上的隧道共计增

图6 外延隧道内分道实线

设400余块限速、减速慢行、禁止超车提示标志标牌，对控制隧道车辆行驶速度起到积极作用。2017年为太长高速公路榆岭隧道群路段增设安全提示标志标牌21块（图7）。

图7 增设提示标志标牌

三、依托科技探索"智慧高速"管理模式

1. 增设安全提示系统，提前告知、警示

在隧道入口，通过可变情报板，及时宣传交通安全知识、发布恶劣天气预警等重要警情，提示打开车灯，为驾驶人提供路况信息。在团雾多发的隧道口安装天气预警设备，对突发小气候实现第一时间预警。为提高驾驶人隧道行车安全的警惕性、有效刺激驾驶人感官，在长为9700m的中条山隧道内安装安全行车广播提示系统，提示过往驾驶人隧道安全行车注意事项，保障驾驶人及时了解前方隧道路况，防止驾驶人疲劳驾驶。

2. 增设车速反馈仪，加强车速管控

全省高速公路隧道统一限速70km/h，为实时提示驾驶人减速慢行，采用雷达预警监

测系统,在隧道入口处安装车速反馈仪,通过雷达波对即将进入隧道的车辆进行测速,通过LED显示屏实时显示车辆行驶速度和超速车辆车牌号,如果车辆超速速度字样由绿色变为红色,语音系统播报超速车辆的行驶速度,并响起警报提醒驾驶人降低车速。目前全省已在隧道出口及隧道群路段安装车速反馈装置67套,所安装路段的车速得到有效控制,事故数量大幅下降,以榆岭隧道群为例,死亡事故数量同比下降16.7%,死亡人数下降70.6%,受伤人数下降83.3%(图8)。

图8 车速反馈装置

3. 增设多种抓拍系统,提高违法查处水平

从隧道入口到隧道中、隧道出口不定点设置测速点位,抓拍超速等违法行为。高速公路二支队以高性能测速仪"罗伯特"和智能黑光球型摄像机为依托,结合巡逻过程中对违法行为的抓拍,利用科技手段与人工手段相结合的方式,拍摄隧道内违法变道及超速行驶等交通违法行为,高效查处隧道内的各种交通违法行为。高速公路四支队右芮段,使用违法预警抓拍系统,通过数个高清摄像头,不但可以清楚有效地反映隧道内的实时情况,而且可以清晰地抓拍到违法当事人的违法行为,有力地打击了隧道内随意变更车道、驾车时接打电话、随意停车、驾驶人未使用安全带等频发的违法行为。

通过多种科技产品的应用,实现"看得见""抓得住""破得了""联得动""管得严""服务优"的隧道管理。

四、从关键路段、关键环节着手加强隧道行车秩序管理

1. 加强危化品运输车辆交通管制,防范危化品重特大事故

为有效降低危险化学品运输车辆通行山西高速公路隧道时的交通安全风险,为隧道内其他车辆的行驶安全提供有力保障,山西高速公路交警对途经辖区高速公路的危险化学品运输车辆实施"三限三引"措施:一是限制危化品运输车辆通行10km以上隧道所在路段,如太古高速公路西山隧道、长平高速公路虹梯关隧道、和榆高速公路云山隧道、平榆高速公路宝塔山隧道等所在路段,通过社会公告、提前设置标志牌等措施引导车辆

绕行其他高速公路或相邻国、省道；二是对危化品运输车辆可进入的高速公路收费站口进行了限定，只能通过具备检查条件、道路通行状况较好的收费站口驶入高速公路；三是禁止危化品运输车辆在22时至次日5时、国家法定节假日内通行高速公路。在全省高速公路主要收费站入口设置标志、标牌明确禁行时段、路段，在重点隧道管控路段设立处罚标准告知牌，并强化夜间22时以后的路面巡逻，严厉查纠违反管控规定通行的危化品运输车辆。

2. 开展专项治理行动，提升隧道行车安全

据统计，超速行驶、违法变更车道、疲劳驾驶、未保持安全行车间距是引发全省高速公路隧道交通事故的主要原因，为此，2017年8月21日至9月21日，省交警总队在全省高速公路开展隧道严重交通违法行为专项整治：一是加大隧道内警车巡逻力度，通过照相机、行车记录仪获取违法行为证据，引导违法车辆至收费站、服务区进行处罚；二是公开违法行为的举报电话，建立举报微信群、微信平台，鼓励群众对隧道内交通违法行为进行抓拍举报。2018年4月起，省交警总队在全省高速公路开展为期一年的隧道安全风险防控专项行动，行动开展以来，全省高速公路隧道内死亡事故数量、死亡人数同比均下降50%。

扫一扫查看原文

（资料来源：山西省公安厅交警总队）

江苏：高速公路大流量日趋常态化，如何应对管理挑战

胡　锐　江苏省公安厅交警总队高速公路指挥调度中心主任

> **导语**
>
> 随着有限道路与无限车流量间的矛盾不断加深，高速公路交通大流量已逐渐从重大节假日漫延到周末，甚至成为一种新常态，随之而来的交通拥堵、交通事故等问题也日渐突出。该如何应对交通大流量给交通管理工作带来的挑战？解决其带来的问题？

一、"车难行、路难开"高速公路大流量常态化

1. 流量逐年增加与道路资源间的矛盾不可调和

自2012年国庆节开始实施重大节假日高速公路7座以下小客车免费通行政策以来，高速公路流量明显逐年攀升，单日路网流量数据不断被刷新。目前，江苏省高速公路最大单日流量纪录为2017年国庆假期首日的338万辆。流量增加不可怕，关键是道路资源有

限。江苏高速公路出口流量年均增幅13.9%，而高速公路里程年均增幅只有1.4%，里程增幅与流量增幅比为1∶10（图1）。

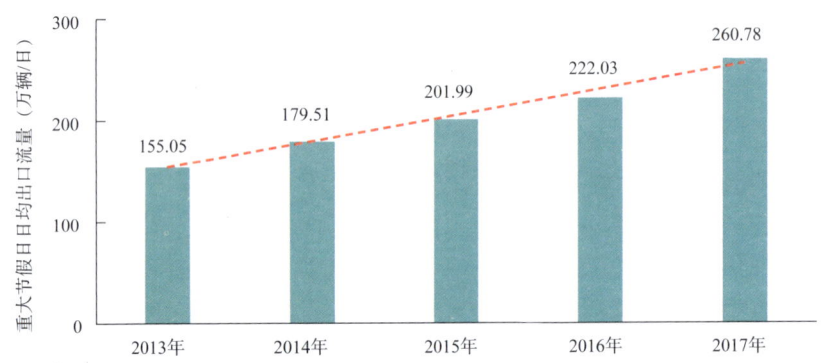

图1　江苏省近些年来重大节假日的日均流量

由于流量与道路资源之间不可调和的矛盾，部分高速公路路段的流量在节假日及周末都已远超设计流量，处于完全超负荷运行状态。沪蓉高速公路无锡苏州段超设计流量69%，苏通大桥超55%，江阴大桥超39%，南京二桥超18%。

2. 事故多、出行体验差 交警工作压力加大

车流量大，也容易导致事故多发。四个免费通行节假日里，车流量最小的是春节，事故数约为日常的2倍；车流量最大的国庆，事故数约为日常的5倍，清明、五一事故数为日常的3~4倍。事故越多，道路越堵，往往形成恶性循环。总的来说，随着流量不断增加，道路越来越堵、事故越来越多、人民群众越来越不满意、交警工作压力越来越大，日趋常态化的大流量对高速公路交通管理的挑战越来越大（图2）。

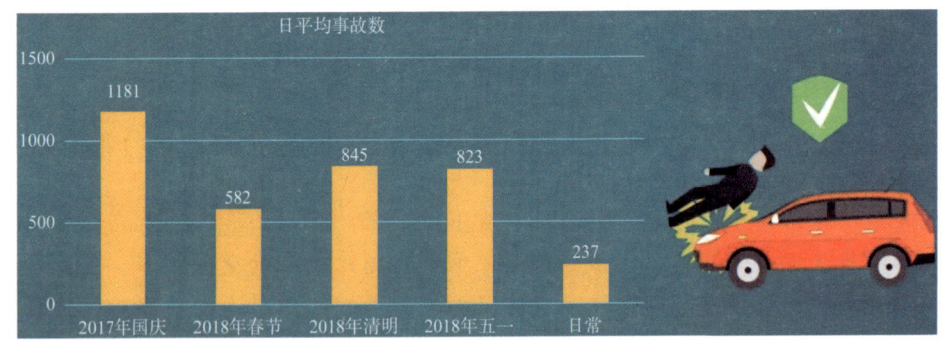

图2　节假日事故数量统计

二、把城市交管理念融入高速公路管理，从三方面突破提升道路通行效能

我们尝试把城市交通管理理念融入高速公路管理，力求从三个方面寻求突破。主要就是以创新为引领，紧紧围绕断面通行能力最大化、路网流量均衡最大化、道路隐患治理最大化，不断深化各项举措。

1. 断面通行能力最大化：从打通交通关键节点入手，提升路段通行效能

在大流量情况下，关键节点往往最先也最容易出现拥堵状况，进而影响高速公路通行效率。我们将高速公路关键节点归纳为两类六点，第一类是交通冲突点，包括：主收费站合流点、主线匝道合流点、匝道分流点；第二类是交通障碍点，包括施工点、事故点、散落物点。

（1）采用三种交通渠化方法，攻克交通冲突点。

"3+2"工作法：针对省、市际、跨江大桥主线站分合流节点，通过物理隔离、标志标线实施交通渠化，避免车流交织干扰，保证车辆持续高效通过。图3为江阴大桥主线站的示意图，未渠化前广场车道为14进3出，车辆互相拥挤、事故易发且频发、通行效率差。改造后，远端大小车分道，内侧保证3股小车流3并2进入桥面主线，外侧保证2股大车流2并1进入桥面主线，减少车流相互交织、争道抢行，通行效率大幅提升。

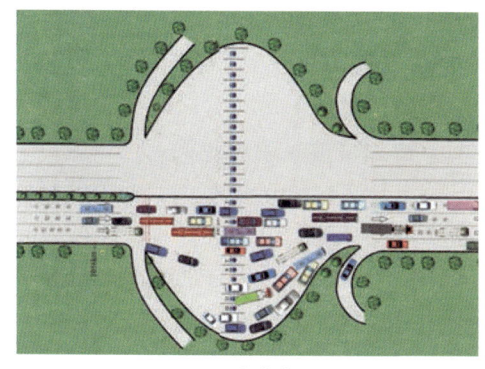

a) 改造前　　　　　　　　　　　b) 改造后

图3　改造前后的江阴大桥示意图

"N+1"工作法：针对枢纽、互通匝道等合流部位，通过渠化的方法，以保主线为原则，压缩支线车道保证1股车道逐步汇入主线N股车道。

"N-1"工作法：同样是针对枢纽、互通匝道等合流部位，与"N+1"工作法的区别之处在于以保流量集中路段为原则，通过渠化压减流量非集中路段主线1股车道，保证流量集中路段连续流汇入主线（图4）。

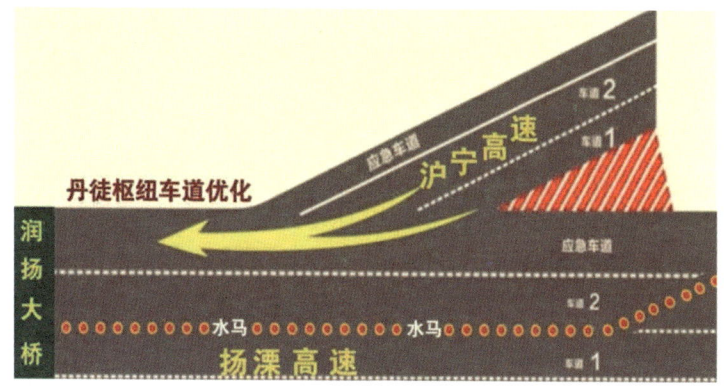

图4　丹徒枢纽车道优化示意图

（2）强化事故快处和施工监管，消除交通障碍点。事故不仅容易形成堵点，且容易引发次生事故，造成更严重后果。目前，江苏交警依托4200多个监控，路面事件主动发现率已达98%；通过科学联合布点，平均6min就能处理一起轻微事故；联合保监会在全省部署24个事故快处点，轻微快处结案率达80%。

随着高速公路路龄越来越大，施工养护作业越来越频繁。江苏省10年以上的高速公路占比达70%，其中15年以上的占30%。对此，江苏省严格落实施工养护作业审批报备制度，提前主动介入，全程实时掌控。对施工监管的同时，还强调落实企业主体安全责任，交警部门联合交通运输部门强化施工单位监管，建立施工单位黑名单，并纳入征信体系，努力填补施工养护单位管理空白地带。此外，着重加强节日期间施工监管，专门明确节假日除应急抢修和无法停止的大项工程以外，其他工程一律停止作业，尽量减少人为堵点。

2.路网流量均衡最大化：以时间换空间，缓解车流集中路段

我们尝试对大流量和拥堵的含义进行界定，并以此为标准，指导各项工作的开展和落实。首先，在总结历年工作经验的基础上，依据交通运输部《公路工程技术标准》（JTG B01—2014），尝试对大流量进行分级应对，以设计流量为度量衡，把大流量分为次大流量、大流量、超大流量、特大流量四个等级。其次，依据交通运输部《公路网运行监测与服务暂行技术要求》（2012年第3号公告），尝试通过"车速+长度"和"车速+时间"两种方式对拥堵的程度予以界定（表1）。

高速公路拥堵路段的界定　　　　　　　　　　　　　表1

标准	车速+长度定义		车速+时间定义	
	平均车速（km/h）	排队长度（km）	平均车速（km/h）	排队时间（min）
轻度拥堵路段	40	3	40	15
中度拥堵路段	30	5	30	40
严重拥堵路段	20	10	20	100

通过制订大流量和拥堵的标准，明确大流量和拥堵的不同等级，采取相应调节措施，以促进路网流量均衡最大化。具体措施如下：

措施一：车型调节。江苏经历了货车倡导性分流和今年清明首次实施的货车限时错峰出行两个阶段。货车限时错峰出行，主要围绕三座跨江大桥节点，针对危化品运输车和黄牌货车，在除春节以外的清明、五一、国庆三个重大节假日予以实施。以今年五一小长假为例，节日期间事故总数同比下降14%，死亡事故数量、人数分别下降50%，大客车事故下降33%。时间分布上，"五一"假期三天流量均衡，基本都在320万辆左右。空间分布上，从跨江通道流量看分布均衡，在全路网流量持续上升的情况下，"老大难"路段南京二桥流量不升反降，同比下降9.2%；以往不饱和的润扬大桥、泰州大桥等流量同比都大幅上升，其中润扬大桥上升35.7%。

措施二：收费站调节。利用收费站作为流量阀门，通过压缩收费站进口通道，调节地方道路车流进入主线的总量。

措施三：主线调节。利用"主线阀门"，通过在流量集中路段的临近互通，实施主线交替放行，控制主线车流进入车流集中路段的总量。

措施四：速度调节。通过科技信息化手段，把上游路段的车速压下来，利用"速度阀门"放缓远端车流汇入车流集中路段的总量，减轻车流集中路段通行压力。

措施五：线路调节。包括：语音播报点埋设、导航线路干预、主线强制分流。语音播报点埋设是通过专业导航后台，在流量集中路段后方埋设语音提示诱导点，反复提醒过往车辆及时避让，选择其他线路绕行；导航线路干预也是通过专业导航后台，在拥堵加剧时人工介入线路调整，强制导航用户重新规划线路，绕行车流集中路段；主线强制分流是最常使用的线路调节手段，通过选择与国省道对接且具备良好地面绕行条件的互通线路作为分流点，将所有车辆分流到地面道路绕行，缓解车流集中路段的拥堵状况。

3.道路隐患治理最大化：从隐患治理入手，夯实管理基础

（1）实施逐市排查计划。以城市为单位，通过高速公路"一路三方"与交通工程专家组成的隐患排查小组，对全省13个地级市高速公路事故、秩序黑点逐一进行摸排会诊，提出整改方案，监督落实效果。目前，已经初步完成了徐州、淮安、扬州3个城市的排查。

（2）实施重点突破计划。以秩序混乱、事故多发重点隐患部位为突破口，以安全为第一标准，以超常规的力度，现场办公、限时整改。图5为启扬高速公路汉河枢纽通过设施改造进行隐患整改的案例，整改前匝道内发生事故82起，死亡3人；整改后，到目前为止只发生过2起轻微事故。

图 5 汉河枢纽整改前后对比

（3）实施平台支撑计划。交警部门主动牵头交通运输部门和道路经营管理单位，依托"钉钉"，全力打造隐患协同共治信息化移动平台，为高速公路"一路三方"在隐患的发现上报、建议处置及评估激励的全过程提供支撑（图6）。

平台明确共治重点主要为八类动、静态隐患，动态隐患主要针对交通事故、交通违法、恶劣天气、交通拥堵、交通障碍；静态隐患主要针对标志标线、交通设施、工程设施等。高速公路"一路三方"所有人员都是平台的用户，平台力求操作便捷、环节完整，从发现、上报、处理、反馈到评估形成一个流程，达成生态闭环，实现真正意义上的资源共享、隐患共治、合作共赢。此外，平台也将实现智能分析评估，自动评估组架构内的不同部门和个人的工作业绩，通过多维度的数据分析钻取，发现工作中的不足和漏洞，反推工作，补齐短板，最终通过协同共治实现隐患及时发现、隐患迅速清理、隐患逐步归零，为高速公路安全畅通打下扎实的基础。

扫一扫查看原文

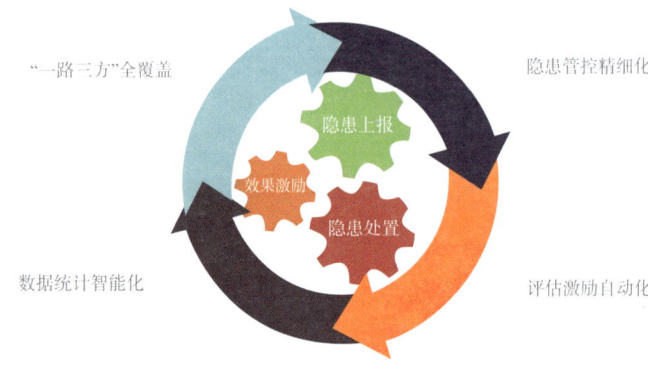

图6 打造隐患协同共治平台

山东：全力提升高速公路交通安全防范治理能力

公安部道路交通安全研究中心交通言究社

导语

随着城镇化、机动化快速发展，山东省已快步进入汽车社会。2017年，全省汽车保有量和机动车驾驶人数量分列全国第一、第二位，高速公路交通流量突破4.53亿辆次，同比增长12.6%。面对高速公路交通安全的各类风险，山东省高速公路交警部门从突出隐患着手，全力提升高速公路交通安全防范治理能力。2017年，全省高速公路较大以上交通事故数量同比下降73%。山东省在高速公路交通安全防范治理上采取了哪些措施？有哪些好的经验做法可供借鉴？

一、建设与应用高速公路智能交通安全系统，超速事故连续4年下降

1. 超速是机动车肇事肇祸的重点交通违法行为，事故隐患较大

"十次事故九次快"。超速行驶始终是机动车肇事肇祸的重点交通违法行为，这在山东省显得更为突出，超速行驶违法量大、查而不绝。据统计，近五年山东省高速公路亡人交通事故中，直接或间接与超速行驶有关的交通事故约占总数32.3%，事故隐患较大。研究表明，机动车行驶速度每降低1km/h，碰撞危险将降低3%，美国等西方国家非常注重对机动车行驶速度的控制，高速公路最高限速值仅为65mile/h（约104km/h），比我国

最高限速值低16km/h。

"高速"公路不是"超速"公路,"高速"行驶更不是无限速地"肆意"行驶,山东省是以山地丘陵为骨架、平原盆地交错环列其间的地形地貌,部分高速公路坡道、隧道、弯道密集甚至相互连接,极大增加了超速引发事故的概率。如何保障高速公路过往车辆在安全的前提下快速、有序通行,有效减少和遏制超速问题发生,是摆在高速公路交警部门面前必须解决的问题。

2. 建设与应用高速公路智能交通安全系统

为攻克高速公路超速行驶的管理难题,山东高速公路交警部门以深化科技信息化建设为突破口,强力推动全省高速公路智能交通安全系统建设与应用。出台《山东省高速公路智能交通安全系统建设规范》,建立包含了全省统一路况信息监测发布体系、车辆速度控制诱导体系、车辆违法抓拍查处体系、指挥调度体系、重大事件应急处置体系的智能交通安全系统。目前已建成并投入使用高清视频监控、占道抓拍、可变信息标志等各类科技设备1万余套,基本实现智能交通安全系统全省全覆盖。

依托智能交通安全系统应用形成"四位一体"交通违法查处机制,即通过路面巡逻、视频巡逻发现违法行为并取证,依托缉查布控系统对违法车辆列管,借助指挥平台对现场执勤民警进行调度、发布指令,采用流动、定点相结合的方式对违法车辆及时地进行拦截处罚。实现了对省内高速公路交通违法全时空、全时段的发现与抓拍,形成"上高速有违法,下高速受处罚"的查处模式,有效提升了勤务工作的针对性和执法效率(图1)。

图1 强力推动全省高速公路智能交通安全系统建设与应用

智能交通安全系统启用以来,山东全省因超速引发的道路交通事故数量连年下降:2014年下降13.5%,2015年下降3.6%,2016年下降8.1%,2017年下降7.6%。目前平均每处测速点每天抓拍量不足10起,测速点抓拍超速数量占通行量不足1‰,超速事故隐患得到有效控制(图2)。

二、大力推动可变限速标志等科技设施建设与应用,妥善应对141次恶劣天气

1. 恶劣天气易致高速公路发生多车相撞甚至群死群伤事故

高速公路因其特殊性,交通安全易受恶劣天气影响。雾霾、雨雪、冰冻、团雾等恶

劣天气频发时期，往往也是高速公路交通事故、拥堵等问题多发的阶段，尤其是多车相撞甚至群死群伤事故发生概率较高。

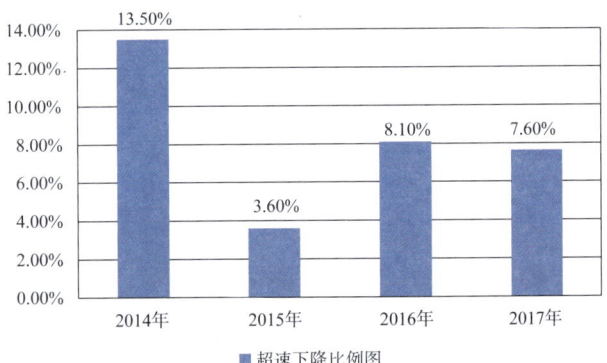

图2 山东全省因超速引发的道路交通事故起数连年下降

分析近五年山东高速公路事故发现，每年11月至次年3月，涉及恶劣天气的交通事故数量占总数的43.5%，其中较大以上事故数量占总数的35.1%，死亡人数占总数的41.9%。多车连环相撞等恶性事故多发频发，例如2012年滨莱高速公路高青段"1·19"事故（死亡6人）、2012年济广高速公路平阴段"12·14"事故（死亡7人）、2015年荣乌高速公路莱州段"1·16"事故（死亡12人）以及2016年京沪高速公路济阳段"12·26"事故（死亡3人），教训深刻。有效加强恶劣天气交通应急处置一直是山东各级高速公路交警部门工作的重点。

2.应用限速标志、高音号角等科技设施

近年来，依托智能交通安全系统等基础工程建设，山东省高速公路交警部门大力推动可变限速标志等科技设施建设与应用工作，建成并使用可变限速标志1024套、高音号角1138处、气象监测设备131个、雾区诱导防撞路段425.5km（248处）。当出现恶劣天气时，及时利用可变限速标志，分段设置最高限速值，提醒并控制通行车辆减速慢行；利用雾区诱导防撞系统，准确提醒进入雾区车辆保持安全行车间距与车速；利用路面可变情报信息板、高音号角等设施实时向过往车辆发布前方路况、恶劣天气、绕行路线和"降速、控距、亮尾"等提示信息，大幅度降低了各类恶劣天气带来的隐患风险（图3、图4）。

图3 利用雾区诱导防撞系统，提醒进入雾区车辆保持安全车速和车距

图4 具备空气能见度与路面湿滑度两种功能为一体的监测设备

2017年，山东全省高速公路交警部门共妥善应对141次恶劣天气，有效遏制多车相撞交通事故多发频发势头，减少长时间长距离拥堵，让广大群众在遇到恶劣天气时不但能"走得了"，更能"走得好""走得顺"。

三、强力推动护栏改造升级及路侧隐患排查治理，整治各类隐患4474处

1. 高速公路中央隔离及路侧护栏缺失问题突出

中央隔离及路侧护栏是高速公路非常重要的安全设施，是保障高速公路行车安全、减少伤亡的关键一环。然而，山东省高速公路三分之二的护栏执行的是1994年的安全标准，远远不能满足当前安全需求，并且存在护栏缺失、应设未设等问题，其中缺少路侧护栏的问题最为突出。

据统计，2012年以来，在山东省发生的死亡5人以上的较大交通事故中，车辆冲过护栏造成正面相撞或翻入边沟的比例达44.4%，其中以2012年青银高速公路淄博段"10·7"事故（死亡14人）、2016年沈海高速公路青岛段"4·9"事故（死亡8人）、2016年济聊高速公路聊城段"8·5"事故（死亡9人）三起事故最为严重，共造成31人死亡。在近三年事故中，涉及车辆冲出路侧护栏，碰撞桥墩、标志牌立柱等固定物的事故共393起，造成228人死亡，其中以2015年泰新高速公路新泰段"6·25"事故（死亡6人）、2015年威青高速公路海阳段"8·14"事故（死亡5人）两起事故最为严重，共造成11人死亡，后果十分惨重。

2. 强力推动护栏改造升级和路侧隐患排查治理

为切实解决高速公路护栏隐患问题，深刻汲取事故教训，山东高速公路交警部门自2015年开始，按照高危、低危、一般的标准，强力推动护栏改造升级和路侧隐患排查治理。邀请专家重点调研桥梁、隧道、坡道等事故多发路段，将排查出的安全隐患以及整改建议函告全省14家高速公路管理和经营单位。通过召开联席会议，向高速公路管理和经营单位讲明道路安全隐患引发事故的严重后果，以及责任追究等相关情况，并通过下发督办通知单、约谈等形式推动破解治理难题（图5）。

图5 全面排查各类安全隐患，及时整治

2017年，山东高速公路交警推动、联合高速公路管理和经营单位共整治高速公路路侧障碍等各类交通安全隐患4474处，整改率达98.3%，推动济聊高速公路德州段、泰新高速公路等390km护栏完成了提档升级，自2015年威青高速公路海阳段"8·14"较大事故后，已连续32个月未发生涉及路侧障碍隐患的较大以上交通事故。

四、"亮剑"超载违法、强化协同共治，超载车通行量下降51.4%

1.货车超限超载是交通事故致死致伤的重要祸患

统计近三年事故数据发现，山东省高速公路较大以上事故中，涉及货车的占比高达71.4%，在所有高速公路亡人事故中，涉及货车超限超载的占比近20%，货车超限超载是交通事故致死致伤的重要祸患。然而，高速公路货车超限超载治理工作要求高、难度大，特别是易引发货车驾驶人群体不满，民警在执勤执法中常会遇到不配合、挑衅谩骂甚至暴力抗法的情况。

2.开展整治货车超载超限专项行动，注重源头把控

面对"治超"严峻形势，山东各级高速公路交警部门主动担当、敢于亮剑，自2016年9月份开始整治公路货车违法超限超载行为专项行动，既坚持理性、平和、文明、规范执法，不因执法问题引发货车驾驶人的投诉和上访，又做到严格执法，对严重超载违法"零容忍"，严格落实记分处罚措施，所有超载车辆一律卸载，责令6513辆非法改装车辆恢复原状，不消除违法状态不放行。

通过调取高速公路管理、经营单位提供的运营数据及驶离收费站下口车辆称重情况，对超载车辆通行与查处情况进行科学分析，实现精准打击。同时注重源头把控，约谈重点车辆运输企业300余家，推动货车超限超载治理工作取得了真正、实质、有效的进展（图6、图7）。

图6 高速公路交警在超限超载检测站对货车进行检测

2017年，全省高速公路交警部门共查处货车超载15.7万起，全省通行高速公路超载车辆数量同比下降51.4%，其中通行超载30%和100%以上的车辆数量分别同比下降74.3%和94.6%（图8）。

图 7 开展整治公路货车违法超限超载行为专项行动

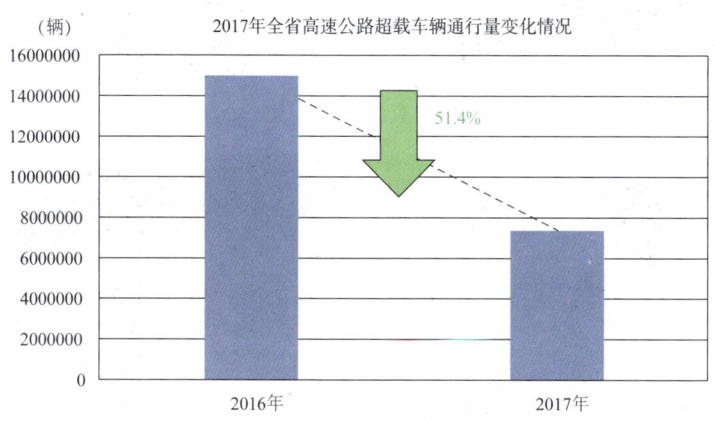

图 8 2017 年山东全省通行高速公路超载车辆数量同比下降 51.4%

五、对危化品运输企业开具"大额罚单",危化品运输车辆事故下降 51%

1. 危化品运输车超速、超载等行为多发,一旦发生事故后果严重

山东省是危险化学品生产经营大省,同时也是运输大省,每年合计运输总量近7800万t,高速公路是其主要运输通道。危化品运输车辆超速、超载、违法停车等违规违法行为多发,运输环节事故发生概率较大,特别在高速公路全封闭的交通环境下,一旦发生危化品泄漏、爆燃等情况,后果不堪设想。如2012年济广高速公路平阴段"12·14"事故(死亡7人)、2013年长深高速公路广饶段"9·15"事故(死亡9人)、2015年荣乌高速公路莱州段"1·16"事故(死亡12人),都是因危化品泄漏、爆燃引起的群死群伤恶性交通事故,影响恶劣、教训深刻。

据统计,2012—2015年全国及山东省涉及危化品运输车辆的群死群伤交通事故全部发生在高速公路,且多发生在夜间,危化品运输车辆这个"流动炸弹",随时威胁着人民群众的生命财产安全。

2. 重点整治运输企业,通过"大额罚单"倒逼企业落实主体责任

为彻底治理危化品运输车辆这个重大隐患,山东各级高速公路交警部门自2015年起全面开展专项整治,将治理重点由驾驶人向运输企业转变。根据《危险化学品安全管理条例》，针对超载运输危化品的违法行为，在处罚驾驶人的基础上，一律对运输企业依法处以5万元以上10万以下的罚款，通过"大额罚单"倒逼企业落实交通安全主体责任。同时，制定并实施了夜间禁行措施，大幅度减小了事故发生概率（图9、图10）。

图9　对危化品运输车辆进行检查

图10　查处违法运输的危化品车辆并到相关企业进行约谈

通过多措并举，已基本消除危化品运输车"大罐小标"现象，2016年危化品运输车辆事故数量同比下降51%，自2015年荣乌高速公路烟台莱州段"1·16"重大事故后，已连续39个月未发生涉及危化品运输车辆的较大交通事故。

六、坚持将宣传教育作为预防事故、保障畅通的治本之策

有序的交通治理，良好的交通秩序，建立在高度的交通文明基础之上，道路交通安全形势的根本好转，最终要靠全民交通文明素质的提升。基于这个认识，山东各级高速公路交警部门始终将宣传教育作为预防事故、保障畅通的治本之策，不断创新载体、拓展渠道，广泛开展道路交通安全社会化宣传，厚植交通文明根基。

1.建立"山东高速交警"龙头账号，微博微信粉丝超330万人

建立以"山东高速交警"账号为龙头，总队支队大队三级成建制进驻，微博、微信、今日头条三大主流客户端全网全覆盖的新媒体矩阵，总关注人数超过330万人，全网阅读量累计突破3.1亿次，开发了警示曝光、安全提示、路况查询、定位报警等功能，实

现了"遇有舆情积极发声、遇有困难积极协助、遇有警情快速联动"的实战效能，获评全国公安政务新媒体创新服务奖、全国最具影响力公安头条号、公安交管十佳飞跃力微博账号等16个全国性奖项（图11）。

图 11 "山东高速交警"账号部分获奖情况

2. 开发推广"e 高速"手机 App，日均服务群众 14.8 万人次

开发推广"e 高速"手机 App，实现全省高速公路路况实时推送、路面监控查看、拥堵绕行提示等功能，并辅以安全出行知识推送、事故快处指导等便民应用，目前，"e 高速"用户总数已突破 100 万，日均服务群众数量高达 14.8 万余人次，已成为服务公众出行的知名品牌，广受群众好评（图 12）。

图 12 开发推广"e 高速"手机 App

3. 开展"行高速无违法奖励"活动，奖励金额达 640 余万元

按照"教育处罚"与"奖励引导"相结合的理念，连续三年开展"行高速无违法奖励"活动，由山东高速信联支付有限公司和中国石油山东销售分公司以通行卡、加油卡的形式出资奖励，对报名参加活动且无交通违法的车主进行抽奖，奖励对象由最初"两客一危一货"重点车辆扩展到所有社会车辆，并在每期开奖仪式后，连续开展重点隐患运输企业集体约谈活动，真正做到"守法得奖励、违法必受罚"。截至目前，已集中约谈重点隐患企业128家，奖励活动参加人数突破45万人次，累计发放奖励640余万元，参与活动车辆的违法率与活动初期相比平均下降28.6%。

结语

山东将按照"安全为要"和"畅通为民"的要求，瞄准"做强品牌、提级升位、走在前列"的既定目标，继续紧盯影响高速公路交通安全畅通的突出问题，以严执法、除隐患、强基础、改作风、促共治为突破口，着力防控风险、补齐短板、做强长板，持续向严重交通违法和安全隐患宣战，力促重点交通违法查处率、隐患排查整改率、人民群众满意率"三率齐升"，全力创造安全畅通、和谐有序的高速公路交通环境。

（资料来源：山东省公安厅高速公路交警总队）

扫一扫查看原文

第5章 农村交通管理

四川：创新农村交管综合治理，筑牢道路交通事故预防主阵地

公安部道路交通安全研究中心交通言究社

导语

2018年1月30日，公安部召开全国公安交通管理工作电视电话会议，安徽、四川、广东省公安厅、长沙市公安局分别围绕交管改革、农村安全、春运交通安保和城市畅通等工作做交流发言。本文主要介绍四川在农村交管综合治理及道路事故预防方面有哪些好的经验做法。

四川省是典型的农业大省，地形地势复杂多样，农村道路里程近28万km，占全省道路的91.5%，班线客车、面包车、摩托车占全省机动车的65%，农村交通事故占全省交通事故的70%以上，历来是四川省预防重特大交通事故和压降事故总量的重点地区，也是管理的痛点和难点。对此，四川省坚持问题导向、统筹推进，突出抓好"四个强化"，实现了事故数量、死亡人数连年"双下降"，连续3年10个月没有发生一次死亡10人以上重特大事故。

一、强化政府领导 解决农村交管"单打独斗"

近年来，四川在全省开展的为期三年的道路交通综合治理中，将农村道路交通安全管理纳入了长效机制建设。四川省人大颁布《农村公路条例》，省政府出台《农村交通管理工作意见》，省安委会制定《考评办法》，建立完善了交管联席会议、工作问责等"10项制度"，明确了县级政府负总责，乡镇政府主责主抓，主管安全的副镇长任交管办主任，并由交管办牵头，以整合执法力量为工作原则，在全省4386个乡镇统一交管办建设标准、统一劝导点设置标准，并分类硬性规定一类乡（镇）不低于8万元，二类乡（镇）不低于6万元，三类乡（镇）不低于4万元的经费保障。

分级建立干部挂包责任机制，县级领导包乡镇，乡镇干部包村道，村委会干部包车辆、路段和驾驶人。县乡政府每年专门用2分绩效分来考核农村交管工作，由公安机关牵头负责，每月三级考核考评，上级政府对排名后位的政府主要领导进行通报约谈。省政

府每年对工作不力、事故多发的市州开展集中约谈（图1）。

图1 社区文明交通劝导点

二、强化多元共治 解决农村交管"漏管失控"

针对沱江、长江、岷江等水系发达农村地区普遍存在的砂石、矿厂等源头装载管理难问题，四川省政府相继出台了《货运源头管理办法》及联合巡查、信息抄告等制度，建立了"1+X+2"工作模式，即政府牵头、各个行业部门监管本行业源头、公安和交通两部门巡查的源头管理模式，并与11个省直部门签订了源头监管目标责任书，在全省公布6070个重点装载源头企业，与企业、车主签订24万余份责任书、承诺书，许多企业和料场还建立了载重车辆"三不出场"的制度，即没过磅称不出场、没开料单装载凭据不出场、没验证手续不出场。

针对农村地区执法力量薄弱、管理难度大、警力不足的问题，四川省公安厅出台农村派出所参与交通管理的实施意见，基层交警中队长兼任农村派出所副所长，交警、派出所、交管员、劝导员联合组成执法小分队，将执勤点前移至场口、村口和料场。针对农村摩托车、校车、面包车管理难点，四川省公安机关和教育部门合作建立了学校、学生、家长三位一体的签字承诺机制，并对面包车加强精准整治和联合打击，严查严处超员、贴膜、非法载人、加凳等突出违法行为。

三、强化投入保障 解决农村交管"基础不牢"

图2 农村道路路侧护栏建设

四川省农村路侧护栏滞后，是诱发交通事故的重大因素。四年来，省政府出台并采取以奖代补的办法，各地凭建设验收单可获得省财政每公里补贴12万~16万元。各级财政先后投入88.8亿元，在全省农村道路建成3万km路侧护栏（图2），超过前10年建设总和，实现了县级以上临水临崖3m的行政等级公路护栏全覆盖。对乡道以上应建未建路侧护栏进行查漏补缺，对通七座以上营运客车的村道公路(危险路段)改建2128km,对新建道路一律按照"三同步"(安全设施必须与主体工程同时设计、同时施工、同时投入生产和使用)要求完成基础设施和安全设施建设,并由交通、发改、财政、公安和安监等部门联合验收。

大力推进"两站两员"(乡镇设交管办、交管员,农村设劝导站、劝导员)规范化建设,按照重点村不少于3人、其他村不少于2人的标准配置劝导员,明确属地劝纠责任,明确劝导站"四个一"的装备标准和劝导员"五个一"的工作标准,两站两员政府财政保障率达90%(图3)。目前,全省98%的乡镇建立了交管办,配备交管员、协管员3.5万名,设置劝导站(点)4.9万个,配备劝导员7万名。

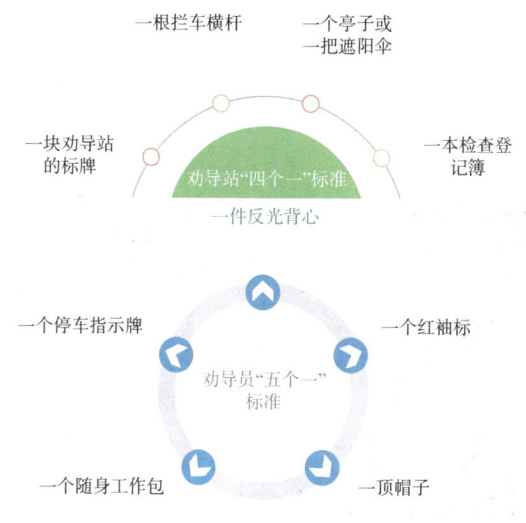

图3 劝导站"四个一"标准和劝导员"五个一"标准

四、强化管理创新 解决农村交管"手段单一"

四川省公安机关会同广电部门联合发文、制定规范,在4.7万个村建立了交通安全广播宣传站(室),收到了很好的宣传效果;组织村支书、村委会主任、治保会主任、农村"知名人士"或劝导员,在赶集日、婚丧嫁娶等时段,开展快板、相声、"交警赴宴治酒驾"现场宣传活动;建立工作微信群,开展有奖举报,发动群众举报违法行为,2018年省财政又增加预算100万元,专门用于举报奖励;在村社广泛布建交通安全"治安耳目"或信息员,利用村规民约管理交通。

此外,农村道路交通安全管理信息系统已在全省推广应用(图4),并完成了总队对各市区、各市区对乡镇及农村劝导员的系统使用培训工作。系统实时录入乡镇和农村驾驶人、机动车、道路信息,全省系统数据量达到897万余条,位居全国首位。每月对各地农村交管平台应用情况及工作开展情况进行排名,要求信息采集有照片、有依据、有台账,真实、客观、公正地反映工作情况,促进农

扫一扫查看原文

村劝导工作落地生根。大力整合利用农村"雪亮工程""天网工程"和自建监控等科技设备资源,搭建农村应急联动指挥平台,今年四川将在全省推广应用农村交管信息平台APP,通过技术创新、实时监控,探索农村交管新型模式(图5)。

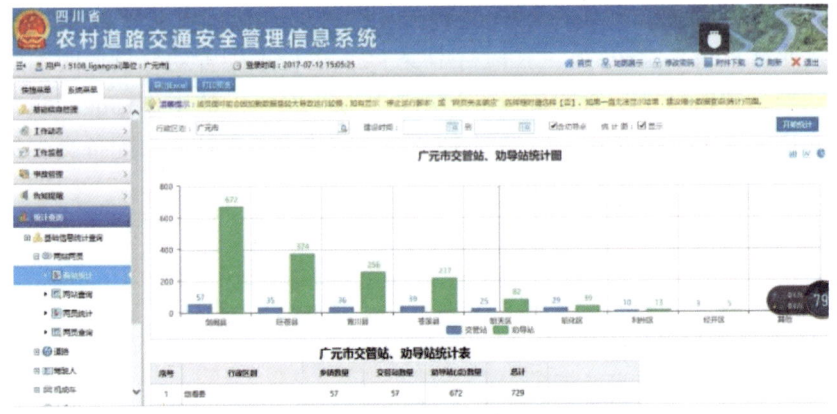

图 4　四川省农村道路交通安全管理信息系统

图 5　交通安全宣传栏

(资料来源:四川省公安厅交警总队)

贵州:建立农村道路监管云平台,避免事故预防工作措施"层层衰减"

公安部道路交通安全研究中心交通言究社

导语

贵州由于其特殊的地理环境,形成了宽容度较差的道路通行环境,尤其是农村地区道路安全防护设施缺失、道路监管存在盲区等问题突出,对交通安全造成极大影响。然而,近年来贵州农村地区道路较大事故数量和死亡人数却逐年下降,来看贵州如何利用大数据助力农村交通管理。

一、贵州农村交通管理工作面临哪些挑战

1. 道路安全防护设施建设严重滞后于交通基础建设

农村地区道路安防设施缺失、技防设施缺乏、标志标线不足,导致翻坠事故高发。近30年来,10起特大交通事故,100%均为农村道路翻坠事故。死亡人数最多的三起特大恶性事故,均为农村公路车辆翻坠事故。近10年来,18起重大交通事故,100%为翻坠事故,其中,15起发生在农村地区。

2. 道路监管存在盲区

农村道路战线长而交通管理力量严重缺乏,全省配备的6600名乡镇交通安全协管员和2.3万名劝导员中,专职人员占比不足20%,农村地区道路特别是通村公路失管失控现象严重。

二、如何强化农村道路交通安全管理

针对农村道路战线长而管理力量薄弱的难题,贵州搭建了"省、市、县、乡、村、组"共享共用的农村道路监管云平台,将信息化触角延伸至占全省道路总里程83%的农村道路,以户籍化管理模式全面采集全省农村地区人、车、路、气候等交通要素,以及跟场管理、交安宣传、红白喜事打招呼等工作数据。截至目前,农村地区驾驶人和车辆信息户籍化率高达90%以上,实现了农村道路交通要素"底数清、情况明、记录全"。

自2015年9月份农村云平台正式启用以来,通过"一周一点评、一月一通报、一季一约谈"的方式,平台得以迅速推广。目前,平台已有5.2万名用户,除4475名交警外,其余均为各级道交办工作人员、乡、镇政府工作人员、协管员。在健全完善全省农村交通管理机制的同时,最大限度调动了农村地区交通管理力量,开辟了"事前预警、事中监管、事后倒查"的农村道路交通管理新格局。

1. 事前:利用短信平台推送预警信息

事前,县级道交办利用12123短信平台,向交警中队、交管站、劝导点责任人推送赶集赶场、红白喜事、民俗节庆、重大活动、道路隐患五类预警信息,引导警务流、管理流、资金流向重点时段和重点路段倾斜。

2. 事中:监控重点时段、节点,跟踪安全隐患排查治理情况

事中,乡镇干部、交通安全员、劝导员根据预警信息主动作为,对重点时段、重要节点进行监控,对安全隐患排查治理情况进行跟踪,并将工作开展情况以图片、日志形式上传至云平台备查。两年来,在农村地区交警警力无明显增长的情况下,各方基层管理人员共劝导、制止各类交通违法行为3700余万起,形成了"节点有人守、隐患有人治、赶场有人跟、节庆有人管"的良好局面。

3. 事后:倒查职能部门和责任人履职情况

事后,县委、县政府及县委督察局按照"三必查"原则,对职能部门和责任人履职情况予以倒查:一查预警签收率,二查预警处理率,三是通过工作数据跟踪排查、工作轨迹比对分析、责任人员定位等方式,对工作开展不力或未尽职尽责导致发生交通事故

的人员进行责任倒查。

"贵州省农村道路交通安全综合监管云平台"的推广应用,初步破解了农村地区交通管理"有机制,无落实;有机构,无人员;有措施,无手段;有责任,无追究"的"四有四无"难题,成功避免了农村道路交通事故预防工作措施出现"层层衰减"现象。

扫一扫查看原文

（资料来源：贵州省公安厅交警总队）

宜昌：大力实施道路"路长制"，破解农村交通管理难题

公安部道路交通安全研究中心交通言究社

导语

近年来，随着农村道路交通事业的不断发展，农村机动车保有量和驾驶人数量也迅猛增加。面临新形势、新挑战，相关部门该如何加强农村道路交通安全管理？怎样减少农村地区的交通违法行为？为此，湖北宜昌市大胆探索，在全省率先实行农村道路"路长"管理新机制，努力破解农村交通安全管理难题。

一、现状：山多坡急、多临水临崖路段，历来为重特大交通事故高发区

宜昌市是典型的山区道路形态，辖区内山高路险、弯陡坡急、临水临崖道路较多，历来是全省重特大交通事故的高发区域。主要表现在：农村地区人、车、路基数不清，情况不明，缺乏基础台账；农村地区宣传教育不够，交通安全意识普遍淡薄，交通违法现象十分突出；农村地区一个交警中队4~6人，要管辖3~4个乡镇、几百公里的通车里程，警力严重不足，难以全面覆盖；农村道路急弯、陡坡、临水临崖等险路险段多，而且大多数等级低，防护能力差。

随着经济社会的不断发展，2013—2017年，宜昌市农村道路从1.78万km增加到2.65万km，农村驾驶人从64.79万人增加到88.63万人，机动车数量从61万辆增加到68.7万辆。2015—2017年间，全市共发生3人以上较大事故11起，其中发生在县、乡道路的6起，占全市54.5%。全市交通事故共死亡1125人，其中县、乡道路交通事故死亡390人，占全市34.67%。

二、措施：实施"路长制"交通管理新模式，破解农村道路交通安全管理难题

为加强农村道路交通安全管理、强化安全风险防控，宜昌在学习重庆农村道路交通

安全管理"两站两员"先进经验的基础上,提出农村交管"路长制"的管理新模式,以破解农村交通安全管理难题。

1.实行"五化",组建专业管理队伍

(1)人员招录本土化。优先从本地退伍军人、精准扶贫户中招录品行端正并有一定组织能力的人员,充分发挥其人熟、地熟、情况熟的优势开展工作。按人均每年4.2万元的标准落实工作经费,并办理养老、保险,解决"路长"后顾之忧。

(2)管理职能专职化。出台专门文件,明确规定"路长"主要职责是管理交通安全,不得参与其他无关事务,防止职能泛化,确保"路长"凝神聚焦,专司其职。

(3)执勤巡防常态化。"路长"承担乡村道路日常巡逻职责,随时接受交警中队指令,先期开展应急处置,解决以往乡村道路出警难、耗时长等问题。

(4)装备设施标准化。全市各地政府出资2024万元,为368名"路长"统一着装,配发巡逻摩托车、执勤记录仪、照相机、工作包、手电筒等装备,在国、省、县道交叉路口设置路长工作站109个,并公开"路长"联系方式、管辖区域和职责任务。

(5)考核监管制度化。成立"路长"管理办公室,负责对"路长"组织纪律、勤务管理及工作绩效进行综合考核。上岗、执勤需要在"钉钉"平台定位签到,每天上传工作痕迹。落实每人每年3000元考核经费,奖勤罚懒,激发"路长"工作积极性。

2.落实"五责",筑牢农村交通安全防线

(1)巡逻管控。每名"路长"负责3~4个行政村的农村道巡防工作,对发现的交通违法行为制止、劝导,对不听劝导的违法行为人利用执勤记录仪、照相机固定证据,及时上传辖区交警中队。依托交通事故快速处理微信平台,对管辖辖区内符合条件的轻微财产损失交通事故开展现场处置及协调处理,及时撤离交通事故现场。

(2)隐患排查。对路面发现的新的道路安全隐患如树木杂草遮挡行车视距、安全防护设施损坏、标识标牌缺失等及时登记,向辖区中队报告,提出整改建议,通知村级治保组织采取相应的处置措施,并现场采取临时性安全提示措施。

(3)劝导提示。在学生上下学、村民举办红白喜事、村民出行赶集等重要节点时期,进行安全提示,上门送安全提示告知单,经签后取回回执,督促落实集中用车报告制度。

(4)宣传教育。配合中队开展交通安全宣传教育、发布有关车辆出行安全提示和告知信息,扩大宣传覆盖面,开展便民服务,督促车主办理牌证,参加年度检审、办理保险,遇到雨雪雾天气,在主要路口设置安全提示牌,向村民广泛告知。

(5)应急出警。遇自然灾害、道路垮塌等突发事件时,快速到达现场进行先期处置,及时采取临时措施防止灾害扩大。对发生的有人员伤亡、财产损失严重的交通事故第一时间出警,协助抢救伤员、固定现场证据、维护现场秩序。

三、成效:农村道路交通事故明显下降,农村居民出行安全感大大增强

1.交通事故数量、伤亡人数大幅下降

2017年实施"路长制"以来,全市县级以下农村道路共发生一般以上道路交通事

故175起、伤206人、亡81人，事故数量和亡人数同比分别下降27.1%和38.6%；农村道路违法现场查处同比上升了81.3%、三轮摩托车和农用车违法现场查处同比分别上升了192.50%和124.7%。2018年1月份县级以下农村道路共发生一般以上交通事故14起、伤16人，亡6人，事故数量和亡人数同比分别下降22.2%和45.5%。特别是从2018年春运以来（2月1日至4月8日），全市交通事故四项指数全面大幅下降，死亡人数同比减少40人，下降49.38%，群众出行安全感显著增强。

2.解决"七无"，补齐农村交通安全短板

（1）解决了农村道路无人巡的问题。过去，交警中队警力不足，主要精力放在国道、省道和县道的交通管理上，无法兼顾到乡村道路，形成了农村公路安全管理的"灯下黑"现象。由此，交管"路长"肩负起农村道路的路面巡防职责，实现了巡逻巡查无"盲区"。

（2）解决了农村道路隐患无人排的问题。交通公路、公安交管部门以往将排查、整治的重心都放在国、省道上，对农村道路排查整治力度相对较弱，"路长"上路后，职责上肩，弥补了职能部门排查隐患工作上的"真空地带"。

（3）解决了农村道路交通违法无人劝的问题。"路长"上路后充分发挥了其信息灵、反应快、劝导提醒及时的管理优势，大量违法行为、事故苗头和隐患风险在第一时间得到消除，有效解决了交警以往难发现、难纠处的问题。

（4）解决了农村道路交通基础台账无人建的问题。农村地区人、车，路的基础数据要么靠车管统计，要么靠公路部门提供，但大量的有车无证、有车无牌的现象造成了数据严重不准确，且数据一放就是几年不变，不能对道路交通管理提供详实的依据。现在，通过"路长"进村入户，能建立真实的人、车、路的基础台账，并可实现实更新。

（5）解决了农村道路交通安全无人抓的问题。过去，交通宣传工作主要利用"12·2"全国交通安全日、印发宣传资料、开办交通安全电视专栏等途径进行，但由于农村地区受教育面有限，往往效果不佳。而交管"路长"可发挥"交通安全宣传员"作用，使广大农村群众在"路长"每日走村串户的过程中接收到交通法规的普及和宣传。

（6）解决了农村道路恶劣天气无人管的问题。以前遇恶劣天气时，各交警大队主要精力都放在国、省道上，导致农村道路无人管控。"路长"上路后，在今年的冰雪恶劣天气中，发挥了重要的作用，在出村口、进山口等群众出行的重要节点上可能看不到警察的身影，但"路长"一定要在这些地方值守，提醒过往车辆安装防滑链。

（7）解决了农村道路交通突发事件无人报的问题。受雨雾雪等气候条件的影响，农村道路经常发生泥石流、塌方、滑坡等突发事件，交警警力少不能及时发现。"路长"上路后，对这些问题都能及时发现并报告，交警和相关部门能立即采取措施，开展施救或封闭道路，以确保群众安全。

扫一扫查看原文

（资料来源：宜昌市公安局交警支队）

任丘：探索农村交通安全管理新模式，打通服务群众"最后一公里"

公安部道路交通安全研究中心交通言究社

> **导语**
>
> 农村是道路交通安全工作的重点，也是最大的短板，全国道路交通安全形势稳定与否，农村地区系于一半，不论是防控较大以上事故还是减少事故总量，农村地区都是重中之重。2018年5月，公安部交管局召开创新农村交通安全管理工作部署会，要求从人、车、路、管理等各方面全面提升农村交通安全工作水平。其中河北省任丘市在农村交通安全管理上积累了好的经验做法，可供大家参考。

一、预防和减少农村交通事故，积极探索农村交通安全管理新模式

近年来，随着农村车辆的增加，县乡村道路成为交通事故多发地。任丘市2017年发生的各类交通伤亡事故中，农村道路交通事故占到了42.1%，社会影响较大。为加强和改进农村道路交通安全管理，预防和减少农村地区道路交通事故，任丘市坚持"主体在市、管理在乡、落实在村"的理念，经过积极探索，初步形成了"一乡一办、一村一站、一所一队、一校一员"四位一体、"市、乡、村、所、校"五级联动的农村交通安全管理新模式，基本形成了"农村交安工作站管点、派出所交警中队管线、中心校管片、乡镇交安办管面"的"点、线、片、面"相结合的农村交通安全管理网络。

任丘市农村交通安全管理新模式自推行以来，全市道路交通管理取得了明显成效，实现了"两提升、两下降"的目标，即：群众文明交通素质明显提升、人民群众满意度明显提升、严重交通违法行为数量明显下降、道路交通事故数量明显下降。

二、"市、乡、村、所、校"五级联动，做实农村交通安全管理工作

推进和创新农村交通安全管理工作，任丘市具体做了哪些工作？如何通过"四位一体""五级联动"的新管理模式做实农村交通管理工作的？

1. 一乡一办：将农村交安管理纳入"大交管"范畴，解决了农村交通安全无人抓、无人管的问题

（1）在乡镇建立交通安全办公室，统筹全镇农村交通安全管理工作。任丘市在乡镇政府组建乡镇交安办，乡镇的"一把手"为主任，主管副职的人员为常务副主任，交警中队长、工商分局长、中心校长、综治办主任为成员，择优选用3~4名在编乡镇干部，负责落实辖区农村道路隐患排查、交通安全宣传、农村交通安全信息管理和基础信息录入

等各项交管业务工作。

乡镇交安办定期召开联席会议,研究分析辖区交通安全形势,并由工商、镇交警中队、综治办等相关职能部门解决道路交通安全隐患、临近国省道集贸市场等交通问题;乡镇交安办还将机动车和驾驶人基础信息录入等工作纳入日常工作。乡镇交安办与村工作站、村工作站与村工作站成员层层签订责任状,一级包一级,一级对一级,将管理触角延伸至村,直至每个交通参与者和每一辆机动车。

(2)乡镇交安办有效解决了农村交通安全无人抓、无人管的问题。乡镇交安办以"河北省农村道路交通安全管理信息"为依托,以联席会议制度为手段,统筹全镇农村交通安全管理工作。目前,任丘市15个乡镇政府均建立起了交安办,"一乡一办"模式使农村道路交通安全管理纳入"大交管"范畴、纳入乡镇政府的统筹管理,农村交通安全无人抓、无人管的问题,从机制上得到了有效解决(图1)。

图1 任丘全市15个乡镇政府组建了交安办

2. 一村一站:延伸农村交通安全管理触角,实现农村交通安全教育管理全覆盖

(1)在农村建立交通安全工作站,履行"摸、劝、宣、谈、报"五项职责。任丘市在361个农村行政村全部建立了不少于5人的交通安全工作站,村"两委"班子负责人为站长,村警、气化安全员、环卫监督员、学校法制副校长和乡镇包村干部为成员,全面推行"网络到村、工作到户、责任到人、群防群管"的村级交通安全管理工作机制。

"交安工作站"全面履行"摸、劝、宣、谈、报"五项职责,即:入户摸排本村机动车、驾驶人、非机动车等基础信息,建立台账;劝导"低三拖"违法载人、面包车超员、骑摩托车驾驶人不戴头盔等交通违法行为;大力宣传交通安全法规和交通安全常识;集中约谈本村屡教不改的交通违法当事人;及时报送机动车、驾驶人等基础信息。

此外,根据平原地区特点,任丘市还将"交安工作站"与劝导站功能合一,结合赶集赶庙、红白喜事、民俗节庆的重大活动,变固定劝导为机动巡逻、流动劝导,将交通违法和安全隐患消除在出村、上路之前,实现了交通安全劝导社会效益的最大化。出岸镇四村成立了流动劝导站,自编文艺节目在村内演出。出岸镇王家务村和石门桥镇史村在村内道路安装交通标志牌18块,施划交通标线1978m^2,停车泊位242个,减速震荡标线308m^2。石门桥镇史村还制定了文明交通公约,村民人手一份,在村内广泛张贴,并以微信群、村务公告栏、宣传橱窗、大喇叭广播、LED显示屏等形式曝光交通违法行为、发布交通安全提示、播放交通事故案例等（图2）。

图2　史村在村内道路安装交通标志牌、施划交通标线等

（2）农村交通安全工作站强化基层工作，提升共治能力。农村交通安全工作站人员通过履行采集车辆及驾驶人信息、宣传交通安全法规和交通安全常识等职责，与相关部门信息共采共享，有助于数据分析研判，高效整合公安机关力量，强化公安基层基础工作，提升合力共治的能力，为公安和党委、政府社会治理提供管理保障。

同时，各村交安站通过发挥各自优势，打造不同宣传劝导模式，提高了村民的交通安全意识。

3. 一所一队：以警务创新为驱动力，着力解决农村交管警力不足、道路失控漏管问题

（1）农村派出所和交警中队共同参与农村交通安全管理工作。任丘市辖区面积1036km^2，通车里程1032km，将近81%是县乡村级道路。而市交警大队只有4个中队、13名民警、72名辅警，平均每个人管辖9.9km道路，工作压力极大。在这种情况下，任丘市积极探索以"大公安"为依托，农村派出所参与交通管理的"一所一队"警务改革。2017年12月6日，任丘市在各派出所加挂乡镇交警中队的牌子，为各乡镇交警中队配备制式警车、防闯入系统、酒精检测仪等执法装备，对民警进行业务培训，为其申报办理初级事故处理资格证书。目前，任丘15个乡镇派出所已经全部挂牌，民警全员上岗，实现了路面管控和机构内部正常运转。

乡镇交警中队主要负责本乡镇行政辖区内的县乡村道路和集贸市场、婚丧嫁娶以及民俗活动的交通秩序管理，依法纠正、查处交通违法行为，并使用手机APP处理辖区内适用简易程序处理的交通事故现场勘查及损害赔偿调解，对一般以上交通事故现场进行维护和先期处置。

农村派出所主要承担简易交通事故处理、交通违法查处、交通安全宣传、基础信息采集四项职能。在创新"一所一队"警务机制的同时，还下放了部分交管业务权限到派出所,并在派出所集中办事服务大厅设置了车驾管违法处理自助系统,广大村民足不出乡即可办理"补领机动车检验合格标志、6年免检车辆签章、互联网面签和交通违法处理"等交管业务,真正打通了交管服务群众的"最后一公里"(图3、图4)。

图3　交警中队民警查处农村交通违法

图4　村民使用车驾管违法处理自助系统办理业务

(2)"一所一队"警务模式化解了困扰农村交管工作的顽疾。"一所一队"警务机制改革,使任丘市在不增加交警机构编制的情况下,一举增加了15个交警中队和105名交通民警的管控力量,彻底扭转了过去因交管警力不足,对农村道路"失控漏管"的被动局面。同时,保证了足够的处警力量、全面的处警能力和"1+1＞2"的处警效果,农村交通事故接处警时间平均缩短了约三分之二。

任丘市实行"一所一队"以来,交通事故四项指标全面下降,2018年以来,任丘全市农村道路发生交通事故548起,死亡17人,受伤98人,经济损失47.9万元,同比分别下降23.9%、32%、20.3%和17.8%。此外,"一所一队"模式还充分发挥了派出所基础工作优势,特别是村警工作优势,实现交管、治安基础工作统筹推进、一体运行。

4. 一校一员:全面推进校园交通安全管理,最大限度扩大农村交通安全的影响力

(1)在各农村中、小学设立交通安全员。为了让交通安全意识深入人心,任丘市在各农村中、小学设立交通安全员,由学校主管交通安全的副校长兼任,将交通安全教育渗透到学科教学中,每周一节交通安全课,在体育课热身运动中练习一遍交通指挥手势,就交通安全给家长寄一封信,提高家长安全意识,定期组织家长、幼儿开展交通安全大手拉小手活动和以交通安全为主题的幼儿绘画比赛。

(2)切实提升学生的交通安全意识。通过每周一节交通安全课等"交通安全教育系列"活动,构建了学校、家庭、社会"三位一体"的校园交通安全教育网络,切实加强了对学生的交通法规教育,增强了学生的交通安全意识,确保了学生的交通安全(图5)。

图5 组织开展内容丰富、形式多样的文明交通主题宣传活动

任丘市作为沧州市政府创新农村道路交通安全管理工作的试点地区,始终把农村交通安全作为工作重点,推行的"一乡一办、一村一站、一所一队、一校一员"交通管理新模式效果良好,有效破解了农村道路交通安全管理一系列难题,走出了一条符合本地实际的农村道路交通安全工作新路子。

(资料来源:河北省任丘市公安局交警大队)

扫一扫查看原文

第6章 其他

四川：服务长江经济带发展新举措

吴钊贤　谢　鑫　四川省公安厅交警总队办公室秘书科

导语

为深入落实推动长江经济带发展战略，2018年6月公安部交管局部署要求长江经济带11省市交管部门创新交管服务，为长江经济带发展创造良好道路交通环境。近年来，四川公安交管部门采取了多项举措服务长江经济带发展，为进一步提升交管服务水平，他们又提出了哪些新思路和方法？

一、特征：交通结构和管理水平区域差异大、发展不平衡

1. 长江经济带路网发达，车流人流集中

长江经济带覆盖上海、江苏、浙江、重庆、四川等11省市，面积约205万km^2，人口和生产总值均超过全国的40%。据统计，长江经济带沿江省市机动车保有量占41%，驾驶人数量占42%，公路里程占44%，道路货运量占42%、客运量占52%，综合实力强，发展潜力巨大，是我国经济重心所在、活力所在。从道路交通特点看，长江经济带是横贯中东西部、路网密织发达的经济带，是车流人流集中、交通要素活跃的经济带，是交通结构和管理水平区域差异大、发展不平衡的经济带。

2. 四川沿长江经济带的5市55县位置特殊、交通结构混杂

四川地处长江上游地区，96.5%的辖区面积属于长江流域，是西部经济总量最大、人口最多的省份，更是"一带一路"、长江经济带和成渝经济区的重要连接点。攀枝花、成都、乐山、泸州、宜宾5市顺江而联、路网相通，经济体量大、人口占比高、车辆增长快，公安交管工作效能与服务保障与长江经济带的发展大局息息相关。

由于受省情、地理环境和经济发展等多种因素影响，四川公安交警压降事故总量和防范遏制重特大事故发生的任务十分艰巨，维护地域经济发展责任极为重大，目标不会改变，特别是长江经济带沿线5市55县（区、市）地理位置特殊、交通结构混杂，保安保畅、服务发展的挑战和困难多元复杂，必须紧抓契机、主动发力，全力融入国家发展大局，不断服务和推动长江经济带建设由高速增长向高质量发展转变。

二、措施：联合治堵保畅、紧盯重点对象、筑牢公路防护等

近年来，四川交管部门在缓堵保畅、遏制重大交通事故以及提升便民服务水平等方面，采取了一系列实用、有效的措施，为服务好长江经济带的发展做了积极的努力和探索。

1. 联合多部门治理交通拥堵，保障路网顺畅

四川省交警总队提请省政府挂牌整治蓉遵高速公路（成自泸段）二峨山隧道等严重拥堵路段，会同西南交大、交通执法、路营公司等多方梳理分析致堵原因，提出整改治理措施和建议；各地提请政府将缓堵保畅纳入"民生工程、市政工程"，积极创建23条达到省级标准的"文明畅通示范街（路）"，沿江5市2018年以来新安装交通标志516套，清除和施划标线6315m²；实施城区左转待行、禁止调头、机非分离、公交优先、整合停车资源等措施，提请优先打通沿江客货运量大县、乡的断头省、县道；成都推广应用磁性警示柱、柔性隔离桩、立体斑马线提示系统等新型交安设施（图1），提升智能管控效能，宜宾依托网络型远程红绿灯控制系统、三维仿真系统在老城区和南岸片区实行单向循环交通。

图1 成都推广应用磁性警示柱、柔性隔离桩、立体斑马线提示系统等新型交安设施

2. 紧盯重点车辆、驾驶人及运输企业，全力遏制重大交通事故

深入开展"春雷""夏安""冬季大会战"等系列专项行动和道路交通综合治理行动，推行大型货车"一车一档一卡"管理模式和"以货管车"工作法，保持查处源头、路面重点交通违法高压态势；沿江5市2018年提请政府督办整改公路隐患1727处，通报、约谈重点车辆GPS监控责任落实不到位企业及负责人16次，曝光严重违法交通行为"黑名单"5批次，深度调查10余起较大以上事故；依托全省"道路交通安全隐患排查治理"信息系统，出台路面、车辆、驾驶人、运输企业等隐患源头治理标准，健全交通事故及安全形势分析研判制度，探索建立事故预防积分预警系统。

3. 加大对黄标车、渣土车等车辆治理，保障新能源汽车的运行

全面摸排黄标车、老旧车底数，分类逐车登记造册，依据国家相关标准和规定，严把注册、转移、报废以及注销关，完成2017年淘汰目标任务；会同环保、质监、交通等部门，加强检测机构尾气检测监管和超标车、渣土车、砂石车"三车"排污、造污行为查处力度；沿江5市充分保障新能源汽车投入运行，迅速确定可现场发放号牌制作点，累计发放新号牌46055块；规范完善167处饮用水水源地沿线交通标志标牌622个，对途径水源地剧毒危化品车辆一律不办理通行证，在实施"黄标车"主城区禁行基础上，加大排放超标、抛洒滴漏车辆通行限制。

4. 设立服务站、构建综合服务平台等，方便群众办理车驾管业务

四川沿江5市为群众提供就近办理车管业务便利，共设立机动车登记服务站、二手车交易市场登记服务站、金融机构登记服务站等社会化机构900余家，约占全省70%；联合4S店、保险、税收等部门，构建具备网上购车、投保、缴税、选号、送车上门等功能的综合服务平台，通过警邮"梦工厂"、邮政"11185"上门、熊猫驾信APP等便民服务渠道，引导交管服务向农村、向居住地、向网络延伸发展；在落实大车异地考试基础上，成都、攀枝花、乐山、泸州作为第一批试点，推行实施省内小车异地考试（图2）。

图2 机动车登记服务站，方便群众办理车管业务

5. 推进路侧护栏建设和补建，落实农村公路安防工程建设

四川省交警总队提请省政府督促各地加快路侧护栏建设和补建进度，在沿江县优先编制推行"以奖代补"计划；各地将农村公路安防工程建设资金纳入财政预算保障，加大扶贫和涉农项目资金整合力度，落实损毁护栏修补更新、调校矫正；推动路侧护栏建设向沿江重点路段和开通客运班线村道发展，全省近4年累计投入88.3亿元，新建成护栏3.07万km。

三、问题：路网不完善、智能交管水平低、农村路段管控力弱等

由于受到多种因素的制约和影响，四川交管部门在服务长江经济带发展过程中，也面临着多种问题和困难，主要体现在以下几个方面：

1. 综合交通路网建设不完善

G546、S438等国省干道存在省际、县际瓶颈路段，技术等级较低，G321、G353、G246等干线公路与城市道路相互干扰，交通混行严重；泸州、宜宾主城区过江桥梁资源相对紧张，现有过江桥梁在高峰期基本处于饱和状况；成都、攀枝花间公路网互联互通性不强，县、乡点位旅游景区公路连接建设滞后，高峰期快速疏解交通压力难度大；大部分县域客货场站规模较小、设施陈旧、功能不全、场站远迁进度慢，与城市交通相互干扰情况较为突出；泸州港、红果河口等港口码头分布散乱且现代化程度低，集疏运道路等级低、路况差。

2. 智能交通管理水平低

攀枝花、乐山智能化交通项目建成水平远落后于东中部同级地区，信号灯联网控制、行车诱导、数据监测、协调控制等尚处初级阶段，运用仅限于监控、取证等被动固定类业务，道路交通数据信息采集、利用难度大，地区和部门间信息整合、共享程度低；县域临港路段灯控系统智能化程度低，主线通行货车时常遭遇不必要等候；成都、泸州等经济增长、城市发展快的地区城建施工项目较多，交通预判和智能疏导能力与实际需要存在差距，城区高峰期拥堵多采取人工指挥应对，疏导效果极为有限。

3. 农村路段管控力度弱

四川全省农村道路占比超过80%，急弯陡坡、临水临崖路段多，普遍等级低、路况差、抗灾能力弱，且道路交通基础设施严重不足，建设和养护资金存在较大缺口，加之管控力量和手段单一，引发事故的风险时刻存在；面对互联网新业态出现和农村交通出行需求提升，城乡配送、农村物流"最后一公里"交通基础建设滞后现象越发突出，管控辐射范围受多方影响长期出现真空；农村客运建设差，农民普遍分散居住，导致安全、便捷出行面临困难，加之经济收入、文化程度低，受陋习乡俗影响深，极易在参与交通时产生脱离监管的风险隐患；部分地区综合保障力度不够，农村"两站两员"建设运行效果不佳，"两员"履职责任心和能力有待进一步提高。

4. "放管服"改革未全覆盖

6年以内摩托车（含两轮、三轮摩托车）免检制度试行推进慢，现行相关业务办理门槛高、成本高，农村地区车主及驾驶人不登记、不领证、不年检、不买险问题突出；沿江地区进口车需求呈上升趋势，但部分县级车管所软硬件功能尚不满足业务办理条件，群众就近注册登记受规定限制难以实现；12123平台功能与移动支付需求尚未完全匹配，群众关注度高、适用量大的在线申请补换证业务以及涉及的邮寄费用，不能在线缴纳；12123平台办理行驶证、驾驶证补换领业务时，由于需要制作和邮寄，申请人不能像在窗口办理时一样即刻取证，一定程度上影响了平台推广，加大了窗口压力。

四、思路：综合治理、区域联动、持续深化"放管服"改革等

1. 继续巩固政府平台、强化综合治理机制

争取2018年内以道安委名义在5市召开1次推进会或现场会，强力推动市、县公安交管部门成立道路交通安全综合治理日常办事机构，落实农村"两站两员"基本保障机制，确保综合治理人员不减、机构不撤、模式不变；尽快起草省政府层面全省城市、农村交通管理指导性文件，推动建立交通管理及缓堵保畅规范和标准。

2. 优化完善区域联动协作机制，探索建立联合执法新模式

密切路网相邻省、市、县三级交管部门的实时沟通和执法协作，探索建立沿江地区"路长制"，强化区域间事故、路况和市场要素流动联合研判，建立服务发展警务协作平台，完善信息共享机制；整合高速公路大动脉、沿江国省干道和事故多发农村路段管控力量，探索"一路三方""双超"检测站、农村派出所参与交通管理等联合执法新模式，统一执法标准，完善联勤联动机制；依托省、市、县三级道安办平台，丰富省际间

及各层级内相关部门协作交流内涵，提升跨区域执法管理合力，完善联席会议机制。

3. 大力开展路网综合执法管理，提升重难点隐患治理

联合交通、安监、国土等部门开展路面隐患大排查大治理，健全道路交通风险分级管控和隐患排查治理双重预防机制，实行省、市、县、乡四级分级排查治理，依托各级政府挂牌督办重难点隐患；加大危险货物运输车等重点车辆源头隐患动态清零力度，集中清除车辆未检验、未报废隐患，严控、严查新增隐患车辆；紧盯农村出入村交叉路段、重点景区辐射路段、高速公路施工路段安全隐患；排查完善交通标志标牌，优化道路交通组织和设施，严防赶场天、节假日交通拥堵和事故多发；依托沿江路网及重点路段固定、流动检查站，针对"两客一危"和重型货车，查处"三超一疲劳""三驾"违法运输危险化学品、未办理许可擅自进入禁行区域等严重违法行为。

4. 持续深化"放管服"改革，增强群众办理业务的便利性

在沿江地区探索窗口业务证照信息关联推送，加大经办人员综合业务技能培训，优化申请资料审核流程，开展"师生假期专场"和延时服务，在"限时办"基础上推行"一次办"；加大"互联网+交管服务"宣传力度，畅通警民网上沟通渠道，提高车驾管业务系统平台运行稳定性，在沿江地区推广简易程序财损事故网上快速处理业务，明显提升"网上办"活跃度；推动沿江县、乡设立满足需求的机动车登记服务站、交管服务站，合理规划布建社会化安检机构，引导车驾管业务进社区、居委会、大型厂矿居民区，全面推行简易程序业务办理权下放联合执法中队、派出所等，逐步实现"就近办"。

5. 深入开展关于沿江路网、重点车辆以及驾驶人等专题调研

扫一扫查看原文

深入调研沿江路网交通流量、结构形态、事故及拥堵隐患、绕行线路、互通在建路段等情况，精准感知管控重点、难点；深入调研客货运输企业规模、驾驶人及车辆、运输线路、产品种类及交通安全培训教育等情况，精准掌握服务需求和管理方向；深入调研"水、路、空、铁"接驳部位周边管控防护情况，落实网格化勤务管理，强化科技信息化监管，进一步提升事故的预防和处置、排堵保畅和污染物泄露清除等效率。

长沙：优化勤务模式，精准打击毒驾

罗芳芳　公安部道路交通安全研究中心

导语

毒驾是严重的交通违法犯罪行为，社会危害性极大，各地公安交通管理部门始终保持"零容忍"，常抓不懈、常态治理。那么，如何才能提高治理毒驾的效率，实现精准打击呢？公安部道路交通安全研究中心结合调研案例，对长沙治理毒驾经验进行了分析，供借鉴。

一、现状:"毒驾"行为隐蔽性高 单警种作战难度大

随着社会治安和交通形势的不断发展和变化,以"毒驾"为代表的非显性但对交通安全威胁极大的道路交通违法行为日渐猖獗。国家禁毒委员会办公室发布的《2016年中国毒品形势报告》显示,截至2016年年底,全国现有在册登记吸毒人员250.5万人,同比增长6.8%,实际吸毒人员估计超过1000万人以上。

在交通安全管理方面,2014年,全国公安机关在机动车上查获吸毒人员1.9万人次,年均因吸毒注销驾驶证的驾驶人2万余人。公安交管部门路面查处吸毒后驾驶机动车违法行为、预防交通事故管控压力逐年增大。

目前,"毒驾"查处工作面临以下两方面的问题:

一是"毒驾"行为隐蔽性高,查处技术性强。与酒驾不同,执法人员在查处时难以从驾驶人的脸色、呼吸等做出是否吸毒的初步判断,无法形成必要的心理防备。此外,由于对吸毒者的行为举止、危害性具体表现等相关知识不足,安全防护、现场约束控制等执法技能不够,民警对查处"毒驾"存在畏难心理,现场主动检查"毒驾"的积极性不高。

二是查处综合性强,单警种作战难显成效。"毒驾"的查处是一项跨行业、多警种的综合性工作,在交管、禁毒、治安等多部门之间存在职能交叉,而现有的法律规范对各部门在查处"毒驾"中的职责权限、任务分工、协作机制并没有明确规定。对交管部门而言,在查处"毒驾"过程中缺乏吸毒人员的基础信息数据,缺乏毒品尤其是新型毒品的基本知识,缺乏检测毒品的先进技术和装备,在路面管理中对"毒驾"的查处能力较低,公安交管部门单打独斗的查处机制很难实现对"毒驾"行为的有效打击。

二、经验:建立"大联合交管中心"实现精准打击

依靠单警种作战,可能无法真正有效打击"毒驾",那么,如何将警种进行有效的整合呢?

以长沙为例,长沙市公安局建立了"大联合交管中心",将人、车、路、环境等与交通相关联的信息集成到一个平台,将各部门、各警种与交通管理相关联的职能整合到一个体系。以实战化为核心,信息化为支撑,依托大数据平台,创建"毒驾"、"失驾"、重点车辆违法行为查处等研判模块,实现交通违法精准打击。同时,有效整合公安机关内部各警种的力量,实现联勤联动,全力推动交警勤务机制转型升级,发挥强大的警务效能(图1)。

1.大数据碰撞,情报导侦,实现精细分析

大联合交管中心的情报研判人员采取"由人到车、以车查人"的方式,运用情报平台研判模块调取全市涉毒驾驶人信息、排查关联车辆,通过大数据的比对和碰撞进行精细分析,逐步筛选并精准锁定毒驾嫌疑车辆,为毒驾整治的精确布控和路面勤务的精准查缉奠定了基础。

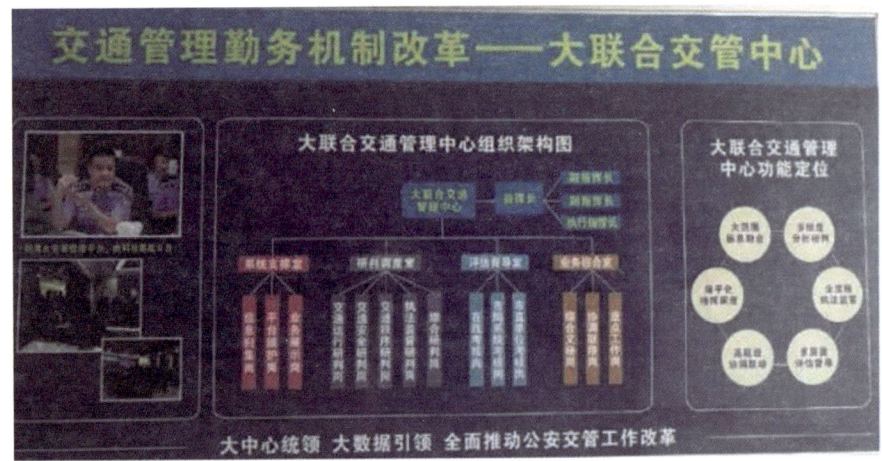

图 1　大联合交管中心

2. 大系统支撑，情勤对接，实现精准布控

交管部门充分运用科技手段，通过路面的监控系统、车辆查缉系统和指挥无线通信系统等科技系统的有效整合，实施路面勤务警力的精准布控，形成"物联网"硬件系统和警力资源相结合的整治密网，实现布控精准化、指挥精准化和警力精准化。

一是大联合交管中心及时将研判生成的45台高度可疑车辆信息，录入查缉布控系统"黑名单"，24h不间断监控。

二是根据可疑车辆运行轨迹进行预判，通过指挥调度平台及时调度城区勤务大队、机动大队、特勤大队，对可疑车辆行经主要路口路段，加大布控力度，随时发现、报告、查处可疑车辆，为精准打击毒驾提供了有力的支撑。

3. 大警种合成，联勤联动，实现精确打击

大联合交管中心引导下的毒驾整治工作，开创了警种合成作战的新局面。

一是前期交警支队、禁毒支队和市局指挥中心多次对接，互通情报信息，分享数据资源，并积极研究和落实整治工作措施。

二是当嫌疑车辆经过卡口触动报警系统后，大联合交管中心立即启动合围查缉预案，同步展开情报会商、视频侦查、轨迹追踪，支队、大队、中队三级联动响应，交警、缉毒警、治安警协同作战。

三是指挥中心对行驶线路进行红波控制，对查缉过程全程录像；参战民警携带阻车钉、破窗器等相关警用装备，在行进线路和交通节点层层设卡，对"毒驾"车辆实施合围查缉，大大提高了拦截的成功率，也保证了查缉的安全性。

三、总结：优化路面勤务模式 向科技要警力

长沙利用"大联合交管中心"打击毒驾，形成了情报主导、联勤联动、精准打击的良好工作态势，取得了一定的成效。通过六个方面的转变积极推动现代交警勤务机制改革，建立了高效勤务指挥体系，优化了路面勤务模式，有效提高了路面管控效能，为改革现代交警勤务机制提供了新的思路。

1. 勤务思维由"经验主导"向"信息主导"转变

以往的勤务布置等交通管理工作主要依靠经验，以行政命令推动为主，对数据信息的关联挖掘与精细管理不够；且交管数据分散在各个部门和各类系统中，难以聚合成力。在数据化、信息化的时代，交警勤务改革需要依托交管情报平台，通过建立公安网、视频网、政务网、互联网"四网融合"的数据库，对"时、空、主体、行为"进行多维度的分析研判，将情报信息作为交管决策指挥的主要依据。以情报引领实战，践行基于大数据和信息化的情报主导警务工作理念，是现代勤务机制改革的关键。

2. 勤务机制由"单打独斗"向"联勤联动"转变

公安业务的条线划分，使得违法犯罪的相关信息和查处职能分布在不同警种部门手中。面对"毒驾"等综合性强、社会危害性大的查处对象，交警单独作战的传统勤务模式难以实现有效管控。勤务机制改革需要依托合成作战平台，运用大数据警务云，构建联勤联动的勤务机制，实现信息主导下的一体化作战。通过解决信息资源的"通"、强化整体作战的"联"、实现目标步骤的"同"，建立健全信息共享、指挥统一、协同作战的工作机制，增强快速反应能力，提高整体警务效能。

3. 勤务组织由"粗放管理"向"精细管理"转变

传统的勤务组织主要凭经验、靠判断，实行定点站岗的粗放型管理，警力资源被浪费，执法效能不高。现代化勤务组织模式通过融合物联网、互联网、人工智能等新技术，有利于提档升级各类交通管控系统、集成指挥平台的智能化应用水平，强化路面交通违法、拥堵、重点车辆通行等事件的动态监测预警。根据交通流量、交通违法、交通事故规律特点，分级分类实施等级勤务，建立灵活布警、快速反应、动态查控的用警机制，增强扁平化指挥和精细管理的作战实效。

4. 勤务监督由"事后问责"向"过程监管"转变

在勤务监督方面，一直存在着交警执勤执法过程监管难、履职效能考核难的问题。为了确保"交警要上路、上路要管事、管事要得法"，通过打通公安交通管理综合应用平台、公安指挥平台、GPS数据平台、警务通数据平台、执法记录仪、酒检仪管理等多个系统平台的数据通道，归集民警执勤执法过程中产生的数据信息，实现对岗位部署、岗位审核、警力安排、考核监督、考核分数五个勤务运行环节的全流程监管，监督民警提升工作效能。

5. 交通治乱由"定点盲查"向"精准打击"转变

毒驾、失驾、假牌、套牌等严重交通违法行为隐蔽性高，传统的定点盲查和人海战术的整治方式难见成效。加强信息化条件下的警务实战体系建设，依托大数据碰撞和情报分析，提高主动预测预警预防能力，对上述重点违法行为进行精细分析、精确布控、精准打击。此外，充分利用科技手段创新执法，有效整治分心驾驶、不按规定车道行驶等发现难、取证难的交通违法顽疾。"向科技借警力，实现精准打击"已成为交通治乱的必然选择。

6. 推动城市治堵由"各自为政"向"系统治理"转变

城市交通规划、建设、管理层层脱节，这种分而治之的城市交通管理机制面对交通

扫一扫查看原文

拥堵、出行难、停车难等"城市病"束手无策。大联合交通管理机制改革从一定程度上改变了公安交管部门在城市治堵问题上末端管理、一家担责的传统管理模式,构建起了政府总揽、部门主责、综合治理的交管工作新格局。由于数据情报掌握全面,分析研判精准到位,推动政府进一步提升了公安交管部门在城市交通规划、建设领域的话语权,有利于发挥公安交管部门在城市交通综合治理领域的引导权。